[개정증보판]

古文觀止
고문관지
역주

(1)

吳楚材・吳調侯 編
崔奉源 譯注

明文堂

[개정판]
앞머리에

　지난날 필자는 퇴직 후 강의 부담 없이 하고 싶은 일에 집중하는 것이 작은 바람이었다. 그중 가장 먼저 하고 싶었던 일이 양질의 중국 고문 학습서를 펴내는 일이었다. 그 이유는 중국 고전문학을 전공한 필자가 학창 시절 독학으로 공부할 수 있는 마땅한 학습서가 없어 너무도 많은 어려움을 겪었는데, 오랜 세월이 흐른 후에도 여전히 필자가 겪었던 애로를 충족시켜줄 만한 적절한 학습서를 발견하지 못했기 때문이었다.
　주지하다시피 중국은 선진(先秦)에서 청대(淸代)에 이르기까지 수천 년 동안 모든 문장에 문언문(文言文)을 사용했고, 간혹 어록체의 문장이 있기는 했지만 본격적으로 문장에 백화문(白話文)을 사용하기 시작한 것은 겨우 20세기 오사(五四) 이후에 불과하다. 따라서 중국 고전을 연구하는 사람이라면 무엇보다 중요한 일이 자료에 대한 해독 능력이다. 이것이 선행되지 않으면 깊이 있는 연구를 진행한다는 것은 사실상 매우 어려운 일이다. 이에 필자는 중국 고전에 입문하는 독자들에게 필자가 과거에 겪었던 어려움을 다소나마 극복해 나갈 수 있도록 방법을 생각해 낸 첫 과제가 《고문관지》에 대한 상세한 역주 작업이었다.

그리하여 필자는 2008년 작업에 착수하여 5년이 지난 2013년 도서출판 역락에서 《고문관지 역주》(1-5권) 초판을 출간했다. 그러나 초판을 출간하고 나서도 여전히 부족한 부분이 적지 않을 것을 우려하여, 꾸준히 내용을 연구 검토하고 수정 보완하며 보다 나은 역주서가 되기 위해 많은 노력을 기울여 왔다. 그 결과 일부 번역의 오류나 문맥이 원활하지 못한 부분을 찾아 수정한 곳도 적지 않지만, 특히 필자가 가장 관심을 두었던 각주 부분에서 대폭적인 체제 개편을 단행했다. 우선 각주의 모든 표제어에 우리말 독음과 중국어 발음(한어병음자모)을 표기했고, 다음으로 각주 처리가 미진한 부분을 찾아 많은 양의 각주를 보충했다. 공을 들인 만큼 이전에 비해 면모가 한결 새로워지고 충실해졌다.

수정 작업을 마치고 개정판 출간을 위해 명문당 김동구 사장님과 상의했다. 요즈음 전자책이 유행하면서 출판 여건이 열악한데도 불구하고 졸저의 출간을 쾌히 승낙해 주셨다. 이 자리를 빌려 김 사장님께 깊은 감사를 드린다.

2025년 9월

최봉원

서문

《고문관지(古文觀止)》는 청초(淸初) 강희(康熙) 연간에 절강(浙江) 산음(山陰) 사람인 오초재(吳楚材)·오조후(吳調侯) 숙질이 글방 훈장(訓長)을 하면서 서생들을 가르치기 위해 편찬한 일종의 고문선본(古文選本)이다.

「고문(古文)」이란 본래 당대(唐代) 한유(韓愈)와 유종원(柳宗元)이 고문운동(古文運動)을 제창할 때 육조(六朝)와 당초(唐初)의 변려문(騈麗文)에 대해 선진(先秦)·양한(兩漢)의 산문(散文)을 가리킨 명칭이었으나, 후에는 이러한 고문을 본보기로 하여 지은 모든 산문 작품을 일컫는 말로 사용되었다. 따라서 고문의 기본 개념은 곧 산문을 말하며, 《고문관지》에 수록한 문장 또한 대부분이 이에 속한다. 그러면 오초재 숙질은 어째서 자신들의 선본(選本)에 「관지(觀止)」라는 말을 붙여 서명(書名)으로 삼았는가? 어원을 살펴보면, 관지(觀止)라는 말은 《좌전(左傳)·양공 29년(襄公 二十九年)》「계찰관주악(季札觀周樂)」에 보인다.

《소소(韶箾)》 가무(歌舞) 연기를 보고 계찰(季札)이 말했다 : 「덕행이 극치에 도달했도다! 위대하도다! 마치 하늘이 모든 것을 덮은 것과도 같고,

땅이 모든 것을 실은 것과도 같다. 비록 훌륭한 덕망을 충실히 갖추었다 해도, 아마 이를 능가하지는 못할 것이다. 감상을 이만 멈추리라! 만일 다른 가무(歌舞)가 있다 해도, 나는 감히 더 감상하기를 청하지 않으리라!」

(見舞《韶箾》者, 曰:「德至矣哉! 大矣, 如天之無不幬也, 如地之無不載也。雖甚盛德, 其蔑以加於此矣。觀止矣! 若有他樂, 吾不敢請已!」)

이는 오(吳)나라 공자 계찰(季札)이 노(魯)나라에서《소소(韶箾)》라는 가무(歌舞)의 연기를 보고 한 말이다. 여기서「감상을 이만 멈추리라!(觀止矣!)」라고 한 것은, 즉 연기가 너무 완벽하여 더 이상 보탤 것이 없다고 여겨 칭찬한 말이다. 따라서 오초재·오조후가「관지」라는 말을 원용한 것 또한 바로 자신들이 선택한 문장보다 더 뛰어난 문장이 없다는 것을 비유한 것이다.

예로부터 중국에는 고문에 관한 선본들이 많았지만 사람들의 기억에 남는 것은 그리 흔치 않다. 그러나《고문관지》는 잘 알려지지 않은 평범한 문인들에 의해 편찬된 통속적인 선본임에도 불구하고, 세상에 출현한 이후 지속적으로 읽히면서 독자들에게 지대한 영향을 미쳤다.《고문관지》는 선진(先秦)으로부터 명말(明末)에 이르기까지 222편의 문장을 수록했는데, 그 구성을 보면:《좌전(左傳)》·《공양전(公羊傳)》·《곡량전(穀梁傳)》·《예기(禮記)》등의 경전과《국어(國語)》·《전국책(戰國策)》·《사기(史記)》·《한서(漢書)》·《후한서(後漢書)》등 사서(史書)의 문장을 비롯하여《초사(楚辭)》, 진(秦)·한(漢) 이후 명대(明代)에 이르기까지 47인의 개인 작품으로 엮어져 있다. 이 중《좌전》이 34편, 당송팔대가(唐宋八大家)의 작품이 78편을 차지하고 있는데, 이는 편자(編者)가《좌전》이 옛날 고문가(古文家)들로부터 작문의 본보기로 중시되었다는 점과 당송팔대가의 문장이 중국 산문의 중심에 자리하고 있다는 점을 반영한 것이다. 그리고 시대적으로는, 선진(先秦) 73편을 비롯하여 한대(漢代) 29편, 삼국(三國)시대 6편, 육조(六朝)시대 6편, 당대(唐代) 43편, 송대(宋代) 51편, 명대(明代) 18편 등으로 구성되어 있다. 이 중 당송(唐宋)의 작품이 94편으로, 총 222편 가운데《좌전》34편을 빼고 나면 전체 편수의 절반을 차지하고 있다. 이 또한 편자가 그만큼 당송 문인들의 작품을 중국 고문의 전범(典範)으로 간주하고 있음을 보여주는 것이다.

 이 문장들은 대부분 사상성이나 예술성이 뛰어나 오랜 세월에 걸쳐 줄곧 인구(人口)에 회자(膾炙)되어 왔고, 오랜 세월의 시험을 거쳐 오늘에 남아 있는 훌륭한 문화유산이다. 그리고《고문관지》에 수록된 문장들은 제재(題材)나 문체(文體) 방면에 있어서도 다양한 면모를 갖추고 있다. 예컨대, 사전(史傳)·논설(論說)을 비롯하여 서발(序跋)·주의(奏議)·증서(贈序)·조령(詔令)·비지(碑誌)·제문(祭文)·잠명(箴銘)·송찬(頌讚)·사부(辭賦)·서찰(書札)·산수유기(山水遊記)·기타 잡문(雜文) 등을 고루 수록하여 고문의 화려하고 다채로운 면모를 반영했다. 문장의 편집 또한 시대 순으로 배열하여 두서(頭緖)가 분명하며, 편폭에 있어서도 장문(長文)과 단문(短文)을 적절히 배합하고, 총체적인 분량 또한 독자들이 읽기에 양적인 부담을 주지 않는다. 대체로 이러한 요인들이 독자들로부터 오래도록 환영을 받아온 이유일 것이다. 물론《고문관지》가 오늘날 우리가 보기에 결코 결점이 없는 것은 아니다. 가장 먼저 눈에 띄는 것은, 문선(文選)에 있어서《상서(尙書)》를 비롯하여 장자(莊子)·순자(荀子)·묵자(墨子)·한비자(韓非子) 등 선진제자(先秦諸子)의 작품들이 한 편도 수록되지 않았고, 청대 초기 고염무(顧炎武)·황종희(黃宗羲)·왕부지(王夫之) 등의 경세치용(經世致用)에 관한 문장이나 후방역(侯方域)·위희(魏禧)·왕완(汪琬) 등 청초삼대가(淸初三大家)의 문장들도 수록되지 않았다는 점이다. 또한《고문관지》에 이미 수록된 유명 작가의 작품들도 모두 다 그들의 대표적인 작품은 아니다.

그러나 종합적으로 볼 때,《고문관지》는 고문의 내용이나 문체 및 풍격을 이해하고, 이를 통해 역사와 문학에 대한 인식을 증진하며, 고대 사회를 알고 고문의 독해력을 증진하는데 있어, 그 나름대로 상당한 가치를 지니고 있다. 그래서 중국이나 대만의 각급 학교에서는《고문관지》를 고문 학습을 위한 텍스트로 사용하고 있으며, 현재까지 백화(白話)로 번역하고 주석한 교본들도 이미 십여 종에 달하고 있다.

《고문관지》의 판본은 강희 34년(1695) 봄에 처음으로 간행되었다. 오초재·오조후는《고문관지》를 편찬한 후, 이를 양광총독(兩廣總督)으로 있는 오초재의 백부 오홍조(吳興祚)에게 보냈다. 오홍조는 이를 받아 읽고 높이 평가한 후 바로 출간하도록 했는데, 이것이《고문관지》의 최초 판본이다. 그러나 원각본(原刻本)은 이미 망실되고, 당시 전해진 것은 홍문당본(鴻文堂本)과 영설당본(映雪堂本) 두 번각본(翻刻本)이다. 그 후 강희 37년(1698) 음력 11월, 오초재 숙질은 절강(浙江) 고향 마을 훈장의 요청에 따라 문부당본(文富堂本)《고문관지》를 판각(版刻)했는데, 이 판본은 대체로 앞의 판본들과 동일하지만 약간의 차이가 있고, 이후의 각종 판본들은 대부분 이 판본들로부터 파생되어 나온 것들이다.

《고문관지》에 수록된 문장들은 오초재·오조후가 편집할 당시에 이미 증산(增刪)하거나 개자(改字)한 정황이 있었다. 그것이 후에 널리 유포되면서 여러 종의 새로운 판본이 출현했고, 판본 간에도 간혹 일부 문자상의 출입이 발견되기도 했다. 그리하여 근래 학자들이《고문관지》에 수록된 문장들을 다른 원전(原典)과의 대조·교감·고증을 통해 그러한 문제들을 수정·정리한 후, 현재 여러 출판사에서 다양한《고문관지》역주본(譯注本)이 출간되었다.

본서(本書)는 2008년 6월판 대만(臺灣) 삼민서국(三民書局)의 《신역고문관지(新譯古文觀止)》를 저본(底本)으로 하고 기타 여러 출판사의 역주본들을 참고하여 정리했다. 역주(譯注) 방법에 있어서는 고문 학습을 위해 편찬한 텍스트라는 취지에 맞추어 필자 나름의 색다른 방법을 채택했다. 우리말 번역은 기본적으로 직역을 원칙으로 하되, 원저자의 문자 생략 또는 의미가 함축된 용어 사용으로 인해 직역이 매끄럽지 못할 경우에는 부분적으로 약간의 의역과 의미 보충을 함으로써 이해를 돕고자 했고, 주석(注釋)은 인명·지명이나 전고(典故) 등에 대한 일반적인 풀이 외에, 특히 고문학습에 요긴한 문법이나 기타 허사(虛詞) 및 일반 단어에 이르기까지 상세하게 설명함으로써, 어느 정도 한자를 공부한 사람이라면 본서를 가지고 독학이 가능할 수 있도록 심혈을 기울였다.

이러한 노력에도 불구하고 여전히 우려되는 것은, 고문 해석상의 난해한 점으로 인해 적지 않은 오류가 있을 것이라는 점이다. 이는 물론 필자의 천학비재(淺學菲才)가 가장 큰 원인이기도 하지만, 역주 과정에서 동일한 문구에 대해 여러 학자들의 견해가 일치하지 않아 어려움을 겪는 경우도 적지 않았다. 이럴 때는 난감한 마음에, 작품을 쓴 작자에게 직접 문의하고 싶은 적도 한두 번이 아니었다. 이러한 난제들은 독자들의 부단한 관심과 아낌없는 질정(叱正)으로 부단히 개선되기를 바랄 뿐이다.

2025년 10월

최봉원

>> 일러두기 <<

• 본서는 《고문관지》 222편의 방대한 분량을 편의상 1~5권으로 나누어 엮었다. 2008년 6월판 대만(臺灣) 삼민서국(三民書局)의 《신역고문관지(新譯古文觀止)》를 저본(底本)으로 하되, 다만 원문을 제외한 문장의 단락·구두점의 위치·문장부호의 표기 등은 상황에 따라 저본 외에 여러 출판사의 역주본들을 참고하여 필자 나름대로 가장 문의(文意)에 적합하다고 판단되는 방향으로 정리하였으며, 간혹 저본과 기타 판본 간에 나타나는 이자(異字)에 대해서는 각주에 설명을 첨가하였다. 그 외에 매 작품에 대해서는 '작자', '원문 및 주석', '번역문', '해제(解題) 및 본문 요지 설명'의 네 부분으로 나누어 다음과 같은 원칙을 적용하였다.

1. 공통부분
1) 본서의 '작자', '번역문', '해제(解題) 및 본문 요지 설명' 부분의 우리말 설명에 한자 표기가 필요할 경우 우리말 뒤의 ( ) 속에 표기했다.
   例 가의(賈誼, B.C.200~B.C.168)는 낙양(洛陽) 사람으로 서한(西漢)의 정론가(政論家)요 문학가(文學家)이다.
2) 인용문 또는 드러낼 필요가 있는 문구에 대해서는 「 」『 』를 사용하여 표시하였다.
   例 1) 원매(袁枚)는 「시는 성정으로, 성정을 제외한 시는 존재할 수 없다.(詩者, 性情也, 性情之外無詩。)」라고 할 정도로 시의 성령(性靈)을 중시하여 청대(清代) 시단에서 「성령설(性靈說)」의 창도자로 …
   2) 속담에 『덧방나무와 수레는 서로 의존하고, 입술이 없으면 이가 시리다.』라고 한 것은, 바로 우나라와 괵나라를 두고 한 말입니다.
3) 서명(書名), 작품 등은 《 》로 표시하였다.

예 《예기(禮記)》·《상서(尙書)》·《춘추(春秋)》·《논어(論語)》

4) 옛 지명 또는 용어 등에 간단한 해석이 필요할 경우 [ ] 안에 처리했다.

예 고종(高宗)의 노여움을 사서 쫓겨나 월주(越州)[지금의 절강성 소흥(紹興)]로 갔다가, 총장 2년(669) 촉(蜀)[지금의 사천성]으로 갔다.
왕숙문은 順宗 때 同中書門下平章事[재상]의 자리에 올라…

5) 본서에 나오는 인명·지명·작품명 등은 모두 우리말 독음으로 표기하고 ( ) 안에 한자를 넣되, 같은 것이 자주 나올 경우 처음에만 한자를 표기하고 나머지는 주로 우리말 독음으로 표기했다.

예 문왕(文王)·무왕(武王)·주공(周公)·공자(孔子)의 배척을 받지 않았고, 그들은 또한 불행히도 삼대 이전에 태어나지 않아 문왕·무왕·주공·공자의 교정을 받지 못했다.

6) 중국의 현행 성(省) 이름은 모두 우리말 발음으로 표기했다.

甘肅省→감숙성 江西省→강서성 江蘇省→강소성 廣東省→광동성
廣西省→광서성 貴州省→귀주성 吉林省→길림성 福建省→복건성
四川省→사천성 山東省→산동성 山西省→산서성 陝西省→섬서성
新疆省→신강성 安徽省→안휘성 寧夏省→영하성 遼寧省→요녕성
雲南省→운남성 浙江省→절강성 靑海省→청해성 河南省→하남성
河北省→하북성 湖南省→호남성 湖北省→호북성 黑龍江省→흑룡강성

2. '작자' 부분

1) 본서의 작자에 관한 소개는 작품을 《좌전(左傳)》·《국어(國語)》·《공양전(公羊傳)》·《곡량전(穀梁傳)》·《예기(禮記)》·《전국책(戰國策)》·《초사(楚辭)》·

《사기(史記)》·《한서(漢書)》·《후한서(後漢書)》 등에서 발췌하였을 경우 그 서명(書名)과 저자를 함께 소개하고, 단일 작품의 경우 작자 개인을 소개했다.
2) 《좌전(左傳)》이나 한유(韓愈) 등의 예처럼 한 책이나 한 사람의 작품이 다수일 경우, 맨 앞의 작품에 작자를 소개하고 나머지는 맨 앞을 참조하도록 했다.

3. '원문 및 주석' 부분
1) 원문에 한하여 인명·지명·국명 등 고유명사는 밑줄 '＿'로 표시했다.
   ㉠ <u>秦孝公</u>據<u>殽函</u>之固, 擁<u>雍州</u>之地, 君臣固守而窺<u>周</u>室;…
2) 주석은 각주 형식을 취하되, 원문에서 한 문구를 따온 후 번역을 첨가하고, 그 문구 중에서 필요한 부분을 취해【 】〖 〗로 묶어 설명하였다.【 】 안의 표제어 한자(漢字)에 한해 한글과 한어병음자모(漢語拼音字母) 2종의 독음(讀音)을 달았으며, 기타 설명 부분에서는 한자를 노출시켰다.
   ㉠ 賓媚人致賂, 晉人不可, 曰:「必以蕭同叔子爲質, 而使齊之封內盡東其畝。」→ 빈미인이 뇌물을 바치자, 晉나라가 수락하지 않고, 말했다:「반드시 蕭同叔의 딸을 인질로 삼고, 齊나라 경내의 모든 밭이랑이 동쪽을 향하도록 해야 하오.」
   【蕭同叔子(소동숙자, xiāo tóng shū zǐ)】: 蕭나라 군주 동숙의 딸. 齊頃公의 어머니. 〖蕭〗: 蕭나라. 〖同叔〗: 蕭나라 군주의 字. 齊頃公의 외조부. 〖子〗: 자식. 여기서는 「딸」을 가리킨다.
3) 인명이나 관직 명칭, 주(州)·군(郡)·현(縣) 등의 행정단위 및 일반 지명, 산이나 강 등의 자연 지명은 명칭 앞에 식별이 용이하지 않을 경우에 한해

[인명] [지명] [州 이름] [산 이름] 등을 별도로 표기하여 알기 쉽게 했다.

4) 보충 설명이 필요하다고 여겨지는 경우에는 '※' 표를 사용하여 설명을 추가했다.

   예 徐孺下陳蕃之榻 : 徐孺가 陳蕃의 걸상을 내려놓게 하다.
   ※ 陳蕃은 豫章太守로 있으면서 줄곧 빈객을 맞아들이지 않았으나 특별히 徐穉를 위해 걸상을 만들어 벽에 걸어두었다가 徐穉가 찾아오면 그것을 내려 그를 접대했다.

4. '번역문' 부분

1) 본서의 우리말 번역은 직역을 원칙으로 하되, 직역으로 인해 문맥이 매끄럽지 못할 경우, 본래의 뜻을 훼손하지 않는 범위 안에서 약간의 의역을 했다.

2) 원문에 문자의 생략 또는 의미의 함축으로 인해 보충설명이 필요할 경우 ( ) 안에 넣어 문맥을 원활하도록 했다.

   예 (연회에 참석하는 손님들의) 마차는 길에서 정연하게 왕래하고, (고적을 관람하는 사람들은) 좋은 경치를 찾아 높은 산에 오른다.

5. '해제(解題) 및 본문 요지 설명' 부분

1) '해제(解題)' 부분에서는 먼저 작품의 출처를 밝히고 나서, 다음에 작품 전체의 요지를 간략히 설명했다.

2) '본문 요지 설명' 부분에서는 본문 전체를 단락으로 나누어 각 단락의 요지를 구체적으로 설명했다.

>> 차례 <<

- [개정판] 앞머리에 3
- 서문 5
- 일러두기 10

권1   주문(周文)

- 《좌전(左傳)》
  - 001 정백극단우언(鄭伯克段于鄢) 20
  - 002 주정교질(周鄭交質) 33
  - 003 석작간총주우(石碏諫寵州吁) 39
  - 004 장희백간관어(臧僖伯諫觀魚) 46
  - 005 정장공계칙수신(鄭莊公戒飭守臣) 52
  - 006 장애백간납고정(臧哀伯諫納郜鼎) 62
  - 007 계량간추초사(季梁諫追楚師) 71
  - 008 조귀논전(曹劌論戰) 81
  - 009 제환공벌초맹굴완(齊桓公伐楚盟屈完) 87

010 궁지기간가도(宮之奇諫假道)　95

011 제환하배수조(齊桓下拜受胙)　103

012 음이생대진백(陰飴甥對秦伯)　107

013 자어논전(子魚論戰)　113

014 시인피견문공(寺人披見文公)　121

015 개지추불언록(介之推不言祿)　128

016 전희호사(展喜犒師)　135

017 촉지무퇴진사(燭之武退秦師)　141

018 건숙곡사(蹇叔哭師)　150

권2　주문(周文)

019 정자가고조선자(鄭子家告趙宣子)　158

020 왕손만대초자(王孫滿對楚子)　167

021 제국좌불욕명(齊國佐不辱命)　173

022 초귀진지앵(楚歸晉知罃)　182

023 여상절진(呂相絶秦)　190

024 구지불굴우진(駒支不屈于晉)　206

025 기해청면숙향(祁奚請免叔向)　215

026 자산고범선자경폐(子產告范宣子輕幣)　224

027 안자불사군난(晏子不死君難) 230

028 계찰관주악(季札觀周樂) 235

029 자산괴진관원(子産壞晉館垣) 246

030 자산논윤하위읍(子産論尹何爲邑) 259

031 자산각초역녀이병(子産卻楚逆女以兵) 267

032 자혁대영왕(子革對靈王) 275

033 자산논정관맹(子産論政寬猛) 288

034 오허월성(吳許越成) 295

권3　주문(周文)

- 《국어(國語)》

　　035 채공간정견융(祭公諫征犬戎) 306

　　036 소공간여왕지방(召公諫厲王止謗) 320

　　037 양왕불허청수(襄王不許請隧) 327

　　038 선자지진필망(單子知陳必亡) 336

　　039 전금논사원거(展禽論祀爰居) 352

　　040 이혁단고광군(里革斷罟匡君) 364

　　041 경강논노일(敬姜論勞逸) 370

　　042 숙향하빈(叔向賀貧) 381

043 왕손어논초보(王孫圉論楚寶) 389

044 제계영행성어오(諸稽郢行成於吳) 397

045 신서간허월성(申胥諫許越成) 407

• 《공양전(公羊傳)》

046 춘왕정월(春王正月) 414

047 송인급초인평(宋人及楚人平) 420

048 오자사찰내빙(吳子使札來聘) 429

• 《곡량전(穀梁傳)》

049 정백극단우언(鄭伯克段于鄢) 438

050 우사진사멸하양(虞師晉師滅夏陽) 443

• 《단궁(檀弓)》

051 진헌공살세자신생(晉獻公殺世子申生) 451

052 증자역책(曾子易簀) 456

053 유자지언사부자(有子之言似夫子) 461

054 공자중이대진객(公子重耳對秦客) 468

055 두궤양치(杜蕢揚觶) 474

056 진헌문자성실(晉獻文子成室) 480

• 《고문관지》 편명 색인 484

차례 17

권1

주문(周文)

001 정백극단우언
002 주정교질
003 석작간총주우
004 정희백간관어
005 정장공계칙수신
006 장애백간납고정
007 계량간추초사
008 조귀논전
009 제환공벌초맹굴완

010 궁지기간가도
011 제환하배수조
012 음이생대진백
013 자어논전
014 시인피견문공
015 개지추불언록
016 전희호사
017 촉지무퇴진사
018 건숙곡사

001 정백극단우언(鄭伯克段于鄢)
《左傳·隱公 元年》

작 자

《좌전(左傳)》은 《춘추좌씨전(春秋左氏傳)》의 약칭이며, 원명은 《좌씨춘추(左氏春秋)》로 《공양전(公羊傳)》《곡량전(穀梁傳)》과 더불어 춘추삼전(春秋三傳)의 하나이다. 《좌전》은 노(魯)나라 은공(隱公) 원년(B.C.722)으로부터 애공(哀公) 27년(B.C.468)까지, 즉 춘추시대로부터 전국시대 초기에 이르기까지 255년간의 역사를 노(魯)나라 중심으로 편년체로 기록한 중국 최초의 역사책이다. 내용은 노나라뿐만 아니라 주왕조(周王朝)와 주요 제후국들의 흥망성쇠를 비롯하여 정치·경제·군사·문화 등 여러 방면에 있어서 중대한 사건들을 상세하게 기록했다. 복잡한 사건들을 세련된 언어로 명료하게 기록했을 뿐만 아니라 사건·인물에 대한 묘사가 생동적이어서 문학적으로도 매우 우수한 작품이라 평가받고 있다.

《좌전》의 작자에 관해서는 좌구명(左丘明)이라 전해지고 있으나 설이 분분하며, 좌구명의 생애 사적 또한 춘추시대 노(魯)나라의 태사(太史)라는 것 말고는 밝혀진 것이 없다.

《좌전》은 한대(漢代) 이후 매우 성행하여 역대로 주석 작업이 활발하게 이루어져 왔는데, 중요한 주석서로는 한(漢) 복건주(服虔注), 한(漢) 가규주(賈逵注), 진(晉)

두예집해(杜預集解), 당(唐) 공영달소(孔穎達疏), 송(宋) 임요수구해(林堯叟句解), 청(淸) 고염무(顧炎武)의 《좌전보정(左傳補正)》 3권(卷), 요내(姚鼐)의 《좌전보주(左傳補注)》 1권(卷), 유문기(劉文淇)의 《좌전구소고증(左傳舊疏考證)》 8권(卷) 등이 있다.

원문 및 주석

鄭伯克段于鄢[1]

初, 鄭武公娶于申, 曰武姜, 生莊公及共叔段。[2] 莊公寤生, 驚姜

---

1 鄭伯克段于鄢 → 鄭莊公이 鄢에서 共叔段을 물리치다.
  【鄭伯(정백, zhèng bó)】: 춘추시대 정나라의 제후. 여기서는 「鄭莊公」을 가리킨다. 鄭武公의 아들로 42년간(B.C. 743-B.C. 701) 재위했다.
  【克(극, kè)】: 물리치다. 제압하다.
  【段(단, duàn)】: [인명] 성은 姬, 이름은 段. 鄭莊公의 동생으로 京邑에 봉해졌기 때문에 京城大叔이라 했는데, 후에 모반하다가 共나라로 도주하여 共叔段이라 불렀다.
  【于(우, yú)】: [개사] 於. ⋯에서.
  【鄢(언, yān)】: [지명] 지금의 하남성 鄢陵縣.

2 初, 鄭武公娶于申, 曰武姜, 生莊公及共叔段。→ 당초, 鄭武公은 申나라에서 아내를 맞았는데, 호칭을 武姜이라 했으며, 莊公과 共叔段을 낳았다.
  【初(초, chū)】: 애초. 당초. 처음.
  【鄭武公(정무공, zhèng wǔ gōng)】: 鄭나라의 제후. 이름은 掘突. 桓公의 아들로 36년간(B.C. 770-B.C. 744) 재위했다.
  【娶(취, qǔ)】: 아내를 맞다.
  【申(신, shēn)】: [국명] 지금의 하남성 南陽 일대에 있던 姜씨 姓의 나라.
  【武姜(무강, wǔ jiāng)】: 武는 남편의 시호, 姜은 친정 집안의 성씨. 이는 당시 귀족의 관습적인 호칭이다.
  【莊公(장공, zhuāng gōng)】: 鄭莊公. 주 1 鄭伯 참조.
  【及(급, jí)】: ⋯과(와). ⋯ 및.
  【共叔段(공숙단, gōng shú duàn)】: 주 1【段】참조.

氏, 故名曰寤生, 遂惡之.³ 愛共叔段, 欲立之.⁴ 亟請於武公, 公弗許.⁵ 及莊公卽位, 爲之請制.⁶ 公曰:「制, 巖邑也. 虢叔死焉, 他邑唯命.」⁷ 請京, 使居之, 謂之京城大叔.⁸

---

3 莊公寤生, 驚姜氏, 故名曰寤生, 遂惡之. → 장공은 출생 시 난산으로 태어나, 강씨를 놀라게 하여, 그래서 이름을 寤生이라 했고, 이로 인해 장공을 미워했다.
   【寤生(오생, wù shēng)】: 거꾸로 태어나다. 난산하다. ※ 태어날 때 머리부터 나오지 않고 다리부터 나온 것을 말한다.
   【驚(경, jīng)】: [사동 용법] 놀라게 하다.
   【遂(수, suì)】: 이로 인해. 그리하여.
   【惡(오, wù)】: 미워하다. 싫어하다.
   【之(지, zhī)】: [대명사] 그. 즉「莊公」.

4 愛共叔段, 欲立之. → (강씨는) 공숙단을 사랑하여, 그를 태자로 옹립하려 했다.
   【欲(욕, yù)】: …하고자 하다. …하려 한다.
   【立(립, lì)】: 옹립하다.
   【之(지, zhī)】: [대명사] 그. 즉「공숙단」.

5 亟請於武公, 公弗許. → 여러 차례 무공에게 간청했으나, 무공이 허락하지 않았다.
   【亟(극, qì)】: 누차. 여러 차례.
   【弗(불, fú)】: 不.

6 及莊公卽位, 爲之請制. → 장공이 즉위하자, (강씨는) 공숙단을 위해 制지방에 봉해줄 것을 요청했다.
   【及(급, jí)】: …에 이르다. …에 도달하다.
   【請制(청제, qǐng zhì)】: 制지방에 봉해줄 것을 청하다. 【制】: [지명] 鄭나라의 영토로, 지금의 하남성 汜水縣 서쪽.

7 公曰:「制, 巖邑也. 虢叔死焉, 他邑唯命.」→ 장공이 말했다:「制지방은 험악한 곳입니다. 虢叔도 그곳에서 죽었는데, 다른 곳이라면 분부를 따르겠습니다.」
   【巖邑(암읍, yán yì)】: 험악한 지방.
   【虢叔(괵숙, guó shú)】: 東虢의 군주. 鄭武公에게 멸망되었다.
   【焉(언, yān)】: [대명사] 여기. 그곳.
   【他(타, tuó)】: 다른. 기타. ※ 판본에 따라서는「他」를「佗」라 했다.
   【唯命(유명, wéi mìng)】: 분부에 따르다. 명령에 복종하다.

8 請京, 使居之, 謂之京城大叔. → (강씨가 다시) 京지방에 봉할 것을 청하여, (장공이) 공숙단으로 하여금 그곳에 살도록 하니, (사람들이) 공숙단을 京城大叔이라 불렀다.
   【京(경, jīng)】: [지명] 鄭나라의 지명. 지금의 하남성 滎陽縣 동남쪽.
   【謂(위, wèi)】: …라 부르다. …라 이르다.
   【之(지, zhī)】: [대명사] 그. 즉「공숙단」.

祭仲曰:「都城過百雉, 國之害也。先王之制, 大都, 不過參國之一; 中, 五之一; 小, 九之一。今京不度, 非制也, 君將不堪。」⁹ 公曰:「姜氏欲之, 焉辟害?」¹⁰ 對曰:「姜氏何厭之有? 不如早爲之所, 無使滋蔓。蔓, 難圖也。蔓草猶不可除, 況君之寵弟乎?」¹¹ 公曰:「多

【京城大叔(경성태숙, jīng chéng tài shú)】: 공숙단에 대한 존칭.【大】: 太. ※주 1 참조.
9 祭仲曰:「都城過百雉, 國之害也。先王之制, 大都, 不過參國之一; 中, 五之一; 小, 九之一。今京不度, 非制也, 君將不堪。」→ (이에 대해) 채중이 말했다:「(제후의) 도성이 3백 丈을 넘으면, 나라의 화근입니다. 선왕의 제도에 의하면, 큰 도성은, 國都의 3분의 1을 초과할 수 없고; 중간 것은 5분의 1; 작은 것은 9분의 1을 넘어서는 안 됩니다. 지금의 京城은 규정에 맞지 않으니, 이는 선왕의 제도가 아니며, 왕께서는 장차 감당하지 못할 것입니다.」
【祭仲(채중, zhài zhòng)】: [인명] 鄭나라의 대부. 성은 祭, 이름은 仲, 자는 足.
※「祭」는 성씨로 쓰일 때「채」로 읽는다.
【百雉(백치, bǎi zhì)】: 300丈.【雉】: 성곽의 길이를 재는 단위. 길이 3丈, 높이 1丈을 1雉라 했다.
【參國之一(삼국지일, sān guó zhī yī)】: 國都의 3분의 1.
【不度(부도, bù dù)】: 법도에 맞지 않다. 규정에 어긋나다.
【不堪(불감, bù kān)】: 감당하지 못하다. 견디지 못하다.
10 公曰:「姜氏欲之, 焉辟害?」→ 장공이 말했다:「강씨가 그렇게 하기를 원하니, (내가) 어찌해야 화를 피할 수 있겠소?」
【焉(언, yān)】: [의문사] 어찌.
【辟(피, bì)】: 避. 피하다.
11 對曰:「姜氏何厭之有? 不如早爲之所, 無使滋蔓。蔓, 難圖也。蔓草猶不可除, 況君之寵弟乎?」→ (채중이) 대답해 말했다:「강씨가 언제 만족한 적이 있었습니까? 차라리 일찌감치 조치를 취해, 화근이 만연하지 못하게 하는 것이 낫습니다. 일단 만연하면, 수습하기 어렵습니다. 덩굴풀조차도 제거하기 어렵거늘, 하물며 임금이 총애하는 아우가 아닙니까?」
【厭(염, yàn)】: 만족하다.
【不如(불여, bù rú)…】:…하는 것이 낫다.
【爲之所(위지소, wèi zhī suǒ)】: 그것에 대비하다. 그것에 대해 조치를 취하다.
【無使(무사, wú shǐ)】:…하지 못하게 하다.
【滋蔓(자만, zī màn)】: 널리 퍼지다. 만연하다.
【圖(도, tú)】: 도모하다. 수습하다.
【蔓草(만초, màn cǎo)】: 덩굴풀.
【猶(유, yóu)】:…조차도.…까지도.

行不義必自斃, 子姑待之。」¹²

　旣而大叔命西鄙、北鄙貳於己。¹³ 公子呂曰:「國不堪貳, 君將若之何? 欲與大叔, 臣請事之; 若弗與, 則請除之, 無生民心。」¹⁴ 公曰:「無庸, 將自及。」¹⁵

　大叔又收貳以爲己邑, 至于廩延。子封曰:「可矣! 厚將得眾。」¹⁷

12　公曰:「多行不義必自斃, 子姑待之。」→ 장공이 말했다:「옳지 않은 일을 많이 하면 반드시 멸망을 자초할 것이니, 그대는 잠시 기다려 보시오.」
　【自斃(자폐, zì bì)】: 멸망을 자초하다. 스스로 멸망하다.
　【子(자, zǐ)】: 당신. 그대.
　【姑(고, gū)】: 잠시.

13　旣而大叔命西鄙、北鄙貳於己。→ 얼마 후 태숙은 서부와 북부의 변방에 명을 내려 (장공의 관할에 속하면서) 자신의 관할에도 이중으로 속하게 했다.
　【旣而(기이, jì ér)】: 얼마 후.
　【鄙(비, bǐ)】: 변방 지방.
　【貳(이, èr)】: 이쪽저쪽에 이중으로 속하다.

14　公子呂曰:「國不堪貳, 君將若之何? 欲與大叔, 臣請事之; 若弗與, 則請除之, 無生民心。」→ 공자 여가 말했다:「한 나라는 양쪽에 귀속될 수 없는데, 임금께서는 장차 어찌하시렵니까? 태숙에게 주려고 한다면, 저는 태숙을 섬기고자 청할 것이며; 만약 넘겨줄 것이 아니라면, 그를 제거하여 민심의 변화가 일어나지 않도록 해야 합니다.」
　【公子呂(공자려, gōng zǐ lǚ)】: 鄭나라의 대부, 자는 子封.
　【不堪(불감, bù kān)】: 不能. …할 수 없다.
　【若之何(약지하, ruò zhī hé)】: 如之何. 어찌할 것인가?
　【與(여, yǔ)】: 주다.
　【事(사, shì)】: 섬기다.
　【若弗(약불, ruò fú)】: 만약 …하지 않는다면. 【弗】: 不.

15　公曰:「無庸, 將自及。」→ 장공이 말했다:「그럴 필요 없소. 장차 스스로 화를 부를 것이오.」
　【庸(용, yōng)】: 用. 필요.
　【及(급, jí)】: 이르다. 미치다. 여기서는「멸망을 초래하다. 화를 부르다.」의 뜻.

16　大叔又收貳以爲己邑, 至于廩延。→ 태숙이 또다시 양쪽에 속했던 지방을 거두어 자기의 영토로 삼고, 廩延에 이르기까지 확대해 나갔다.
　【以爲(이위, yǐ wéi)】: 以(之)爲. 이로써 …을(를) 삼다.
　【廩延(늠연, lǐn yán)】: [지명] 鄭나라의 서북 변방 지역. 지금의 하남성 延津縣 북쪽.

17　子封曰:「可矣! 厚將得眾。」→ 자봉이 말했다:「다스려야 합니다. 영토가 확장되면 장

公曰:「不義, 不暱, 厚將崩。」¹⁸

　大叔完聚, 繕甲兵, 具卒乘, 將襲鄭, 夫人將啟之。公聞其期曰:「可矣。」¹⁹ 命子封帥車二百乘以伐京。京叛大叔段, 段入于鄢, 公伐諸鄢。五月辛丑, 大叔出奔共。²⁰

　　차 민심을 얻을 것입니다.」
　　【子封(자봉, zǐ fēng)】: 公子 呂의 자.
　　【厚(후, hòu)】: 두터워지다. 여기서는 영토가 넓어지는 것을 말한다.
　　【眾(중, zhòng)】: 민중. 대중. 여기서는「민심」을 말한다.

18　公曰:「不義, 不暱, 厚將崩。」→ 장공이 말했다 :「(임금에게) 의롭지 못하고, (형에게) 친근하지 못하면, 영토가 넓다 해도 곧 붕괴될 것이오.」
　　【暱(닐, nì)】: 친근하다.
　　【將(장, jiāng)】: (장차) …할 것이다.
　　【崩(붕, bēng)】: 붕괴되다.

19　大叔完聚, 繕甲兵, 具卒乘, 將襲鄭, 夫人將啟之。公聞其期曰:「可矣。」→ 태숙이 성곽을 보수하고 군량을 모으고, 장비와 무기를 정비하고, 병사와 병거를 갖추어, 鄭나라의 도읍을 기습공격하려 하자, 무강이 성문을 열어주려고 했다. 장공이 그 시기를 듣고 :「됐소.」라고 말했다.
　　【完聚(완취, wán jù)】: 성곽을 보수하고 군량을 모으다.
　　【繕(선, shàn)】: 제조하다. 수리하다.
　　【甲兵(갑병, jiǎ bīng)】: 장비와 무기.
　　【具(구, jù)】: 갖추다. 준비하다.
　　【乘(승, shèng)】: 병거.
　　【將(장, jiāng)】: (장차) …하려 하다.
　　【襲(습, xí)】: 습격하다. 기습하다. 공격하다.
　　【夫人(부인, fū rén)】: 부인. 즉「武姜」.
　　【啟(계, qǐ)】: 열다.
　　【之(지, zhī)】: [대명사] 그것. 즉「성문」.
　　【期(기, qí)】: 시기. 날짜. 즉「태숙이 공격할 시기」.

20　命子封帥車二百乘以伐京。京叛大叔段, 段入于鄢, 公伐諸鄢。五月辛丑, 大叔出奔共。→ (장공이) 子封에게 명하여 병거 200대를 거느리고 京城을 정벌했다. 경성 사람들이 모두 大叔段을 배반하여, 태숙단이 鄢지방으로 도망해 들어가자, 장공이 그를 鄢에서 토벌했다. 그러자 오월 신축일에, 태숙은 共나라로 달아났다.
　　【帥(솔, shuài)】: 率. 거느리다. 통솔하다.
　　【叛(반, pàn)】: 배반하다. 반대하다.
　　【諸(제, zhū)】: 之於의 합음.

書曰:「鄭伯克段于鄢。」段不弟, 故不言弟; 如二君, 故曰克。
稱鄭伯, 譏失教也; 謂之鄭志, 不言出奔, 難之也。²¹
　遂寘姜氏于城潁, 而誓之曰:「不及黃泉, 無相見也。」旣而悔
之。²² 潁考叔爲潁谷封人, 聞之, 有獻於公, 公賜之食。²³ 食舍肉, 公問

【出奔(출분, chū bēn)】: 달아나다. 도망하다.
【共(공, gōng)】: [국명] 지금의 하남성 輝縣 일대.

21　書曰:「鄭伯克段于鄢。」段不弟, 故不言弟; 如二君, 故曰克。稱鄭伯, 譏失教也; 謂之鄭志, 不言出奔, 難之也。→《춘추》에:「鄭伯이 鄢지방에서 단을 물리쳤다.」라고 했다. 단이 공손하지 못했기 때문에, 그래서 아우라 호칭하지 않았고; (형제가 형제 같지 않고) 마치 (적대적인) 두 임금 같았기 때문에, 그래서「물리치다」라고 했다. (장공을) 정백이라 칭한 것은, (아우를) 잘못 가르쳤음을 비난한 것이고; 이를 (아우를 죽이려는) 정백의 뜻이라 여겨, (공숙단이) 달아난 사실에 대해 언급하지 않은 것은, 鄭莊公을 비난한 것이다.
【書(서, shū)】: 책. 여기서는《春秋》를 가리킨다.
【不弟(부제, bù tì)】: 공손하지 못하다. 【弟】: 悌. 공손하다. 공경하다.
【不言弟(불언제, bù yán dì)】: 아우라 호칭하지 않다.
【譏(기, jī)】: 비난하다. 나무라다.
【失敎(실교, shī jiào)】: 교육을 잘못 받다. 여기서는「잘못 가르치다」의 뜻.
【謂(위, wèi)】: …라고 여기다. …라고 생각하다.
【鄭志(정지, zhèng zhì)】: 鄭莊公의 뜻. 즉「정장공이 아우 段을 죽이려는 뜻」.
【難(난, nán)】: 비난하다. 꾸짖다.
【之(지, zhī)】: [대명사] 그. 즉「鄭莊公」.

22　遂寘姜氏于城潁, 而誓之曰:「不及黃泉, 無相見也。」旣而悔之。→ 그리하여 (장공이) 어머니 강씨를 城潁에 유폐시키고, 아울러 어머니에게 맹세하여 말하길:「황천에 이르기 전에는, 서로 만나는 일이 없을 것이오!」라고 했다. 얼마 후, (장공은) 그것을 후회했다.
【遂(수, suì)】: 그리하여. 이에.
【寘(치, zhì)】: 置. 두다. 안치하다. 여기서는「유폐시키다」의 뜻.
【城潁(성영, chéng yǐng)】: [지명] 지금의 하남성 臨潁縣 서북쪽.
【旣而(기이, jì ér)】: 얼마 후.
【悔(회, huǐ)】: 후회하다. 뉘우치다.
【之(지, zhī)】: [대명사] 그것. 즉「어머니에게 맹세한 말」.

23　潁考叔爲潁谷封人, 聞之, 有獻於公, 公賜之食。→ 潁考叔은 潁谷의 封人을 지내고 있었는데, 그 소문을 듣고, 장공에게 바칠 것이 있다는 핑계로 장공을 배알하여, 장공이 그에게 음식을 베풀었다.

之。對曰:「小人有母, 皆嘗小人之食矣, 未嘗君之羹, 請以遺之。」²⁴
公曰:「爾有母遺, 繄我獨無。」²⁵ 潁考叔曰:「敢問何謂也?」²⁶ 公語之
故, 且告之悔。²⁷ 對曰:「君何患焉? 若闕地及泉, 隧而相見, 其誰曰

  【潁考叔(영고숙, yǐng kǎo shú)】: [인명] 鄭나라의 대부.
  【爲(위, wéi)】: 지내다.
  【潁谷(영곡, yǐng gǔ)】: [지명] 지금의 하남성 登封縣 서쪽.
  【封人(봉인, fēng rén)】: [관직명] 변방을 다스리던 관리.
  【聞之(문지, wén zhī)】: 그 소문을 듣다.【之】: [대명사] 그것. 즉「莊公이 어머니에게 맹
    세한 말을 후회한다는 소문」.
  【獻(헌, xiàn)】: (선물 등을) 바치다. 헌상하다.
  【賜之(사지, sì zhī)】: 그에게 베풀다.【之】: [대명사] 그. 즉「영고숙」.

24 食舍肉, 公問之。對曰:「小人有母, 皆嘗小人之食矣, 未嘗君之羹, 請以遺之。」→ (영고숙
  이) 음식을 먹으면서 고기를 제쳐두고 먹지 않자, 장공이 그 이유를 물었다. 이에 영고
  숙이 대답했다 :「저는 어머니가 계시는데, 제가 먹어본 음식은 다 맛을 보셨지만, 임금
  님의 고깃국은 아직 맛을 보지 못하셨습니다. 청컨대 이 음식을 어머니께 갖다 드리도
  록 허락해 주십시오.」
  【食(식, shí)】: [동사] (음식을) 먹다.
  【舍(사, shě)】: 捨. 버리다. 여기서는「제쳐두고 먹지 않는 것」을 말한다.
  【之(지, zhī)】: [대명사] 그것. 즉「고기를 먹지 않고 제쳐둔 이유」.
  【小人(소인, xiǎo rén)】: [겸칭] 저.
  【嘗(상, cháng)】: 맛보다.
  【羹(갱, gēng)】: 고깃국.
  【以(이, yǐ)】: 以(之). 그것을. 즉「그 음식을」.
  【遺之(유지, wèi zhī)】: 어머니에게 드리다.【之】: [대명사] 그. 즉「어머니」.

25 公曰:「爾有母遺, 繄我獨無。」→ 장공이 말했다 :「그대는 음식을 갖다 드릴 어머니가
  계시지만, 나는 유독 어머니가 안 계시오.」
  【爾(이, ěr)】: 너. 당신. 그대.
  【繄(예, yì)】: 문구의 앞에 놓이는 어조사.
  【獨(독, dú)】: 유독. 유달리.

26 潁考叔曰:「敢問何謂也?」→ 영고숙이 말했다 :「감히 여쭙건대 무슨 말씀이십니까?」

27 公語之故, 且告之悔。→ 장공이 그에게 연유를 설명하고 나서, 또한 그에게 (자신이 그
  렇게 한 것을) 후회한다고 말했다.
  【語(어, yù)】: [동사] 말하다. 설명하다.
  【之(지, zhī)】: [대명사] 그. 즉「영고숙」.
  【故(고, gù)】: 연유. 이유.
  【且(차, qiě)】: 또한.

不然?」公從之。²⁸

公入而賦:「大隧之中, 其樂也融融!」²⁹ 姜出而賦:「大隧之外, 其樂也泄泄!」遂爲母子如初。³⁰

君子曰:「潁考叔, 純孝也, 愛其母, 施及莊公。《詩》曰:『孝子不匱, 永錫爾類。』其是之謂乎!」³¹

---

28 對曰:「君何患焉? 若闕地及泉, 隧而相見, 其誰曰不然?」公從之。→ (이에 영고숙이) 대답하여:「임금님께서는 무엇을 걱정하십니까? 만일 지하의 샘물에 이르기까지 땅을 파내려가, 굴속에서 만나시면, 어찌 누가 맹세를 어겼다고 말하겠습니까?」라고 하자, 장공이 그의 말을 따랐다.
※ 장공이 자기 어머니에게「黃泉에 이르기 전에는 서로 만나는 일이 없을 것이오.」라고 말한 후 이를 후회하자, 영고숙이 땅속의 물도 황천이니 땅을 파내려가 지하 굴속에서 만난다 해도 맹세를 어긴 것이 아니라고 제안하여, 장공이 이를 실행에 옮긴 것이다.
【患(환, huàn)】: 걱정하다. 우려하다.
【焉(언, yān)】: [어조사].
【若(약, ruò)】: 만일. 만약.
【闕(궐, quē)】: 掘. 파다.
【隧(수, suì)】: 터널. 굴. 여기서는 동사 용법으로「굴속에 들어가다」의 뜻.
【其(기, qí)】: 대명사 앞이나 뒤에 놓여「其誰‧其孰‧誰其‧此其‧彼其‧夫其‧是其‧何其‧曷其‧胡其」등을 구성한다. 번역할 필요가 없다.
【不然(불연, bù rán)】: 그렇지 않다. 즉「맹세를 어기다」의 뜻.

29 公入而賦:「大隧之中, 其樂也融融!」→ 장공이 땅굴 속으로 들어가 시를 읊었다:「땅굴 속에 들어오니, 즐거움이 넘치는구나!」
【賦(부, fù)】: 賦詩. 시를 읊다.
【融融(융융, róng róng)】: 화기애애한 모습. 매우 즐거운 모습.

30 姜出而賦:「大隧之外, 其樂也泄泄!」遂爲母子如初。→ 강씨가 굴을 나와 시를 읊었다:「땅굴 밖에 나오니, 여기도 즐거움이 넘치는구나!」그리하여 모자가 처음처럼 가까워졌다.
【泄泄(예예, yì yì)】: [쾌락한 모양] 즐거움이 넘쳐흐르다.

31 君子曰:「潁考叔, 純孝也, 愛其母, 施及莊公。《詩》曰:『孝子不匱, 永錫爾類。』其是之謂乎!」→ 君子가 말했다:「영고숙은 진정한 효자이다. 어머니를 사랑하는 마음이, 장공에게까지 영향을 주었다.《시경》에「효자의 효심은 다함이 없으니, (하늘이) 영원히 당신과 같은 사람들에게 (복을) 나누어주리라.」라고 한 말은, 아마도 영고숙의 효심이 장공에게 미친 것을 두고 한 말이리라!」
【純(순, chǔn)】: 정성이 지극한. 진정한.

> 번역문

정장공(鄭莊公)이 언(鄢)에서 공숙단(共叔段)을 물리치다

당초 정무공(鄭武公)은 신(申)나라에서 아내를 맞았는데, 호칭을 무강(武姜)이라 했으며 장공(莊公)과 공숙단(共叔段)을 낳았다. 장공은 출생 시 난산으로 태어나 강씨(姜氏)를 놀라게 하여 그래서 이름을 오생(寤生)이라 했고, 이로 인해 장공을 미워했다. (강씨는) 공숙단을 사랑하여 그를 태자로 옹립하려 했다. 여러 차례 무공(武公)에게 간청했으나 무공이 허락하지 않았다. 장공이 즉위하자 (강씨는) 공숙단을 위해 제(制)지방에 봉해줄 것을 요청했다. 장공이 말했다 : 「제지방은 험악한 곳입니다. 괵숙(虢叔)도 그곳에서 죽었는데 다른 곳이라면 분부를 따르겠습니다.」 (강씨가 다시) 경(京)지방에 봉할 것을 청하여 (장공이) 공숙단으로 하여금 그곳에 살도록 하니 (사람들이) 공숙단을 경성태숙(京城大叔)이라 불렀다.

(이에 대해) 채중(祭仲)이 말했다 : 「(제후의) 도성(都城)이 3백 장(丈)을 넘으면 나라의 화근입니다. 선왕(先王)의 제도에 의하면, 큰 도성은 국도(國都)의 3분의 1을 초과할 수 없고, 중간 것은 5분의 1, 작은 것은 9분의 1을 넘어서는 안 됩니다. 지금의 경성(京城)은 규정에 맞지 않으니, 이는 선왕의 제도가 아니며 왕께서는 장차 감당하지 못할 것입니다.」 장공이 말했다 : 「강씨

【施及(이급, yì jí)】 : …에 까지 영향을 주다.
【《詩曰(시왈, shī yuē)》】 : ※ 인용한 구는 《詩經·大雅·旣醉》에 보인다.
【匱(궤, kuì)】 : 그치다. 다하다.
【錫(석, xí)】 : 주다.
【爾類(이류, ěr lèi)】 : 당신 같은 사람들.
【其(기, qí)】 : 아마도. 대체로.
【是之謂(시지위, shì zhī wèi)】 : 이를 두고 한 말. 즉「영고숙의 효심이 장공에게 미친 것을 두고 한 말」.

가 그렇게 하기를 원하니 (내가) 어찌해야 화를 피할 수 있겠소?」(채중이) 대답해 말했다 :「강씨(姜氏)가 언제 만족한 적이 있었습니까? 차라리 일찍 감치 조치를 취해 화근이 만연하지 못하게 하는 것이 낫습니다. 일단 만연하면 수습하기 어렵습니다. 덩굴풀조차도 제거하기 어렵거늘 하물며 임금이 총애하는 아우가 아닙니까?」장공이 말했다 :「옳지 않은 일을 많이 하면 반드시 멸망을 자초할 것이니 그대는 잠시 기다려 보시오.」

얼마 후 태숙(大叔)은 서부와 북부의 변방에 명을 내려 (장공의 관할에 속하면서) 자신의 관할에도 이중으로 속하게 했다. 공자(公子) 여(呂)가 말했다 :「한 나라는 양쪽에 귀속될 수 없는데, 임금께서는 장차 어찌하시렵니까? 태숙에게 주려고 한다면 저는 태숙을 섬기고자 청할 것이며, 만약 넘겨줄 것이 아니라면 그를 제거하여 민심의 변화가 일어나지 않도록 해야 합니다.」장공이 말했다 :「그럴 필요 없소. 장차 스스로 화를 부를 것이오.」

태숙이 또다시 양쪽에 속했던 지방을 거두어 자기의 영토로 삼고 늠연(廩延)에 이르기까지 확대해 나갔다. 자봉(子封)이 말했다 :「다스려야 합니다. 영토가 확장되면 장차 민심을 얻을 것입니다.」장공이 말했다 :「(임금에게) 의롭지 못하고 (형에게) 친근하지 못하면 영토가 넓다 해도 곧 붕괴될 것이오.」태숙이 성곽을 보수하고 군량을 모으고 장비와 무기를 정비하고 병사와 병거를 갖추어 정(鄭)나라의 도읍을 기습공격하려 하자 무강이 성문을 열어주려고 했다. 장공이 그 시기를 듣고 :「됐소.」라고 말했다. (장공이) 자봉(子封)에게 명하여 병거 200대를 거느리고 경성을 정벌했다. 경성 사람들이 모두 태숙단(大叔段)을 배반하여 태숙단이 언(鄢)지방으로 도망해 들어가자, 장공이 그를 언(鄢)에서 토벌했다. 그러자 오월 신축일에 태숙은 공(共)나라로 달아났다.

《춘추(春秋)》에 : 「정백(鄭伯)이 언(鄢)지방에서 단(段)을 물리쳤다.」라고 했다. 단이 공손하지 못했기 때문에 그래서 아우라 호칭하지 않았고, (형제가 형제 같지 않고) 마치 (적대적인) 두 임금 같았기 때문에, 그래서 「물리치다.」라고 했다. (장공을) 정백이라 칭한 것은 (아우를) 잘못 가르쳤음을 비난한 것이고, 이를 (아우를 죽이려는) 정백의 뜻이라 여겨 (공숙단이) 달아난 사실에 대해 언급하지 않은 것은 정장공(鄭莊公)을 비난한 것이다.

그리하여 (장공이) 어머니 강씨를 성영(城潁)에 유폐시키고, 아울러 어머니에게 맹세하여 말하길 : 「황천에 이르기 전에는 서로 만나는 일이 없을 것이오!」라고 했다. 얼마 후 (장공은) 그것을 후회했다. 영고숙(潁考叔)은 영곡(潁谷)의 봉인(封人)을 지내고 있었는데, 그 소문을 듣고 장공에게 바칠 것이 있다는 핑계로 장공을 배알하여 장공이 그에게 음식을 베풀었다. (영고숙이) 음식을 먹으면서 고기를 제쳐두고 먹지 않자, 장공이 그 이유를 물었다. 이에 영고숙이 대답했다 : 「저는 어머니가 계시는데, 제가 먹어본 음식은 다 맛을 보셨지만 임금님의 고깃국은 아직 맛을 보지 못하셨습니다. 청컨대 이 음식을 어머니께 갖다 드리도록 허락해 주십시오.」 장공이 말했다 : 「그대는 음식을 갖다 드릴 어머니가 계시지만 나는 유독 어머니가 안 계시오.」 영고숙이 말했다 : 「감히 여쭙건대, 무슨 말씀이십니까?」 장공이 그에게 연유를 설명하고 나서 또한 그에게 (자신이 그렇게 한 것을) 후회한다고 말했다. (이에 영고숙이) 대답하여 : 「임금님께서는 무엇을 걱정하십니까? 만일 지하의 샘물에 이르기까지 땅을 파내려가 굴속에서 만나시면 어찌 누가 맹세를 어겼다고 말하겠습니까?」라고 하자, 장공이 그의 말을 따랐다.

장공이 땅굴 속으로 들어가 시를 읊었다 : 「땅굴 속에 들어오니 즐거움이 넘치는구나!」 강씨가 굴을 나와 시를 읊었다 : 「땅굴 밖에 나오니 여기도 즐거움이 넘치는구나!」 그리하여 모자가 처음처럼 가까워졌다.
　군자(君子)가 말했다 :「영고숙은 진정한 효자이다. 어머니를 사랑하는 마음이 장공에게까지 영향을 주었다.《시경》에『효자의 효심은 다함이 없으니, (하늘이) 영원히 당신과 같은 사람들에게 (복을) 나누어주리라.』라고 한 말은, 아마도 영고숙의 효심이 장공에게 미친 것을 두고 한 말이리라!」

해제解題 및 본문 요지 설명

　본문은《좌전(左傳)·은공 원년(隱公 元年)》의 일부분으로, 춘추시대 초기 정장공(鄭莊公)과 그 아우 공숙단(共叔段)의 권력투쟁 과정에서 일어난 갈등이 결국 골육상쟁의 전쟁으로 비화한 통치계층 내부의 투쟁과 잔혹성을 기술한 것이다.
　내용은 네 단락으로 나눌 수 있는데, 첫째 단락에서는 무강(武姜)이 맏아들인 장공(莊公)을 미워하고 둘째 아들인 공숙단을 편애함으로써 야기된 모자와 형제간의 불화 원인을 말했고; 둘째 단락에서는 공숙단이 어머니의 비호하에 부단히 세력을 확장하면서 점차 야심을 드러내고, 이에 장공이 가식적으로 대응하면서 살기를 품고 있는 상황을 기술했고; 셋째 단락에서는 장공이 언(鄢)지방에서 아우 공숙단을 제압하는 과정을 기술했고; 마지막 단락에서는 장공이 원한으로 인해 어머니 강씨를 구금했다가 어머니에 대한 불효가 부담이 되어 후회하고 다시 모자(母子)의 정을 회복하는 과정을 기술했다.

002 주정교질(周鄭交質)
《左傳·隱公 三年》

작자

001 정백극단우언(鄭伯克段于鄢) 참조.

원문 및 주석

周鄭交質¹

鄭武公、莊公爲平王卿士.² 王貳于虢, 鄭伯怨王, 王曰 :「無之.」³

---

1 周鄭交質 → 周나라와 鄭나라가 인질을 교환하다
  【鄭(정, zhèng)】: 姬씨 姓의 나라로 지금의 하남성 新鄭縣 일대에 있던 周代의 제후국.
  【質(질, zhì)】: 인질. 볼모. ※인질은 대체로 왕자나 세자를 대상으로 삼았다.
2 鄭武公、莊公爲平王卿士. → 鄭나라의 武公과 莊公은 周나라 平王의 執政大臣을 지냈다.
  【平王(평왕, píng wáng)】: 周平王. 周의 천자.
  【卿士(경사, qīng shì)】: 執政大臣. ※정나라의 무공과 장공은 제후의 신분으로 周왕실의 실권을 장악했다.
3 王貳于虢, 鄭伯怨王, 王曰 :「無之.」→ 평왕이 (장공의 권력 증강을 우려하여) 권력의 절반을 虢公에게 나누어주려 하여, 정장공이 평왕을 원망하니, 평왕이 말하길 :「그런 일

故周鄭交質, 王子狐爲質於鄭, 鄭公子忽爲質於周。⁴

王崩, 周人將畀虢公政。⁵ 四月, 鄭祭足帥師取溫之麥; 秋, 又取成周之禾。周鄭交惡。⁶

君子曰:「信不由中, 質無益也。⁷ 明恕而行, 要之以禮, 雖無有

없소.」라고 했다.
【貳(이, èr)】: 둘로 나누다. ※여기서는 鄭莊公의 권력을 나누어 虢公에게 주려는 것을 뜻한다.
【虢(괵, guó)】: [국명] 괵나라. 여기서는 虢公을 가리킨다.

4 故周鄭交質, 王子狐爲質於鄭, 鄭公子忽爲質於周。→ 그래서 周나라와 鄭나라가 서로 인질을 교환했는데, 주나라는 왕자 狐를 정나라에 인질로 보내고, 정나라는 공자 忽을 주나라에 인질로 보냈다.
【王子狐(왕자호, wáng zǐ hú)】: [인명] 周平王의 아들 狐.
【公子忽(공자홀, gōng zǐ hū)】: [인명] 鄭莊公의 아들 忽. 후에 昭公으로 즉위했다.
※ 왕의 아들을 「王子」라 하고, 제후의 아들을 「公子」라 한다.

5 王崩, 周人將畀虢公政。→ 平王이 죽자, 주나라 사람들이 虢公에게 정권을 넘겨주려고 했다.
【崩(붕, bēng)】: 붕어하다. ※ 천자가 죽는 것을 말한다.
【周人(주인, zhōu rén)】: 周왕실의 사람들.
【畀(비, bì)】: 주다. 이양하다.
【政(정, zhèng)】: 정권.

6 四月, 鄭祭足帥師取溫之麥; 秋, 又取成周之禾。周鄭交惡。→ 4월에는, 정나라의 대부 祭足이 군사를 거느리고 周나라 溫지방의 보리를 탈취했고; 가을에는, 또 성주의 농작물을 약탈해 갔다. 그리하여 周나라와 鄭나라는 서로 증오하게 되었다.
【祭足(채족, zhài zú)】: [인명] 鄭나라의 대부 祭仲을 가리킨다. ※「祭」는 성씨로 쓰일 때 「채」로 읽는다.
【帥(솔, shuài)】: 率. 거느리다. 통솔하다.
【師(사, shī)】: 군사. 군대.
【溫(온, wēn)】: [지명] 周나라 지명. 지금의 하남성 溫縣 서남쪽.
【成周(성주, chéng zhōu)】: [지명] 周나라 지명. 지금의 하남성 洛陽市 동북쪽.
【禾(화, hé)】: 곡식. 여기서는 농작물을 가리킨다.
【交惡(교오, jiāo wù)】: 서로 증오하다.

7 君子曰:「信不由中, 質無益也。→ 군자가 말했다:「믿음이 마음으로부터 나오지 않으면, 인질만으로는 도움이 되지 못한다.
【君子(군자, jūn zǐ)】: 군자. 학문과 도덕을 겸비한 사람.
【由(유, yóu)】: …로부터. …에서.

質, 誰能間之?⁸ 苟有明信, 澗谿沼沚之毛, 蘋蘩蘊藻之菜, 筐筥錡釜之器, 潢汙行潦之水, 可薦於鬼神, 可羞於王公.⁹ 而況君子結二國之信, 行之以禮, 又焉用質?¹⁰ 《風》有《采蘩》、《采蘋》,《雅》有《行

【中(중, zhōng)】: 마음.

8 明恕而行, 要之以禮, 雖無有質, 誰能間之? → 서로 이해하고 양해하며 행동하고, 그것을 예로써 단속한다면, 설사 인질을 교환하지 않는다 해도, 누가 그들을 이간시킬 수 있겠는가?
【明恕(명서, míng shù)】: 서로 이해하고 양해하다.
【要(요, yāo)】: 단속하다.
【間(간, jiàn)】: [사동 용법] 이간시키다.

9 苟有明信, 澗谿沼沚之毛, 蘋蘩蘊藻之菜, 筐筥錡釜之器, 潢汙行潦之水, 可薦於鬼神, 可羞於王公. → 만일 서로 이해하고 믿음으로 대한다면, 계곡·시내·늪·작은 섬 등에서 자라는 풀이나, 부평초·흰쑥·붕어마름·말 등의 식물이나, 모가 난 광주리·둥그런 광주리·세발 달린 솥·다리 없는 가마솥 등의 기구, 흐르는 물·땅에 고인 물 할 것 없이 모두 귀신에게 올릴 수도 있고, 왕공에게 바칠 수도 있다.
【苟(구, gǒu)】: 만일. 만약.
【明信(명신, míng xìn)】: 서로 이해하고 믿음으로 대하다.
【澗(간, jiàn)】: 계곡.
【谿(계, xī)】: 시내.
【沼(소, zhǎo)】: 늪.
【沚(지, zhǐ)】: 물 가운데의 작은 섬.
【毛(모, máo)】: 풀.
【蘋蘩蘊藻(빈번온조, pín fán yùn zǎo)】: 네 가지의 나물 요리. 〖蘋〗: 부평초. 〖蘩〗: 흰쑥. 〖蘊〗: 붕어마름. 〖藻〗: 말 종류의 수초.
【菜(채, cài)】: 요리.
【筐筥(광거, kuāng jǔ)】: 광주리. ※모난 것을 「筐」, 둥근 것을 「筥」라 한다.
【錡釜(기부, qí fǔ)】: 솥. 다리가 있는 것을 「錡」, 다리가 없는 것을 「釜」라 한다.
【潢汙(황오, huáng wū)】: 고인 물.
【行潦(행료, xíng lǎo)】: 흐르는 물.
【薦(천, jiàn)】: (제사에) 바치다. 올리다.
【羞(수, xiū)】: 바치다. 헌상하다.
【王公(왕공, wáng gōng)】: 왕과 제후.

10 而況君子結二國之信, 行之以禮, 又焉用質? → 그런데 하물며 군자가 두 나라 간의 신의를 맺고, 예로써 행한다면, 또 어찌 인질이 필요하겠는가?
【而況(이황, ér kuàng)】: 하물며.
【焉(언, yān)】: 어찌.

葦》、《泂酌》, 昭忠信也。」[11]

> 번역문

주(周)나라와 정(鄭)나라가 인질을 교환하다

정(鄭)나라의 무공(武公)과 장공(莊公)은 주(周)나라 평왕(平王)의 집정대신(執政大臣)을 지냈다. 평왕이 (장공의 권력 증강을 우려하여) 권력의 절반을 괵공(虢公)에게 나누어주려 하여 정장공이 평왕을 원망하니 평왕이 말하길:「그런 일 없소.」라고 했다. 그래서 주(周)나라와 정(鄭)나라가 서로 인질을 교환했는데, 주나라는 왕자 호(狐)를 정나라에 인질로 보내고, 정나라는 공자 홀(忽)을 주나라에 인질로 보냈다.

평왕이 죽자, 주나라 사람들이 괵공에게 정권을 넘겨주려고 했다. 4월에는 정나라의 대부 채족(祭足)이 군사를 거느리고 주나라 온(溫)지방의 보리를 탈취했고, 가을에는 또 성주(成周)의 농작물을 약탈해 갔다. 그리하여 주나라와 정나라는 서로 증오하게 되었다.

【用(용, yòng)】: 필요하다.
11 《風》有《采蘩》、《采蘋》,《雅》有《行葦》、《泂酌》, 昭忠信也。」 → 《시경·국풍》에 《채번》·《채빈》이 있고, 《대아》에 《행위》·《형작》 시가 있는데, 모두가 충과 신의 도리를 밝힌 것이다.」
【《采蘩(채번, cǎi fán)》,《采蘋(채빈, cǎi pín)》】: 《詩經·國風·召南》의 시.
※ 이 시들은 부녀자가 들에서 나물을 채집하여 광주리에 담아 돌아와 솥에 삶는 등 제사 지내는 상황을 묘사했다.
【《行葦(행위, xíng wěi)》,《泂酌(형작, jiǒng zhuó)》】: 《詩經·大雅·生民之什》의 시.
※ 이 시들은 제사 향연을 묘사했다.
【昭(소, zhāo)】: 밝히다.

군자(君子)가 말했다 :「믿음이 마음으로부터 나오지 않으면 인질만으로는 도움이 되지 못한다. 서로 이해하고 양해하며 행동하고 그것을 예로써 단속한다면, 설사 인질을 교환하지 않는다 해도 누가 그들을 이간시킬 수 있겠는가? 만일 서로 이해하고 믿음으로 대한다면, 계곡·시내·늪·작은 섬 등에서 자라는 풀이나 부평초·흰쑥·붕어마름·말 등의 식물이나, 모가 난 광주리·둥그런 광주리·세 발 달린 솥·다리 없는 가마솥 등의 기구, 흐르는 물·땅에 고인 물 할 것 없이 모두 귀신에게 올릴 수도 있고 왕공(王公)에게 바칠 수도 있다. 그런데 하물며 군자가 두 나라 간의 신의를 맺고 예로써 행한다면 또 어찌 인질이 필요하겠는가?《시경(詩經)·국풍(國風)》에《채번(采繁)》·《채빈(采蘋)》이 있고,《대아(大雅)》에《행위(行葦)》·《형작(泂酌)》시가 있는데, 모두가 충(忠)과 신(信)의 도리를 밝힌 것이다.」

해제解題 및 본문 요지 설명

본문은《좌전(左傳)·은공 3년(隱公 三年)》의 일부분으로, 춘추시대 제후들의 분쟁과 귀족들의 권력투쟁으로 인해 왕실이 쇠락하는 상황을 묘사한 것이다.

예악(禮樂)이 쇠퇴하여 천하가 크게 혼란해지자, 주평왕(周平王)이 동천(東遷)한 이후에는 정(鄭)나라와 같은 종친국(宗親國)이나 정장공(鄭莊公)처럼 제후의 신분으로 주(周)왕실의 대신을 겸하고 있는 사람들까지 주(周)의 천자를 안중에 두지 않았다.

주평왕(周平王)은 정장공(鄭莊公)의 권력이 지나치게 강화되는 것을 막기 위해 권력의 절반을 괵공(虢公)에게 나누어주려고 시도하다가 정장공과의 사이에 일촉즉발의 위기를 초래했다.

  본문은 세 단락으로 나눌 수 있는데, 첫째 단락에서는 주평왕과 정장공이 신뢰 회복을 위해 상호 인질을 교환한 것에 대해 기술했고; 둘째 단락에서는 주평왕이 죽은 뒤 주나라 사람들이 괵공에게 정권을 넘겨주려 하고, 정나라가 두 차례에 걸쳐 주나라의 관할구역에 들어가 농작물을 약탈해 감으로써 두 나라의 관계가 악화된 상황을 기술했고; 마지막 단락에서는 군자의 평론을 통해, 두 나라가 분쟁을 해결하고 신뢰를 회복하기 위해서는 오로지 피차의 양해와 솔직한 태도, 그리고 정성을 다해 예의를 지키고 신의에 충실해야 비로소 가능할 수 있다는 견해를 밝혔다.

003 석작간총주우(石碏諫寵州吁)
《左傳·隱公 三年》

작 자

001 정백극단우언(鄭伯克段于鄢) 참조.

원문 및 주석

石碏諫寵州吁¹

衛莊公娶于齊東宮得臣之妹, 曰莊姜.² 美而無子, 衛人所爲賦

---

1 石碏諫寵州吁 → 州吁를 총애하는 것에 대해 石碏이 충간하다
 【石碏(석작, shí què)】: [인명] 衛나라의 대부.
 【諫(간, jiàn)】: 간하다. 충간하다.
 【寵(총, chǒng)】: 총애하다.
 【州吁(주우, zhōu xū)】: [인명] 衛莊公의 아들 이름.

2 衛莊公娶于齊東宮得臣之妹, 曰莊姜。→ 衛나라 莊公이 齊나라 태자 得臣의 여동생을 아내로 맞았는데, 이름을 莊姜이라 했다.
 【衛(위, wèi)】: [국명] 지금의 하북성 남부와 하남성 북부 일대에 있던 周代의 제후국. 姬씨 성의 나라로, 周武王의 아우 康叔의 봉지.

《碩人》也。³ 又娶于陳, 曰厲嬀, 生孝伯, 早死。其娣戴嬀, 生桓公, 莊姜以爲己子。⁴

公子州吁, 嬖人之子也。有寵而好兵, 公弗禁, 莊姜惡之。⁵

石碏諫曰:「臣聞愛子, 教之以義方, 弗納於邪。驕奢淫佚, 所

- 【莊公(장공, zhuāng gōng)】: 衛莊公. 23년간(B.C. 757-B.C. 735) 재위했다.
- 【娶(취, qǔ)】: 장가들다. 아내를 맞다.
- 【齊(제, qí)】: [국명] 지금의 산동성 북부와 하북성 남부에 걸쳐 있던 周代의 제후국. 姜씨 성의 나라로, 周武王이 太公望에게 내린 봉지.
- 【東宮(동궁, dōng gōng)】: 태자궁. 여기서는 태자를 가리킨다.
- 【得臣(득신, dé chén)】: [인명] 齊莊公의 태자. 일찍 죽어서 즉위하지 못했다.
- 【莊姜(장강, zhuāng jiāng)】: [인명] 莊은 남편의 시호를 따른 것이며, 姜은 자신의 성씨.
3 美而無子, 衛人所爲賦《碩人》也。→ 용모는 아름다웠지만 자식이 없었다. 그녀는 바로 衛나라 사람들이 지은《석인》이라는 시의 주인공이다.
   - 【賦(부, fù)】: (시를) 짓다.
   - 【《碩人(석인, shuò rén)》】:《詩經·衛風》중의 시. 衛나라 사람들이 어질고 미모가 뛰어난 莊姜이 자식이 없음을 안타깝게 여겨 그녀를 찬미하기 위해 지은 시라고 전한다.
4 又娶于陳, 曰厲嬀, 生孝伯, 早死。其娣戴嬀, 生桓公, 莊姜以爲己子。→ (장공은) 또 陳나라에서 아내를 맞았는데, 이름을 厲嬀라 했다. 그녀는 孝伯를 낳았으나, 일찍 세상을 떠났다. 여규의 여동생 戴嬀가, 桓公을 낳자, 장강은 이를 자기의 아들로 삼았다.
   - 【陳(진, chén)】: [국명] 지금의 하남성 淮陽 일대에 있던 周代의 제후국. 嬀씨 성의 나라.
   - 【厲嬀(여규, lì guī)】: [인명] 厲는 시호, 嬀는 陳나라의 성씨.
   - 【孝伯(효백, xiào bó)】: 衛莊公의 아들.
   - 【娣(제, dì)】: 옛날에 자매가 한 남자에게 함께 시집갔을 때, 동생을 가리켜「娣」라 했다.
   - 【戴嬀(대규, dài guī)】: [인명] 戴는 시호, 嬀는 陳나라의 성씨.
   - 【桓公(환공, huán gōng)】: 衛莊公의 아들로, 이름은 完.
   - 【以爲(이위, yǐ wéi)】: 以(之)爲. 이를 …로 삼다.
5 公子州吁, 嬖人之子也。有寵而好兵, 公弗禁, 莊姜惡之。→ 공자 주우는, (장공) 애첩의 자식이다. (장공의) 총애를 받으며 무기를 가지고 놀기를 좋아했는데, 장공은 이를 말리지 않았지만, 장강은 그를 매우 싫어했다.
   - 【嬖人(폐인, bì rén)】: 애첩.
   - 【好(호, hào)】: [동사] 좋아하다.
   - 【兵(병, bīng)】: 병기. 무기.
   - 【弗(불, fú)】: 不.
   - 【禁(금, jìn)】: 말리다. 금지하다. 못하게 하다.
   - 【惡(오, wù)】: 증오하다. 싫어하다. 미워하다.

自邪也。四者之來, 寵祿過也。⁶ 將立州吁, 乃定之矣; 若猶未也, 階之爲禍。⁷ 夫寵而不驕, 驕而能降, 降而不憾, 憾而能眕者, 鮮矣。⁸ 且夫賤妨貴, 少陵長, 遠間親, 新間舊, 小加大, 淫破義, 所謂六逆也。⁹

6 石碏諫曰:「臣聞愛子, 教之以義方, 弗納於邪。驕奢淫佚, 所自邪也。四者之來, 寵祿過也。→ 석작이 간하여 말했다:「저는 자식을 사랑하면, 그 자식을 정당한 도리로써 가르치고, 사악한 쪽으로 빠져들지 않게 해야 된다고 들었습니다. 교만하고 사치하고 음탕하고 방자한 것은, 모두가 사악하게 되는 근원입니다. 이 네 가지가 생겨나는 까닭은, 총애와 복록이 지나치기 때문입니다.
【義方(의방, yì fāng)】: 올바른 예의 규범. 정당한 도리.
【納(납, nà)】: 빠져들다.
【佚(일, yì)】: 방자하다. 방종하다.
【自(자, zì)】: 由. 원인. 까닭. 근원.
【來(래, lái)】: 생겨나다, 발생하다.
【寵祿(총록, chǒng lù)】: 총애와 복록.

7 將立州吁, 乃定之矣; 若猶未也, 階之爲禍。→ 장차 주우를 태자로 옹립할 생각이라면, 하루빨리 그것을 결정해야 하며; 만일 여전히 결정하지 않는다면, 그를 재앙의 길로 인도하게 될 것입니다.
【乃(내, nǎi)】: 곧. 바로. 하루빨리.
【若(약, ruò)】: 만일. 만약.
【猶(유, yóu)】: 여전히.
【階(계, jiē)】: 층계. 계단. 여기서는「이끌다, 인도하다」의 뜻.

8 夫寵而不驕, 驕而能降, 降而不憾, 憾而能眕者, 鮮矣。→ 대저 총애를 받으면서도 교만하지 않고, 교만하면서도 통제를 받을 줄 알고, 통제를 받을 줄 알면서도 남을 원망하지 않고, 남을 원망하면서도 자중할 줄 아는 사람은, 매우 드뭅니다.
【夫(부, fú)】: [발어사] 무릇, 대저.
【寵(총, chǒng)】: 총애를 받다.
【降(강, jiàng)】: 통제를 받다.
【憾(감, hàn)】: 원망하다.
【眕(진, zhěn)】: 자중하다. 자신을 억제하다.
【鮮(선, xiǎn)】: 드물다.

9 且夫賤妨貴, 少陵長, 遠間親, 新間舊, 小加大, 淫破義, 所謂六逆也。→ 또한 천민이 귀족의 일을 방해하고, 어린 사람이 나이 든 사람을 능멸하고, 사이가 소원한 사람이 친근한 사람을 이간시키고, 새로 온 사람이 오래된 사람을 이간시키고, 지위가 낮은 사람이 지위가 높은 사람을 억누르고, 음탕한 사람이 의로운 사람을 파괴하는 것이, 이른바 여섯 가지의 역행하는 일입니다.
【且夫(차부, qiě fú)】: 또한.

君義, 臣行, 父慈, 子孝, 兄愛, 弟敬, 所謂六順也。¹⁰ 去順效逆, 所以速禍也。¹¹ 君人者, 將禍是務去, 而速之, 無乃不可乎?」¹²

弗聽。其子厚與州吁遊, 禁之, 不可。桓公立, 乃老。¹³

【妨(방, fáng)】: 방해하다.
【陵(능, líng)】: 능멸하다.
【間(간, jiàn)】: 이간시키다.
【加(가, jiā)】: 억누르다.
【六逆(육역, liù nì)】: 여섯 가지의 역행하는 일.

10 君義, 臣行, 父慈, 子孝, 兄愛, 弟敬, 所謂六順也。→ 임금의 거동이 義에 부합하고, 신하가 임금의 명령에 복종하고, 아비가 자식에게 자애롭고, 자식이 부모에 효도하고, 형이 아우를 사랑하고, 아우가 형을 공경하는 것이, 이른바 여섯 가지의 순행하는 일입니다.
【六順(육순, liù shùn)】: 여섯 가지의 순행하는 일.

11 去順效逆, 所以速禍也。→ 순리를 버리고 역리를 따르는 것은, 화를 재촉하는 근본 원인입니다.
【去(거, qù)】: 버리다. 포기하다.
【效(효, xiào)】: 따르다. 모방하다.
【所以(소이, suǒ yǐ)】: 까닭. 원인.
【速禍(속화, sù huò)】: 화를 재촉하다. 【速】: 재촉하다. 불러들이다.

12 君人者, 將禍是務去, 而速之, 無乃不可乎?」→ 임금은, 반드시 재앙을 없애도록 힘써야 하는데, 그러나 지금 오히려 재앙을 불러들이고 있으니, 그러면 안 되는 일이지 않습니까?」
【將(장, jiāng)】: [부사] 반드시.
【禍是務去(화시무거, huò shì wù qù)】: 재앙을 없애도록 힘쓰다.
【之(지, zhī)】: [대명사] 그것. 즉「재앙」.
【無乃(무내, wú nǎi)…乎(호, hū)?】: …하지 않는가?

13 弗聽。其子厚與州吁遊, 禁之, 不可。桓公立, 乃老。→ (장공은 석작의 말을) 듣지 않았다. 석작의 아들 厚가 주우와 교유하여, 그것을 못하도록 말렸으나, 불가능한 일이었다. 衛桓公이 즉위하자, 석작은 곧 노령을 구실로 사직했다.
【遊(유, yóu)】: 사귀다. 교유하다. ※판본에 따라서는「遊」를「游」라 했다.
【桓公(환공, huán gōng)】: 衛桓公.
【乃(내, nǎi)】: 곧. 이내.
【老(로, lǎo)】: 노령을 구실로 사직하다.

> 번역문

주우(州吁)를 총애하는 것에 대해 석작(石碏)이 충간하다

위(衛)나라 장공(莊公)이 제(齊)나라 태자 득신(得臣)의 여동생을 아내로 맞았는데, 이름을 장강(莊姜)이라 했다. 용모는 아름다웠지만 자식이 없었다. 그녀는 바로 위(衛)나라 사람들이 지은 《석인(碩人)》이라는 시(詩)의 주인공이다. (장공은) 또 진(陳)나라에서 아내를 맞았는데, 이름을 여규(厲嬀)라 했다. 그녀는 효백(孝伯)을 낳았으나 일찍 세상을 떠났다. 여규의 여동생 대규(戴嬀)가 환공(桓公)을 낳자 장강(莊姜)은 이를 자기의 아들로 삼았다.

공자(公子) 주우(州吁)는 (장공) 애첩의 자식이다. (장공의) 총애를 받으며 무기를 가지고 놀기를 좋아했는데, 장공은 이를 말리지 않았지만 장강은 그를 매우 싫어했다.

석작(石碏)이 간하여 말했다 : 「저는 자식을 사랑하면 그 자식을 정당한 도리로써 가르치고 사악한 쪽으로 빠져들지 않게 해야 된다고 들었습니다. 교만하고 사치하고 음탕하고 방자한 것은 모두가 사악하게 되는 근원입니다. 이 네 가지가 생겨나는 까닭은 총애와 복록이 지나치기 때문입니다. 장차 주우를 태자로 옹립할 생각이라면 하루빨리 그것을 결정해야 하며, 만일 여전히 결정하지 않는다면 그를 재앙의 길로 인도하게 될 것입니다. 대저 총애를 받으면서도 교만하지 않고 교만하면서도 통제를 받을 줄 알고, 통제를 받을 줄 알면서도 남을 원망하지 않고 남을 원망하면서도 자중할 줄 아는 사람은 매우 드뭅니다. 또한 천민이 귀족의 일을 방해하고, 어린 사람이 나이 든 사람을 능멸하고, 사이가 소원한 사람이 친근한 사람을 이간시키고, 새로 온 사람이 오래된 사람을 이간시키고, 지위가 낮은 사람이 지위가 높은 사람을 억누르고, 음탕한 사람이 의로운 사람을 파괴하는 것이 이른바 여섯 가지의 역행하는 일입니다. 임금의 거동이 의(義)에 부합하고, 신하가 임금의 명령에 복종하고, 아비가 자식에게 자애롭고, 자식이 부모에 효도하고, 형이 아우를 사랑하고, 아우가 형을 공경하는 것이 이른바 여섯 가지의 순행하는 일입니다. 순리를 버리고 역리를 따르는 것은 화를 재촉하는 근본 원인입니다. 임금은 반드시 재앙을 없애도록 힘써야 하는데, 그러나 지금 오히려 재앙을 불러들이고 있으니 그러면 안 되는 일이지 않습니까?」

(장공은 석작의 말을) 듣지 않았다. 석작의 아들 후(厚)가 주우와 교유하여 그것을 못하도록 말렸으나 불가능한 일이었다. 위환공(衛桓公)이 즉위하자, 석작은 곧 노령을 구실로 사직했다.

해제解題 및 본문 요지 설명

본문은 《좌전(左傳)·은공 3년(隱公 三年)》의 일부분이다. 은공 4년(B.C. 719) 위(衛)나라 공자 주우(州吁)가 위환공(衛桓公)을 죽이고 스스로 군주가 되었는데, 본문은 이 일이 발생하기 이전의 사실을 기록한 것이다.

본문은 세 단락으로 나눌 수 있는데, 첫째 단락에서는 위장공(衛莊公)이 본부인 장강(莊姜)에게서 아들이 없고, 진(陳)나라에서 맞이한 여규(厲嬀) 소생의 효백(孝伯)이 요절하자, 애첩이 낳은 주우를 사랑함으로써 장강이 주우를 미워한 것에 대해 기술했고; 둘째 단락에서는 대부 석작(石碏)이 위장공에게 「자식을 지나치게 총애하면 교만하지 않은 법이 없고, 교만한 자식은 실패하지 않은 적이 없기 때문에, 자식에 대한 진정한 사랑은 원대한 안목을 가지고 도의(道義)로써 가르치고 인도해야만 사악한 길로 빠져들지 않는다.」는 것을 강조하면서, 이를 위해 하지 말아야 할 여섯 가지 일과 해야 할 여섯 가지 일을 열거한 것을 기술했고; 마지막 단락에서는 위장공이 석작의 말을 듣지 않자, 석작이 노령을 구실로 사직한 것을 기술했다.

본문에는 수록하지 않았지만, 노은공(魯隱公) 4년, 주우는 결국 위장공을 살해하고 스스로 군주가 되는 궁중의 대란을 초래했다.

004 장희백간관어(臧僖伯諫觀魚)
《左傳·隱公 五年》

작 자

001 정백극단우언(鄭伯克段于鄢) 참조.

원문 및 주석

臧僖伯諫觀魚[1]

春, 公將如棠觀魚者。臧僖伯諫曰 :[2] 「凡物不足以講大事, 其材

---

1 臧僖伯諫觀魚 → 장희백이 魯隱公의 고기잡이 구경에 대해 간하다
　【臧僖伯(장희백, zāng xī bó)】: 魯나라 공자 姬彄. 臧에 봉해졌으며, 시호는 「僖」.
　【諫(간, jiàn)】: 간하다. 충간하다.
　【魚(어, yú)】: 漁. 고기를 잡다. 여기서는 「고기잡이」를 말한다.
2 春, 公將如棠觀魚者。臧僖伯諫曰 : → 봄에, 魯나라 隱公이 棠지방으로 어부가 고기잡이 하는 것을 구경하러 가려고 했다. 그러자 장희백이 간하여 말했다 :
　【春(춘, chūn)】: 魯隱公 5년(B.C. 718) 봄.
　【公(공, gōng)】: 魯隱公. 11년간(B.C. 722-B.C. 712) 재위.
　【將(장, jiāng)】: (장차) …하려 하다.

46 고문관지古文觀止 역주 (1)

不足以備器用, 則君不擧焉.³ 君將納民於軌物者也. 故講事以度軌
量謂之軌, 取材以章物采謂之物.⁴ 不軌不物, 謂之亂政, 亂政亟行,
所以敗也.⁵ 故春蒐、夏苗、秋獮、冬狩, 皆於農隙以講事也.⁶ 三年

【如(여, rú)】: 往. 가다.
【棠(당, táng)】: [지명] 지금의 산동성 台縣 동북쪽.
【魚者(어자, yú zhě)】: 捕魚者. 고기잡이. 〖魚〗: 漁.

3 「凡物不足以講大事, 其材不足以備器用, 則君不擧焉。→ 「무릇 물건이 족히 (제사나 전쟁
등) 국가 大事를 강습하는 데 사용될 수 없고, 그 재료가 족히 (제기・병기 등) 유용한 기
물을 갖추는 데 사용될 수 없다면, 군주께서 친히 거동하실 필요가 없습니다.」
【足以(족이, zú yǐ)】: 족히 …할 수 있다. …하기에 충분하다.
【講(강, jiǎng)】: 익히도록 지도하다. 강습하다.
【大事(대사, dà shì)】: 국가 대사.
※ 옛날에 나라의 대사는 제사와 전쟁이다. 군주가 사냥을 할 수 있는 것은, 이를 빌어 무
예를 익히는 것이며, 곧 대사를 강습하는 것이다. 장희백의 말은 사냥과 고기잡이를
비교하여 사냥은 의미가 크지만 고기잡이는 아무 소용이 없다는 것을 강조한 것이다.
【材(재, cái)】: 재료. 여기서는 본문에서 예로 든 「날짐승의 가죽과 이빨、뼈와 깃털」 등을
가리킨다.
【備(비, bèi)】: 제조하다.
【器用(기용, qì yòng)】: 유용한 기구. 즉 「군용 장비」.
【擧(거, jǔ)】: 擧動하다. 여기서는 「고기잡이 구경」을 말한다.

4 君將納民於軌物者也. 故講事以度軌量謂之軌, 取材以章物采謂之物. → 임금은 백성들
을 거느려 법도와 禮制 안으로 인도하는 사람입니다. 그래서 大事를 강습하여 이로써 법
도의 정도를 가늠하는 것을 일컬어 「軌」라 하고; 재료를 취해 이로써 기물의 색채를 돋보
이게 하는 것을 일컬어 「物」이라고 합니다.
【將(장, jiāng)】: 거느리다. 인솔하다.
【納(납, nà)】: 인도하다. 끌어들이다.
【軌物(궤물, guǐ wù)】: 法度와 禮制.
【講事(강사, jiǎng shì)】: 大事를 강습하다.
【度(탁, duó)】: 재다. 가늠하다.
【軌量(궤량, guǐ liáng)】: 법도의 程度.
【章(장, zhāng)】: 彰. 밝히다. 드러내다. 돋보이게 하다.
【物采(물채, wù cǎi)】: 기물의 색채.

5 不軌不物, 謂之亂政, 亂政亟行, 所以敗也. → 「궤」도 아니고 「물」도 아닐 때, 이를 일러
「亂政」이라고 하며, 난정을 여러 차례 행하면, (나라가) 패망하는 원인입니다.
【亂政(난정, luàn zhèng)】: 정치를 어지럽히다. 어지러운 정치.
【亟(극, qì)】: 누차. 여러 차례.

권1 주문周文 **47**

而治兵, 入而振旅, 歸而飮至, 以數軍實.⁷ 昭文章, 明貴賤, 辨等列, 順少長, 習威儀也.⁸ 鳥獸之肉, 不登於俎, 皮革齒牙, 骨角毛羽, 不登於器, 則公不射, 古之制也.⁹ 若夫山林川澤之實, 器用之資, 皂隸

【所以(소이, suǒ yǐ)】: 원인. 까닭.
【敗(패, bài)】: 패망하다.

6 故春蒐、夏苗、秋獮、冬狩, 皆於農隙以講事也。→ 그래서 春蒐·夏苗·秋獮·冬狩 등 사계절의 사냥은, 모두 농한기에 軍事를 배워서 익히도록 강습하는 것입니다.
【蒐(수, sōu)】: 봄에 새끼를 배지 않은 짐승을 사냥하는 것.
【苗(묘, miáo)】: 여름철 농작물에 피해를 주는 짐승을 사냥하는 것.
【獮(선, xiǎn)】: 가을에 들판에 나가 사냥하는 것.
【狩(수, shòu)】: 겨울에 짐승을 에워싸 사냥하는 것.
【農隙(농극, nóng xì)】: 농한기. 농사일이 바쁘지 않은 때.
【事(사, shì)】: 일. 여기서는「軍事」를 가리킨다.

7 三年而治兵, 入而振旅, 歸而飮至, 以數軍實。→ 삼 년에 한 번씩 성 밖으로 나와 군대의 훈련을 실시하고, 훈련을 마치고 성으로 들어오면서 대오를 정돈하여, 돌아와 종묘에서 飮至 의식을 거행함으로써, 군대의 내실을 점검합니다.
【治兵(치병, chí bīng)】: 성 밖으로 나아가 군사 훈련을 실시하다.
【入(입, rù)】: 훈련을 마치고 성으로 들어오다.
【振旅(진려, zhèn lǚ)】: 대오를 정돈하다.
【飮至(음지, yǐn zhì)】: 음지 의식. 제후가 會盟·作戰 등에서 돌아와 종묘에 고하고 술을 마시며 축하하는 의식.
【數(수, shǔ)】: 점검하다.
【軍實(군실, jūn shí)】: 거마·병력·무기 등 군대의 내실.

8 昭文章, 明貴賤, 辨等列, 順少長, 習威儀也。→ 기물의 색깔과 무늬를 분명히 하고, 귀천을 명시하고, (상·하의) 등급을 구별하고, 늙은이와 젊은이의 차례를 안배하는 등은, 바로 威儀를 익히는 것입니다.
【昭(소, zhāo)】: 드러내 보이다. 밝히다. 나타내다.
【文章(문장, wén zhāng)】: 복장·軍旗 등의 색깔 무늬.
【等列(등렬, děng liè)】: 등급. 계급.
【威儀(위의, wēi yí)】: 위엄 있는 자태.

9 鳥獸之肉, 不登於俎, 皮革齒牙, 骨角毛羽, 不登於器, 則公不射, 古之制也。→ 새나 짐승의 고기가, 제사에 오르지 않고, 그 가죽과 이빨·뼈와 뿔과 털과 깃털이 (제기나 무기 등의) 기물에 쓰이지 않는다면, 임금께서 사냥할 때 쏘아 잡지 않는 것이, 예로부터 전해 오는 제도입니다.
【不登(부등, bù dēng)】: …에 오르지 않다. …에 쓰이지 않다.
【俎(조, zǔ)】: 제기. 종묘 제사에 쓰이는 도구. 여기서는「제사」를 가리킨다.

之事, 官司之守, 非君所及也。」¹⁰
　公曰:「吾將略地焉。」遂往。陳魚而觀之, 僖伯稱疾不從。¹¹
　書曰:「公矢魚于棠。」非禮也, 且言遠地也。¹²

【器(기, qì)】: (祭器나 武器 등의) 기물.

10 若夫山林川澤之實, 器用之資, 皁隷之事, 官司之守, 非君所及也。」→ 산림과 하천·연못에서 나오는 산물이나, 기물을 제조하는 데 쓰이는 것과 같은 그러한 재료는, 하인의 일이요, 관련 부서의 책임이지, 임금께서 친히 관여하실 바가 아닙니다.」
　【若夫(약부, ruò fú)】: …과 같은 그러한.
　【實(실, shí)】: 산물. 자원.
　【器用(기용, qì yòng)】: 기물.
　【資(자, zī)】: 재료. 자원.
　【皁隷(조례, zào lì)】: 하인.
　【官司(관사, guān sī)】: 관련 부서. 유관 기관.
　【守(수, shǒu)】: 책임. 임무.
　【及(급, jí)】: 이르다. 미치다. 여기서는「관여하다」의 뜻.

11 公曰:「吾將略地焉。」遂往。陳魚而觀之, 僖伯稱疾不從。→ 그러나 隱公은 :「나는 변경 지방을 순시하려는 것이오.」라고 말하고, 결국 떠났다. (은공이) 고기 잡는 기구를 설치하게 하고 고기 잡는 것을 구경하려 하자, 희백은 병을 핑계 대고 따라가지 않았다.
　【略地(약지, lüè dì)】: 변방 지역을 순시하다.
　【陳魚(진어, chén yú)】: 고기 잡는 기구를 설치하다.
　【之(지, zhī)】: [대명사] 그것. 즉「어부들이 고기를 잡는 것」.
　【稱疾(칭질, chēng jí)】: 병을 핑계 대다.

12 書曰:「公矢魚于棠。」非禮也, 且言遠地也。→《춘추》에 이르길:「隱公이 棠에 고기 잡는 기구를 설치했다.」라고 했는데, 이는 (은공의 행동이) 禮가 아니고, 또한 (임금이 가기에) 너무 먼 곳임을 지적한 것이다.
　【書(서, shū)】: 책. 여기서는《春秋》를 가리킨다.
　【矢(시, shǐ)】: 施. 벌여놓다. 설치하다.
　【非禮(비례, fēi lǐ)】: 예의가 아니다. 예에 부합하지 않다.
　【且(차, qiě)】: 또한. 아울러.

번역문

장희백(臧僖伯)이 노은공(魯隱公)의 고기잡이 구경에 대해 간하다

봄에 노(魯)나라 은공(隱公)이 당(棠)지방으로 어부가 고기잡이 하는 것을 구경하러 가려고 했다. 그러자 장희백이 간하여 말했다 :「무릇 물건이 족히 (제사나 전쟁 등) 국가 대사(大事)를 강습하는데 사용될 수 없고, 그 재료가 족히 (제기·병기 등) 유용한 기물을 갖추는데 사용될 수 없다면 군주께서 친히 거동하실 필요가 없습니다. 임금은 백성들을 거느려 법도와 예제(禮制) 안으로 인도하는 사람입니다. 그래서 대사를 강습하여 이로써 법도(法度)의 정도(程度)를 가늠하는 것을 일컬어 「궤(軌)」라 하고, 재료를 취해 이로써 기물의 색채를 돋보이게 하는 것을 일컬어 「물(物)」이라고 합니다. 「궤」도 아니고 「물」도 아닐 때, 이를 일러 「난정(亂政)」이라고 합니다. 「난정」을 여러 차례 행하면 (나라가) 패망하는 원인입니다. 그래서 춘수(春蒐)·하묘(夏苗)·추선(秋獮)·동수(冬狩) 등 사계절의 사냥은 모두 농한기에 군사(軍事)를 배워서 익히도록 강습하는 것입니다. 삼 년에 한 번씩 성 밖으로 나와 군대의 훈련을 실시하고, 훈련을 마치고 성으로 들어오면서 대오를 정돈하여, 돌아와 종묘에서 음지(飮至) 의식을 거행함으로써 군대의 내실을 점검합니다. 기물의 색깔과 무늬를 분명히 하고, 귀천을 명시하고, (상·하의) 등급을 구별하고, 늙은이와 젊은이의 차례를 안배하는 등은 바로 위의(威儀)를 익히는 것입니다. 새나 짐승의 고기가 제사에 오르지 않고 그 가죽과 이빨·뼈와 뿔과 털과 깃털이 (제기나 무기 등의) 기물에 쓰이지 않는다면 임금께서 사냥할 때 쏘아 잡지 않는 것이 예로부터 전해 오는 제도입니다. 산림과 하천·연못에서 나오는 산물이나 기물을 제조하는 데 쓰이는 것과 같은 그러한 재료는 하인의 일이요, 관련 부서의 책임이지, 임금께서 친히 관여하실 바가 아닙니다.」

 그러나 은공(隱公)은 :「나는 변경 지방을 순시하려는 것이오.」라고 말하고는 결국 떠났다. (은공이) 고기 잡는 기구를 설치하게 하고, 고기 잡는 것을 구경하려 하자 장희백(臧僖伯)은 병을 핑계 대고 따라가지 않았다.

 《춘추(春秋)》에 이르길 :「은공(隱公)이 당(棠)에 고기 잡는 기구를 설치했다.」라고 했는데, 이는 (은공의 행동이) 예(禮)가 아니고 또한 (임금이 가기에) 너무 먼 곳임을 지적한 것이다.

해제解題 및 본문 요지 설명

 본문은 《좌전(左傳)·은공 5년(隱公 五年)》의 일부분으로, 노은공(魯隱公)이 멀리 당(棠)지방으로 어민들의 고기잡이를 구경하고자 한 일에 대해, 장희백(臧僖伯)이 임금의 할 일로 부적합하다는 것을 간언한 내용이다.

 본문은 세 단락으로 나눌 수 있는데, 첫째 단락에서는 노은공이 어부들의 고기잡이를 구경 가려 하자, 노나라의 공자 장희백이「임금의 일거일동은 백성들에게 지대한 영향을 주기 때문에, 마땅히 예법에 부합하고 백성을 법도와 예법 제도 속으로 끌어들여야 하며, 이에 역행하는 상황이 자주 발생하면 그것이 바로 나라가 망하는 원인이라고 경고하면서, 국가 대사와 무관한 일에 임금이 사적으로 관여하는 것은 결코 바람직한 일이 아니다.」라는 요지로 노은공에게 간한 것을 기술했고; 둘째 단락에서는 노은공이 장희백의 충고를 듣지 않고 변경 지방을 순시한다는 구실로 고기잡이 구경을 떠난 것에 대해 기술했고; 마지막 단락에서는 《춘추》의 말을 인용하여 은공의 행동이 예(禮)에 적합하지 못하다는 것을 지적했다.

005 정장공계칙수신(鄭莊公戒飭守臣)
《左傳·隱公 十一年》

작 자

001 정백극단우언(鄭伯克段于鄢) 참조.

원문 및 주석

鄭莊公戒飭守臣[1]

秋七月, 公會齊侯、鄭伯伐許。庚辰, 傅于許。[2] 潁考叔取鄭伯之

---

1 鄭莊公戒飭守臣 → 정장공이 신하의 도리를 지키도록 훈계하다
   【鄭莊公(정장공, zhèng zhuāng gōng)】: 춘추시대 鄭나라의 군주.
   【戒飭(계칙, jiè chì)】: 훈계하다. 타이르다.
   【守臣(수신, shǒu chén)】: 신하의 도리를 지키다.

2 秋七月, 公會齊侯、鄭伯伐許。庚辰, 傅于許。 → 가을 칠월에, 魯나라 隱公이 齊나라 僖公・鄭나라 莊公과 회합하고 함께 許나라를 공격하기로 했다. 庚辰日에, (삼국의 군대가) 허나라에 바싹 다가갔다.
   【公(공, gōng)】: 여기서는 魯隱公을 가리킨다.
   【會(회, huì)】: 회동하다. 회합하다.

旗蝥弧以先登, 子都自下射之, 顚。³ 瑕叔盈又以蝥弧登, 周麾而呼曰:「君登矣!」鄭師畢登。⁴ 壬午, 遂入許, 許莊公奔衛。⁵ 齊侯以許讓公, 公曰:「君謂許不共, 故從君討之。許既伏其罪矣, 雖君有命, 寡人弗敢與聞。」乃與鄭人。⁶

【齊侯(제후, qí hóu)】: 제나라의 군주. 여기서는「齊僖公」을 가리킨다.
【鄭伯(정백, zhèng bó)】: 정나라의 제후. 여기서는「鄭莊公」을 가리킨다.
【伐(벌, fā)】: 치다. 공격하다.
【許(허, xǔ)】: [국명] 지금의 하남성 許昌 일대에 있던 周代의 제후국.
【傅(부, fù)】: 바싹 다가가다. 접근하다.

3 潁考叔取鄭伯之旗蝥弧以先登, 子都自下射之, 顚。 → 潁考叔이 鄭莊公의 모호기를 가지고 먼저 (성벽 위에) 올라갔는데, 子都가 성 아래에서 그를 쏘아, (영고숙이) 아래로 떨어졌다.
 ※ 鄭나라 군대가 출발하기 전, 정장공이 종묘에서 무기를 분배하는데, 이때 자도와 영고숙 간에 차량을 다툰 사건이 있었다. 이로 인해 자도가 영고숙에 대해 원한을 품고 있었다.
【潁考叔(영고숙, yǐng kǎo shū)】: [인명] 영고숙. 鄭나라 대부.
【取(취, qǔ)…以(이, yǐ)…】: …를 가지고 …하다.
【蝥弧(모호, máo hú)】: [깃발 이름] 蝥弧旗.
【子都(자도, zǐ dū)】: 鄭나라의 대부 公孫閼의 자.
【自(자, zì)】: …로부터.
【之(지, zhī)】: [대명사] 그. 즉「영고숙」.
【顚(전, diān)】: 떨어지다. 추락하다.

4 瑕叔盈又以蝥弧登, 周麾而呼曰:「君登矣!」鄭師畢登。 → 하숙영이 또 모호기를 가지고 올라가, 사방을 향해 깃발을 휘두르며:「임금님께서 (성 위에) 올라오셨다.」라고 외치자, 정나라 군대가 모두 (성 위로) 올라왔다.
【瑕叔盈(하숙영, xiá shū yíng)】: [인명] 鄭나라의 대부.
【周麾(주휘, zhōu huī)】: 사방을 향해 깃발을 휘두르다. 【麾】: 揮. 휘두르다.
【師(사, shī)】: 군대. 군사.
【畢(필, bì)】: 모두. 다.

5 壬午, 遂入許, 許莊公奔衛。→ 壬午日에, 마침내 許나라로 진격해 들어가니, 허장공은 衛나라로 달아났다.
【遂(수, suì)】: 마침내. 드디어.
【奔(분, bēn)】: 달아나다. 도망치다.
【衛(위, wèi)】: [국명] 지금의 하북성 남부와 하남성 북부 일대에 있던 周代의 제후국.

6 齊侯以許讓公, 公曰:「君謂許不共, 故從君討之。許既伏其罪矣, 雖君有命, 寡人弗敢與聞。」

鄭伯使許大夫百里奉許叔以居許東偏, 曰:「天禍許國, 鬼神
實不逞于許君, 而假手于我寡人。⁷ 寡人唯是一二父兄不能共億, 其
敢以許自爲功乎?⁸ 寡人有弟, 不能和協, 而使餬其口於四方, 其況

乃與鄭人。→ 齊侯가 許나라를 魯隱公에게 양보하려 하자, 魯隱公이:「군왕께서 허나라가 공물을 바치지 않는다고 했기 때문에, 그래서 군왕을 좇아 허나라를 토벌했습니다. 허나라가 이미 자신의 죄를 인정했으니, 비록 군왕의 분부가 있다 해도, 과인은 감히 따를 수가 없습니다.」라고 했다. 그리하여 (허나라를) 정나라에 주었다.
【齊侯(제후, qí hóu)】: 제나라의 군주. 여기서는 「齊僖公」을 가리킨다.
【公(공, gōng)】: 여기서는 「魯隱公」을 가리킨다.
【共(공, gōng)】: 供. 공물을 바치다.
【討(토, tǎo)】: 토벌하다. 정벌하다.
【伏其罪(복기죄, fú qí zuì)】: 자신의 죄를 인정하다.
【寡人(과인, guǎ rén)】: 寡德之人이란 뜻으로, 임금이 자신을 낮추어 부르는 말.
【弗敢(불감, fú gǎn)】: 不敢. 감히 …하지 못하다.
【與聞(여문, yù wén)】: 참여하여 듣다. 즉「따르다, 복종하다」의 뜻.【與】: 참여하다.
【乃(내, nǎi)】: 이에, 그리하여.
【與鄭人(여정인, yǔ zhèng rén)】: 정나라에 주다. 【與】: 주다. 【鄭人】: 정나라 사람. 여기서는「정나라」를 가리킨다.

7 鄭伯使許大夫百里奉許叔以居許東偏, 曰:「天禍許國, 鬼神實不逞于許君, 而假手于我寡人。→ 鄭莊公은 허나라 대부 百里로 하여금 許叔을 모시고 허나라 동쪽 변경 지방에 살도록 당부하면서, 말했다:「하늘이 허나라에 재앙을 내리고, 귀신도 분명히 허나라 군주에 대해 불만스럽게 생각하여, 나의 손을 빌려 그를 징벌한 것입니다.
【鄭伯(정백, zhèng bó)】: 정나라의 제후. 여기서는「鄭莊公」을 가리킨다.
【使(사, shǐ)】: 보내다. 파견하다.
【奉(봉, fèng)】: 모시다. 받들다.
【許叔(허숙, xǔ shū)】: 許莊公의 동생. 훗날의 許穆公.
【偏(편, piān)】: 변경 지방.
【禍(화, huò)】: 재앙을 내리다.
【實(실, shí)】: 분명히. 확실히.
【不逞于(불령우, bù chěng yú)】: …에 대해 달갑지 않게 여기다. …에 대해 불만스럽게 생각하다.「于」: [개사] 於. …에 대해.
【假(가, jiǎ)】: 借. 빌리다.

8 寡人唯是一二父兄不能共億, 其敢以許自爲功乎? → 과인은 다만 한두 사람의 일가붙이조차 편히 살게 해주지 못하고 있는데, 어찌 감히 허나라를 정벌한 것을 가지고 자신의 공으로 삼을 수 있겠습니까?
【唯是(유시, wéi shì)】: 다만. 겨우.

能久有許乎?⁹ 吾子其奉許叔以撫柔此民也, 吾將使獲也佐吾子。¹⁰
若寡人得沒于地, 天其以禮悔禍于許, 無寧茲許公復奉其社稷。¹¹

【父兄(부형, fù xiōng)】: 여기서는「同姓의 일가붙이」를 가리킨다.
【共億(공억, gōng yì)】: 편안함을 제공하다. 편안히 살게 해주다. 〖共〗: 供. 제공하다. 〖億〗: 安. 편안하다.
【其(기, qí)…乎(호, hū)?】: 豈…乎? 어찌 …하겠는가?
【以許(이허, yǐ xǔ)】: 허나라를 가지고. 여기서는「허나라 정벌한 것을 가지고.」의 뜻.
【爲功(위공, wéi gōng)】: 공으로 삼다.

9 寡人有弟, 不能和協, 而使餬其口於四方, 其況能久有許乎? → 그리고 과인은 아우가 있지만, 서로 화목하지 못하여, 그로 하여금 사방에서 기식하게 하고 있습니다. 그런데 어찌 더구나 허나라를 오래 점령할 수 있겠습니까?
【弟(제, dì)】: 아우. 여기서는「공숙단」을 가리킨다.
【和協(화협, hé xié)】: 서로 화목하다. 의좋게 지내다.
【使(사, shǐ)】: 使(之). 그로 하여금 …하게 하다.
【餬其口(호기구, hú qí kǒu)】: 기식하다. 걸식하다.
【四方(사방, sì fāng)】: 사방. 여기저기.
【其(기, qí)】: 豈. 어찌.
【況(황, kuàng)】: 하물며. 더구나.
【久有(구유, jiǔ yǒu)】: 오래 점령하다.

10 吾子其奉許叔以撫柔此民也, 吾將使獲也佐吾子。 → 그대가 만일 許叔을 모시고 이곳의 백성들을 위로해 준다면, 내가 조만간 公孫獲을 보내 그대를 도울 것이오.
【吾子(오자, wú zǐ)】: [상대방을 친하게 부르는 호칭] 그대. 당신.
【其(기, qí)】: 만일. 만약.
【撫柔(무유, fǔ róu)】: 위로하다. 위무하다.
【將(장, jiāng)】: (장차) …할 것이다.
【使(사, shǐ)】: 보내다. 파견하다.
【獲(획, huò)】: [인명] 公孫獲. 鄭나라의 대부.
【佐(좌, zuǒ)】: 보필하다. 돕다.

11 若寡人得沒于地, 天其以禮悔禍于許, 無寧茲許公復奉其社稷。 → 만일 과인이 죽어서 이 땅에 묻힐 수 있고, 하늘이 혹여 예로써 허나라에 재앙 내린 것을 뉘우친다면, 차라리 許莊公으로 하여금 다시 그 사직을 받들도록 하는 편이 낫습니다.
【若(약, ruò)】: 만일. 만약.
【得(득, dé)】: 能. …할 수 있다.
【沒于地(몰우지, mò yú dì)】: 죽어서 땅에 묻히다. 〖于〗: [개사] 於. …에.
【其(기, qí)】: 혹시. 혹여.
【悔(회, huǐ)】: 후회하다. 뉘우치다.
【無寧(무녕, wú níng)】: (…하는 것보다) 차라리 …하는 편이 낫다.

唯我鄭國之有請謁焉, 如舊昏媾, 其能降以相從也; 無滋他族實偪處此, 以與我鄭國爭此土也。¹² 吾子孫其覆亡之不暇, 而況能禋祀許乎?¹³ 寡人之使吾子處此, 不唯許國之爲, 亦聊以固吾圉也。¹⁴

【茲(자, zī)】: 使. …로 하여금 …하게 하다. ※「茲(cí)」를 지시대명사로 보아「此. 이」로 풀이하기도 한다.
【許公(허공, xǔ gōng)】: 許莊公.
【奉其社稷(봉기사직, fènf qí shè jì)】: 그 사직을 받들다. 즉「그 나라를 다스리다」의 뜻.
〖社稷〗:「社」는 본래 地神이고「稷」은 穀神이나, 지신과 곡신을 제사하는 장소 역시 社稷이라 했다. 당시 나라를 건립하면 반드시 社稷을 설치하기 때문에 社稷은, 곧「국가. 조정」을 상징하는 말로 사용되었다.

12 唯我鄭國之有請謁焉, 如舊昏媾, 其能降以相從也; 無滋他族實偪處此, 以與我鄭國爭此土也。→ 다만 우리 鄭나라가 요구하는 것이 있다면, 마치 오랜 친척을 대하는 것처럼, 허나라가 자신의 격을 낮추어 따라주기를 바라고; 또한 다른 민족이 이곳에 가까이 다가와 살며 세력을 확장하여, 우리 정나라와 이 땅을 다투는 일이 없도록 하는 것이오.
【唯(유, wéi)】: 다만.
【請謁(청알, qǐng yè)】: 요청하다. 요구하다.
【昏媾(혼구, hūn gòu)】: 혼인하다. 여기서는 친척 관계를 말한다. 〖昏〗: 婚.
【其(기, qí)】: [대명사] 그. 즉「許나라」.
【降以相從(강이상종, jiàng yǐ xiāng cóng)】: 자신을 굽히고 따르다. 자신의 격을 낮추어 따라주다.
【無(무, wú)】: …하지 않도록 하다.
【滋(자, zī)】: 번식하다. 번성하다. 여기서는「세력이 확장되다」의 뜻.
【他族(타족, tā zú)】: 다른 민족. 여기서는 다른 나라를 가리킨다.
【實(실, shí)】: 정착하다.
【偪(핍, bī)】: 逼. 가까이 다가가다.
【處此(처차, chǔ cǐ)】: 여기에서 살다. 〖此〗: 여기. 이곳. 이 땅. 즉「변경 지역」.

13 吾子孫其覆亡之不暇, 而況能禋祀許乎? → 나의 자손들이 자신의 존망을 돌볼 겨를도 없는데, 하물며 허나라의 제사를 대신 지내줄 수 있겠습니까?
【覆亡(복망, fù wáng)】: 존망을 돌보다. 〖覆〗: 덮다. 여기서는「돌보다」의 뜻. 〖亡〗: 멸망하다. 여기서는「존망」을 뜻한다.
【暇(하, xiá)】: 여가. 겨를. 틈.
【禋祀(인사, yīn sì)】: 제사 지내다. ※ 여기서는「대신 제사 지내다」, 즉「그 나라를 점령하여 다스리다」의 뜻.

14 寡人之使吾子處此, 不唯許國之爲, 亦聊以固吾圉也。→ 과인이 그대로 하여금 이곳에 거주하도록 하는 까닭은, 비단 허나라를 위한 것일 뿐만 아니라, 또한 우선 이로써 우리의 변방을 튼튼히 하려는 것입니다.」

乃使公孫獲處許西偏, 曰:「凡而器用財賄, 無實于許; 我死, 乃亟去之。¹⁵ 吾先君新邑於此, 王室而旣卑矣, 周之子孫日失其序。¹⁶ 夫許, 大岳之胤也。天而旣厭周德矣, 吾其能與許爭乎?」¹⁷

【不唯(불유, bù wéi)…亦(역, yì)…】: [관용어] …뿐만 아니라 또한 ….
【許國之爲(허국지위, xǔ guó zhī wèi)】: 허나라를 위한 것.
【聊(료, liáo)】: 잠시. 우선.
【以(이, yǐ)】: 以(之). 이로써. 이렇게 함으로써.
【固(고, gù)】: 공고히 하다. 튼튼히 하다.
【圉(어, yǔ)】: 변방.

15 乃使公孫獲處許西偏, 曰:「凡而器用財賄, 無實于許; 我死, 乃亟去之。→ 그리하여 (鄭莊公은) 공손획을 파견하여 허나라 서쪽 변방에 살도록 하고 나서, 말했다 :「무릇 당신의 기물과 재화는, 허나라에 두지 말고; 내가 죽거든, 당신은 서둘러 허나라를 떠나시오.
【乃(내, nǎi)】: 앞의「乃」는 연사로「이에, 그리하여」의 뜻이고, 뒤의「乃」는 대명사로「너, 당신」의 뜻.
【凡(범, fán)】: 대저. 무릇.
【而(이, ér)】: 爾. 너. 당신. 그대.
【器用(기용, qì yòng)】: 기구. 기물.
【財賄(재회, cái huì)】: 재물. 재화.
【實(치, zhì)】: 두다.
【亟(극, jí)】: 서둘러. 재빨리.
【去(거, qù)】: 떠나다.
【之(지, zhī)】: [대명사] 그곳. 즉「許나라」.

16 吾先君新邑於此, 王室而旣卑矣, 周之子孫日失其序。→ 나의 先君께서 이곳에 새로 도읍을 건설했는데, 周王室은 이미 쇠하고, 周나라의 자손도 나날이 그 조상의 유업을 잃어가고 있습니다.
【先君(선군, xiān jūn)】: 先王. 이전의 임금. 여기서는「鄭莊公의 부친인 鄭武公」을 가리킨다.
【新邑(신읍, xīn yì)】: 새로 도읍을 건설하다.
※鄭나라는 본래 지금의 섬서성 華縣에 있다가, 정무공이 즉위한 후, 新鄭[지금의 하남성 新鄭縣]으로 천도했는데, 아들인 鄭莊公 때 멸망했다.
【卑(비, bēi)】: 쇠하다. 쇠미하다.
【序(서, xù)】: 조상의 遺業.

17 夫許, 大岳之胤也。天而旣厭周德矣, 吾其能與許爭乎?」→ 대저 허나라는, 大岳의 후예입니다. 하늘이 이미 周왕조를 싫어하여 버렸는데, 우리가 어찌 허나라와 다툴 수 있겠습니까?」
【夫(부, fú)】: [발어사] 무릇. 대저.

君子謂:「鄭莊公於是乎有禮。禮, 經國家, 定社稷, 序民人, 利後嗣者也。¹⁸ 許無刑而伐之, 服而舍之, 度德而處之, 量力而行之, 相時而動, 無累後人, 可謂知禮矣。」¹⁹

【大岳(태악, tài yuè)】: 태악. 【大】: 太.
※ 전설에 의하면, 堯舜시대 四方 부락의 수령으로 성은 姜씨. 許나라 역시 姜氏임으로, 그래서 정장공이 허나라를 大岳의 후예라 한 것이다. 또 일설에는 「大岳」을 「神農氏」라고도 한다.
【胤(윤, yìn)】: 후예. 후손.
【厭(염, yàn)】: 싫어하여 버리다.
【周德(주덕, zhōu dé)】: 周나라의 덕. 즉 「周왕조」.
【其(기, qí)】: 豈. 어찌.

18 君子謂:「鄭莊公於是乎有禮。禮, 經國家, 定社稷, 序民人, 利後嗣者也。→ 군자가 말했다:「정장공은 이 일에 있어서 禮를 갖추었다. 예라는 것은, 나라를 다스려, 사회를 안정시키고, 백성들의 질서를 확립하여, 후손을 이롭게 하는 것이다.
【君子(군자, jūn zǐ)】: 학문과 도덕을 갖춘 사람의 통칭.
【是(시, shì)】: [대명사] 이. 이 일. 즉 「許나라에 대한 처사」.
【經(경, jīng)】: 다스리다.
【序(서, xù)】: 질서를 확립하다.
【利(리, lì)】: [사동 용법] 이롭게 하다.
【後嗣(후사, hòu sì)】: 후대. 후손.

19 許無刑而伐之, 服而舍之, 度德而處之, 量力而行之, 相時而動, 無累後人, 可謂知禮矣。」→ 허나라가 법도를 준수하지 않아 그들을 토벌했지만, (허나라가) 그 죄를 인정하자 용서했다. 자신의 덕행을 헤아려 처리하고, 자신의 능력을 가늠하여 실행했으며, 시기를 잘 포착하여 행동을 취하고, 후손들에게 누를 끼치지 않았으니, 가히 禮를 안다고 할 수 있다.」
【無刑(무형, wú xíng)】: 법도를 위반하다. 규정을 지키지 않다. 【刑】: 법도. 규정.
【服(복, fú)】: 죄를 인정하다.
【舍(사, shě)】: 개의하지 않다. 용서하다.
【度(탁, duó)】: 헤아리다.
【量(량, liáng)】: 재다. 가늠하다.
【相時(상시, xiàng shí)】: 때를 보다. 시기를 포착하다.
【累(누, lèi)】: 누를 끼치다.

> 번역문

정장공(鄭莊公)이 신하의 도리를 지키도록 훈계하다

 가을 칠월에 노(魯)나라 은공(隱公)이 제(齊)나라 희공(僖公)·정(鄭)나라 장공(莊公)과 회합하고 함께 허나라를 공격하기로 했다. 경진일(庚辰日)에 (삼국의 군대가) 허(許)나라에 바싹 다가갔다. 영고숙(潁考叔)이 정장공(鄭莊公)의 모호기(蝥弧旗)를 가지고 먼저 (성벽 위에) 올라갔는데, 자도(子都)가 성 아래에서 그를 쏘아 (영고숙이) 아래로 떨어졌다. 하숙영(瑕叔盈)이 또 모호기를 가지고 올라가 사방을 향해 깃발을 휘두르며 :「임금님께서 (성 위에) 올라오셨다.」라고 외치자, 정(鄭)나라 군대가 모두 (성 위로) 올라왔다. 임오일(壬午日)에 마침내 허(許)나라로 진격해 들어가니 허장공(許莊公)은 위(衛)나라로 달아났다. 제후(齊侯)가 허나라를 노은공(魯隱公)에게 양보하려 하자, 노은공이 :「군왕께서 허나라가 공물을 바치지 않는다고 했기 때문에, 그래서 군왕을 쫓아 허나라를 토벌했습니다. 허나라가 이미 자신의 죄를 인정했으니, 비록 군왕의 분부가 있다 해도 과인은 감히 따를 수가 없습니다.」라고 했다. 그리하여 (허나라를) 정나라에 주었다.

 정장공은 허나라 대부 백리(百里)로 하여금 허숙(許叔)을 모시고 허나라 동쪽 변경 지방에 살도록 당부하면서 말했다 :「하늘이 허나라에 재앙을 내리고 귀신도 분명히 허나라 군주에 대해 불만스럽게 생각하여 나의 손을 빌려 그를 징벌한 것입니다. 과인은 다만 한두 사람의 일가붙이조차 편히 살게 해주지 못하고 있는데, 어찌 감히 허나라를 정벌한 것을 가지고 자신의 공으로 삼을 수 있겠습니까? 그리고 과인은 아우가 있지만 서로 화목하지 못하여, 그로 하여금 사방에서 기식하게 하고 있습니다. 그런데 어찌 더구나 허나라를 오래 점령할 수 있겠습니까? 그대가 만일 허숙을 모시고 이곳의 백성들을 위로해 준다면 내가 조만간 공손획(公孫獲)을 보내 그대를 도울 것이오. 만일 과인이 죽어서 이 땅에 묻힐 수 있고, 하늘이 혹여 예로써 허나라에 재앙 내린 것을 뉘우친다면, 차라리 허장공(許莊公)으로 하여금 다시 그 사직을 받들도록 하는 편이 났습니다. 다만 우리 정나라가 요구하는 것이 있다면 마치 오랜 친척을 대하는 것처럼 허나라가 자신의 격을 낮추어 따라주기를 바라고, 또한 다른 민족이 이곳에 가까이 다가와 살며 세력을 확장하여, 우리 정나라와 이 땅을 다투는 일이 없도록 하는 것이오. 나의 자손들이 자신의 존망을 돌볼 겨를도 없는데, 하물며 허나라의 제사를 대신 지내줄 수 있겠습니까? 과인이 그대로 하여금 이곳에 거주하도록 하는 까닭은 비단 허나라를 위한 것일 뿐만 아니라 또한 우선 이로써 우리의 변방을 튼튼히 하려는 것입니다.」

그리하여 (정장공은) 공손획을 파견하여 허나라 서쪽 변방에 살도록 하고 나서 말했다 : 「무릇 당신의 기물과 재화는 허나라에 두지 말고, 내가 죽거든 당신은 서둘러 허나라를 떠나시오. 나의 선군(先君)께서 이곳에 새로 도읍을 건설했는데, 주왕실(周王室)은 이미 쇠하고 주(周)나라의 자손도 나날이 그 조상의 유업을 잃어가고 있습니다. 대저 허나라는 태악(大岳)의 후예입니다. 하늘이 이미 주왕조(周王朝)를 싫어하여 버렸는데 우리가 어찌 허나라와 다툴 수 있겠습니까?」

군자(君子)가 말했다 : 「정장공(鄭莊公)은 이 일에 있어서 예(禮)를 갖추었다. 예(禮)라는 것은 나라를 다스려 사회를 안정시키고 백성들의 질서를 확립하여 후손을 이롭게 하는 것이다. 허나라가 법도를 준수하지 않아 그들을 토벌했지만 (허나라가) 그 죄를 인정하자 용서했다. 자신의 덕행을 헤아려 처리하고 자신의 능력을 가늠하여 실행했으며, 시기를 잘 포착하여 행동을 취하고 후손들에게 누를 끼치지 않았으니, 가히 예(禮)를 안다고 할 수 있다.」

해제解題 및 본문 요지 설명

 본문은 《좌전(左傳)·은공 11년(隱公 十一年)》의 일부분으로, 제(齊)·노(魯)·정(鄭) 세 나라가 연합하여 허(許)나라를 공격해 들어가 허장공(許莊公)이 위(衛)나라로 달아나고, 제·노 두 나라가 허나라에 대한 관할권을 서로 사양하여 정나라에 관할권이 돌아오자, 정장공(鄭莊公)이 허나라 대부 백리(百里)로 하여금 허장공의 동생인 허숙(許叔)을 모시고 국정을 다스리게 하는 한편, 정나라 대부 공손획(公孫獲)을 허나라 서쪽 변경에 주둔시켜 허숙을 보필한다는 명분 아래 허숙을 감시하는 역할을 맡기면서 백리와 공손획에게 행한 훈화(訓話)의 일단을 기술한 것이다.
 본문은 네 단락으로 나눌 수 있는데, 첫째 단락에서는 세 나라가 연합하여 허나라를 정복한 후 제나라와 노나라가 서로 양보함으로써, 허나라에 대한 관할권이 정나라로 돌아간 것을 기술했고; 둘째 단락에서는 정장공이 백리에게「전쟁의 원인을 허장공의 죄로 돌리고 자신은 허나라를 점령할 뜻이 없다.」라고 말한 훈화를 기술했고; 셋째 단락에서는 정장공이 공손획에게「전심전력(全心全力)하여 책임을 다하되 장기간의 점령은 불가하니 언제라도 철수할 준비를 하라.」고 당부한 훈화를 기술했고; 마지막 단락에서는 작자가 군자의 말을 빌려, 백리와 공손획에 대한 훈화 모두 어투가 완곡하고 나름대로 진심이 서려 있으며, 있는 그대로의 속내를 허심탄회하게 밝혔다는 점에서「가히 예(禮)를 안다고 할만하다.」라고 정장공에 대해 칭찬한 것을 기술했다.

006 장애백간납고정(臧哀伯諫納郜鼎)
《左傳・桓公 二年》

작자

001 정백극단우언(鄭伯克段于鄢) 참조.

원문 및 주석

臧哀伯諫納郜鼎[1]

夏四月, 取郜大鼎于宋。戊申, 納于大廟, 非禮也。[2]

---

1 臧哀伯諫納郜鼎 → 臧哀伯이 郜나라 鼎을 들인 것에 대해 간하다
【臧哀伯(장애백, zāng āi bó)】: 魯나라 대부 臧孫達. 臧僖伯의 아들.
【納(납, nà)】: 들이다.
【郜(고, gào)】: [국명] 지금의 산동성 成武縣 동남쪽에 있던 周代의 제후국. 춘추시대 宋나라에 멸망했다.
【鼎(정, dǐng)】: 九鼎. 전설에 의하면, 夏禹가 九州[전국을 아홉으로 나눈 행정단위]에서 조공으로 받은 쇠를 녹여 주조한 세 발에 두 귀가 달린 솥. 후에 천자의 권위를 상징하는 보물로 인식되었다. 夏가 멸망한 후 殷商이 이어받았고, 은상이 멸망한 후 周武王이 雒邑으로 옮겼다가, 周成王이 成王城을 건립하여 이곳에 두었다.

臧哀伯諫曰:「君人者, 將昭德塞違, 以臨照百官。猶懼或失之, 故昭令德以示子孫。³ 是以淸廟茅屋, 大路越席, 大羹不致, 粢食不鑿, 昭其儉也。⁴ 袞冕黻珽, 帶裳幅舃, 衡紞紘綖, 昭其度也。⁵ 藻率鞞

---

2 夏四月, 取郜大鼎于宋, 戊申, 納于大廟, 非禮也。 → 여름 4월, (魯桓公이) 宋나라로부터 郜나라의 大鼎을 뇌물로 받아, 戊申日에, 大廟에 바쳤는데, 이는 禮에 어긋난 것이다.
  ※ 桓公 2년 봄에, 宋나라 太宰 華督이 宋殤公을 살해하고, 魯·齊의 간섭을 피하기 위해 郜나라의 대정을 魯桓公에게 뇌물로 바쳤다.
  【夏四月(하사월, xià sì yuè)】: 魯나라 桓公 2년(B.C. 710) 여름 4월.
  【宋(송, sòng)】: [국명] 지금의 하남성 商邱縣 일대에 있던 周代의 제후국.
  【納(납, nà)】: 바치다. 헌납하다.
  【大廟(태묘, tài miào)】: 太廟. 제왕의 조상을 모신 사당. 여기서는 「魯나라의 시조인 周公 姬旦의 묘」를 가리킨다. 〖廟〗: 사당. 종묘.

3 臧哀伯諫曰:「君人者, 將昭德塞違, 以臨照百官。猶懼或失之, 故昭令德以示子孫。 → (그리하여) 장애백이 간했다 : 「임금 된 사람은, 덕을 환히 밝히고 사악한 것을 막아, 이로써 백관에게 모범을 보이려 합니다. 그래도 혹여 잘못이 있을까 두렵기 때문에, 그래서 미덕을 밝혀 자손에게 보여줍니다.
  【將(장, jiāng)】: (장차) …하려 하다.
  【昭(소, zhāo)】: 밝히다.
  【塞(새, sè)】: 막다.
  【違(위, wéi)】: 사악한 것.
  【臨照(임조, lín zhào)】: 다가가 비추다. 즉「모범을 보이다」의 뜻.
  【猶(유, yóu)】: 그래도. 여전히.
  【懼(구, jù)】: 두려워하다.
  【令德(영덕, lìng dé)】: 美德. 아름다운 덕망.

4 是以淸廟茅屋, 大路越席, 大羹不致, 粢食不鑿, 昭其儉也。 → 그래서 宗廟는 띠로 지붕을 덮고, 천자가 제사 지낼 때 타는 수레는 부들로 엮은 자리를 사용하며, 제사용 고깃국은 여러 가지 양념을 사용하여 조리하지 않고, 곡식은 정제하지 않아, 그 검소함을 밝히는 것입니다.
  【是以(시이, shì yǐ)】: 그래서.
  【淸廟(청묘, qíng miào)】: 宗廟의 별칭.
  ※ 종묘는 조상의 제사를 지내는 곳으로, 반드시 엄숙하고 깨끗해야 한다는 의미에서 淸廟라 불렀다.
  【茅屋(모옥, máo wū)】: 초가(草家). 여기서는 띠로 종묘의 지붕을 장식한 것을 가리킨다.
  【大路(대로, dà lù)】: 玉輅. 천자가 제사 때 타는 수레. 〖路〗: 輅.
  【越席(활석, yuè xí)】: 蒲席. 부들로 엮은 돗자리. 부들자리.
  【大羹(대갱, dà gēng)】: 제사용 고깃국.

鞼, 鞶厲游纓, 昭其數也。⁶ 火龍黼黻, 昭其文也。⁷ 五色比象, 昭其物

【不致(불치, bù zhì)】: 여러 가지 양념을 사용하지 않다.
【粢食(자사, zī sì)】: 각종 제사용 곡물.
【鑿(착, zuò)】: 곱게 빻다. 정제하다.
【儉(검, jiǎn)】: 검소하다.

5 衮冕黻珽, 帶裳幅舃, 衡紞紘綖, 昭其度也。→ 예복·예모·폐슬·옥홀과, 혁대·하의·행전·신발과, 비녀·귀막이 옥 끈·갓끈·관모 덮개 등은, 그 존비귀천의 법도를 나타내는 것입니다.

【衮(곤, gǔn)】: 禮服. 의식을 거행할 때 입는 옷.
【冕(면, miǎn)】: 禮帽. 예복 차림 할 때 쓰는 모자.
【黻(불, fú)】: 蔽膝. 祭服 앞에 달려 무릎을 가리는 헝겊.
【珽(정, tǐng)】: 임금이 지니던 玉笏.
【帶(대, dài)】: 혁대.
【裳(상, cháng)】: 下衣.
【幅(픽, bī)】: 行纒. 다닐 때 무릎 아래를 묶는 끈.
【舃(석, xì)】: 굽이 높은 신발.
【衡(형, héng)】: 관모를 머리에 고착시키는 비녀.
【紞(담, dǎn)】: 관모 양쪽의 귀막이 옥을 매다는 끈.
【紘(굉, hóng)】: 갓끈.
【綖(연, yán)】: 관모 덮개.
【昭(소, zhāo)】: 밝히다. 즉「나타내다」의 뜻.
【度(도, dù)】: 존비귀천(尊卑貴賤)의 법도.

6 藻率鞞鞼, 鞶厲游纓, 昭其數也。→ 가죽으로 만든 옥기 받침, 칼집 위아래의 꽃무늬, 허리를 묶는 가죽 띠와 띠에 달린 술, 깃발 아래에 늘어뜨린 장식과 말의 가슴에 건 장식 등은, (존비귀천의) 등급을 나타내는 것입니다.

【藻率(조율, zǎo lǜ)】: 가죽으로 만든 玉器 받침.
※ 가죽으로 만들어 위에 꽃무늬를 그렸다.「藻繂」이라고도 한다.
【鞞鞼(병봉, bǐng běng)】: 칼집 아래 위의 장식.
※ 위의 것을「鞞」, 아래의 것을「鞼」라 한다.
【鞶厲(반려, pán lì)】: 허리를 묶는 가죽 띠와 그 띠에 달아 늘어뜨린 끈.
【游(유, yóu)】: 旒. 깃발 아래에 늘어뜨린 장식.
【纓(영, yīng)】: 말의 가슴에 매단 장식.
【數(수, shù)】: 등급.

7 火龍黼黻, 昭其文也。→ (예복에) 화염이나 용의 그림을 수놓고, 검은색과 흰색 또는 검은색과 청색의 도안을 수놓은 것은, (존비귀천의) 문양을 나타내는 것입니다.

【火龍(화룡, huǒ lóng)】: 의복에 그리거나 수를 놓은 火焰과 용.
【黼黻(보불, fǔ fú)】: 옛날 의복에 수를 놓은 도안.

也.⁸ 錫鸞和鈴, 昭其聲也.⁹ 三辰旂旗, 昭其明也.¹⁰ 夫德, 儉而有度,
登降有數, 文物以紀之, 聲明以發之, 以臨照百官.¹¹ 百官於是乎戒

※ 흑색과 백색이 엮섞인 것을 「黼」라 하고, 흑색과 청색이 엮섞인 것을 「黻」라 한다.
【文(문, wén)】: 무늬. 문양.

8 五色比象, 昭其物也. → 다섯 가지 색깔은 천지사방을 상징하고, 器物의 색채를 나타내는 것입니다.
【五色(오색, wǔ sè)】: 옛날 사람들이 수레·의복·기물 등에 사용한 다섯 가지 색깔로서, 동시에 천지사방을 표시했다. 동쪽은 青, 서쪽은 白, 남쪽은 赤, 북쪽은 黑, 하늘은 玄, 땅은 黃으로 모두 여섯 가지 색깔인데, 그중「玄」은 黑과 赤의 중간이라 하여 正色에서 제외했다.
【比象(비상, bǐ xiàng)】: 천지사방을 상징하다.
【物(물, wù)】: 여기서는 수레·의복 등의 器物을 가리킨다.

9 錫鸞和鈴, 昭其聲也. → 錫·鸞·和·鈴은, 소리를 나타내는 것입니다.
【錫(양, yáng)】: 말의 머리에 매다는 금속 장식물.
【鸞(란, luán)】: 천자가 타는 말의 고삐에 다는 방울.
【和(화, hé)】: 수레 앞의 가로막대에 다는 방울.
【鈴(령, líng)】: 깃대 위에 다는 방울.

10 三辰旂旗, 昭其明也. → 깃발에 해와 달과 별을 그린 것은, 빛의 밝기를 나타내는 것입니다.
【三辰(삼신, sān chén)】: 해·달·별.
※ 옛사람들은 해와 달과 별을 깃발에 그려서 사업의 번영을 상징했다.
【旂旗(기기, qí qí)】: 본래는 깃발에 방울을 달거나 용을 그린 것을「旂」라 하고, 곰이나 호랑이를 그린 것을「旗」라 하나, 여기서는「깃발」을 가리킨다.

11 夫德, 儉而有度, 登降有數, 文物以紀之, 聲明以發之, 以臨照百官. → 무릇 덕이란, 검소하면서도 법도가 있고, 불어나고 줄어드는 데 있어서도 일정한 정도가 있는데, 무늬와 모양을 가지고 그것을 표기하고, 소리와 색깔로 그것을 드러내어, 여러 관리들에게 직접 보여주는 것입니다.
【夫(부, fú)】: [발어사] 무릇. 대저.
【度(도, dù)】: 법도.
【登降(등강, dēng jiàng)】: 增減. 불어나고 줄어듦.
【數(수, shù)】: 일정한 정도.
【文物(문물, wén wù)】: 무늬와 모양.
【紀(기, jì)】: 표기하다.
【聲明(성명, shēng míng)】: 소리와 색깔.
【發(발, fā)】: 드러내다.
【臨照(임조, lín zhào)】: 직접 보여주다.

懼, 而不敢易紀律。"今滅德立違, 而寘其賂器於大廟, 以明示百官。"
百官象之, 其又何誅焉? 國家之敗, 由官邪也。"官之失德, 寵賂章
也。郜鼎在廟, 章孰甚焉?"武王克商, 遷九鼎於雒邑, 義士猶或非
之, 而況將昭違亂之賂器於大廟, 其若之何?」"

---

12 百官於是乎戒懼, 而不敢易紀律。→ 이에 여러 관리들은 경계하고 두려운 마음을 갖게
되어, 감히 기율을 바꾸지 못합니다.
【於是乎(어시호, yú shì hū)】: 이에. 그리하여.
【戒懼(계구, jiè jù)】: 경계하고 두려워하다.
【易(역, yì)】: 바꾸다. 여기서는 「위반하다」의 뜻.
【紀律(기율, jì lǜ)】: 법도.

13 今滅德立違, 而寘其賂器於大廟, 以明示百官。→ 그러나 지금은 오히려 덕을 파괴하고
禮에 어긋난 행위를 추켜세우며, 뇌물로 받은 기물을 종묘에 안치하여, 여러 관리들에
게 명백히 보여주고 있습니다.
【滅德(멸덕, miè dé)】: 덕을 파괴하다.
※이는 桓公이 郜나라 鼎을 뇌물로 받은 것을 가리킨다.
【立違(입위, lì wéi)】: (禮를) 위반한 행위를 추켜세우다.
※이는 임금을 살해한 華督으로부터 뇌물을 받고 그를 재상으로 삼은 일을 말한다.
【寘(치, zhì)】: 두다. 안치하다.
【賂器(뇌기, lù qì)】: 뇌물로 받은 기물. 여기서는 「郜나라 鼎」을 가리킨다.
【大廟(태묘, tài miào)】: 太廟. 종묘.
【明示(명시, míng shì)】: 명백히 보여주다.

14 百官象之, 其又何誅焉? 國家之敗, 由官邪也。→ 여러 관리들이 이러한 행위를 본받고
있으니, 그 또 어찌 처벌할 수 있겠습니까? 나라가 망하는 것은, 관리들이 사악한 데서
비롯됩니다.
【象(상, xiàng)】: 본뜨다. 모방하다.
【誅(주, zhū)】: 처벌하다.
【焉(언, yān)】: [어조사].
【由(유, yóu)】: 비롯되다. 말미암다.
【邪(사, xié)】: 잘못된 행위. 禮에 어긋난 행위.

15 官之失德, 寵賂章也。郜鼎在廟, 章孰甚焉? → 관리가 덕을 잃으면, 뇌물을 탐하는 행위
가 공공연히 드러납니다. 郜나라 鼎이 종묘에 있으니, (뇌물을) 공공연히 드러내는 일
로 이보다 더 심한 경우가 어디 있겠습니까?
【寵(총, chǒng)】: 총애하다. 여기서는 「탐하다」의 뜻.
【章(장, zhāng)】: 彰. 공공연히 드러나다.
【孰甚(숙심, shú shèn)】: 무엇이 이보다 더 심한가?

公不聽。周內史聞之, 曰:「臧孫達其有後於魯乎! 君違, 不忘諫之以德。」¹⁷

16 武王克商, 遷九鼎於雒邑, 義士猶或非之, 而況將昭違亂之賂器於大廟, 其若之何?」→ 周武王이 商나라를 정복하고, 九鼎을 雒邑으로 옮겼을 때, 뜻있는 사람들은 그래도 그것을 옳지 않다고 비난했는데, 하물며 禮에 어긋나고 법을 어지럽힌 것으로 밝혀진 뇌물을 종묘에 둔다면, 그것이 어찌 되겠습니까?」
【克(극, kè)】: 정벌하다. 정복하다.
【遷(천, qiān)】: 옮기다.
【九鼎(구정, jiǔ dǐng)】: 鼎은 세 발에 두 귀가 달린 솥으로, 전설에 의하면 夏나라 禹임금이 9州[전국을 아홉으로 나눈 행정단위]에서 조공으로 받은 銅을 녹여 모두 아홉 개의 鼎을 주조한 후 전국 九州를 상징하는 보물로 여겼다. 夏가 멸망한 후 殷商이 이어받았고, 은상이 멸망한 후 周武王이 雒邑으로 옮겼다가, 周成王이 成王城을 건립하여 보존하였다. 따라서 고대의 통치자들은 鼎을 나라를 세우는 중요한 기구인 동시에 천자의 권위와 정권의 상징으로 여겨왔다.
【雒邑(낙읍, luò yì)】: [지명] 지금의 하남성 洛陽.
【義士(의사, yì shì)】: 높은 뜻을 지닌 선비. 여기서는 伯夷와 같은 사람을 말한다.
※ 백이는 周武王이 商의 紂王을 정벌하려고 할 때, 이를 만류하였으나 武王이 끝내 商을 정벌하자, 周의 곡식을 먹는 것을 수치로 여겨 首陽山에 숨어 살다가 굶어 죽었다.
【猶或(유혹, yóu huò)】: 그래도. 또한.
【非(비, fēi)】: 옳지 않다고 비난하다.
【況(황, kuàng)】: 하물며. 더구나.
【將(장, jiāng)】: …을(를).
【昭(소, zhāo)】: [피동 용법] 밝혀지다.
【違亂(위란, wéi luàn)】: 예에 어긋나고 법을 어지럽히다.
【若之何(약지하, ruò zhī hé)】: 어찌. 어떻게.

17 公不聽。周內史聞之, 曰:「臧孫達其有後於魯乎! 君違, 不忘諫之以德。」→ 그러나 桓公은 듣지 않았다. 周의 內史가 이 말을 듣고 말하길: 「臧孫達은 반드시 노나라에 후손이 있으리라! 임금께서 예를 위반하면, 잊지 않고 덕으로써 간할 것이다.」라고 했다.
【公(공, gōng)】: 여기서는 「魯桓公」을 가리킨다.
【內史(내사, nèi shǐ)】: [관직] 王命의 기록을 담당하던 관리.
【臧孫達(장손달, zāng sūn dá)】: [인명] 臧僖伯의 아들 臧哀伯.
【其(기, qí)】: 반드시. 틀림없이.
【有後(유후, yǒu hòu)】: 후손이 있다.
【諫(간, jiàn)】: 권고하다. 간하다.

> 번역문

장애백(臧哀伯)이 고(郜)나라 정(鼎)을 들인 것에 대해 간하다

여름 4월, 노환공(魯桓公)이 송(宋)나라로부터 고(郜)나라의 대정(大鼎)을 뇌물로 받아 무신일(戊申日)에 태묘(太廟)에 바쳤는데, 이는 예(禮)에 어긋난 것이다.

(그리하여) 장애백이 간했다 : 「임금 된 사람은 덕을 환히 밝히고 사악한 것을 막아, 이로써 백관(百官)에게 모범을 보이려 합니다. 그래도 혹여 잘못이 있을까 두렵기 때문에, 그래서 미덕을 밝혀 자손에게 보여줍니다. 그래서 종묘(宗廟)는 띠로 지붕을 덮고, 천자가 제사 지낼 때 타는 수레는 부들로 엮은 자리를 사용하며, 제사용 고깃국은 여러 가지 양념을 사용하여 조리하지 않고, 곡식은 정제하지 않아, 그 검소함을 밝히는 것입니다. 예복·예모·폐슬(蔽膝)·옥홀(玉笏)과, 혁대·하의·행전(行纏)·신발과 비녀·귀막이 옥 끈·갓끈·관모 덮개 등은 그 존비귀천(尊卑貴賤)의 법도를 나타내는 것입니다. 가죽으로 만든 옥기 받침, 칼집 위아래의 꽃무늬, 허리를 묶는 가죽띠와 띠에 달린 술, 깃발 아래에 늘어뜨린 장식과 말의 가슴에 건 장식 등은 (존비귀천의) 등급을 나타내는 것입니다. (예복에) 화염이나 용의 그림을 수놓고, 검은색과 흰색 또는 검은색과 청색의 도안을 수놓은 것은 (존비귀천의) 문양을 나타내는 것입니다. 다섯 가지 색깔은 천지사방을 상징하고 기물(器物)의 색채를 나타내는 것입니다. 양(錫)·난(鸞)·화(和)·영(鈴)은 소리를 나타내는 것입니다. 깃발에 해와 달과 별을 그린 것은 빛의 밝기를 나타내는 것입니다. 무릇 덕이란 검소하면서도 법도가 있고 불어나고 줄어드는 데 있어서도 일정한 정도가 있는데, 무늬와 모양을 가지고 그것을 표기하고 소리와 색깔로 그것을 드러내어 여러 관리들에게 직접

보여주는 것입니다. 이에 여러 관리들은 경계하고 두려운 마음을 갖게 되어 감히 기율을 바꾸지 못합니다. 그러나 지금은 오히려 덕을 파괴하고 예(禮)에 어긋난 행위를 추켜세우며 뇌물로 받은 기물을 종묘에 안치하여 여러 관리들에게 명백히 보여주고 있습니다. 여러 관리들이 이러한 행위를 본받고 있으니, 그 또 어찌 처벌할 수 있겠습니까? 나라가 망하는 것은 관리들이 사악한 데서 비롯됩니다. 관리가 덕을 잃으면 뇌물을 탐하는 행위가 공공연히 드러납니다. 고(郜)나라 정(鼎)이 종묘에 있으니, (뇌물을) 공공연히 드러내는 일로 이보다 더 심한 경우가 어디 있겠습니까? 주무왕(周武王)이 상(商)나라를 정복하고 구정(九鼎)을 낙읍(雒邑)으로 옮겼을 때 뜻있는 사람들은 그래도 그것을 옳지 않다고 비난했는데, 하물며 예에 어긋나고 법을 어지럽힌 것으로 밝혀진 뇌물을 종묘에 둔다면 그것이 어찌 되겠습니까?」

그러나 환공(桓公)은 듣지 않았다. 주(周)의 내사(內史)가 이 말을 듣고 말하길 :「장손달(臧孫達)은 반드시 노(魯)나라에 후손이 있으리라! 임금께서 예를 위반하면 잊지 않고 덕으로써 간할 것이다.」라고 했다.

해제解題 및 본문 요지 설명

노환공(魯桓公) 2년(B.C. 710) 여름 4월에, 환공(桓公)은 송(宋)나라 태재(太宰) 화독(華督)으로부터 고(郜)나라의 대정(大鼎)을 뇌물로 받았다. 4월 9일 환공이 뇌물로 받은 대정을 왕실의 종묘에 안치했다.

본문은 《좌전(左傳)·환공 2년(桓公 二年)》의 일부분으로, 노(魯)나라의 대부 장애백(臧哀伯)이 환공의 이러한 처사를 부당하다고 충고하고, 아울러 임금이 솔선수범해야 하는 중요성을 역설한 것이다.

본문은 세 단락으로 나눌 수 있는데, 첫째 단락에서는 군주가 미덕을 선양하여 예(禮)에 반하는 행위를 막고, 이로써 문무백관(文武百官)에게 모범을 보여야 한다는 것을 말했고; 둘째 단락에서는 임금이 어디서부터 미덕을 보여 문무백관에게 모범을 보일 것인가를 설명하고, 이를 노환공에게 고정(郜鼎)을 받아들이지 말라고 권고하는 근거로 삼았고; 마지막 단락에서는 뇌물로 받은 고정을 종묘에 안치함으로써 백관들에게 덕을 파괴하고 예(禮)에 어긋난 행위를 추켜세우는 명분을 주게 되면, 이로 인해 심각한 부작용을 야기하여 나라가 망할 수 있다는 것을 지적하고, 동시에 내사(內史)의 논평을 빌려 장애백의 언행에 찬동을 표명했다.

007 계량간추초사(季梁諫追楚師)
《左傳 · 桓公 六年》

작자

001 정백극단우언(鄭伯克段于鄢) 참조.

원문 및 주석

季梁諫追楚師[1]

楚武王侵隨, 使薳章求成焉, 軍於瑕以待之.[2] 隨人使少師董成.[3]

---

1 季梁諫追楚師 → 季梁이 楚나라 군사를 추격한 것에 대해 간하다
  【季梁(계량, jì liáng)】: [인명] 隨나라의 賢臣.
  【諫(간, jiàn)】: 간하다.
  【追(추, zhuī)】: 추격하다. 뒤쫓다.
  【師(사, shī)】: 군사.

2 楚武王侵隨, 使薳章求成焉, 軍於瑕以待之. → 楚나라 武王이 隨나라를 침략하면서, 薳章을 파견하여 화친을 청한 후, 군대를 瑕邑에 주둔시키고 결과를 기다렸다.
  【楚(초, chǔ)】: [국명] 芈(미, mǐ)씨 성의 나라로, 지금의 호남성·호북성과 강서성·절강성 및 하남성 남부에 걸쳐 있던 周代의 제후국.

鬪伯比言于楚子曰:「吾不得志於漢東也, 我則使然。⁴ 我張吾三軍,
而被吾甲兵, 以武臨之, 彼則懼而協以謀我, 故難間也。⁵ 漢東之國,

※ 熊繹이 周成王 때 최초로 楚에 봉해졌으며, 후에 郢[지금의 호북성 江陵縣 북쪽 紀南城]으로 옮겼다.
【武王(무왕, wǔ wáng)】: 楚의 17대 군주로, 이름은 熊通. 周平王 31년(B.C.740)에 즉위하여 51년 동안 재위했다.
【隨(수, suí)】: [국명] 姬씨 성의 나라. 춘추시대 漢水의 동쪽에 있던 작은 나라로, 지금의 호북성 德安에 위치하였으며, 후에 楚나라에 멸망했다.
【使(사, shǐ)】: 보내다. 파견하다.
【薳章(위장, wěi zhāng)】: [인명] 楚나라의 대부.
【求成(구성, qiú chéng)】: 화친을 청하다.
【瑕(하, xiá)】: [지명] 춘추시대 隨나라의 지명. 지금의 호북성 隨縣.
【之(지, zhī)】: [대명사] 그것. 즉「화친을 청한 후의 결과」.

3 隨人使少師董成。→ 隨나라는 少師를 파견하여 화친을 주관하도록 했다.
【隨人(수인, suí rén)】: 隨나라 사람. 여기서는「수나라」를 가리킨다.
【少師(소사, shào shī)】: 隨나라의 관직명.
【董(동, dǒng)】: 맡다. 주관하다.
【成(성, chéng)】: 화친.

4 鬪伯比言于楚子曰:「吾不得志於漢東也, 我則使然。→ 鬪伯比가 楚武王에게 말했다 :「우리가 漢水의 동쪽을 차지하지 못한 것은, 우리가 (실책으로) 그렇게 되도록 만든 것입니다.
【鬪伯比(투백비, dòu bó bǐ)】: [인명] 楚나라의 대부.
【楚子(초자, chǔ zǐ)】: 楚나라의 군주. 여기서는「楚武王」을 가리킨다.
【不得志(부득지, bù dé zhì)】: 뜻을 이루지 못하다. 여기서는「차지하지 못하다」의 뜻.
【漢(한, hàn)】: [강 이름] 漢水. 춘추시대 초기에 楚나라와 隨나라는 漢水를 경계로 삼았다.
【使然(사연, shǐ rán)】: 그렇게 되도록 만들다.

5 我張吾三軍, 而被吾甲兵, 以武臨之, 彼則懼而協以謀我, 故難間也。→ 우리가 우리 군사를 증강하고, 우리 군비를 갖추어, 무력으로 그들과 대치하니, 그들이 두려운 나머지 연합하여 우리에게 대응했습니다. 그래서 (그들을) 이간시키기가 어려웠습니다.
【張(장, zhāng)】: 증강하다. 확충하다.
【三軍(삼군, sān jūn)】: 中軍・左軍・右軍을 삼군이라 하나, 여기서는 군대를 총칭한 말이다.
【被(피, pī)】: 披. 갖추다.
【甲兵(갑병, jiǎ bīng)】: 군비. 군사 장비.
【臨(임, lín)】: 대치하다.
【之(지, zhī)】: [대명사] 그들. 즉「漢나라 동쪽의 제후들」.

隨爲大。隨張, 必棄小國。⁶ 小國離, 楚之利也。少師侈, 請羸師以張之。」⁷ 熊率且比曰：「季梁在, 何益?」⁸ 鬪伯比曰：「以爲後圖, 少師得其君。」⁹ 王毀軍而納少師。¹⁰

少師歸, 請追楚師, 隨侯將許之。¹¹ 季梁止之曰：「天方授楚, 楚之羸, 其誘我也。¹² 君何急焉? 臣聞小之能敵大也, 小道大淫。¹³ 所謂

【協(협, xié)】: 협의하다. 연합하다.
【謀(모, móu)】: 꾀하다. 대응하다.
【間(간, jiàn)】: 이간시키다.

6 漢東之國, 隨爲大。隨張, 必棄小國。→ 漢水 동쪽의 나라들 중에는, 隨나라가 가장 큽니다. 수나라가 오만해지면, 반드시 작은 나라들을 버릴 것입니다.
【張(장, zhāng)】: 오만하다. 자만하다.

7 小國離, 楚之利也。少師侈, 請羸師以張之。→ 작은 나라들이 떠나면, 이는 楚나라에 이익이 됩니다. 少師는 사람됨이 오만하니, 청컨대 (우리의) 군대를 나약한 모습으로 가장하여 소사를 자만하도록 만들어야 합니다.」
【侈(치, chǐ)】: 오만하다.
【羸師(이사, léi shī)】: 군대를 나약하게 가장하다. 〖羸〗: 弱.
【張(장, zhāng)】: 오만하다. 자만하다.
【之(지, zhī)】: [대명사] 그. 즉「少師」.

8 熊率且比曰：「季梁在, 何益?」 → 熊率且比가 말했다 :「(隨나라에) 季梁이 있는데, (그렇게 해봐야) 무슨 도움이 되겠습니까?」
【熊率且比(웅률저비, lǜ jū)】: [인명] 楚나라의 대부. 〖熊率〗: 複姓.

9 鬪伯比曰：「以爲後圖, 少師得其君。」 → 투백비가 말했다 :「이를 훗날의 계략으로 삼아야 합니다. 왜냐하면 지금은 少師가 隨나라 군주의 신임을 얻고 있기 때문입니다.」
【以爲(이위, yǐ wéi)】: 以(之)爲…. 이를 …로 삼다.
【得其君(득기군, dé qí jūn)】: 군주의 신임을 얻다.

10 王毀軍而納少師。 → (그리하여) 楚武王은 (고의로) 군대의 진용을 망가뜨리고 少師를 맞아들였다.
【王(왕, wáng)】: 여기서는「楚武王」을 가리킨다.
【毀(훼, huǐ)】: 훼손하다. 망가뜨리다.
【納(납, nà)】: 영접하다. 맞이하다.

11 少師歸, 請追楚師, 隨侯將許之。 → (과연) 少師가 돌아가서, 楚나라 군사를 추격할 것을 청하자, 隨侯가 이를 허락하려 했다.
【將(장, jiāng)】: (장차) …하려 하다.

12 季梁止之曰：「天方授楚, 楚之羸, 其誘我也。→ 季梁이 이를 저지하며 말했다 :「하늘은

道, 忠於民而信於神也。[14] 上思利民, 忠也; 祝史正辭, 信也。[15] 今民 餒而君逞欲, 祝史矯舉以祭, 臣不知其可也。」[16]

公曰:「吾牲牷肥腯, 粢盛豐備, 何則不信?」[17] 對曰:「夫民, 神 之主也。是以聖王先成民而後致力於神。[18] 故奉牲以告曰『博碩肥

바야흐로 楚나라를 도와주려 하고, 楚나라의 약한 군대는, 우리를 유인하려는 것입니다.
【止(지, zhǐ)】: 저지하다.
【方(방, fāng)】: 바야흐로. 한창.
【授(수, shòu)】: 주다. 여기서는「도와주다, 행운을 주다」의 뜻.

13 君何急焉? 臣聞小之能敵大也, 小道大淫。→ 군주께서는 어찌 급히 서두르십니까? 작은 나라가 능히 큰 나라를 대적할 수 있는 것은, 작은 나라에 법도가 있고 큰 나라가 음란 무도하기 때문입니다.
【敵(적, dí)】: 대적하다.
【道(도, dào)】: [동사 용법] 법도가 있다.

14 所謂道, 忠於民而信於神也。→ 이른바 법도라는 것은, 백성에게 충실하고 신에게서 믿음을 얻는 것입니다.

15 上思利民, 忠也; 祝史正辭, 信也。→ 위에서 백성에게 이로운 것을 생각하는 것이, 忠이요; 祝史가 언사를 바르게 하는 것이, 信입니다.
【祝史(축사, zhù shǐ)】: [관직] 제사를 담당하던 관리. 祝官과 史官. 축관은 祭禮를 담당하던 관리이고, 사관은 제사 기록을 담당하던 관리이다.
【正辭(정사, zhèng cí)】: 言辭를 바르게 하다.

16 今民餒而君逞欲, 祝史矯舉以祭, 臣不知其可也。→ 지금 백성들은 굶주리고 있는데, 임금은 사리사욕에 빠져있고, 祝史는 거짓 언사로 귀신에게 제사하고 있으니, 저는 그게 가당한 일인지 모르겠습니다.」
【餒(뇌, něi)】: 굶주리다.
【逞欲(영욕, chěng yù)】: 사리사욕에 빠지다.
【矯舉(교거, jiǎo jǔ)】: 거짓 언사나 허위 내용을 고하여 귀신을 속이는 일.
【可(가, kě)】: 가당하다. 되다. 여기서는「隨나라를 대적하기에 가당한 일」을 말한다.

17 公曰:「吾牲牷肥腯, 粢盛豐備, 何則不信?」→ 隨侯가 말했다:「내가 제물로 바치는 희생은 털이 단일한 색에 살이 쪘고, 곡식도 풍성하게 갖추었는데, 어째 믿지 않겠소?」
【公(공, gōng)】: 여기서는「隨侯」를 가리킨다.
【牲(생, shēng)】: 犧牲. 소・양・돼지 등 제사에 사용되는 축생.
【牷(전, quán)】: 털의 색깔이 순수한 것.
【肥腯(비돌, féi tú)】: 살찌다.
【粢盛(자성, zī chéng)】: 제기에 담은 곡식. 【粢】: 기장. 여기서는「곡식」의 총칭.
【豐備(풍비, fēng bèi)】: 풍성하게 갖추다.

74 고문관지古文觀止 역주 (1)

腯』,謂民力之普存也,謂其畜之碩大蕃滋也,謂其不疾瘯蠡也,謂其備腯咸有也。[19] 奉盛以告曰『絜粢豐盛』,謂其三時不害而民和年豐也。[20] 奉酒醴以告曰『嘉栗旨酒』,謂其上下皆有嘉德而無違心也。[21]

18 對曰:「夫民,神之主也。是以聖王先成民而後致力於神。→ (계량이) 대답했다:「무릇 백성은, 귀신의 주인입니다. 그래서 聖王께서는 먼저 백성을 돌보아 이루게 하고 나서 귀신을 섬기는 데 힘썼습니다.
【夫(부, fú)】:[발어사] 무릇. 대저.
【是以(시이, shì yǐ)】: 그래서. 그러므로.
【成民(성민, chéng mín)】: 백성을 돌보아 이루게 하다.
【致力(치력, zhì lì)】: 치력하다. 힘을 쏟다.

19 故奉牲以告曰『博碩肥腯』,謂民力之普存也,謂其畜之碩大蕃滋也,謂其不疾瘯蠡也,謂其備腯咸有也。→ 그래서 (祝史가) 희생을 바칠 때『크고 살이 쪘다』라고 말하는데, 이는 백성들의 능력이 보편적으로 존재한다는 것을 이르는 말이요, 그들의 축생이 살찌고 많이 번식한다는 것을 이르는 말이며, 그들의 축생이 瘯蠡에 걸리지 않았다는 것을 이르는 말이요, 그들의 축생이 고루 갖추어져 없는 것이 없다는 것을 이르는 말입니다.
【博碩(박석, bó shuò)】: 넓고 크다.
【普存(보존, pǔ cún)】: 보편적으로 존재하다.
【碩大(석대, shuò dà)】: 크다. 여기서는「살찌다」의 뜻.
【蕃滋(번자, fán zī)】: 번식하다. 번성하다.
【疾(질, jí)】: 병을 앓다. 병에 걸리다.
【瘯蠡(족려, cù luǒ)】: 가축의 모피에 나는 질병. 옴.
【備腯(비돌, bèi tú)】: 갖추어 모자람이 없다.
【咸有(함유, xián yǒu)】: 없는 것이 없다. 모두 다 가지고 있다. 『咸』: 모두. 다.

20 奉盛以告曰『絜粢豐盛』,謂其三時不害而民和年豐也。→ 祭器에 담은 곡식을 바칠 때『정갈한 곡식이 풍성하다』라고 고하는 것은, 봄·여름·가을 세 계절 모두 아무런 재해가 없어 백성이 화목하고 풍년이 들었다는 것을 이르는 말입니다.
【奉盛(봉성, fèng chéng)】: 제기에 담은 곡식을 바치다. 『盛』: 제기에 담은 곡식.
【絜(혈, jié)】: 潔. 정갈하다. 청결하다.
【三時(삼시, sān shí)】: 봄·여름·가을의 농사일이 바쁜 계절.
【民和年豐(민화년풍, mín hé nián fēng)】: 백성이 화목하고 풍년이 들다. 『年豐』: 수확이 풍부하다. 풍년이 들다.

21 奉酒醴以告曰『嘉栗旨酒』,謂其上下皆有嘉德而無違心也。→ 좋은 술을 바칠 때『잘 여문 곡식으로 빚은 좋은 술이다』라고 고하는 것은, 그들 위아래가 모두 미덕을 지니고, 양심을 저버리는 일이 없다는 것을 이르는 말입니다.
【酒醴(주례, jiǔ lǐ)】: 좋은 술.
【嘉栗(가률, jiā lì)】: 잘 여문 곡식. 알차게 익은 곡식.

所謂馨香, 無讒慝也。²² 故務其三時, 脩其五教, 親其九族, 以致其禋祀。²³ 於是乎民和而神降之福, 故動則有成。²⁴ 今民各有心, 而鬼神乏主, 君雖獨豐, 其何福之有?²⁵ 君姑脩政, 而親兄弟之國, 庶免於難。」²⁶ 隨侯懼而修政, 楚不敢伐。²⁷

【旨酒(지주, zhǐ jiǔ)】: 좋은 술. 【旨】: 美.
【嘉德(가덕, jiā dé)】: 美德. 아름다운 덕망.
【違心(위심, wéi xīn)】: 양심을 저버리다.

22 所謂馨香, 無讒慝也。→ 이른바 향기가 멀리 퍼진다고 하는 것은, 남을 모함하거나 사악한 짓을 하지 않는다는 것입니다.
【馨香(형향, xīn xiāng)】: 향기가 멀리 퍼지다.
【讒(참, chán)】: 모함하다.
【慝(특, tè)】: 사악하다.

23 故務其三時, 脩其五教, 親其九族, 以致其禋祀。→ 그래서 그들은 세 계절의 농사에 힘쓰고, 다섯 가지 교리를 강습하며, 九族을 화목하게 하여, 그들의 제사에 힘썼습니다.
【務(무, wù)】: 힘쓰다.
【三時(삼시, sān shí)】: 세 계절. 여기서는 「봄・여름・가을 세 계절의 농사」를 가리킨다.
【脩(수, xiū)】: 학습하다.
【五教(오교, wǔ jiào)】: 儒家에서 말하는 다섯 가지 윤리 교육. 즉 「父義・母慈・兄友・弟恭・子孝」.
【九族(구족, jiǔ zú)】: 일반적으로 고조에서 현손까지의 九代를 가리키나, 여기서는 넓은 의미의 친족을 가리킨다.
【致(치, zhì)】: 치력하다. 힘쓰다.
【禋祀(인사, yīn sì)】: 본래 고대 天神祭의 일종으로, 먼저 땔감을 불살라 연기를 피운 다음, 여기에 희생과 玉帛 등을 태우던 특별한 제사 형태였으나, 여기서는 일반적인 「제사」를 의미한다.

24 於是乎民和而神降之福, 故動則有成。→ 이에 백성들이 화목하고 귀신이 복을 내려, 그래서 일을 하면 모두 성공을 거두었습니다.
【於是乎(어시호, yú shì hū)】: 이에. 그리하여.
【動則有成(동즉유성, dòng zé yǒu chéng)】: 일을 하면 모두 성공하다.

25 今民各有心, 而鬼神乏主, 君雖獨豐, 其何福之有? → 지금 (隨나라의) 백성은 각기 딴마음을 품고, 귀신은 주인이 없는데, 임금께서 비록 혼자 풍성하게 (제사를) 지낸다 해도, 무슨 복을 내리겠습니까?
【有心(유심, yǒu xīn)】: 딴마음을 품다.
【乏(핍, fá)】: 無. 없다.
【豐(풍, fēng)】: 풍성하다. 여기서는 「제사를 풍성하게 지내다」의 뜻.

> 번역문

계량(季梁)이 초(楚)나라 군사를 추격한 것에 대해 간하다

　초(楚)나라 무왕(武王)이 수(隨)나라를 침략하면서 위장(薳章)을 파견하여 화친을 청한 후, 군대를 하읍(瑕邑)에 주둔시키고 결과를 기다렸다. 수(隨)나라는 소사(少師)를 파견하여 화친을 주관하도록 했다. 투백비(鬪伯比)가 초무왕(楚武王)에게 말했다 :「우리가 한수(漢水)의 동쪽을 차지하지 못한 것은 우리가 (실책으로) 그렇게 되도록 만든 것입니다. 우리가 우리 군사를 증강하고 우리 군비를 갖추어 무력으로 그들과 대치하니 그들이 두려운 나머지 연합하여 우리에게 대응했습니다. 그래서 (그들을) 이간시키기가 어려웠습니다. 한수(漢水) 동쪽의 나라들 중에는 수(隨)나라가 가장 큽니다. 수나라가 오만해지면 반드시 작은 나라들을 버릴 것입니다. 작은 나라들이 떠나면 이는 초(楚)나라에 이익이 됩니다. 소사(少師)는 사람됨이 오만하니, 청컨대 (우리의) 군대를 나약한 모습으로 가장하여 소사를 자만하도록 만들어야 합니다. 웅율저비(熊率且比)가 말했다 :「(수나라에) 계량(季梁)이 있는데 (그렇게 해봐야) 무슨 도움이 되겠습니까?」투백비가 말했다 : 「이를 훗날의 계략으로 삼아야 합니다. 왜냐하면 지금은 소사가 수나라 군

26　君姑脩政, 而親兄弟之國, 庶免於難。」→ 임금께서 우선 정사를 바로잡고, 형제지국과 가까이 지내시면, 아마도 재난을 면할 수 있을 것입니다.」
　【姑(고, gū)】: 우선. 잠시.
　【脩政(수정, xiū zhèng)】: 政事를 바로잡다.
　【庶(서, shù)】: 아마도. 혹여.

27　隨侯懼而修政, 楚不敢伐。→ 隨侯가 두려워하며 정사를 바로잡으니, 초나라가 감히 침공하지 못했다.
　【懼(구, jù)】: 두려워하다.
　【伐(벌, fā)】: 공격하다. 침공하다.

주의 신임을 얻고 있기 때문입니다.」(그리하여) 초무왕(楚武王)은 (고의로) 군대의 진용을 망가뜨리고 소사를 맞아들였다.

(과연) 소사가 돌아가서 초나라 군사를 추격할 것을 청하자, 수후(隨侯)가 이를 허락하려 했다. 계량(季梁)이 이를 저지하며 말했다:「하늘은 바야흐로 초(楚)나라를 도와주려 하고 초나라의 약한 군대는 우리를 유인하려는 것입니다. 군주께서는 어찌 급히 서두르십니까? 작은 나라가 능히 큰 나라를 대적할 수 있는 것은, 작은 나라에 법도가 있고 큰 나라가 음란무도(淫亂無道)하기 때문입니다. 이른바 법도라는 것은 백성에게 충실하고 신에게서 믿음을 얻는 것입니다. 위에서 백성에게 이로운 것을 생각하는 것이 충(忠)이요, 축사(祝史)가 언사를 바르게 하는 것이 신(信)입니다. 지금 백성들은 굶주리고 있는데, 임금은 사리사욕에 빠져있고 축사는 거짓 언사로 귀신에게 제사하고 있으니 저는 그게 가당한 일인지 모르겠습니다.」

수후(隨侯)가 말했다:「내가 제물로 바치는 희생은 털이 단일한 색에 살이 쪘고 곡식도 풍성하게 갖추었는데 어째 믿지 않겠소?」(계량이) 대답했다:「무릇 백성은 귀신의 주인입니다. 그래서 성왕(聖王)께서는 먼저 백성을 돌보아 이루게 하고 나서 귀신을 섬기는 데 힘썼습니다. 그래서 (축사가) 희생을 바칠 때『크고 살이 쪘다』라고 말하는데, 이는 백성들의 능력이 보편적으로 존재한다는 것을 이르는 말이요, 그들의 축생이 살찌고 많이 번식한다는 것을 이르는 말이며, 그들의 축생이 족려(瘯蠡)에 걸리지 않았다는 것을 이르는 말이요, 그들의 축생이 고루 갖추어져 없는 것이 없다는 것을 이르는 말입니다. 제기(祭器)에 담은 곡식을 바칠 때『정갈한 곡식이 풍성하다』라고 고하는 것은, 봄·여름·가을 세 계절 모두 아무런 재해가 없어 백성이 화목하고 풍년이 들었다는 것을 이르는 말입니다. 좋은 술을 바칠 때『잘 여문 곡식으로 빚은 좋은 술이다』라고 고하는 것은, 그들 위아래가 모두 미덕을 지니고 양심을 저버리는 일이 없다는 것을 이르는 말입니다. 이른바 향기가 멀리 퍼진다고 하는 것은, 남을 모함하거나 사악한 짓을 하지 않는다는 것입니다. 그래서 그들은 세 계절의 농사에 힘쓰고 다섯 가지 교리를 강습하며 구족(九族)을 화목하게 하여 그들의 제사에 힘썼습니다. 이에 백성들이 화목하고 귀신이 복을 내려, 그래서 일을 하면 모두 성공을 거두었습니다. 지금 (수나라의) 백성은 각기 딴마음을 품고 귀신은 주인이 없는데, 임금께서 비록 혼자 풍성하게 (제사를) 지낸다 해도 무슨 복을 내리겠습니까? 임금께서 우선 정사(政事)를 바로잡고 형제지국과 가까이 지내시면 아마도 재난을 면할 수 있을 것입니다.」 수후(隨侯)가 두려워하며 정사를 바로잡으니 초나라가 감히 침공하지 못했다.

해제解題 및 본문 요지 설명

본문은 《좌전(左傳)・환공 6년(桓公 六年)》의 일부분으로, 내용은 수후(隨侯)가 정사를 바로잡아 초(楚)나라로 하여금 감히 침공하지 못하게 한 일을 서술한 것이다.

본문은 두 단락으로 나눌 수 있는데, 첫째 단락에서는 먼저 사건의 원인을 밝힌 후, 초(楚)나라의 임금과 신하가 의도적으로 초나라의 군사를 허약하게 보이도록 하여 수(隨)나라를 유인하려는 음모와 아울러 웅율저비(熊率且比)의 입을 통해 수나라의 현명한 신하인 계량(季梁)을 거론함으로써 앞으로 계량이 수후(隨侯)를 설득하는 역할을 할 것임을 암시했고; 둘째 단락에서는 수나라 소사(少師)의 오만함과 수후의 우매함을 통해 계량의 원대한 식견을 부각시켰다. 여기서 계량은 중의(衆議)를 배척하고 수후(隨侯)가 경솔하게 초나라의 군대를 추격하지 못하도록 권하면서, 정사를 바로잡아 백성에게 충실한 연후에 귀신을 받들어야 한다는 이른바 선민후신(先民後神)의 민본사상(民本思想)을 보여주고 있다.

008 조귀논전(曹劌論戰)
《左傳·莊公 十年》

작자

001 정백극단우언(鄭伯克段于鄢) 참조.

원문 및 주석

曹劌論戰[1]

齊師伐我, 公將戰.[2] 曹劌請見, 其鄕人曰:「肉食者謀之, 又何

---

1 曹劌論戰 → 曹劌가 전쟁에 대해 논하다
 【曹劌(조귀, cáo guì)】: [인명] 魯나라 사람. ※혹자는 조귀를《史記·刺客列傳》중의 曹沫이라고도 한다.
2 齊師伐我, 公將戰. → 齊나라 군사가 우리 魯나라를 침공하여, 莊公이 일전을 벌이려 했다.
 【師(사, shī)】: 군대. 군사.
 【伐(벌, fā)】: 침공하다, 공격하다.
 【我(아, wǒ)】: 우리. 즉「魯나라」.
 ※《左傳》은 魯나라의 사관이 노나라를 중심으로 사건을 기술했기 때문에, 그래서 노나

권1 주문周文 *81*

間焉?」³ 劌曰 :「肉食者鄙, 未能遠謀。」乃入見。⁴

問何以戰? 公曰 :「衣食所安, 弗敢專也, 必以分人。」⁵ 對曰 :「小惠未徧, 民弗從也。」⁶ 公曰 :「犧牲、玉帛, 弗敢加也, 必以信。」⁷ 對曰 :「小信未孚, 神弗福也。」⁸ 公曰 :「小大之獄, 雖不能察, 必以情。」⁹ 對

라를「我」라고 칭한 것이다.
【公(공, gōng)】: 魯莊公.
【將(장, jiāng)】: (장차) …하려 하다.

3 曹劌請見, 其鄕人曰 :「肉食者謀之, 又何間焉?」→ 조귀(曹劌)가 (莊公에게) 알현하기를 청하자, 마을 사람들이 말했다 :「권력을 가진 사람들이 도모할 일인데, 또 어찌 당신이 관여하는 것입니까?」
【請見(청견, qǐng jiàn)】: 뵙기를 청하다. 알현하기를 청하다. 면회를 청하다.
【肉食者(육식자, ròu shí zhě)】: 육식하는 사람들. 즉「권세가. 권력자」를 가리킨다.
【間(간, jiàn)】: 관여하다. 참여하다.

4 劌曰 :「肉食者鄙, 未能遠謀。」乃入見。→ 조귀가 말했다 :「권력을 가진 사람들은 식견이 천박하여, 멀리 내다보질 못합니다.」그리하여 들어가 (장공을) 알현했다.
【鄙(비, bǐ)】: 천박하다. 비루하다.
【遠謀(원모, yuǎn móu)】: 멀리 내다보다.
【乃(내, nǎi)】: 그리하여. ※판본에 따라서는「乃」를「遂」라 했다.

5 問何以戰? 公曰 :「衣食所安, 弗敢專也, 必以分人。」→ (조귀가) 어떻게 (齊나라 군대와) 전쟁을 치를 것인가를 물으니, 장공이 말했다 :「옷이나 음식 등 생활의 안정에 필요한 물품은, 감히 나 혼자 누리지 않고, 반드시 사람들에게 나누어줄 것이오.」
【弗敢(불감, fú gǎn)】: 不敢. 감히 …하지 못하다.
【專(전, zhuān)】: 홀로 누리다. 독차지하다.

6 對曰 :「小惠未徧, 民弗從也。」→ 조귀가 대답했다 :「작은 혜택으로는 (백성들에게) 두루 베풀지 못하여, 백성들이 따르지 않습니다.」
【小惠(소혜, xiǎo huì)】: 작은 혜택.
【未徧(미편, wèi biàn)】: 두루 미치지 못하다.
【弗從(불종, fú cóng)】: 不從. 따르지 않다.

7 公曰 :「犧牲、玉帛, 弗敢加也, 必以信。」→ 장공이 말했다 :「(제사에 올리는) 희생과 보옥·비단은, 감히 거짓으로 과장하여 고하지 않고, 반드시 성실하게 섬길 것이오.」
【加(가, jiā)】: 보태다. 첨가하다. 여기서는「거짓으로 과장하여 고하다」의 뜻.
【信(신, xìn)】: 성실하다. 진실하다.

8 對曰 :「小信未孚, 神弗福也。」→ 조귀가 대답했다 :「이러한 작은 신용으로는 신의 신뢰를 얻지도 못하고, 신이 복을 내려주지도 않습니다.」

曰:「忠之屬也, 可以一戰。戰則請從。」<u>10</u>

公與之乘, 戰於長勺。<u>11</u> 公將鼓之, 劌曰:「未可。」<u>12</u> 齊人三鼓, 劌曰:「可矣。」齊師敗績。<u>13</u> 公將馳之, 劌曰:「未可。」<u>14</u> 下視其轍, 登軾而望之, 曰:「可矣。」遂逐齊師。<u>15</u>

【孚(부, fú)】: 믿다. 신뢰하다.

9 公曰:「小大之獄, 雖不能察, 必以情。」→ 장공이 말했다:「크고 작은 訟事에 대해, 비록 자세히 살펴볼 수는 없지만, 반드시 실정에 맞도록 처리하겠소.」
【獄(옥, yù)】: 訟事. 소송사건.
【情(정, qíng)】: 實情. 실제 사정.

10 對曰:「忠之屬也, 可以一戰。戰則請從。」→ 조귀가 대답했다:「이는 백성들에게 충실한 행위이니, 일전을 벌려도 됩니다. 전쟁이 벌어지면 저도 따라가게 해주십시오.」
【忠之屬(충지속, zhōng zhī shǔ)】: 충에 속하는 행위. 즉「백성들에게 충실한 행위」.
【以(이, yǐ)】: 以(之). 이를 근거로.
【請從(청종, qǐng cóng)】: 따라나서기를 청하다. 청컨대 따라가도록 허락해 주십시오.【從】: 따르다.

11 公與之乘, 戰於長勺。→ 장공이 그와 함께 (수레에) 동승하여, 長勺에서 (齊나라와) 일전을 벌였다.
【之(지, zhī)】: [대명사] 그. 즉「조귀」.
【長勺(장작, cháng sháo)】: [지명] 魯나라의 지명. 지금의 산동성 萊蕪縣 동쪽.

12 公將鼓之, 劌曰:「未可。」→ 장공이 북을 울려 진격하려 하자, 조귀가 말했다:「안 됩니다.」
【將(장, jiāng)】: (장차) …하려 하다.
【未可(미가, wèi kě)】: 不可.

13 齊人三鼓, 劌曰:「可矣。」齊師敗績。→ 齊나라가 북을 세 번 치자, 조귀가 말했다:「됐습니다.」齊나라 군사가 대패했다.
【敗績(패적, bài jī)】: 대패하다. 크게 무너지다.

14 公將馳之, 劌曰:「未可。」→ 장공이 齊나라 군사를 추격하려 하자, 조귀가 말했다:「안 됩니다.」
【馳(치, chí)】: 추격하다.
【之(지, zhī)】: [대명사] 그들. 즉「제나라 군사」.

15 下視其轍, 登軾而望之, 曰:「可矣。」遂逐齊師。→ (조귀가) 수레에서 뛰어내려 齊나라 수레의 바퀴자국을 살핀 후, 수레 앞쪽의 가로막대에 올라 퇴각하는 齊나라 군사를 보고, 말했다:「됐습니다.」그리하여 齊나라 군사를 추격했다.
【下(하, xià)】: (수레에서) 내리다.
【轍(철, zhé)】: 바퀴자국.

既克, 公問其故。對曰:「夫戰, 勇氣也。一鼓作氣, 再而衰, 三而竭。彼竭我盈, 故克之。^{16} 夫大國難測也, 懼有伏焉。吾視其轍亂, 望其旗靡, 故逐之。」^{17}

번역문

조귀(曹劌)가 전쟁에 대해 논하다

제(齊)나라 군사가 우리 노(魯)나라를 침공하여 장공(莊公)이 일전을 벌

【軾(식, shì)】: 수레 앞쪽의 가로 막대.
【逐(축, zhú)】: 나. 추격하나.

16 既克, 公問其故。對曰:「夫戰, 勇氣也。一鼓作氣, 再而衰, 三而竭。彼竭我盈, 故克之。
→ 전쟁에서 승리한 후, 장공이 (조귀에게) 승리할 수 있었던 까닭을 물었다. 조귀가 대답했다:「무릇 전쟁이란, 용기에 의존하는 것입니다. 첫 번째 북을 울리면 사기가 진작되고, 두 번째 북을 울리면 사기가 떨어지기 시작하고, 세 번째 북을 울리면 사기를 완전히 상실하게 됩니다. 적이 사기를 완전히 상실하고 우리의 사기가 넘쳐났기 때문에, 그래서 적을 물리친 것입니다.
【克(극, kè)】: 물리치다. 제압하다.
【故(고, gù)】: 까닭. 즉「승리할 수 있었던 까닭」.
【夫(부, fú)】: [발어사] 무릇. 대저.
【作氣(작기, zuò qì)】: 사기가 진작되다.
【衰(쇠, shuāi)】: 쇠하다.
【竭(갈, jié)】: 다하다. 소진되다.
【彼(피, bǐ)】: 그들. 저들. 즉「적군」.
【盈(영, yíng)】: 가득하다. 충만하다.

17 夫大國難測也, 懼有伏焉。吾視其轍亂, 望其旗靡, 故逐之。」→ 무릇 大國의 행동은 예측하기 어려워, 복병이 있을까 두려웠습니다. 제가 그들의 수레바퀴 자국이 어지러운 것을 보고, 그들의 깃발이 쓰러진 것을 보았기 때문에, 그래서 그들을 추격한 것입니다.」
【難測(난측, nán cè)】: 예측하기 어렵다.
【伏(복, fú)】: 복병.
【靡(미, mǐ)】: 쓰러지다.

이러 했다. 조귀(曹劌)가 (장공에게) 알현하기를 청하자 마을 사람들이 말했다 : 「권력을 가진 사람들이 도모할 일인데, 또 어찌 당신이 관여하는 것입니까?」 조귀가 말했다 : 「권력을 가진 사람들은 식견이 천박하여 멀리 내다보질 못합니다.」 그리하여 들어가 (장공을) 알현했다.

(조귀가) 어떻게 (제나라 군대와) 전쟁을 치룰 것인가를 물으니, 장공이 말했다 : 「옷이나 음식 등 생활의 안정에 필요한 물품은 감히 나 혼자 누리지 않고 반드시 사람들에게 나누어줄 것이오.」 조귀가 대답했다 : 「작은 혜택으로는 (백성들에게) 두루 베풀지 못하여 백성들이 따르지 않습니다.」 장공이 말했다 : 「(제사에 올리는) 희생과 보옥・비단은 감히 거짓으로 과장하여 고하지 않고 반드시 성실하게 섬길 것이오.」 조귀가 대답했다 : 「이러한 작은 신용으로는 신(神)의 신뢰를 얻지도 못하고 신이 복을 내려주지도 않습니다.」 장공이 말했다 : 「크고 작은 송사(訟事)에 대해 비록 자세히 살펴볼 수는 없지만 반드시 실정에 맞도록 처리하겠소.」 조귀가 대답했다 : 「이는 백성들에게 충실한 행위이니 일전을 벌려도 됩니다. 전쟁이 벌어지면 저도 따라가게 해주십시오.」

장공이 그와 함께 (수레에) 동승하여 장작(長勺)에서 (제나라와) 일전을 벌였다. 장공이 북을 울려 진격하려 하자, 조귀가 말했다 : 「안 됩니다.」 제(齊)나라가 북을 세 번 치자, 조귀가 말했다 : 「됐습니다.」 제나라 군사가 대패했다. 장공이 제나라 군사를 추격하려 하자, 조귀가 말했다 : 「안 됩니다.」 (조귀가) 차에서 뛰어내려 제나라 수레의 바퀴자국을 살핀 후 수레 앞쪽의 가로 막대에 올라 퇴각하는 제나라 군사를 보고 말했다 : 「됐습니다.」 그리하여 제나라 군사를 추격했다.

전쟁에서 승리한 후 장공이 (조귀에게) 승리할 수 있었던 까닭을 물었다. 조귀가 대답했다 : 「무릇 전쟁이란 용기에 의존하는 것입니다. 첫 번째 북을 울리면 사기가 진작되고, 두 번째 북을 울리면 사기가 떨어지기 시작하고, 세 번째 북을 울리면 사기를 완전히 상실하게 됩니다. 적이 사기를 완전히 상실하고 우리의 사기가 넘쳐났기 때문에, 그래서 적을 물리친 것입니다. 무릇 대국(大國)의 행동은 예측하기 어려워 복병이 있을까 두려웠습니다. 제가 그들의 수레바퀴 자국이 어지러운 것을 보고 그들의 깃발이 쓰러진 것을 보았기 때문에, 그래서 그들을 추격한 것입니다.」

해제解題 및 본문 요지 설명

본문은 《좌전(左傳)·장공 10년(莊公 十年)》의 일부분으로, 내용은 노(魯)나라와 제(齊)나라의 전쟁에서 약소국인 노나라 평민 출신 조귀(曹劌)가 탁월한 지모로 노장공(魯莊公)을 도와 제나라 군사를 물리친 경위를 서술한 것이다.

본문은 네 단락으로 나눌 수 있는데, 첫째 단락에서는 조귀가 평민 신분으로 장공을 알현하고 작전을 도모하게 된 동기를 기술했고; 둘째 단락에서는 조귀가 전쟁을 치르기 위한 조건으로 정치적인 면에서 민심의 향배와 전략적인 면에서 지피지기(知彼知己)의 중요성을 강조한 논지를 기술했고; 셋째 단락에서는 조귀가 장공을 쫓아 출전하여 제나라 군사를 대파하고 전쟁에서 승리를 거두는 상황을 서술했고; 마지막 단락에서는 조귀가 작전을 승리로 이끌게 된 까닭을 설명했다. 논점이 분명하고 서술이 간결하면서도 생동적으로 묘사하여 전쟁 묘사에 능한 《좌전》의 일면을 보여주고 있다.

009 제환공벌초맹굴완(齊桓公伐楚盟屈完)
《左傳 · 僖公 四年》

작자

001 정백극단우언(鄭伯克段于鄢) 참조.

원문 및 주석

齊桓公伐楚盟屈完¹

春, 齊侯以諸侯之師侵蔡, 蔡潰, 遂伐楚。² 楚子使與師言曰:「君

---

1 齊桓公伐楚盟屈完 → 齊나라 桓公이 楚나라를 정벌하려다 屈完과 동맹을 맺다
  【齊桓公(제환공, qí huán gōng)】: 춘추시대 齊나라의 군주. 齊僖公의 아들로 이름은 小白이며, 晉文公·秦穆公·宋襄公·楚莊王과 더불어 春秋五霸의 하나이다. 43년간 (B.C. 685-B.C. 643) 재위했다.
  【楚(초, chǔ)】: [국명] 지금의 호남성·호북성과 강서성·절강성 및 하남성 남부에 걸쳐 있던 周代의 제후국. 도읍은 郢[지금의 호북성 江陵].
  【盟(맹, méng)】: 동맹을 맺다.
  【屈完(굴완, qū wán)】: [인명] 楚나라의 대부.

2 春, 齊侯以諸侯之師侵蔡, 蔡潰, 遂伐楚。→ 봄에, 齊桓公이 諸侯의 군사로 蔡나라를 침략

處北海, 寡人處南海, 唯是風馬牛不相及也, 不虞君之涉吾地也, 何故?³ 管仲對曰:「昔召康公命我先君太公曰:『五侯九伯, 女實征之, 以夾輔周室。』⁴ 賜我先君履, 東至于海, 西至于河, 南至于穆陵,

하여, 蔡나라가 무너지자, 드디어 楚나라를 공격했다.
【齊侯(제후, qí hóu)】: 齊나라의 군주. 여기서는「齊桓公」을 가리킨다.
【諸侯之師(제후지사, zhū hóu zhī shī)】: 제후의 군사. 여기서는「魯·宋·陳·衛·鄭·曹 등의 군사」를 말한다.
【蔡(채, cài)】: [국명] 지금의 하남성 上蔡縣 일대에 있던 周代의 제후국. 蔡는 楚의 동맹국.
【遂(수, suì)】: 마침내. 드디어.
【伐(벌, fā)】: 공격하다. 침공하다.

3 楚子使與師言曰:「君處北海, 寡人處南海, 唯是風馬牛不相及也, 不虞君之涉吾地也, 何故?」→ 楚成王이 사신을 보내 齊桓公에게 말했다:「군주께서는 멀리 북쪽에 계시고, 과인은 멀리 남쪽에 있어, 실로 피차간에 아무런 관련이 없기 때문에, 군주께서 우리 땅에 진격해 들어올 줄을 전혀 예상하지 못했는데, 어찌 된 일입니까?」
【楚子(초자, chǔ zǐ)】: 초나라의 군주. 여기서는「楚成王」을 가리킨다.
【使(사, shǐ)】: 사신을 보내다.
【師(사, shī)】: 齊桓公이 거느린 군사. 즉「齊桓公」을 가리킨다.
【處(처, chǔ)】: 거처하다. 처해있다.
【北海(북해, běi hǎi)】: 옛날에는 渤海를 북해라 했으며, 齊나라는 발해와 인접해 있다.
【寡人(과인, guǎ rén)】: 寡德之人이란 뜻으로, 임금이 자신을 낮추어 부르는 말.
【南海(남해, nán hǎi)】: ※초나라의 위치가 남해에 근접해 있지는 않으나, 여기서는 齊나라와 멀리 떨어져 있음을 나타내기 위해 사용한 말이다.
【唯是(유시, wéi shì)】: [어기사].
【風馬牛不相及(풍마우불상급, fēng mǎ niú bù xiāng jí)】:「피차 아무런 관련이 없다」의 비유. ※「風」은 소나 말이 발정하여 암수가 서로 유인한다는 뜻인데, 두 나라가 서로 멀리 떨어져 있기 때문에 설사 두 나라의 소나 말이 발정이 난다 해도 서로 미치지 못한다는 것이다. 따라서 이 말은「피차 아무런 관련이 없다」라는 뜻이다.
【虞(우, yú)】: 예상하다.
【涉(섭, shè)】: 건너오다. 여기서는「진격해 들어오다」의 뜻.

4 管仲對曰:「昔召康公命我先君太公曰:『五侯九伯, 女實征之, 以夾輔周室。』」→ 管仲이 (제환공을 대신하여) 대답했다:「옛날 召康公께서 우리 先君 太公에게 명하시길:『천하의 제후들을, (죄가 있으면) 네가 정벌하여, 周王室을 보필하라.』고 말씀하셨소.
【管仲(관중, guǎn zhòng)】: [인명] 이름은 夷吾, 자는 仲. 齊나라 사람으로 춘추시대의 저명한 정치가. 본래 빈한했던 齊나라가 부강하여 齊桓公이 천하를 제패한 것은 전적으로 관중의 보필에 의한 것이었다.
【召康公(소강공, shào kāng gōng)】: 周文王의 庶子 姬奭. 召에 봉해졌으며, 康은 그의 시호.

北至于<u>無棣</u>.⁵ 爾貢苞茅不入, 王祭不供, 無以縮酒, 寡人是徵。昭王
南征而不復, 寡人是問。」⁶ 對曰:「貢之不入, 寡君之罪也, 敢不供給?

【先君(선군, xiān jūn)】: 先王. 죽은 임금에 대한 호칭.
【太公(태공, tài gōng)】: 姜太公 呂尙. 齊나라의 시조. 周文王·武王을 도와 商을 멸하는
데 공이 있어 齊에 봉해졌다.
【五侯九伯(오후구백, wǔ hóu jiǔ bó)】: 본래「五侯」는 公·侯·伯·子·男의 다섯 작위를
말하고,「九伯」은 九州의 首長을 말하나, 여기서는「천하의 제후들」을 가리킨다.
【女(여, rǔ)】: 汝. 너. 당신.
【實(실, shí)】: [어기사].
【征(정, zhēng)】: 토벌하다. 정벌하다.
【之(지, zhī)】: [대명사] 그들. 즉「五侯九伯」.
【夾輔(협보, jiá fǔ)】: 돕다. 보좌하다.

5 賜我先君履, 東至于海, 西至于河, 南至于穆陵, 北至于無棣。→ 그리고 우리 선군에게 관
할구역을 하사하셨는데, 동쪽은 바다에 이르고, 서쪽은 黃河에 이르고, 남쪽은 穆陵에
이르고, 북쪽은 無棣에 이르고 있소.
【賜(사, cì, sì)】: 내려주다. 하사하다.
【履(리, lǚ)】: 밟다. 여기서는 족적이 닿을 수 있는 곳. 즉「관할구역」을 말한다.
【海(해, hǎi)】: 발해와 황해를 포함하는 동쪽의 바다.
【河(하, hé)】: 黃河.
【穆陵(목릉, mù líng)】: [지명] 齊나라의 지명으로, 지금의 산동성 臨朐縣 남쪽.
【無棣(무체, wú dì)】: [지명] 齊나라의 지명으로, 지금의 산동성 無棣縣.

6 爾貢苞茅不入, 王祭不供, 無以縮酒, 寡人是徵。昭王南征而不復, 寡人是問。」→ 당신들이
조공으로 바쳐야 하는 包茅가 들어오지 않아, 왕의 제사에 공급하지 못해, 縮酒를 할 수
가 없었소. 과인이 이를 문책하려는 것이오. 그리고 昭王께서 남쪽 지방을 순시하다 돌
아오지 못했으므로, 과인이 이에 대해 물으려는 것이오.」
【爾(이, ěr)】: 너. 당신.
【貢(공, gòng)】: 조공. 조공을 바치다.
【苞茅(포모, bāo máo)】: 묶음으로 된 菁茅. 술을 거를 때 쓰는 재료. ※ 판본에 따라서는
「苞」를「包」라 했다.
【供(공, gōng)】: 공급하다. ※ 판본에 따라서는「供」을「共」이라 했다.
【無以(무이, wú yǐ)】: …할 방법이 없다.
【縮酒(축주, suō jiǔ)】: 제사 의식의 하나. 청모를 묶어 세워놓고 위에서 술을 부으면 술
찌꺼기가 청모에 걸리고 술이 점점 아래로 내려가는데, 이는 귀신이 술을 마시고 있음
을 상징한다.
【是徵(시징, shì zhēng)】: [徵是의 도치형태] 이를 문책하다. 【徵】: 추궁하다. 문책하다.
【昭王(소왕, zhāo wáng)】: 周昭王. 周成王의 손자로, 이름은 瑕. 일찍이 남쪽 荊蠻 지방
의 순시에 나가 漢水를 건너다가 배가 부서져 익사했다.

昭王之不復, 君其問諸水濱!」⁷ 師進, 次于陘。⁸

夏, 楚子使屈完如師, 師退, 次于召陵。⁹ 齊侯陳諸侯之師, 與屈完乘而觀之。¹⁰ 齊侯曰:「豈不穀是爲? 先君之好是繼, 與不穀同好如何?」¹¹ 對曰:「君惠徼福於敝邑之社稷, 辱收寡君, 寡君之願也。」¹²

【是問(시문, shì wèn)】: [問是의 도치형태] 이를 묻다. 이에 대해 묻다.

7 對曰:「貢之不入, 寡君之罪也, 敢不供給? 昭王之不復, 君其問諸水濱!」→ 楚나라 사신이 대답했다:「조공이 들어오지 않은 것은, 우리 군주의 잘못인데, 어찌 감히 제공하지 않겠습니까? (그러나) 소왕께서 돌아오지 않은 것은, 군주께서 직접 漢水의 강가에 가서 물어보십시오.」
【罪(죄, zuì)】: 과오. 잘못.
【供(공, gōng)】: 제공하다. ※판본에 따라서는「供」을「共」이라 했다.
【諸(제, zhū)】: 之於의 합음.
【水濱(수빈, shuǐ bīn)】: 물가. 여기서는「漢水의 강가」를 가리킨다.

8 師進, 次于陘。→ (이때) 齊나라 군사가 진격하여, 陘에 주둔했다.
【師(사, shī)】: 군사. 즉「齊나라 군사」.
【次(차, cì)】: 주둔하다.
【陘(형, xíng)】: [산 이름] 陘山. 지금의 하남성 偃城 남쪽.

9 夏, 楚子使屈完如師, 師退, 次于召陵。→ 여름에, 楚王이 屈完을 파견하여 齊나라 군사 진영에 당도하자, 齊나라 군대가 물러나, 召陵에 주둔했다.
【楚子(초자, chǔ zǐ)】: 楚王.
【使(사, shǐ)】: 보내다. 파견하다.
【如師(여사, rú shī)】: 齊나라 군사의 진영에 당도하다. 〖如〗: 가다. 이르다. 당도하다. 〖師〗: 군대. 즉「齊나라 군대」.
【召陵(소릉, shào líng)】: [지명] 楚나라의 지명으로, 지금의 하남성 偃城 동쪽.

10 齊侯陳諸侯之師, 與屈完乘而觀之。→ 제환공이 제후들의 군사를 배치한 후, 굴완과 함께 수레를 타고 둘러보았다.
【齊侯(제후, qí hóu)】: 제나라의 군주. 여기서는「齊桓公」을 가리킨다.
【陳(진, chén)】: 배치하다. 진용을 갖추다.
【乘(승, chéng)】: (수레를) 타다.

11 齊侯曰:「豈不穀是爲? 先君之好是繼, 與不穀同好如何?」→ 齊桓公이 말했다:「(제후들이 군사를 일으킨 까닭이) 어찌 저 자신을 위한 일이겠습니까? 선왕의 우호 관계는 계승해야 하니, 저희와 함께 사이좋게 지내는 것이 어떻겠습니까?」
【不穀(불곡, bù gǔ)】: [겸칭] 불초. 저.
【是(시, shì)】: [조사] ※도치된 빈어와 동사의 사이에 놓여 빈어를 강조하는 역할을 한다. 번역할 필요가 없다.

齊侯曰:「以此衆戰, 誰能禦之? 以此攻城, 何城不克?」[13] 對曰:「君若以德綏諸侯, 誰敢不服? 君若以力, 楚國方城以爲城, 漢水以爲池, 雖衆, 無所用之。」[14] 屈完及諸侯盟。[15]

【同好(동호, tóng hǎo)】: 함께 사이좋게 지내다.

12 對曰:「君惠徼福於敝邑之社稷, 辱收寡君, 寡君之願也。」→ 굴완이 대답했다:「군왕께서 저희 楚나라를 위해 복을 빌어주시는 은혜를 입고, 또 욕됨을 마다하지 않고 저희 군주를 받아주신다면, 이는 저희 군주가 원하는 바입니다.」
【惠(혜, huì)】: 은혜를 입다.
【徼(요, yāo)】: 求. 청하다. 빌다.
【敝邑(폐읍, bì yì)】: [자기 나라에 대한 겸칭] 저희 나라.
【社稷(사직, shè jì)】:「社」는 본래 地神이고「稷」은 穀神이나, 지신과 곡신을 제사하는 장소 역시 社稷이라 했다. 당시 나라를 건립하면 반드시 社稷을 설치하기 때문에 社稷은 곧「국가, 조정」을 상징하는 말로 사용되었다.
【辱收(욕수, rǔ shōu)】: 욕됨을 마다하지 않고 받아들이다.

13 齊侯曰:「以此衆戰, 誰能禦之? 以此攻城, 何城不克?」→ 제환공이 말했다:「(내가) 이렇게 많은 군사로써 전쟁을 벌인다면, 어느 누가 이를 방어할 수 있겠습니까? 이렇게 많은 군사로써 성을 공격한다면, 어느 성이 정복되지 않겠습니까?」
【衆(중, zhòng)】: 많은 군사.
【禦(어, yù)】: 막다. 방어하다.
【克(극, kè)】: [피동 용법] 제압되다. 정복되다.

14 對曰:「君若以德綏諸侯, 誰敢不服? 君若以力, 楚國方城以爲城, 漢水以爲池, 雖衆, 無所用之。」→ 굴완이 대답했다:「군왕께서 만일 덕으로써 제후들을 위안해 주신다면, 어느 누가 감히 복종하지 않겠습니까? 군왕께서 만일 무력을 사용하신다면, 楚나라는 方城山을 성곽으로 삼고, 漢水를 해자로 삼을 수 있어, 비록 (당신들의) 군사가 많다 해도 소용이 없을 것입니다.」
【若(약, ruò)】: 만일. 만약.
【綏(수, suí)】: 위무하다. 위안하다.
【力(력, lì)】: 무력.
【方城(방성, fāng chéng)】: [산 이름] 方城山. 楚나라의 산으로, 지금의 하남성 葉縣 남쪽에 있다.
【以爲(이위, yǐ wéi)】: 以(之)爲. 이로써 …을 삼다.
【池(지, chí)】: 해자. 성호.
【無所用(무소용, wú suǒ yòng)】: 소용이 없다. 사용하지 못하다.

15 屈完及諸侯盟。→ (마침내) 굴완과 제후들은 맹약을 체결했다.
【及(급, jí)】: …과(와).
【盟(맹, méng)】: 동맹을 맺다. 맹약을 체결하다.

> 번역문

제(齊)나라 환공(桓公)이 초(楚)나라를 정벌하려다 굴완(屈完)과 동맹을 맺다

봄에, 제환공(齊桓公)이 제후(諸侯)의 군사로 채(蔡)나라를 침략하여 채나라가 무너지자 드디어 초(楚)나라를 공격했다. 초성왕(楚成王)이 사신을 보내 제환공(齊桓公)에게 말했다 : 「군주께서는 멀리 북쪽에 계시고 과인은 멀리 남쪽에 있어 실로 피차간에 아무런 관련이 없기 때문에, 군주께서 우리 땅에 진격해 들어올 줄을 전혀 예상하지 못했는데 어찌 된 일입니까?」 관중(管仲)이 (제환공을 대신하여) 대답했다 : 「옛날 소강공(召康公)께서 우리 선군(先君) 태공(太公)에게 명하시길 :『천하의 제후들을 (죄가 있으면) 네가 정벌하여 주왕실(周王室)을 보필하라.』고 말씀하셨소. 그리고 우리 선군에게 관할구역을 하사하셨는데, 동쪽은 바다에 이르고, 서쪽은 황하(黃河)에 이르고, 남쪽은 목릉(穆陵)에 이르고, 북쪽은 무체(無棣)에 이르고 있소. 당신들이 조공으로 바쳐야 하는 포모(包茅)가 들어오지 않아 왕의 제사에 공급하지 못해 축주(縮酒)를 할 수가 없었소. 과인이 이를 문책하려는 것이요. 그리고 소왕(昭王)께서 남쪽 지방을 순시하다 돌아오지 못했음으로 과인이 이에 대해 물으려는 것이요.」 초(楚)나라 사신이 대답했다 : 「조공이 들어오지 않은 것은 우리 군주의 잘못인데 어찌 감히 제공하지 않겠습니까? (그러나) 소왕께서 돌아오지 않은 것은 군주께서 직접 한수(漢水)의 강가에 가서 물어보십시오.」 (이때) 제(齊)나라 군사가 진격하여 형(陘)에 주둔했다.

여름에, 초왕(楚王)이 굴완(屈完)을 파견하여 제(齊)나라 군사 진영에 당도하자 제나라 군대가 물러나 소릉(召陵)에 주둔했다. 제환공이 제후들의 군사를 배치한 후 굴완과 함께 수레를 타고 둘러보았다. 제환공이 말했다 : 「(제후들이 군사를 일으킨 까닭이) 어찌 저 자신을 위한 일이겠습니까? 선왕의 우호 관계는 계승해야 하니, 저희와 함께 사이좋게 지내는 것이 어떻겠습니까?」 굴완이 대답했다 : 「군왕께서 저희 초나라를 위해 복을 빌어주시는 은혜를 입고, 또 욕됨을 마다하지 않고 저희 군주를 받아주신다면 이는 저희 군주가 원하는 바입니다.」 제환공이 말했다 : 「(내가) 이렇게 많은 군사로써 전쟁을 벌인다면, 어느 누가 이를 방어할 수 있겠습니까? 이렇게 많은 군사로써 성을 공격한다면, 어느 성이 정복되지 않겠습니까?」 굴완이 대답했다 : 「군왕께서 만일 덕으로써 제후들을 위안해 주신다면, 어느 누가 감히 복종하지 않겠습니까? 군왕께서 만일 무력을 사용하신다면 초나라는 방성산(方城山)을 성곽으로 삼고 한수(漢水)를 해자로 삼을 수 있어 비록 (당신들의) 군사가 많다 해도 소용이 없을 것입니다.」 (마침내) 굴완과 제후들은 맹약을 체결했다.

해제解題 및 본문 요지 설명

　본문은 《좌전(左傳)・희공 4년(僖公 四年)》의 일부분으로, 내용은 제(齊)나라가 초(楚)나라를 공격하여 초나라의 대부 굴완(屈完)으로 하여금 제나라와 동맹을 맺고 제나라의 집단에 가입하는 상황을 기술한 것이다.
　당시 중원 일대의 제후들은 대부분이 제나라에 의해 정복되었고, 남쪽에 치우쳐 있던 초나라만이 아직 귀순하지 않았다. 초나라는 신흥 국가로서 항상 중원을 향해 국토를 확장할 의도를 가지고 있어, 일찍이 정(鄭)나라를 정벌한 적이 있고, 그밖에 일부 작은 나라들도 이미 초나라에 복종하고 있었다. 이에 제환공(齊桓公)은 각국 제후들의 군사를 이끌고 먼저 채(蔡)나라를 멸한 다음, 이어서 대규모의 병력으로 초나라 국경을 압박했다. 비록 두 나라가 교전을 하지 않은 상황에서 초나라 역시 굴복을 하지는 않았지만, 결과는 초나라가 제나라와 동맹을 맺고 제나라 집단에 가입했다. 이를 계기로 제환공은 마침내 패업을 완수하고 북으로 향하려던 초나라의 야심을 억제했다.

본문은 여섯 단락으로 나눌 수 있는데, 첫째 · 셋째 · 넷째 · 여섯째 단락에서는 사건의 시말(始末)에 대해 기술했고; 둘째 · 다섯째 단락에서는 쌍방이 교섭과 공방을 병행하며 심리전을 전개하는 상황을 기술했다.

010 궁지기간가도(宮之奇諫假道)
《左傳 · 僖公 五年》

> 작 자

001 정백극단우언(鄭伯克段于鄢) 참조.

> 원문 및 주석

宮之奇諫假道¹

晉侯復假道於虞以伐虢。² 宮之奇諫曰:「虢, 虞之表也; 虢亡,

---

1 宮之奇諫假道 → 宮之奇가 길을 빌려주는 것에 대해 간하다
 【宮之奇(궁지기, gōng zhī qí)】: [인명] 虞나라의 대부.
 【諫(간, jiàn)】: 간하다. 간언하다.
 【假(가, jiǎ)】: 빌리다.
2 晉侯復假道於虞以伐虢。→ 晉侯가 다시 虞나라로부터 길을 빌려 虢나라를 공격하려 했다.
 【晉侯(진후, jìn hóu)】: 晉나라의 제후. 여기서는「晉獻公」을 가리킨다.
 【復(부, fù)】: 다시. 또.
 【虞(우, yú)】: [국명] 虞나라. 지금의 산서성 平陸 북쪽.
 【伐(벌, fā)】: 공격하다. 침공하다.

虞必從之。³ 晉不可啓, 寇不可翫。一之謂甚, 其可再乎?⁴ 諺所謂『輔車相依, 脣亡齒寒』者, 其虞、虢之謂也。』⁵

公曰:「晉, 吾宗也, 豈害我哉?」⁶ 對曰:「大伯、虞仲, 大王之昭也。大伯不從, 是以不嗣。⁷ 虢仲、虢叔, 王季之穆也, 爲文王卿士,

【虢(괵, guó)】: [국명] 괵나라. 지금의 산서성 平陸 남쪽.

3 宮之奇諫曰:「虢, 虞之表也; 虢亡, 虞必從之。→ 宮之奇가 간하여 말했다:「虢나라는 虞나라의 울타리와 같아, 괵나라가 망하면, 우나라가 반드시 그 뒤를 따라 망하게 됩니다.
【表(표, biǎo)】: 겉. 외표. 여기서는「울타리, 보호벽」의 뜻.
【之(지, zhī)】: [대명사] 그. 그것. 즉「괵나라」.

4 晉不可啓, 寇不可翫。一之謂甚, 其可再乎? → 晉나라의 야심을 불러일으켜서도 안 되지만, 적을 경솔하게 대해서도 안 됩니다. 한 번으로도 심하다고 말할 수 있는데, 어찌 두 번 다시 되풀이할 수 있겠습니까?
【啓(계, qǐ)】: 열다. 즉「불러일으키다, 야기하다」의 뜻.
【寇(구, kòu)】: 적.
【翫(완, wán)】: 경솔하게 대하다.
【其(기, qí)】: 豈. 어찌.
【再(재, zài)】: 두 번 다시 되풀이하다.

5 諺所謂『輔車相依, 脣亡齒寒』者, 其虞、虢之謂也。」→ 속담에『덧방나무와 수레는 서로 의존하고, 입술이 없으면 이가 시리다.』라고 한 것은, 바로 우나라와 괵나라를 두고 한 말입니다.」
【諺(언, yàn)】: 속담.
【輔車相依(보거상의, fǔ jū xiāng yī)】: 수레의 덧방나무와 바퀴가 서로 의존하다. 즉「피차 의존해야 한다」는 말.
※ 일설에는「輔」를 뺨,「車」를 잇몸이라 풀이하기도 한다.
【脣亡齒寒(순망치한, chún wáng chǐ hán)】: 입술이 없으면 이가 시리다. 즉「이해관계가 매우 밀접함」을 비유하는 말.
【…之謂(지위, zhī wèi)】:…를 두고 한 말.…을 가리켜 한 말.

6 公曰:「晉, 吾宗也, 豈害我哉?」→ 虞公이 말했다:「晉나라는, 우리와 조상이 같은데, 어찌 우리를 해치겠소?」
【公(공, gōng)】: 여기서는「虞公」을 가리킨다.
【宗(종, zōng)】: 조상. 선조.

7 對曰:「大伯、虞仲, 大王之昭也。大伯不從, 是以不嗣。→ 궁지기가 대답했다:「大伯과 虞仲은, 모두 周太王의 아들입니다. 태백이 (태왕의 명을) 따르지 않아, 그래서 (왕위를) 계승하지 못했습니다.

勳在王室, 藏於盟府.⁸ 將虢是滅, 何愛於虞? 且虞能親於桓、莊乎?⁹
其愛之也, 桓、莊之族何罪?¹⁰ 而以爲戮, 不唯偪乎? 親以寵偪, 猶

【大伯(태백, tài bó)】: [인명] 周太王의 맏아들. 〖大〗: 太.
【虞仲(우중, yú zhòng)】: [인명] 周太王의 둘째 아들.
【大王(태왕, tài wáng)】: 태왕. 周의 先王. 이름은 古公亶父(고공단보)이며, 周文王의 조부이다.
【昭(소, zhāo)】: 종묘에서 神主 배열의 한 자리. 고대 종묘에서 시조를 가운데 두고 그 나머지를 좌우 양측에 배열했는데, 좌측을 「昭」라 하고, 우측을 「穆」이라 했다. 만일 父가 昭에 자리하면 子가 穆에 자리하고, 父가 穆에 자리하면 子가 昭에 자리하여, 父子 간은 자리를 달리하고, 祖孫 간은 자리를 같이했다. 大王이 周의 종묘에서 穆이었기 때문에, 그 아들인 大伯과 虞仲은 昭이다. 그러므로 여기에서 昭는 곧 「아들」을 의미한다.
【大伯不從(태백부종, tài bó bù cóng)】: 태백이 (大王의 명을) 따르지 않다.
※ 周大王은 大伯・虞仲・季歷[王季]을 낳았고, 季歷은 아들 昌을 낳았는데, 大伯은 부친인 周大王이 계력을 왕위에 오르게 한 다음, 이를 昌에게 물려주려 한다는 의도를 알고, 우중과 함께 남쪽 오랑캐 지역인 荊蠻으로 달아나 계력에게 자리를 양보했다.
【是以(시이, shì yǐ)】: 그래서. 이로 인해.
【嗣(사, sì)】: 잇다. 계승하다.

8 虢仲、虢叔, 王季之穆也, 爲文王卿士, 勳在王室, 藏於盟府. → 虢仲과 虢叔은, 모두 王季의 아들로, 文王의 대신을 지냈고, 왕실에 공을 세워, (그 기록이) 盟府에 보존되어 있습니다.
【虢仲(괵중, guó zhòng)】: 王季의 둘째 아들. 周文王의 아우. 東虢에 봉했다.
【虢叔(괵숙, guó shū)】: 王季의 셋째 아들. 周文王의 아우. 西虢에 봉했다.
【王季(왕계, wáng jì)】: [인명] 季歷이라고도 하며, 周文王의 부친.
【穆(목, mù)】: 종묘에서 神主 배열의 한 자리. 여기서는 「아들」을 가리킨다.
【卿士(경사, qīng shì)】: 대신.
【藏(장, cáng)】: 보존하다.
【盟府(맹부, méng fǔ)】: 盟約・典籍 등을 관장하는 부서.

9 將虢是滅, 何愛於虞? 且虞能親於桓、莊乎? → (晉나라는) 장차 虢나라까지도 멸망시키려 하고 있는데, 虞나라에 대해 무슨 애정이 있겠습니까? 그리고 虞나라가 (晉나라) 桓叔・莊伯의 관계보다 더 친합니까?
【將(장, jiāng)】: (장차) …하려 하다.
【是(시, shì)】: [조사] 도치된 빈어와 동사의 사이에 놓여 빈어를 강조하는 역할을 한다. 번역할 필요가 없다.
【桓(환, huán), 莊(장, zhuāng)】: 桓叔과 莊伯, 즉 晉獻公의 중조부와 조부.

10 其愛之也, 桓、莊之族何罪? → 晉獻公이 환숙과 장백을 사랑했다면, 환숙과 장백의 동족 후손들이 무슨 죄가 있기에 모두 죽였겠습니까?

尙害之, 況以國乎?」[11]

公曰:「吾享祀豐絜, 神必據我。」[12] 對曰:「臣聞之, 鬼神非人實親, 惟德是依。[13] 故《周書》曰:『皇天無親, 惟德是輔。』又曰:『黍稷非馨, 明德惟馨。』又曰:『民不易物, 惟德繄物。』[14] 如是, 則非德, 民

※ 魯莊公 25년(B.C. 669)에 晉獻公이 同族의 공자들을 모두 죽였다.
【其(기, qí)】: 그. 즉「晉獻公」.
【之(지, zhī)】: [대명사] 그들. 즉「桓叔과 莊伯」.
【桓、莊之族(환장지족, huán zhuāng zhī zú)】: 桓叔과 莊伯의 후손들. 환숙은 晉獻公의 증조부이고, 장백은 진헌공의 조부이다. 〖族〗: 동족. 여기서는「동족 후손」을 가리킨다.

[11] 而以爲戮, 不唯偪乎? 親以寵偪, 猶尙害之, 況以國乎? → 그러나 동족을 살육의 대상으로 삼은 것은, 오직 위협이 된다고 여겼기 때문이 아니겠습니까? 친족이 총애를 받음으로 인해 위협을 느껴도, 또한 그들을 살해하는데, 하물며 나라로써 위협을 가한다면 어떠하겠습니까?」
【以爲(이위, yǐ wéi)】: 以(之)爲…. …을 …로 삼다.
【戮(륙, lù)】: 살육하다. 죽이다.
【唯(유, wéi)】: 다만 …이다.
【偪(핍, bī)】: [피동 용법] 위협이 된다고 여기다.
【寵(총, chǒng)】: 총애를 받다.
【猶尙(유상, yóu shàng)】: 그래도. 또한.
【況(황, kuàng)】: 하물며.

[12] 公曰:「吾享祀豐絜, 神必據我。」 → 우공이 말했다.「내가 제사 지낼 때 제물이 풍성하고 정갈하여, 신이 반드시 나를 도울 것이오.」
【享祀(향사, xiǎng sì)】: 제사 지내다.
【絜(결, jié)】: 潔. 정갈하다. 깨끗하다.
【據(거, jù)】: 돕다. 보우하다.

[13] 對曰:「臣聞之, 鬼神非人實親, 惟德是依。 → 궁지기가 대답했다.「제가 듣기로는, 귀신은 사람을 가까이하는 것이 아니라, 오직 덕을 쫓는다고 합니다.
【實(실, shí)】: [어기사] 도치된 빈어「人」을 강조하는 역할을 한다.
【惟德是依(유덕시의, wéi dé shì yī)】: 오직 덕을 쫓다. 〖是〗: [어조사] 도치된 빈어와 동사의 사이에 놓여 빈어를 강조하는 역할을 한다. 번역할 필요가 없다. 〖依〗: 쫓다. 따르다.

[14] 故《周書》曰:『皇天無親, 惟德是輔。』又曰:『黍稷非馨, 明德惟馨。』又曰:『民不易物, 惟德繄物。』→ 그래서《周書》에 말하길:『하늘은 친분을 가리지 않고, 오직 덕 있는 사람을 돕는다.』라고 했고, 또:『제물은 향기가 멀리 가지 않고, 오직 밝은 덕행만이 향기가 멀리 간다.』라고 했으며, 또:『사람들이 올리는 제물을 바꾸지 않아도, 神은 오직 덕 있는 사람이 올리는 제물만을 즐긴다.』라고 했습니다.

不和, 神不享矣。神所馮依, 將在德矣。¹⁵ 若晉取虞, 而明德以薦馨香, 神其吐之乎?」¹⁶

弗聽, 許晉使。宮之奇以其族行, 曰:「虞不臘矣! 在此行也, 晉不更舉矣。」¹⁷

冬, 晉滅虢。師還, 館於虞, 遂襲虞, 滅之, 執虞公。¹⁸

【《周書(주서, zhōu shū)》】: [책 이름] 이 책은 이미 망실되어 전하지 않는다.
【皇天(황천, huáng tiān)】: 하늘.
【無親(무친, wú qīn)】: 친분을 가리지 않다.
【輔(보, fǔ)】: 돕다.
【黍稷(서직, shǔ jì)】: 기장. 여기서는 「제물로 올리는 곡식」을 말한다.
【馨(형, xīn)】: 향기가 나다.
【不易物(불역물, bù yì wù)】: 제물을 바꾸지 않다. 즉 「항상 같은 종류의 제물을 올리다」의 뜻.
【繄(예, yì)】: 此. 이.

15 如是, 則非德, 民不和, 神不享矣。神所馮依, 將在德矣。→ 이렇게 볼 때, 덕행이 아니면, 백성이 화목하지 않고, 신도 (제물을) 누리지 않습니다. 신이 의지하는 곳은, 덕이 될 것입니다.
【馮依(빙의, píng yī)】: 의존하다. 의지하다. 〖馮〗: 憑.

16 若晉取虞, 而明德以薦馨香, 神其吐之乎?」→ 만약 晉나라가 虞나라를 점령하고 나서, 덕을 밝히고 향기로운 제물을 바친다면, 신이 어찌 그것을 토해내겠습니까?」
【若(약, ruò)】: 만일. 만약.
【薦(천, jiàn)】: 獻. 바치다. 올리다.
【馨香(형향, xīn xiāng)】: 향기로운 제물. 여기서는 「희생·곡식·술과 같은 제물」을 가리킨다.
【其(기, qí)】: 豈. 어찌.
【吐(토, tǔ)】: 뱉다. 토해내다.

17 弗聽, 許晉使。宮之奇以其族行, 曰:「虞不臘矣! 在此行也, 晉不更舉矣。」→ (虞公이) 듣지 않고, 晉나라의 사신에게 (길을 내주기로) 허락했다. 궁지기는 가족을 데리고 달아나면서, 말했다「虞나라는 (금년의) 臘祭를 지내지 못하겠구나! 이 한 번의 군사행동으로, 晉나라는 다시 군사를 동원할 일이 없을 것이다.」
【弗(불, fú)】: 不.
【臘(랍, là)】: 臘祭. 연말에 여러 신을 모시고 행하는 제사.
【更(갱, gèng)】: 다시. 재차.
【舉(거, jǔ)】: 거병하다. 군사를 일으키다.

> 번역문

궁지기(宮之奇)가 길을 빌려주는 것에 대해 간하다

　진후(晉侯)가 다시 우(虞)나라로부터 길을 빌려 괵(虢)나라를 공격하려 했다. 궁지기(宮之奇) 간하여 말했다 :「괵(虢)나라는 우(虞)나라의 울타리와 같아 괵나라가 망하면 우나라가 반드시 그 뒤를 따라 망하게 됩니다. 진(晉)나라의 야심을 불러일으켜서도 안 되지만 적을 경솔하게 대해서도 안 됩니다. 한 번으로도 심하다고 말할 수 있는데, 어찌 두 번 다시 되풀이할 수 있겠습니까? 속담에 『덧방나무와 수레는 서로 의존하고 입술이 없으면 이가 시리다.』라고 한 것은 바로 우나라와 괵나라를 두고 한 말입니다.」

　우공(虞公)이 말했다 :「진(晉)나라는 우리와 조상이 같은데, 어찌 우리를 해치겠소?」궁지기가 대답했다 :「태백(太伯)과 우중(虞仲)은 모두 주태왕(周太王)의 아들입니다. 태백이 (태왕의 명을) 따르지 않아, 그래서 (왕위를) 계승하지 못했습니다. 괵중(虢仲)과 괵숙(虢叔)은 모두 왕계(王季)의 아들로, 문왕(文王)의 대신을 지냈고 왕실에 공을 세워 (그 기록이) 맹부(盟府)에 보존되어 있습니다. (진나라는) 장차 괵나라까지도 멸망시키려 하고 있는데 우(虞)나라에 대해 무슨 애정이 있겠습니까? 그리고 우나라가 (진나라) 환숙(桓叔)・장백(莊伯)의 관계보다 더 친합니까? 진헌공(晉獻公)이 환숙과 장

18　冬, 晉滅虢. 師還, 館於虞, 遂襲虞, 滅之, 執虞公. → 겨울에, 晉나라가 虢나라를 멸망시켰다. (晉나라) 군사가 돌아오는 길에, 虞나라에 주둔하더니, 마침내 우나라를 습격하여, 멸망시키고, 虞公을 잡아갔다.
　【館(관, guǎn)】: 묵다, 투숙하다. 여기서는「주둔하다」의 뜻.
　【遂(수, suì)】: 마침내. 결국.
　【襲(습, xí)】: 습격하다.
　【之(지, zhī)】: [대명사] 그것. 즉「虞나라」.
　【執(집, zhí)】: 잡다.

백을 사랑했다면 환숙과 장백의 동족 후손들이 무슨 죄가 있기에 모두 죽였겠습니까? 그러나 동족을 살육의 대상으로 삼은 것은 오직 위협이 된다고 여겼기 때문이 아니겠습니까? 친족이 총애를 받음으로 인해 위협을 느껴도 또한 그들을 살해하는데 하물며 나라로써 위협을 가한다면 어떠하겠습니까?」

우공이 말했다 :「내가 제사 지낼 때 제물이 풍성하고 정갈하여 신이 반드시 나를 도울 것이오.」궁지기가 대답했다 :「제가 듣기로는, 귀신은 사람을 가까이하는 것이 아니라 오직 덕을 쫓는다고 합니다. 그래서《주서(周書)》에 말하길『하늘은 친분을 가리지 않고 오직 덕 있는 사람을 돕는다.』라고 했고, 또『제물은 향기가 멀리 가지 않고 오직 밝은 덕행만이 향기가 멀리 간다.』라고 했으며, 또『사람들이 올리는 제물을 바꾸지 않아도 신(神)은 오직 덕 있는 사람이 올리는 제물만을 즐긴다.』라고 했습니다. 이렇게 볼 때, 덕행이 아니면 백성이 화목하지 않고 신도 (제물을) 누리지 않습니다. 신이 의지하는 곳은 덕이 될 것입니다. 만약 진(晉)나라가 우(虞)나라를 점령하고 나서 덕을 밝히고 향기로운 제물을 바친다면 신이 어찌 그것을 토해내겠습니까?」

우공(虞公)이 듣지 않고 진나라의 사신에게 (길을 내주기로) 허락했다. 궁지기는 가족을 데리고 달아나면서 말했다 :「우나라는 (금년의) 납제(臘祭)를 지내지 못하겠구나! 이 한 번의 군사행동으로 진(晉)나라는 다시 군사를 동원할 일이 없을 것이다.」

겨울에, 진나라가 괵나라를 멸망시켰다. (진나라) 군사가 돌아오는 길에 우나라에 주둔하더니 마침내 우나라를 습격하여 멸망시키고 우공(虞公)을 잡아갔다.

해제解題 및 본문 요지 설명

　본문은 《좌전(左傳)·희공 5년(僖公 五年)》의 일부분으로, 내용은 우(虞)나라 대부 궁지기(宮之奇)가 우공(虞公)에게 간한 내용을 기술한 것이다.

　본문은 여섯 단락으로 나눌 수 있는데, 첫째 단락에서는 진후(晉侯)가 우(虞)나라로부터 길을 빌려 괵(虢)나라를 치고자 하는 뜻을 말했고; 둘째 단락에서는 궁지기가 우·괵 두 나라의 지리적 형세를 들어「보거상의, 순망치한(輔車相依, 脣亡齒寒)」의 이치를 설명하면서 작은 나라는 반드시 서로 화목한 관계를 유지하고 도우면서 강한 나라의 회유나 이간을 받지 말아야 한다는 것을 통렬하게 지적했고; 셋째 단락에서는 우공이 진나라와 우나라가 조상이 같기 때문에 진나라가 우나라를 해치지 않을 것이라 확신한 것에 대해, 궁지기가 역사적 사실을 들어 이를 반박한 것을 기술했고; 넷째 단락에서는 우공이 제사 지낼 때 제물을 풍성하게 하여 신이 자신을 도울 것이라고 한 것에 대해, 궁지기가 귀신은 사람을 가까이하지 않고 덕을 쫓는다는 격언으로 우공의 그릇된 신권사상(神權思想)을 지적했고; 다섯째 단락에서는 우공이 궁지기의 말을 듣지 않고 진나라에 길을 내주자, 궁지기가 우나라의 멸망을 예견하며 가족을 데리고 우나라를 떠난 것을 기술했고; 마지막 단락에서는 진나라가 괵나라를 멸망시키고 돌아오는 길에 우나라를 멸하고 우공을 잡아간 것을 기술했다.「순망치한(脣亡齒寒)」이란 전고(典故)는 이로부터 유전되었다.

011 제환하배수조(齊桓下拜受胙)
《左傳·僖公 九年》

작자

001 정백극단우언(鄭伯克段于鄢) 참조.

원문 및 주석

齊桓下拜受胙[1]

會于葵丘, 尋盟, 且脩好, 禮也.[2] 王使宰孔賜齊侯胙. 曰:「天

---

1 齊桓下拜受胙 → 齊桓公이 계단을 내려가 절을 하고 祭肉을 받다
 【齊桓(제환, qí huán)】: 齊桓公. 춘추시대 齊나라의 군주. 齊僖公의 아들로, 이름은 小白이며, 晉文公·秦穆公·宋襄公·楚莊王과 더불어 春秋五覇의 하나이다. 43년간 (B.C. 685-B.C. 643) 재위했다.
 【下拜(하배, xià bài)】: (계단을) 내려가 절하다.
 【胙(조, zuò)】: 祭肉. 제사에 쓰이는 고기.

2 會于葵丘, 尋盟, 且脩好, 禮也。→ (齊桓公이) 葵丘에서 (여러 나라의 제후들과) 회합하여, 맹약을 재확인하고, 또 우호 관계를 다진 것은, 禮에 맞는 일이다.
 ※魯僖公 9년(B.C. 651) 여름에, 노희공과 周나라 천자의 사신 宰孔 및 齊桓公, 宋襄公·

子有事于文、武, 使孔賜伯舅胙。」³ 齊侯將下拜, 孔曰 :「且有後命。天子使孔曰 :『以伯舅耋老, 加勞, 賜一級, 無下拜。』」⁴ 對曰 :「天威不違顏咫尺, 小白余敢貪天子之命, 無下拜? 恐隕越于下, 以遺天子羞, 敢不下拜!」⁵ 下, 拜, 登, 受。⁶

衛文公・鄭文公・許僖公・曹共公 등이 葵丘에서 회합했다.
【葵丘(규구, kuí qiū)】: 宋나라의 지명. 지금의 하남성 蘭考.
【尋(심, xún)】: 燖. (식은 것을) 데쳐서 따뜻하게 하다. 여기서는「재차 언급하다, 재확인하다」의 뜻.
【且(차, qiě)】: 또. 또한.
【脩好(수호, xiū hǎo)】: 우호관계를 다지다. 우호관계를 증진하다.

3 王使宰孔賜齊侯胙。曰 :「天子有事于文、武, 使孔賜伯舅胙。」→ 周襄王이 宰孔을 보내 齊桓公에게 祭肉을 하사했다. 재공이 말하길 :「천자께서 文王・武王의 제사 일이 있어, 저를 보내 백부님들께 제육을 하사하셨습니다.」라고 했다.
【王(왕, wáng)】: 여기서는 周나라 襄王을 가리킨다.
【使(사, shǐ)】: 보내다. 파견하다.
【宰孔(재공, zǎi kǒng)】: 宰는 관명, 孔은 이름. 周襄王의 사신.
【賜(사, cì)】: 하사하다.
【齊侯(제후, qí hóu)】: 齊나라 제후. 여기서는「齊桓公」을 가리킨다.
【事(사, shì)】: 일. 여기서는「제사」를 가리킨다.
【伯舅(백구, bó jiù)】: 伯父. ※ 周나라의 천자가 다른 성씨의 제후를 존대하여 부를 때 사용한 호칭.

4 齊侯將下拜, 孔曰 :「且有後命。天子使孔曰 :『以伯舅耋老, 加勞, 賜一級, 無下拜。』」→ 제환공이 (계단을) 내려와 절을 하려 하자, 재공이 말했다 :「아직 또 뒤의 명령이 남아있습니다. 천자께서 저로 하여금 :『백부님들께서 연로하시기 때문에, 더욱 위로하여, (爵位를) 한 등급씩을 하사하시며, (계단을) 내려와 절하지 않도록 하라.』고 명하셨습니다.」
【將(장, jiāng)】: (장차) …하려 하다.
【且(차, qiě)】: 그리고. 아직 또.
【使(사, shǐ)】: …로 하여금 …하게 하다.
【以(이, yǐ)】: 因. …하기 때문에.
【耋老(질로, diè lǎo)】: 늙다. 연로하다. ※【耋】: 70세의 나이.
【加勞(가로, jiā láo)】: 더욱 위로하다.

5 對曰 :「天威不違顏咫尺, 小白余敢貪天子之命, 無下拜? 恐隕越于下, 以遺天子羞, 敢不下拜!」→ 제환공이 대답했다 :「천자의 위엄이 저의 면전에서 지척의 거리인데, 저 小白이 어찌 천자의 명령을 받아들여, (계단을) 내려와 절하지 않겠습니까? 제가 (계단) 아래에서 넘어져, 천자께 수치를 남겨드릴까 두렵습니다. 어찌 감히 내려와 절하지 않겠습니

> 번역문

제환공(齊桓公)이 계단을 내려가 절을 하고 제육(祭肉)을 받다

　제환공(齊桓公)이 규구(葵丘)에서 (여러 나라의 제후들과) 회합하여 맹약을 재확인하고 또 우호관계를 다진 것은 예(禮)에 맞는 일이다. 주양왕(周襄王)이 재공(宰孔)을 보내 제환공에게 제육(祭肉)을 하사했다. 재공이 말하길 : 「천자께서 문왕(文王)・무왕(武王)의 제사 일이 있어 저를 보내 백부님들께 제육을 하사하셨습니다.」라고 했다. 제환공이 (계단을) 내려와 절을 하려 하자, 재공이 말했다 : 「아직 또 뒤의 명령이 남아있습니다. 천자께서 저로 하여금 : 『백부님들께서 연로하시기 때문에 더욱 위로하여 작위(爵位) 한 등급씩을 하사하시며 (계단을) 내려와 절하지 않도록 하라.』고 명하셨습니다.」 제환공이 대답했다 : 「천자의 위엄이 저의 면전에서 지척의 거리인데, 저 소백(小白)이 어찌 천자의 명령을 받아들여 (계단을) 내려와 절하지 않겠습니까? 제가 (계단) 아래에서 넘어져 천자께 수치를 남겨드릴까 두렵습니다. 어찌 감히 내려와 절하지 않겠습니까?」 계단을 내려와 절하고

까?」
　【天威(천위, tiān wēi)】: 천자의 위엄.
　【違(위, wéi)】: …로부터. …에서.
　【顏(안, yán)】: 얼굴. 즉「자기의 면전」을 말한다.
　【咫尺(지척, zhǐ chǐ)】: 지척. 매우 가까운 거리.
　【小白(소백, xiǎo bái)】: [인명] 齊桓公의 이름.
　【貪(탐, tān)】: 탐하다. 여기서는「받다, 받아들이다」의 뜻.
　【隕越(운월, yǔn yuè)】: 넘어지다. 쓰러지다.
　【遺(유, yí)】: 남겨주다.

6　下, 拜, 登, 受。→ 계단을 내려와, 절하고, (다시) 올라가, 하사받았다.
　【下, 拜, 登, 受(하배등수, xià bài dēng shòu)】: 신하가 천자의 상을 하사받을 때의 네 가지 동작. 즉, 계단을 내려와 머리를 땅에 닿게 절하고, 다시 단상에 올라와 하사받는 일을 말한다.

(다시) 올라가 하사받았다.

해제解題 및 본문 요지 설명

　본문은 《좌전(左傳)·희공 9년(僖公 九年)》의 일부분으로, 내용은 제환공(齊桓公)의 주선으로 제후들이 규구(葵丘)에 모여 맹약을 다지는 자리에 주양왕(周襄王)이 재공(宰孔)을 보내 제환공에게 제육(祭肉)을 하사하는 과정에서 제환공이 보인 언행을 기술한 것이다.
　명분은 천자가 내리는 하사의 형식이지만, 실제로는 천자의 제후에 대한 일종의 예우이다. 주왕실(周王室)이 제환공에게 특별히 호의를 베푼 깃은 제환공의 덕행이 훌륭해서가 아니라 날로 강대해지는 제나라의 국력 때문이며, 고기를 하사한다는 명분으로 제환공의 신분과 지위 및 실력을 이용하여 날로 쇠약해 가는 왕실의 위엄을 유지하려 한 것이다. 한편 제환공도 속마음과 달리 천자를 존경한다는 미명하에 제후들 중 자신의 지위와 영향력을 높여 자기의 패업을 튼튼히 하고자 했다.
　간결하고 핍진한 언어로 제환공의 득의양양한 모습을 생동적으로 잘 묘사해 냈다.

012 음이생대진백(陰飴甥對秦伯)
《左傳·僖公 十五年》

작자

001 정백극단우언(鄭伯克段于鄢) 참조.

원문 및 주석

陰飴甥對秦伯[1]

十月, 晉陰飴甥會秦伯, 盟于王城.[2] 秦伯曰:「晉國和乎?」對曰

---

1 陰飴甥對秦伯 → 陰飴甥이 秦穆公을 응대하다
  【陰飴甥(음이생, yīn yí shēng)】: [인명] 晉나라 대부. 성은 瑕呂, 이름은 飴甥이며, 陰[지금의 하남성 陝縣-섬서성 商縣 일대]에 봉해졌으므로 陰飴甥이라 했다.
  ※ 일설에는 성이 呂, 이름이 飴, 자가 子金이며, 晉侯의 甥姪이기 때문에 불린 호칭이라 했다.
  【對(대, duì)】: 응대하다.
  【秦伯(진백, qín bó)】: 秦나라 제후. 여기서는「秦穆公」을 가리킨다. 진목공은 春秋五霸의 하나로, 일찍이 12개국을 멸하고 西戎을 제압하였으며, 39년간(B.C. 659-B.C. 621) 재위했다.

:「不和。小人恥失其君, 而悼喪其親, 不憚征繕以立圉也, 曰:『必報讎, 寧事戎狄。』³ 君子愛其君而知其罪, 不憚征繕以待秦命, 曰:『必報德, 有死無二。』以此不和。」⁴ 秦伯曰:「國謂君何?」對曰:「小人

---

2 十月, 晉陰飴甥會秦伯, 盟于王城。→ 魯僖公 15년 10월에, 晉나라 陰飴甥이 秦穆公을 회견하고, 王城에서 맹약을 맺었다.
 【十月(시월, shí yuè)】: 魯僖公 15년(B.C.645) 10월.
 【盟(맹, méng)】: 동맹을 맺다.
 【王城(왕성, wáng chéng)】: [지명] 秦나라의 지명으로, 지금의 섬서성 大荔縣 동쪽.

3 秦伯曰:「晉國和乎?」對曰:「不和。小人恥失其君, 而悼喪其親, 不憚征繕以立圉也, 曰:『必報讎, 寧事戎狄。』→ 秦穆公이:「晉나라는 화목합니까?」라고 묻자, 음이생이 대답했다:「화목하지 못합니다. 백성들은 군주를 (포로로) 잃은 것을 수치로 여기고, (秦나라와의 전쟁에서) 친족을 잃은 것을 슬퍼하며, 세금을 거두고 전쟁 준비하는 것을 꺼리지 않고 태자 圉를 군주로 옹립하면서, 말하길:『반드시 복수해야 한다. 차라리 오랑캐를 섬기는 것이 낫다.』라고 합니다.
 【和(화, hé)】: 화목하다. 평화롭다.
 【小人(소인, xiǎo rén)】: 평민. 백성.
 【恥(치, chǐ)】: 수치로 여기다. ※ 판본에 따라서는「恥」를「耻」라 했다.
 【失其君(실기군, shī qí jūn)】: 자신들의 군주를 잃다. ※ 이 해 9월 秦이 韓原[지금의 섬서성 韓城 서남쪽, 또는 지금의 산서성 芮城]에서 晉을 물리치고 晉惠君을 포로로 잡아갔다.
 【悼(도, dào)】: 애도하다. 슬퍼하다.
 【憚(탄, dàn)】: 꺼리다. 두려워하다.
 【征繕(정선, zhēng shàn)】: 세금을 거두고 전쟁 준비를 하다.
 【立(립, lì)】: (군주로) 옹립하다.
 【圉(어, yǔ)】: 晉惠公의 태자 姬圉. 즉 晉獻公.
 【報讎(보수, bào chóu)】: 복수하다.
 【寧(녕, nìng)】: 차라리 …하는 것이 낫다.
 【事(사, shì)】: 섬기다.
 【戎狄(융적, róng dí)】: 오랑캐.

4 君子愛其君而知其罪, 不憚征繕以待秦命, 曰:『必報德, 有死無二。』以此不和。」→ (한편) 사대부들은 자기의 군주를 사랑하기도 하지만 자신들의 잘못을 알고 있기 때문에, 세금을 거두고 전쟁 준비하는 것을 꺼리지 않고 (晉惠公을 석방하는) 秦의 명령을 기다리면서, 말하길:『반드시 秦나라의 은덕에 보답하고, 죽어서도 두 마음을 품지 않을 것이다.』라고 합니다. 이로 인해 화목하지 못합니다.」
 【君子(군자, jūn zǐ)】: 여기서는 사대부를 가리킨다.
 【無二(무이, wú èr)】: 두 마음을 품지 않다. 마음을 바꾸지 않다.
 【以此(이차, yǐ cǐ)】: 因此. 이로 인해.

慼, 謂之不免; 君子恕, 以爲必歸.⁵ 小人曰:『我毒秦, 秦豈歸君?』
君子曰:『我知罪矣, 秦必歸君.⁶ 貳而執之, 服而舍之, 德莫厚焉,
刑莫威焉. 服者懷德, 貳者畏刑.⁷ 此一役也, 秦可以霸. 納而不定,

5 秦伯曰:「國謂君何?」對曰:「小人慼, 謂之不免; 君子恕, 以爲必歸. → 秦穆公이 물었다:
「晉나라 사람들은 군주에 대해 어떻게 말하고 있소?」 음이생이 대답했다:「백성들은 근심하며, (군주께서) 죽음을 면하지 못할 것이라 말하고; 사대부들은 자기들 멋대로 생각하여, 반드시 돌아올 것이라 여기고 있습니다.
   ※ 즉, 晉나라 사람들이 자기 군주의 안위에 대해 어떻게 생각하고 있는가를 물은 것이다.
   【國(국, guó)】: 여기서는「晉나라 사람」을 가리킨다.
   【慼(척, qī)】: 근심하다. 슬퍼하다.
   【不免(불면, bù miǎn)】: 면하지 못하다. 즉「秦으로부터 화를 면하지 못하다」의 뜻.
   【恕(서, shù)】: 자기 멋대로 생각하다.
   【以爲(이위, yǐ wéi)】: …라고 여기다. …라고 생각하다.

6 小人曰:『我毒秦, 秦豈歸君?』君子曰:『我知罪矣, 秦必歸君. → 또한 백성들은 말하길:
『우리가 秦나라에 대해 악독하게 대했는데, 秦나라가 어찌 군주를 돌려보내겠는가?』라 하고, 사대부들은 말하길:『우리가 이미 죄를 인정했기 때문에, 秦나라는 반드시 군주를 돌려보낼 것이다.』
   【毒秦(독진, dú qín)】: 秦나라에 악독하게 대하다.
   ※ 晉惠公이 秦에 있을 때 秦나라와 약속하기를, 만약 秦이 자기를 도와 晉의 군주가 될 수 있게 해준다면, 황하 서쪽의 5개 城邑을 秦에 주겠다고 했으나, 秦의 도움으로 군주가 된 후 과거의 약속을 저버렸고, 또 일찍이 晉에 기근이 발생했을 때, 秦이 많은 곡식을 주었으나, 秦에 기근이 발생했을 때는 晉이 秦의 요구를 거절했을 뿐만 아니라, 오히려 秦의 위기를 틈타 秦을 공격했다.
   【歸(귀, guī)】: [사역 동사] 돌려보내다.
   【知罪(지죄, zhī zuì)】: 죄를 인정하다.

7 貳而執之, 服而舍之, 德莫厚焉, 刑莫威焉. 服者懷德, 貳者畏刑. → 두 마음을 품을 경우 그를 잡아두고, 죄를 인정할 경우 그를 풀어주면, 은덕은 이보다 도타운 것이 없고, 형벌은 이보다 위엄 있는 것이 없다. 죄를 인정한 자는 은덕을 생각하고, 두 마음을 품은 자는 형벌을 두려워한다.
   【貳(이, èr)】: 두 마음을 품다. 배반하다.
   【之(지, zhī)】: [대명사] 그. 즉「晉惠公」.
   【服(복, fú)】: 죄를 인정하다.
   【舍(사, shě)】: 석방하다. 풀어주다.
   【厚(후, hòu)】: 두텁다. 관대하다.
   【威(위, wēi)】: 위엄이 있다.
   【懷(회, huái)】: 생각하다. 마음에 새기다.

廢而不立, 以德爲怨, 秦不其然。』」⁸ 秦伯曰 :「是吾心也。」改館晉侯, 饋七牢焉。⁹

> 번역문

음이생(陰飴甥)이 진목공(秦穆公)을 응대하다

노희공(魯僖公) 15년 10월에, 진(晉)나라 음이생(陰飴甥)이 진목공(秦穆公)을 회견하고 왕성(王城)에서 맹약을 맺었다. 진목공(秦穆公)이 :「진(晉)나라는 화목합니까?」라고 묻자, 음이생이 대답했다 :「화목하지 못합니다. 백성

【畏(외, wèi)】: 두려워하다.

8 此一役也, 秦可以霸。納而不定, 廢而不立, 以德爲怨, 秦不其然。』」→ 이번의 일로, 秦나라는 패업을 이루게 될 것이다. (전에는) 즉위하도록 도와주고 나서 오히려 그의 지위를 불안하게 했는데, (이번에) 폐하고 옹립하지 않는다면, 덕을 원한으로 만드는 것이니, 秦은 아마도 그렇게 하지 않을 것이다.」라고 합니다.」
【此一役(차일역, cǐ yī yì)】: 이번의 일. 여기서는 「魯僖公 15년(B.C. 645) 秦나라가 韓原에서 晉나라를 대파하고 晉惠公을 사로잡은 일」을 말한다. ※혹자는 이를 「秦나라가 晉惠公을 석방하여 돌려보내는 일」이라 풀이하기도 한다.
【霸(패, bà)】: 패자가 되다. 패권을 잡다.
【納(납, nà)】: 받아들이다. 여기서는 秦穆公이 魯僖公 10년(B.C. 650) 晉惠公이 晉에 들어가 즉위하도록 도와준 일을 말한다.
【其(기, qí)】: 아마도. 거의.
【然(연, rán)】: 그렇게 하다.

9 秦伯曰 :「是吾心也。」改館晉侯, 饋七牢焉。→ 진목공이 말했다 :「이것이 바로 나의 생각이오.」 그리하여 晉侯에게 거처를 바꾸어주고, 소·양·돼지 각 7마리씩을 선물했다.
【是(시, shì)】: [대명사] 이것. 즉 「덕을 원한으로 만들지 않는 것」.
【館(관, guǎn)】: 관사. 숙소. 거처.
【饋(궤, kuì)】: 증여하다. 선물하다.
【七牢(칠뢰, qī láo)】: 제후를 접대하는 예절로, 소·양·돼지 각 7마리씩을 선물하는 것. ※소·양·돼지 각 한 마리를 「一牢」라고 한다.

들은 군주를 (포로로) 잃은 것을 수치로 여기고 진(秦)나라와의 전쟁에서 친족을 잃은 것을 슬퍼하며 세금을 거두고 전쟁 준비하는 것을 꺼리지 않고, 태자 어(圉)를 군주로 옹립하면서 말하길 : 『반드시 복수해야 한다. 차라리 오랑캐를 섬기는 것이 낫다.』라고 합니다. (한편) 사대부들은 자기의 군주를 사랑하기도 하지만 자신들의 잘못을 알고 있기 때문에 세금을 거두고 전쟁 준비하는 것을 꺼리지 않고, 진혜공(晉惠公)을 석방하는 진(秦)의 명령을 기다리면서 말하길 : 『반드시 진(秦)나라의 은덕에 보답하고 죽어서도 두 마음을 품지 않을 것이다.』라고 합니다. 이로 인해 화목하지 못합니다.」 진목공(秦穆公)이 물었다 :「진(晉)나라 사람들은 군주에 대해 어떻게 말하고 있소?」 음이생이 대답했다 :「백성들은 근심하며 (군주께서) 죽음을 면하지 못할 것이라 말하고, 사대부들은 자기들 멋대로 생각하여 반드시 돌아올 것이라 여기고 있습니다. 또한 백성들은 말하길 :『우리가 진(秦)나라에 대해 악독하게 대했는데, 진(秦)나라가 어찌 군주를 돌려보내겠는가?』라 하고, 사대부들은 말하길 :『우리가 이미 죄를 인정했기 때문에 진(秦)나라는 반드시 군주를 돌려보낼 것이다. 두 마음을 품을 경우 그를 잡아두고, 죄를 인정할 경우 그를 풀어주면 은덕은 이보다 도타운 것이 없고, 형벌은 이보다 위엄 있는 것이 없다. 죄를 인정한 자는 은덕을 생각하고, 두 마음을 품은 자는 형벌을 두려워한다. 이번의 일로 진(秦)나라는 패업을 이루게 될 것이다. (전에는) 즉위하도록 도와주고 나서 오히려 그의 지위를 불안하게 했는데, (이번에) 폐하고 옹립하지 않는다면 덕을 원한으로 만드는 것이니 진(秦)은 아마도 그렇게 하지 않을 것이다.』라고 합니다.」 진목공(秦穆公)이 말했다 :「이것이 바로 나의 생각이오.」 그리하여 진후(晉侯)에게 거처를 바꾸어주고 소·양·돼지 각 7마리씩을 선물했다.

해제解題 및 본문 요지 설명

　본문은 《좌전(左傳)·희공 15년(僖公 十五年)》의 일부분으로, 내용은 진(晉)나라의 사절로 나간 음이생(陰飴甥)이 진목공(秦穆公)을 설득하여 진(秦)나라와의 전쟁에서 포로가 된 진혜공(晉惠公)을 석방시켜 돌아오게 한 상황을 기술한 것이다.

　진혜공(晉惠公) 이오(夷吾)는 일찍이 국내의 반란으로 인해 진(秦)나라로 도피했다가, 노희공(魯僖公) 10년(B.C.650) 진목공(秦穆公)의 도움을 받아 진(晉)나라에 돌아와 군주의 자리를 회복할 수 있었다. 그러나 그는 그러한 진(秦)나라를 배반하고, 노희공 15년(B.C.645) 9월 13일 진(秦)나라의 위기를 틈타 진(秦)나라를 공격했다가 한원(韓原)의 전투에서 오히려 진(秦)에 대패하고 포로가 되었다.

　이에 진(晉)의 사절로 진목공(秦穆公)을 만난 음이생은 비굴하지도 않고 거만하지도 않은 태도로 문제의 핵심을 포착하고, 진(晉)나라 내부의 여론을 끌어들여 은근히 진목공(秦穆公)에게 압력을 가해 진혜공(晉惠公)의 석방을 끌어냈다. 음이생의 교묘한 외교적 언사가 돋보인다.

013 자어논전(子魚論戰)
《左傳·僖公 二十二年》

작자

001 정백극단우언(鄭伯克段于鄢) 참조.

원문 및 주석

子魚論戰[1]

楚人伐宋以救鄭, 宋公將戰.[2] 大司馬固諫曰:「天之棄商久矣,

---

1 子魚論戰 → 子魚가 전쟁에 대해 논하다
  【子魚(자어, zǐ yú)】: [인명] 춘추시대 宋나라 襄公의 庶兄으로 당시 軍政을 관장하는 大司馬를 지냈다.

2 楚人伐宋以救鄭, 宋公將戰. → 楚나라가 宋나라를 공격하여 鄭나라를 구해주자, 宋襄公이 장차 일전을 벌리려 했다.
  ※宋襄公이 楚나라와 패권을 다투기 위해 魯僖公 22년(B.C. 638) 여름에 출병하여 당시 초나라에 의존하고 있던 鄭나라를 공격하자, 초나라가 정나라를 구출하기 위해 출병하여 宋나라를 공격했다.
  【宋公(송공, sòng gōng)】: 여기서는「宋襄公」을 가리킨다.

君將興之, 弗可赦也已。」弗聽。³

　　及楚人戰于泓。宋人旣成列, 楚人未旣濟。⁴ 司馬曰:「彼衆我寡, 及其未旣濟也, 請擊之。」公曰:「不可。」⁵ 旣濟而未成列, 又以告。公曰:「未可。」⁶ 旣陳而後擊之, 宋師敗績, 公傷股, 門官殲焉。⁷

【將(장, jiāng)】: (장차) …하려 하다.

3 大司馬固諫曰:「天之棄商久矣, 君將興之, 弗可赦也已。」弗聽。 → 大司馬 子魚가 강력히 간하여:「하늘이 商나라를 버린 지 이미 오래되었는데, 군주께서 그것을 부흥하려 하신다면, 용서받지 못할 것입니다.」라고 말했으나, (宋襄公이) 듣지 않았다.
【大司馬(대사마, dà sī mǎ)】: 軍政을 관장하는 직책. 여기서는「子魚」를 가리킨다.
【固諫(고간, gù jiàn)】: 강력히 권고하다. ※ 일설에는「固」를 대사마의 이름, 즉「宋莊公의 손자 公孫固」라 풀이하고 있다.
【商(상, shāng)】: 宋나라가 商나라의 후예이기 때문에, 여기서 商은 곧 宋을 의미한다.
【弗(불, fú)】: 不.
【赦(사, shè)】: 용서하다. 사면하다.
【也已(야이, yě yǐ)】:「어기사」 ※ 句末에 위치하여 긍정의 어기를 나타낸다.

4 及楚人戰于泓。宋人旣成列, 楚人未旣濟。 → (宋나라가) 楚나라와 泓水에서 싸움을 벌였다. 송나라 군사는 이미 전열을 정비했고, 초나라 군사는 아직 泓水를 건너지 못했다.
【及(급, jí)】: …와(과).
【泓(홍, hóng)】: [강 이름] 泓水. 지금의 하남성 柘城 서북쪽.
【成列(성렬, chéng liè)】: 戰列을 정비하다. 전열을 가다듬다.
【未旣(미기, wèi jì)】: 아직 …하지 못하다.
【濟(제, jì)】: 건너다.

5 司馬曰:「彼衆我寡, 及其未旣濟也, 請擊之。」公曰:「不可。」 → 이때 자어가:「저들은 군사가 많고, 우리는 적으니, 저들이 아직 강을 건너지 못한 틈을 타서, 저들을 공격하십시오.」라고 말하자, 송양공이:「안 되오.」라고 했다.
【司馬(사마, sī mǎ)】: [관직] 여기서는「子魚」를 가리킨다.
【衆(중, zhòng)】: 많다.
【寡(과, guǎ)】: 적다. 부족하다.
【及(급, jí)】: 틈타다. 이용하다.

6 旣濟而未成列, 又以告。公曰:「未可。」 → (楚나라 군사가) 이미 강을 건너와 아직 전열을 정비하지 못했을 때, (자어가) 또다시 권고했다. 그러나 송양공은 역시「안 되오.」라고 했다.

7 旣陳而後擊之, 宋師敗績, 公傷股, 門官殲焉。 → (초나라가) 전열을 정비하고 난 후 그들을 공격하니, 송나라 군사는 대패했고, 송양공은 넓적다리를 다치고, 門官들은 섬멸을 당했다.

國人皆咎公。公曰:「君子不重傷, 不禽二毛。古之爲軍也, 不以阻隘也。寡人雖亡國之餘, 不鼓不成列。」⁸

子魚曰:「君未知戰。勍敵之人, 隘而不列, 天贊我也。⁹阻而鼓

【陳(진, zhèn)】: [동사 용법] 陣. 대오를 정비하다, 전열을 가다듬다.
【之(지, zhī)】: [대명사] 그들. 즉 「楚나라 군사」.
【敗績(패적, bài jī)】: 대패하다.
【股(고, gǔ)】: 넓적다리.
【門官(문관, mén guān)】: 궁문을 지키는 관리. ※ 당시의 제도에서 귀족 자제들이 이 직책을 맡았는데, 출정할 때는 임금을 측근에서 보위하는 역할을 했다.
【殲(섬, jiān)】: [피동 용법] 섬멸당하다.

8 國人皆咎公。公曰:「君子不重傷, 不禽二毛。古之爲軍也, 不以阻隘也。寡人雖亡國之餘, 不鼓不成列。」→ 송나라 사람들은 모두 송양공을 비난했다. 그러자 송양공이 말했다: 「군자는 부상 당한 사람에게 재차 상해를 입히지 않고, 반백의 노인은 사로잡지 않는 법이오. 옛날의 용병은, (적이) 험준하고 협소한 지역에 처해있을 때를 이용하여 승리를 구하지 않았소. 과인이 비록 망국의 후예라지만, 아직 전열을 정비하지 않은 적을 공격하지는 않을 것이오.」
【國人(국인, guó rén)】: 백성. 여기서는 「宋나라 백성」을 가리킨다.
【咎(구, jiù)】: 나무라다. 책망하다. 비난하다.
【公(공, gōng)】: 宋襄公을 가리킨다.
【重傷(중상, chóng shāng)】: 이미 부상을 당한 사람에 대해 재차 상해를 입히다.
【禽(금, qín)】: 擒. 포로로 잡다.
【二毛(이모, èr máo)】: 두발이 절반은 희고, 절반은 검은 모습. 즉 「반백의 노인」을 말한다.
【爲軍(위군, wéi jūn)】: 군사 작전. 용병.
【不以阻隘(불이조애, bù yǐ zǔ ài)】: (적이) 험하고 협소한 지역에 처해있을 때를 이용하여 승리를 구하지 않는다. 〖以〗: 因. 틈타다. 이용하다. 〖阻隘〗: 험하고 좁은 지역.
【寡人(과인, guǎ rén)】: 寡德之人이란 뜻으로, 임금이 자신을 낮추어 부르는 말.
【亡國之餘(망국지여, wáng guó zhī yú)】: 망국의 후예. 〖亡國〗: 宋의 선조인 商을 가리킨다. 〖餘〗: 후예.
【鼓(고, gǔ)】: [동사] 북을 울리다. 즉 「공격하다」의 뜻.
※ 옛날의 전쟁에서 북을 울리는 것은, 곧 공격을 의미한다.

9 子魚曰:「君未知戰。勍敵之人, 隘而不列, 天贊我也。→ 자어가 말했다: 「군주께서는 전쟁을 모르십니다. 강한 적이, 협소한 지역에서 전열을 정비하지 못한 것은, 하늘이 우리를 도운 것입니다.
【勍(경, qíng)】: 세다. 강하다.
【隘(애, ài)】: (장소가) 좁다. 협소하다.

之, 不亦可乎? 猶有懼焉。¹⁰ 且今之勍者, 皆吾敵也。¹¹ 雖及胡耈, 獲則取之, 何有於二毛?¹² 明恥教戰, 求殺敵也。傷未及死, 如何勿重?¹³ 若愛重傷, 則如勿傷; 愛其二毛, 則如服焉。¹⁴ 三軍, 以利用也; 金鼓,

【贊(찬, zàn)】: 돕다. 인도하다.

10 阻而鼓之, 不亦可乎? 猶有懼焉。 → (적이) 험준한 곳에 처해있을 때 그들을 공격하면, 또한 좋지 않겠습니까? 그래도 (이기지 못할까) 두렵습니다.
　【阻(조, zǔ)】: 험하다.
　【之(지, zhī)】: [대명사] 그들. 즉「상대방, 적군」.
　【猶(유, yóu)】: 그래도. 여전히.
　【懼(구, jù)】: 걱정이다. 두렵다.

11 且今之勍者, 皆吾敵也。 → 그리고 현재의 강한 자들은, 모두 우리의 적입니다.
　【且(차, qiě)】: 또한. 그리고.

12 雖及胡耈, 獲則取之, 何有於二毛? → 설사 백발노인까지도, 잡으면 끌어와야 하는 데, 반백의 노인에 대해 무엇을 배려하겠습니까?
　【雖(수, suī)】: 비록. 설사.
　【及(급, jí)】: …에 미치다. …에 이르다.
　【胡耈(호구, hú gǒu)】: 백발노인.
　【獲(획, huò)】: 잡다. 포획하다.
　【於(어, yú)】: [개사] …에 대해.
　【何有(하유, hé yǒu)】: 무엇을 배려하겠는가?

13 明恥教戰, 求殺敵也。傷未及死, 如何勿重? → (패전의) 치욕을 밝히고 전쟁에 대해 교육하는 것은, 적을 죽이고자 하는 것입니다. 부상을 당하고 아직 죽지 않은 적을, 어찌 다시 죽이지 못합니까?
　【恥(치, chǐ)】: 치욕. 여기서는「패전의 치욕」을 말한다.
　【求殺(구살, qiú shā)】: 죽이고자 하다.
　【未及(미급, wèi jí)】: 아직 …에 이르지 않다.
　【勿(물, wù)】: …하지 않다.
　【重(중, chóng)】: 재차. 다시. 여기서는「다시 죽이다」의 뜻.

14 若愛重傷, 則如勿傷; 愛其二毛, 則如服焉。 → 만약 부상 당한 적군을 다시 죽이는 것을 불쌍히 여긴다면, 애당초 부상을 입히지 않는 것이 낫고; 반백의 노인을 불쌍히 여긴다면, 차라리 그들에게 굴복하는 것이 낫습니다.
　【若(약, ruò)】: 만약. 만일.
　【愛(애, ài)】: 애석하게 여기다. 불쌍하게 생각하다.
　【如(여, rú)】: 不如. …하는 것만 못하다. …하는 것이 낫다.
　※《左傳會箋》:「如, 猶不如。」
　【服(복, fú)】: 굴복하다. 복종하다.

以聲氣也。¹⁵ 利而用之, 阻隘可也; 聲盛致志, 鼓儳可也。」¹⁶

번역문

자어(子魚)가 전쟁에 대해 논하다

초(楚)나라가 송(宋)나라를 공격하여 정(鄭)나라를 구해주자, 송양공(宋襄公)이 장차 일전을 벌리려 했다. 대사마(大司馬) 자어(子魚)가 강력히 간하여: 「하늘이 상(商)나라를 버린 지 이미 오래되었는데, 군주께서 그것을 부흥하려 하신다면 용서받지 못할 것입니다.」라고 말했으나 (송양공이) 듣지 않았다.

(송나라가) 초나라와 홍수(泓水)에서 싸움을 벌였다. 송나라 군사는 이

---

15 三軍, 以利用也; 金鼓, 以聲氣也。→ 군대는, 유리한 때를 틈타 사용하는 것이요; 징과 북은, 소리로써 사기를 북돋우는 것입니다.
【三軍(삼군, sān jūn)】: 군대. ※ 큰 제후국들은 中軍·左軍·右軍 등 삼군을 설치했는데, 여기서는 군대의 총칭을 말한다.
【以(이, yǐ)】: 因. (시간·기회 등을) 틈타다. 이용하다.
【利(리, lì)】: 유리한 조건.
【金鼓(금고, jīn gǔ)】: 징과 북.
※ 옛날 전쟁에서는 전진할 때 북을 치고, 후퇴할 때 징을 쳤다.
【以聲氣(이성기, yǐ shēng qì)】: 소리로써 사기를 북돋우다.【氣】: 사기를 북돋우다.

16 利而用之, 阻隘可也; 聲盛致志, 鼓儳可也。」→ 유리할 때 사용하는 것이기 때문에, 적이 험하고 협소한 지역에 처해있을 때 공격하는 것도 무방하고; 소리가 우렁차면 투지를 북돋우기 때문에, 그래서 적 전열을 정비하지 않았을 때 공격하는 것도 무방합니다.」
【阻隘(조애, zǔ ài)】: 험준한 지역. 여기서는「적이 험준한 지세에 처해있을 때 공격하는 것」을 말한다.
【聲盛(성성, shēng shèng)】: 징과 북의 소리가 우렁찬 것.
【致志(치지, zhì zhì)】: 투지를 북돋우다.
【儳(참, chán)】: 정돈되지 않다. 여기서는「적 전열을 정비하지 못한 상황」을 말한다.

미 전열을 정비했고, 초나라 군사는 아직 홍수를 건너지 못했다. 이때 자어가 : 「저들은 군사가 많고 우리는 적으니, 저들이 아직 강을 건너지 못한 틈을 타서 저들을 공격하십시오.」라고 말하자, 송양공이 : 「안 되오」라고 했다. (초나라 군사가) 이미 강을 건너와 아직 전열을 정비하지 못했을 때 (자어가) 또다시 권고했다. 그러나 송양공은 역시 「안 되오」라고 했다. (초나라가) 전열을 정비하고 난 후 그들을 공격하니 송나라 군사는 대패했고, 송양공은 넓적다리를 다치고 문관(門官)들은 섬멸을 당했다.

송나라 사람들은 모두 송양공을 비난했다. 그러자 송양공이 말했다 : 「군자는 부상 당한 사람에게 재차 상해를 입히지 않고, 반백의 노인은 사로잡지 않는 법이오. 옛날의 용병은 (적이) 험준하고 협소한 지역에 처해있을 때를 이용하여 승리를 구하지 않았소. 과인이 비록 망국의 후예라지만 아직 전열을 정비하지 않은 적을 공격하지는 않을 것이오.」

자어가 말했다 : 「군주께서는 전쟁을 모르십니다. 강한 적이 협소한 지역에서 전열을 정비하지 못한 것은 하늘이 우리를 도운 것입니다. (적이) 험준한 곳에 처해있을 때 그들을 공격하면 또한 좋지 않겠습니까? 그래도 (이기지 못할까) 두렵습니다. 그리고 현재의 강한 자들은 모두 우리의 적입니다. 설사 백발노인까지도 잡으면 끌어와야 하는데, 반백의 노인에 대해 무엇을 배려하겠습니까? (패전의) 치욕을 밝히고 전쟁에 대해 교육하는 것은 적을 죽이고자 하는 것입니다. 부상을 당하고 아직 죽지 않은 적을 어찌 다시 죽이지 못합니까? 만약 부상 당한 적군을 다시 죽이는 것을 불쌍히 여긴다면 애당초 부상을 입히지 않는 것이 낫고, 반백의 노인을 불쌍히 여긴다면 차라리 그들에게 굴복하는 것이 낫습니다. 군대는 유리한 때를 틈타 사용하는 것이요, 징과 북은 소리로써 사기를 북돋우는 것입니다. 유리할 때 사용하는 것이기 때문에 적이 험하고 협소한 지역에 처해있을 때

공격하는 것도 무방하고, 소리가 우렁차면 투지를 북돋우기 때문에, 그래서 적이 전열을 정비하지 않았을 때 공격하는 것도 무방합니다.」

해제解題 및 본문 요지 설명

　　본문은 《좌전(左傳)・희공 22년(僖公 二十二年)》의 일부분으로, 제환공(齊桓公)이 죽은 후 초(楚)나라와 송(宋)나라가 패권을 다투고 있는 상황에서, 노희공(魯僖公) 22년(B.C. 638) 여름, 송양공(宋襄公)이 병력을 동원하여 초나라에 의존하고 있는 정(鄭)나라를 공격하자, 초나라가 정나라를 돕기 위해 송나라를 공격한 것을 놓고, 자어(子魚)와 송양공(宋襄公)의 전쟁에 관한 논리를 기술한 것이다.

　　본문은 세 단락으로 나눌 수 있는데, 첫째 단락에서는 초나라가 송나라를 공격해 옴으로써 송양공이 일전을 벌이려 할 때,「하늘이 상(商), 즉 상(商)의 후예인 송(宋)을 버린 지 이미 오래되었으므로 군주께서 그것을 부흥하려 한다면 용서받지 못할 것」이라고 한 자어의 간언을 송양공이 거절한 것에 대해 기술했고; 둘째 단락에서는 송・초 두 나라가 홍수(泓水)에서 전쟁을 벌이기 직전, 송나라가 이미 전열을 정비하고 초나라가 아직 전열을 가다듬지 못한 상황에서 선제공격을 제안한 자어의 건의를 묵살하고 전쟁을 벌인 결과, 송나라 군사는 대패하여 송양공이 부상을 당하고 문관(門官)들이 섬멸 당한 상황을 기술했고; 마지막 단락에서는 송이 패전한 후, 송양공에 대한 송나라 백성들의 비난에 대해, 송양공과 자어의 견해차, 즉 송양공의「전열을 정비하지 않은 적을 공격하지 않고」,「부상한 적군에게 재차 상해를 입히지 않으며」,「반백의 노인은 사로잡지 않는다」라는 봉건제도 하에서의 예법에 따른 인도주의적 전쟁관과, 패전의 치욕을 당하지 않기 위해서는 인도주의를 포기해야 한다는 자어의 승리 지향적인 전쟁관에 대해 기술했다.

　본문의 중심은 자어(子魚)의 용병 사상을 기술한 것이지만, 적과의 전쟁 상황에서 인의를 언급하는 송양공의 어리석은 도덕관념에 대한 또 다른 교훈을 말해주고 있다.

014 시인피견문공(寺人披見文公)
《左傳·僖公 二十四年》

작자

001 정백극단우언(鄭伯克段于鄢) 참조.

원문 및 주석

寺人披見文公¹

呂、郤畏偪, 將焚公宮而弒晉侯。² 寺人披請見, 公使讓之, 且辭

---

1 寺人披見文公 → 宦官 披가 文公을 알현하다
  【寺人(시인, sì rén)】: 환관. 내시. ※「寺」는 「내시·환관」이란 뜻으로, 사용할 때는 「시」로 발음한다.
  【披(피, pī)】: [인명].
  ※피는 일찍이 晉獻公의 명을 받들어 蒲城[지금의 산서성 顯縣 서북쪽]에서 晉文公을 살해했다.
  【見(견, jiàn)】: 뵙다. 알현하다.
  【文公(문공, wén gōng)】: 즉「晉文公」을 가리킨다.
2 呂、郤畏偪, 將焚公宮而弒晉侯。 → 陰飴甥과 郤芮 두 사람은 박해를 받는 것이 두려워,

焉, 曰 :「蒲城之役, 君命一宿, 女卽至。³ 其後余從狄君以田渭濱,
女爲惠公來求殺余, 命女三宿, 女中宿至。⁴ 雖有君命, 何其速也? 夫

晉文公의 궁전을 불태우고 진문공을 시해하려 했다.
【呂(려, lǚ)】: [인명] 陰飴甥. 晉惠公의 신하. 성은 瑕呂, 이름은 飴甥이며, 陰[지금의 하남성 陝縣-섬서성 商縣 일대]에 봉해졌으므로 陰飴甥이라 했다. ※ 일설에는 성이 呂, 이름이 飴, 자가 子金이며, 晉侯의 甥姪이기 때문에 불린 호칭이라 했다.
【郤(극, xì)】: [인명] 郤芮. 晉惠公의 신하.
【畏(외, wèi)】: 두려워하다.
【偪(핍, bī)】: 逼. 압박. 핍박.
【將(장, jiāng)】: (장차) …하려 하다.
【焚(분, fén)】: 태우다. 불사르다.
【公宮(공궁, gōng gōng)】: 제후의 궁궐. 여기서는「晉나라 제후의 궁궐」을 말한다.
【弑(시, shì)】: 죽이다. 시해하다.
【晉侯(진후, jìn hóu)】: 晉나라의 제후. 여기서는 晉惠公의 형인「晉文公 重耳」를 가리킨다.

3 寺人披請見, 公使讓之, 且辭焉, 曰:「蒲城之役, 君命一宿, 女卽至。→ 이때 환관 披가 (이 사실을 알려주려고 진문공에게) 알현을 청했는데, 진문공이 사람을 보내 그를 꾸짖고, 또한 접견을 거절하며, 말했다:「蒲城의 사건은, 晉獻公께서 (당신에게) 하룻밤 지나서 도착하도록 명했는데, 당신은 그날 바로 왔소.
【請見(청견, qǐng jiàn)】: 뵙기를 청하다. 알현을 청하다.
【使(사, shǐ)】: 파견하다. 보내다.
【讓(양, ràng)】: 꾸짖다. 책망하다.
【之(지, zhī)】: [대명사] 그. 즉「환관 피」.
【且(차, qiě)】: 또한.
【辭(사, cí)】: 거절하다.
【蒲城之役(포성지역, pú chéng zhī yì)】: 晉獻公이 驪姬의 참소를 믿고, 태자 申生을 억압하여 죽게 한 다음, 또 왕자 重耳와 夷吾를 잡아들이고 나서 驪姬의 아들 奚齊로 하여금 왕위를 계승시키려고 했다. 魯僖公 5년(B.C. 655) 晉獻公은 환관 披로 하여금 重耳가 거주하는 蒲城을 공격하여 중이가 자살하도록 핍박하자, 중이는 담장을 넘어 도주했다.
【君(군, jūn)】: 군주. 여기서는「晉獻公」을 가리킨다.
【一宿(일숙, yī sù)】: 하룻밤.
【女(여, rǔ)】: 汝. 당신.

4 其後余從狄君以田渭濱, 女爲惠公來求殺余, 命女三宿, 女中宿至。→ 그 후 내가 北狄의 군주를 쫓아 渭水의 강가에서 사냥을 하고 있을 때, 당신은 晉惠公을 위해 찾아와 나를 죽이려 했고, (혜공께서) 당신에게 사흘 후 도착하도록 명했는데, 당신은 이틀 만에 바로 도착했소.

袪猶在, 女其行乎!」⁵

對曰:「臣謂君之入也, 其知之矣; 若猶未也, 又將及難。⁶ 君命無二, 古之制也。除君之惡, 唯力是視。⁷ 蒲人、狄人, 余何有焉?⁸ 今

※ 晉獻公이 죽은 후, 왕자 夷吾가 왕위를 계승하여 晉惠公이 되었다. 晉惠公 6년(B.C. 645)에 환관 披를 北狄에 보내 왕자 重耳를 죽이려 하자, 중이가 이를 먼저 알고 달아나 미수에 그쳤다.

【狄(적, dí)】: 北狄. 춘추시대 북방에 거주하던 오랑캐.
【田(전, tiān)】: 사냥하다. 수렵하다.
【渭(위, wèi)】: [강 이름] 渭水.
【濱(빈, bīn)】: 물가. 강가.
【求殺(구살, qiú shā)】: 죽이려 하다.
【三宿(삼숙, sān sù)】: 사흘 밤.
【中宿(중숙, zhōng sù)】: 이틀 밤.

5 雖有君命, 何其速也? 夫袪猶在, 女其行乎!」→ 비록 임금의 명이 있었다고 하지만, 어찌 그렇게 빨리 왔단 말이오? (그때 당신에게 잘린) 그 옷소매가 아직도 여기에 있소. 당신은 아마도 (이곳을) 떠나는 게 좋을 것이오.」
【何其(하기, hé qí)】: 어찌 그렇게.
【夫(부, fú)】: 그. 저.
【袪(거, qū)】: 옷자락. 옷소매.
※ 환관 披가 蒲城에서 晉文公을 잡으러 갔을 때 그의 옷소매를 자른 적이 있다.
【其(기, qí)】: 아마도.
【行(행, xíng)】: 떠나다. 피해 달아나다.

6 對曰:「臣謂君之入也, 其知之矣; 若猶未也, 又將及難。→ (환관 피가) 대답했다:「저는 폐하께서 귀국하신 후, 아마도 군주의 도리를 깨달았을 것이라고 생각했는데, 만약 아직도 깨닫지 못하셨다면, 또 장차 재난을 당할 것입니다.
【謂(위, wèi)】: …라고 생각하다.
【入(입, rù)】: 들어오다. 여기서는「歸國」을 의미한다.
【其(기, qí)】: 아마도.
【之(지, zhī)】: [대명사] 그것. 즉「군주의 도리」.
【將(장, jiāng)】: (장차) …할 것이다.
【及難(급난, jí nàn)】: 재난을 만나다.

7 君命無二, 古之制也。除君之惡, 唯力是視。→ 군주의 명령에 두 마음을 품지 않는 것은, 예로부터 전해오는 제도입니다. (신하된 자로써) 군주가 증오하는 사람을 제거하기 위해, 오직 있는 힘을 다할 뿐입니다.
【無二(무이, wú èr)】: 두 마음을 품지 않다.
【除(제, chú)】: 제거하다. 없애다.

君卽位, 其無蒲、狄乎?⁹ 齊桓公置射鉤而使管仲相, 君若易之, 何辱命焉? 行者甚眾, 豈唯刑臣?」¹⁰

【惡(오, wù)】: 증오하다. 싫어하다. 여기서는 명사 용법으로「증오하는 사람」의 뜻.
【唯力是視(유력시시, wéi lì shì shì)】: 오직 있는 힘을 다하다. 【是】: [어조사] 도치된 빈어와 동사의 사이에 놓여 빈어를 강조하는 역할을 한다. 번역할 필요가 없다.

8 蒲人、狄人, 余何有焉? → 蒲人·狄人이, 저와 무슨 상관이 있겠습니까?
【余何有焉(여하유언, yú hé yǒu yān)】: 나에게 무슨 의미가 있는가? 나와 무슨 상관이 있는가?

9 今君卽位, 其無蒲、狄乎? → 지금 폐하께서 즉위하셨다 하여, 어찌 蒲人·狄人 시절과 같은 재난이 없다고 하겠습니까?
※ 이 말은 환관 披가 은연중 呂甥과 郤芮의 晉文公에 대한 음모를 암시한 것이다.
【其(기, qí)】: 豈. 어찌.
【蒲、狄(포적, pú dí)】: 여기서는「蒲人·狄人 시절과 같은 재난」을 말한다.

10 齊桓公置射鉤而使管仲相, 君若易之, 何辱命焉? 行者甚眾, 豈唯刑臣? → 齊桓公은 (管仲이 활로) 帶鉤를 쏜 죄를 불문에 부치고 관중으로 하여금 재상을 맡도록 했습니다. 군주께서 만약 (제환공과 같은) 그러한 처리 방법을 바꾸시겠다면, (제가 알아서 떠나야지) 어찌 군주를 욕되게 떠나라는 명을 내리시도록 하겠습니까? 떠나는 사람이 매우 많을 것입니다. 어찌 다만 저 한 사람뿐이겠습니까?」
※ 齊나라 襄公의 문란한 정치로 인해 公子 糾를 데리고 魯나라에 피신했던 管仲과 小白을 데리고 莒나라로 피신해 있던 鮑叔牙는 齊나라에 변고가 일어나 두 임금이 연이어 죽자, 서로 자기가 보호하고 있는 공자를 옹립하기 위해 귀국을 서둘렀다. 포숙아가 먼저 齊나라로 출발했다는 말을 들은 관중은 급한 나머지 단신으로 포숙아 일행을 추격하여 막 점심을 먹고 있던 소백을 활로 쏘아 쓰러뜨렸다. 그러나 관중이 쏜 화살은 실은 소백의 대구에 맞았고, 관중의 두 번째 화살이 두려웠던 소백이 기지를 발휘하여 얼른 혀를 깨물어 피를 흘리며 죽은 척한 것이었다. 관중은 소백이 죽은 줄 알고 다시 돌아와 糾를 데리고 유유히 제나라에 도착했다. 그러나 죽은 줄만 알았던 소백이 먼저 도착하여 왕위에 올라 군대를 보내 관중 일행을 막았다. 싸움에 패한 관중은 다시 魯나라로 도망쳤지만 결국 포로가 되어 제나라로 끌려왔다. 왕위에 오른 소백[제환공]은 관중의 목을 자르기 위해 벼르고 있었으나 오히려 포숙아의 간곡한 설득으로 관중의 죄를 용서하고 관중을 재상으로 삼았다.
【置(치, zhì)】: 두다. 용서하다. 불문에 부치다.
【鉤(구, gōu)】: 帶鉤. 혁대의 두 끝을 끼워 맞추는 자물단추.
【相(상, xiàng)】: [동사 용법] 재상을 맡다.
【之(지, zhī)】: [대명사] 그것. 즉「제환공이 관중의 죄를 불문에 부친 처리 방법」.
【刑臣(형신, xíng chén)】: 형벌을 받은 신하.
※ 환관은 宮刑을 받은 자이기 때문에, 披가 자신을 이렇게 부른 것이다.

公見之, 以難告。晉侯潛會秦伯于王城。¹¹ 己丑晦, 公宮火, 瑕甥、郤芮不獲公, 乃如河上, 秦伯誘而殺之。¹²

번역문

환관(宦官) 피(披)가 문공(文公)을 알현하다

음이생(陰飴甥)과 극예(郤芮) 두 사람은 박해를 받는 것이 두려워 진문공(晉文公)의 궁전을 불태우고 진문공을 시해하려 했다. 이때 환관 피(披)가 (이 사실을 알려주려고 진문공에게) 알현을 청했는데, 진문공이 사람을 보내

11 公見之, 以難告。晉侯潛會秦伯于王城。→ 晉文公이 (이 말을 듣고) 피를 접견하자, (피가) 음이생과 극예의 음모를 알려주었다. 진문공은 비밀리에 王城에서 秦穆公을 만났다.
  【公(공, gōng)】: 晉文公.
  【見(견, jiàn)】: 접견하다, 만나다.
  【之(지, zhī)】: [대명사] 그. 즉「환관 披」.
  【以(이, yǐ)】: …을(를).
  【難(난, nàn)】: 재난. 즉 呂甥과 郤芮의 음모.
  【晉侯(진후, jìn hóu)】: 晉나라 제후. 여기서는「晉文公」을 가리킨다.
  【潛會(잠회, qián huì)】: 몰래 만나다. 비밀리에 만나다.
  【王城(왕성, wáng chéng)】: [지명] 秦나라의 지명으로, 지금의 섬서성 朝邑縣 동쪽.
12 己丑晦, 公宮火, 瑕甥、郤芮不獲公, 乃如河上, 秦伯誘而殺之。→ 삼월 그믐날, 과연 晉나라 궁궐이 불에 탔고, 음이생과 극예는 晉文公을 잡지 못하자, 바로 黃河 강변으로 왔는데, 秦穆公이 그들을 유인하여 죽여버렸다.
  【晦(회, huì)】: 그믐날.
  【公宮(공궁, gōng gōng)】: 晉文公의 궁궐.
  【火(화, huǒ)】: [피동 용법] 불에 타다.
  【乃(내, nǎi)】: 바로. 곧장.
  【如(여, rú)】: 가다. 이르다.
  【河(하, hé)】: 黃河.
  【秦伯(진백, qín bó)】: 秦나라 제후. 여기서는「秦穆公」을 가리킨다.

그를 꾸짖고 또한 접견을 거절하며 말했다 :「포성(蒲城)의 사건은 진헌공(晉獻公)께서 (당신에게) 하룻밤 지나서 도착하도록 명했는데, 당신은 그날 바로 왔소. 그 후 나는 북적(北狄)의 군주를 쫓아 위수(渭水)의 강가에서 사냥을 하고 있었는데, 당신은 진혜공(晉惠公)을 위해 찾아와 나를 죽이려 했고 (진혜공이) 당신에게 사흘 후 도착하도록 명했는데, 당신은 이틀 만에 바로 도착했소. 비록 임금의 명이 있었다고는 하지만 어찌 그렇게 빨리 왔단 말이오? (그때 당신에게 잘린) 그 옷소매가 아직도 여기에 있소. 당신은 아마도 (이곳을) 떠나는 게 좋을 것이오.」

(환관 피가) 대답했다 :「저는 폐하께서 귀국하신 후에 아마도 군주의 도리를 깨달았을 것이라고 생각했는데, 만약 아직도 깨닫지 못하셨다면 또 장차 재난을 당할 것입니다. 군주의 명령에 두 마음을 품지 않는 것은 예로부터 선해오는 제도입니다. (신하된 자로써) 자기 군주가 증오하는 사람을 제거하기 위해서는 오직 있는 힘을 다할 뿐입니다. 포인(蒲人)·적인(狄人)이 저와 무슨 상관이 있겠습니까? 지금 폐하께서 즉위하셨다 하여 어찌 포인(蒲人)·적인(狄人) 시절과 같은 재난이 없다고 하겠습니까? 제환공(齊桓公)은 (관중이 활로) 대구(帶鉤)를 쏜 죄를 불문에 부치고 관중으로 하여금 재상을 맡도록 했는데, 군주께서 만약 (제환공과 같은) 그러한 처리 방법을 바꾸시겠다면, (제가 알아서 떠나야지) 어찌 군주를 욕되게 떠나라는 명을 내리시도록 하겠습니까? 떠나는 사람이 매우 많을 것이니, 어찌 다만 저 한 사람뿐이겠습니까?」

진문공(晉文公)이 (이 말을 듣고) 피(披)를 접견하자 (피가) 음이생과 극예의 음모를 알려주었다. 진문공은 비밀리에 왕성(王城)에서 진목공(秦穆公)을 만났다. 삼월 그믐날, 과연 진(晉)나라 궁궐이 불에 탔고 음이생과 극예는 진문공(晉文公)을 잡지 못하자 바로 황하(黃河) 강변으로 왔는데 진목공

(秦穆公)이 그들을 유인하여 죽여버렸다.

해제解題 및 본문 요지 설명

본문은 《좌전(左傳)·희공 24년(僖公 二十四年)》의 일부분으로, 내용은 진문공(晉文公)의 원수였던 환관 피(披)가 진문공을 설득하여 자기와의 구원(舊怨)을 풀고 진문공에게 닥칠 재난을 면하게 해준 일을 기술한 것이다.

진문공(晉文公) 중이(重耳)는 19년 동안의 망명 생활 끝에 진목공(秦穆公)의 도움으로 마침내 진(晉)나라로 돌아와 군주의 자리에 올랐다. 진혜공(晉惠公)의 총신인 여생(呂甥)과 극예(郤芮) 등은 이에 불복하고 역모를 꾀했다. 환관 피(披)는 이러한 상황을 포착하고 이를 진문공에게 알리기 위해 진문공과의 접견을 시도했으나, 진문공은 과거 자신을 죽이려 했던 환관 피에 대한 원한을 생각하여 접견을 거절했다. 이에 환관 피가 진문공에게 자신의 입장을 변명하는 한편, 진문공에게 닥칠 모종의 재난을 암시함으로써 진문공으로 하여금 자신을 받아들이도록 만들었다.

본문은 네 단락으로 나눌 수 있는데, 첫째 단락에서는 여생과 극예의 음모에 대해 기술했고; 둘째 단락에서는 진문공이 접견을 요청한 환관 피를 꾸짖고 접견을 거절한 상황을 기술했고; 셋째 단락에서는 환관 피의 답변을 기술했고; 마지막 단락에서는 여생과 극예의 피살과 아울러 이 사건의 종결에 대해 기술했다.

환관 피의 음험하고 교활한 말주변 및 자신에게 불리한 사건을 원만히 해결하는 뛰어난 담판 능력, 그리고 넓은 도량과 정치적 안목으로 자신의 미래를 도모할 줄 아는 진문공의 인물 형상을 생동적으로 묘사했다.

015 개지추불언록(介之推不言祿)
《左傳 · 僖公 二十四年》

> 작 자

001 정백극단우언(鄭伯克段于鄢) 참조.

> 원문 및 주석

介之推不言祿¹

晉侯賞從亡者, 介之推不言祿, 祿亦弗及。²

---

1 烏介之推不言祿 → 介之推가 자신의 공적을 말하지 않다
 【介之推(개지추, jiè zhī tuī)】: [인명] 개지추. 일명 「介推」 또는 「介子推」라고도 한다. 晉나라의 귀족으로 일찍이 重耳(후의 晉文公)를 따라 국외로 망명하여, 문공이 굶주릴 때 자기의 넓적다리 살을 잘라 문공에게 먹였다.
 【祿(록, lù)】: 녹. 여기서는 「공적, 공로」를 말한다.
2 晉侯賞從亡者, 介之推不言祿, 祿亦弗及。 → 晉文公이 자기를 따라 도망했던 자들을 포상하는데, 介之推는 자기의 공적을 말하지 않아, 봉록 또한 (그에게) 돌아가지 않았다.
 【晉侯(진후, jìn hóu)】: 晉나라의 제후. 여기서는 「晉文公」을 가리킨다.
 【賞(상, shǎng)】: 상을 주다. 포상하다.

推曰:「獻公之子九人, 唯君在矣。惠、懷無親, 外內棄之。³ 天未絶晉, 必將有主。主晉祀者, 非君而誰?⁴ 天實置之, 而二三子以爲己力, 不亦誣乎?⁵ 竊人之財, 猶謂之盜, 況貪天之功以爲己力乎?⁶

【從亡者(종망자, cóng wáng zhě)】: 文公을 따라 도망했던 신하. 즉 孤偃・趙衰之 등.
【祿(록, lù)】: 이 구절에 나오는 두 개의 「祿」 중, 앞의 「祿」은 「공로, 공적」의 뜻이고, 뒤의 「祿」은 「포상, 봉록」의 뜻.
【弗及(불급, fú jí)】: 不及. 돌아가지 않다. 배분되지 않다.

3 推曰:「獻公之子九人, 唯君在矣。惠、懷無親, 外內棄之。→ 개지추가 말했다:「獻公의 아들 아홉 사람 가운데, 오직 (지금의) 군주 한 분만 남았습니다. 惠公과 懷公께서는 가까이서 섬기는 신하가 없어, 나라 안과 밖에서 모두 그들을 버렸습니다.
【獻公(헌공, xiàn gōng)】: 晉獻公. 晉文公의 아버지.
【惠, 懷(혜회, huì huái)】: 晉惠公과 晉懷公.「晉惠公」은 이름이 夷吾, 晉文公의 아우이며,「晉懷公」은 晉惠公의 아들로 이름은 圉이다.
【無親(무친, wú qīn)】: 근친이 없다. 가까이서 섬기는 신하가 없다. ※惠公과 懷公은 신하들을 싫어하고 해를 끼쳐 군주를 가까이서 섬기는 신하들이 없었다.
【之(지, zhī)】: [대명사] 그들. 즉「惠公과 懷公」.

4 天未絶晉, 必將有主。主晉祀者, 非君而誰? → 하늘이 晉나라를 버리지 않는다면, 반드시 군주가 있을 것입니다. 晉나라의 제사를 주관할 사람이, 군주가 아니면 누가 있겠습니까?
【絶(절, jué)】: 끊다. 버리다. 포기하다.
【必將(필장, bì jiāng)】: 반드시 …할 것이다.
【主(주, zhǔ)】: 앞의「主」는 명사로 주인. 즉「군주」를 가리키고, 뒤의「主」는 동사로「주관하다, 책임지다」의 뜻.

5 天實置之, 而二三子以爲己力, 不亦誣乎? → (이는) 하늘이 진실로 그를 군주로 삼으려 한 것인데, 몇몇 사람들이 자기의 능력이라 여기고 있으니, 이 또한 속이는 행위가 아니겠습니까?
【置(치, zhì)】: 두다. 배치하다. 여기서는「군주로 삼다」의 뜻.
【之(지, zhī)】: [대명사] 그. 즉「晉文公 重耳」.
【二三子(이삼자, èr sān zǐ)】: 몇몇 사람들. 즉 진문공을 따라 도망했던 몇 사람들.
【以爲(이위, yǐ wéi)】: …라 여기다. …라 간주하다.
【己力(기력, jǐ lì)】: 자기의 능력.
【誣(무, wū)】: 속이다. 기만하다.

6 竊人之財, 猶謂之盜, 況貪天之功以爲己力乎? → 남의 재물을 훔치는 것조차도, 도둑이라 말하는데, 하물며 하늘의 功을 탐하여 이를 자기의 능력으로 삼을 수 있습니까?
【竊(절, qiè)】: 훔치다.
【猶(유, yóu)】: …조차도. …까지도.

下義其罪, 上賞其奸; 上下相蒙, 難與處矣。」⁷

其母曰:「盍亦求之? 以死誰懟?」⁸ 對曰:「尤而效之, 罪又甚焉。
且出怨言, 不食其食。」⁹ 其母曰:「亦使知之, 若何?」¹⁰ 對曰:「言, 身

- 【況(황, kuàng)】: 하물며.
- 【貪(탐, tān)】: 탐하다.
- 【以爲(이위, yǐ wéi)】: 以(之)爲. 이를 …로 삼다.

7 下義其罪, 上賞其奸; 上下相蒙, 難與處矣。」→ 아랫사람들은 그 죄를 옳다고 여기고, 윗사람들은 그들의 사악한 행위를 포상하며, 위아래가 서로 속이고 있으니, 더불어 지내기가 어렵습니다.」
- 【義(의, yì)】: [동사 용법] 옳다고 여기다.
- 【賞(상, shǎng)】: 상을 주다. 포상하다.
- 【奸(간, jiān)】: 사악한 행위.
- 【蒙(몽, méng)】: 속이다. 기만하다.
- 【與處(여처, yǔ chǔ)】: 함께 지내다. 더불어 지내다.

8 其母曰:「盍亦求之? 以死誰懟?」→ 개지추 어머니가 물었다:「어찌 포상을 요구하지 않느냐? 이대로 죽으면 누구를 원망하겠느냐?」
- 【盍(합, hé)】: 何不. 어찌 …하지 않는가?
- 【求(구, qiú)】: 요구하다. 청하다.
- 【之(지, zhī)】: [대명사] 그것. 즉「포상」.
- 【以(이, yǐ)】: 이대로. 이런 상태로. ※ 바로 앞의 상황을 나타내는 代詞 역할을 한다.
- 【誰懟(수대, shuí duì)】: [懟誰의 도치 형태] 누구를 원망하겠느냐? 【懟】: 원망하다.

9 對曰:「尤而效之, 罪又甚焉。且出怨言, 不食其食。」→ 개지추가 대답했다:「남의 잘못을 꾸짖고 오히려 그것을 본뜬다면, 죄는 더욱 심해질 것입니다. 그리고 이미 원망하는 말을 했으니, 그들의 봉록을 먹지 않을 것입니다.」
- 【尤而效之(우이효지, yóu ér xiào zhī)】: 남의 잘못을 꾸짖고 오히려 그것을 본뜨다. 【尤】: 꾸짖다. 탓하다. 원망하다. 【效】: 본뜨다. 모방하다. 【之】: [대명사] 그것. 즉「남의 잘못」.
- 【且(차, qiě)】: 그리고. 또한.
- 【怨言(원언, yuàn yán)】: 원망하는 말.
- 【不食其食(불식기식, bù shí qí shí)】: 그들의 봉록을 먹지 않다. ※ 앞의「食」은 동사로「먹다」의 뜻이고, 뒤의「食」은 명사로「음식, 즉 봉록」의 뜻이다.

10 其母曰:「亦使知之, 若何?」→ 개지추 어머니가 말했다:「그래도 그들로 하여금 그것을 알게 하는 것이, 어떠냐?」
- 【亦(역, yì)】: 역시. 또한. 그래도.
- 【使(사, shǐ)】: 使(之). 그들로 하여금 …하게 하다.
- 【之(지, zhī)】: [대명사] 그것. 즉「개지추의 생각과 확고한 의지」.
- 【若何(약하, ruò hé)】: 如何. 어떤가?

之文也。身將隱, 焉用文之? 是求顯也。」¹¹ 其母曰:「能如是乎? 與女
偕隱。」遂隱而死。¹²

晉侯求之不獲, 以緜上爲之田, 曰:「以志吾過, 且旌善人。」¹³

---

11 對曰:「言, 身之文也。身將隱, 焉用文之? 是求顯也。」 → 개지추가 대답했다 :「말이란, 자기 자신을 꾸미는 것입니다. 나 자신이 은거하려 하는데, 어찌 말을 가지고 자신을 꾸밀 필요가 있겠습니까? 이는 출세하기를 바라는 것입니다.」
  【文(문, wén)】: 紋. 꾸미다. 장식하다.
  【將(장, jiāng)】: (장차) …하려 하다.
  【隱(은, yǐn)】: 숨다. 감추다. 여기서는「은거하다」의 뜻.
  【焉(언, yān)】: 어찌.
  【用(용, yòng)】: 필요하다. 소용되다.
  【是(시, shì)】: [대명사] 이것. 즉「말로써 자신을 꾸미는 것」.
  【求顯(구현, qiú xiǎn)】: 출세를 바라다. 높은 지위에 오르기를 구하다.

12 其母曰:「能如是乎? 與女偕隱。」遂隱而死。→ 개지추 어머니가 말했다 :「능히 이렇게 할 수 있겠느냐? (그러면 나도) 너와 함께 은거하겠다.」그리하여 은거해 살다가 죽었다.
  【女(여, rǔ)】: 汝. 너.
  【偕(해, xié)】: 함께.
  【遂(수, suì)】: 그리하여. 마침내.

13 晉侯求之不獲, 以緜上爲之田, 曰:「以志吾過, 且旌善人。」 → 晉文公이 그를 찾았으나 찾아내지 못하고, 緜上의 땅을 그의 祭田으로 삼고, 말했다:「이로써 나의 잘못을 기록하고, 또한 이로써 착한 사람을 기리고자 한다.」
  【晉侯(진후, jìn hóu)】: 晉나라의 제후. 여기서는「晉文公」을 가리킨다.
  【求(구, qiú)】: 찾다.
  【不獲(불획, bù huò)】: 찾지 못하다.
  【緜上(면상, mián shàng)】: [지명] 晉나라의 지명으로, 지금의 산서성 介休縣 동남쪽 介山 아래.
  【之田(지전, zhī tián)】: 개지추의 전답. 【之】: [대명사] 그. 즉「개지추」. 【田】: 祭田. 제사 비용을 충당하기 위해 설정한 전답.
  【志(지, zhì)】: 기록하다.
  【旌(정, jīng)】: 기리다. 드높이다.

번역문

개지추(介之推)가 자신의 공적을 말하지 않다

진문공(晉文公)이 자기를 따라 도망했던 자들을 포상하는데, 개지추(介之推)는 자기의 공적을 말하지 않아 봉록 또한 (그에게) 돌아가지 않았다.

개지추가 말했다 :「헌공(獻公)의 아들 아홉 사람 가운데 오직 (지금의) 군주 한 분만 남았습니다. 혜공(惠公)과 회공(懷公)께서는 가까이서 섬기는 신하가 없어 나라 안과 밖에서 모두 그들을 버렸습니다. 하늘이 진(晉)나라를 버리지 않는다면 반드시 군주가 있을 것입니다. 진(晉)나라의 제사를 주관할 사람이 군주가 아니면 누가 있겠습니까? (이는) 하늘이 진실로 그를 군주로 삼으려 한 것인데, 몇몇 사람들이 자기의 능력이라 여기고 있으니 이 또한 속이는 행위가 아니겠습니까? 남의 재물을 훔치는 것조차도 도둑이라 말하는데, 하물며 하늘의 공(功)을 탐하여 이를 자기의 능력으로 삼을 수 있습니까? 아랫사람들은 그 죄를 옳다고 여기고 윗사람들은 그들의 사악한 행위를 포상하며 위아래가 서로 속이고 있으니 더불어 지내기가 어렵습니다.」

개지추 어머니가 물었다 :「어찌 포상을 요구하지 않느냐? 이대로 죽으면 누구를 원망하겠느냐?」 개지추가 대답했다 :「남의 잘못을 꾸짖고 오히려 그것을 본뜬다면 죄는 더욱 심해질 것입니다. 그리고 이미 원망하는 말을 했으니 그들의 봉록을 먹지 않을 것입니다.」 개지추 어머니가 말했다 :「그래도 그들로 하여금 그것을 알게 하는 것이 어떠냐?」 개지추가 대답했다 :「말이란 자기 자신을 꾸미는 것입니다. 나 자신이 은거하려 하는데, 어찌 말을 가지고 자신을 꾸밀 필요가 있겠습니까? 이는 출세하기를 바라는 것입니다.」 개지추 어머니가 말했다 :「능히 이렇게 할 수 있겠느냐? (그러면 나도) 너와 함께 은거하겠다.」그리하여 은거해 살다가 죽었다.

진문공(晉文公)이 그를 찾았으나 찾아내지 못하고 면상(緜上)의 땅을 그의 제전(祭田)으로 삼고 말했다 :「이로써 나의 잘못을 기록하고 또한 이로써 착한 사람을 기리고자 한다.」

해제解題 및 본문 요지 설명

본문은《좌전(左傳)·희공 24년(僖公 二十四年)》의 일부분으로, 내용은 중이(重耳)가 진(秦)나라의 도움으로 망명생활에서 돌아와 진문공(晉文公)으로 즉위한 후, 망명 시절에 자기를 따랐던 신하들에게 포상하기 위해 의견을 청취하는 과정에서, 다른 사람과 달리 자신의 공로에 대한 포상을 요청하지 않은 개지추(介之推)와 또 아들의 입장을 이해하고 적극 지지한 개지추 어머니의 고결한 품성과 지조를 기술한 것이다.

본문은 네 단락으로 나눌 수 있는데, 첫째 단락에서는 진문공(晉文公)이 자기를 따라 도망했던 자들을 포상하기 위해 의견을 청취하는 과정에서, 개지추가 자신의 공로를 말하지도 않고 이익을 다투지도 않아 결국 포상의 대상에서 제외된 것을 기술했고; 둘째 단락에서는 하늘이 진(晉)나라를 버리지 않아 중이(重耳)를 군주로 삼은 것인데도, 몇몇 사람들이 자기의 공으로 여기고, 또 이러한 기만행위에 대해 윗사람이 오히려 그들을 포상하며 위아래가 서로 속이는 상황에서, 그들과 함께 지내기가 어렵다는 개지추의 불편한 심기를 기술했고; 셋째 단락에서는 개지추로 하여금 봉록을 요구하도록 청하다가, 군신 관계의 중요성을 망각한 진문공과 명분을 중시하는 아들 사이에서 아들의 단호한 입장을 확인한 개지추의 어머니가 아들을 이해하고 적극 성원하는 어머니의 고결한 성품을 찬양했고; 마지막 단락에서는 진문공이 나중에 개지추의 그러한 사실을 알고 자신의 잘못을 뉘우치며 제전(祭田)을 마련하여 개지추의 제사에 충당하도록 배려한 것을 기술했다.

   비록 짧은 글이지만 주제가 선명하고 절차가 분명하며 구조가 완벽한 서사문이다.

016 전희호사(展喜犒師)
《左傳 · 僖公 二十六年》

> 작자

001 정백극단우언(鄭伯克段于鄢) 참조.

> 원문 및 주석

展喜犒師[1]

齊孝公伐我北鄙, 公使展喜犒師, 使受命于展禽。[2] 齊侯未入竟,

1　展喜犒師 → 展喜가 齊나라의 군대를 위로하다
　【展喜(전희, zhǎn xǐ)】: [인명] 魯나라의 대부로 성은 展, 이름은 喜.
　【犒(호, kào)】: (술과 음식으로) 위로하다.
　【師(사, shī)】: 군대. 여기서는 「魯나라에 쳐들어온 齊나라의 군대」를 가리킨다.
2　齊孝公伐我北鄙, 公使展喜犒師, 使受命于展禽。→ 齊孝公이 우리 魯나라 북부 변방 지역을 공략하자, 魯僖公이 展喜를 파견하여 (齊나라) 군사를 위로하게 하고, (출발 전에) 展禽으로부터 대응 방법을 듣고 가도록 했다.
　【齊孝公(제효공, qí xiào gōng)】: 齊나라의 군주. 齊桓公의 아들.
　【我(아, wǒ)】: 우리, 즉 魯나라. ※《左傳》은 魯나라 사람 左丘明이 지었으므로 「우리」라

展喜從之, 曰:「寡君聞君親舉玉趾, 將辱於敝邑, 使下臣犒執事。」³
齊侯曰:「魯人恐乎?」對曰:「小人恐矣, 君子則否。」⁴ 齊侯曰:「室
如懸罄, 野無青草, 何恃而不恐?」⁵ 對曰:「恃先王之命。昔周公、大

는 말을 사용한 것이다.
【鄙(비, bǐ)】: 변경. 국경.
【公(공, gōng)】: 여기서는「魯僖公」을 가리킨다.
【使(사, shǐ)】: …하도록 하다.
【受命(수명, shòu mìng)】: 명을 받다. 여기서는「대응 방법을 듣다」의 뜻.
【展禽(전금, zhǎn qín)】: [인명] 展喜의 형으로 이름은 穫, 자는 禽, 시호는 惠. 柳下에 식 읍을 받았으므로 柳下惠라고도 한다.

3 齊侯未入竟, 展喜從之, 曰:「寡君聞君親舉玉趾, 將辱於敝邑, 使下臣犒執事。」→ 제효공이 아직 (魯나라의) 국경에 들어오기 전에, 전희가 그를 좇아가서, 말했다:「저희 군주께서는 대왕께서 친히 거동하시어, 저희 나라에 왕림하실 거라는 말을 듣고, 저로 하여금 대왕의 측근들을 위로하도록 하셨습니다.」
【齊侯(제후, qí hóu)】: 齊나라의 군주. 여기서는「齊孝公」을 가리킨다.
【竟(경, jìng)】: 境. 변경. 국경.
【寡君(과군, guǎ jūn)】: 저희 군주. ※ 상대방에게 자기 나라의 군주를 낮추어 부르는 말.
【舉玉趾(거옥지, jǔ yù zhǐ)】: [舉趾의 존칭] 거동하시다.
【辱於敝邑(욕어폐읍, rǔ yú bì yì)】: 욕되게 저희 나라에 오다. 즉 저희 나라에 오는 것 자체가 존엄을 욕되게 한다는 뜻. 【於】: [개사] …에. 【敝邑】: [자기 나라를 낮추어 부르는 말] 저희 나라.
【下臣(하신, xià chén)】: [자기 자신을 낮추어 부르는 말] 저.
【執事(집사, zhí shì)】: 군주의 좌우에서 일을 처리하는 사람.
※ 실제로는 齊孝公을 가리키지만, 옛사람들은 직접 상대방을 지칭하지 않고 간접적인 방법을 사용하여 상대방에 대한 존경을 표시했다.

4 齊侯曰:「魯人恐乎?」對曰:「小人恐矣, 君子則否。」→ 제효공이 물었다:「魯나라 사람들이 두려워하고 있소?」(전희가) 대답했다:「백성들은 두려워하는데, 사대부들은 그렇지 않습니다.」
【恐(공, kǒng)】: 두려워하다.
【小人(소인, xiǎ rén)】: 백성.
【君子(군자, jūn zǐ)】: 군자. 여기서는「사대부」를 가리킨다.
【否(부, fǒu)】: 그렇지 않다. 즉「두려워하지 않다」의 뜻.

5 齊侯曰:「室如懸罄, 野無青草, 何恃而不恐?」→ 제효공이 물었다:「집안이 마치 거꾸로 매달아놓은 경쇠처럼 텅 비어있고, 들에는 풀 한 포기도 없는데, 무엇을 믿고 두려워하지 않는단 말이오?」

公股肱周室, 夾輔成王。⁶ 成王勞之, 而賜之盟, 曰:『世世子孫無相害也。』載在盟府, 太師職之。⁷ 桓公是以糾合諸侯, 而謀其不協, 彌縫其闕, 而匡救其災, 昭舊職也。⁸ 及君卽位, 諸侯之望曰:『其率桓

【室(실, shì)】: 집안. ※「室」을「곡식 창고」라 풀이한 경우도 있다.
【懸罄(현경, xuán qìng)】: 거꾸로 매달아놓은 경쇠.〖罄〗: 磬. 경쇠. 타악기의 일종. 거꾸로 매달아놓으면 텅 빈 속이 들여다보인다. 따라서 이는「집이 매우 가난한 모습」을 형용한 말이다.〖縣〗: 懸, 매달다.
【恃(시, shì)】: 믿다. 기대다.

6 對曰:「恃先王之命。昔周公、大公股肱周室, 夾輔成王。→ (전희가) 대답했다 :「先王의 명을 믿고 있습니다. 옛날 周公과 太公께서는 周나라 왕실에서 가장 중요한 직책을 지내면서, 成王을 좌우에서 보필했습니다.
【先王(선왕, xiān wáng)】: 돌아가신 군주. 이전의 군주.
【周公(주공, zhōu gōng)】: 周文王의 아들 姬旦. 그는 일찍이 형 武王을 도와 商을 멸하고, 무왕이 죽은 후 成王의 나이가 어려서 섭정을 했다. 주공의 아들 伯禽은 魯나라의 시조가 되었다.
【大公(태공, tài gōng)】: 齊나라의 시조인 姜太公 呂望을 가리킨다. 姜太公은 周王朝를 건립하는 과정에서 周公과 더불어 큰 공을 세웠다.〖大〗: 太.
【股肱(고굉, gǔ gōng)】: 본래는「넓적다리와 팔뚝」이란 뜻이나, 흔히「임금이 가장 신뢰하는 신하」를 비유하는 말로 쓰인다. 여기서는 동사 용법으로「가장 중요한 직책을 지내다」의 뜻.
【夾輔(협보, jiá fǔ)】: 좌우에서 보필하다.

7 成王勞之, 而賜之盟, 曰:『世世子孫無相害也。』載在盟府, 太師職之。→ 성왕께서는 그 두 분을 위로하시고, 그들에게 동맹을 맺도록 명하시며, 말씀하시길 :『대대손손 서로 해치지 말라。』고 하셨습니다. (지금도) 그 맹약이 盟府에 보존되어, 太師가 이를 관리하고 있습니다.
【勞(로, láo)】: 위로하다.
【賜(사, cì)】: 하사하다. 여기서는「명을 내리다」의 뜻.
【載(재, zǎi)】: 동맹 기록 문서. 맹약.
【盟府(맹부, méng fǔ)】: [관청] 문서를 보관하는 곳.
【太師(태사, tài shī)】: [관직] 太史. 국가의 典籍을 맡아 관리하는 직책.
【職(직, zhí)】: 관리하다. 관장하다.

8 桓公是以糾合諸侯, 而謀其不協, 彌縫其闕, 而匡救其災, 昭舊職也。→ 그리하여 齊桓公은 제후들을 규합하여, 그들의 불화를 해결하고, 그들의 결점을 메워주며, 그들의 재난을 구제해 주었습니다. 이는 바로 옛날 (太公께서 周王室을 보필하실 때의) 직책을 (여전히 이행하고 있음을) 밝히려는 것이었습니다.

之功!』⁹ 我敝邑用不敢保聚, 曰:『豈其嗣世九年, 而棄命廢職? 其若先君何? 君必不然。』恃此以不恐。』¹⁰ 齊侯乃還。¹¹

【桓公(환공, huán gōng)】: 여기서는 「齊桓公」을 가리킨다.
【是以(시이, shì yǐ)】: 그래서. 그리하여.
【謀(모, móu)】: 해결하다.
【不協(불협, bù xié)】: 불화. 분규.
【彌縫(미봉, mí féng)】: 메우다. 보충하다.
【闕(궐, quē)】: 결점. 과오.
【匡救(광구, kuāng jiù)】: 구제하다. 바로잡다.
【昭(소, zhāo)】: 밝히다.
【舊職(구직, jiù zhí)】: 옛 직책. 즉, 태공이 周나라 왕실을 보필할 때의 직책.

9 及君卽位, 諸侯之望曰:『其率桓之功!』→ 지금 군주께서 즉위하기에 이르러, 제후들은 희망을 품고:『군주께서 齊桓公의 功業을 계승하시리라!』라고 말합니다.
【其(기, qí)】: [대명사] 그. 즉「군주」를 가리킨다.
【率(솔, shuài)】: 지키다. 따르다. 계승하다.
【桓(환, huán)】: 齊桓公.
【功(공, gōng)】: 공업. 사업.

10 我敝邑用不敢保聚, 曰:『豈其嗣世九年, 而棄命廢職? 其若先君何? 君必不然。』恃此以不恐。』→ 저희 魯나라는 이로 인해 감히 병력을 동원하여 변방을 지킨다는 생각을 하지 않고, 모두가:『어찌 齊나라 제후가 즉위한 지 9년에 불과한데, (선왕의) 명을 버리고 (자신의) 직책을 폐지하겠는가? 그래서야 어찌 선왕을 뵐 낯이 있겠는가? 齊孝公께서 반드시 그렇게 하지 않을 것이다.』라고 말합니다. 이를 믿고 두려워하지 않는 것입니다.」
【用(용, yòng)】: 因. 이로 인해.
【保聚(보취, bǎo jù)】: 병력을 동원하여 방어하다.
【嗣世(사세, sì shì)】: 대를 잇다. 즉「즉위하다」의 뜻.
【棄命(기명, qì mìng)】: 명을 버리다. 즉「서로 해치지 말라고 한 先王의 명령」을 말한다.
【其若先君何(기약선군하, qí ruò xiān jūn hé)?】: 어찌 선왕을 뵐 낯이 있겠는가?【其】: 豈. 어찌.【先君】: 先王. 여기서는「齊桓公」을 가리킨다.
【恃(시, shì)】: 믿다. 의존하다.

11 齊侯乃還。→ 齊孝公은 마침내 (군사를 거두어) 돌아갔다.
【齊侯(제후, qí hóu)】: 齊나라의 군주. 여기서는「齊孝公」을 가리킨다.
【乃(내, nǎi)】: 마침내. 드디어.

> 번역문

전희(展喜)가 제(齊)나라의 군대를 위로하다

제효공(齊孝公)이 우리 노(魯)나라 북부 변방 지역을 공략하자, 노희공(魯僖公)이 전희(展喜)를 파견하여 (제나라) 군사를 위로하게 하고, (출발 전에) 전금(展禽)으로부터 대응 방법을 듣고 가도록 했다. 제효공이 아직 (노나라의) 국경에 들어오기 전에 전희가 그를 쫓아가서 말했다 :「저희 군주께서는 대왕께서 친히 거동하시어 저희 나라에 왕림하실 거라는 말을 듣고 저로 하여금 대왕의 측근들을 위로하도록 하셨습니다.」제효공이 물었다 :「노나라 사람들이 두려워하고 있소?」(전희가) 대답했다 :「백성들은 두려워하는데 사대부들은 그렇지 않습니다.」제효공이 물었다 :「집안이 마치 거꾸로 매달아놓은 경쇠처럼 텅 비어있고 들에는 풀 한 포기도 없는데, 무엇을 믿고 두려워하지 않는단 말이오?」(전희가) 대답했다 :「선왕(先王)의 명을 믿고 있습니다. 옛날 주공(周公)과 태공(太公)께서는 주(周)나라 왕실에서 가장 중요한 직책을 지내면서 성왕(成王)을 좌우에서 보필했습니다. 성왕께서는 그 두 분을 위로하시고 그들에게 동맹을 맺도록 명하시며, 말씀하시길 :『대대손손 서로 해치지 말라.』고 하셨습니다. (지금도) 그 맹약이 맹부(盟府)에 보존되어 태사(太師)가 이를 관리하고 있습니다. 그리하여 제환공(齊桓公)은 제후들을 규합하여 그들의 불화를 해결하고 그들의 결점을 메워주며 그들의 재난을 구제해 주었습니다. 이는 바로 옛날 (태공께서 주왕실을 보필하실 때의) 직책을 (여전히 이행하고 있음을) 밝히려는 것이었습니다. 지금 군주께서 즉위하기에 이르러 제후들은 희망을 품고 :『군주께서 제환공의 공업(功業)을 계승하시리라!』라고 말합니다. 저희 노나라는 이로 인해 감히 병력을 동원하여 변방을 지킨다는 생각을 하지 않고, 모

두가 말하길 :『어찌 제나라 제후가 즉위한 지 9년에 불과한데 (선왕의) 명을 버리고 (자신의) 직책을 폐지하겠는가? 그래서야 어찌 선왕을 뵐 낯이 있겠는가? 제효공(齊孝公)께서 반드시 그렇게 하지 않을 것이다.』라고 합니다. 이를 믿고 두려워하지 않는 것입니다.」 제효공은 마침내 (군사를 거두어) 돌아갔다.

해제解題 및 본문 요지 설명

본문은 《좌전(左傳)·희공 26년(僖公 二十六年)》의 일부분으로, 내용은 노희공(魯僖公) 26년(B.C. 634) 여름 제효공(齊孝公)이 노(魯)나라를 공략해 왔을 때, 약체인 노나라가 기근까지 겹쳐 도저히 강력한 제나라와 맞서 싸울 방법이 없는 상황에서 노희공이 전희(展喜)를 파견하여 적절히 대응함으로써 전쟁의 피해를 면한 상황을 기술한 것이다.

본문은 세 단락으로 나눌 수 있는데, 첫째 단락에서는 제효공이 노나라를 공략하여 노희공이 전희로 하여금 그의 형 전금(展禽)으로부터 시의적절한 대응 방법을 전수받고 제효공에게 파견한 상황을 기술했고; 둘째 단락에서는 전희가 제효공과의 담판에서 양국의 선왕(先王)인 주공(周公)과 강태공(姜太公)의 우의 및 주성왕(周成王)의 명에 의해 (주공과 강태공) 두 사람이 맺은 동맹관계 등 충분한 근거를 제시하는 동시에 강경한 어조로 명분을 제시하여 제희공을 설득한 것을 기술했고; 마지막 단락에서는 제효공이 응대할 말을 찾지 못하고 마침내 군사를 거두어 철수한 상황을 기술했다.

노나라의 탁월한 외교활동과 전쟁을 막는 수단으로서 외교전의 중요성을 십분 강조한 글이라 하겠다.

017 촉지무퇴진사(燭之武退秦師)
《左傳·僖公 三十年》

작자

001 정백극단우언(鄭伯克段于鄢) 참조.

원문 및 주석

燭之武退秦師[1]

晉侯、秦伯圍鄭, 以其無禮於晉, 且貳於楚也.[2] 晉軍函陵, 秦軍

---

1 燭之武退秦師 → 燭之武가 秦나라 군사를 물러가게 하다
 【燭之武(촉지무, zhú zhī wǔ)】: [인명] 鄭나라의 대부.
 【退(퇴, tuì)】: [사동 용법] 물러가게 하다.
 【師(사, shī)】: 군사. 군대.
2 晉侯、秦伯圍鄭, 以其無禮於晉, 且貳於楚也. → 晉文公과 秦穆公이 鄭나라를 포위했다. 이는 鄭나라가 晉나라에 대해 무례했고, 또한 두 마음을 품고 楚나라에 의존했기 때문이다.
 【晉侯(진후, jìn hóu)】: 晉나라 제후. 여기서는「晉文公」을 가리킨다.
 【秦伯(진백, qín bó)】: 秦나라 제후. 여기서는「秦穆公」을 가리킨다.

氾南.³ 佚之狐言於鄭伯曰:「國危矣, 若使燭之武見秦君, 師必退。」公從之.⁴ 辭曰:「臣之壯也, 猶不如人; 今老矣, 無能爲也已。」⁵ 公曰:「吾不能早用子, 今急而求子, 是寡人之過也。然鄭亡, 子亦有不利焉。」許之.⁶

【鄭(정, zhèng)】: [국명] 姬씨 성으로, 지금의 하남성 중부에 있던 나라.
【以(이, yǐ)】: 因. …로 인해. … 때문에.
【其(기, qí)】: [대명사] 그. 즉「鄭나라」.
【無禮(무례, wú lǐ)】: 무례하다.
※ 晉文公이 왕자 시절에 여러 나라를 전전하며 망명생활을 한 적이 있었는데, 鄭나라를 지날 때 鄭文公이 예로써 대하지 않았다.
【貳(이, èr)】: 두 마음을 품다. 여기서는「두 마음을 품고 의존하다」의 뜻.

3 晉軍函陵, 秦軍氾南。→ 晉나라 군사는 函陵에 주둔하고, 秦나라 군사는 氾水의 남쪽에 진을 쳤다.
【函陵(함릉, hán líng)】: [지명] 鄭나라의 지명으로, 지금의 하남성 新鄭縣 북쪽.
【氾(범, fàn)】: [강 이름] 氾水. 지금의 하남성 中牟縣에 있는 강으로, 지금은 물이 없는 마른강으로 변했다.

4 佚之狐言於鄭伯曰:「國危矣, 若使燭之武見秦君, 師必退。」公從之. → 佚之狐가 鄭文公에게:「나라가 위험하니, 만약 燭之武를 파견하여 秦穆公을 만난다면, 秦나라 군사가 반드시 물러날 것입니다.」라고 말하자, 鄭文公이 이에 따랐다.
【佚之狐(일지호, yì zhī hú)】: [인명] 鄭나라의 대부.
【言於(언어, yán yú)】: …에게 말하다. 【於】: [개사] …에게.
【鄭伯(정백, zhèng bó)】: 鄭나라 제후. 여기서는「鄭文公」을 가리킨다.
【若(약, ruò)】: 만일. 만약.
【使(사, shǐ)】: 보내다. 파견하다.
【秦君(진군, qín jūn)】: 秦나라의 군주. 여기서는 秦穆公을 가리킨다.
【公(공, gōng)】: 鄭文公을 가리킨다.

5 辭曰:「臣之壯也, 猶不如人; 今老矣, 無能爲也已。」→ (촉지무가) 사양하며 말했다:「저는 장년 시절에도, 여전히 다른 사람보다 못했는데, 지금은 늙어서, 할 수 있는 일이 없습니다.」
【壯(장, zhuàng)】: 건장할 때. 장년 시절.
【猶(유, yóu)】: 여전히.
【能爲(능위, néng wéi)】: 해낼 수 있는 일.
【也已(야이, yě yǐ)】: [복합 어기사] ※ 확정 혹은 긍정을 나타낸다.

6 公曰:「吾不能早用子, 今急而求子, 是寡人之過也。然鄭亡, 子亦有不利焉。」許之. → 정문공이 말했다:「내가 일찍 그대를 기용하지 못하고, 지금 사정이 위급하여 그대에게 청

夜縋而出, 見秦伯曰:「秦、晉圍鄭, 鄭旣知亡矣。若亡鄭而有
益於君, 敢以煩執事。⁷ 越國以鄙遠, 君知其難也, 焉用亡鄭以陪
鄰?⁸ 鄰之厚, 君之薄也。若舍鄭以爲東道主, 行李之往來, 共其乏
困, 君亦無所害。⁹ 且君嘗爲晉君賜矣, 許君焦、瑕, 朝濟而夕設版焉,

하니, 이는 과인의 잘못이요. 그러나 鄭나라가 망하면, 그대 역시 이로울 게 없소.」 이에
(촉지무가) 허락했다.
【早用(조용, zǎo yòng)】: 일찍 기용하다.
【子(자, zǐ)】: [대명사] 너. 당신. 그대.
【是(시, shì)】: [대명사] 이. 이것.
【寡人(과인, guǎ rén)】: 寡德之人이란 뜻으로, 임금이 자신을 낮추어 부르는 말.

7 夜縋而出, 見秦伯曰:「秦、晉圍鄭, 鄭旣知亡矣。若亡鄭而有益於君, 敢以煩執事。→ 그날
밤 (촉지무는) 밧줄로 몸을 매달고 성벽 밖으로 나가, 秦穆公을 만나 말했다:「秦과 晉이
鄭나라를 포위했으니, 鄭나라 사람들은 이미 (자신들이) 망한다는 것을 알고 있습니다.
만약 鄭나라를 멸망시켜 귀하게 이익이 된다면, 감히 鄭나라를 멸망시키는 일로 귀하게
폐를 끼칠 것입니다.
【縋(추, zhuì)】: 밧줄로 묶고 매달리다.
【秦伯(진백, qín bó)】: 秦穆公.
【若(약, ruò)】: 만일. 만약.
【以(이, yǐ)】: 以(之). 이로 인해, 이로써. 즉「鄭나라를 멸망시키는 일로써」의 뜻.
【煩(번, fán)】: 폐를 끼치다. 번거롭게 하다.
【執事(집사, zhí shì)】: 군주 좌우에서 일을 처리하는 사람. 여기서는 실제로「군주」를 가
리킨다.
※ 옛사람들은 직접 상대방을 지칭하지 않고 간접적인 방법을 사용하여 상대방에 대한
존경을 표시했다.

8 越國以鄙遠, 君知其難也, 焉用亡鄭以陪鄰? → 晉나라를 건너 멀리 있는 鄭나라를 변방으
로 삼으려 한다면, 귀하께서는 그 어려움을 아실 텐데, 어찌 鄭나라를 멸망시키는 방법
을 써서 이웃 나라의 영토를 넓혀주려 하십니까?
【越(월, yuè)】: 넘다. 건너다.
【鄙遠(비원, bǐ yuǎn)】: 먼 곳의 땅을 변방으로 삼다. 【鄙】: 변방 지역.
【焉(언, yān)】: 어찌.
【用(용, yòng)】: …의 방법을 이용하여.
【亡(망, wáng)】: [사동 용법] 멸망시키다.
【陪(배, péi)】: 늘리다. 확충하다.

9 鄰之厚, 君之薄也。若舍鄭以爲東道主, 行李之往來, 共其乏困, 君亦無所害。→ 이웃 나라
가 두터워지면, 귀하께서 엷어지는 것입니다. 만약 鄭나라를 놓아주어 이를 동쪽 길목의

君之所知也。¹⁰ 夫晉, 何厭之有? 旣東封鄭, 又欲肆其西封, 若不闕秦, 將焉取之?¹¹ 闕秦以利晉, 唯君圖之。」¹²

주인으로 삼는다면, (秦나라의) 사신이 왕래할 때, 그들에게 모자란 물자를 제공할 수 있어, 귀하께도 또한 해로울 것이 없습니다.

【若(약, ruò)】: 만일. 만약.
【舍(사, shě)】: 포기하다. 여기서는「놓아두다」의 뜻.
【以爲(이위, yǐ wéi)】: 以(之)爲. …을 …으로 삼다.
【東道主(동도주, dōng dào zhǔ)】: 동쪽 길목의 주인. ※鄭나라가 秦나라의 동쪽에 있기 때문에 한 말.
【行李(행리, xíng lǐ)】: 사신. 사절.
【共(공, gōng)】: 供. 공급하다. 제공하다.
【其(기, qí)】: [대명사] 그. 즉「사신」.
【乏困(핍곤, fá kùn)】: 부족한 물자.
【無所(무소, wú suǒ)】: …할 바가 없다.

10 且君嘗爲晉君賜矣, 許君焦、瑕, 朝濟而夕設版焉, 君之所知也。→ 그리고 귀하께서 일찍이 晉惠公에게 은혜를 베풀어, 晉惠公이 焦·瑕 땅을 귀히 주시기로 허락했지만, 아침에 강을 건너 자기 나라로 돌아가더니 저녁에 성을 쌓고 수비를 강화했습니다. (이 사실은) 귀하께서도 잘 아실 것입니다.
【且(차, qiě)】: 그리고. 또한.
【晉君(진군, jìn jūn)】: 晉惠公.
【賜(사, cì)】: 은혜를 베풀다.
【焦(초, jiāo)、瑕(하, xiá)】: [지명] 초·하 모두 晉나라의 지명으로, 지금의 하남성 陝縣 부근.
【濟(제, jì)】: 강을 건너다.
【設版(설판, shè bǎn)】: 판자 형틀을 설치하다. 즉「성을 쌓아 수비를 강화하다」의 뜻.
※옛날에는 성을 쌓을 때 판자로 형틀을 만들고 흙을 채워 넣었다.

11 夫晉, 何厭之有? 旣東封鄭, 又欲肆其西封, 若不闕秦, 將焉取之? → 그 晉나라가, 어디 만족스럽게 생각한 적이 있습니까? 동쪽에서 鄭나라를 국경으로 삼고 나면, 또 그들의 서쪽 국경을 적극적으로 확장하려 할 텐데, 만일 秦나라에게 손해를 끼치지 않고서야, 장차 어디서 그것을 취한단 말입니까?
【夫(부, fú)】: 그. 저.
【何厭之有(하염지유, hé yàn zhī yǒu)?】:「何有厭之?」의 도치 형태. 【厭】: 饜. 물리다. 만족하게 여기다.
【封(봉, fēng)】: [동사 용법] …을 변경으로 삼다.
【欲(욕, yù)】: …하고자 하다. …하려고 하다.
【肆(사, sì)】: 멋대로 하다. 여기서는「적극적으로 확장하다」의 뜻.
【西封(서봉, xī fēng)】: 서쪽의 국경.

秦伯說, 與鄭人盟, 使杞子、逢孫、楊孫戍之, 乃還.¹³ 子犯請擊之, 公曰:「不可。微夫人之力不及此。因人之力而敝之, 不仁; 失其所與, 不知; 以亂易整, 不武。吾其還也。」亦去之.¹⁴

【若(약, ruò)】: 만일. 만약.
【闕(궐, quē)】: 缺. 손해를 끼치다. 해치다.
【焉(언, yān)】: 어찌. 어떻게. 어디서.

12 闕秦以利晉, 唯君圖之。」→ 秦나라에 손해를 끼쳐서 晉나라를 이롭게 한다면, 오로지 귀하께서 그것을 고려해야 합니다.」
【唯(유, wéi)】: 오로지. 오직.
【圖(도, tú)】: 도모하다. 고려하다.

13 秦伯說, 與鄭人盟, 使杞子、逢孫、楊孫戍之, 乃還。→ 秦穆公이 듣고 기뻐하며, 鄭나라와 동맹을 맺고, 杞子·逢孫·楊孫을 보내 그곳을 지키게 했다. 그리하여 (자신은) 秦나라로 돌아갔다.
【說(열, yuè)】: 悅. 기뻐하다.
【戍(수, shù)】: [사동 용법] 지키게 하다.
【乃(내, nǎi)】: 이에. 그리하여.
【還(환, huán)】: 돌아가다.

14 子犯請擊之, 公曰:「不可。微夫人之力不及此。因人之力而敝之, 不仁; 失其所與, 不知; 以亂易整, 不武。吾其還也。」亦去之。→ 子犯이 (晉文公에게) 秦나라 군사를 추격할 것을 청하자, 晉文公이 말했다「안 되오. 그 사람의 도움이 없었다면 (나는) 오늘에 이르지 못했소. 사람의 도움을 받고 도리어 그를 해친다면, 어질지 못한 것이고; 자기의 우방을 잃는 것은, 지혜롭지 못한 것이며; 혼란으로써 안정을 대신하는 것은, 용맹이 아니요. 우리는 당연히 돌아가야 하오.」이에 晉나라 군사 역시 鄭나라를 떠났다.
【子犯(자범, zǐ fàn)】: [인명] 狐偃. 晉나라의 上卿으로, 晉文公의 외숙.
【謂(위, wèi)】: 말하다. 청하다.
【擊(격, jī)】: 추격하다.
【之(지, zhī)】: [대명사] 그들. 즉 秦나라 군사.
【微(미, wēi)】: 無. 없다.
【夫人(부인, fú rén)】: 그 사람. 즉「秦穆公」.
※ 일찍이 망명 중에 있던 晉文公이 秦穆公의 도움으로 귀국하여 즉위했다.
【力(력, lì)】: 힘. 여기서는「도움」을 의미한다.
【不及(불급, bù jí)】: 이르지 못하다.
【因(인, yīn)】: 의지하다.
【敝(폐, bì)】: 해를 끼치다.
【所與(소여, suǒ yǔ)】: 동맹국. 우방.
【不知(부지, bù zhī)】: 지혜롭지 못하다. 〖知〗: 智.

> 번역문

촉지무(燭之武)가 진(秦)나라 군사를 물러가게 하다

진문공(晉文公)과 진목공(秦穆公)이 정(鄭)나라를 포위했다. 이는 정나라가 진(晉)나라에 대해 무례했고, 또한 두 마음을 품고 초(楚)나라에 의존했기 때문이다. 진(晉)나라의 군사는 함릉(函陵)에 주둔하고, 진(秦)나라의 군사는 범수(氾水)의 남쪽에 진을 쳤다. 일지호(佚之狐)가 정문공(鄭文公)에게 :「나라가 위험하니, 만약 촉지무(燭之武)를 파견하여 진목공(秦穆公)을 만난다면 진(秦)나라 군사가 반드시 물러날 것입니다.」라고 말하자, 정문공(鄭文公)이 이에 따랐다. (촉지무가) 사양하며 말했다 :「저는 장년 시절에도 여전히 다른 사람보다 못했는데 지금은 늙어서 할 수 있는 일이 없습니다.」 정문공이 말했다 :「내가 일찍 그대를 기용하지 못하고 지금 사정이 위급하여 그대에게 청하니, 이는 과인의 잘못이오. 그러나 정(鄭)나라가 망하면 그대 역시 이로울 게 없소.」 이에 (촉지무가) 허락했다.

그날 밤 (촉지무는) 밧줄로 몸을 매달고 성벽 밖으로 나가 진목공(秦穆公)을 만나 말했다 :「진(秦)과 진(晉)이 정(鄭)나라를 포위했으니 정나라 사람들은 이미 (자신들이) 망한다는 것을 알고 있습니다. 만약 정나라를 멸망시켜 귀하게 이익이 된다면 감히 정나라를 멸망시키는 일로 귀하게 폐를 끼칠 것입니다. 진(晉)나라를 건너 멀리 있는 정나라를 변방으로 삼으려

【亂(란, luàn)】: 혼란. 동란. 즉 상호 우호관계를 파괴하고 전쟁하는 것.
【易(역, yì)】: 바꾸다. 대신하다.
【整(정, zhěng)】: 안정. 즉 서로 우호관계를 유지하고 화목한 것.
【其(기, qí)】: 당연히 …해야 한다.
【去(거, qù)】: 떠나다. 철수하다.
【之(지, zhī)】: [대명사] 그곳. 즉 「鄭나라」.

한다면 귀하께서는 그 어려움을 아실 텐데, 어찌 정나라를 멸망시키는 방법을 써서 이웃 나라의 영토를 넓혀주려 하십니까? 이웃 나라가 두터워지면 귀하께서 엷어지는 것입니다. 만약 정나라를 놓아주어 이를 동쪽 길목의 주인으로 삼는다면, 진(秦)나라의 사신이 왕래할 때 그들에게 모자란 물자를 제공할 수 있어 귀하께도 또한 해로울 것이 없습니다. 그리고 귀하께서 일찍이 진혜공(晉惠公)에게 은혜를 베풀어 진혜공이 초(焦)·하(瑕)의 땅을 귀하께 주기로 허락했지만 아침에 강을 건너 자기 나라로 돌아가더니 저녁에 성을 쌓고 수비를 강화했습니다. (이 사실은) 귀하께서도 잘 아실 것입니다. 그 진(晉)나라가 어디 만족스럽게 생각한 적이 있습니까? 동쪽에서 정(鄭)나라를 국경으로 삼고 나면 또 그들의 서쪽 국경을 적극적으로 확장하려 할 텐데, 만일 진(秦)나라에게 손해를 끼치지 않고서야 장차 어디서 그것을 취한단 말입니까? 진(秦)나라에 손해를 끼쳐서 진(晉)나라를 이롭게 한다면 오로지 귀하께서 그것을 고려해야 합니다.」

진목공(秦穆公)이 듣고 기뻐하며 정나라와 동맹을 맺고 기자(杞子)·봉손(逢孫)·양손(楊孫)을 보내 그곳을 지키게 했다. 그리하여 (자신은) 진(秦)나라로 돌아갔다. 자범(子犯)이 진문공(晉文公)에게 진(秦)나라 군사를 추격할 것을 청하자, 진문공이 말했다 :「안 되오. 그 사람의 도움이 없었다면 (나는) 오늘에 이르지 못했소. 사람의 도움을 받고 도리어 그를 해친다면 어질지 못한 것이고, 자기의 우방을 잃는 것은 지혜롭지 못한 것이며, 혼란으로써 안정을 대신하는 것은 용맹이 아니오. 우리는 당연히 돌아가야 하오.」 이에 진(晉)나라 군사 역시 정(鄭)나라를 떠났다.

해제解題 및 본문 요지 설명

본문은 《좌전(左傳)・희공 30년(僖公 三十年)》의 일부분으로, 내용은 진(秦)나라와 진(晉)나라의 연합군이 정(鄭)나라를 포위하자, 정나라의 대부 촉지무(燭之武)가 이해득실을 가지고 진(秦)의 군주를 설득하여 포위를 풀도록 한 경위를 기술한 것이다.

희공(僖公) 30년 9월, 진(秦)과 진(晉)의 연합군이 정(鄭)나라의 수도를 포위하여 군대가 성 아래에 당도했을 때, 정나라의 대부 촉지무가 단신으로 적의 진영에 들어갔다. 그는 진(秦)과 진(晉) 사이에 겉으로는 친한 것 같지만 속으로는 소원한 관계에 있다는 사실을 손금 보듯 소상히 알고 있었기 때문에, 그들 사이의 모순을 포착하여 상대방의 이해관계를 가지고 논리를 전개함으로써 마침내 진목공(秦穆公)을 설득하는 데 성공했다. 그리하여 진(秦)나라가 단독으로 정나라와 강화하고 군사를 철수하는 바람에 진(晉)도 어쩔 수 없이 철수하고 말았다.

본문은 다섯 단락으로 나눌 수 있는데, 첫째 단락에서는 진(晉)・진(秦) 두 나라가 연합하여 정(鄭)나라를 포위하고 정나라의 영토에 들어와 군대를 주둔시킨 상황을 기술했고; 둘째 단락에서는 정나라의 대부 일지호(佚之狐)가 정문공(鄭文公)에게 촉지무를 파견하여 진목공(秦穆公)과 만나게 할 것을 추천하여 촉지무가 사양하자, 진문공이 촉지무를 설득하여 수락을 받아낸 상황을 기술했고; 셋째 단락에서는 촉지무가 진목공(秦穆公)에게, 진(晉)・진(秦) 두 나라가 정나라를 정벌하게 되면 이는 진(晉)의 동쪽 국경을 확장시켜 주는 것이며, 진(晉)이 이에 만족하지 않고 서쪽 국경을 확장하려 한다면, 결국 진(晉)나라 서쪽에 있는 진(秦)의 영토를 넘볼 것이라는 논리로 설득하는 과정을 기술했고; 넷째 단락에서는 진목공이 촉지무의 말을 듣고 기뻐하며 정나라와 동맹을 맺고 진(秦)나라로 돌아간 것을 기술했고; 마지막 단락에서는 진목공(秦穆公)이 돌아간 후, 진(晉)의 대부 자범(子氾)이 진문공(晉文公)에게 진(秦)나라 군사를 추격할 것을 청하자, 진문공이 진목공에 대한 옛날의 은혜를 생각하여 자범의 말을 듣지 않고 역시 군사를 거두어 진(晉)으로 철수한 것을 기술했다.

018 건숙곡사(蹇叔哭師)
《左傳・僖公 三十二年》

작자

001 정백극단우언(鄭伯克段于鄢) 참조.

원문 및 주석

蹇叔哭師¹

杞子自鄭使告于秦曰:「鄭人使我掌其北門之管, 若潛師以來, 國可得也。」² 穆公訪諸蹇叔, 蹇叔曰:「勞師以襲遠, 非所聞也。師勞

---

1 蹇叔哭師 → 蹇叔이 눈물로 군사를 전송하다
 【蹇叔(건숙, jiǎn shū)】: [인명] 秦나라의 대부.
 【師(사, shī)】: 군사, 군대.

2 杞子自鄭使告于秦曰:「鄭人使我掌其北門之管, 若潛師以來, 國可得也。」→ 杞子가 鄭나라로부터 사람을 보내 秦穆公에게 보고하여 말했다:「鄭나라가 저에게 北門의 열쇠를 관리하도록 했는데, 만약 은밀히 군사를 일으켜 공격해 온다면, 鄭나라를 얻을 수 있을 것입니다.」

力竭, 遠主備之, 無乃不可乎?³ 師之所爲, 鄭必知之, 勤而無所, 必有悖心。且行千里, 其誰不知?」⁴

公辭焉, 召孟明、西乞、白乙, 使出師于東門之外。⁵ 蹇叔哭之

【杞子(기자, qí zǐ)】: [인명] 秦나라 대부. ※魯僖公 30년(B.C. 630) 秦穆公은 鄭나라와 동맹을 체결한 후, 기자 등 대부 3인을 정나라에 파견하여 그곳에 머물도록 했다.

【使(사, shǐ)】: 앞의「使」는「파견하다, 보내다」의 뜻이고, 뒤의「使」는「…로 하여금 …하게 하다」의 뜻.

【秦(진, qín)】: 여기서는「秦穆公」을 가리킨다.

【掌(장, zhǎng)】: 맡다. 관리하다.

【管(관, guǎn)】: 열쇠.

【若(약, ruò)】: 만약. 만일.

【潛師(잠사, qián shī)】: 은밀히 군사를 일으키다.

【國(국, guó)】: 鄭나라.

3 穆公訪諸蹇叔, 蹇叔曰「勞師以襲遠, 非所聞也。師勞力竭, 遠主備之, 無乃不可乎?」→ 秦穆公이 蹇叔을 찾아가 의견을 물으니, 건숙이 말했다:「군사를 피로하게 하면서 멀리 있는 나라를 공격한다는 말은, 들어보지 못했습니다. 우리 군사는 피로하여 힘이 다하고, 멀리 있는 鄭나라는 방어할 준비를 끝낼 것이니, 아마도 불가능할 것입니다.」

【訪諸(방제, fǎng zhū)】: 訪之於…. 그것을 …에게 찾아가 묻다. 【諸】: 之於의 합음.

【勞(로, láo)】: [사동 용법] 고생시키다. 지치게 하다.

【襲(습, xí)】: 습격하다.

【遠主(원주, yuǎn zhǔ)】: 멀리 있는 나라의 군주. 여기서는「鄭나라」를 가리킨다.

【無乃(무내, wú nǎi)】: 아마도.

4 師之所爲, 鄭必知之, 勤而無所, 必有悖心。且行千里, 其誰不知?」→ (우리) 군사의 거동은, 鄭나라가 반드시 알게 될 것이고, 고생만 하고 소득이 없으면, (병사들은) 반드시 원망하는 마음이 생길 것입니다. 그리고 천 리를 가는데, 누가 그것을 모르겠습니까?」

【所爲(소위, suǒ wéi)】: 행동. 거동.

【勤(근, qín)】: 수고하다. 고생하다.

【無所(무소, wú suǒ)】: 소득이 없다.

【悖心(패심, bèi xīn)】: 원망하는 마음.

5 公辭焉, 召孟明、西乞、白乙, 使出師于東門之外。→ 진목공이 (건숙의 충고를) 거절하고, 孟明·西乞·白乙 등을 불러, 그들로 하여금 동문 밖에서 출병하도록 했다.

【公(공, gōng)】: 秦穆公.

【辭(사, cí)】: 거절하다.

【召(소, zhào)】: 부르다. 소집하다.

【孟明(맹명, mèng míng)】: [인명] 百里視. 자는 孟明. 秦나라의 장군으로, 百里奚의 아들.

【西乞(서걸, xī qǐ)】: [인명] 西乞術, 秦나라의 장군.

曰:「孟子! 吾見師之出而不見其入也。」⁶

公使謂之曰:「爾何知? 中壽, 爾墓之木拱矣。」⁷

蹇叔之子與師, 哭而送之曰:「晉人禦師必於殽。殽有二陵焉, 其南陵, 夏后皋之墓也; 其北陵, 文王之所辟風雨也。必死是間, 余收爾骨焉。」⁸

【白乙(백을, bǎi yǐ)】:[인명] 白乙丙. 秦나라의 장군.
【出師(출사, chū shī)】: 출병하다.

6 蹇叔哭之曰:「孟子! 吾見師之出而不見其入也。」→ 건숙이 그들에게 눈물을 흘리며 말했다. 「孟明! 제가 병사들이 출정하는 것은 보지만 그들이 무사히 귀환하는 것은 보지 못할 것이오.」
【孟子(맹자, mèng zǐ)】: 孟明.【子】:[이름에 붙이는 존칭].
【出(출, chū)】: 나가다. 즉「출정하다」.
【入(입, rù)】: 들어오다. 즉「무사히 귀환하다」.

7 公使謂之曰:「爾何知? 中壽, 爾墓之木拱矣。」→ 진목공이 사람을 보내 건숙에게 말했다:「당신이 뭘 알아? 中壽에 죽었다면, 당신의 무덤에서 자란 나무가 한 아름은 되었을 것이오.」
※ 이는 秦穆公이 건숙에 대해 이미 너무 늙어 지혜를 상실한 사람이 함부로 왈가왈부한다고 꾸짖은 말이다.
【爾(이, ěr)】: 너. 당신.
【中壽(중수, zhōng shòu)】: 60세 이전의 나이. ※《呂氏春秋・安死》:「中壽不過六十。」
※ 이는 건숙의 나이가 예순을 훨씬 넘었음을 의미한다.
【拱(공, gǒng)】: 두 팔을 둥글게 모은 둘레. 아름. 여기서는 동사 용법으로「한 아름이 되다」의 뜻.

8 蹇叔之子與師, 哭而送之曰:「晉人禦師必於殽。殽有二陵焉, 其南陵, 夏后皋之墓也; 其北陵, 文王之所辟風雨也。必死是間, 余收爾骨焉。」→ 건숙의 아들도 군대에 참여하여, 눈물로 아들을 전송하며 말했다:「晉나라는 반드시 殽山에서 秦의 군사를 방어할 것이다. 효산에는 두 구릉이 있는데, 남릉은, 夏后皋의 무덤이고; 북릉은, 文王이 비바람을 피하던 곳이다. 반드시 이 사이에서 죽을 것이니, 내가 너의 유골을 거둘 것이다.」
【與師(여사, yù shī)】: 군대에 참여하다.
【禦(어, yù)】: 막다. 방어하다.
【殽(효, yáo)】:[산 이름] 殽山 또는 崤山. 지금의 하남성 洛寧 서북쪽에 위치.
【陵(릉, líng)】: 구릉. 언덕.
【夏后(하후, xià hòu)】: 夏나라 군주.【夏】:[국명] 고대 국가. 禹가 舜임금으로부터 禪讓받아 세운 나라.【后】: 군주. 임금.

秦師遂東。⁹

> 번역문

건숙(蹇叔)이 눈물로 군사를 전송하다

　기자(杞子)가 정(鄭)나라로부터 사람을 보내 진목공(秦穆公)에게 보고하여 말했다 :「정(鄭)나라가 저에게 북문(北門)의 열쇠를 관리하도록 했는데, 만약 은밀히 군사를 일으켜 공격해 온다면 정(鄭)나라를 얻을 수 있을 것입니다.」진목공이 건숙을 찾아가 의견을 물으니, 건숙이 말했다 :「군사를 피로하게 하면서 멀리 있는 나라를 공격한다는 말은 들어보지 못했습니다. 우리 군사는 피로하여 힘이 다하고 멀리 있는 정나라는 방어할 준비를 끝낼 것이니 아마도 불가능할 것입니다.」(우리) 군사의 거동은 정나라가 반드시 알게 될 것이고, 고생만 하고 소득이 없으면 (병사들은) 반드시 원망하는 마음이 생길 것입니다. 그리고 천 리를 가는데, 누가 그것을 모르겠습니까?」

　【皋(고, gāo)】: 夏나라 군주의 이름. 桀王의 조부.
　【文王(문왕, wén wáng)】: 周文王.
　【辟(피, bì)】: 避. 피하다.
　【是間(시간, shì jiān)】: 이 사이. 이 중간. 즉「남릉과 북릉의 사이」.
　【余(여, yú)】: 我. 나.
　【收(수, shōu)】: 거두다. 수습하다.
9　秦師遂東。→ 秦나라 군사는 마침내 동쪽으로 출발했다.
　【遂(수, suì)】: 마침내.
　【東(동, dōng)】: [동사 용법] 동쪽으로 향하다.
　※ 鄭나라가 秦의 동쪽에 있기 때문에 秦이 鄭을 정벌하기 위해 東進한 것이다.

진목공이 (건숙의 충고를) 거절하고 맹명(孟明)·서걸(西乞)·백을(白乙) 등을 불러 그들로 하여금 동문 밖에서 출병하도록 했다. 건숙이 그들에게 눈물을 흘리며 말했다 : 「맹명(孟明)! 제가 병사들이 출정하는 것은 보지만 그들이 무사히 귀환하는 것은 보지 못할 것이오.」

  진목공이 사람을 보내 건숙에게 말했다 : 「당신이 뭘 알아? 중수(中壽)에 죽었다면 당신의 무덤에서 자란 나무가 한 아름은 되었을 것이오.」

  건숙의 아들도 군대에 참여하여, 눈물로 아들을 전송하며 말했다 : 「진(晉)나라는 반드시 효산(殽山)에서 진(秦)의 군사를 방어할 것이다. 효산에는 두 구릉이 있는데 남릉은 하후고(夏后皐)의 무덤이고, 북릉은 문왕(文王)이 비바람을 피하던 곳이다. 반드시 이 사이에서 죽을 것이니 내가 너의 유골을 거둘 것이다.」 진(秦)나라 군사는 마침내 동쪽으로 출발했다.

해제解題 및 본문 요지 설명

  본문은 《좌전(左傳)·희공 32년(僖公 三十二年)》의 일부분으로, 진(晉)나라가 진문공(晉文公)의 죽음으로 인해 밖에 눈을 돌릴 여유가 없을 때, 이 기회를 이용하여 정(鄭)나라를 정벌하려 한 진목공(秦穆公)에게 원로 대부 건숙(蹇叔)이 완강히 만류했음에도 이를 무시하고 출병을 강행한 상황을 기술한 것이다.

  본문은 다섯 단락으로 나눌 수 있는데, 첫째 단락에서는 진(秦)나라가 정(鄭)나라를 습격한 이유를 기술했고; 둘째 단락에서는 경륜이 풍부한 건숙이 실패할 것을 예견하고 진목공(秦穆公)에게 출정을 만류했으나 진목공이 거절한 것을 기술했고; 셋째 단락에서는 건숙이 맹명(孟明) 장군에게 이번

출정에서 무사히 돌아오지 못할 것을 예단하자 진목공이 오히려 건숙을 심하게 매도한 것을 말했고; 넷째 단락에서는 건숙이 출정에 참여하게 된 자기 아들을 눈물로 전송하며 애틋해하는 모습을 서술했고; 마지막 단락에서는 마침내 진나라 군사가 동쪽을 향해 출병하는 것으로 끝을 맺었다.

  본문에는 기록을 생략했지만, 결국 진(秦)나라 군사는 그 이듬해 대패하고 돌아왔다. 그러나 본문이 이 부분을 생략하고, 다만 건숙이 눈물로 진군(秦軍)의 출병과 이 대열에 참여한 아들을 전송한 일만을 뽑아 기록했기 때문에 제목 또한 「건숙곡사(蹇叔哭師)」라고 붙인 것이다.

  건숙의 해박한 전략 이론과 우국충정에 반해, 충신의 말을 귀담아 듣지 않은 진목공의 무지하고 고집스런 성격으로 인해 나라가 비운을 맞는 평범한 교훈을 던져주고 있다.

권2

주문(周文)

019 정자가고조선자
020 왕손만대초자
021 제국좌불욕명
022 초귀진지앵
023 여상절진
024 구지불굴우진
025 기해청면숙향
026 자산고범선자경폐
027 안자불사군난
028 계찰관주악
029 자산괴진관원
030 자산논윤하위읍
031 자산각초역녀이병
032 자혁대영왕
033 자산논정관맹
034 오허월성

019 정자가고조선자(鄭子家告趙宣子)

《左傳·文公 十七年》

작자

001 정백극단우언(鄭伯克段于鄢) 참조.

원문 및 주석

鄭子家告趙宣子[1]

晉侯合諸侯于扈, 平宋也。於是晉侯不見鄭伯, 以爲貳於楚也。[2]

---

1 鄭子家告趙宣子 → 鄭나라 公子 歸生이 趙宣子에게 알리다
  【鄭(정, zhèng)】: [국명] 지금의 하남성 新鄭縣 일대에 있던 周代의 제후국.
  【子家(자가, zǐ jiā)】: [인명] 鄭나라의 공자로 이름은 歸生, 자는 子家이며, 鄭나라의 집정대신.
  【趙宣子(조선자, zhào xuān zǐ)】: 趙盾. 晉나라의 집정대부. 宣子는 그의 시호이다.

2 晉侯合諸侯于扈, 平宋也。於是晉侯不見鄭伯, 以爲貳於楚也。→ 晉靈公이 扈에서 제후들과 회합하고, 宋나라의 내란을 평정하기 위해 상의했다. 이때 진령공은 鄭穆公을 만나지 않았는데, 晉나라에 대해 두 마음을 품고 楚나라와 가까이 지낸다고 여겼기 때문이었다.
  【晉侯(진후, jìn hóu)】: 晉靈公. 晉襄公의 아들로 이름은 夷皐이며, 14년간(B.C. 620-

鄭子家使執訊而與之書, 以告趙宣子曰:「寡君卽位三年, 召蔡侯而與之事君。³ 九月, 蔡侯入于敝邑以行。敝邑以侯宣多之難, 寡君是以不得與蔡侯偕。⁴ 十一月, 克減侯宣多, 而隨蔡侯以朝于執事。⁵ 十二年六月, 歸生佐寡君之嫡夷, 以請陳侯于楚, 而朝諸君。⁶

B.C. 607) 재위했다.
【扈(호, hù)】: [지명] 鄭나라의 지명으로, 지금의 하남성 原陽縣.
【平(평, píng)】: 수습하다. 평정하다.
【於是(어시, yú shì)】: 이때.
【鄭伯(정백, zhèng bó)】: 鄭穆公. 鄭文公의 아들로 이름은 蘭이며, 22년간(B.C. 627-B.C. 606) 재위했다.
【以爲(이위, yǐ wéi)】: …라고 여기다. …라고 생각하다.
【貳(이, èr)】: 두 마음을 품다. 여기서는「晉나라에 대해 두 마음을 품다」의 뜻.

3　鄭子家使執訊而與之書, 以告趙宣子曰:「寡君卽位三年, 召蔡侯而與之事君。→ 鄭나라의 대신 子家는 執訊을 파견하고 그에게 편지를 주어, 趙宣子에게 말했다:「저희 군주께서는 즉위한 지 3년 되던 해에 蔡莊公을 불러 그와 더불어 (귀국의) 군주를 섬겼습니다.
【使(사, shǐ)】: 파견하다.
【執訊(집신, zhí xùn)】: 통신 연락을 담당하는 관리.
【與之書(여지서, yǔ zhī shū)】: 그에게 편지를 주다. 〖與〗: 주다. 〖之〗: [대명사] 그. 즉「執訊」. 〖書〗: 편지.
【寡君(과군, guǎ jūn)】: [겸어] 상대방에게 자기 나라의 군주를 낮춰 부른 말.
【召(소, zhào)】: 부르다. 소환하다.
【蔡侯(채후, cài hóu)】: 蔡莊公. 이름은 甲午. 34년간(B.C. 645-B.C. 612) 재위했다.
【與之事君(여지사군, yǔ zhī shì jūn)】: 그와 함께 군주를 섬기다. 즉「채장공과 함께 晉襄公을 섬기다」의 뜻. 〖君〗: 여기서는「진양공」을 가리킨다.

4　九月, 蔡侯入于敝邑以行。敝邑以侯宣多之難, 寡君是以不得與蔡侯偕。→ 9월에는, 채장공이 저희 나라에 들렀다가 貴國으로 떠났습니다. (당시) 저희 나라는 侯宣多의 반란으로 인해, 저희 군주께서 채장공과 동행할 수가 없었습니다.
【敝邑(폐읍, bì yì)】: [겸어] 저희 나라.
【以(이, yǐ)】: 因. …로 인해.
【侯宣多(후선다, hóu xuān duō)】: [인명] 鄭나라의 대부. 鄭穆公이 즉위하는 데 공을 세워 이를 믿고 권력을 휘둘렀다.
【難(난, nàn)】: 반란.
【是以(시이, shì yǐ)】: 그래서.
【不得(부득, bù dé)】: 不能. …할 수 없다.
【偕(해, xié)】: 함께하다. 여기서는「동행하다」의 뜻.

十四年七月, 寡君又朝, 以蒇陳事。⁷ 十五年五月, 陳侯自敝邑往朝
于君。⁸ 往年正月, 燭之武往朝夷也。⁹ 八月, 寡君又往朝。以陳、蔡之

---

5 十一月, 克減侯宣多, 而隨蔡侯以朝于執事。→ 11월에는, 후선다의 반란을 평정하고, 채
  장공의 뒤를 이어 진양공을 알현했습니다.
  【克減(극감, kè jiǎn)】: 평정하다. 진압하다.
  【隨(수, suí)】: 뒤를 잇다.
  【朝于(조우, cháo yú)…】: …를 알현하다.
  【執事(집사, zhí shì)】: 군주 좌우에서 일을 처리하는 사람. 실제로는 晉襄公을 가리킨다.
  ※ 옛사람들은 직접 상대방을 지칭하지 않고 간접적인 방법을 사용하여 상대방에 대한
  존경을 표시했다.

6 十二年六月, 歸生佐寡君之嫡夷, 以請陳侯于楚, 而朝諸君。→ 즉위 12년 6월에는, 저 歸
  生이 저희 태자 夷를 보필하고, 陳侯를 초나라에 초청해, 함께 晉靈公을 알현했습니다.
  ※ 陳共公이 晉靈公을 알현하려 해도, 楚나라가 불쾌하게 여길 것을 염려하여, 이에 歸
    生이 鄭나라 태자를 보필하고 초나라에 가서 陳共公이 晉靈公을 알현할 수 있도록 양
    해를 구하여 함께 진영공을 알현했다.
  【歸生(귀생, gu shēng)】: [인명] 鄭나라의 公子로 이름은 歸生, 자는 子家이며, 鄭나라의
  집정 대신. ※ 주 1의 鄭子家.
  【佐(좌, zuǒ)】: 돕다. 보필하다.
  【嫡夷(적이, dí yí)】: 태자 夷. 즉 이후의 鄭靈公. B.C.605년 공자 歸生에게 살해되었다.
  【嫡】: 太子.
  【陳侯(진후, chén hóu)】: 여기서는 「陳共公」을 가리킨다. 이름은 朔. 18년간(B.C.631-
  B.C.614) 재위했다.
  【朝(조, cháo)】: 입조하여 알현하다.
  【君(군, jūn)】: 임금. 군주. 여기서는 「晉靈公」을 가리킨다.

7 十四年七月, 寡君又朝, 以蒇陳事。→ 즉위 14년 7월에는, 저희 군주께서 또 (晉靈公을)
  알현하여, 陳나라의 일을 마무리했습니다.
  【蒇(천, chǎn)】: 완성하다. 해결하다.
  【陳事(진사, chén shì)】: 陳나라의 일. 즉「陳이 晉에 복종하는 일」.

8 十五年五月, 陳侯自敝邑往朝于君。→ 즉위 15년 5월에는, 陳靈公이 저희 鄭나라로부터
  (晉나라에) 가서 군주를 알현했습니다.
  【陳侯(진후, chén hóu)】: 여기서는 「陳靈公」을 가리킨다. 陳靈公은 이름이 平國이며, 陳
  共公을 이어 즉위하여 15년간(B.C.613-B.C.599) 재위했다.

9 往年正月, 燭之武往朝夷也。→ 작년 정월에는, 燭之武가 태자 夷로 하여금 가서 晉侯를
  알현하도록 했습니다.
  【往年(왕년, wǎng nián)】: 지난해. 작년. 魯文公 16년(B.C.611), 鄭穆公 17년.
  【燭之武(촉지무, zhú zhī wǔ)】: 鄭나라 대부.

160 고문관지古文觀止 역주 (1)

密邇於楚, 而不敢貳焉, 則敝邑之故也。¹⁰ 雖敝邑之事君, 何以不免?¹¹ 在位之中, 一朝于襄, 而再見于君,¹² 夷與孤之二三臣相及于絳。¹³ 雖我小國, 則蔑以過之矣。¹⁴ 今大國曰:『爾未逞吾志。』敝邑有亡, 無以加焉。¹⁵ 古人有言曰:『畏首畏尾, 身其餘幾?』又曰:『鹿死不擇

【朝夷(조이, cháo yí)】: 태자 夷로 하여금 晉나라에 가서 晉侯를 알현하게 하다. 【朝】: (신하가 임금을) 뵙다. 朝見하다. 알현하다.

10 八月, 寡君又往朝。以陳、蔡之密邇於楚, 而不敢貳焉, 則敝邑之故也。→ 8월에는 저희 군주께서 또 친히 가셔서 알현하였습니다. 陳나라・蔡나라가 楚나라와 가까운 관계를 가지고도, 오히려 감히 (晉나라에) 대해 두 마음을 품지 못하는 것은, 저희 鄭나라 때문입니다.
【以(이, yǐ)】: …을(를) 가지고.
【密邇(밀이, mì ěr)】: 밀착되다. 사이가 가깝다.
【貳(이, èr)】: 두 마음을 품다.
【…之故(지고, zhī gù)】: …로 인한 까닭. …때문.

11 雖敝邑之事君, 何以不免? → 비록 저희 鄭나라가 귀국의 군주를 섬기고 있지만, 죄를 면하지 못하고 있는데 어째서 그렇습니까?
【何以(하이, hé yǐ)】: 어째서. 왜.
【不免(불면, bù miǎn)】: 면하지 못하다. 여기서는 「죄를 면하지 못하다」의 뜻.

12 在位之中, 一朝于襄, 而再見于君。→ (저희 군주께서는) 재위하는 동안, 晉襄公을 한 번 알현하고, 晉靈公을 두 번 알현했습니다.
【襄(양, xiāng)】: 晉襄公.
【君(군, jūn)】: 군주. 여기서는 晉靈公을 가리킨다.

13 夷與孤之二三臣相及于絳。→ 태자 夷와 저희 군주의 몇몇 신하들이 끊이지 않고 晉나라의 도읍 絳을 방문했습니다.
【孤(고, gū)】: 군주의 자신에 대한 호칭. 여기서는 자기 군주를 대외적으로 호칭한 말.
【二三臣(이삼신, èr sān chén)】: 촉지무를 포함한 鄭나라의 몇몇 신하.
【相及于(상급우, xiāng jí yú)…】: 끊이지 않고 …에 가다. 즉「연이어 방문하다」의 뜻.
【絳(강, jiàng)】: [지명] 晉나라의 도읍. 지금의 산서성 新絳縣.

14 雖我小國, 則蔑以過之矣。→ 비록 저희가 작은 나라지만, (晉나라에 대한 예절이) 저희를 능가하는 나라는 없습니다.
【蔑以(멸이, miè yǐ)…】: 無以…. …이(가) 없다.
【之(지, zhī)】: [대명사] 그. 즉「鄭나라」.

15 今大國曰:『爾未逞吾志。』敝邑有亡, 無以加焉。→ 지금 큰 나라가:『당신들은 아직 우리의 뜻을 만족시키지 못했소.』라고 말하는데, 그러면 우리나라는 망하는 길만 있고,

音.』小國之事大國也, 德, 則其人也; 不德, 則其鹿也。鋌而走險, 急
何能擇?¹⁶ 命之罔極, 亦知亡矣。將悉敝賦以待於鯈, 唯執事命之。¹⁷

더 잘할 방법이 없습니다.
【大國(대국, dà guó)】: 큰 나라. 즉「晉나라」를 가리킨다.
【爾(이, ěr)】: 너. 당신(들).
【逞(정, chěng)】: [사동 용법] 만족시키다.
【無以(무이, wú yǐ…)】: …할 수가 없다. …할 방법이 없다.
【加(가, jiā)】: 더하다. 첨가하다. 여기서는「(晉나라에 대해) 더 잘할 방법」을 말한다.

16 古人有言曰:『畏首畏尾, 身其餘幾?』又曰:『鹿死不擇音。』小國之事大國也, 德, 則其人
也; 不德, 則其鹿也。鋌而走險, 急何能擇? → 옛사람이 말하길:『머리도 두렵고 꼬리도
두려우면, 몸에 남는 부분이 얼마나 되겠는가?』라 했고, 또 말하길:『사슴도 죽을 고비
에 이르면 피난처를 고르지 않는다.』라고 했습니다. 작은 나라가 큰 나라를 섬기는데,
(큰 나라가) 덕으로 대하면, (작은 나라는) 사람처럼 행동하게 되고, (큰 나라가) 덕으로
대하지 않으면, (작은 나라는) 사슴처럼 행동하게 됩니다. 급히 험난한 곳을 달리는데,
위급한 상황에서 무엇을 선택하겠습니까?
※ 鄭나라는 북쪽으로 晉나라가 두렵고 남쪽으로 楚나라가 두려운 상황에서, 晉나라가
정나라를 덕으로 대하지 않으면 정나라는 마치 위기에 처한 사슴처럼 행동하여 진
나라를 버리고 초나라에 투항할 수 있다는 것을 비유한 말이다.
【畏(외, wèi)】: 두려워하다.
【音(음, yīn)】: [蔭의 통가자] 피난처. 보호처.
【德(덕, dé)】: [상황에] 덕으로 대하다.
【其人(기인, qí rén)】: [상황에] 사람처럼 행동하다.
【其鹿(기록, qí lù)】: [상황에] 사슴처럼 행동하다.
【鋌(정, tǐng)】: 급히 달리는 모습.

17 命之罔極, 亦知亡矣。將悉敝賦以待於鯈, 唯執事命之。→ (晉나라의) 요구가 끝이 없을
경우, 우리 또한 나라가 망하게 된다는 것을 알고 있습니다. (그러면) 장차 모든 병력을
동원하여 鯈지방에서 (당신들을) 기다리며, 오직 당신의 명령에 맡길 뿐입니다.
【命(명, mìng)】: 명령. 여기서는「晉나라의 요구」를 말한다.
【罔極(망극, wǎng jí)】: 끝이 없다.
【將(장, jiāng)】: (장차) …할 것이다.
【悉(실, xī)】: [동사 용법] 盡. 모두 동원하다.
【敝(폐, bì)】: 자기에 대한 낮춤말.
【賦(부, fù)】: 병력. ※ 옛날에는 부세에 따라 병력을 차출했으므로「兵」을「賦」라 했다.
【鯈(조, chóu)】: [지명] 晉과 鄭의 경계 지역.
【執事(집사, zhí shì)】: 본래는「주인의 일을 도와 관리하는 사람」을 가리키는 말이나, 후
인들의 서신에서 감히 상대방을 직접 호칭하지 않고「집사」로 대신함으로써 상대방에
대한 존경을 표시했다. 그러나 실제로는 상대방을 가리킨다. 즉「당신. 귀하」라는 말

文公二年, 朝于齊。四年, 爲齊侵蔡, 亦獲成於楚。[18] 居大國之間, 而從於强令, 豈其罪也? 大國若弗圖, 無所逃命。」[19]

　晉鞏朔行成於鄭, 趙穿、公壻池爲質焉。[20]

　　　대신에 직함을 사용한 것.
18　文公二年, 朝于齊。四年, 爲齊侵蔡, 亦獲成於楚。→ 鄭文公 2년에는, 齊나라 군주를 알현했습니다. 그리고 文公 4년에는, 齊나라를 위해 蔡나라를 공략했고, 또 楚나라로부터 화해를 얻어냈습니다.
　　※ 蔡나라는 楚나라의 동맹국으로, 鄭나라가 채나라를 공격했는데도 초나라가 오히려 정나라와 강화를 맺었다.
　　【文公(문공, wén gōng)】: 鄭文公.
　　【獲(획, huò)】: 얻다. 획득하다.
　　【成(성, chéng)】: 강화. 화해.
19　居大國之間, 而從於强令, 豈其罪也? 大國若弗圖, 無所逃命。」 → 큰 나라들 사이에 처하여, 강압적인 명령에 따랐는데, 어찌 죄가 됩니까? 만약 큰 나라가 헤아려주지 않는다면, 명령을 피할 도리가 없습니다.」
　　【居(거, jū)】: 처하다.
　　【强令(강령, qiáng lìng)】: 강압적인 명령.
　　【弗(불, fú)】: 不.
　　【圖(도, tú)】: 양해하다. 이해하다. 헤아려주다.
　　【無所逃命(무소도명, wú suǒ táo mìng)】: 명령을 피할 도리가 없다. 즉「일전을 불사하다」의 뜻.〖無所…〗: …할 길이 없다.〖逃命〗: 명령을 피하다.
20　晉鞏朔行成於鄭, 趙穿、公壻池爲質焉。→ 晉나라의 대부 鞏朔이 鄭나라에 가서 강화를 맺고, 趙穿·晉靈公의 사위 池는 (鄭나라의) 인질이 되었다.
　　【鞏朔(공삭, gǒng shuò)】: [인명] 晉나라 대부.
　　【行成(행성, xíng chéng)】: 가서 講和를 맺다.
　　【趙穿(조천, zhào chuān)】: [인명] 晉나라의 대신.
　　【公(공, gōng)】: 晉靈公.
　　【壻(서, xù)】: 사위.
　　【池(지, chí)】: [인명] 晉靈公의 사위 이름.
　　【爲質(위질, wéi zhì)】: 인질이 되다.〖質〗: 인질. 볼모.

> 번역문

정(鄭)나라 공자(公子) 귀생(歸生)이 조선자(趙宣子)에게 알리다

진영공(晉靈公)이 호(扈)에서 제후들과 회합하고 송(宋)나라의 내란을 평정하기 위해 상의했다. 이때 진영공은 정목공(鄭穆公)을 만나지 않았는데, 진(晉)나라에 대해 두 마음을 품고 초(楚)나라와 가까이 지낸다고 여겼기 때문이었다.

정(鄭)나라의 대신 자가(子家)는 집신(執訊)을 파견하고 그에게 편지를 주어 조선자(趙宣子)에게 말했다 :「저희 군주께서는 즉위한 지 3년 되던 해에 채장공(蔡莊公)을 불러, 그와 더불어 (귀국의) 군주를 섬겼습니다. 9월에는 채장공이 저희 나라에 들렀다가 귀국으로 떠났습니다. (당시) 저희 나라는 후선다(侯宣多)의 반란으로 인해 저희 군주께서 채장공과 동행할 수가 없었습니다. 11월에는 후선다의 반란을 평정하고 채장공의 뒤를 이어 진양공(晉襄公)을 알현했습니다. 즉위 12년 6월에는 저 귀생(歸生)이 저희 태자 이(夷)를 보필하고 진후(陳侯)를 초(楚)나라에 초청해 함께 진영공(晉靈公)을 알현했습니다. 즉위 14년 7월에는 저희 군주께서 또 (진영공을) 알현하여 진(陳)나라의 일을 마무리했습니다. 즉위 15년 5월에는 진영공(陳靈公)이 저희 정(鄭)나라로부터 진(晉)나라에 가서 군주를 알현했습니다. 작년 정월에는 촉지무(燭之武)가 태자 이(夷)로 하여금 가서 진후(晉侯)를 알현하도록 했습니다. 8월에는 저희 군주께서 또 친히 가서서 알현했습니다. 진(陳)나라 · 채(蔡)나라가 초(楚)나라와 가까운 관계를 가지고도 오히려 감히 진(晉)나라에 대해 두 마음을 품지 못하는 것은 저희 정(鄭)나라 때문입니다. 비록 저희 정나라가 귀국의 군주를 섬기고 있지만 죄를 면하지 못하고 있는데, 어째서 그렇습니까? (저희 군주께서는) 재위하는 동안 진양공(晉襄公)

을 한 번 알현하고, 진영공(晉靈公)을 두 번 알현했습니다. 태자 이(夷)와 저희 군주의 몇몇 신하들이 끊이지 않고 진(晉)나라의 도읍 강(絳)을 방문했습니다. 비록 저희가 작은 나라지만 진(晉)에 대한 예절이 저희를 능가하는 나라는 없습니다. 지금 큰 나라가 :『당신들은 아직 우리의 뜻을 만족시키지 못했소.』라고 말하는데, 그러면 우리나라는 망하는 길만 있고 더 잘할 방법이 없습니다. 옛사람이 말하길 :『머리도 두렵고 꼬리도 두려우면 몸에 남는 부분이 얼마나 되겠는가?』라 했고, 또 말하길 :『사슴도 죽을 고비에 이르면 피난처를 고르지 않는다.』고 했습니다. 작은 나라가 큰 나라를 섬기는데 (큰 나라가) 덕으로 대하면 (작은 나라는) 사람처럼 행동하게 되고, (큰 나라가) 덕으로 대하지 않으면 (작은 나라는) 사슴처럼 행동하게 됩니다. 급히 험난한 곳을 달리는데 위급한 상황에서 무엇을 선택하겠습니까? 진(晉)나라의 요구가 끝이 없을 경우, 우리 또한 나라가 망하게 된다는 것을 알고 있습니다. (그러면) 장차 모든 병력을 동원하여 조(儵)지방에서 (당신들을) 기다리며 오직 당신의 명령에 맡길 뿐입니다. 정문공(鄭文公) 2년에는 제(齊)나라 군주를 알현했습니다. 그리고 문공(文公) 4년에는 제(齊)나라를 위해 채(蔡)나라를 공략했고 또 초(楚)나라로부터 화해를 얻어냈습니다. 큰 나라들 사이에 처하여 강압적인 명령에 따랐는데, 어찌 죄가 됩니까? 만약 큰 나라가 헤아려주지 않는다면 명령을 피할 도리가 없습니다.」

진(晉)나라의 대부 공삭(鞏朔)이 정(鄭)나라에 가서 강화를 맺고 조천(趙穿)·진영공(晉靈公)의 사위 지(池)는 (정나라의) 인질이 되었다.

해제解題 및 본문 요지 설명

　본문은《좌전(左傳)·문공 17년(文公 十七年)》의 일부분으로, 내용은 정(鄭)나라 대부 자가(子家)가 진(晉)나라의 대신 조선자(趙宣子)에게 편지를 보내 정나라의 처지와 태도를 솔직히 밝히고 마침내 진나라의 양해를 얻어내 화친하게 된 상황을 기술한 것이다.
　본문은 세 단락으로 나눌 수 있는데, 첫째 단락에서는 진영공(晉靈公)이 송(宋)나라의 내란을 평정하기 위해 제후들과 회합한 자리에서 정(鄭)나라가 진나라에 두 마음을 품고 초(楚)나라와 가까이 지낸다는 이유로 정목공(鄭穆公)을 만나지 않음에 따라, 이를 염려한 정나라의 대부 자가가 이를 해명하기 위해 진나라 대신 조선자에게 편지를 보내게 된 경위를 기술했고; 둘째 단락에서는 자가(子家)의 편지 내용으로, 먼저 정나라 군주가 진나라 군주를 알현한 사례들을 일일이 열거하며, 진나라에 극진히 대했음에도 정나라에 대해 불만을 나타낸 진나라를 완곡하게 질책하고, 이어서 정나라가 강대국인 진나라와 초나라 사이에 처해 쌍방 모두를 소홀히 대할 수 없는 입장에서, 진나라가 계속 정나라에 대해 핍박을 가한다면 정나라는 어쩔 수 없이 초나라에 투항하거나 아니면 모든 희생을 각오하고 진나라와 일전을 불사할지도 모른다는 뜻을 밝혔고; 마지막 단락에서는 정나라가 마침내 진나라의 양보를 얻어내 두 나라가 인질을 교환하고 동맹을 맺은 상황을 기술했다.
　진(晉)·초(楚)의 모순을 이용하여 부드러우면서도 강직한 언사로 진나라를 설득한 자가(子家)의 외교능력이 돋보인다.

020 왕손만대초자(王孫滿對楚子)
《左傳 · 宣公 三年》

> 작 자

001 정백극단우언(鄭伯克段于鄢) 참조.

> 원문 및 주석

王孫滿對楚子[1]

楚子伐陸渾之戎, 遂至於雒, 觀兵于周疆。[2] 定王使王孫滿勞楚

---

1 王孫滿對楚子 → 王孫滿이 楚莊王의 물음에 대답하다
  【王孫滿(왕손만, wáng sūn mǎn)】: [인명] 周共王의 현손. 周나라 대부.
  【對(대, duì)】: 대답하다.
  【楚子(초자, chǔ zǐ)】: 초나라 군주. 여기서는 「楚莊王」을 가리킨다. 春秋五霸의 한 사람으로 23년간(B.C. 613-B.C. 591) 재위했다.

2 楚子伐陸渾之戎, 遂至於雒, 觀兵于周疆。 → 楚莊王이 陸渾의 오랑캐를 정벌하고, 마침내 雒水에 이르러, 周나라의 변경에서 열병하며 위세를 과시했다.
  【伐(벌, fá)】: 정벌하다. 토벌하다.
  【陸渾之戎(육혼지융, lù hún zhī róng)】: 고대 서북 지방의 소수민족. 후에 秦 · 晉이 이들

子,楚子問鼎之大小輕重焉.³ 對曰:「在德不在鼎。昔夏之方有德也,
遠方圖物,貢金九牧,鑄鼎象物,百物而爲之備,使民知神姦。⁴ 故民

　　을 유인하여 伊川[지금의 하남성 嵩縣 동북쪽 伊河 유역]으로 이주시켰다.
　　【雒(낙, luò)】: [강 이름] 雒水. 지금은 「洛水」라고 부른다. 섬서성 洛南縣에서 발원하여 하
　　남성 鞏縣에 이르러 黃河로 흘러 들어간다.
　　【觀兵(관병, guān bīng)】: 열병하다. 사열하다. 여기서는 「열병하여 위세를 과시하다」의
　　뜻.
　　【周疆(주강, zhōu jiāng)】: 周나라의 변경.
3 定王使王孫滿勞楚子,楚子問鼎之大小輕重焉。→ 周定王이 王孫滿을 파견하여 楚莊王을
　　위로하자, 초장왕이 九鼎의 크기와 무게를 물었다.
　　【定王(정왕, dìng wáng)】: 周나라 定王. 이름은 瑜이며, 21년간(B.C. 606-B.C. 586) 재위
　　했다.
　　【使(사, shǐ)】: 파견하다.
　　【勞(로, láo)】: 위로하다.
　　【鼎(정, dǐng)】: 세 발에 두 귀가 달린 솥. 여기서는 九鼎을 말한다. ※ 전설에 의하면, 夏
　　나라 禹임금이 9州[전국을 아홉으로 나눈 행정단위]에서 조공으로 받은 銅을 녹여 모두
　　아홉 개의 鼎을 주조한 후 전국 九州를 상징하는 보물로 여겼다. 夏가 멸망한 후 殷商이
　　이어받았고, 은상이 멸망한 후 周武王이 雒邑으로 옮겼다가, 周成王이 成王城을 건립
　　하여 보존하였다. 따라서 고대의 통치자들은 鼎을 나라를 세우는 중요한 기구인 동시
　　에 천자의 권위와 정권의 상징으로 여겨왔다.
　　※ 鼎의 무게를 묻는 것은, 곧 왕권을 노리는 야심을 드러낸 것이다.
　　【大小(대소, dà xiǎo)】: 크기.
　　【輕重(경중, qīng zhòng)】: 무게.
4 對曰:「在德不在鼎。昔夏之方有德也, 遠方圖物, 貢金九牧, 鑄鼎象物, 百物而爲之備, 使
　　民知神姦。→ 왕손만이 대답했다:「(그것은 군주의) 덕망에 달려있지, 鼎 자체에 달려
　　있지 않습니다. 옛날 夏나라가 덕을 베풀 때는, 멀리 여러 지방에서 물건의 모양을 그려
　　보내고, 九州의 州牧이 금속을 공물로 바쳐, 九鼎을 주조하면서 물건의 모양을 새겨 넣
　　어, 여러 가지 물건 모양을 두루 갖추고, 백성들로 하여금 신성한 것과 사악한 것을 식별
　　하도록 했습니다.
　　【方(방, fāng)】: …할 때에. …할 즈음에.
　　【圖物(도물, tú wù)】: 물건의 모양을 그리다.
　　【貢金九牧(공금구목, gòng jīn jiǔ mù)】: 九州의 州牧이 그 지역의 금속을 공물로 바치다.
　　　[九牧]: 九州의 州牧.
　　※ 전설에 의하면, 夏나라의 禹임금은 천하를 九州로 나누고 州의 장관으로 牧을 두었다
　　한다.
　　【鑄(주, zhù)】: 주조하다.
　　【象物(상물, xiàng wù)】: 물건의 모양을 새겨 넣다.

入川澤、山林, 不逢不若。螭魅罔兩, 莫能逢之。⁵ 用能協于上下, 以承天休。⁶ 桀有昏德, 鼎遷于商, 載祀六百; 商紂暴虐, 鼎遷于周。⁷ 德之休明, 雖小, 重也。其姦回昏亂, 雖大, 輕也。⁸ 天祚明德, 有所底止。⁹ 成王定鼎于郟鄏, 卜世三十, 卜年七百, 天所命也。¹⁰ 周德雖衰,

【百物(백물, bǎi wù)】: 여러 가지 물건. 각종 물건.
【神姦(신간, shén jiān)】: 신성한 것과 사악한 것.

5 故民入川澤、山林, 不逢不若。螭魅罔兩, 莫能逢之。→ 그래서 백성들은 하천이나 연못·산림에 들어가도, 불순한 일을 만나지 않았습니다. 그리고 산림의 요괴나 하천의 요괴도, 만나는 일이 없었습니다.
【逢(봉, féng)】: 만나다.
【不若(불약, bù ruò)】: 불순한 일. 해로운 일. 『若』: 順.
【螭魅(이매, chī mèi)】: 산림 요괴. 도깨비.
【罔兩(망량, wǎng liǎng)】: 하천의 요괴·물귀신.
【莫能(막능, mò néng)】: …할 수가 없다. …하지 못하다.

6 用能協于上下, 以承天休。→ 이로 인해, 아래위로 하여금 화목하게 하여, 하늘이 내리는 복을 받을 수 있었습니다.
【用(용, yòng)】: 因. …로 인해.
【協(협, xié)】: 화목하다.
【承(승, chéng)】: 받다.
【天休(천휴, tiān xiū)】: 하늘이 내리는 복.

7 桀有昏德, 鼎遷于商, 載祀六百; 商紂暴虐, 鼎遷于周。→ (夏나라는) 桀王이 악덕무도하여, 九鼎이 商나라로 옮겨가, 육백 년을 이어갔고; 商나라는 紂王이 포악하여, 九鼎이 周나라로 옮겨갔습니다.
【桀(걸, jié)】: 桀王. 夏나라의 폭군.
【昏德(혼덕, hūn dé)】: 惡德無道하다.
【載祀(재사, zǎi sì)】: 年. 「載」와 「祀」 모두 「年」의 별칭.
【紂(주, zhòu)】: 紂王. 商나라의 폭군.

8 德之休明, 雖小, 重也。其姦回昏亂, 雖大, 輕也。→ 덕행이 아름답고 밝으면, (鼎이) 비록 작다 해도, 무거운 것입니다. 천자가 간사하고 혼란스러우면, (鼎이) 비록 크다 해도, 가벼운 것입니다.
【休明(휴명, xiū míng)】: 아름답고 밝다.
【姦回(간회, jiān huí)】: 간사하다.

9 天祚明德, 有所底止。→ 하늘이 밝은 덕을 지닌 사람에게 복을 내리는 것도, 한계가 있습니다.

天命未改。鼎之輕重, 未可問也。」[11]

> **번역문**

왕손만(王孫滿)이 초장왕(楚莊王)의 물음에 대답하다

초장왕(楚莊王)이 육혼(陸渾)의 오랑캐를 정벌하고 마침내 낙수(雒水)에 이르러 주(周)나라의 변경에서 열병하며 위세를 과시했다. 주정왕(周定王)이 왕손만(王孫滿)을 파견하여 초장왕을 위로하자, 초장왕이 구정(九鼎)의 크기와 무게를 물었다. 왕손만이 대답했다 :「(그것은 군주의) 덕망에 달려 있지 정(鼎) 자체에 달려 있지 않습니다. 옛날 하(夏)나라가 덕을 베풀 때는 멀리 여러 지방에서 물건의 모양을 그려 보내고, 구주(九州)의 주목(州牧)이 금속을 공물로 바쳐 구정(九鼎)을 주조하면서, 물건의 모양을 새겨 넣어 여

【祚(조, zuò)】: 복을 내리다.
【明德(명덕, míng dé)】: 밝은 덕. 여기서는 「밝은 덕을 지닌 사람」을 가리킨다.
【底止(저지, zhǐ zhǐ)】: 한계. 한도.

10 成王定鼎于郟鄏, 卜世三十, 卜年七百, 天所命也。→ 周나라 成王이 郟鄏에 九鼎을 안치하고 나서, 代를 점치니 삼십 代요, 해를 점치니 칠백 년인데, (이는) 하늘이 명한 것입니다.
【成王(성왕, chéng wáng)】: 周나라의 成王.
【定鼎(정정, dìng dǐng)】: 鼎을 안치하다.
※ 鼎은 나라를 전하는 중요한 기물이기 때문에, 그 나라의 도읍은 곧 鼎의 소재지가 되며, 「鼎을 안치한다」라는 말은 곧 도읍을 정한다는 것을 의미한다.
【郟鄏(겹욕, jiá rù)】: [지명] 지금의 하남성 洛陽.
【卜(복, bǔ)】: 점치다.
【世(세, shì)】: 代.

11 周德雖衰, 天命未改。鼎之輕重, 未可問也。→ 周王室의 덕이 비록 쇠했다고는 하나, 아직 天命이 바뀌지 않았습니다. 그래서 鼎의 무게를, 아직은 물을 수가 없습니다.」

러 가지 물건 모양을 두루 갖추고 백성들로 하여금 신성한 것과 사악한 것을 식별하도록 했습니다. 그래서 백성들은 하천이나 연못·산림에 들어가도 불순한 일을 만나지 않았습니다. 그리고 산림의 요괴나 하천의 요괴도 만나는 일이 없었습니다. 이로 인해 아래위로 하여금 화목하게 하여 하늘이 내리는 복을 받을 수 있었습니다. (하나라는) 걸왕(桀王)이 악덕무도(惡德無道)하여 구정이 상(商)나라로 옮겨가 육백 년을 이어갔고, 상나라는 주왕(紂王)이 포악하여 구정이 주(周)나라로 옮겨갔습니다. 덕행이 아름답고 밝으면 정(鼎)이 비록 작다 해도 무거운 것입니다. 천자가 간사하고 혼란스러우면 정이 비록 크다 해도 가벼운 것입니다. 하늘이 밝은 덕을 지닌 사람에게 복을 내리는 것도 한계가 있습니다. 주(周)나라 성왕(成王)이 겹욕(郟鄏)에 구정(九鼎)을 안치하고 나서 대(代)를 점치니 삼십대(三十代)요, 해를 점치니 칠백 년인데, (이는) 하늘이 명한 것입니다. 주왕실(周王室)의 덕이 비록 쇠했다고는 하나 아직 천명(天命)이 바뀌지 않았습니다. 그래서 정(鼎)의 무게를 아직은 물을 수가 없습니다.」

> 해제解題 및 본문 요지 설명

　본문은 《좌전(左傳)·선공 3년(宣公 三年)》의 일부분으로, 내용은 춘추시대 주왕조(周王朝)가 점점 쇠락하고 제후들 간에 패권 다툼이 일어나는 상황에서, 초장왕이 주(周)의 변방에 병력을 배치하고 위세를 과시하며 구정(九鼎)의 크기를 물은 것에 대해 주(周)의 대부 왕손만(王孫滿)이 대답한 것이다.
　본문은 세 단락으로 나눌 수 있는데, 첫째 단락에서는 초장왕이 작은 나라들을 합병한 후 주(周)나라의 변방에 병력을 배치하자, 이에 주정왕(周定王)이 왕손만을 보내 초장왕을 위로한 것을 말했고; 둘째 단락에서는 초장왕이 왕손만에게 주(周)나라 천자(天子)가 보존하고 있는 구정(九鼎)에 대해 크기를 묻는 등 노골적으로 주왕실을 대신하겠다는 야심을 보인 것에 대해 기술했고; 마지막 단락에서는 왕손만이 구정의 내력과 아울러「재덕부재정(在德不在鼎)」의 도리로 초장왕을 힐난하며「주덕미쇠(周德未衰), 천명미개(天命未改)」라는 말로 경고한 것을 기술했다.

021 제국좌불욕명(齊國佐不辱命)
《左傳 · 成公 二年》

작 자

001 정백극단우언(鄭伯克段于鄢) 참조.

원문 및 주석

齊國佐不辱命[1]

晉師從齊師, 入自丘輿, 擊馬陘。[2] 齊侯使賓媚人賂以紀甗玉磬

---

1 齊國佐不辱命 → 齊나라의 國佐가 왕명을 욕되게 하지 않다
  【齊(제, qí)】: [국명] 지금의 산동성 북부와 하북성 남부에 걸쳐 있던 周代의 제후국.
  【國佐(국좌, guó zuǒ)】: [인명] 齊나라의 대부. 이름을 國佐 또는 無野라 한다.
  【辱(욕, yù)】: [사동 용법] 욕되게 하다.

2 晉師從齊師, 入自丘輿, 擊馬陘。 → 晉나라 군사가 齊나라 군사를 추격하여, 丘輿로부터 쳐들어가, 馬陘을 공격했다.
  【從(종, cóng)】: 추격하다. 뒤쫓다.
  【入自(입자, rù zì)…】: …로부터 들어가다.
  【丘輿(구여, qiū yú)】: [지명] 齊나라의 邑. 지금의 산동성 費縣.

與地.³ 不可, 則聽客之所爲.⁴

賓媚人致賂, 晉人不可, 曰:「必以蕭同叔子爲質, 而使齊之封內盡東其畝.」⁵

【馬陘(마형, mǎ xíng)】: [지명] 齊나라 邑. 지금의 산동성 益都縣 서남쪽.

3 齊侯使賓媚人賂以紀甗玉磬與地. → 齊頃公은 賓媚人을 파견하여 晉나라에 紀나라의 시루·玉磬과 땅을 뇌물로 바쳤다.
※ 齊나라는 紀나라를 멸하고 얻은 시루와 옥경과 魯·衛 두 나라를 침공하여 얻은 땅을 쯥에 바치고 화친을 요구했다.
【齊侯(제후, qí hóu)】: 齊나라의 군주. 여기서는「齊頃公」을 가리킨다.
【使(사, shǐ)】: 파견하다. 보내다.
【賓媚人(빈미인, bīn mèi rén)】: 國佐. 주 1 참조.
【賂以(뇌이, lù yǐ)…】: …을(를) 뇌물로 바치다.
【紀(기, jì)】: [국명] 지금의 산동성 壽光縣 동남쪽에 있던 周代의 제후국. 紀나라는 齊나라에 멸망했다.
【甗(언, yǎn)】: 시루.
【土磬(옥경, yù qìng)】: 옥경. 옥으로 만든 악기의 일종.

4 不可, 則聽客之所爲. → (그렇게 해도) 잘되지 않으면, 齊나라가 하는 대로 내맡길 수밖에 없었다.
【聽客之所爲(청객지소위, tīng kè zhī suǒ wéi)】: 그들이 하는 대로 내맡기다. 〖聽〗: 내맡기다. 〖客〗: 여기서는 齊나라를 가리킨다. 〖所爲〗: 하는 바. 행위.

5 賓媚人致賂, 晉人不可, 曰:「必以蕭同叔子爲質, 而使齊之封內盡東其畝.」→ 빈미인이 뇌물을 바치자, 晉나라가 수락하지 않고, 말하길:「반드시 蕭同叔의 딸을 인질로 삼고, 齊나라 경내의 모든 밭이랑이 동쪽을 향하도록 해야 하오.」라고 했다.
※ 밭두렁을 동쪽을 향하도록 한다는 것은, 晉이 齊를 공격할 때 兵車의 통행에 편의를 도모하도록 하려는 책략이다.
【致賂(치뢰, zhì lù)】: 뇌물을 바치다.
【以(이, yǐ)…爲(위, wéi)…】: …을 …로 삼다.
【蕭同叔子(소동숙자, xiāo tóng shū zǐ)】: 蕭나라 군주 동숙의 딸. 齊頃公의 어머니. 〖蕭〗: 蕭나라. 〖同叔〗: 蕭나라 군주의 字. 齊頃公의 외조부. 〖子〗: 자식. 여기서는「딸」을 가리킨다.
【質(질, zhì)】: 인질. 볼모.
【使(사, shǐ)】: …로 하여금 …하게 하다.
【封內(봉내, fēng nèi)】: 경내.
【盡(진, jìn)】: 모두. 다.
【東(동, dōng)】: [동사 용법] 동쪽을 향하도록 하다.
【其(기, qí)】: [대명사] 그. 즉「齊나라」.

對曰:「蕭同叔子非他, 寡君之母也。若以匹敵, 則亦晉君之母也。⁶ 吾子布大命於諸侯, 而曰必質其母以爲信, 其若王命何? 且是以不孝令也。⁷《詩》曰:『孝子不匱, 永錫爾類。』若以不孝令於諸侯, 其無乃非德類也乎?⁸ 先王疆理天下, 物土之宜而布其利。故《詩》曰

【畝(무, mǔ)】: 밭이랑. 밭두렁.

6 對曰:「蕭同叔子非他, 寡君之母也。若以匹敵, 則亦晉君之母也。→ (빈미인이) 대답했다: 소동숙의 여식은 다른 사람이 아니라, 저희 군주의 모친입니다. 만일 (양국의) 대등한 관계에서 본다면, 또한 晉나라 군주의 모친이기도 합니다.
 【寡君(과군, guǎ jūn)】: [겸칭] 저희 군주. ※ 상대방에게 자기 나라 군주를 낮추어 부르는 말.
 【若(약, ruò)】: 만일. 만약.
 【匹敵(필적, pǐ dí)】: 대등한 관계.

7 吾子布大命於諸侯, 而曰必質其母以爲信, 其若王命何? 且是以不孝令也。→ 그대가 제후들에게 명령을 발포하면서, 반드시 齊나라 군주의 모친을 인질로 삼아야 믿을 수 있다고 여긴다면, (효로써 천하를 다스리도록 한) 先王의 명령은 장차 어찌하겠습니까? 또한 이는 불효의 방법으로 명령하는 것입니다.
 【吾子(오자, wú zǐ)】: [상대방을 친근하게 부르는 호칭] 그대, 당신.
 【大命(대명, dà mìng)】: 명령. ※ 상대방을 존중하는 뜻으로 「大」자를 썼다.
 【以爲(이위, yǐ wéi)…】: …라고 여기다. …라고 생각하다.
 【其(기, qí)】: 장차.
 【若(약, ruò)…何(하, hé)】: …을 어찌하겠는가?
 【王命(왕명, wáng mìng)】: 왕의 명령. 즉 「孝로써 천하를 다스리도록 한 선왕의 명령」을 가리킨다.
 【且(차, qiě)】: 또한.
 【是(시, shì)】: [대명사] 이것. 즉 「제나라 군주의 모친을 인질로 삼는 것」.

8 《詩》曰:『孝子不匱, 永錫爾類。』若以不孝令於諸侯, 其無乃非德類也乎? →《詩經》에 이르길:『효자가 계속 이어지니, 영원히 당신에게 복을 줄 것이다.』라고 했는데, 만일 불효를 가지고 제후들에게 명령을 내린다면, 그것이 어찌 덕에 부합한 일이겠습니까?
※ 인용한 말은 《詩經·大雅·生民之什·旣醉》에 보인다.
 【匱(궤, kuì)】: 그치다. 다하다.
 【錫(석, xī)】: 주다.
 【爾(이, ěr)】: 너. 당신.
 【類(류, lèi)】: 복. 복록.
 【無乃(무내, wú nǎi)】: 어찌 …이 아니겠는가?
 【德類(덕류, dé lèi)】: 덕. 도덕.

:『我疆我理, 南東其畝.』⁹ 今吾子疆理諸侯, 而曰盡東其畝而已. 唯吾子戎車是利, 無顧土宜, 其無乃非先王之命也乎?¹⁰ 反先王則不義, 何以爲盟主? 其晉實有闕.¹¹ 四王之王也, 樹德而濟同欲焉; 五伯之霸也, 勤而撫之, 以役王命.¹² 今吾子求合諸侯, 以逞無疆之欲.¹³

---

9 先王疆理天下, 物土之宜而布其利. 故《詩》曰:『我疆我理, 南東其畝.』→ 선왕께서는 천하의 경계를 나누어 다스리면서, 토지의 적합성을 살펴 가장 유리하도록 배치하셨습니다. 그래서 《詩經》에 이르길:『내가 경계를 나누어 토지를 다스리면서, 그 밭이랑을 남향으로 만들기도 하고 동향으로 만들기도 했다.』라고 하였습니다.
※ 인용한 말은 《詩經·小雅·谷風之什·信南山》에 보인다.
【疆理(강리, jiāng lǐ)】: 경계를 나누어 다스리다.
【物(물, wù)】: 물색하다. 살피다.
【布(포, bù)】: 배치하다.
【南東(남동, nán dōng)】: [동사 용법] 남향으로 만들기도 하고 동향으로 만들기도 하다.

10 今吾子疆理諸侯, 而曰盡東其畝而已. 唯吾子戎車是利, 無顧土宜, 其無乃非先王之命也乎? → 지금 그대는 제후들의 경계를 나누어 다스리면서, 오히려 그들의 밭이랑을 모두 동쪽을 향하게 하라고 말할 뿐입니다. 이는 오직 그대의 兵車가 통행하는데 편리하도록 하고, 토지의 적합성을 고려하지 않는 것인데, 그것이 어찌 선왕의 명령이겠습니까?
【盡(진, jìn)】: 모두. 다.
【東(동, dōng)】: [동사 용법] 동쪽을 향하게 하다.
【而已(이이, ér yǐ)】: ⋯뿐. ⋯만.
【唯(유, wéi)⋯是(시, shì)⋯】: 오직 ⋯만을 ⋯하도록 하다.
※ 문언문에서「唯+(목적어)+是+동사」의 형태는, 원래「唯+동사+목적어」의 형태를 조사「是」를 사용하여 동사와 목적어를 도치시킨 것이다. 해석할 때는 본래의「唯+동사+목적어」의 구조로 바꾸어 해석하면 된다.
【戎車(융거, róng jū)】: 兵車.
【無顧(무고, wú gù)】: 돌보지 않다.
【土宜(토의, tǔ yí)】: 토지의 마땅함. 토지의 적합성.

11 反先王則不義, 何以爲盟主? 其晉實有闕. → 선왕의 명령을 위반하는 것은 불의이니, 어찌 맹주가 될 수 있겠습니까? 晉나라에 실로 잘못이 있는 것입니다.
【反(반, fǎn)】: 위반하다.
【闕(궐, quē)】: 잘못. 과실.

12 四王之王也, 樹德而濟同欲焉; 五伯之霸也, 勤而撫之, 以役王命. → 네 분의 왕께서 통치하실 때는, 덕을 심어 (제후들의) 공통된 욕구를 채워주셨고; 다섯 분의 패자가 패권을 누릴 때는, 부지런히 제후들을 다독거리며, 천자의 명령을 이행하였습니다.
【四王之王(사왕지왕, sì wáng zhī wàng)】: 네 분의 왕께서 다스릴 때. 〖四王〗: 夏禹·商

《詩》曰：『布政優優, 百祿是遒。』子實不優, 而棄百祿, 諸侯何害焉?¹⁴ 不然, 寡君之命使臣, 則有辭矣。¹⁵ 曰：『子以君師辱於敝邑, 不腆敝賦以犒從者。畏君之震, 師徒橈敗。¹⁶ 吾子惠徼齊國之福, 不

湯・周文王・周武王 등 네 聖君.【王】:[동사] 통치하다. 다스리다.
【樹德(수덕, shù dé)】: 덕을 심다.
【濟(제, jì)】: 만족시키다. 채워주다.
【同欲(동욕, tóng yù)】: 공통의 욕망.
【五伯(오패, wǔ bà)】: 五霸. 夏의 昆吾・商의 大彭과 豕韋・周의 齊桓公과 晉文公, 또는 齊桓公・宋襄公・晉文公・秦穆公・楚莊王.【伯】: 霸.
【霸(패, bà)】: 패권을 잡다.
【勤(근, qín)】: 부지런하다.
【撫(무, fǔ)】: 위안하다. 다독거리다.
【之(지, zhī)】: [대명사] 그들. 즉「여러 제후」.
【役(역, yì)】: 이행하다. 집행하다.

13 今吾子求合諸侯, 以逞無疆之欲。→ 지금 그대는 제후들을 규합하고자 하면서, (자신의) 한없는 욕망을 채우려 하고 있습니다.
【求合(구합, qiú hé)】: 규합하고자 하다.
【逞(령, chěng)】: [本音은 '정'] 달성하다. 채우다.
【無疆(무강, wú jiāng)】: 한없다. 무한하다.

14 《詩》曰：『布政優優, 百祿是遒。』子實不優, 而棄百祿, 諸侯何害焉? → 《시경》에 이르길:「너그러운 정치를 베풀면, 모든 복록이 모인다.」라고 했습니다. 그대는 실로 너그럽지 못하여, 모든 복록을 버리니, 제후들이 어떤 해를 입겠습니까?
※ 인용한 말은《詩經・商頌・長發》에 보인다.
【布政(포정, bù zhèng)】: 정치를 베풀다.
【優優(우우, yōu yōu)】: 관대하고 부드러운 모양. 너그러운 모양.
【百祿是遒(백록시주, bǎi lù shì qiú)】: 모든 복록이 모이다.【百祿】: 모든 복록.【是】: [어조사] 도치된 빈어와 동사 사이에 놓여 빈어를 강조하는 역할을 한다. 번역할 필요가 없다.【遒】: 모이다.

15 不然, 寡君之命使臣, 則有辭矣。→ (만일) 晉나라가 화친을 받아들이지 않을 경우, 저희 군주께서 저를 사신으로 명하실 때, 이미 말씀하셨습니다.
【不然(불연, bù rán)】: 그렇지 않을 경우. 즉「晉나라가 화친을 받아들이지 않을 경우」의 뜻.
【辭(사, cí)】: 말씀. 언급.

16 曰：『子以君師辱於敝邑, 不腆敝賦以犒從者。畏君之震, 師徒橈敗。→ 즉：『그대가 晉나라 군주의 군사를 거느리고 우리의 땅에 들어오니, 변변치 못한 저희 군대로 당신네 晉

泯其社稷, 使繼舊好, 唯是先君之敝器、土地不敢愛。[17] 子又不許, 請收合餘燼, 背城借一。[18] 敝邑之幸, 亦云從也。況其不幸, 敢不唯命是聽?」[19]

나라 군사를 상대하였습니다. 그러나 晉나라 군주의 위세를 두려워하여, 우리 병사들이 패배하고 말았습니다.
【子(자, zǐ)】: 너. 당신. 그대.
【辱於敝邑(욕어폐읍, rǔ yú bì yì)】: [겸어] 황송하게도 저의 나라에 왕림하시다. 〖辱〗: 황송하게도 …하다. 〖敝〗: ※ 상대방에게 자신을 낮추어 말할 때 쓰는 말.
【不腆敝賦以犒從者(부전폐부이호종자, bù tiǎn bì fù yǐ kào cóng zhě)】: 넉넉하지 못한 저희 세수로, 수행원들을 위로하다. 즉「변변치 못한 우리 군대로 晉나라 군대를 상대하다」의 뜻. 〖不腆〗: 넉넉하지 못하다. 여기서는「변변치 못하다, 강하지 못하다」의 뜻. 〖賦〗: 농지세. 여기서는「군대」를 가리킨다. 〖犒〗: (술·음식 따위로) 위로하다. 여기서는「상대하다, 대항하다」의 뜻. 〖從者〗: 수행원. 추종자. 여기서는「晉의 군대」를 가리킨다.
【震(진, zhèn)】: 떨침. 즉「위세, 위력」을 말한다.
【師徒(사도, shī tú)】: 병사. 군대.
【橈敗(요패, náo bài)】: 실패하다. 좌절하다. 즉「패배하다」의 뜻.

17 吾子惠徼齊國之福, 不泯其社稷, 使繼舊好, 唯是先君之敝器、土地不敢愛。→ 그대가 齊나라의 복을 추구하도록 은혜를 베풀어, 齊나라의 사직을 멸망시키지 않고, 과거의 우호관계를 이어가게 한다면, 선왕께서 남겨주신 기물과 땅을 감히 아끼지 않을 것입니다.
【惠(혜, huì)】: 은혜를 베풀다.
【徼(요, yāo)】: 구하다. 추구하다.
【泯(민, mǐn)】: 멸하다. 멸망시키다.
【使繼(사계, shǐ jì)】: 이어가게 하다.
【舊好(구호, jiù hǎo)】: 과거의 우호관계.
【唯是(유시, wéi shì)】: [어기사].
【敝器(폐기, bì qì)】: 오래된 기물. 즉「빈미인이 晉나라에 가져갔던 시루와 옥경」.

18 子又不許, 請收合餘燼, 背城借一。→ 그러나 그대가 또 (화친을) 허락하지 않는다면, (우리는) 남아 있는 군대를 수습하여, 城을 의지하고 일전을 벌이도록 요청할 것입니다.
【收合(수합, shōu hé)】: 수합하다. 거두어 모으다.
【餘燼(여신, yú jìn)】: 타다 남은 재. 여기서는「남아 있는 군대」를 뜻한다.
【背(배, bēi)】: 기대다. 의지하다.
【借一(차일, jiè yī)】: 일전을 벌이다.

19 敝邑之幸, 亦云從也。況其不幸, 敢不唯命是聽?」→ 우리나라가 요행히 이긴다 해도, 역시 晉나라를 따를 것입니다. 하물며 저희가 패한다면, 어찌 감히 명을 따르지 않겠습니까?」라고 하셨습니다.
【幸(행, xìng)】: 요행히. 여기서는「요행히 전쟁에서 이기다」의 뜻.

> 번역문

제(齊)나라의 국좌(國佐)가 왕명을 욕되게 하지 않다

　진(晉)나라 군사가 제(齊)나라 군사를 추격하여 구여(丘輿)로부터 쳐들어가 마형(馬陘)을 공격했다. 제경공(齊頃公)은 빈미인(賓媚人)을 파견하여 진(晉)나라에 기(紀)나라의 시루·옥경(玉磬)과 땅을 뇌물로 바쳤다. (그렇게 해도) 잘되지 않으면 제(齊)나라가 하는 대로 내맡길 수밖에 없었다.
　빈미인이 뇌물을 바치자 진(晉)나라가 수락하지 않고 말하길:「반드시 소동숙(蕭同叔)의 딸을 인질로 삼고 제(齊)나라 경내의 모든 밭이랑이 동쪽을 향하도록 해야 하오.」라고 했다.
　(빈미인이) 대답했다:「소동숙의 여식은 다른 사람이 아니라 저희 군주의 모친입니다. 만일 (양국의) 대등한 관계에서 본다면, 또한 진(晉)나라 군주의 모친이기도 합니다. 그대가 제후들에게 명령을 발포하면서 반드시 제(齊)나라 군주의 모친을 인질로 삼아야 믿을 수 있다고 여긴다면 (효로써 천하를 다스리도록 한) 선왕(先王)의 명령은 장차 어찌하겠습니까? 또한 이는 불효의 방법으로 명령하는 것입니다. 《시경(詩經)》에 이르길:『효자가 계속 이어지니 영원히 당신에게 복을 줄 것이다.』라고 했는데, 만일 불효를 가지고 제후들에게 명령을 내린다면, 그것이 어찌 덕에 부합한 일이겠습니까? 선왕(先王)께서 천하의 경계를 나누어 다스리면서 토지의 적합성을 살펴 가장 유리하도록 배치하셨습니다. 그래서《시경》에 이르길:『내가 경계를 나누어 토지를 다스리면서, 그 밭이랑을 남향으로 만들기도 하고

【云(운, yún)】: [어조사].
【唯命是聽(유명시청, wéi mìng shì tīng)】: 명을 따르다. 복종하다. 〖是〗: [어조사] 도치된 빈어와 동사 사이에 놓여 빈어를 강조하는 역할을 한다. 번역할 필요가 없다.

동향으로 만들기도 했다.』라고 하였습니다. 지금 그대는 제후들의 경계를 나누어 다스리면서 오히려 그들의 밭이랑을 모두 동쪽을 향하게 하라고 말할 뿐입니다. 이는 오직 그대의 병거(兵車)가 통행하는데 편리하도록 하고 토지의 적합성을 고려하지 않는 것인데, 그것이 어찌 선왕의 명령이겠습니까? 선왕의 명령을 위반하는 것은 불의(不義)이니 어찌 맹주가 될 수 있겠습니까? 진(晉)나라에 실로 잘못이 있는 것입니다. 네 분의 왕께서 통치하실 때는 덕을 심어 (제후들의) 공통된 욕구를 채워주셨고, 다섯 분의 패자가 패권을 누릴 때는 부지런히 제후들을 다독거리며 천자의 명령을 이행하였습니다. 지금 그대는 제후들을 규합하고자 하면서 (자신의) 한없는 욕망을 채우려 하고 있습니다. 《시경》에 이르길 :『너그러운 정치를 베풀면 모든 복록이 모인다.』라고 했습니다. 그대는 실로 너그럽지 못하여 모든 복록을 버리니 제후들이 어떤 해를 입겠습니까? (만일) 진(晉)나라가 화친을 받아들이지 않을 경우, 저희 군주께서 저를 사신으로 명하실 때 이미 말씀하셨습니다. 즉 :『그대가 진(晉)나라 군주의 군사를 거느리고 우리의 땅에 들어오니 변변치 못한 저희 군대로 당신네 진나라 군사를 상대하였습니다. 그러나 진나라 군주의 위세를 두려워하여 우리 병사들이 패배하고 말았습니다. 그대가 제(齊)나라의 복을 추구하도록 은혜를 베풀어 제나라의 사직을 멸망시키지 않고 과거의 우호관계를 이어가게 한다면 선왕께서 남겨주신 기물과 땅을 감히 아끼지 않을 것입니다. 그러나 그대가 또 (화친을) 허락하지 않는다면, (우리는) 남아있는 군대를 수습하여 성(城)을 의지하고 일전을 벌이도록 요청할 것입니다. 우리나라가 요행히 이긴다 해도 역시 진(晉)나라를 따를 것입니다. 하물며 저희가 패한다면 어찌 감히 명을 따르지 않겠습니까?』라고 하셨습니다.」

해제解題 및 본문 요지 설명

　본문은 《좌전(左傳)·성공 2년(成公 二年)》의 일부분으로, 제(齊)나라의 대부인 국좌(國佐)가 군주의 명을 받고 사신으로 파견되어 진(晉)나라의 무리한 요구를 포기시키고 막중한 사명을 완수한 과정을 기술한 것이다.

　본문은 세 단락으로 나눌 수 있는데, 첫째 단락에서는 진나라 군사가 제나라 군사를 추격하여 제나라 영토를 공격함으로써 제경공(齊頃公)이 국좌를 사신으로 파견하게 된 배경을 기술했고; 둘째 단락에서는 진나라가 제나라에 대해 담화 조건으로 소(蕭)나라 군주 동숙(同叔)의 딸을 인질로 보내는 문제와 아울러 제나라의 모든 밭두렁을 동서 방향으로 바꾸어 진나라 병거(兵車)의 통행에 편의를 제공하도록 제시한 것을 기술했고; 셋째 단락에서는 국좌가 진나라의 부당한 요구를 조목조목 반박한 내용으로, 1) 제경공의 모친인 소나라 군주 동숙의 딸을 인질로 하는 문제에 대해「불효(不孝)」의 관점을 가지고 진나라 군주를 견책하고; 2) 제나라의 밭두렁을 동서로 향하도록 하는 문제에 대해 진나라 군주가 선왕(先王)의 유지를 위반했다는「불의(不義)」의 관점에서 견책한 것을 기술했고; 마지막 단락에서는 진(晉)·제(齊) 양국 간의 우의를 바라는 제나라의 요구를 진나라가 받아들이지 않을 경우, 어쩔 수 없이 나라의 운명을 걸고 일전을 불사하겠다는 단호한 의지를 표명한 것을 기술했다.

　언사가 비굴하지도 않고 거만하지도 않으면서 소임을 다하는 사신으로서의 국좌의 능숙한 외교 수완을 보여준 글이다.

022 초귀진지앵(楚歸晉知罃)
《左傳·成公 三年》

> 작 자

001 정백극단우언(鄭伯克段于鄢) 참조.

> 원문 및 주석

楚歸晉知罃[1]

晉人歸楚公子穀臣與連尹襄老之尸于楚, 以求知罃.[2] 於是荀

---

1 楚歸晉知罃 → 楚나라가 知罃을 晉나라로 돌려보내다
  【楚(초, chǔ)】: [국명] 지금의 호남성·호북성과 강서성·절강성 및 하남성 남부에 걸쳐 있던 周代의 제후국.
  【歸(귀, guī)】: [사동 용법] 돌려보내다.
  【晉(진, jìn)】: [국명] 지금의 산서성 일대에 있던 周代의 제후국. B.C. 375년 趙氏·韓氏·魏氏가 晉의 영토를 삼분하여 각기 趙·韓·魏 세 나라로 독립했다.
  【知罃(지앵, zhī yīng)】: [인명] 晉나라의 대부. 荀首의 아들.

2 晉人歸楚公子穀臣與連尹襄老之尸于楚, 以求知罃. → 晉나라가 楚나라의 公子 穀臣과 連尹 襄老의 시체를 楚나라에 돌려보내고, 대신 知罃의 석방을 요구했다.

182 고문관지古文觀止 역주 (1)

首佐中軍矣, 故楚人許之。³

王送知罃曰:「子其怨我乎?」⁴ 對曰:「二國治戎, 臣不才, 不勝其任, 以爲俘馘。執事不以釁鼓, 使歸卽戮, 君之惠也。臣實不才, 又誰敢怨?」⁵

【穀臣(곡신, gǔ chén)】: [인명] 楚莊王의 아들 이름.
【連尹(연윤, lián yǐn)】: [관직명].
【襄老(양로, xiāng lǎo)】: [인명] 楚나라의 大夫.

3 於是荀首佐中軍矣, 故楚人許之。→ 이때 (지앵의 아버지) 荀首가 中軍을 보좌하고 있었기 때문에, 그래서 楚나라는 이를 허락했다.
※ 魯宣公 12년 晉과 楚의 전쟁 때 楚는 晉의 上卿인 知莊子의 아들 知罃을 사로잡고, 晉의 지장자는 楚의 襄老를 사살하여 시체를 확보하는 한편 楚莊王의 아들 穀臣을 사로잡았다.
【於是(어시, yú shì)】: 이때.
【荀首(순수, xún shǒu)】: [인명] 知莊子. 晉의 上卿으로, 荀지방을 식읍으로 받아「荀」을 성씨로 삼았다.
【佐中軍(좌중군, zuǒ zhōng jūn)】: 중군을 보좌하다. ※ 고대의 군사 편제는 모든 군대를 左・中・右 삼군으로 나누고, 총사령관이 직접 中軍을 통솔했다. 따라서「佐中軍」이란 곧 中軍의 부사령관을 지낸다는 뜻이다.

4 王送知罃曰:「子其怨我乎?」→ 楚共王이 知罃을 보내면서 말했다:「그대가 어찌 나를 원망하지 않겠소?」
【王(왕, wáng)】: 여기서는「楚共王」을 가리킨다.
【子(자, zǐ)】: 너. 그대. 당신.
【其(기, qí)】: 설마. 어찌.

5 對曰:「二國治戎, 臣不才, 不勝其任, 以爲俘馘。執事不以釁鼓, 使歸卽戮, 君之惠也。臣實不才, 又誰敢怨?」→ 지앵이 대답했다:「두 나라가 교전하면서, 제가 재능이 없어, 자신의 직무를 감당하지 못하고, 포로가 되었습니다. (그런데) 군왕께서 저를 죽이지 않고, 본국으로 돌아가 벌을 받도록 해주셨으니, 군왕의 은혜입니다. 제가 실로 재능이 없었던 것인데, 또 누구를 원망하겠습니까?」
【治戎(치융, zhì róng)】: 교전하다. 전쟁을 하다.
【不勝(불승, bù shēng)】: 감당하지 못하다.
【爲俘馘(위부괵, wéi fú guó)】: 포로가 되다. 〖爲〗: …이(가) 되다. 〖俘馘〗: 포로.
【執事(집사, zhí shì)】: 군주 좌우에서 일을 처리하는 사람. 실제로는 군주를 가리키며, 여기서는「楚莊王」을 가리킨다.
※ 옛사람들은 직접 상대방을 지칭하지 않고 간접적인 방법을 사용하여 상대방에 대한 존경을 표시했다.

王曰:「然則德我乎?」⁶ 對曰:「二國圖其社稷, 而求紓其民, 各懲其忿, 以相宥也, 兩釋纍囚, 以成其好。二國有好, 臣不與及, 其誰敢德?」⁷

王曰:「子歸, 何以報我?」⁸ 對曰:「臣不任受怨, 君亦不任受德。無怨無德, 不知所報。」⁹

【釁鼓(흔고, xìn gǔ)】: 고대 祭禮의 일종으로, 희생을 죽여 그 피를 북에 바르는 일. 여기서는「죽이다, 살해하다」의 뜻.
【使(사, shǐ)】: …하게 하다.
【卽戮(즉륙, jí lù)】: 형벌을 받다.
【誰敢怨(수감원, shuí gǎn yuàn)】: 감히 누구를 원망하겠습니까? ※「敢怨誰」의 도치 형태로 강조의 의미.

6 王曰:「然則德我乎?」→ 楚共王이 말했다:「그렇다면 나에게 感之德之 한다는 말이오?」
【王(왕, wáng)】:「楚共王」을 가리킨다.
【然則(연즉, rán zé)】: 그렇다면.
【德(덕, dé)】: [동사 용법] 感之德之하다. 매우 고맙게 생각하다. 감격하다.

7 對曰:「二國圖其社稷, 而求紓其民, 各懲其忿, 以相宥也, 兩釋纍囚, 以成其好。二國有好, 臣不與及, 其誰敢德?」→ 지앵이 대답했다:「두 나라는 각기 사직을 도모하고, 백성을 구제하고자, 각자 분노를 삭이고, 서로 양해하며, 양측에 포로를 석방하여, 우호관계를 이루었습니다. 두 나라가 우호를 맺은 것은, 저와 아무런 관련이 없는데, 감히 누구에게 감지덕지하겠습니까?」
【求紓(구서, qiú shū)】: 구제하다.
【懲(징, chéng)】: 억제하다. 삭이다.
【宥(유, yòu)】: 양해하다. 용서하다.
【釋(석, shì)】: 석방하다. 풀어주다.
【纍囚(유수, léi qiú)】: 묶여있는 죄인. 즉「포로」를 뜻한다.
【不與及(불여급, bù yù jí)】: 관련이 없다.

8 王曰:「子歸, 何以報我?」→ 초공왕이 말했다:「그대가 돌아가면, 나에게 어떻게 보답하겠소?」
【何以(하이, hé yǐ)】: 어떻게.

9 對曰:「臣不任受怨, 君亦不任受德。無怨無德, 不知所報。」→ 지앵이 대답했다:「저는 원망 받을 일을 한 적이 없고, 군왕께서도 역시 감격 받을 일을 한 적이 없습니다. 원망 받을 일도 없고 감격할 일도 없으니, 보답할 바를 모르겠습니다.」
【任(임, rèn)】: (…을) 맡다. 담당하다.
【怨(원, yuàn)】: 원망하다.

王曰：「雖然, 必告不穀。」¹⁰ 對曰：「以君之靈, 纍臣得歸骨於晉, 寡君之以爲戮, 死且不朽。¹¹ 若從君之惠而免之, 以賜君之外臣首; 首其請於寡君, 而以戮於宗, 亦死且不朽。¹² 若不獲命, 而使嗣宗職, 次及於事, 而帥偏師以脩封疆。¹³ 雖遇執事, 其弗敢違, 其竭力致死,

---

10 王曰：「雖然, 必告不穀。」→ 초공왕이 말했다：「비록 그렇다고는 하지만, 반드시 나에게 말해야 하오.」
 【不穀(불곡, gǔ)】：[임금이나 제후의 자신에 대한 겸칭] 不善. 즉「나」.

11 對曰：「以君之靈, 纍臣得歸骨於晉, 寡君之以爲戮, 死且不朽。→ 지앵이 대답했다：「군왕의 덕분으로, 포로인 제가 뼈를 晉나라에 돌려보낼 수 있게 되었지만, 만일 우리 군주께서 (국법에 따라) 저를 죽인다면, 죽어서도 변함없이 충성을 다할 것입니다.
 【以(이, yǐ)】：因. …로 인해.
 【靈(령, líng)】：덕분. 은덕.
 【纍臣(유신, léi chén)】：포로가 된 신하. 여기서는「지앵」자신을 가리킨다.
 【得(득, dé)】：能. …할 수 있다.
 【寡君(과군, guǎ jūn)】：우리 군주. ※상대방에 대한 자기 나라 임금의 호칭.
 【戮(륙, lù)】：죽이다.
 【且(차, qiě)】：또한.
 【不朽(불후, bù xiǔ)】：부패하지 않다. 여기서는「변함없이 충성을 다하다」의 뜻.

12 若從君之惠而免之, 以賜君之外臣首; 首其請於寡君, 而以戮於宗, 亦死且不朽。→ 만일 군왕께서 베풀어주신 은혜에 따라 (우리 군주께서도) 저를 사면하여, 저의 부친에게 보내고; 부친이 우리 군주께 청하여, (家法에 따라) 宗廟에서 저를 죽인다면, 죽어서도 역시 변함없이 충성을 다할 것입니다.
 【若(약, ruò)】：만일. 만약.
 【賜(사, cì)】：보내다. 인계하다.
 【君之外臣首(군지외신수, jūn zhī wài chén shǒu)】：군왕의 外臣 荀首.〖外臣首〗：다른 나라 임금에 대해 자기 나라 신하를 부르는 호칭으로, 여기서는 楚共王에 대해 晉卿 荀首를 가리켜 한 말이다.
 【宗(종, zōng)】：종묘.

13 若不獲命, 而使嗣宗職, 次及於事, 而帥偏師以脩封疆。→ 만일 (부친이) 우리 군주의 허락을 얻지 못하고, 저로 하여금 부친의 관직을 계승하게 하여, 절차에 따라 직무를 담당하게 되면, (저는) 일부 군대를 거느리고 변경을 보위할 것입니다.
 【獲命(획명, huò mìng)】：허락을 얻다.
 【嗣(사, sì)】：잇다. 계승하다.
 【宗職(종직, zōng zhí)】：가족이 세습하는 관직. 여기서는「부친의 관직」을 말한다.
 【次(차, cì)】：절차에 따라.

無有二心, 以盡臣禮, 所以報也。」[14]

王曰:「晉未可與爭。」重爲之禮而歸之。[15]

번역문

초(楚)나라가 지앵(知罃)을 진(晉)나라로 돌려보내다

진(晉)나라가 초(楚)나라의 공자(公子) 곡신(穀臣)과 연윤(連尹) 양로(襄老)의 시체를 초나라에 돌려보내고, 대신 지앵(知罃)의 석방을 요구했다. 이때

【及於事(급어사, jí yú shì)】: 일을 맡기에 이르다. 〖及於…〗: …에 이르다.
【帥(솔, shuài)】: 통솔하다. 거느리다.
【偏師(편사, piān shī)】: 전체 군대의 일부. 일부 군대.
【脩封疆(수봉강, xiū fēng jiāng)】: 변방을 지키다. 〖封疆〗: 국경. 변경.

14 雖遇執事, 其弗敢違, 其竭力致死, 無有二心, 以盡臣禮, 所以報也。」→ (그때는) 비록 당신을 만난다 해도, 감히 피하지 않고, 온 힘을 다해 죽도록 싸울 것이며, 두 마음을 품지 않고, 신하된 도리를 다해, 이로써 당신에게 보답할 것입니다.」
【遇(우, yù)】: 만나다.
【弗敢(불감, fú gǎn)】: 不敢. 감히 …하지 않다.
【違(위, wéi)】: 피하다. 달아나다.
【竭力致死(갈력치사, jié lì zhì sǐ)】: 온 힘을 다해 죽도록 싸우다.
【無有二心(무유이심, wú yǒu èr xīn)】: 두 마음을 품지 않다.
【所以(소이, suǒ yǐ)】: 以之. 이로써. 이러한 방법으로.

15 王曰:「晉未可與爭。」重爲之禮而歸之。→ 초공왕이:「晉나라와는 싸울 수가 없다.」라고 말한 후, 지앵에게 정중히 예를 베풀고 그를 돌려보냈다.
【晉未可與爭(진미가여쟁, jìn wèi kě yǔ zhēng)】: [未可與晉爭의 도치 형태] 진나라와는 싸울 수가 없다.
【重爲之禮(중위지례, zhòng wèi zhī lǐ)】: 그에게 정중히 예를 베풀다. 〖之〗: [대명사] 그. 그 사람. 즉「지앵」.
【歸(귀, guī)】: [사동 용법] 돌려보내다.
【之(지, zhī)】: [대명사] 그. 그 사람. 즉「지앵」.

(지앵의 아버지) 순수(荀首)가 중군(中軍)을 보좌하고 있었기 때문에, 그래서 초나라는 이를 허락했다.

초공왕(楚共王)이 지앵을 보내면서 말했다 :「그대가 어찌 나를 원망하지 않겠소?」지앵이 대답했다 :「두 나라가 교전하면서 제가 재능이 없어 자신의 직무를 감당하지 못하고 포로가 되었습니다. (그런데) 군왕께서 저를 죽이지 않고 본국으로 돌아가 벌을 받도록 해주셨으니 군왕의 은혜입니다. 제가 실로 재능이 없었던 것인데, 또 누구를 원망하겠습니까?」

초공왕이 말했다 :「그렇다면 나에게 감지덕지(感之德之)한다는 말이오?」지앵이 대답했다 :「두 나라는 각기 사직을 도모하고 백성을 구제하고자 각자 분노를 삭이고 서로 양해하며 양측이 포로를 석방하여 우호관계를 이루었습니다. 두 나라가 우호를 맺은 것은 저와 아무런 관련이 없는데, 감히 누구에게 감지덕지하겠습니까?」

초공왕이 말했다 :「그대가 돌아가면 나에게 어떻게 보답하겠소?」지앵이 대답했다 :「저는 원망 받을 일을 한 적이 없고, 군왕께서도 역시 감격 받을 일을 한 적이 없습니다. 원망 받을 일도 없고 감격할 일도 없으니 보답할 바를 모르겠습니다.」

초공왕이 말했다 :「비록 그렇다고는 하지만 반드시 나에게 말해야 하오.」지앵이 대답했다 :「군왕의 덕분으로 포로인 제가 뼈를 진(晉)나라에 돌려보낼 수 있게 되었지만, 만일 우리 군주께서 (국법에 따라) 저를 죽인다면 죽어서도 변함없이 충성을 다할 것입니다. 만일 군왕께서 베풀어주신 은혜에 따라 (우리 군주께서도) 저를 사면하여 저의 부친에게 보내고, 부친이 우리 군주께 청하여 가법(家法)에 따라 종묘(宗廟)에서 저를 죽인다면, 죽어서도 역시 변함없이 충성을 다할 것입니다. 만일 (부친이) 우리 군주의 허락을 얻지 못하고 저로 하여금 부친의 관직을 계승하게 하여 절차

에 따라 직무를 담당하게 되면, (저는) 일부 군대를 거느리고 변경을 보위할 것입니다. (그때는) 비록 당신을 만난다 해도 감히 피하지 않고 온 힘을 다해 죽도록 싸울 것이며 두 마음을 품지 않고 신하된 도리를 다해 이로써 당신에게 보답할 것입니다.」

초공왕이 :「진(晉)나라와는 싸울 수가 없다.」라고 말한 후 지앵에게 정중히 예를 베풀고 그를 돌려보냈다.

해제解題 및 본문 요지 설명

노선공(魯宣公) 12년(B.C. 597)에 벌어진 진(晉)·초(楚) 두 나라의 전쟁에서 초(楚)나라는 진(晉)나라의 대부 지장자(知莊子)의 아들인 지앵(知罃)을 사로잡고, 지장자는 초나라의 신하 연윤(連尹) 양로(襄老)를 사살하는 한편 공자(公子) 곡신(穀臣)을 사로잡았다.

본문은 《좌전(左傳)·성공 3년(成公 三年)》의 일부분으로, 진(晉)나라의 중군(中軍)을 보좌하고 있던 지앵의 아버지 지장자가 높은 지위와 막중한 권력을 가지고 곡신과 양로의 시신을 포로가 된 자기의 아들 지앵과 교환하고자 제안하여, 초공왕(楚共王)이 이를 수락하고 지앵을 진나라에 돌려보내는 과정에서 초공왕과 지앵의 대화를 기술한 것이다.

본문은 두 단락으로 나눌 수 있는데, 첫째 단락에서는 초나라 연윤 양로의 시체와 생포한 공자 곡신을 돌려보내는 대신 지앵의 석방을 요구한 지장자의 제안을 초공왕이 수락한 것에 대해 기술했고; 둘째 단락에서는 초공왕이 지앵을 보내면서「그대가 돌아가면, 나에게 어떻게 보답하겠소?」라고 한 질문에 대해 지앵이「무원무덕(無怨無德)」으로 대응하고, 초공왕이 재차 답변을 요구하자, 지앵이「온 힘을 다해 죽도록 싸울 것이며, 두 마음을 품지 않는다.」라는 강인한 정신을 보임으로써 초공왕으로 하여금 놀라 진나라와의 전쟁을 포기하게 한 과정을 기술했다.

023 여상절진(呂相絕秦)
《左傳 · 成公 十三年》

작 자

001 정백극단우언(鄭伯克段于鄢) 참조.

원문 및 주석

呂相絕秦[1]

晉侯使呂相絕秦, 曰:「昔逮我獻公及穆公相好, 戮力同心, 申之以盟誓, 重之以昏姻.[2] 天禍晉國, 文公如齊, 惠公如秦.[3] 無祿, 獻

---

1 呂相絕秦 → 呂相이 秦나라와 관계를 끊다
　【呂相(여상, lǚ xiàng)】: [인명] 晉나라의 대부. 魏錡의 아들. 呂지방[지금의 산서성 霍縣 서남쪽]에 봉해졌기 때문에 呂를 성씨로 삼았으며, 일명 呂宣子라고도 한다.
　【絕(절, jué)】: 절교하다. 단교하다. 관계를 끊다.
　【秦(진, qín)】: [국명] 지금의 섬서성과 감숙성 일대에 있던 周代의 제후국으로, B.C. 221년 秦始皇 때 전국을 통일하여 秦王朝를 건설했다.

2 晉侯使呂相絕秦, 曰:「昔逮我獻公及穆公相好, 戮力同心, 申之以盟誓, 重之以昏姻. → 晉

公卽世, 穆公不忘舊德, 俾我惠公用能奉祀于晉.⁴ 又不能成大勳, 而爲韓之師。亦悔于厥心, 用集我文公, 是穆之成也。⁵

厲公이 呂相을 보내 秦과 절교하고, 말했다 : 「옛날 우리 獻公과 (귀국의) 穆公에 이르기까지 서로 사이가 좋아, 한마음으로 협력하며, 동맹을 맺어 이를 분명히 선포하고, 혼인관계를 맺어 이를 더욱 돈독하게 했습니다.
【晉侯(진후, jìn hóu)】: 晉나라의 제후. 여기서는 「晉厲公(B.C. 590-B.C. 560 재위)」을 가리킨다.
【逮(체, dài)…】: …에 이르다.
【獻公(헌공, xiàn gōng)】: 晉獻公.
【穆公(목공, mù gōng)】: 秦穆公.
【戮力(육력, lù lì)】: 협력하다.
【申之(신지, shēn zhī)】: 이를 분명히 선포하다. 〖申〗: 명백히 선포하다. 〖之〗: [대명사] 이것. 즉「양국의 우호관계」.
【盟誓(맹서, méng shì)】: 동맹을 맺다.
【重(중, zhòng)】: 더욱 돈독하게 하다.
【昏姻(혼인, hūn yīn)】: 婚姻. 통혼하다. 혼인관계를 맺다.
※ 秦穆公은 晉獻公의 딸을 아내로 맞았다.

3 天禍晉國, 文公如齊, 惠公如秦。→ 하늘이 晉나라에 재앙을 내려, 文公은 齊나라로 피신하고, 惠公은 秦나라로 피신했습니다.
【天禍晉國(천화진국, tiān huò jìn guó)】: 하늘이 晉나라에 화를 내리다. 여기서는 晉獻公이 죽은 후, 아들들의 자리다툼으로 내란이 일어나 공자 重耳(후의 晉文公)와 夷吾(후의 晉惠公) 등이 晉을 탈출하여 각지를 유랑했던 일을 가리킨다.
【如(여, rú)】: 往. 가다. 여기서는 「피신하다」의 뜻.

4 無祿, 獻公卽世, 穆公不忘舊德, 俾我惠公用能奉祀于晉。→ 불행히도, 獻公께서 세상을 떠나, 穆公께서 지난날의 우의를 잊지 않으시고, 저의 惠公으로 하여금 獻公의 逝去로 인해 晉나라로 돌아가 군주의 자리에 오를 수 있도록 도와주셨습니다.
【無祿(무록, wú lù)】: 복이 없다. 즉「불행하다」의 뜻.
【卽世(즉세, jí shì)】: 세상을 떠나다.
【舊德(구덕, jiù dé)】: 옛정. 지난날의 우의.
【俾(비, bǐ)…】: …로 하여금 …하게 하다.
【用(용, yòng)】: 이로 인해. 즉「獻公의 逝去로 인해」.
【奉祀(봉사, fèng sì)】: 제사를 받들다. 즉 종묘의 제사를 군주가 주관하기 때문에, 이는 곧「군주의 자리에 오르다」의 뜻이다.

5 又不能成大勳, 而爲韓之師。亦悔于厥心, 用集我文公, 是穆之成也。→ (秦穆公께서는) 또 큰 공훈을 이룰 수 없게 되자, 「韓原의 전쟁」을 일으켰습니다. 그 후 또 마음속으로 후회하고, 이로 인해 우리 文公을 즉위하도록 도와주셨는데, 이것이 秦穆公의 공적입니다.
※ 晉惠公이 죽고 懷公이 즉위했으나 秦穆公이 重耳를 晉侯(晉文公)로 받아들였고, 그

文公躬擐甲冑, 跋履山川, 踰越險阻, 征東之諸侯, 虞、夏、商、周之胤而朝諸秦, 則亦旣報舊德矣.⁶ 鄭人怒君之疆場, 我文公帥諸侯及秦圍鄭.⁷ 秦大夫不詢于我寡君, 擅及鄭盟, 諸侯疾之, 將致命

후 懷公은 피살되었다.
【不能成大勳(불능성대훈, bù néng chéng dà xūn)】: 큰 공훈을 이룰 수 없게 되다.
※ 夷吾(晉惠公)는 망명 중 秦穆公에게 귀국하여 즉위하도록 도와주면 그 대가로 5개의 城을 주기로 약속했으나, 즉위한 후 약속을 지키지 않았다.
【韓之師(한지사, hán zhī shī)】: 韓原의 전쟁. 【韓】: 韓原[지금의 산서성 榮河縣 동북]. 【師】: 군사, 즉 전쟁을 뜻한다. ※ 夷吾(晉惠公)가 망명중 秦穆公에게 한 약속을 지키지 않자, 이에 僖公 15년(B.C. 645) 秦이 晉을 공격하여, 韓原의 전투에서 晉惠公을 사로잡아 돌아갔다. 이때 秦穆公이 혜공을 죽이려 하자, 周天子가 만류하고, 진목공의 부인인 혜공의 누이가 죽기로 투쟁하여 秦이 마침내 혜공을 석방하고, 그 대신 晉의 태자 圉를 인질로 데려갔다.
【厥(궐, jué)】: [대명사] 其. 그. 즉「秦穆公」.
【用(용, yòng)】: 因此. 그래서. 이로 인해.
【集(집, jí)】: 도와서 이루게 하다.
【成(성, chéng)】: 공적. 공로.

6 文公躬擐甲冑, 跋履山川, 踰越險阻, 征東之諸侯, 虞、夏、商、周之胤而朝諸秦, 則亦旣報舊德矣. → 文公께서 친히 갑옷과 투구를 착용하고, 산을 넘고 강을 건너, 험난한 과정을 거쳐, 동쪽의 제후들을 정복하자, 虞·夏·商·周의 후예들이 秦나라에 입조하여 알현했습니다. 이 또한 지난날 秦나라의 은덕에 보답한 것입니다.
【文公(문공, wén gōng)】: 晉文公.
【躬(궁, gōng)】: 몸소. 친히.
【擐(환, huàn)】: 입다. 착용하다.
【甲冑(갑주, jiǎ zhòu)】: 갑옷과 투구.
【跋履(발리, bá lǚ)】: 밟다.
【踰越(유월, yú yuè)】: 넘다. 거치다.
【險阻(험조, xiǎn zǔ)】: 험난한 과정. 역경.
【征(정, zhēng)】: 정복하다.
【虞、夏、商、周之胤(우하상주지윤, yú xià shāng zhōu zhī yìn)】: 虞·夏·商·周의 후예. 즉 秦의 동쪽에 있는 陳·杞·宋·衛·曹 등. 【胤】: 후예. 후손.
【朝(조, cháo)】: 입조하여 알현하다.
【諸(제, zhū)】: 之於의 합음.

7 鄭人怒君之疆場, 我文公帥諸侯及秦圍鄭. → 鄭나라가 귀국의 변경을 침범하여, 우리 文公께서 제후들을 거느리고 秦나라와 함께 鄭나라를 포위했습니다.
【怒(노, nù)】: 침범하다.

于秦。⁸ 文公恐懼, 綏靖諸侯, 秦師克還無害, 則是我有大造于西也。⁹

「無祿, 文公卽世, 穆爲不弔, 蔑死我君, 寡我襄公, 迭我殽地, 奸絶我好, 伐我保城,¹⁰ 殄滅我費滑, 散離我兄弟, 撓亂我同盟, 傾覆我國家。¹¹ 我襄公未忘君之舊勳, 而懼社稷之隕, 是以有殽之師。¹²

【疆場(강역, jiāng yì)】: 변경. 변방.
【帥(솔, shuài)】: 率. 이끌다. 거느리다. 통솔하다.

8 秦大夫不詢于我寡君, 擅及鄭盟, 諸侯疾之, 將致命于秦。→ (그런데) 秦의 대부는 저의 군주와 상의도 없이, 마음대로 鄭나라와 동맹을 맺어, 제후들이 이를 증오하며, 장차 秦나라에 대해 사생결단하려 했습니다.
【詢(순, xún)】: 묻다. 상의하다.
【擅(천, shàn)】: 멋대로. 마음대로.
【及(급, jí)】: ···와(과).
【疾(질, jí)】: 증오하다. 원망하다.
【之(지, zhī)】: [대명사] 그것. 즉「鄭나라와 동맹을 맺은 일」.
【致命于(치명우, zhì mìng yú)···】: ···대해 사생결단하다. 〖于〗: [개사] 於. ···에 대해.

9 文公恐懼, 綏靖諸侯, 秦師克還無害, 則是我有大造于西也。→ 文公께서 이를 우려하고, 제후들을 위무하여, 秦나라가 무사히 귀환할 수 있었으니, 이는 바로 우리가 秦나라에 대해 큰 덕을 베푼 것입니다.
【綏靖(수정, suí jìng)】: 위무하다. 무마하다.
【克(극, kè)】: 能. ···할 수 있다.
【還無害(환무해, huán wú hài)】: 무사히 귀환하다.
【造(조, zào)】: 은덕.
【西(서, xī)】: 서쪽. 여기서는「서쪽의 秦나라」를 가리킨다.

10 「無祿, 文公卽世, 穆爲不弔, 蔑死我君, 寡我襄公, 迭我殽地, 奸絶我好, 伐我保城, → 불행히도, 晉文公께서 세상을 떠나셨을 때, 秦穆公께서는 문공을 조문하지 않아, 돌아가신 우리 군주를 능멸하였고, 우리의 襄公을 모독하여, 우리의 殽山 지방을 침범했는가 하면, 우리와의 우호관계를 거절하고, 우리 변방의 작은 城을 공략하였으며,
【無祿(무록, wú lù)】: 복이 없다. 즉「불행하다」의 뜻.
【蔑(멸, miè)】: 멸시하다. 능멸하다.
【死我君(사아군, sǐ wǒ jūn)】: 돌아가신 우리 군주. 즉「晉文公」.
【寡(과, guǎ)】: 적다. 부족하다. 여기서는「모독하다」의 뜻.
【迭(질, dié)】: 軼. 갑자기 침범하다.
【殽(효, yáo)】: [산 이름] 殽山 또는 崤山. 지금의 하남성 洛寧縣 서북쪽.
【奸絶(간절, jiān jué)】: 배척하다. 거절하다.
【保城(보성, bǎo chéng)】: 변방의 작은 성.

권2 주문周文 193

猶願赦罪于穆公, 穆公弗聽, 而卽楚謀我。¹³ 天誘其衷, 成王隕命, 穆公是以不克逞志于我。¹⁴

---

11 殄滅我費滑, 散離我兄弟, 撓亂我同盟, 傾覆我國家。 → 우리의 우방인 滑나라를 멸하여, 우리 형제를 갈라놓고, 우리의 동맹을 교란하여, 우리나라를 전복시켰습니다.
 【殄滅(진멸, tiǎn miè)】: 궤멸하다. 멸망시키다.
 【費滑(비활, bì huá)】: 활나라.
 ※滑나라의 도읍이「費」이기 때문에「費滑」이라 불렀다.
 【兄弟(형제, xiōng dì)】: 晉과 滑은 모두 姬씨 성으로 형제의 나라이다.
 【撓亂(요란, náo luàn)】: 교란하다.
 【傾覆(경복, qīng fù)】: 뒤집어엎다. 전복시키다.

12 我襄公未忘君之舊勳, 而懼社稷之隕, 是以有殽之師。 → 우리 襄公께서는 君王의 지난날 공훈을 잊지 않았지만, 그러나 국가 사직의 멸망을 두려워했기 때문에, 이로 인해 부득이「殽山의 전쟁」을 벌였습니다.
 【舊勳(구훈, jiù xūn)】: 지난날의 공훈. 즉「지난날 秦나라가 晉文公이 즉위하도록 도와준 일」.
 【隕(운, yǔn)】: 멸망(하다).
 【是以(시이, shì yǐ)】: 그래서. 이로 인해.
 【殽之師(효지사, yáo zhī shī)】: 殽山의 전쟁. 魯僖公 33년(B.C. 627) 秦과 晉이 殽山에서 벌인 전쟁.

13 猶願赦罪于穆公, 穆公弗聽, 而卽楚謀我。 → (우리는) 여전히 秦穆公으로부터 죄를 용서받고자 원하고 있으나, 목공께서 들어주지 않고, 또한 楚나라와 결탁하여 우리를 모해하였습니다.
 【猶(유, yóu)】: 아직. 여전히.
 【赦罪(사죄, shè zuì)】: 죄를 용서하다.
 【穆公(목공, mù gōng)】: 秦穆公.
 【弗(불, fú)】: 不.
 【卽(즉, jí)】: 접근하다. 결탁하다.
 【謀(모, móu)】: 모해하다.

14 天誘其衷, 成王隕命, 穆公是以不克逞志于我。 → (다행히) 하늘이 우리를 보우하여, 成王이 운명하시고, 秦穆公은 이로 인해 우리에 대해 (침략의) 뜻을 펼칠 수가 없었습니다.
 【天誘其衷(천유기충, tiān yòu qí zhōng)】: 하늘이 보우하다. ※사태가 자기에게 유리한 경우에 쓰는 말로, 여기서는 楚나라 成王이 태자에게 살해됨으로써 楚나라와 연합하여 晉나라를 해치려던 秦나라의 음모가 좌절되어 사태가 晉나라에 유리하게 변한 것을 가리킨다.
 【成王(성왕, chéng wáng)】: 楚成王.
 【穆公(목공, mù gōng)】: 秦穆公.

「穆、襄卽世, 康、靈卽位。¹⁵ 康公, 我之自出, 又欲闕翦我公室, 傾覆我社稷, 帥我蟊賊, 以來蕩搖我邊疆, 我是以有令狐之役。¹⁶ 康猶不悛, 入我河曲, 伐我涑川, 俘我王官, 翦我羈馬, 我是以有河曲之戰。¹⁷ 東道之不通, 則是康公絶我好也。¹⁸

【不克(불극, bù kè)】: 不能. …할 수 없다.
【逞志(영지, chěng zhì)】: 뜻을 펼치다.

15 「穆、襄卽世, 康、靈卽位。→「秦穆公과 晉襄公이 세상을 떠나, 秦康公과 晉靈公이 즉위하셨습니다.
【穆(목, mù)】: 秦穆公.
【襄(양, xiāng)】: 晉襄公.
【康(강, kāng)】: 秦康公.
【靈(령, líng)】: 秦靈公.

16 康公, 我之自出, 又欲闕翦我公室, 傾覆我社稷, 帥我蟊賊, 以來蕩搖我邊疆, 我是以有令狐之役。→ 康公은 우리(晉나라 여인)의 소생이지만, 또 우리 궁실을 해치고, 우리 국가 사직을 전복시키고자, 우리의 害蟲인 公子 雍을 이끌고 와서, 우리의 변경을 교란하였습니다. 이로 인해 우리는 「令狐의 전쟁」을 벌였습니다.
【我之自出(아지자출, wǒ zhī zì chū)】: 우리의 소생.
※ 秦康公은 秦穆公의 아들로, 晉獻公의 딸 伯姬의 소생이다.
【闕翦(궐전, quē jiǎn)】: 해치다.
【帥(솔, shuài)】: 인솔하다. 거느리다.
【蟊賊(모적, máo zé)】: 벼를 갉아 먹는 해충. 여기서는 「晉나라의 공자 雍」을 비유한 말이다.
※ 공자 雍은 晉文公의 아들이자 晉襄公의 아우로, 한때 秦에 거주했는데, 襄公이 죽고 나서 태자 夷皐의 나이가 아직 어리기 때문에 晉이 공자 雍을 옹립하기 위해 士會를 보내 秦으로부터 맞아오려고 했는데, 秦나라 군사가 이미 雍을 令狐까지 호송해 왔다. 이때 晉나라의 조정이 돌변하여 襄公의 아들 夷皐를 靈公으로 옹립하고, 군사를 보내 秦軍을 令狐에서 격파했다.
【蕩搖(탕요, dàng yáo)】: 어지럽히다. 교란하다.
【令狐之役(영호지역, lìng hú zhī yì)】: 令狐의 전쟁.
※ 令狐[지금의 산서성 猗氏縣 서쪽]는 晉의 지명으로, 魯文公 7년(B.C. 620)에 晉이 이곳에서 秦의 군사를 물리쳤다.

17 康猶不悛, 入我河曲, 伐我涑川, 俘我王官, 翦我羈馬, 我是以有河曲之戰。→ 秦康公은 여전히 회개하지 않고, 우리 河曲에 침입하여, 우리 涑川을 공격했는가 하면, 우리의 王官을 약탈하고, 우리 기마를 점령하였습니다. 이로 인해 우리는 「河曲의 전쟁」을 벌였습니다.

「及君之嗣也, 我君景公引領西望, 曰：『庶撫我乎！』¹⁹ 君亦不惠稱盟, 利吾有狄難, 入我河縣, 焚我箕、郜, 芟夷我農功, 虔劉我邊陲, 我是以有輔氏之聚。²⁰ 君亦悔禍之延, 而欲徼福于先君獻、穆, 使伯

【悛(전, quān)】: 뉘우치다. 회개하다.
【河曲(하곡, hé qū)】: [지명] 晉나라 지명으로, 지금의 산서성 芮城 서쪽.
【伐(벌, fā)】: 공격하다. 침공하다.
【涑川(속천, sù chuān)】: [강 이름] 지금의 산서성 서남쪽.
【俘(부, fú)】: 약탈하다. 빼앗다.
【王官(왕관, wáng guān)】: [지명] 晉나라 지명으로, 지금의 산서성 聞喜 남쪽.
【翦(전, jiǎn)】: 剪. 자르다. 여기서는 「점령하다, 소멸하다」의 뜻.
【羈馬(기마, jī mǎ)】: [지명] 晉나라 지명으로, 지금의 산서성 永濟 남쪽.
【河曲之戰(하곡지전, hé qū zhī zhàn)】: 魯文公 12년(B.C. 615) 秦과 晉이 河曲 일대에서 벌인 전쟁.

18 東道之不通, 則是康公絶我好也。→ 동쪽 秦나라로 향하는 길이 막힌 것은, 바로 秦康公이 우리의 호의를 거절했기 때문입니다.
【東道之不通(동도지불통, dōng dào zhī bù tōng)】: 동쪽 秦나라로 향하는 길이 막힌 것. 즉 양국의 국교가 단절된 것을 뜻한다.
【好(호, hǎo)】: 호의.

19 「及君之嗣也, 我君景公引領西望, 曰：『庶撫我乎！』→ 「秦桓公께서 제위를 계승하자, 우리 군주이신 晉景公은 목을 길게 빼고 서쪽을 바라보며 :『아마도 우리를 위로할 거요!』라고 말했습니다.
【君(군, jūn)】: 군주. 여기서는 秦桓公을 가리킨다.
【嗣(사, sì)】: 잇다. 계승하다.
【景公(경공, jǐng gōng)】: 晉景公.
【引領(인령, yǐn lǐng)】: 목을 길게 빼다.
【庶(서, shù)】: 혹시. 아마도.
【撫(무, fǔ)】: 위안하다. 위무하다.

20 君亦不惠稱盟, 利吾有狄難, 入我河縣, 焚我箕、郜, 芟夷我農功, 虔劉我邊陲, 我是以有輔氏之聚。→ 그러나 秦桓公께서도 역시 동맹을 체결하는 호의를 베풀지 않고, 우리나라에 오랑캐의 난이 발생한 틈을 이용하여, 우리의 河縣에 쳐들어와, 우리의 箕·郜 두 고을을 불태우고, 우리 농작물을 거두어가는가 하면, 우리 변방의 백성들을 살육하였습니다. 이로 인해 우리는「輔氏의 전쟁」을 벌였습니다.
【稱盟(칭맹, chéng méng)】: 동맹을 체결하다.
【利(리, lì)】: 틈타다. 이용하다.
【狄難(적난, dí nàn)】: 오랑캐의 난.
※《左傳·宣公十五年》에 晉이 赤狄潞氏를 소탕한 기록이 있다.

車來命我景公, 曰:『吾與女同好棄惡, 復脩舊德, 以追念前勳。』²¹ 言誓未就, 景公卽世, 我寡君是以有令狐之會。²² 君又不祥, 背棄盟誓。

【河縣(하현, hé xiàn)】: 濱河 부근으로, 箕・郜 등지를 말한다.
【箕(기, jī)】: [지명] 지금의 산서성 蒲縣.
【郜(고, gào)】: [지명] 지금의 산서성 祁縣.
【芟夷(삼이, shān yí)】: 수확하다. 거두어들이다.
【農功(농공, nóng gōng)】: 농작물.
【虔劉(건류, qián liú)】: 살육하다.
【邊陲(변수, biān chuí)】: 변방. 변경.
【輔氏之聚(보씨지취, fǔ shì zhī jù)】: 輔氏의 전쟁. 魯宣公 15년(B.C. 594) 晉이 輔氏에서 군사를 동원하여 秦에 항거한 일. 【輔氏】: [지명] 晉나라 지명으로, 지금의 섬서성 大荔縣.

21 君亦悔禍之延, 而欲徼福于先君獻・穆, 使伯車來命我景公, 曰:『吾與女同好棄惡, 復脩舊德, 以追念前勳。』→ 그러나 秦桓公 역시 戰禍가 길어지는 것을 후회하여, 선왕이신 晉獻公・秦穆公께 복을 빌고자, 伯車를 보내 우리 景公에게 당부하길:「나와 당신이 함께 화친하여 나쁜 감정을 버리고, 지난날의 우의를 회복하여, 이전의 공훈을 추념했으면 합니다.」라고 했습니다.
【禍之延(화지연, huò zhī yán)】: 戰禍가 길어지는 것.
【欲(욕, yù)】: …하고자 하다. …하려고 하다.
【徼(요, yāo)】: 求. 빌다. 구하다.
【獻(헌, xiàn)】: 晉獻公.
【穆(목, mù)】: 秦穆公.
【伯車(백거, bó jū)】: [인명] 秦桓公의 아들로, 이름은 鍼.
【命(명, mìng)】: 당부하다.
【景公(경공, jǐng gōng)】: 晉景公.
【女(여, rǔ)】: 汝. 너. 당신.
【同好棄惡(동호기악, tóng hǎo qì è)】: 함께 화친하여 나쁜 감정을 버리다.
【復脩(복수, fù xiū)】: 회복하다.
【舊德(구덕, jiù dé)】: 지난날의 우의. 즉「晉獻公과 秦穆公의 우의 관계」.
【前勳(전훈, qián xūn)】: 이전의 공훈. 즉「과거 晉獻公과 秦穆公이 이룬 공훈」.

22 言誓未就, 景公卽世, 我寡君是以有令狐之會。→ 언약을 이루기도 전에, 晉景公께서 돌아가시어, 이로 인해 우리 厲公께서「令狐의 회합」을 가졌던 것입니다.
【言誓(언서, yán shì)】: 언약. 맹세.
【就(취, jiù)】: 성취하다. 이루다.
【卽世(즉세, jí shì)】: 서거하다. 돌아가시다.
【寡君(과군, guǎ jūn)】: 저희 군주. 상대방에게 자기 나라의 군주를 낮추어 부르는 말로, 여기서는「晉厲公」을 가리킨다.

白狄及君同州, 君之仇讎, 而我之昏姻也。²³ 君來賜命, 曰:『吾與女伐狄。』寡君不敢顧昏姻, 畏君之威而受命于吏。²⁴ 君有二心於狄, 曰:『晉將伐女。』狄應且憎, 是用告我。²⁵ 楚人惡君之二三其德也,

【是以(시이, shì yǐ)】: 그래서. 이로 인해.
【令狐之會(영호지회, lìng hú zhī huì)】: 令狐의 회합.
※ 魯成公 11년(B.C. 580)에 晉厲公과 秦桓公이 令狐[지금의 산서성 猗氏縣 서쪽]에서 회맹한 일. 《左傳·成公十一年》에 이에 관한 기록이 있다.

23 君又不祥, 背棄盟誓。白狄及君同州, 君之仇讎, 而我之昏姻也。→ 그러나 秦桓公께서는 또 불길하게도, 맹약을 저버렸습니다. 白狄은 桓公과 雍州에서 함께 거처하고 있는데, 桓公의 원수지만, 우리의 인척입니다.
【君(군, jūn)】: 秦桓公.
【不祥(불상, bù xiáng)】: 불길하다. 상서롭지 못하다.
【白狄(백적, bái dí)】: 白狄族. ※ 狄族의 한 부류.
【同(동, tóng)】: 함께 거처하다.
【州(주, zhōu)】: 여기서는「雍州」를 가리킨다.
【仇讎(구수, qiú chóu)】: 원수지간.
【昏姻(혼인, hūn yīn)】: 婚姻. 인척 관계.
※ 일찍이 晉文公이 白狄의 여자 季隗를 맞아 伯儵과 叔劉를 낳았다.

24 君來賜命, 曰:『吾與女伐狄。』寡君不敢顧昏姻, 畏君之威而受命于吏。→ 桓公께서 사람을 보내 분부하길:『나와 당신이 함께 적을 토벌합시다。』라고 하여, 우리 군주께서는 감히 친척 관계를 돌보지 않고, 군왕의 위세를 두려워하여 관리에게 출병 명령을 하달하였습니다.
【賜命(사명, cì mìng)】: 명을 내리다. 상대방에 대한 겸어로「분부하다」의 뜻.
【女(여, rǔ)】: 汝. 당신.
【顧(고, gù)】: 돌보다. 고려하다.
【畏(외, wèi)】: 두려워하다.
【受命(수명, shòu mìng)】: 명령을 하달하다.【受】: 授.
【吏(리, lì)】: 관리. ※ 판본에 따라서는「吏」를「使」라 했다.

25 君有二心於狄, 曰:『晉將伐女。』狄應且憎, 是用告我。→ 그런데 秦桓公께서는 白狄에 대해 두 마음을 품고:『晉나라가 당신들을 공격할 것이오。』라고 (백적에게) 말했습니다. 백적은 호응하는 척하면서 또한 (秦桓公을) 증오했기 때문에, 그래서 (그러한 사실을) 우리에게 알려주었습니다.
【有二心(유이심, yǒu èr xīn)】: 두 마음을 품다. 즉 晉나라와 친한 척하면서 晉나라와 白狄의 관계를 이간시키려 한 것을 말한다.
【將(장, jiāng)】: (장차) …하려 하다.
【伐(벌, fá)】: 공격하다.

亦來告我曰:『秦背令狐之盟, 而來求盟于我, 昭告昊天上帝、秦三公、楚三王, 曰:'余雖與晉出入, 余唯利是視.'不穀惡其無成德, 是用宣之, 以懲不壹.』²⁶ 諸侯備聞此言, 斯是用痛心疾首, 暱就寡人.²⁷

【應且憎(응차증, yìng qiě zēng)】: 호응하는 척하면서 또한 증오하다.
【是用(시용, shì yòng)】: 이로 인해. 그래서.

26 楚人惡君之二三其德也, 亦來告我曰:『秦背令狐之盟, 而來求盟于我, 昭告昊天上帝、秦三公、楚三王, 曰:'余雖與晉出入, 余唯利是視.'不穀惡其無成德, 是用宣之, 以懲不壹.』
→ 楚나라도 진환공의 변덕스런 행위를 싫어하여, 또한 우리에게 와서:『秦나라가 令狐의 맹약을 배반하고, 찾아와 우리 楚나라와 동맹하기를 청하며, 天帝·秦三公·楚三王께 분명히 고하길:'우리가 비록 晉과 왕래를 하고 있지만, 오직 이익을 도모하기 위한 것입니다.'라고 했는데, 나는 그 사람이 신의가 없는 것을 증오하여, 그래서 밀약을 폭로하고, 이로써 표리부동한 사람을 징계하는 것입니다.』라고 말했습니다.

【惡(오, wù)】: 증오하다. 싫어하다.
【二三其德(이삼기덕, èr sān qí dé)】: 이랬다저랬다 하다. 변덕스럽다.
【背(배, bèi)】: 배반하다. 저버리다.
【昭告(소고, zhāo gào)】: 분명히 고하다.
【昊天上帝(호천상제, hào tiān shàng dì)】: 하늘. 천제.
【秦三公(진삼공, qín sān gōng)】: 秦나라의 穆公·康公·共公.
【楚三王(초삼왕, chǔ sān wáng)】: 楚나라의 成公·穆公·莊公.
【出入(출입, chū rù)】: 왕래하다.
【唯利是視(유리시시, wéi lì shì shì)】: 오직 이익만을 도모하다. 《是》: [어조사] 도치된 빈어와 동사 사이에 놓여 빈어를 강조하는 역할을 한다. 번역할 필요가 없다.
【不穀(불곡, bù gǔ)】: [겸어] 저. 자신을 낮추어 부른 말로, 여기서는 共王 자신을 가리킨다.
【惡(오, wù)】: 싫어하다. 증오하다.
【成德(성덕, chéng dé)】: 완성된 덕행. 여기서는「信義」를 가리킨다.
【是用(시용, shì yòng)】: 그래서. 이로 인해.
【宣(선, xuān)】: 폭로하다.
【懲(징, chéng)】: 징계하다.
【不壹(불일, bù yī)】: 한결같지 않다. 표리부동하다.

27 諸侯備聞此言, 斯是用痛心疾首, 暱就寡人. → 제후들도 모두 이 말을 듣고, 이로 인해 매우 한스럽게 여기며, 寡人과 친하게 되었습니다.

【備聞(비문, bèi wén)】: 모두 듣다. 다 듣다.
【斯是用(사시용, sī shì yòng)】: 因此. 이로 인해.
【痛心疾首(통심질수, tòng xīn jí shǒu)】: 매우 한스럽게 여기다.
【暱就(일취, nì jiù)】: 친해지다. 가까워지다.

寡人帥以聽命, 唯好是求.²⁸ 君若惠顧諸侯, 矜哀寡人而賜之盟,
則寡人之願也.²⁹ 其承寧諸侯以退, 豈敢徼亂?³⁰ 君若不施大惠, 寡
人不佞, 其不能以諸侯退矣.³¹ 敢盡布之執事, 俾執事實圖利之.³²

【寡人(과인, guǎ rén)】: 寡德之人이란 뜻으로, 임금이 자신을 낮추어 부르는 말.

28 寡人帥以聽命, 唯好是求. → 「지금 과인이 제후들을 이끌고 (秦桓公의) 명령에 따르는
것은, 오직 우의를 도모하기 위한 것뿐입니다.
【帥(솔, shuài)】: 이끌다. 인솔하다.
【聽命(청명, tīng mìng)】: 명령에 따르다.
【唯好是求(유호시구, wéi hǎo shì qiú)】: 오직 우의를 도모하다. 《是》: [어조사] 도치된 빈
어와 동사 사이에 놓여 빈어를 강조하는 역할을 한다. 번역할 필요가 없다.

29 君若惠顧諸侯, 矜哀寡人而賜之盟, 則寡人之願也. → 秦桓公께서 만약 제후들을 보살피
시고, 저희를 불쌍히 여겨 저희에게 맹약을 맺어주신다면, 이것이 바로 제가 바라는 것입
니다.
【君(군, jūn)】: 여기서는「秦穆公」을 가리킨다.
【惠顧(혜고, huì gù)】: 보살피다. 돌보다.
【矜哀(긍애, jīn āi)】: 불쌍히 여기다.
【賜之盟(사지맹, cì zhī méng)】: 저에게 맹약을 맺어주시다. 《賜》: …하여 주다. 하사하
다. 《之》: [대명사] 그. 즉「寡人」.

30 其承寧諸侯以退, 豈敢徼亂? → 그렇게 되면 (과인이) 장차 제후들을 무마하여 물러갈
것인데, 어찌 감히 전란을 자초하겠습니까?
【其(기, qí)】: (장차) …할 것이다.
【承寧(승녕, chéng níng)】: 무마하다. 진정시키다.
【徼(요, jiāo)】: 구하다. 자초하다.

31 君若不施大惠, 寡人不佞, 其不能以諸侯退矣. → 秦桓公께서 만일 큰 은혜를 베풀지 않
으신다면, 과인은 무능하여, 아마도 제후들을 물러나게 할 수 없을 것입니다.
【若(약, ruò)】: 만일. 만약.
【不佞(불녕, bù nìng)】: 무능하다. 재주가 없다.
【其(기, qí)】: 아마도.

32 敢盡布之執事, 俾執事實圖利之.」→ 감히 그러한 사정을 모두 執事에게 알려드리니, 집
사로 하여금 실제로 이익을 꾀하도록 하시기 바랍니다.」
【盡布(진포, jìn bù)】: 모두 알려드리다. 《盡》: 모두. 다. 《布》: 선포하다. 공포하다. 여기
서는「알려드리다, 보고하다」의 뜻.
【之(지, zhī)】: [대명사] 그것. 그러한 사정.
【執事(집사, zhí shì)】: 군주 좌우에서 일을 처리하는 사람. 실제로는 군주를 지칭하며,
여기서는「秦穆公」을 가리킨다.
※ 옛사람들은 직접 상대방을 지칭하지 않고 간접적인 방법을 사용하여 상대방에 대한

> 번역문

여상(呂相)이 진(秦)나라와 관계를 끊다

진여공(晉厲公)이 여상(呂相)을 보내 진(秦)과 절교하고 말했다 : 「옛날 우리 헌공(獻公)과 (귀국의) 목공(穆公)에 이르기까지 서로 사이가 좋아 한마음으로 협력하며 동맹을 맺어 이를 분명히 선포하고, 혼인관계를 맺어 이를 더욱 돈독하게 했습니다. 하늘이 진(晉)나라에 재앙을 내려 문공(文公)은 제(齊)나라로 피신하고, 혜공(惠公)은 진(秦)나라로 피신했습니다. 불행히도 헌공(獻公)께서 세상을 떠나 목공(穆公)께서 지난날의 우의를 잊지 않으시고 저의 혜공(惠公)으로 하여금 헌공(獻公)의 서거로 인해 진(晉)나라로 돌아가 군주의 자리에 오를 수 있도록 도와주셨습니다. 진목공(秦穆公)께서는 또 큰 공훈을 이룰 수 없게 되자「한원(韓原)의 전쟁」을 일으켰습니다. 그 후 또 마음속으로 후회하고, 이로 인해 우리 문공(文公)을 즉위하도록 도와주셨는데, 이것이 진목공(秦穆公)의 공적입니다.

「문공(文公)께서 친히 갑옷과 투구를 착용하고 산을 넘고 강을 건너 험난한 과정을 거쳐 동쪽의 제후들을 정복하자, 우(虞)·하(夏)·상(商)·주(周)의 후예들이 진(秦)나라에 입조하여 알현했습니다. 이 또한 지난날 진(秦)나라의 은덕에 보답한 것입니다. 정(鄭)나라가 귀국의 변경을 침범하여 우리 문공(文公)께서 제후들을 거느리고 진(秦)나라와 함께 정(鄭)나라를 포위했습니다. (그런데) 진(秦)의 대부는 저의 군주와 상의도 없이 마음대로 정나라와 동맹을 맺어 제후들이 이를 증오하며 장차 진(秦)나라에 대해 사생

존경을 표시했다.
【俾(비, bǐ)…】 : …로 하여금 …하게 하다.
【圖利(도리, tú lì)】 : 이익을 꾀하다.

결단하려 했습니다. 문공께서 이를 우려하고 제후들을 위무하여 진(秦)나라가 무사히 귀환할 수 있었으니, 이는 바로 우리가 진(秦)나라에 대해 큰 덕을 베푼 것입니다.

「불행히도 진문공(晉文公)께서 세상을 떠나셨을 때, 진목공(秦穆公)께서는 문공을 조문하지 않아 돌아가신 우리 군주를 능멸하였고, 우리의 양공(襄公)을 모독하여 우리의 효산(殽山) 지방을 침범했는가 하면, 우리와의 우호관계를 거절하고 우리 변방의 작은 성을 공략하였으며, 우리의 우방인 활(滑)나라를 멸하여 우리 형제를 갈라놓고 우리의 동맹을 교란하여 우리나라를 전복시켰습니다. 우리 양공(襄公)께서는 군왕(君王)의 지난날 공훈을 잊지 않았지만, 그러나 국가 사직의 멸망을 두려워했기 때문에, 이로 인해 부득이 「효산(殽山)의 전쟁」을 벌였습니다. (우리는) 여전히 진목공(秦穆公)으로부터 죄를 용서받고자 원하고 있으나 목공께서 들어주지 않고, 또한 초(楚)나라와 결탁하여 우리를 모해하였습니다. (다행히) 하늘이 우리를 보우하여 성왕(成王)이 운명하시고 진목공은 이로 인해 우리에 대해 (침략의) 뜻을 펼칠 수가 없었습니다.

「진목공(秦穆公)과 진양공(晉襄公)이 세상을 떠나 진강공(秦康公)과 진영공(晉靈公)이 즉위하셨습니다. 강공(康公)은 우리 진(晉)나라 여인의 소생이지만, 또 우리 궁실을 해치고 우리 국가 사직을 전복시키고자 우리의 해충(害蟲)인 공자 옹(雍)을 이끌고 와서 우리의 변경을 교란하였습니다. 이로 인해 우리는 「영호(令狐)의 전쟁」을 벌였습니다. 진강공(秦康公)은 여전히 회개하지 않고 우리 하곡(河曲)에 침입하여 우리 속천(涑川)을 공격했는가 하면, 우리의 왕관(王官)을 약탈하고 우리 기마를 점령하였습니다. 이로 인해 우리는 「하곡(河曲)의 전쟁」을 벌였습니다. 동쪽 진(秦)나라로 향하는 길이 막힌 것은 바로 진강공(秦康公)이 우리의 호의를 거절했기 때문입니다.

「진환공(秦桓公)께서 제위를 계승하자, 우리 군주이신 진경공(晉景公)은 목을 길게 빼고 서쪽을 바라보며 :『아마도 우리를 위로할 거요!』라고 말했습니다. 그러나 진환공(秦桓公)께서도 역시 동맹을 체결하는 호의를 베풀지 않고 우리나라에 오랑캐의 난이 발생한 틈을 이용하여 우리의 하현(河縣)에 쳐들어와 우리의 기(箕)·고(郜) 두 고을을 불태우고 우리 농작물을 거두어 가는가 하면 우리 변방의 백성들을 살육하였습니다. 이로 인해 우리는「보씨(輔氏)의 전쟁」을 벌였습니다. 그러나 진환공(秦桓公) 역시 전화(戰禍)가 길어지는 것을 후회하여 선왕이신 진헌공(晉獻公)·진목공(秦穆公)께 복을 빌고자 백거(伯車)를 보내 우리 경공(景公)에게 당부하길 :『나와 당신이 함께 화친하여 나쁜 감정을 버리고 지난날의 우의를 회복하여 이전의 공훈을 추념했으면 합니다.』라고 했습니다. 언약을 이루기도 전에 진경공(晉景公)께서 돌아가시어, 이로 인해 우리 여공(厲公)께서「영호(令狐)의 회합」을 가졌던 것입니다. 그러나 진환공(秦桓公)께서는 또 불길하게도 맹약을 저버렸습니다. 백적(白狄)은 환공(桓公)과 옹주(雍州)에서 함께 거처하고 있는데, 환공의 원수지만 우리의 인척입니다. 환공께서 사람을 보내 분부하길 :『나와 당신이 함께 적을 토벌합시다.』라고 하여, 우리 군주께서는 감히 친척 관계를 돌보지 않고 군왕의 위세를 두려워하여 관리에게 출병 명령을 하달하였습니다. 그런데 진환공(秦桓公)께서는 백적에 대해 두 마음을 품고 :『진(晉)나라가 당신들을 공격할 것이요.』라고 (백적에게) 말했습니다. 백적은 호응하는 척하면서 또한 (진환공을) 증오했기 때문에 그래서 (그러한 사실을) 우리에게 알려주었습니다. 초(楚)나라도 진환공의 변덕스런 행위를 싫어하여, 또한 우리에게 와서 :『진(秦)나라가 영호(令狐)의 맹약을 배반하고 찾아와 우리 초나라와 동맹하기를 청하며, 천제(天帝)·진삼공(秦三公)·초삼왕(楚三王)께 분명히 고하길 : '우리가 비록 진(晉)과 왕래를 하고 있지만, 오직 이익을 도모하기 위한 것입니다.' 라고 했는데, 나는 그 사람이 신의가 없는 것을 증오하여, 그래서 밀약을 폭로하고 이로써 표리부동한 사람을 징계하는 것입니다.」라고 말했습니다. 제후들도 모두 이 말을 듣고 이로 인해 매우 한스럽게 여기며 과인(寡人)과 친하게 되었습니다.

「지금 과인이 제후들을 이끌고 (진환공의) 명령에 따르는 것은 오직 우의를 도모하기 위한 것뿐입니다. 진환공께서 만약 제후들을 보살피시고 저를 불쌍히 여겨 저희에게 맹약을 맺어주신다면, 이것이 바로 제가 바라는 것입니다. 그렇게 되면 (과인이) 장차 제후들을 무마하여 물러갈 것인데, 어찌 감히 전란(戰亂)을 자초하겠습니까? 진환공께서 만일 큰 은혜를 베풀지 않으신다면 과인은 무능하여 아마도 제후들을 물러나게 할 수 없을 것입니다. 감히 그러한 사정을 모두 집사(執事)에게 알려드리니, 집사로 하여금 실제로 이익을 꾀하도록 하시기 바랍니다.」

해제解題 및 본문 요지 설명

춘추시대 중엽 패권을 다투던 몇몇 큰 나라들 가운데 진(秦)과 진(晉)은 지리적으로 이웃인 동시에 혼인에 의한 인척 관계를 맺어 서로 내왕이 빈번하기도 했지만, 또한 패권 다툼을 위한 이해관계로 인해 양국은 때로는 화목하고, 때로는 결렬하는 미묘한 관계를 조성했다.

주간왕(周簡王) 6년, 즉 노성공(魯成公) 11년(B.C. 580) 진여공(晉厲公)은 진환공(秦桓公)과 영호(令狐)에서 회맹하기로 약속하여 진여공이 먼저 도착했으나 진환공이 순간 마음을 바꾸어 맹약을 파기하고 나타나지 않았고,

후에는 또 북방의 적(狄)과 남방의 초(楚)를 부추겨 진(晉)나라를 공격했다.

본문은 《좌전(左傳)・성공 13년(成公 十三年)》의 일부분으로, 내용은 진(秦)나라의 행위에 분노한 진여공(晉厲公)이 주간왕(周簡王) 8년, 즉 노성공(魯成公) 13년(B.C. 578) 진경(晉卿) 여상(呂相)을 진(秦)나라에 보내 진목공(秦穆公)의 배신행위에 대해 반성을 촉구한 것에 대해 기술한 것이다.

본문은 세 부분으로 나누어 설명할 수 있는데, 첫째는 진(秦)나라 목공(穆公)・강공(康公)・환공(桓公)의 진(晉)나라에 대한 비우호적인 행위, 즉 맹약을 배신하고, 영토를 침범하고, 형제의 나라를 갈라놓고, 동맹을 교란시키고, 나라를 전복시키는 등 진(秦)나라의 각종 죄행을 지적한 것이고; 둘째는 진(晉)나라의 헌공(獻公)・문공(文公)・양공(襄公)・영공(靈公)・경공(景公)・여공(厲公)의 진(秦)나라에 대한 각종 우호적인 행위, 즉 진(秦)나라가 베풀어준 은혜를 알아 보답하고자 노력하고, 맹약을 지키고 화친을 모색하는 등 진(晉)나라가 진(秦)나라에 대해 손해를 끼친 일이 없다는 것을 강조한 것이고; 마지막은 진(晉)나라가 진(秦)나라를 핍박하여 강화를 요구하면서, 만일 강화가 이루어지지 못할 경우, 단교와 아울러 결전을 불사할 것이며, 그 책임이 진(秦)나라에 있다는 것을 표명한 것이다.

진(晉)나라의 목적은 본래 이와 같은 사실을 널리 선전하여 대외적으로는 진(秦)을 고립시키고, 대내적으로는 진(晉)나라 사람들의 반진(反秦) 정서를 고무하려는 데 있었다.

본문에는 그 후의 일을 다루지 않았지만, 진(秦)나라가 끝내 진(晉)나라의 협박에 굴하지 않자, 노성공(魯成公) 11년(B.C. 580) 5월 진(晉)나라가 노(魯)・제(齊)・송(宋)・위(衛)・정(鄭)・조(曹)・주(邾)・등(滕) 여러 나라의 제후들과 연합하여 진(秦)나라의 마수(麻隧)[지금의 섬서성 경양현(涇陽縣)]에서 진(秦)나라 군사를 대파했다.

024 구지불굴우진(駒支不屈于晉)
《左傳·襄公 十四年》

작 자

001 정백극단우언(鄭伯克段于鄢) 참조.

원문 및 주석

駒支不屈于晉¹

會于向, 將執戎子駒支。² 范宣子親數諸朝, 曰：「來, 姜戎氏！

1 駒支不屈于晉 → 駒支가 晉나라에 굴복하지 않다
 【駒支(구지, jū zhī)】: [인명] 姜戎族 우두머리의 이름.
 【屈于(굴우, qū yú)…】: …에 굴복하다. 〖屈〗: 굽히다. 굴복하다. 〖于〗: [개사] 於. …에.
 【晉(진, jìn)】: [국명] 지금의 산서성 일대에 있던 周代의 제후국. B.C. 375년 趙氏·韓氏·魏氏가 晉의 영토를 삼분하여 각기 趙·韓·魏 세 나라로 독립했다.

2 會于向, 將執戎子駒支。→ (晉나라가 각국의 대신들을) 向에서 회합하기로 하고, 장차 (이 자리에서) 姜戎族의 우두머리인 駒支를 체포하려 했다.
 ※ 晉나라가 구지를 체포하려 한 까닭은, 당시 晉나라와 楚나라가 패권을 다투는 상황에서 晉悼公이 제후들과 연합하여 楚의 우방인 鄭을 세 차례나 공격하고, 또 晉의 우방

昔秦人迫逐乃祖吾離于瓜州, 乃祖吾離被苫蓋、蒙荊棘, 以來歸我
先君.³ 我先君惠公有不腆之田, 與女剖分而食之.⁴ 今諸侯之事我

　　인 吳나라로 하여금 楚共王의 國喪을 이용하여 楚를 공격하도록 했으나 모두 실패함
　　으로써, 대내적으로 신하들 간에 불화가 발생하고, 대외적으로 여러 제후들이 晉나라
　　에 대해 두 마음을 품게 되자, 晉나라가 이처럼 어려운 상황에 처하게 된 것을 강융족
　　이 기밀을 누설했기 때문이라고 덮어씌워 그 책임을 전가하고자 한 것이다.
　【會于向(회우향, huì yú xiàng)】: 向에서 회합하다. 〖會〗: 모이다. 회합하다. 〖于〗: [개사]
　　於. …에서. 〖向〗: 吳나라의 지명으로, 지금의 안휘성 懷遠縣 서쪽.
　※ 魯襄公 13년(B.C. 560) 吳나라는 楚나라가 共王의 喪을 당한 기회를 틈타 초나라를 침
　　략했으나 오히려 초나라에 대패했다. 이때 晉과 吳 두 나라는 동맹관계에 있었기 때
　　문에 晉悼公이 吳나라의 요청을 받아들여 이듬해인 魯襄公 14년(B.C. 559) 정월, 각국
　　의 대표들을 向으로 불러 공동으로 楚에 대항하는 문제를 논의하기로 했다.
　【戎子(융자, róng zǐ)】: 姜戎族의 우두머리.

3 范宣子親數諸朝, 曰:「來, 姜戎氏! 昔秦人迫逐乃祖吾離于瓜州, 乃祖吾離被苫蓋、蒙荊棘,
　以來歸我先君.→ 그리하여 范宣子가 친히 조정에서 그의 죄상을 열거하며, 말했다:「이
　리 오시오, 姜戎氏! 옛날 秦나라가 瓜州에서 당신의 선조 吾離를 추격하자, 당신의 선조
　오리는 풀로 엮은 가리개를 걸치고 가시나무로 엮은 모자를 쓴 채, 우리 先君께 귀순했
　소.
　【范宣子(범선자, fàn xuān zǐ)】: [인명] 晉의 대신. 성은 士, 이름은 匄(丐).
　【數(수, shǔ)】: 열거하다.
　【諸(제, zhū)】: 之於의 합음.
　【朝(조, cháo)】: 朝廷. 여기서는 회합을 위해 마련한「임시 조정」을 말한다.
　【迫逐(박축, pò zhú)】: 뒤쫓다. 추격하다.
　【乃(내, nǎi)】: 너, 당신.
　【吾離(오리, wú lí)】: [인명] 戎族의 시조.
　【瓜州(과주, guā zhōu)】: [지명] 지금의 감숙성 敦煌縣.
　【被(피, pī)】: 披. 입다. 걸치다.
　【苫蓋(점개, shān gài)】: 풀로 엮은 가리개.
　【蒙(몽, méng)】: (모자를) 쓰다.
　【荊棘(형극, jīng jí)】: 가시나무.
　【來歸(내귀, lái guī)】: 귀순하다.

4 我先君惠公有不腆之田, 與女剖分而食之.→ (그때) 우리 선군이신 惠公께서는 넉넉하지
　도 못한 땅을 가지고, 당신들과 똑같이 나누어 당신들을 먹고살게 해주었소.
　【惠公(혜공, huì gōng)】: 晉惠公.
　【腆(전, tiǎn)】: 넉넉하다. 풍족하다.
　【女(여, rǔ)】: 汝. 당신. 당신들.
　【剖分(부분, pōu fēn)】: 분배하다. 나누다.

寡君, 不如昔者, 蓋言語漏洩, 則職女之由。⁵ 詰朝之事, 爾無與焉。
與將執女。」⁶
　　對曰:「昔秦人負恃其眾, 貪于土地, 逐我諸戎。⁷ 惠公蠲其大德,
謂我諸戎, 是四嶽之裔胄也, 毋是翦棄。⁸ 賜我南鄙之田, 狐狸所居,

　【食(식, shí)】: [사동 용법] 먹고살게 해주다.

5　今諸侯之事我寡君, 不如昔者, 蓋言語漏洩, 則職女之由。→ 오늘날 제후들이 우리 임금을
　　섬기는 것이, 옛날 같지 않은 것은, 기밀이 누설되었기 때문인데, 이는 주로 당신들 때문
　　이오.
　【寡君(과군, guǎ jūn)】: 저희 군주. 상대방에게 자기의 임금을 낮추어 부른 말.
　【蓋(개, gài)】: [어기사] 앞에서 한 말을 이어받아 이유나 원인을 나타낸다.
　【漏洩(누설, lòu xiè)】: 누설되다. 새나가다.
　【職(직, zhí)】: 주로.
　【由(유, yóu)】: …때문.

6　詰朝之事, 爾無與焉。與將執女。」→ 내일 아침의 회의에, 당신은 참석하지 마시오. 참석
　　하면 당신을 체포할 것이오.」
　【詰朝(힐조, jié zhāo)】: 내일 아침.
　【事(사, shì)】: 일. 즉「회의, 모임」.
　【爾(이, ěr)】: 너. 당신.
　【無(무, wú)】: 勿. …하지 말라. …해서는 안 된다.
　【與(여, yù)】: 참여하다. 참석하다.
　【執(집, zhí)】: 잡다. 체포하다.

7　對曰:「昔秦人負恃其眾, 貪于土地, 逐我諸戎。→ 이에 駒支가 대답했다:「옛날 秦나라는
　　자신의 강대한 세력을 믿고, 남의 토지를 탐하여, 우리 여러 戎族들을 몰아냈습니다.
　【負恃(부시, fù shì)】: 믿다. 의지하다.
　【眾(중, zhòng)】: 강대한 세력.
　【貪(탐, tān)】: 욕심을 부리다. 탐하다.
　【逐(축, zhú)】: 몰아내다.

8　惠公蠲其大德, 謂我諸戎, 是四嶽之裔胄也, 毋是翦棄。→ 晉惠公께서는 큰 덕을 보이시
　　어, 우리 여러 융족이, 四嶽의 후예임으로, 이를 멸망하도록 방치해서는 안 된다고 여기
　　셨습니다.
　【蠲(견, juān)】: 보이다. 드러내다.
　【謂(위, wèi)】: …라 여기다. …라고 생각하다.
　【是(시, shì)】: [대명사] 이. 즉「諸戎」을 가리킨다.
　【四嶽(사악, sì yuè)】: 堯·舜시대 주변 여러 부락의 우두머리.
　【裔胄(예주, yì zhòu)】: 후예. 후손.

豺狼所嗥。⁹ 我諸戎除翦其荊棘, 驅其狐狸豺狼, 以爲先君不侵不叛之臣, 至于今不貳。¹⁰

昔文公與秦伐鄭, 秦人竊與鄭盟而舍戍焉, 於是乎有殽之師。¹¹ 晉禦其上, 戎亢其下, 秦師不復, 我諸戎實然。¹² 譬如捕鹿, 晉人角

【毋(무, wú)】: 勿. …하지 말라. …해서는 안 된다.
【翦棄(전기, jiǎn qì)】: 잘라버리다. 즉「멸망하도록 방치하다」의 뜻.

9 賜我南鄙之田, 狐狸所居, 豺狼所嗥。→ (그리하여) 우리에게 남쪽 변방의 땅을 하사하셨습니다. (이곳은) 여우가 살고, 승냥이가 울부짖던 곳이었습니다.
【賜(사, cì)】: 베풀어 주다. 하사하다.
【南鄙(남비, nán bǐ)】: 남쪽 변방.
【狐狸(호리, hú lí)】: 여우.
【豺狼(시랑, chái láng)】: 승냥이.
【嗥(호, háo)】: 울부짖다. 소리 지르다.

10 我諸戎除翦其荊棘, 驅其狐狸豺狼, 以爲先君不侵不叛之臣, 至于今不貳。→ 우리 융족들은 그곳의 가시덤불을 제거하고, 그곳의 여우와 승냥이들을 쫓아낸 후, 선군에게 침범하지 않고 반역하지 않는 신하가 되어, 오늘에 이르기까지 두 마음을 품지 않았습니다.
【除翦(제전, chú jiǎn)】: 제거하다.
【驅(구, qū)】: 몰아내다. 쫓아내다.
【叛(반, pàn)】: 반역하다. 배반하다.
【不貳(불이, bù èr)】: 두 마음을 품지 않다. 변심하지 않다.

11 昔文公與秦伐鄭, 秦人竊與鄭盟而舍戍焉, 於是乎有殽之師。→ 지난날 晉文公께서는 秦나라와 더불어 鄭나라를 정벌했는데, (그때) 秦나라가 몰래 鄭나라와 동맹을 맺고 군사를 주둔시켜 (鄭나라를) 지키도록 했습니다. 그리하여 (晉·秦 간에) 殽山의 전쟁이 일어났습니다.
【文公(문공, wén gōng)】: 晉文公.
【竊(절, qiè)】: 몰래. 은밀히.
【舍戍(사수, shě shù)】: 군사를 주둔시켜 수비하다.
※ 魯僖公 30년(B.C. 630) 秦과 晉이 鄭을 포위하자, 鄭이 燭之武를 보내 秦君을 접견하도록 했는데, 秦이 은밀히 鄭과 동맹을 맺고 杞子·逢孫·楊孫 등으로 하여금 鄭나라를 지키도록 했다.
【焉(언, yān)】: [대명사] 이곳. 여기. 즉「鄭나라」.
【於是乎(어시호, yú shì hū)】: 그리하여.
【殽之師(효지사, yáo zhī shī)】: 殽山의 전쟁. 【殽】: [산 이름] 殽山 또는 崤山. 지금의 하남성 洛寧縣 서북쪽.
※ 魯僖公 33년(B.C. 627), 晉과 姜戎이 殽山 일대에서 秦의 군사를 물리쳤다.

之, 諸戎掎之, 與晉踣之。戎何以不免?¹³ 自是以來, 晉之百役, 與我諸戎相繼于時, 以從執政, 猶殽志也, 豈敢離逷?¹⁴ 今官之師旅, 無乃實有所闕, 以攜諸侯, 而罪我諸戎。¹⁵ 我諸戎飲食衣服, 不與華同,

12 晉禦其上, 戎亢其下, 秦師不復, 我諸戎實然。→ 晉나라는 위쪽에서 방어하고, 戎은 아래쪽에서 대항하여, 秦나라 군사가 전멸했는데, 이는 우리 융족들이 실제로 힘을 쏟아 얻어낸 결과입니다.
【禦(어, yù)】: 막다. 방어하다.
【亢(항, kàng)】: 抗. 대항하다. 저항하다.
【不復(불복, bù fù)】: 회복하지 못하다. 즉「전멸하다」의 뜻.
【實然(실연, shí rán)】: 실제로 힘을 쏟아 얻어낸 결과.

13 譬如捕鹿, 晉人角之, 諸戎掎之, 與晉踣之。戎何以不免? → 비유하자면 마치 사슴을 잡을 때, 晉나라는 뿔을 잡고, 융족은 다리를 끌어당겨, 晉나라와 함께 그것을 넘어뜨린 것과 같습니다. (그런데) 융이 어째서 죄를 면하지 못합니까?
【譬如(비여, pì rú)…】: 비유하면 마치 …와(과) 같다.
【角(각, jiǎo)】: [동사 용법] 뿔을 잡다.
【掎(기, jǐ)】: 잡아 끌다.
【踣(부, bó)】: 넘어뜨리다.
【免(면, miǎn)】: 면하다. 여기서는「죄를 면하다」의 뜻.

14 自是以來, 晉之百役, 與我諸戎相繼于時, 以從執政, 猶殽志也, 豈敢離逷? → 이후부터, 晉나라의 모든 전쟁에는, 우리 여러 융족들과 함께 때마다 계속 참여하며, 귀국의 집정자를 따르길, 마치 殽山의 전쟁 때처럼 했는데, 어찌 감히 배반하고 멀리하겠습니까?
【百役(백역, bǎi yì)】: 모든 전쟁.
【相繼于時(상계우시, xiāng jì yú shí)】: 때마다 계속 이어지다. 즉「때마다 매번 참여하다」의 뜻.
【執政(집정, zhí zhèng)】: 집정자.
【猶(유, yóu)】: 마치 …같다.
【殽志(효지, yáo zhì)】: 殽山 전쟁 때의 상황.
【離逷(이적, lí tì)】: 배반하고 멀리하다.

15 今官之師旅, 無乃實有所闕, 以攜諸侯, 而罪我諸戎。→ 지금 晉나라 집정자 수하의 관리들은, 아마도 실제로 잘못을 저질러, 제후들로 하여금 딴마음을 품게 해놓고, 오히려 우리 융족에게 죄를 덮어씌우려 하는 것입니다.
【官之師旅(관지사려, guān zhī shī lǚ)】: 晉나라 집정자 수하의 관리들. 실제로는「晉나라의 집정자」를 가리킨다. 【官】: 집정자. 【師旅】: 師帥・旅帥 등 晉나라의 관리.
【無乃(무내, wú nǎi)】: 아마도. 어쩌면.
【闕(궐, quē)】: 잘못. 과실.
【攜(휴, xī)】: 딴마음을 품다.

贄幣不通, 言語不達, 何惡之能爲? 不與於會, 亦無瞢焉!」¹⁶ 賦《靑蠅》而退。¹⁷

宣子辭焉, 使卽事於會, 成愷悌也。¹⁸

번역문

구지(駒支)가 진(晉)나라에 굴복하지 않다

진(晉)나라가 각국의 대신들을 향(向)에서 회합하기로 하고, 장차 (이 자

【罪(죄, zuì)】: [사동 용법] 죄를 덮어씌우다.

16 我諸戎飮食衣服, 不與華同, 贄幣不通, 言語不達, 何惡之能爲? 不與於會, 亦無瞢焉!」→ 우리 융족들은 먹고 입는 것이, 中原과 다르고, 평소 왕래도 없으며, 언어도 통하지 않는데, 어찌 악한 짓을 할 수 있겠습니까? 회의에 참석하지 못해도, 또한 부끄러울 일이 없습니다.」

【華(화, huá)】: 華夏. 中原.

【贄幣不通(지폐불통, zhì bì bù tōng)】: 예물이 오고가지 않다. 즉「왕래가 없다」의 뜻. 〖贄幣〗: 예물.

【不達(부달, bù dá)】: 전달되지 않다. 통하지 않다.

【瞢(몽, méng)】: 부끄럽다.

17 賦《靑蠅》而退。→ (말을 마치더니)《靑蠅》詩를 읊고 나가버렸다.

【賦(부, fù)】: 읊다.

【《靑蠅(청승, qīng yíng)》】:《詩經·小雅·甫田之什》중의 시. 시의 내용에「營營靑蠅, 止于樊。豈弟君子, 無信讒言。(윙윙거리는 쉬파리가, 울타리에 앉아 있네. 온화하고 선량한 군자여, 참언을 믿지 마소서.)」이란 구절이 있는데, 駒支가 이를 인용하여 참언을 믿은 晉을 꾸짖은 것이다.

18 宣子辭焉, 使卽事於會, 成愷悌也。→ 范宣子가 사죄하고, 駒支로 하여금 회의에 참석하게 함으로써, 온화하고 선량한 군자의 미덕을 이루었다.

【辭(사, cí)】: 사죄하다.

【使(사, shǐ)】: …로 하여금 …하게 하다.

【卽事(즉사, jí shì)】: 일에 임하다. 즉「참석하다」의 뜻.

【愷悌(개제, kǎi tì)】: 온화하고 선량하다. 부드럽고 친절하다.

리에서) 강융족(姜戎族)의 우두머리인 구지(駒支)를 체포하려 했다. 그리하여 범선자(范宣子)가 친히 조정에서 그의 죄상을 열거하며 말했다 : 「이리 오시오, 강융씨(姜戎氏)! 옛날 진(秦)나라가 과주(瓜州)에서 당신의 선조 오리(吾離)를 추격하자, 당신의 선조 오리는 풀로 엮은 가리개를 걸치고 가시나무로 엮은 모자를 쓴 채 우리 선군(先君)께 귀순했소. (그때) 우리 선군이신 혜공(惠公)께서는 넉넉하지도 못한 땅을 가지고 당신들과 똑같이 나누어 당신들을 먹고살게 해주었소. 오늘날 제후들이 우리 임금을 섬기는 것이 옛날 같지 않은 것은 기밀이 누설되었기 때문인데, 이는 주로 당신들 때문이오. 내일 아침의 회의에 당신은 참석하지 마시오. 참석하면 당신을 체포할 것이오.」 이에 구지가 대답했다 : 「옛날 진(秦)나라는 자신의 강대한 세력을 믿고 남의 토지를 탐하여 우리 여러 융족(戎族)들을 몰아냈습니다. 진혜공(晉惠公)께서는 큰 덕을 보이시어, 우리 여러 융족이 사악(四嶽)의 후예임으로 이를 멸망하도록 방치해서는 안 된다고 여기셨습니다. (그리하여) 우리에게 남쪽 변방의 땅을 하사하셨습니다. (이곳은) 여우가 살고 승냥이가 울부짖던 곳이었습니다. 우리 융족들은 그곳의 가시덤불을 제거하고, 그곳의 여우와 승냥이들을 쫓아낸 후, 선군(先君)에게 침범하지 않고 반역하지 않는 신하가 되어 오늘에 이르기까지 두 마음을 품지 않았습니다. 지난날 진문공(晉文公)께서는 진(秦)나라와 더불어 정(鄭)나라를 정벌했는데, (그때) 진(秦)나라가 몰래 정나라와 동맹을 맺고 군사를 주둔시켜 (정나라를) 지키도록 했습니다. 그리하여 진(晉)·진(秦) 간에 효산(殽山)의 전쟁이 일어났습니다. 진(晉)나라는 위쪽에서 방어하고 융(戎)은 아래쪽에서 대항하여 진(秦)나라 군사가 전멸했는데, 이는 우리 융족들이 실제로 힘을 쏟아 얻어낸 결과입니다. 비유하자면, 마치 사슴을 잡을 때 진(晉)나라는 뿔을 잡고, 융족은 다리를 끌어당겨 진(晉)나라와 함께 그것을 넘어뜨린 것과 같습니다. (그런데) 융이 어째서 죄를 면하지 못합니까? 이후부터 진(晉)나라의 모든 전쟁에는 우리 여러 융족들과 함께 때마다 계속 참여하며 귀국의 집정자를 따르길 마치 효산(殽山)의 전쟁 때처럼 했는데, 어찌 감히 배반하고 멀리하겠습니까? 지금 진(晉)나라 집정자 수하의 관리들은 아마도 실제로 잘못을 저질러 제후들로 하여금 딴마음을 품게 해놓고 오히려 우리 융족에게 죄를 덮어씌우려 하는 것입니다. 우리 융족들은 먹고 입는 것이 중원(中原)과 다르고 평소 왕래도 없으며 언어도 통하지 않는데, 어찌 악한 짓을 할 수 있겠습니까? 회의에 참석하지 못해도 또한 부끄러울 일이 없습니다.」(말을 마치더니) 《청승(靑蠅)》 시를 읊고 나가버렸다.

범선자가 사죄하고 구지로 하여금 회의에 참석하게 함으로써 온화하고 선량한 군자의 미덕을 이루었다.

해제解題 및 본문 요지 설명

진(晉)나라와 초(楚)나라가 패권을 다투는 상황에서 진도공(晉悼公)이 제후들과 연합하여 초나라의 우방인 정(鄭)나라를 세 차례나 공격하고, 또 노양공(魯襄公) 13년(B.C. 560) 오(吳)나라로 하여금 초나라가 공왕(共王)의 상(喪)을 당한 기회를 이용하여 초나라를 공격하도록 했으나, 오히려 초나라에 대패함으로써 진(晉)나라는 대내적으로 여러 신하들 간에 불화가 발생하고, 대외적으로 제후들이 모두 진(晉)나라에 대해 두 마음을 품게 되었다. 일이 이처럼 순조롭지 못하게 되자, 범선자(范宣子)는 그 책임을 강융족(姜戎族)의 우두머리인 구지(駒支)에게 전가했다. 강융족은 본래 춘추시대 중국 서북 지방에 분포해 있던 옛 서융(西戎)의 한 지류로, 한때 과주(瓜州)[지금의 감숙성 돈황현(敦煌縣) 서쪽] 일대에서 살다가 후에 진(晉)의 남쪽[지금의 산서성 남쪽]으로 이주하여 진(晉)나라에 의탁한 오랑캐족이다.

 범선자는 결국 이듬해인 노양공(魯襄公) 14년(B.C. 559) 정월, 각국의 대표들을 오(吳)나라의 향(向)지방으로 불러 공동으로 초나라에 대항하는 문제를 논의하기로 하고, 이 자리에서 구지를 체포하고자 마음먹었다. 그리하여 향(向)의 회동 바로 전날 강융족의 수령 구지를 불러 그의 죄상을 일일이 열거하며 심한 어조로 질책했다.

 본문은 《좌전(左傳)·양공 14년(襄公 十四年)》의 일부분으로, 바로 범선자가 구지를 질책하고 구지가 이에 대해 반박하며 답변한 내용을 기술한 것이다.

 본문은 세 단락으로 나눌 수 있는데, 첫째 단락에서는 사건의 경위와 아울러 범선자가 구지를 배은망덕하고 기밀을 누설했다고 질책한 것을 기술했고; 둘째 단락에서는 범선자의 질책에 대한 구지의 해명과 반박 내용을 기술했고; 마지막 단락에서는 범선자가 구지의 해박한 논리에 할 말을 잃고 구지에게 사죄함으로써 자신의 관대한 모습을 보이고자 한 것을 기술했다.

025 기해청면숙향(祁奚請免叔向)
《左傳 · 襄公 二十一年》

작자

001 정백극단우언(鄭伯克段于鄢) 참조.

원문 및 주석

祁奚請免叔向[1]

欒盈出奔楚, 宣子殺羊舌虎, 囚叔向.[2] 人謂叔向曰:「子離於罪,

1 祁奚請免叔向 → 祁奚가 叔向을 사면해 주도록 요청하다
  【祁奚(기해, qí xī)】: [인명] 晉의 은퇴한 원로 대신으로, 자는 黃羊.
  【免(면, miǎn)】: (죄를) 사면하다.
  【叔向(숙향, shū xiàng)】: [인명] 羊舌肸(양설힐, yáng shé xì). 晉의 대부이며, 羊舌虎의 형이다.

2 欒盈出奔楚, 宣子殺羊舌虎, 囚叔向。→ 欒盈이 楚나라로 달아나자, 范宣子가 羊舌虎를 죽이고, 叔向을 잡아 가두었다.
  【欒盈(난영, luán yíng)】: [인명] 晉의 대부. 范宣子와 권력투쟁을 하다가 실패하여 楚로 달아났다.

其爲不知乎?」叔向曰:「與其死亡若何?《詩》曰:『優哉游哉, 聊以卒歲。』知也!」³

樂王鮒見叔向曰:「吾爲子請。」叔向弗應, 出不拜。⁴ 其人皆咎叔向。叔向曰:「必祁大夫。」⁵ 室老聞之曰:「樂王鮒言於君, 無不行, 求赦吾子, 吾子不許。祁大夫所不能也, 而曰必由之, 何也?」⁶ 叔向

【出奔(출분, chū bēn)】: 달아나다. 도주하다.
【宣子(선자, xuān zǐ)】: 范宣子. 晉의 대부로, 성은 士, 이름은 匄(丐).
【羊舌虎(양설호, yáng shé hǔ)】: [인명] 晉의 대부로 欒盈과 같은 당파.
【囚(수, qiú)】: 구금하다. 가두다.

3 人謂叔向曰:「子離於罪, 其爲不知乎?」叔向曰:「與其死亡若何?《詩》曰:『優哉游哉, 聊以卒歲。』知也!」→ 어떤 사람이 숙향에게 말하길:「당신이 죄를 받은 것은, 아마도 지혜롭지 못한 때문이겠지요?」라고 하자, 숙향이 대답하길:「(나를) 죽거나 도망한 그 사람들과 비교하면 어찌합니까?《시경》에 이르길:『유유자적하며, 그럭저럭 한 해를 보낸다.』라고 했는데, 이게 바로 지혜로운 것입니다.」라고 했다.
【離(리, lí)】: 罹. (불행한 일을) 당하다.
【其(기, qí)】: 아마도.
【知(지, zhī)】: 智. 지혜롭다.
【若何(약하, ruò hé)】: 如何. 어찌하는가?
【《詩》曰(시왈, shī yuē)】:《詩經·小雅·魚藻之什》중의《采菽》詩 마지막에「優哉游哉, 亦是戾矣。」라는 구절이 있으나, 본문의 내용과 다른 것을 보면 아마도 오류인 듯하다.
【優哉游哉(우재유재, yōu zāi yóu zāi)】: 유유자적하다. 한가롭게 지내다.
【聊以卒歲(요이졸세, liáo yǐ zú suì)】: 그럭저럭 한 해를 보내다.

4 樂王鮒見叔向曰:「吾爲子請。」叔向弗應, 出不拜。→ 樂王鮒가 숙향을 보고 말하길:「내가 당신을 위해 사정해 보겠소.」라고 하자, 숙향이 거절하고, (악왕부가) 나갈 때 인사도 하지 않았다.
【樂王鮒(악왕부, yuè wáng fù)】: [인명] 성은 樂王, 이름은 鮒. 晉나라의 대부.
【請(청, qǐng)】: 사정하다. 용서를 구하다. 사면을 청하다.
【弗應(불응, fú yìng)】: 거절하다. 대답하지 않다. 【弗】: 不.

5 其人皆咎叔向。叔向曰:「必祁大夫。」→ 숙향의 측근들이 모두 숙향을 질책했다. 그러자 숙향이 말하길:「반드시 祁大夫라야 합니다.」라고 했다.
【其人(기인, qí rén)】: 그 사람들. 즉「숙향의 측근들」.
【咎(구, jiù)】: 질책하다. 나무라다.
【祁大夫(기대부, qí dà fū)】: 祁奚.

6 室老聞之曰:「樂王鮒言於君, 無不行, 求赦吾子, 吾子不許。祁大夫所不能也, 而曰必由之,

曰:「樂王鮒, 從君者也, 何能行? 祁大夫外舉不棄讎, 內舉不失親, 其獨遺我乎?《詩》曰:『有覺德行, 四國順之.』夫子覺者也.」[7]

晉侯問叔向之罪於樂王鮒, 對曰:「不棄其親, 其有焉.」[8] 於是

何也?」→ 家臣의 우두머리가 이 말을 듣고 물었다:「악왕부가 군주께 말씀드리면, 안 되는 일이 없는데, (그가) 우리 주인님을 사면해달라고 요청하겠다는 것을, 우리 주인님께서 허락하지 않았습니다. 기대부가 할 수 있는 바가 아닌데도, 반드시 그분이라야 한다고 말씀하시는데, 어째서 그렇습니까?」
【室老(실로, shì lǎo)】: 家臣 중의 우두머리. 옛날 대부의 집에는 가신들이 있었는데, 가신 중의 우두머리를 「室老」라 불렀다.
【求赦(구사, qiú shè)】: 사면을 요청하다.
【由(유, yóu)…】: [행위 동작의 주체를 나타내는 개사] …가(이).

7 叔向曰:「樂王鮒, 從君者也, 何能行? 祁大夫外舉不棄讎, 內舉不失親, 其獨遺我乎?《詩》曰:『有覺德行, 四國順之.』夫子覺者也.」→ 이에 숙향이 대답하길:「왕악부는, 임금을 잘 따르는 사람이니, 어찌 잘 처리할 수 있겠소? 기내부는 밖에서 사람을 추천할 경우 원수라도 버리지 않았고, 안에서 사람을 추천할 경우 친족도 피하지 않았으니, 어찌 유독 나만을 남겨두겠소?《시경》에 이르길:『정직한 덕행이 있으면, 사방에서 따른다.』라고 했는데, 기대부는 정직한 사람이오.」라고 했다.
※ 祁奚가 늙어서 은퇴할 때, 晉나라의 군주가 그에게 '당신을 대신하도록 누구를 천거하겠는가?'라고 묻자, 기해는 자기의 원수인 解狐를 추천했다. 얼마 후 해호가 죽자, 이번에는 자기의 아들 祁午를 추천했다. 그러자 당시 사람들은 그를 칭찬하여「밖에서 사람을 천거할 경우에는 원수를 피하지 않았고, 안에서 사람을 천거할 경우에는 친족을 피하지 않았다.(外舉不避讎, 內舉不避親.)」라고 했다.
【從(종, cóng)】: 따르다. 순종하다.
【外舉(외거, wài jǔ)】: 밖에서 사람을 천거하다.
【讎(수, chóu)】: 원수.
【其(기, qí)…乎(호, hū)?】: 어찌 …겠는가?
【獨(독, dú)】: 유독.
【遺(유, yí)】: 남기다.
【《詩》曰(시왈, shī yuē)】: 이 말은《詩經·大雅·抑》에 보인다.
【夫子(부자, fū zǐ)】: 학자나 연장자에 대한 존칭. 여기서는「기대부」를 가리킨다.
【覺者(각자, jué zhě)】: 정직한 사람.

8 晉侯問叔向之罪於樂王鮒, 對曰:「不棄其親, 其有焉.」→ 晉平公이 숙향의 죄를 묻자, 악왕부가 대답했다:「자기의 친척을 버리지 않는 사람이니, 아마도 동생과 모의한 일이 있을 것입니다.」
【晉侯(진후, jìn hóu)】: 晉나라의 제후. 여기서는「晉平公」을 가리킨다.
【其(기, qí)】: 아마도.

祁奚老矣, 聞之, 乘馹而見宣子曰:「《詩》曰:『惠我無疆, 子孫保之。』
《書》曰:『聖有謨勳, 明徵定保。』」[9] 夫謀而鮮過, 惠訓不倦者, 叔向有
焉。[10] 社稷之固也, 猶將十世宥之, 以勸能者。[11] 今壹不免其身, 以棄
社稷, 不亦惑乎?[12] 鯀殛而禹興; 伊尹放太甲而相之, 卒無怨色; 管、

【有(유, yǒu)】: 있다. 여기서는「숙향이 아우인 羊舌虎와 모종의 음모가 있을 것이다.」라
는 뜻.
【焉(언, yān)】: [어조사].

9 於是祁奚老矣, 聞之, 乘馹而見宣子曰:《詩》曰:『惠我無疆, 子孫保之。』《書》曰:『聖有謨
勳, 明徵定保。』→ 이때 祁奚는 노령으로 이미 은퇴했는데, 그 말을 듣자, 급히 역마를 타
고 달려가 범선자를 만나 말했다:「《詩經》에는:『우리에게 많은 은혜를 베푸셨으니, 자
손들은 이를 오래도록 보존해야 한다.』라 했고,《書經》에는:『성현은 책략과 교훈을 지
니고 있으니, 마땅히 믿고 보호해야 한다.』라고 했습니다.
※《詩經》의 말은《詩經·周頌·烈文》에 보이고,《書經》의 말은《書經·夏書·胤征》에
보인다.
【於是(어시, yú shì)】: 이때.
【老(로, lǎo)】: 늙다. 여기서는「노령으로 이미 은퇴하다」의 뜻.
【乘(승, chéng)】: 타다.
【馹(일, rì)】: 역마.
【無疆(무강, wú jiāng)】: 무한하다. 끝이 없다. 여기서는「매우 많은 은혜」를 뜻한다.
【謨勳(모훈, mó xūn)】: 책략과 교훈.
【徵(징, zhēng)】: 믿다.

10 夫謀而鮮過, 惠訓不倦者, 叔向有焉。→ 대저 일을 도모함에 있어서 허물이 적고, 가르
침을 베풀면서 게으리하지 않는 성품을, 숙향은 갖추고 있습니다.
【夫(부, fú)】: [발어사] 대저, 무릇.
【惠訓(혜훈, huì xùn)】: 가르침을 베풀다.
【倦(권, juàn)】: 게으르다. 나태하다.

11 社稷之固也, 猶將十世宥之, 以勸能者。→ 국가 사직의 안정을 위해서는, 장차 십대 손
까지도 용서하여, 이로써 능력 있는 사람을 격려해야 합니다.
【固(고, gù)】: 안정되다.
【猶將(유장, yóu jiāng)】: [복합 허사] 장차 …까지도.
【宥(유, yòu)】: 용서하다.
【勸(권, quàn)】: 격려하다.

12 今壹不免其身, 以棄社稷, 不亦惑乎? → (그런데) 지금 한 번의 죄로 인해 자신을 용서받
지 못하여, 국가 사직을 버리게 된다면, 매우 당혹스럽지 않겠습니까?
【壹(일, yī)】: 한 번의 죄. 여기서는「叔向의 동생이 지은 죄」를 가리킨다.

蔡爲戮, 周公右王。若之何其以虎也棄社稷?¹³ 子爲善, 誰敢不勉? 多殺何爲?」¹⁴

宣子說, 與之乘, 以言諸公而免之。不見叔向而歸, 叔向亦不告免焉而朝。¹⁵

※ 晉의 대신 范宣子는 참언을 믿고 가기의 외손 欒盈을 추방하고, 난영의 일당인 羊舌虎 등 10여 명을 죽였는데, 양설호의 형인 叔向도 이로 인해 감옥에 갇혔다.

【不亦(불역, bù yì)…乎(호, hū)?】 : [고정 격식] 매우 …하지 않은가? 또한 …하지 않겠는가?

【惑(혹, huò)】 : 곤혹스럽다. 당혹스럽다.

13 鯀殛而禹興; 伊尹放太甲而相之, 卒無怨色; 管、蔡爲戮, 周公右王。若之何其以虎也棄社稷? → 옛날에 鯀이 죽임을 당했으나 (鯀의 아들) 禹가 중용되었고; 伊尹이 太甲을 몰아냈으나 (태갑이) 후에 이윤을 재상으로 임명하고, 끝내 원한의 기색을 보이지 않았으며; 管叔과 蔡叔이 죽임을 당했지만, (그들의 형인) 周公은 여전히 成王을 보필하였습니다. 어째서 그가 羊舌虎로 인해 국가 사직을 버려야 합니까?

【鯀(곤, gǔn)】 : [인명] 전설에 의하면, 禹의 아버지로 治水에 실패하여 羽山에서 舜에게 죽임을 당했다.

【殛(극, jí)】 : 주살되다. 죽임을 당하다.

【興(흥, xīng)】 : 일어나다. 여기서는「중용되다, 임용되다」의 뜻.

【伊尹(이윤, yī yǐn)】 : [인명] 商나라 초기의 대신. 商의 湯王을 도와 夏의 桀王을 몰아냈다.

【放(방, fàng)】 : 몰아내다. 추방하다.

【太甲(태갑, tài jiǎ)】 : 商나라 湯王의 嫡孫으로, 商의 2대 임금. 태갑은 즉위 이후 湯王의 成法을 파괴하여 伊尹에 의해 추방되었다가 3년 후 잘못을 뉘우치고 복위했는데, 여전히 이윤을 재상으로 기용했다. ※ 판본에 따라서는「太」를「大」라 했다.

【相(상, xiàng)】 : [동사 용법] 재상으로 삼다.

【管、蔡(관채, guǎn cài)】 : 管叔과 蔡叔. 周公의 동생으로 반란을 일으켰다가 죽임을 당했다.

【戮(륙, lù)】 : 죽임을 당하다. 살해되다.

【右(우, yòu)】 : 佑. 보필하다. 보좌하다.

【若之何(약지하, ruò zhī hé)】 : 어째서. 왜.

【以(이, yǐ)】 : 因. …로 인해.

14 子爲善, 誰敢不勉? 多殺何爲?」→ 그대가 좋은 일을 하면, 누가 감히 열심히 일하지 않겠습니까? 사람을 많이 죽여 무엇하겠습니까?」

【勉(면, miǎn)】 : 힘쓰다. 노력하다.

【何爲(하위, hé wéi)】 : 무엇하겠는가?

> 번역문

기해(祁奚)가 숙향(叔向)을 사면해 주도록 요청하다

난영(欒盈)이 초(楚)나라로 달아나자, 범선자(范宣子)가 양설호(羊舌虎)를 죽이고 숙향(叔向)을 잡아 가두었다. 어떤 사람이 숙향에게 말하길 : 「당신이 죄를 받은 것은 아마도 지혜롭지 못한 때문이겠지요?」라고 하자, 숙향이 대답하길 : 「(나를) 죽거나 도망한 그 사람들과 비교하면 어찌합니까? 《시경(詩經)》에 이르길 : 『유유자적하며 그럭저럭 한 해를 보낸다.』라고 했는데, 이게 바로 지혜로운 것입니다.」라고 했다.

악왕부(樂王鮒)가 숙향을 보고 말하길 : 「내가 당신을 위해 사정해 보겠소.」라고 하자, 숙향이 거절하고 (악왕부가) 나갈 때 인사도 하지 않았다. 숙향의 측근들이 모두 숙향을 질책했다. 그러자 숙향이 말하길 : 「반드시 기대부(祁大夫)라야 합니다.」라고 했다. 가신(家臣)의 우두머리가 이 말을 듣고 물었다 : 「악왕부가 군주께 말씀드리면 안 되는 일이 없는데, (그가) 우리 주인님을 사면해 달라고 요청하겠다는 것을 우리 주인님께서 허락하

---

15 宣子說, 與之乘, 以言諸公而免之. 不見叔向而歸, 叔向亦不告免焉而朝. → 范宣子가 기뻐하며, 그와 함께 수레를 타고 가서, 그것을 晉平公에게 말하고 숙향을 사면했다. (기해는) 숙향을 만나지도 않고 돌아가고, 숙향 또한 (기해에게) 사면된 것을 알리지도 않고 바로 입조하여 진평공을 알현했다.
【說(열, yuè)】: 悅. 기뻐하다.
【與之乘(여지승, yǔ zhī chéng)】: 그와 함께 수레를 타다. 【之】: [대명사] 그. 즉「祁奚」. 【乘】: (수레를) 타다.
【諸(제, zhū)】: 之於의 합음.
【公(공, gōng)】: 여기서는「晉平公」을 가리킨다.
【告免(고면, gào miǎn)】: 사면된 것을 알리다.
【焉(언, yān)】: 바로. 곧장.
【朝(조, cháo)】: 입조하다. 여기서는「입조하여 晉平公을 알현한 것」을 말한다.

지 않았습니다. 기대부가 할 수 있는 바가 아닌데도 반드시 그분이라야 한다고 말씀하시는데, 어째서 그렇습니까?」 이에 숙향이 대답하길 : 「왕악부는 임금을 잘 따르는 사람이니, 어찌 잘 처리할 수 있겠소? 기대부는 밖에서 사람을 추천할 경우 원수라도 버리지 않았고, 안에서 사람을 추천할 경우 친족도 피하지 않았으니, 어찌 유독 나만을 남겨두겠소?《시경》에 이르길 :『정직한 덕행이 있으면 사방에서 따른다.』라고 했는데, 기대부는 정직한 사람이오..」라고 했다.

진평공(晉平公)이 숙향의 죄를 묻자, 악왕부가 대답했다 : 「자기의 친척을 버리지 않는 사람이니 아마도 동생과 모의한 일이 있을 것입니다.」 이때 기해(祁奚)는 노령으로 이미 은퇴했는데, 그 말을 듣자 급히 역마를 타고 달려가 범선자를 만나 말했다 :「《시경》에는 :『우리에게 많은 은혜를 베푸셨으니 자손들은 이를 오래도록 보존해야 한다.』라 했고,《시경(詩經)》에는 :『성현은 책략과 교훈을 지니고 있으니, 마땅히 그것을 믿고 보호해야 한다.』라고 했습니다. 대저 일을 도모함에 있어서 허물이 적고 가르침을 베풀면서 게을리하지 않는 성품을 숙향은 갖추고 있습니다. 국가 사직의 안정을 위해서는 장차 십대손(十代孫)까지도 용서하여 이로써 능력 있는 사람을 격려해야 합니다. (그런데) 지금 한 번의 죄로 인해 자신을 용서받지 못하여 국가 사직을 버리게 된다면 매우 당혹스럽지 않겠습니까? 옛날에 곤(鯀)이 죽임을 당했으나 (곤의 아들) 우(禹)가 중용되었고, 이윤(伊尹)이 태갑(太甲)을 몰아냈으나 (태갑이) 후에 이윤을 재상으로 임명하고 끝내 원한의 기색을 보이지 않았으며, 관숙(管叔)과 채숙(蔡叔)이 죽임을 당했지만 (그들의 형인) 주공(周公)은 여전히 성왕(成王)을 보필하였습니다. 어째서 그가 양설호(羊舌虎)로 인해 국가 사직을 버려야 합니까? 그대가 좋은 일을 하면 누가 감히 열심히 일하지 않겠습니까? 사람을 많이 죽여 무엇하겠습니까?」

 범선자가 기뻐하며 그와 함께 수레를 타고 가서 그것을 진평공(晉平公)에게 말하고 숙향을 사면했다. (기해는) 숙향을 만나지도 않고 돌아가고, 숙향 또한 (기해에게) 사면된 것을 알리지도 않고 바로 입조(入朝)하여 진평공을 알현했다.

해제(解題) 및 본문 요지 설명

 노양공(魯襄公) 21년(B.C. 552) 진(晉)나라의 집정 대신 범선자(范宣子)는 참언을 믿고 자기의 외손(外孫)인 난영(欒盈)을 추방하고 난영과 같은 당파인 양설호(羊舌虎) 등 10여 명을 살해했는데, 양설호의 형 숙향(叔向)이 동생의 일로 인해 감옥에 갇히게 되었다.

 본문은 《좌전(左傳) · 양공 21년(襄公 二十一年)》의 일부분으로, 진(晉)나라의 대부 기해(祁奚)가 범선자를 설득하여 진평공(晉平公)으로부터 숙향의 죄를 사면받도록 한 일을 기술한 것이다.

 본문은 다섯 단락으로 나눌 수 있는데, 첫째 단락에서는 《좌전》의 원문 내용을 거두절미(去頭截尾)하고, 다만 범선자가 양설호를 죽이고 숙향을 감옥에 가둔 사건의 배경을 간략히 기술했고; 둘째 단락에서는 다른 사람의 일로 인해 감옥에 갇히게 되었음에도 누구를 원망하거나 탓하지 않는 숙향의 대범한 성격을 말했고; 셋째 단락에서는 숙향이 자신을 돕겠다고 나선 권력자 악왕부(樂王鮒)의 제의를 단호히 거부하고 은퇴한 기해(祁奚)의 도움을 희망한 것에 대한 가신(家臣)의 의문에 대해 사유를 밝힌 것을 기술했고; 넷째 단락에서는 악왕부가 진평공의 면전에서 숙향에게 불리한 말을 한 것에 반해, 기해가 연로하고 허약한 몸을 끌고 직접 진평공에게 와서 숙향을 위해 호소한 것을 통해 확연히 다른 두 사람의 인물 형상을 대비했고; 마지막 단락에서는 숙향을 구출하고 나서 조금도 자신의 공을 내세우지 않는 기해와 남의 은혜를 받고서도 사사로운 감정 표현을 자제하려는 숙향 두 사람의 광명정대(光明正大)하고 고상한 성격을 묘사했다.

026 자산고범선자경폐(子産告范宣子輕幣)
《左傳 · 襄公 二十四年》

작자

001 정백극단우언(鄭伯克段于鄢) 참조.

원문 및 주석

子産告范宣子輕幣[1]

范宣子爲政, 諸侯之幣重, 鄭人病之。二月, 鄭伯如晉。[2] 子産寓

---

1 子産告范宣子輕幣 → 子産이 范宣子에게 고해 貢物을 가볍게 해주다
 【子産(자산, zǐ chǎn)】: [인명] 이름은 公孫僑, 자는 子産. 鄭나라의 집정 대신이 되어 정사를 관장하면서 적극적으로 개혁을 주도했다.
 【告(고, gào)】: 알리다. 고하다.
 【范宣子(범선자, fàn xuān zǐ)】: [인명] 晉의 대부로, 성은 士, 이름은 匄(丐).
 【輕(경, qīng)】: 경감하다. 가볍게 하다.
 【幣(폐, bì)】: 비단. 옛날에는 통상 비단을 예물로 사용했다. 여기서는 여러 제후들이 晉에 바치던 공물을 가리킨다.
2 范宣子爲政, 諸侯之幣重, 鄭人病之。二月, 鄭伯如晉。→ 范宣子가 晉나라의 정사를 관장

書於子西, 以告宣子, 曰:「子爲晉國, 四鄰諸侯, 不聞令德而聞重幣, 僑也惑之。³ 僑聞君子長國家者, 非無賄之患, 而無令名之難。⁴ 夫諸侯之賄聚於公室, 則諸侯貳; 若吾子賴之, 則晉國貳。⁵ 諸侯貳

하던 시절, 제후들이 (晉나라에) 바치는 공물이 과중하여, 鄭나라 사람들은 이를 매우 고통스러워했다. 2월에, 鄭簡公이 晉나라에 갔다.
【病(병, bìng)】: 고통스러워하다. 걱정거리로 여기다.
【鄭伯(정백, zhèng bó)】: 鄭나라의 제후. 여기서는「鄭簡公」을 가리킨다. 36년간 (B.C. 565-B.C. 530) 재위했다.
【如(여, rú)】: 往. 가다.

3 子產寓書於子西, 以告宣子, 曰:「子爲晉國, 四鄰諸侯, 不聞令德而聞重幣, 僑也惑之。→ 子產이 子西 편에 편지를 보내, 범선자에게 말했다:「당신이 晉나라를 다스리는 동안, 사방 이웃의 제후들은, 당신의 미덕에 대해서는 듣지 못하고 공물이 과중하다는 말만 들어, 저는 이를 궁금하게 여기고 있습니다.
【寓書(우서, yù shū)】: 서신을 기탁하다.
【子西(자서, zǐ xī)】: [인명] 鄭나라의 대부 公孫夏. 당시 鄭簡公을 수행하여 晉나라에 들어갔다.
【子(자, zǐ)】: 너. 당신. 그대.
【爲(위, wéi)】: 다스리다.
【令德(영덕, lìng dé)】: 美德. 아름다운 덕망.
【僑(교, qiáo)】: 公孫僑가 자신의 이름을:「나(저)」라는 의미로 사용했다.
【惑(혹, huò)】: 궁금하게 여기다. 이해하지 못하다.

4 僑聞君子長國家者, 非無賄之患, 而無令名之難。→ 제가 듣건대 군자로서 나라를 다스리는 사람은, 財物이 없는 것을 걱정하지 않고, 아름다운 명성이 없는 것을 난감하게 여긴다고 했습니다.
【長(장, zhǎng)】: 관장하다. 즉「맡아 다스리다」.
【賄(회, huì)】: 財物.
【患(환, huàn)】: 걱정하다. 근심하다.
【令名(영명, lìng míng)】: 美名. 아름다운 명성.
【難(난, nán)】: 난감하게 여기다.

5 夫諸侯之賄聚於公室, 則諸侯貳; 若吾子賴之, 則晉國貳。→ 무릇 제후들의 재물이 모두 晉나라 조정으로 모이게 되면, 제후들은 (晉나라에 대해) 두 마음을 품게 되고; 만일 그대가 그것을 사사로이 소유한다면, 晉나라가 (당신에 대해) 두 마음을 품게 될 것입니다.
【夫(부, fú)】: [발어사] 대저. 무릇.
【聚於(취어, jù yú)…】:…으로 모이다. 【於】: [개사] …으로, …을 향해.
【公室(공실, gōng shì)】: 조정. 국가기관. 여기서는「晉의 조정」을 가리킨다.
【貳(이, èr)】: 두 마음을 품다.

권2 주문주문 225

則晉國壞; 晉國貳則子之家壞。何沒沒也? 將焉用賄?⁶

「夫令名, 德之輿也; 德, 國家之基也。有基無壞, 無亦是務乎? 有德則樂, 樂則能久。⁷《詩》云:『樂只君子, 邦家之基。』有令德也夫!『上帝臨女, 無貳爾心。』有令名也夫!⁸ 恕思以明德, 則令名載而

【若(약, ruò)】: 만일. 만약.
【吾子(오자, wú zǐ)】: [상대방을 친근하게 부르는 호칭] 그대. 당신.
【賴(뢰, lài)】: 취득하다. 여기서는「사사로이 소유하다」의 뜻.

6 諸侯貳則晉國壞; 晉國貳則子之家壞。何沒沒也? 將焉用賄? → 제후들이 두 마음을 품게 되면 晉나라가 망가지고; 晉나라가 두 마음을 품게 되면 당신의 집안이 망가집니다. 왜 미혹되어 깨닫지 못합니까? 그리고 장차 그 재물을 어디에 쓰려 합니까?
【壞(괴, huài)】: 망가지다. 무너지다.
【沒沒(몰몰, mò mò)】: 푹 빠진 모양. 미혹된 모양.
【焉用(언용, yān yòng)】: 무엇에 쓰겠는가? 어디에 쓰겠는가?

7 夫令名, 德之輿也; 德, 國家之基也。有基無壞, 無亦是務乎? 有德則樂, 樂則能久。→「무릇 아름다운 명성은, 덕을 전파하는 수레요, 덕은, 나라의 기본입니다. 기본이 있어야 나라가 망하지 않는데, 어찌 이를 위해 힘쓰지 않습니까? 덕이 있으면 즐겁고, 즐거우면 오래 유지할 수 있습니다.
【德之輿(덕지여, dé zhī yú)】: 덕의 수레. 즉 덕은 아름다운 명성을 수레로 삼아 널리 전해진다는 말.
【基(기, jī)】: 기초. 기본.
【無亦(무역, wú yì)】: 何不. 어찌 …하지 않는가?
【是務(시무, shì wù)】: [務是의 도치 형태] 이를 위해 힘쓰다.
【是(시, shì)】: [대명사] 이. 이것. 즉「아름다운 명성을 추구하는 일」.

8 《詩》云:『樂只君子, 邦家之基』有令德也夫!『上帝臨女, 無貳爾心』有令名也夫! → 《시경》에:『즐거운 군자는, 나라의 초석이다.』라고 한 말은, (군자가) 아름다운 덕을 지니고 있기 때문이요,『天帝께서 너를 굽어보고 계시니, 딴마음을 품지 말라.』고 한 말은, (군자가) 아름다운 명성을 지니고 있기 때문입니다.
【《詩》云(시운, shī yún)】: 앞의 시는《詩經·小雅·南山有臺》시에 보이고, 뒤의 시는《詩經·大雅·大明》의 시에 보인다.
【只(지, zhǐ)】: [어조사].
【邦家(방가, bāng jiā)】: 나라. 국가.
【臨(임, lín)】: 굽어보다. 감시하다.
【女(여, rǔ)】: 汝. 너. 당신.
【無貳爾心(무이이심, wú èr ěr xīn)】: 너의 마음을 변절하지 말라. 즉「딴마음을 품지 말라」의 뜻.【無】: 勿. …하지 말라. …해서는 안 된다.【貳】: 배반하다. 변절하다.【爾】:

行之, 是以遠至邇安.⁹ 毋寧使人謂子『子實生我』, 而謂子『浚我以生』乎? 象有齒以焚其身, 賄也.』¹⁰ 宣子說, 乃輕幣.¹¹

번역문

자산(子產)이 범선자(范宣子)에게 고해
공물(貢物)을 가볍게 해주다

범선자(范宣子)가 진(晉)나라의 정사를 관장하던 시절, 제후들이 (진나라

너. 당신.

9 恕思以明德, 則令名載而行之, 是以遠至邇. → 관대한 마음을 가지고 덕을 밝힌다면, 아름다운 명성이 덕을 싣고 널리 전파되어, 이로 인해 멀리 있는 사람들은 모여들고 가까이 있는 사람들은 안정을 찾을 것입니다.
【恕思(서사, shù sī)】: 관대한 생각을 가지다.
【行(행, xíng)】: 널리 퍼지다.
【是以(시이, shì yǐ)】: 그리하여. 이로 인해.
【邇(이, ěr)】: 近. 가깝다.

10 毋寧使人謂子『子實生我』, 而謂子『浚我以生』乎? 象有齒以焚其身, 賄也.』→ 차라리 사람들이 당신에 대해 『그대가 실로 우리를 살렸다.』라고 말하게 하는 것이 낫지, 당신에 대해 『우리를 착취하여 자신을 살찌웠다.』라고 말하게 해서야 되겠습니까? 코끼리는 상아를 가지고 있어 자신을 죽음에 이르게 하는데, 그것은 상아가 귀한 재물이기 때문입니다.」
【毋寧(무녕, wú níng)】: 차라리 …하는 편이 낫다.
【子(자, zǐ)】: 너. 그대. 당신.
【浚(준, jùn)】: 빼앗다. 착취하다.
【焚(분, fén)】: 斃. 죽다.
【賄(회, huì)】: 재물.

11 宣子說, 乃輕幣. → 范宣子가 기뻐하며, 마침내 제후들의 공물을 가볍게 덜어주었다.
【說(열, yuè)】: 悅. 기뻐하다.
【乃(내, nǎi)】: 마침내. 드디어.

에) 바치는 공물이 과중하여 정(鄭)나라 사람들은 이를 매우 고통스러워했다. 2월에 정간공(鄭簡公)이 진(晉)나라에 갔다. 자산(子産)이 자서(子西) 편에 편지를 보내 범선자에게 말했다 : 「당신이 진(晉)나라를 다스리는 동안 사방 이웃의 제후들은 당신의 미덕에 대해서는 듣지 못하고 공물이 과중하다는 말만 들어 저는 이를 궁금하게 여기고 있습니다. 제가 듣건대, 군자로서 나라를 다스리는 사람은 재물(財物)이 없는 것을 걱정하지 않고 아름다운 명성이 없는 것을 난감하게 여긴다고 했습니다. 무릇 제후들의 재물이 모두 진(晉)나라 조정으로 모이게 되면 제후들은 (진나라에 대해) 두 마음을 품게 되고, 만일 그대가 그것을 사사로이 소유한다면 진나라가 (당신에 대해) 두 마음을 품게 될 것입니다. 제후들이 두 마음을 품게 되면 진나라가 망가지고, 진나라가 두 마음을 품게 되면 당신의 집안이 망가집니다. 왜 미혹되어 깨닫지 못합니까? 그리고 장차 그 재물을 어디에 쓰려 합니까?

「무릇 아름다운 명성은 덕을 전파하는 수레요, 덕은 나라의 기본입니다. 기본이 있어야 나라가 망하지 않는데, 어찌 이를 위해 힘쓰지 않습니까? 덕이 있으면 즐겁고 즐거우면 오래 유지할 수 있습니다. 《시경(詩經)》에 : 『즐거운 군자는 나라의 초석이다.』라고 한 말은, (군자가) 아름다운 덕을 지니고 있기 때문이요, 『천제(天帝)께서 너를 굽어보고 계시니 딴마음을 품지 말라.』고 한 말은, (군자가) 아름다운 명성을 지니고 있기 때문입니다. 관대한 마음을 가지고 덕을 밝힌다면 아름다운 명성이 덕을 싣고 널리 전파되어 이로 인해 멀리 있는 사람들은 모여들고 가까이 있는 사람들은 안정을 찾을 것입니다. 차라리 사람들이 당신에 대해 『그대가 실로 우리를 살렸다.』라고 말하게 하는 것이 낫지, 당신에 대해 『우리를 착취하여 자신을 살찌웠다.』라고 말하게 해서야 되겠습니까? 코끼리는 상아를 가지고 있어 자신을 죽음에 이르게 하는데, 그것은 상아가 귀한 재물이기 때문입니다.」
범선자가 기뻐하며 마침내 제후들의 공물을 가볍게 덜어주었다.

해제解題 및 본문 요지 설명

춘추시대 말엽, 진(晉)나라는 제후들의 맹주가 되어 공물을 지나치게 많이 거두어 제후국들의 부담을 가중시켰다.

본문은 《좌전(左傳)·양공 24년(襄公 二十四年)》의 일부분으로, 정(鄭)나라의 대부 자산(子產)이 진(晉)나라의 집정 대신 범선자(范宣子)를 설득하여 제후들이 진(晉)나라에 바치는 공물을 가볍게 덜어주도록 한 일을 기술한 것이다.

본문은 세 단락으로 나눌 수 있는데, 첫째 단락에서는 자산이 범선자에게 편지를 써 보내게 된 동기를 말했고; 둘째 단락에서는 맹주의 지위와 아름다운 명성을 바라는 진나라의 심리를 이용하여, 사리를 재치 있게 설명함으로써 범선자의 마음을 이끌어낸 자산의 사리 분명하고 재치 있는 편지 내용을 기술했고; 마지막 단락에서는 범선자가 자산의 충고를 받아들여 즉시 실행에 옮김으로써 제후들의 부담을 덜어주게 한 것을 기술했다.

대비법을 채택하여 능수능란한 언어로 공물을 무겁게 할 때와 가볍게 할 때의 이해관계를 교차 설명함으로써 강한 설득력을 보여주고 있다.

027 안자불사군난(晏子不死君難)
《左傳·襄公 二十五年》

작 자

001 정백극단우언(鄭伯克段于鄢) 참조.

원문 및 주석

晏子不死君難[1]

崔武子見棠姜而美之, 遂取之。莊公通焉, 崔子弒之。[2] 晏子立

---

1 晏子不死君難 → 晏子가 임금의 변고에 따라 죽지 않다
  【晏子(안자, yàn zǐ)】: [인명] 晏嬰. 시호는 平, 자는 仲이며 역사에서는 晏平仲이라 칭한다. 齊나라의 대부로 靈公·莊公·景公 삼대에 걸쳐 벼슬을 했으며, 유능하고 근면 검소한 인품으로 세상에 널리 알려졌는데, 후인들이 그의 행적과 諫言을 모아《晏子春秋》를 펴냈다.
  【難(난, nàn)】: 재난. 변고. 죽음.
2 崔武子見棠姜而美之, 遂取之。莊公通焉, 崔子弒之。→ 崔武子가 棠姜을 보고 그녀를 아름답다고 여겨, 마침내 그녀를 아내로 맞이했다. 齊莊公이 그녀와 간통하자, 최무자가 제장공을 살해했다.

於崔氏之門外, 其人曰:「死乎?」曰:「獨吾君也乎哉? 吾死也。」³ 曰
:「行乎?」曰:「吾罪也乎哉? 吾亡也。」⁴ 曰:「歸乎?」曰:「君死, 安歸?
君民者, 豈以陵民? 社稷是主。臣君者, 豈爲其口實? 社稷是養。⁵ 故

【崔武子(최무자, cuī wǔ zǐ)】: [인명] 崔杼. 齊나라의 卿.
【棠姜(당강, táng jiāng)】: [인명] 齊나라의 대부 棠公의 처. 당공이 죽자, 최무자가 그녀를 아내로 맞았다.
【美(미, měi)】: 아름답게 여기다.
【取(취, qǔ)】: 娶. 아내로 맞다.
【莊公(장공, zhuāng gōng)】: 齊莊公.
【通(통, tōng)】: 간통하다.
【弑(시, shì)】: 죽이다. 살해하다. 시해하다.

3 晏子立於崔氏之門外, 其人曰:「死乎?」曰:「獨吾君也乎哉? 吾死也。」 → 안자가 최무자 집의 대문 밖에 서있자, 안자의 측근이 (안자에게) 물었다:「(장공을 위해) 殉死하실 겁니까?」그러자 안자가 말했다:「오직 나 한 사람만의 군주인가? (그렇다면) 내가 죽을 것이네.」
【其人(기인, qí rén)】: 측근. 주변 사람.
【獨(독, dú)】: 오직. 유독.
【也乎哉(야호재, yě hū zāi)】: [어조사] ※句末에 놓여 비교적 강한 반문・의문・감탄을 나타낸다.

4 曰:「行乎?」曰:「吾罪也乎哉? 吾亡也。」 → 안자의 측근이 물었다:「(다른 나라로) 도주할 것입니까?」안자가 말했다:「(장공의 죽음이) 나의 죄로 말미암은 것인가? (그렇다면) 나는 도주할 것이네.」
【行(행, xíng)】: 도주하다. 도망하다.
【亡(망, wáng)】: 도망하다. 도주하다. 도피하다.

5 曰:「歸乎?」曰:「君死, 安歸? 君民者, 豈以陵民? 社稷是主。臣君者, 豈爲其口實? 社稷是養。 → 안자의 측근이 물었다:「사직하고 집으로 돌아가시겠습니까?」안자가 말했다:「임금이 돌아가셨는데, 어찌 사직하고 돌아갈 수 있겠는가? 백성의 임금이 된 자가, 어찌 백성의 위에서 군림할 수 있겠는가? 오직 나라를 주관하는 일을 해야 한다. 신하된 자가, 어찌 자기의 봉록만을 위하겠는가? 오직 나라를 봉양하는 일을 해야 한다.
【歸(귀, guī)】: 돌아가다. 여기서는「사직하고 돌아가다」의 뜻.
【安(안, ān)】: 어찌.
【君民者(군민자, jūn mín zhě)】: 백성의 임금이 된 자.
【陵(릉, líng)】: 초월하다. 능가하다. 여기서는「…의 위에서 군림하다」의 뜻.
【社稷是主(사직시주, shè jì shì zhǔ)】: 오직 나라를 주관하는 일을 해야 한다. 【是】: [어조사] 도치된 빈어와 동사 사이에 놓여 빈어를 강조하는 역할을 한다. 번역할 필요가 없다.
【臣君者(신군자, chén jūn zhě)】: 임금의 신하가 된 자.

君爲社稷死則死之; 爲社稷亡則亡之。⁶ 若爲己死而爲己亡, 非其私
暱, 誰敢任之?⁷ 且人有君而弑之, 吾焉得死之? 而焉得亡之? 將庸
何歸?」⁸ 門啟而入, 枕尸股而哭。興, 三踊而出。⁹ 人謂崔子「必殺之」,
崔子曰:「民之望也, 舍之得民。」¹⁰

【口實(구실, kǒu shí)】: 입안의 음식물. 즉「봉록」을 뜻한다.
【社稷是養(사직시양, shè jì shì yǎng)】: 오직 나라를 봉양하는 일을 해야 한다.

6 故君爲社稷死則死之; 爲社稷亡則亡之。→ 그래서 임금이 나라를 위해 죽으면 신하도 임
   금을 따라 죽어야 하고; 임금이 나라를 위해 도주하면 신하도 임금을 따라 도주해야 하
   는 것이다.

7 若爲己死而爲己亡, 非其私暱, 誰敢任之? → 그러나 만일 임금이 자신을 위해 죽고 자신
   을 위해 도주했다면, 임금이 개인적으로 총애하는 사람이 아니고는, 누가 감히 그것을
   감당하겠는가?
   【若(약, ruò)】: 만일. 만약.
   【私暱(사닐, sī nì)】: 개인적으로 총애하는 사람.
   【任(임, rèn)】: 감당하다. 책임지다.
   【之(지, zhī)】: [대명사] 그것. 즉「함께 죽거나 함께 도망가는 일」.

8 且人有君而弑之, 吾焉得死之? 而焉得亡之? 將庸何歸? → 그리고 어떤 사람이 임금을 옹
   립하고 나서 그 임금을 시해했다면, 내가 어찌 그 임금을 위해 죽을 수 있겠는가? 또 어
   찌 그 임금을 위해 도주할 수 있으며, 장차 어찌 사직하고 돌아갈 생각을 하겠는가?」
   【且(차, qiě)】: 그리고. 또한.
   【人(인, rén)】: 어떤 사람. 여기서는「崔武子」를 가리킨 것으로 보인다.
   【有君(유군, yǒu jūn)】: 임금을 옹립하다.
   ※ 莊公은 최무자가 옹립했다.
   【焉得(언득, yān dé)…】: 어찌 …할 수 있겠는가?
   【將(장, jiāng)】: (장차) …하려 하다.
   【庸何(용하, yōng hé)】: 어찌. 어떻게.

9 門啟而入, 枕尸股而哭。興, 三踊而出。→ (최무자 집의) 대문이 열리자 안자가 걸어 들어
   가, (장공의) 시신을 (자기의) 넓적다리에 올려놓고 한바탕 곡을 했다. 그리고 일어나, 세
   번을 펄쩍 뛰어오르고 나서 밖으로 걸어 나왔다.
   【啟(계, qǐ)】: [피동 용법] 열리다.
   【枕尸股(침시고, zhěn shī gǔ)】: 시신을 (자신의) 허벅지에 올려 놓다. 《枕》: (베개를) 베
   다. 《股》: 넓적다리. 허벅지.
   【興(흥, xīng)】: 일어서다. 일어나다.
   【踊(용, yǒng)】: 펄쩍 뛰어오르다. 여기서는「애통함을 몸동작으로 표현한 것」을 말한다.

> 번역문

안자(晏子)가 임금의 변고에 따라 죽지 않다

　최무자(崔武子)가 당강(棠姜)을 보고 그녀를 아름답다고 여겨 마침내 그녀를 아내로 맞이했다. 제장공(齊莊公)이 그녀와 간통하자, 최무자가 제장공을 살해했다. 안자가 최무자 집의 대문 밖에 서있자 안자의 측근이 (안자에게) 물었다 :「(장공을 위해) 순사(殉死)하실 겁니까?」그러자 안자가 말했다 :「오직 나 한사람만의 군주인가? (그렇다면) 내가 죽을 것이네.」안자의 측근이 물었다 :「(다른 나라로) 도주할 것입니까?」안자가 말했다 :「(장공의 죽음이) 나의 죄로 말미암은 것인가? (그렇다면) 나는 도주할 것이네.」안자의 측근이 물었다 :「사직하고 집으로 돌아가시겠습니까?」안자가 말했다 :「임금이 돌아가셨는데, 어찌 사직하고 돌아갈 수 있겠는가? 백성의 임금이 된 자가 어찌 백성의 위에서 군림할 수 있겠는가? 오직 나라를 주관하는 일을 해야 한다. 신하된 자가 어찌 자기의 봉록만을 위하겠는가? 오직 나라를 봉양하는 일을 해야 한다. 그래서 임금이 나라를 위해 죽으면 신하도 임금을 따라 죽어야 하고, 임금이 나라를 위해 도주하면 신하도 임금을 따라 도주해야 하는 것이다. 그러나 만일 임금이 자신을 위해 죽고 자신을 위해 도주했다면, 임금이 개인적으로 총애하는 사람이 아니고는 누가 감히 그것을 감당하겠는가? 그리고 어떤 사람이 임금을 옹립하고 나서 그 임금을 시해했다면, 내가 어찌 그 임금을 위해 죽을 수 있겠는가? 또 어

10　人謂崔子「必殺之」, 崔子曰 :「民之望也, 舍之得民。」→ 어떤 사람이 최무자에게「반드시 안자를 죽여야 한다.」고 말하자, 최무자가 말했다 :「그는 백성들이 우러러보는 사람이니, 그를 놓아주어야 민심을 얻을 것이오.」
【望(망, wàng)】: 우러르다.
【舍(사, shě)】: 捨. 버리다. 여기서는「내버려두다, 놓아주다」의 뜻

찌 그 임금을 위해 도주할 수 있으며 장차 어찌 사직하고 돌아갈 생각을 하겠는가?」(최무자 집의) 대문이 열리자 안자가 걸어 들어가 (장공의) 시신을 (자기의) 넓적다리에 올려놓고 한바탕 곡을 했다. 그리고 일어나 세 번을 펄쩍 뛰어오르고 나서 밖으로 걸어 나왔다. 어떤 사람이 최무자에게 「반드시 안자를 죽여야 한다.」고 말하자, 최무자가 말했다 : 「그는 백성들이 우러러보는 사람이니 그를 놓아주어야 민심을 얻을 것이오.」

해제解題 및 본문 요지 설명

본문은《좌전(左傳)·양공 25년(襄公 二十五年)》의 일부분으로, 내용은 제장공(齊莊公)이 죽고 난 후 재상 안영(晏嬰)이 보여준 처신을 통해, 음탕하고 우매한 제장공의 행동을 풍자·질책함과 동시에 공(公)과 사(私)가 분명한 안영의 언행을 칭찬한 것이다.

본문은 세 단락으로 나눌 수 있는데, 첫째 단락에서는 제장공이 황음무도한 행위로 인해 죽음을 초래하게 된 경위를 기술했고; 둘째 단락에서는, 제장공과 같은 무능한 군주를 위해서는 따라 죽거나 함께 도주하거나 또는 사직하고 돌아갈 가치조차 없다는 것을 밝힘으로써 공사(公私)를 분명히 가려 처신한 안자의 올곧은 언행을 기술했고; 마지막 단락에서는 최무자의 집안으로 들어가 제장공의 시신을 끌어앉고 곡을 하며 신하로서의 도리를 표현한 안자에 대해, 최무자가 사회의 여론을 의식하여 마지못해 수용하는 상황을 서술했다.

028 계찰관주악(季札觀周樂)
《左傳・襄公 二十九年》

작 자

001 정백극단우언(鄭伯克段于鄢) 참조.

원문 및 주석

季札觀周樂¹

吳公子札來聘, 請觀於周樂。²

---

1 季札觀周樂 → 季札이 周나라의 음악을 감상하다
  【季札(계찰, jì zhá)】: [인명] 吳王 壽夢의 막내아들로, 이름이 札이기 때문에 막내라는 뜻의 季와 이름 札을 합쳐 季札이라 했는데, 일명 季子라고도 하며, 延陵과 州來를 식읍으로 받았다 하여 延陵季子 또는 州來季子라도도 한다.
  【觀(관, guān)】: 감상하다.
  【周樂(주악, zhōu yuè)】: 周나라의 음악.
2 吳公子札來聘, 請觀於周樂。→ 吳나라 公子 季札이 (魯나라를) 방문하여, 周나라의 음악을 감상하고자 청했다.
  ※ 周의 成王이 일찍이 魯나라에 天子의 음악을 하사했기 때문에 魯나라에서 周나라의

使工爲之歌《周南》、《召南》,曰:「美哉! 始基之矣, 猶未也, 然勤而不怨矣!」³「爲之歌《邶》、《鄘》、《衛》,曰:「美哉, 淵乎! 憂而不困者也。吾聞衛康叔、武公之德如是, 是其《衛風》乎!」⁴ 爲之歌《王》,

음악을 감상할 수 있었다.
【吳公子札(오공자찰, wú gōng zǐ zhá)】: 오나라의 공자 季札.〖吳〗: [국명]: 지금의 강소성 남부와 절강성 북부 일대에 있던 周代의 제후국.
【聘(빙, pìn)】: 방문하다.
※ 吳王 夷昧가 즉위하고 나서 계찰로 하여금 여러 나라를 방문하도록 했다.

3 使工爲之歌《周南》、《召南》,曰:「美哉! 始基之矣, 猶未也, 然勤而不怨矣!」→ (魯나라 군주가) 악공으로 하여금 그를 위해《周南》과《召南》을 노래하게 하니, 계찰이 말했다:「아름답구나! (周文王의 교화가) 이미 기초를 다지기 시작하여, 아직 완벽하지는 않지만, 그러나 백성들이 부지런히 일하며 원망하지 않는구나!」
※ 周는 周公의 封地이고, 召는 召公의 봉지로, 周・召의 남쪽 지방은 주공과 소공이 周文王의 교화를 전파한 곳이다. 이 두 지방의 음악을 통해서 주문왕의 교화가 이미 백성들에게 전파된 것을 알 수 있는데,《周南》과《召南》의 발생 시기가 비교적 이르기 때문에「문왕의 교화가 이때 비로소 기초를 다지기 시작했다.」라고 한 것이다.
【工(공, gōng)】: 악공.
【歌(가, gē)】: [동사] 노래하다. 여기서는「현악에 맞추어 노래하는 것」을 말한다.
【《周南(주남, zhōu nán)》、《召南(소남, shào nán)》】: 周公의 봉지인 周지방과 召公의 봉지인 召지방 일대에서 채집한 노래.
【始基(시기, shǐ jī)】: 기초를 다지기 시작하다.
【猶未(유미, yóu wèi)】: 아직 미비하다. 아직 완벽하지 못하다.
【然(연, rán)】: 그러나.
【勤(근, qín)】: 부지런히 일하다.
【怨(원, yuàn)】: 원망하다.

4 爲之歌《邶》、《鄘》、《衛》,曰:「美哉, 淵乎! 憂而不困者也。吾聞衛康叔、武公之德如是, 是其《衛風》乎!」→ 그를 위해《邶風》·《鄘風》·《衛風》을 노래하게 하니, 계찰이 말했다:「아름답고, 깊도다! (백성들이) 근심은 있지만 곤혹스러워하지 않는다. 내가 듣건대 衛康叔과 武公의 덕행이 이와 같으니, 이는 아마도《衛風》이리라!」
【邶(패, bèi)、《鄘(용, yōng)》、《衛(위, wèi)》】:《邶風》·《鄘風》·《衛風》. 邶[지금의 하남성 湯陰縣 동쪽]·鄘[지금의 하남성 汲縣 동북쪽]·衛[지금의 하남성 淇縣] 지방에서 채집한 노래. 邶는 周나라 武王이 殷나라 紂王의 아들 武庚에게 하사한 封地이고, 鄘은 무왕의 아우 管叔의 봉지이며, 衛는 무왕의 아우 康叔의 봉지이다.
【淵(연, yuān)】: 깊다.
【衛康叔(위강숙, wèi kāng shū)】: 周公의 아우로 衛에 봉해졌으며, 어진 군주로 알려졌다.
【武公(무공, wǔ gōng)】: 康叔의 9대 孫으로 衛의 어진 군주.

曰:「美哉! 思而不懼, 其周之東乎!」⁵ 爲之歌《鄭》, 曰:「美哉! 其細已甚, 民弗堪也。是其先亡乎!」⁶ 爲之歌《齊》, 曰:「美哉, 泱泱乎, 大風也哉! 表東海者, 其大公乎! 國未可量也!」⁷ 爲之歌《豳》, 曰:「美哉, 蕩乎! 樂而不淫, 其周公之東乎!」⁸ 爲之歌《秦》, 曰:「此之謂夏

【其(기, qí)】: 아마도.

5 爲之歌《王》, 曰:「美哉! 思而不懼, 其周之東乎!」→ 그를 위해 《王風》을 노래하게 하니, 계찰이 말했다:「아름답도다! 근심은 있으나 두려워하지 않으니, 아마도 周나라가 東遷한 이후의 음악이리라!」
【《王(왕, wáng)》】:《王風》. 周의 동쪽 王城[지금의 하남성 洛陽] 일대에서 채집한 노래.
※ 周平王이 동천한 후 이곳을 도읍으로 정했다.
【思(사, sī)】: 근심하다. 걱정하다.
【懼(구, jù)】: 두려워하다.
【其(기, qí)】: 아마도.
【東(동, dōng)】: 동천하다.

6 爲之歌《鄭》, 曰:「美哉! 其細已甚, 民弗堪也。是其先亡乎!」→ 그를 위해 《鄭風》을 노래하게 하니, 계찰이 말했다:「아름답도다! 그러나 너무 섬세하여, 백성이 견디지 못할 것이니, 이 나라는 아마도 먼저 망하리라!」
【《鄭(정, zhèng)》】:《鄭風》. 鄭[지금의 하남성 鄭州 일대]에서 채집한 노래.
【細(세, xì)】: (음절이) 섬세하다.
【已甚(이심, yǐ shèn)】: 이미 심하다. 너무 지나치다.
【弗堪(불감, fú kān)】: 不堪. 견디지 못하다.
【是(시, shì)】: [대명사] 이. 이것. 즉「鄭나라」.
【其(기, qí)】: 아마도.

7 爲之歌《齊》, 曰:「美哉! 泱泱乎, 大風也哉! 表東海者, 其大公乎! 國未可量也!」→ 그를 위해 《齊風》을 노래하게 하니, 계찰이 말했다:「아름답도다! 소리가 웅대한 것을 보니, 大國의 기풍이로다! 東海의 모범으로 삼을 수 있으니, 아마도 姜太公이리라! 나라의 앞날이 무궁하도다!」
【《齊(제, qí)》】:《齊風》. 齊[지금의 산동성 일대]에서 채집한 노래.
【泱泱(앙앙, yāng yāng)】: 웅대한 모양.
【大風(대풍, dà fēng)】: 大國의 氣風.
【表(표, biǎo)】: 모범으로 삼다.
【東海(동해, dōng hǎi)】: 여기서는「중국 동해 일대의 제후들」을 가리킨다.
【其(기, qí)】: 아마도.
【大公(태공, tài gōng)】: 姜太公 呂尙. 齊나라의 시조.【大】: 太.
【未可量(미가량, wèi kě liáng)】: 헤아릴 수 없다. 무궁하다. 양양하다.

聲。夫能夏則大, 大之至也! 其周之舊乎!」⁹ 爲之歌《魏》, 曰:「美哉, 渢渢乎! 大而婉, 險而易行, 以德輔此, 則明主也!」¹⁰ 爲之歌《唐》, 曰:「思深哉! 其有陶唐氏之遺民乎? 不然, 何憂之遠也? 非令德之後, 誰能若是?」¹¹ 爲之歌《陳》, 曰:「國無主, 其能久乎?」自《鄶》以

---

8 爲之歌《豳》, 曰:「美哉, 蕩乎! 樂而不淫, 其周公之東乎!」 → 그를 위해 《豳風》을 노래하게 하니, 계찰이 말했다 :「아름답고, 평탄하도다! 즐겁되 음탕하지 않으니, 아마도 周公이 東征할 때의 노래이리라!」
 【豳(빈, bīn)》】: 《豳風》. 豳[지금의 섬서성 旬邑縣·彬縣 일대]에서 채집한 노래.
 【蕩(탕, dàng)】: 평탄하다.
 【周公之東(주공지동, zhōu gōng zhī dōng)】: 주공의 東征.
 ※주공은 周武王을 도와 商의 紂王을 멸했는데, 商이 망하고 나서 얼마 후, 紂의 아들 武庚이 무왕의 아우인 管叔·蔡叔·霍叔과 내통하여 반란을 일으켰다. 이에 주공이 군사를 이끌고 東征에 나서 3년 만에 반란을 평정했는데, 이를 일러 「周公의 東征」이라 한다.
9 爲之歌《秦》, 曰:「此之謂夏聲。夫能夏則大, 大之至也! 其周之舊乎!」 → 그를 위해 《秦風》을 노래하게 하니, 계찰이 말했다 :「이를 일러 夏聲이라 한다. 대저 夏聲을 낼 수만 있어도 소리가 크게 나는데, 정말 소리가 한없이 크구나! 아마도 周나라의 옛 음악이리라!」
 【秦(진, qín)】: 《秦風》. 秦[지금의 섬서성 일대]에서 채집한 노래.
 【夏聲(하성, xià shēng)】: 서쪽 지방의 소리.
 ※혹자는 秦이 본래 西周의 京畿지방에 해당한다 하여, 중앙의 소리인 夏聲을 「正聲, 標準音」이라 해석했고, 혹자는 夏聲을 《左傳會箋》을 근거로 「秦聲」이라 풀이했다.
 【周之舊(주지구, zhōu zhī jiù)】: 周나라의 옛 음악.
10 爲之歌《魏》, 曰:「美哉, 渢渢乎! 大而婉, 險而易行, 以德輔此, 則明主也!」 → 그를 위해 《魏風》을 노래하게 하니, 계찰이 말했다 :「아름답고, 경쾌하도다! 소리가 크지만 완곡하고, 급하지만 부르기가 용이하니, 덕행으로 이를 보필한다면, 영명한 군주가 되리라!」
 【《魏(위, wèi)》】: 《魏風》. 魏[지금의 산서성 芮城縣 일대]에서 채집한 노래.
 【渢渢(풍풍, féng féng)】: 음절이 경쾌한 모양.
 【婉(완, wǎn)】: 완곡하다.
 【險(험, xiǎn)】: 급박하다. 촉박하다.
 【易行(이행, yì xíng)】: 행하기 쉽다. 즉 「부르기가 용이하다」의 뜻.
 【輔(보, fǔ)】: 보필하다. 보좌하다.
 【明主(명주, míng zhǔ)】: [상황에] 영명한 군주가 되다.
11 爲之歌《唐》, 曰:「思深哉! 其有陶唐氏之遺民乎? 不然, 何憂之遠也? 非令德之後, 誰能若是?」 → 그를 위해 《唐風》을 노래하게 하니, 계찰이 말했다 :「근심이 깊도다! 아마도 아직 唐堯의 유민이 남아 있으리라! 그렇지 않으면, 어찌하여 근심이 이처럼 깊겠는가? 아름다운 덕을 지닌 사람의 후예가 아니라면, 누가 능히 이와 같을 수 있겠는가?」

下無譏焉。¹²

爲之歌《小雅》, 曰 :「美哉! 思而不貳, 怨而不言, 其周德之衰乎! 猶有先王之遺民焉!」¹³ 爲之歌《大雅》, 曰 :「廣哉! 熙熙乎! 曲而有直體, 其文王之德乎!」¹⁴

【《唐(당, táng)》】 :《唐風》. 唐[지금의 산서성 서남쪽]에서 채집한 노래.
【思(사, sī)】 : 근심.
【其(기, qí)】 : 아마도.
【陶唐氏(도당씨, táo táng shì)】 : 唐의 堯임금.
【遠(원, yuǎn)】 : 멀다. 여기서는「깊다」의 뜻.
【若是(약시, ruò shì)】 : 如此. 이와 같다.

12 爲之歌《陳》, 曰 :「國無主, 其能久乎?」自《鄶》以下無譏焉。 → 그를 위해《陳風》을 노래하게 하니, 계찰이 말했다 :「나라에 어진 군주가 없으면, 어찌 오래갈 수 있겠는가?」(계찰이)《鄶風》이후부터는 비평을 하지 않았다.
【《陳(진, chén)》】 :《陳風》. 陳[지금의 하남성 동남쪽과 안휘성 북쪽 일대]에서 채집한 노래.
【《鄶(회, kuài)》】 :《鄶風》. 鄶[지금의 하남성 密縣 부근]에서 채집한 노래.
【以下(이하, yǐ xià)】 : 이래. 이후.
【譏(기, jī)】 : 비평하다. 논평하다.

13 爲之歌《小雅》, 曰 :「美哉! 思而不貳, 怨而不言, 其周德之衰乎! 猶有先王之遺民焉!」 → 그를 위해《小雅》를 노래하게 하니, 계찰이 말했다 :「아름답도다! 근심은 하지만 두 마음을 품지 않았고, 원망은 하지만 (불평을) 말하지 않으니, 아마도 周나라의 국운이 쇠퇴하던 시기이리라! 그러나 아직 先王의 유민들이 남아있구나!」
【《小雅(소아, xiǎ yǎ)》】 :《시경》의 雅는《大雅》와《小雅》로 나누는데,《대아》는 조정의 향연에서 사용하던 노래이고《소아》는 사대부들이 부르던 노래로, 대부분이 西周시대 문인들의 작품이다.
【不貳(불이, bù èr)】 : 두 마음을 품지 않다.
【周德(주덕, zhōu dé)】 : 周나라의 국운.
【猶(유, yóu)】 : 아직. 여전히.

14 爲之歌《大雅》, 曰 :「廣哉! 熙熙乎! 曲而有直體, 其文王之德乎!」 → 그를 위해《大雅》를 노래하게 하니, 계찰이 말했다 :「광활하도다! 소리가 얼마나 온화하고 아름다운가! 완곡하지만 강하고 힘이 있으니, 아마도 周文王의 덕을 노래한 것이리라!」
【《大雅(대아, dà yǎ)》】 : 주 13 참조.
【熙熙(희희, xī xī)】 : 온화하고 아름다운 모양.
【曲(곡, qū)】 : 완곡하다.
【直體(직체, zhí tǐ)】 : 강하고 힘이 있다.

爲之歌《頌》, 曰:「至矣哉! 直而不倨, 曲而不屈, 邇而不偪, 遠而不攜;¹⁵ 遷而不淫, 復而不厭; 哀而不愁, 樂而不荒; 用而不匱, 廣而不宣; 施而不費, 取而不貪; 處而不底, 行而不流。¹⁶ 五聲和, 八風平, 節有度, 守有序, 盛德之所同也。」¹⁷

【其(기, qí)】: 아마도.
【文王(문왕, wén wáng)】: 周文王.

15 爲之歌《頌》, 曰:「至矣哉! 直而不倨, 曲而不屈, 邇而不偪, 遠而不攜; → 그를 위해 《頌》을 노래하게 하니, 계찰이 말했다:「극치로다! 힘이 있으나 오만하지 않고, 완곡하나 비굴하지 않으며, 친근하나 서로 핍박하지 않고, 疏遠하나 변심하지 않는다.
【《頌》(송, sòng)】: 주로 제사를 지낼 때, 조상의 공덕을 찬미하기 위해 쓰이던 노래.
【至(지, zhì)】: 최고의 경지. 극치.
【直(직, zhí)】: 강직하다.
【倨(거, jù)】: 함부로 날뛰다. 오만하다.
【曲(곡, qū)】: 굽다. 구부러지다. 여기서는「완곡하다」이 뜻.
【邇(이, ěr)】: 가깝다. 친근하다.
【偪(핍, bī)】: 핍박하다.
【攜(휴, xī)】: 떠나다. 변심하다.

16 遷而不淫, 復而不厭; 哀而不愁, 樂而不荒; 用而不匱, 廣而不宣; 施而不費, 取而不貪; 處而不底, 行而不流。 → 변하지만 지나치지 않고, 반복하지만 싫증 나지 않고, 슬프지만 근심하지 않고, 즐기지만 방탕하지 않는다. 쓰지만 모자라지 않고, 넓지만 드러나지 않으며, 베풀지만 모자라지 않고, 취하지만 탐내지 않으며, 머물지만 정체되지 않고, 행하지만 잘못 빠지지 않는다.
【遷(천, qiān)】: 변화하다.
【淫(음, yín)】: 과도하다. 지나치다.
【復(부, fù)】: 반복되다.
【厭(염, yàn)】: 싫증 나다.
【荒(황, huāng)】: 방탕하다. 무절제하다.
【匱(궤, kuì)】: 모자라다. 결핍하다.
【宣(선, xuān)】: 드러내다.
【費(비, fèi)】: 감소하다. 줄어들다.
【處(처, chǔ)】: 머물다. 거처하다.
【底(저, dǐ)】: 정체되다. 움직이지 않다.
【不流(불류, bù liú)】: 잘못 빠지지 않다.

17 五聲和, 八風平, 節有度, 守有序, 盛德之所同也。」 → 五聲이 화합하고, 八音이 조화를 이루며, 절주가 일정한 규율이 있고, 악기를 연주할 때 서로가 차례를 준수하여 어지럽

見舞《象箾》、《南籥》者, 曰:「美哉! 猶有憾。」[18] 見舞《大武》者, 曰:「美哉! 周之盛也, 其若此乎!」[19] 見舞《韶濩》者, 曰:「聖人之弘也, 而猶有慚德, 聖人之難也。」[20] 見舞《大夏》者, 曰:「美哉! 勤而不德, 非禹, 其誰能修之?」[21] 見舞《韶箾》者, 曰:「德至矣哉! 大矣! 如

지 않으니, 이는 성현의 높고 훌륭한 덕망과도 같다.」

【五聲(오성, wǔ shēng)】: 五音. 즉 宮・商・角・徵(치)・羽의 다섯 가지 음률.
【八風(팔풍, bā fēng)】: 八音. 즉 金・石・土・革・絲・木・匏・竹의 여덟 가지 악기.
【平(평, píng)】: 형평을 유지하다. 조화를 이루다.
【節(절, jié)】: 절주. 리듬.
【度(도, dù)】: 법도. 규율.
【守有序(수유서, shǒu yǒu xù)】: 악기를 연주할 때, 서로가 차례를 준수하다.
【盛德(성덕, shèng dé)】: 성현의 높고 훌륭한 덕망.

18 見舞《象箾》、《南籥》者, 曰:「美哉! 猶有憾。」→ 《象箾》와 《南籥》 춤 연기를 보고, 계찰이 말했다:「아름답도다! 그러나 아직 부족한 곳이 있다.」
【《象箾》(상소, xiàng shuò)】: 대나무 막대를 가지고 추는 歌舞. 마치 전투할 때의 동작을 연출하는 일종의 무술 춤. 〖箾〗: 대나무 막대.
【《南籥》(남약, nán yuè)】: 피리에 맞추어 추는 춤. 일종의 文舞. 〖籥〗: 籥. 퉁소.
【憾(감, hàn)】: 유감. 여기서는 「부족한 곳」을 뜻한다.

19 見舞《大武》者, 曰:「美哉! 周之盛也, 其若此乎!」→ 《大武》 춤 연기를 보고, 계찰이 말했다:「아름답도다! 周王室의 홍성이, 아마도 이와 같으리라!」
【《大武》(대무, dà wǔ)】: 周武王을 찬미하는 歌舞.
【其(기, qí)】: 아마도.
【若此(약차, ruò cǐ)】: 如此. 이와 같다.

20 見舞《韶濩》者, 曰:「聖人之弘也, 而猶有慚德, 聖人之難也。」→ 《韶濩》 춤 연기를 보고, 계찰이 말했다:「성인이 이처럼 위대해도, 아직 마음에 부끄러운 점이 있으니, 성인의 처세도 쉽지 않다.」
【《韶濩》(소호, sháo huò)】: 商湯을 찬미하는 가무.
【弘(홍, hóng)】: 위대하다.
【猶(유, yóu)】: 아직도. 여전히.
【慚德(참덕, cán dé)】: 마음에 부끄러운 점.

21 見舞《大夏》者, 曰:「美哉! 勤而不德, 非禹, 其誰能修之?」→ 《大夏》 춤 연기를 보고, 계찰이 말했다:「아름답도다! 부지런히 일하고도 스스로 부덕하다고 여기니, 禹임금이 아니면, 누가 능히 그렇게 할 수 있겠는가?」
【《大夏》(대하, dà xià)】: 夏의 禹임금을 찬미하는 가무.
【禹(우, yú)】: 夏의 禹임금.

天之無不幬也, 如地之無不載也。^{22} 雖甚盛德, 其蔑以加於此矣。觀止矣! 若有他樂, 吾不敢請已!」^{23}

번역문

계찰(季札)이 주(周)나라의 음악을 감상하다

오(吳)나라 공자(公子) 계찰(季札)이 노(魯)나라를 방문하여 주(周)나라의

【其(기, qí)】: 대명사 앞 또는 뒤에 놓여「其誰」,「其孰」,「誰其」,「此其」,「彼其」,「夫其」,「是其」,「何其」,「曷其」,「胡其」등을 구성한다. 여기서「其」는 번역할 필요가 없다.
【修(수, xiū)】: 修行하다.
【之(지, zhī)】: [대명사] 그것. 즉「부지런히 일하고도 스스로 부덕하다고 여기는 일」.

22 見舞《韶箾》者, 曰:「德至矣哉! 大矣! 如天之無不幬也, 如地之無不載也。→《韶箾》춤 연기를 보고, 계찰이 말했다:「덕행이 극치에 도달했도다! 위대하도다! 마치 하늘이 모든 것을 덮은 것과도 같고, 땅이 모든 것을 실은 것과도 같다.
【《韶箾(소소, sháo shuò)》】: 商湯을 찬미하는 가무.
【德至(덕지, dé zhì)】: 덕의 극치.
【如(여, rú)】: 마치 …같다.
【無不(무불, wú bù)…】: [이중 부정] …하지 않음이 없다. 모두 …하다.
【幬(도, dào)】: 덮다. 가리다.
【載(재, zài)】: 싣다. 적재하다.

23 雖甚盛德, 其蔑以加於此矣。觀止矣! 若有他樂, 吾不敢請已!」→ 비록 훌륭한 덕망을 충실히 갖추었다 해도, 아마 이를 능가하지는 못할 것이다. 감상을 이만 멈추리라! 만일 다른 가무가 있다 해도, 나는 감히 (더 감상하기를) 청하지 않으리라!」
【甚(심, shèn)】: 충실히 갖추다.
【其(기, qí)】: 아마도.
【蔑(멸, miè)】: 無. 없다.
【加於(가어, jiā yú)…】: …을 초월하다. …을 능가하다.
【觀止(관지, guān zhǐ)】: 감상을 멈추다. ※가무의 감상이 여기서 정점에 달하여 더 이상 볼 필요가 없어졌다는 뜻.
【若(약, ruò)】: 만일. 만약.
【樂(악, yuè)】: 음악. 여기서는「歌舞」를 가리킨다.
【已(이, yǐ)】: [어조사].

음악을 감상하고자 청했다.

(노나라 군주가) 악공으로 하여금 그를 위해 《주남(周南)》과 《소남(召南)》을 노래하게 하니, 계찰이 말했다 :「아름답구나! 주문왕(周文王)의 교화가 이미 기초를 다지기 시작하여 아직 완벽하지는 않지만, 그러나 백성들이 부지런히 일하며 원망하지 않는구나!」그를 위해 《패풍(邶風)》·《용풍(鄘風)》·《위풍(衛風)》을 노래하게 하니, 계찰이 말했다 :「아름답고 깊도다! (백성들이) 근심은 있지만 곤혹스러워하지 않는다. 내가 듣건대, 위강숙(衛康叔)과 무공(武公)의 덕행이 이와 같으니, 이는 아마도 《위풍(衛風)》이리라!」그를 위해 《왕풍(王風)》을 노래하게 하니, 계찰이 말했다 :「아름답도다! 근심은 있으나 두려워하지 않으니, 아마도 주(周)나라가 동천(東遷)한 이후의 음악이리라!」그를 위해 《정풍(鄭風)》을 노래하게 하니, 계찰이 말했다 :「아름답도다! 그러나 너무 섬세하여 백성이 견디지 못할 것이니, 이 나라는 아마도 먼저 망하리라!」그를 위해 《제풍(齊風)》을 노래하게 하니, 계찰이 말했다 :「아름답도다! 소리가 웅대한 것을 보니 대국(大國)의 기풍(氣風)이로다! 동해(東海)의 모범으로 삼을 수 있으니, 아마도 강태공(姜太公)이리라! 나라의 앞날이 무궁하도다!」그를 위해 《빈풍(豳風)》을 노래하게 하니, 계찰이 말했다 :「아름답고 평탄하도다! 즐겁되 음탕하지 않으니 아마도 주공(周公)이 동정(東征)할 때의 노래이리라!」그를 위해 《진풍(秦風)》을 노래하게 하니 계찰이 말했다 :「이를 일러 하성(夏聲)이라 한다. 대저 하성(夏聲)을 낼 수만 있어도 소리가 크게 나는데 정말 소리가 한없이 크구나! 아마도 주(周)나라의 옛 음악이리라!」그를 위해 《위풍(魏風)》을 노래하게 하니, 계찰이 말했다 :「아름답고, 경쾌하도다! 소리가 크지만 완곡하고 급하지만 부르기가 용이하니, 덕행으로 이를 보필한다면 영명한 군주가 되리라!」그를 위해 《당풍(唐風)》을 노래하게 하니, 계찰이 말했다 :「근심이 깊도다! 아

마도 아직 당요(唐堯)의 유민이 남아 있으리라! 그렇지 않으면 어찌하여 근심이 이처럼 깊겠는가? 아름다운 덕을 지닌 사람의 후예가 아니라면 누가 능히 이와 같을 수 있겠는가?」 그를 위해 《진풍(陳風)》을 노래하게 하니, 계찰이 말했다 : 「나라에 어진 군주가 없으면 어찌 오래갈 수 있겠는가?」 (계찰이) 《회풍(鄶風)》 이후부터는 비평을 하지 않았다.

그를 위해 《소아(小雅)》를 노래하게 하니, 계찰이 말했다 : 「아름답도다! 근심은 하지만 두 마음을 품지 않았고, 원망은 하지만 (불평을) 말하지 않으니, 아마도 주(周)나라의 국운이 쇠퇴하던 시기이리라! 그러나 아직 선왕(先王)의 유민들이 남아있구나!」 그를 위해 《대아(大雅)》를 노래하게 하니, 계찰이 말했다 : 「광활하도다! 소리가 얼마나 온화하고 아름다운가! 완곡하지만 강하고 힘이 있으니, 아마도 주문왕(周文王)의 덕을 노래한 것이리라!」

그를 위해 《송(頌)》을 노래하게 하니, 계찰이 말했다 : 「극치로다! 힘이 있으나 오만하지 않고 완곡하나 비굴하지 않으며, 친근하나 서로 핍박하지 않고 소원(疏遠)하나 변심하지 않는다. 변하지만 지나치지 않고, 반복하지만 싫증 나지 않고, 슬프지만 근심하지 않고, 즐기지만 방탕하지 않는다. 쓰지만 모자라지 않고, 넓지만 드러나지 않으며, 베풀지만 모자라지 않고, 취하지만 탐내지 않으며, 머물지만 정체되지 않고, 행하지만 잘못 빠지지 않는다. 오성(五聲)이 화합하고 팔음(八音)이 조화를 이루며, 절주가 일정한 규율이 있고 악기를 연주할 때 서로가 차례를 준수하여 어지럽지 않으니, 이는 성현의 높고 훌륭한 덕망과도 같다.」

《상소(象箾)》와 《남약(南籥)》 춤 연기를 보고 계찰이 말했다 : 「아름답도다! 그러나 아직 부족한 곳이 있다.」 《대무(大武)》 춤 연기를 보고 계찰이 말했다 : 「아름답도다! 주왕실(周王室)의 흥성이 아마도 이와 같으리라!」 《소호(韶濩)》 춤 연기를 보고 계찰이 말했다 : 「성인이 이처럼 위대해도 아직 마음에 부끄러운 점이 있으니 성인의 처세도 쉽지 않다.」《대하(大夏)》춤 연기를 보고 계찰이 말했다 :「아름답도다! 부지런히 일하고도 스스로 부덕하다고 여기니 우(禹)임금이 아니면 누가 능히 그렇게 할 수 있겠는가?」《소소(韶箾)》춤 연기를 보고 계찰이 말했다 :「덕행이 극치에 도달했도다! 위대하도다! 마치 하늘이 모든 것을 덮은 것과도 같고, 땅이 모든 것을 실은 것과도 같다. 비록 훌륭한 덕망을 충실히 갖추었다 해도 아마 이를 능가하지는 못할 것이다. 감상을 이만 멈추리라! 만일 다른 음악이 있다 해도 나는 감히 (더 감상하기를) 청하지 않으리라!」

해제解題 및 본문 요지 설명

춘추시대 말기 노(魯)나라는 문화의 중심으로, 주(周)나라의 전적(典籍)과 문물제도 및 각종 고전 가무 등을 많이 보존하고 있었다. 당시 오왕(吳王) 여제(餘祭)는 다른 나라와의 외교적 관계를 돈독히 하기 위해 B.C. 544년 오공자(吳公子) 계찰(季札)을 파견하여 노(魯)나라를 방문토록 했다.

본문은 《좌전(左傳)·양공 29년(襄公 二十九年)》의 일부분으로, 계찰(季札)이 노(魯)나라를 방문하여 주(周)의 음악을 감상하고 논평한 것을 기록한 것이다.

계찰(季札)은 노나라에서 주악(周樂)을 감상하면서 찬탄과 동시에 나름대로 논평을 가했는데, 그의 논평이 본래의 감상 취지보다는 가무(歌舞)를 정치와 연계시킴으로써 다분히 언외(言外)의 뜻을 담고 있다. 다만 본문을 통해 춘추시대 가무의 발전 상황을 이해할 수 있도록 자료를 제공한 점은 나름대로 긍정적인 의미를 지니고 있다.

029 자산괴진관원(子産壞晉館垣)
《左傳·襄公 三十一年》

작자

001 정백극단우언(鄭伯克段于鄢) 참조.

원문 및 주석

子産壞晉館垣¹

子産相鄭伯以如晉, 晉侯以我喪故, 未之見也.² 子産使盡壞其

---

1 子産壞晉館垣 → 子産이 晉나라 영빈관의 담장을 허물다
 【子産(자산, zǐ chǎn)】: [인명] 이름은 公孫僑, 자는 子産. 춘추시대의 이름난 정치가로, 鄭나라 簡公 때 執政大夫를 지내며 적극적으로 개혁을 주도했다.
 【壞(괴, huài)】: 부수다. 허물다.
 【晉(진, jìn)】: [국명] 지금의 산서성 일대에 있던 周代의 제후국. B.C. 375년 趙氏·韓氏·魏氏가 晉의 영토를 삼분하여 각기 趙·韓·魏 세 나라로 독립했다.
 【館(관, guǎn)】: 관사. 여기서는 「영빈관」을 가리킨다.
 【垣(원, yuán)】: 담. 담장.

2 子産相鄭伯以如晉, 晉侯以我喪故, 未之見也. → 子産이 鄭簡公을 보좌하고 晉나라에 갔

館之垣, 而納車馬焉。³

士文伯讓之曰:「敝邑以政刑之不修, 寇盜充斥。⁴ 無若諸侯之屬辱在寡君者何, 是以令吏人完客所館, 高其閈閎, 厚其牆垣, 以無憂客使。⁵ 今吾子壞之, 雖從者能戒, 其若異客何?⁶ 以敝邑之爲盟

는데, 晉平公이 魯襄公의 喪事로 인해, 그들을 접견하지 않았다.
【相(상, xiàng)】: [동사] 보좌하다.
【鄭伯(정백, zhèng bó)】: 鄭나라의 군주. 여기서는「鄭簡公」을 가리킨다.
【如(여, rú)】: 往. 가다.
【晉侯(진후, jìn hóu)】: 晉나라의 군주. 여기서는「晉平公」을 가리킨다.
【以(이, yǐ)】: 因. …로 인하여. …로 말미암아.
【我喪(아상, wǒ sāng)】: 우리의 喪事. 즉「우리 魯나라 襄公의 喪事」. 여기서「我喪」이라 한 것은《左傳》이 魯나라의 사관이 쓴 책이기 때문에 노나라의 입장에서 한 말이다.

3 子產使盡壞其館之垣, 而納車馬焉。→ 자산이 사람을 보내 그 영빈관의 담장을 모두 헐어버리고, 車馬를 들여놓도록 했다.
【使(사, shǐ)】: 使(人). (사람을) 보내다. 파견하다.
【盡(진, jìn)】: 모두. 다.
【納(납, nà)】: 들여놓다.

4 士文伯讓之曰:「敝邑以政刑之不修, 寇盜充斥。→ (이에) 士文伯이 자산을 꾸짖어 말했다.「저희 나라는 정치 형법이 잘 정비되지 못해, 도둑이 매우 많습니다.
【士文伯(사문백, shì wén bó)】: 士匄. 晉나라의 대부. 성은 士, 이름은 匄, 자는 伯瑕.
【讓(양, ràng)】: 꾸짖다.
【敝邑(폐읍, bì yì)】: [겸칭] 저희 나라.
【以(이, yǐ)】: 因. …로 인해. … 때문에.
【政刑(정형, zhèng xíng)】: 정치 형법.
【修(수, xiū)】: 정비되다.
【寇盜(구도, kòu dào)】: 도둑.
【充斥(충척, chōng chì)】: 매우 많다. 가득하다.

5 無若諸侯之屬辱在寡君者何, 是以令吏人完客所館, 高其閈閎, 厚其牆垣, 以無憂客使。→ 제후의 신하들이 외람되게도 저희 군주를 알현하게 되면 (그들의 안전을) 어찌할 방법이 없기 때문에, 그래서 관리들을 시켜 빈객들이 머무는 영빈관을 보수하여, 대문을 높이고, 담장을 두텁게 쌓아, 이로써 빈객들이 걱정을 하지 않도록 조치했습니다.
【無若(무약, wú ruò)…何(하, hé)】: 어찌할 방법이 없다.
【諸侯之屬(제후지속, zhū hóu zhī shǔ)】: 제후의 신하들.
【辱在寡君(욕재과군, rù zài guǎ jūn)】: 몸을 낮추어 우리 임금을 알현하다.
※「辱」은 통상 상대방에게 겸손을 표할 때 사용하는 말로「몸을 낮추어, 외람되게도, 황

主,繕完葺牆,以待賓客,若皆毀之,其何以共命? 寡君使匄請命。」[7]

對曰:「以敝邑褊小,介於大國,誅求無時,是以不敢寧居,悉索敝賦,以來會時事。[8] 逢執事之不閒,而未得見,又不獲聞命,未知

송하게도.」 등의 뜻이다.
　【是以(시이, shì yǐ)】: 그래서.
　【令(령, lìng)】: 시키다. 명하다.
　【完(완, wán)】: 보수하다, 수리하다.
　【客所館(객소관, kè suǒ guǎn)】: 빈객들이 머무는 관사.
　【閈閎(한굉, hàn hóng)】: 대문.
　【牆垣(장원, qiáng yuán)】: 담장.
　【客使(객사, kè shǐ)】: 빈객. 사절.

6　今吾子壞之, 雖從者能戒, 其若異客何? → (그런데) 지금 당신이 그것을 부숴버렸으니, 비록 (당신의) 수행원들은 능히 대비할 수 있다 해도, 또 다른 나라의 빈객들은 어찌합니까?
　【吾子(오자, wú zǐ)】: [상대방을 친하게 부르는 호칭] 당신, 그대.
　【之(지, zhī)】: [대명사] 그것. 즉 「담장」.
　【從者(종자, cóng zhě)】: 따르는 사람. 수행원.
　【戒(계, jiè)】: 경계하다. 대비하다.
　【其(기, qí)】: 又. 또.
　【若(약, ruò)…何(하, hé)?】: 어찌할 것인가?
　【異客(이객, yì kè)】: 다른 나라의 빈객.

7　以敝邑之爲盟主, 繕完葺牆, 以待賓客, 若皆毀之, 其何以共命? 寡君使匄請命。」→ 저희 나라는 諸侯의 盟主이기 때문에, 정원과 담장을 보수하여, 이로써 빈객을 접대하는데, 만일 그것을 모두 허물어 버린다면, 또 어떻게 빈객들의 요구에 부응하겠습니까? 저희 군주께서는 저를 파견하여 담장을 허문 연유를 묻도록 하셨습니다.」
　【以(이, yǐ)】: 因. …로 인해. … 때문에.
　【繕(선, shàn)】: 고치다. 수리하다.
　【完(완, wán)】: 院. 정원.
　【葺(집, qì)】: 수리하다. 보수하다.
　【待(대, dài)】: 접대하다.
　【若(약, ruò)】: 만일. 만약.
　【何以(하이, hé yǐ)】: 어떻게. 어찌.
　【共命(공명, gōng mìng)】: 다른 빈객들의 요구에 부응하다. 〖共〗: 供.
　【寡君(과군, guǎ jūn)】: [상대방에 대한 자기 군주의 겸칭] 저희 군주.
　【使(사, shǐ)】: 보내다. 파견하다.
　【匄(개, gài)】: 士文伯 士匄가 자신의 이름을 「나, 저」라는 뜻으로 사용한 말.
　【請命(청명, qǐng mìng)】: 명을 청하다. 여기서는 「담장을 허문 연유를 묻다」의 뜻.

見時.⁹ 不敢輸幣, 亦不敢暴露. 其輸之, 則君之府實也, 非薦陳之, 不敢輸也.¹⁰ 其暴露之, 則恐燥濕之不時而朽蠹, 以重敝邑之罪.¹¹

8 對曰:「以敝邑褊小, 介於大國, 誅求無時, 是以不敢寧居, 悉索敝賦, 以來會時事. → 자산이 대답했다 :「저희 나라는 땅이 협소하고, 대국의 사이에 끼어있는 상황에서, (대국들이) 불시에 (貢物을) 요구하기 때문에, 그래서 감히 편히 지내지도 못하고, 저희 나라 재물을 모두 모아, 가지고 와서 時事를 행합니다.
【以(이, yǐ)】: 因. …로 인해. … 때문에.
【褊小(편소, biǎn xiǎo)】: 협소하다.
【介於(개어, jiè yú)】: …의 사이에 끼다. …의 사이에 처하다. 〖於〗: [개사] …에.
【誅求(주구, zhū qiú)】: (공물을) 독촉하다. 요구하다.
【是以(시이, shì yǐ)】: 그래서. 이로 인해.
【寧居(영거, níng jū)】: 편히 지내다.
【悉索(실색, xī suǒ)】: 모두 긁어모으다. 〖悉〗: 모두.
【賦(부, fù)】: 재물.
【會時事(회시사, huì shí shì)】: 일정한 시기에 입조하여 조공을 바치는 일.

9 逢執事之不閒, 而未得見, 又不獲聞命, 未知見時. → 마침 귀국의 군주께서 한가하지 못한 때를 만나, 접견도 하지 못하고, 또 지시도 듣지 못해, 언제 접견할지 알 수가 없습니다.
【逢(봉, féng)】: 만나다.
【執事(집사, zhí shì)】: 군주 좌우에서 일을 처리하는 사람. 실제로는 군주를 가리키며, 여기서는「晉平公」을 가리킨다.
※ 옛사람들은 직접 상대방을 지칭하지 않고 간접적인 방법을 사용하여 상대방에 대한 존경을 표시했다.
【不獲聞命(불획문명, bù huò wén mìng)】: (접견에 대한) 지시를 듣지 못하다.

10 不敢輸幣, 亦不敢暴露. 其輸之, 則君之府實也, 非薦陳之, 不敢輸也. → 감히 공물을 헌상하지도 못하고, 또한 감히 밖에다 쌓아둘 수도 없습니다. 만일 그것을 헌상한다면, 바로 晉나라 창고의 재물이 되지만, 그것을 헌상하여 진열하는 의식을 거치지 않는다면, 감히 헌상할 수도 없습니다.
【輸(수, shū)】: 바치다. 헌상하다.
【幣(폐, bì)】: 공물.
【暴露(폭로, pù lù)】: 야적하다. 밖에 쌓아두다.
【其(기, qí)】: 만일.
【府(부, fǔ)】: 창고. 곳간.
【實(실, shí)】: 물건. 물품.
【薦陳(천진, jiàn chén)】: 진상하여 진열하다.
※ 옛날에 천자나 제후의 맹주를 알현할 때 예물을 바치고 이를 조정의 뜰에 진열하는 의식.

11 其暴露之, 則恐燥濕之不時而朽蠹, 以重敝邑之罪. → 만일 그것을 밖에다 쌓아두면, (날

「僑聞文公之爲盟主也, 宮室卑庳, 無觀臺榭, 以崇大諸侯之館, 館如公寢.¹² 庫廄繕修, 司空以時平易道路, 圬人以時塓館宮室.¹³ 諸侯賓至, 甸設庭燎, 僕人巡宮; 車馬有所, 賓從有代.¹⁴ 巾車脂轄, 隸

씨가) 건조했다 습했다 수시로 변해 부패하거나 벌레가 먹게 되어, 저희 나라의 죄가 무거워집니다.
【其(기, qí)】: 만일. 만약.
【燥濕之不時(조습지불시, zào shī zhī bù shí)】: 건조했다 습했다 수시로 변하다.
【朽(후, xiǔ)】: 썩다. 부패하다.
【蠹(두, dù)】: 벌레 먹다.

12 「僑聞文公之爲盟主也, 宮室卑庳, 無觀臺榭, 以崇大諸侯之館, 館如公寢。→ 제가 듣건대 (옛날) 晉文公께서 제후의 맹주로 계실 때는, 宮室이 낮고, 누각이나 망루·정자 같은 것이 없었으며, 제후들을 접대하는 영빈관은 높고 크게 지어, 영빈관이 마치 文公의 궁궐과도 같았습니다.
【僑(교, qiáo)】: 公孫僑가 자기의 이름을「나, 저」라는 말 대신 사용한 것.
【卑庳(비비, bēi hì)】: 낮다.
【觀(관, guān)】: 궁문 양쪽의 높다란 누각.
【臺(대, tái)】: 망루. 누대.
【榭(사, xiè)】: 정자.
【崇大(숭대, chóng dà)】: 높고 크다.
【公(공, gōng)】: 여기서는 晉文公을 가리킨다.

13 庫廄繕修, 司空以時平易道路, 圬人以時塓館宮室。→ 창고와 마구간은 수리가 잘되어 있고, 司空은 수시로 도로를 평탄하게 보수하였으며, 미장이는 수시로 영빈관의 건물을 손질하였습니다.
【廄(구, jiù)】: 마구간.
【繕修(선수, shàn xiū)】: 수리하다. 보수하다.
【司空(사공, sī kōng)】: 토목 공사를 관리하는 관직.
【以時(이시, yǐ shí)】: 수시로. 때마다.
【易(역, yì)】: 고치다. 보수하다.
【圬人(오인, wū rén)】: 미장이.
【塓(멱, mì)】: 손질하다.
【宮室(궁실, gōng shì)】: 영빈관의 건물.

14 諸侯賓至, 甸設庭燎, 僕人巡宮; 車馬有所, 賓從有代。→ 제후의 빈객이 도착하면, 횃불을 관리하는 사람은 정원에 횃불을 설치하여 밝히고, 하인들은 영빈관 주위를 순찰하며; 車馬는 놓아둘 장소가 있고, 빈객의 수행원들은 대신 복무할 사람이 있었습니다.
【甸(전, diàn)】: 횃불을 관리하는 사람.
【庭燎(정료, tíng liáo)】: 빈객이 오면 정원에 큰 촛불을 설치하여 밝히는 일.

人牧圉, 各瞻其事; 百官之屬, 各展其物。[15] 公不留賓, 而亦無廢事; 憂樂同之, 事則巡之; 敎其不知, 而恤其不足。[16] 賓至如歸, 無寧菑患, 不畏寇盜, 而亦不患燥濕。[17]

【僕人(복인, pú rén)】: 종. 하인.
【巡(순, xún)】: 순찰하다.
【宮(궁, gōng)】: 집. 여기서는「영빈관」을 가리킨다.
【所(소, suǒ)】: 놓아둘 장소.
【賓從(빈종, bīn cóng)】: 빈객의 수행원.
【代(대, dài)】: 대신 복무할 사람.

15 巾車脂轄, 隸人牧圉, 各瞻其事; 百官之屬, 各展其物。→ 수레를 관리하는 사람은 바퀴 축에 기름을 칠하고, 청소하는 사람이나 소·말을 기르는 사람은, 각자 자기가 맡은 바를 살펴 일하며; 조정의 모든 관리들은, 각자 자기가 접대할 예물을 진열해 놓았습니다.
【巾車(건거, jīn jū)】: [관직] 차량을 관리하는 직책.
【脂(지, zhī)】: [동사 용법] 기름을 치다.
【轄(할, xiá)】: 바퀴 축의 비녀장. 여기서는「바퀴 축」을 가리킨다.
【隸人(예인, lì rén)】: 청소하는 사람.
【牧圉(목어, mù yǔ)】: 소·말을 기르는 사람.
【瞻(첨, zhān)】: 살피다.
【展(전, zhǎn)】: 벌려놓다. 진열하다.

16 公不留賓, 而亦無廢事; 憂樂同之, 事則巡之; 敎其不知, 而恤其不足。→ 晉文公께서는 빈객들에게 시간을 지체하지 않으시고, 또한 접대하는 일을 폐하지도 않으셨으며; 근심과 즐거움을 그들과 함께하시고, 일이 발생하면 친히 그들을 순시하시며; 빈객들이 알지 못하는 것이 있으면 가르쳐 주시고, 부족한 것이 있으면 구제해 주셨습니다.
【公(공, gōng)】: 晉文公.
【留(류, liú)】: 시간을 끌다. 지체하다.
【之(지, zhī)】: [대명사] 그들. 즉 빈객들.
【巡(순, xún)】: 순시하다.
【恤(휼, xù)】: 구제하다.

17 賓至如歸, 無寧菑患, 不畏寇盜, 而亦不患燥濕。→ (그래서 빈객이 晉나라에 오면) 마치 자기 집에 돌아온 것처럼 마음이 편안하여, 비단 재난을 걱정하지 않았을 뿐 아니라, 도둑을 두려워하지도 않고, 또한 (곡식이) 말라버리거나 습기가 차는 것을 걱정하지도 않았습니다.
【賓至如歸(빈지여귀, bīn zhì rú guī)】: 손님이 마치 자기 집에 돌아온 것처럼 마음이 편안하다.
【無寧(무녕, wú níng)】: 비단 …하지 않을 뿐만 아니라.
【菑患(재환, zāi huàn)】: 재해. 재난.

「今銅鞮之宮數里, 而諸侯舍於隸人, 門不容車, 而不可踰越;[18] 盜賊公行, 而天厲不戒。賓見無時, 命不可知。[19] 若又勿壞, 是無所藏幣, 以重罪也。敢請執事, 將何所命之?[20] 雖君之有魯喪, 亦敝邑之憂也。若獲薦幣, 修垣而行。君之惠也, 敢憚勤勞?」[21]

【寇盜(구도, kòu dào)】: 도둑.
【患(환, huàn)】: 걱정하다. 근심하다.

18 「今銅鞮之宮數里, 而諸侯舍於隸人, 門不容車, 而不可踰越; → 지금의 銅鞮宮은 넓이가 몇 리나 되지만, 제후가 머무는 영빈관은 마치 하인들의 숙소와도 같고, 대문은 좁아서 수레가 들어갈 수 없으며, (담장을) 넘어 들어갈 수도 없습니다.
【銅鞮之宮(동제지궁, tóng dī zhī gōng)】: 晉나라 군주의 별궁. 지금의 산서성 沁縣 남쪽에 위치.
【舍(사, shè)】: 舍屋. 즉「영빈관」.
【於隸人(어예인, yú lì rén)】: 하인에 비교되다. 즉「하인과 마찬가지이다」의 뜻. 【於】:…에 비교되다. 【隸人】: 노예. 하인.
【不容(불용, bù róng)】: 용납하지 않다. 즉「들어갈 수가 없다」의 뜻.
【踰越(유월, yú yuè)】: 넘다. 넘어가다.

19 盜賊公行, 而天厲不戒。賓見無時, 命不可知。→ 도적의 약탈은 공공연히 자행되고, 재난에도 대비하지 않고 있습니다. 빈객에 대한 접견은 정해진 시간이 없고, 접견 명령이 언제 내려올지도 모릅니다.
【公行(공행, gōng xíng)】: 공공연히 자행되다.
【天厲(요려, yāo lì)】: 재난. 재해. ※판본에 따라서는「天厲」를「天厲」또는「天癘」라 했다.
【戒(계, jiè)】: 경계하다. 대비하다.

20 若又勿壞, 是無所藏幣, 以重罪也。敢請執事, 將何所命之? → 만일 또 (담장을) 허물지 않는다면, 이는 예물을 보관할 곳이 없어, (鄭나라의) 죄가 더욱 무거워집니다. 감히 執事께 청하건대, 장차 이를 어디에 두도록 명하시겠습니까?
【若(약, ruò)】: 만일. 만약.
【勿壞(물괴, wù huài)】: 허물지 않다.
【藏(장, cáng)】: 보관하다.
【幣(폐, bì)】: 예물.

21 雖君之有魯喪, 亦敝邑之憂也。若獲薦幣, 修垣而行。君之惠也, 敢憚勤勞?」→ 비록 晉나라 군주께서 魯나라의 喪을 만났지만, 이는 또한 저희 나라의 우환이기도 합니다. 만일 예물을 헌상하도록 허락을 얻는다면, 허문 담장을 수리하고 나서 떠날 것입니다. 이는 晉나라 군주의 은혜인데, 감히 (담장 쌓는) 수고를 꺼리겠습니까?」
【敝邑之憂(폐읍지우, bì yì zhī yōu)】: 저희 나라의 우환. ※晉과 鄭은 모두 魯나라와 同姓이기 때문에, 노나라의 喪事는 비단 晉나라의 상사일 뿐만 아니라 鄭나라의 상사이

文伯復命, 趙文子曰：「信。我實不德, 而以隸人之垣, 以贏諸侯, 是吾罪也。」²² 使士文伯謝不敏焉。²³

晉侯見鄭伯有加禮, 厚其宴好而歸之, 乃築諸侯之館。²⁴ 叔向曰：「辭之不可以已也如是夫! 子產有辭, 諸侯賴之, 若之何其釋辭也?²⁵《詩》曰：『辭之輯矣, 民之協矣; 辭之繹矣, 民之莫矣。』其知之

기도 하다.
【薦(천, jiàn)】: 바치다. 진상하다. 헌상하다.
【憚(탄, dàn)】: 두려워하다. 꺼리다.

22 文伯復命, 趙文子曰：「信。我實不德, 而以隸人之垣, 以贏諸侯, 是吾罪也。」→ 士文伯이 돌아가 명령에 대한 결과를 보고하자, 趙文子가 말했다：「확실히 그렇소. 우리가 실로 부덕하여, 노예의 거처를 가지고, 제후들을 접대했으니, 이는 우리의 잘못이오.」
【文伯(문백, wén bó)】: 士文伯.
【復命(복명, fù mìng)】: 명령에 대한 결과를 보고하다.
【趙文子(조문자, zhào wén zǐ)】: 晉나라의 대부. 이름은 武.
【信(신, xìn)】: 확실하다. 분명하다.
【垣(원, yuán)】: 담장. 즉「거처」를 가리킨다.
【贏(영, yíng)】: 받다. 접수하다. 여기서는「접대하다」의 뜻.
【是(시, shì)】: [대명사] 이것. 즉「노예의 거처를 가지고 제후들을 접대한 것.」

23 使士文伯謝不敏焉。→ 그리하여 사문백을 보내 (자신의) 불민함을 사과했다.
【謝(사, xiè)】: 사죄하다. 사과하다.
【不敏(불민, bù mǐn)】: 불민하다. 어리석고 우둔하다.

24 晉侯見鄭伯有加禮, 厚其宴好而歸之, 乃築諸侯之館。→ 晉平公은 鄭簡公을 접견할 때 더욱 예를 갖추고, 성대하게 연회를 베푼 후 그를 전송했다. 그리하여 제후의 영빈관도 새로 지었다.
【晉侯(진후, jìn hóu)】: 晉平公.
【鄭伯(정백, zhèng bó)】: 鄭簡公.
【厚其宴好(후기연호, hòu qí yàn hào)】: 성대하게 연회를 베풀다.
【乃(내, nǎi)】: 이에. 그리하여.

25 叔向曰：「辭之不可以已也如是夫! 子產有辭, 諸侯賴之, 若之何其釋辭也? → 叔向이 말했다：「辭令을 폐기할 수 없는 것은 바로 이와 같은 이치로다! 자산이 사령에 능하여, 제후가 그에 의존했으니, 어찌 사령을 포기하겠는가?
【叔向(숙향, shū xiàng)】: [인명] 羊舌肸. 晉나라의 대부.
【辭(사, cí)】: 사령. 응대하는 말.
【已(이, yǐ)】: 그만두다. 폐기하다.

矣。」²⁶

번역문

자산(子産)이 진(晉)나라 영빈관의 담장을 허물다

 자산(子産)이 정간공(鄭簡公)을 보좌하고 진(晉)나라에 갔는데, 진평공(晉平公)이 노양공(魯襄公)의 상사(喪事)로 인해 그들을 접견하지 않았다. 자산이 사람을 보내 그 영빈관의 담장을 모두 헐어버리고 거마(車馬)를 들여놓도록 했다.
 (이에) 사문백(士文伯)이 자산을 꾸짖어 말했다 :「저희 나라는 정치 형법이 잘 정비되지 못해 도둑이 매우 많습니다. 제후의 신하들이 외람되게도 저희 군주를 알현하게 되면 (그들의 안전을) 어찌할 방법이 없기 때문에, 그

【如是(여시, rú shì)】: 이와 같다.
【有辭(유사, yǒu cí)】: 사령에 능하다.
【賴(뢰, lài)】: 의존하다. 의지하다.
【之(지, zhī)】: [대명사] 그. 즉「子産」.
【若之何(약지하, ruò zhī hé)】: 如之何. 어찌. 어떻게.
【釋辭(석사, shì cí)】: 사령을 포기하다.

26 《詩》曰:「辭之輯矣, 民之協矣; 辭之繹矣, 民之莫矣。」其知之矣。」→《詩經》에 이르길:「말이 온화하면, 백성이 협력하고; 말이 감동을 주면, 백성이 안정을 찾는다.」라고 했는데, 자산은 그러한 이치를 알고 있는 것이다.」
【《詩(시, shī)》】:《詩經·大雅·板》.
【輯(집, jí)】: 온화하다.
【繹(역, yì)】: 懌. 기뻐하다.
【莫(막, mò)】: 안정되다.
【其(기, qí)】: [대명사] 그. 즉「子産」.
【知之(지지, zhī zhī)】: 그 이치를 알다. [[之]: [대명사] 그것. 즉「《시경》의 이치」.

래서 관리들을 시켜 빈객들이 머무는 영빈관을 보수하여 대문을 높이고 담장을 두텁게 쌓아 이로써 빈객들이 걱정을 하지 않도록 조치했습니다. (그런데) 지금 당신이 그것을 부숴버렸으니, 비록 (당신의) 수행원들은 능히 대비할 수 있다 해도 또 다른 나라의 빈객들은 어찌합니까? 저희 나라는 제후(諸侯)의 맹주(盟主)이기 때문에 정원과 담장을 보수하여 이로써 빈객을 접대하는데, 만일 그것을 모두 허물어 버린다면, 또 어떻게 빈객들의 요구에 부응하겠습니까? 저의 군주께서는 저를 파견하여 담장을 허문 연유를 묻도록 하셨습니다.」

자산이 대답했다 :「저희 나라는 땅이 협소하고 대국의 사이에 끼어있는 상황에서 (대국들이) 불시에 (공물을) 요구하기 때문에, 그래서 감히 편히 지내지도 못하고, 저희 나라 재물을 모두 모아 가지고 와서 시사(時事)를 행합니다. 마침 귀국의 군주께서 한가하지 못한 때를 만나 접견도 하지 못하고, 또 지시도 듣지 못해 언제 접견할지 알 수가 없습니다. 감히 공물을 헌상하지도 못하고, 또한 감히 밖에다 쌓아둘 수도 없습니다. 만일 그것을 헌상한다면 바로 진(晉)나라 창고의 재물이 되지만, 그것을 헌상하여 진열하는 의식을 거치지 않는다면 감히 헌상할 수도 없습니다. 만일 그것을 밖에다 쌓아두면 (날씨가) 건조했다 습했다 수시로 변해 부패하거나 벌레가 먹게 되어 저희 나라의 죄가 무거워집니다.

「제가 듣건대, (옛날) 진문공(晉文公)께서 제후의 맹주로 계실 때는 궁실(宮室)이 낮고 누각이나 망루·정자 같은 것이 없었으며, 제후들을 접대하는 영빈관은 높고 크게 지어 영빈관이 마치 문공(文公)의 궁궐과도 같았습니다. 창고와 마구간은 수리가 잘되어 있고, 사공(司空)은 수시로 도로를 평탄하게 보수하였으며, 미장이는 수시로 영빈관의 건물을 손질하였습니다. 제후의 빈객이 도착하면 햇불을 관리하는 사람은 정원에 햇불을 설치하여 밝히고, 하인들은 영빈관 주위를 순찰하며, 거마(車馬)는 놓아둘 장소가 있고, 빈객의 수행원들은 대신 복무할 사람이 있었습니다. 수레를 관리하는 사람은 바퀴 축에 기름을 칠하고, 청소하는 사람이나 소·말을 기르는 사람은 각자 자기가 맡은 바를 살펴 일하며, 조정의 모든 관리들은 각자 자기가 접대할 예물을 진열해 놓았습니다. 진문공(晉文公)께서는 빈객들에게 시간을 지체하지 않으시고 또한 접대하는 일을 폐하지도 않으셨으며, 근심과 즐거움을 그들과 함께하시고, 일이 발생하면 친히 그들을 순시하시며 빈객들이 알지 못하는 것이 있으면 가르쳐 주시고 부족한 것이 있으면 구제해 주셨습니다. (그래서 빈객이 진나라에 오면) 마치 자기 집에 돌아온 것처럼 마음이 편안하여, 비단 재난을 걱정하지 않았을 뿐 아니라 도둑을 두려워하지도 않고, 또한 (곡식이) 말라버리거나 습기가 차는 것을 걱정하시도 않았습니다.

「지금의 동제궁(銅鞮宮)은 넓이가 몇 리나 되지만 제후가 머무는 영빈관은 마치 하인들의 숙소와도 같고, 대문은 좁아서 수레가 들어갈 수 없으며 (담장을) 넘어 들어갈 수도 없습니다. 도적의 약탈은 공공연히 자행되고 재난에도 대비하지 않고 있습니다. 빈객에 대한 접견은 정해진 시간이 없고 접견 명령이 언제 내려올지도 모릅니다. 만일 또 (담장을) 허물지 않는다면, 이는 예물을 보관할 곳이 없어 정(鄭)나라의 죄가 더욱 무거워집니다. 감히 집사(執事)께 청하건대, 장차 이를 어디에 두도록 명하시겠습니까? 비록 진(晉)나라 군주께서 노(魯)나라의 상(喪)을 만났지만, 이는 또한 저희 나라의 우환이기도 합니다. 만일 예물을 헌상하도록 허락을 얻는다면 허문 담장을 수리하고 나서 떠날 것입니다. 이는 진나라 군주의 은혜인데 감히 (담장 쌓는) 수고를 꺼리겠습니까?」

사문백이 돌아가 명령에 대한 결과를 보고하자, 조문자(趙文子)가 말했

다 : 「확실히 그렇소. 우리가 실로 부덕하여 노예의 거처를 가지고 제후들을 접대했으니, 이는 우리의 잘못이오.」 그리하여 사문백을 보내 (자신의) 불민함을 사과했다.

진평공(晉平公)은 정간공(鄭簡公)을 접견할 때 더욱 예를 갖추고 성대하게 연회를 베푼 후 그를 전송했다. 그리하여 제후의 영빈관도 새로 지었다. 숙향(叔向)이 말했다 : 「사령(辭令)을 폐기할 수 없는 것은 바로 이와 같은 이치로다! 자산이 사령에 능하여 제후가 그에 의존했으니 어찌 사령을 포기하겠는가? 《시경(詩經)》에 이르길 : 『말이 온화하면 백성이 협력하고, 말이 감동을 주면 백성이 안정을 찾는다.』라고 했는데, 자산은 그러한 이치를 알고 있는 것이다.」

해제解題 및 본문 요지 설명

춘추시대(春秋時代) 말기 주(周)나라 왕실이 쇠락하면서 제후들이 맹주의 자리를 다투어 전쟁이 빈번히 일어났다. 정(鄭)나라는 약소국으로 진(晉)나라와 초(楚)나라 사이에 처해 있어 수시로 위협을 받았다. 정나라는 생존을 위해 제후가 여름에는 진나라에 입조(入朝)하고, 겨울에는 초나라에 입조하는 등 항상 어려운 상황을 면치 못했다. 그러다가 자산(子産)이 집정(執政)하면서 내정과 외교 양 방면에서 상당한 성공을 거두었다.

본문은 《좌전(左傳)·양공 31년(襄公 三十一年)》의 일부분으로, 자산이 제후들의 맹주인 진(晉)나라가 약소국에 대해 예를 벗어나 함부로 접대하는 행위를 엄히 꾸짖은 것을 기술한 것이다.

본문은 다섯 단락으로 나눌 수 있는데, 첫째 단락에서는 자산이 정간공

(鄭簡公)을 수행하고 진(晉)나라를 방문하여 공물을 헌상하려다 진평공(晉平公)이 노(魯)나라의 상사(喪事)를 구실로 접견을 회피하자, 분개한 나머지 사람을 보내 진나라 영빈관의 담장을 허물어버리고 거마를 들여놓은 것을 기술했고; 둘째 단락에서는 진나라가 사문백(士文伯)을 보내 자산의 무례한 행동을 꾸짖으며 자산에게 이에 대한 답변을 요구하는 흉흉한 분위기를 기술했고; 셋째 단락에서는 진평공이 노나라의 상사를 구실로 접견을 회피함으로 인해 야기된 여러 가지 문제점을 낱낱이 지적하며 은연중 예를 저버린 진나라 군주를 비난한 자산의 논변을 기술했고; 넷째 단락에서는 진나라 군주와 신하가 기꺼이 잘못을 인정하고 정간공과 자산 일행을 접견하는 동시에, 성대한 연회를 베풀어 환송한 후, 진나라 스스로 관사를 새로 지은 상황을 서술했고; 마지막 단락에서는 숙향(叔向)의 평론을 빌려 자산의 능통한 외교 사령과 뛰어난 지모를 높이 평가했다.

030 자산논윤하위읍(子産論尹何爲邑)
《左傳·襄公 三十一年》

> **작 자**

001 정백극단우언(鄭伯克段于鄢) 참조.

> **원문 및 주석**

子産論尹何爲邑¹

子皮欲使尹何爲邑。子産曰:「少, 未知可否。」² 子皮曰:「愿,

---

1 子産論尹何爲邑 → 子産이 尹何가 家邑을 다스리는 것에 대해 논하다
  【子産(자산, zǐ chǎn)】:[인명] 公孫僑. 자는 子産. 춘추시대의 저명한 정치가. 鄭簡公 때 執政大夫를 지내며 적극적으로 개혁을 주도했다.
  【尹何(윤하, yǐn hé)】:[인명] 子皮의 가신. ※子皮: 주 2 참조.
  【爲邑(위읍, wéi yì)】:家邑을 다스리다. 【爲】: 다스리다. 【邑】: 고을. 여기서는「家邑, 봉지, 봉토, 영지」를 가리킨다.
2 子皮欲使尹何爲邑。子産曰:「少, 未知可否。」→ 子皮가 尹何로 하여금 자기의 봉토를 다스리게 하려 했다. 그러자 子産이 말했다:「나이가 젊어서, 해낼 수 있을지 알 수 없습니다.」

吾愛之, 不吾叛也。使夫往而學焉, 夫亦愈知治矣。」³

子產曰 :「不可。人之愛人, 求利之也。今吾子愛人則以政, 猶未能操刀而使割也, 其傷實多。⁴ 子之愛人, 傷之而已, 其誰敢求愛於子?⁵ 子於鄭國, 棟也。棟折榱崩, 僑將厭焉, 敢不盡言? 子有美錦, 不使人學製焉。⁶ 大官、大邑, 身之所庇也, 而使學者製焉。其爲美

【子皮(자피, zǐ pí)】: [인명] 鄭나라의 上卿으로 이름은 罕虎이며, 子皮는 그의 자.
【可否(가부, kě fǒu)】: 임무를 감당해 낼 수 있는지의 여부.

3 子皮曰 :「愿, 吾愛之, 不吾叛也。使夫往而學焉, 夫亦愈知治矣。」→ 자피가 말했다 :「(사람됨이) 신중하고 성실하여, 내가 그를 좋아하니, 나를 배신하지 않을 것이오. 그로 하여금 가서 배우도록 하면, 그 사람 또한 다스리는 방법을 더욱 알게 될 것이오.」
【愿(원, yuàn)】: 신중하고 성실하다.
【夫(부, fú)】: 彼. 그 사람. 즉「尹何」.
【愈(유, yù)】: 더욱.

4 子產曰 :「不可。人之愛人, 求利之也。今吾子愛人則以政, 猶未能操刀而使割也, 其傷實多。→ 자산이 말했다 :「안 됩니다. 사람을 좋아한다면, 그에게 이익이 되도록 해야 합니다. 그런데 지금 당신께서 사람을 좋아하면서 (그에게) 政事를 맡기려 하는 것은, 마치 칼을 잡지도 못하는 사람에게 자르라고 하는 것과 같으며, 다치는 경우가 실로 많습니다.
【求利(구리, qiú lì)】: 이익이 되도록 하다.
【吾子(오자, wú zǐ)】: [상대방을 친근하게 부르는 호칭] 그대. 당신.
【猶(유, yóu)】: 마치 …와(과) 같다.
【操(조, cāo)】: 쥐다. 잡다.
【使割(사할, shǐ gē)】: [사동 용법] 자르게 하다.

5 子之愛人, 傷之而已, 其誰敢求愛於子? → 당신께서 사람을 좋아하는 것은, 그 사람을 다치게 할 뿐이니, 누가 감히 당신께서 좋아해 주기를 바라겠습니까?
【傷(상, shāng)】: 다치게 하다.
【…而已(이이, ér yǐ)】: …뿐이다.
【其(기, qí)】: [연사] 대명사 앞 혹은 뒤에 놓여「其誰·其孰·誰其·此其·彼其·夫其·是其·何其·曷其·胡其」등을 구성한다. 번역할 필요가 없다.

6 子於鄭國, 棟也。棟折榱崩, 僑將厭焉, 敢不盡言? 子有美錦, 不使人學製焉。→ 당신은 鄭나라에서, 대들보이십니다. 대들보가 부러지면 서까래가 무너져, 저도 깔리게 될 터인데, 어찌 감히 모든 것을 다 말씀드리지 않겠습니까? 당신께서 아름다운 비단을 가지고 계신다면, 사람들로 하여금 (그 비단을 가지고) 옷 만드는 것을 배우게 하지는 않을 것입니다.
【棟(동, dòng)】: 동량. 대들보.

錦, 不亦多乎?⁷ 僑聞學而後入政, 未聞以政學者也。若果行此, 必有所害。⁸ 譬如田獵, 射御貫, 則能獲禽。若未嘗登車射御, 則敗績厭覆是懼, 何暇思獲?⁹

【榱(최, cuī)】: 서까래.
【僑(교, qiáo)】: 子産의 이름. 자산이「저, 나」라는 의미로, 자신의 이름을 사용한 것.
【厭(압, yā)】: 壓. 깔리다. 눌리다.
【盡言(진언, jìn yán)】: 모든 것을 다 말하다. 할 말을 다하다.
【製(제, zhì)】: 만들다. 제조하다. 여기서는「옷을 만들다」의 뜻.

7 大官、大邑, 身之所庇也, 而使學者製焉。其爲美錦, 不亦多乎? → 높은 관직 · 큰 봉토는, 몸을 의탁하는 곳인데, 오히려 배우는 사람으로 하여금 그것을 다스리게 하는 것입니다. 높은 관직과 큰 봉토가 아름다운 비단보다, 더욱 소중하지 않겠습니까?
【庇(비, bì)】: 엄호하다. 보호하다.
【製(제, zhì)】: 만들다. 제조하다. 여기서는「담당하다, 다스리다」의 뜻.
【其(기, qí)】: [대명사] 그것. 즉「大官 · 大邑」.
【不亦(불역, bù yì)…乎(호, hū)?】: 매우 …한 것이 아닌가?
【多(다, duō)】: 많다. 여기서는「가치가 많다, 더욱 소중하다」의 뜻.

8 僑聞學而後入政, 未聞以政學者也。若果行此, 必有所害。→ 저는 배우고 나서 政事를 돌본다는 말을 들었어도, 정사를 돌보는 일로써 배운다는 말은 들어보지 못했습니다. 만일 정말로 이렇게 한다면, 반드시 피해를 당할 것입니다.
【入政(입정, rù zhèng)】: 정사를 돌보다.
【若(약, ruò)】: 만일. 만약.
【果(과, guǒ)】: 과연. 정말.

9 譬如田獵, 射御貫, 則能獲禽。若未嘗登車射御, 則敗績厭覆是懼, 何暇思獲?」→ 사냥을 예로 들면, 활 쏘는 법과 수레 모는 법을 익히고 나서야, 비로소 짐승을 잡을 수 있는 것입니다. 만일 수레를 타보거나 활을 쏘아보거나 수레를 몰아본 적이 없다면, 오직 실수로 인해 수레가 뒤집혀 깔릴까 두려울 뿐인데, 어찌 잡겠다는 생각을 할 겨를이 있겠습니까?
【譬如(비여, pì rú)…】: …을 예로 들다.
【田獵(전렵, tián liè)】: 수렵. 사냥.
【射(사, shè)】: 활 쏘는 법.
【御(어, yù)】: 수레 모는 법.
【貫(관, guàn)】: 慣. 익히다, 숙련하다.
【未嘗(미상, wèi cháng)】: (일찍이) …한 적이 없다.
【敗績(패적, bài jī)】: 군대가 대패하다. 여기서는「실수하다, 일을 그르치다」의 뜻.
【厭覆是懼(압복시구, yā fù shì jù)】: 오직 뒤집혀 깔릴 것을 두려워하다. 〖厭〗: 壓. 깔리다. 눌리다. 〖覆〗: 뒤집히다. 전복되다.

子皮曰:「善哉! 虎不敏。吾聞君子務知大者、遠者, 小人務知小者、近者。我, 小人也。[10] 衣服附在吾身, 我知而愼之; 大官、大邑所以庇身也, 我遠而慢之。微子之言, 吾不知也。[11] 他日我曰:『子爲鄭國, 我爲吾家, 以庇焉, 其可也。』今而後知不足。[12] 自今請, 雖吾家, 聽子而行。」[13]

【是(시, shì)】: [어조사] 도치된 빈어와 동사 사이에 놓여 빈어를 강조하는 역할을 한다. 번역할 필요가 없다. 〖懼〗: 두려워하다.
【暇(가, xiá)】: 겨를. 틈.
【思獲(사획, sī huò)】: 잡겠다는 생각을 하다.

10 子皮曰:「善哉! 虎不敏。吾聞君子務知大者、遠者, 小人務知小者、近者。我, 小人也。→ 자피가 말했다:「좋습니다! 제가 불민하였습니다. 제가 듣건대 군자는 크고 멀리 있는 것을 알고자 힘쓰고, 소인배는 작고 가까이 있는 것을 알고자 힘쓴다고 했습니다. 저는 소인배입니다.
【虎(호, hǔ)】: 子皮의 이름. 자피가 자신의 이름을「나, 저」대신 사용한 것.
【不敏(불민, bù mǐn)】: 불민하다. 어리석고 둔하여 재빠르지 못하다.
【務(무, wù)】: 힘쓰다. 노력하다.

11 衣服附在吾身, 我知而愼之; 大官、大邑所以庇身也, 我遠而慢之。微子之言, 吾不知也。→ 옷은 저의 몸에 달라붙어 있으니, 제가 그것을 알고 조심하지만; 높은 관직과 큰 封土는 이로써 자신을 보호하는데도, 저는 그것을 먼일로 여기고 소홀히 하였습니다. 당신의 말씀이 없었더라면, 저는 (그러한 이치를) 몰랐을 것입니다.
【附(부, fù)】: 달라붙다.
【愼(신, shèn)】: 조심하다. 신중히 하다.
【所以(소이, suǒ yǐ)】: 以之. 이로써.
【遠(원, yuǎn)】: 멀다. 여기서는「먼일로 여기다」의 뜻.
【慢(만, màn)】: 소홀히 하다.
【微(미, wēi)】: 無. 없다.
【子(자, zǐ)】: 너. 그대. 당신.

12 他日我曰:『子爲鄭國, 我爲吾家, 以庇焉, 其可也。』今而後知不足。→ 이전에 제가:『당신이 鄭나라를 다스리고, 저는 저의 집을 다스려서, 스스로를 보호한다면, 그것으로 족합니다.』라고 했는데, 지금에야 비로소 부족하다는 것을 알았습니다.
【他日(타일, tā rì)】: 이전에.
【爲(위, wéi)】: 다스리다.
【庇(비, bì)】: 보호하다. 감싸다.
【其可(기가, qí kě)】: 그러면 된다. 그것으로 족하다.
【今而後(금이후, jīn ér hòu)】: 이후. 금후. 여기서는「현재, 지금」의 뜻.

子產曰:「人心之不同, 如其面焉。吾豈敢謂子面如吾面乎? 抑心所謂危, 亦以告也。」^14 子皮以爲忠, 故委政焉。子產是以能爲鄭國。^15

번역문

자산(子產)이 윤하(尹何)가 가읍(家邑)을 다스리는 것에 대해 논하다

자피(子皮)가 윤하(尹何)로 하여금 자기의 봉토를 다스리게 하려 했다. 그러자 자산(子產)이 말했다 : 「나이가 젊어서, 해낼 수 있을지 알 수 없습니다.」 자피가 말했다 : 「(사람됨이) 신중하고 성실하여 내가 그를 좋아하니

13 自今請, 雖吾家, 聽子而行。」→ 지금부터는, 비록 제 집의 일이라도, 당신의 분부를 듣고 처리하겠습니다.」
【子(자, zǐ)】: 너. 그대. 당신. 여기서는「그대의 분부」를 말한다.

14 子產曰:「人心之不同, 如其面焉。吾豈敢謂子面如吾面乎? 抑心所謂危, 亦以告也。」→ 자산이 말했다 : 「사람의 마음이 서로 다른 것은, 마치 사람의 얼굴과 같습니다. 제가 어찌 감히 당신의 얼굴이 저의 얼굴과 같다고 말하겠습니까? 다만 마음에서 위험하다고 생각되는 바를, 곧 사실대로 말씀드렸을 뿐입니다.」
【豈敢(기감, qǐ gǎn)…乎(호, hū)?】: 어찌 감히 …하겠는가?
【抑(억, yì)】: 다만.
【謂危(위위, wèi wéi)】: 위태롭다고 여기다. 위험하다고 생각하다.
【亦(역, yì)】: 곧. 바로.

15 子皮以爲忠, 故委政焉。子產是以能爲鄭國。→ 자피는 (자산을) 충직하다고 여겨, 그래서 政事를 자산에게 위임했다. 자산은 이로 인해 鄭나라를 다스릴 수 있게 되었다.
【以爲(이위, yǐ wéi)】: …라 여기다. …라고 생각하다.
【委(위, wěi)】: 위임하다. 맡기다.
【是以(시이, shì yǐ)】: 그래서. 이로 인해.
【爲(위, wéi)】: 다스리다.

나를 배신하지 않을 것이오. 그로 하여금 가서 배우도록 하면 그 사람 또한 다스리는 방법을 더욱 알게 될 것이오.」

자산이 말했다 : 「안 됩니다. 사람을 좋아한다면 그에게 이익이 되도록 해야 합니다. 그런데 지금 당신께서 사람을 좋아하면서 (그에게) 정사(政事)를 맡기려 하는 것은, 마치 칼을 잡지도 못하는 사람에게 자르라고 하는 것과 같으며 다치는 경우가 실로 많습니다. 당신께서 사람을 좋아하는 것은 그 사람을 다치게 할 뿐이니, 누가 감히 당신께서 좋아해 주기를 바라겠습니까? 당신은 정(鄭)나라에서 대들보이십니다. 대들보가 부러지면 서까래가 무너져 저도 깔리게 될 터인데, 어찌 감히 모든 것을 다 말씀드리지 않겠습니까? 당신께서 아름다운 비단을 가지고 계신다면 사람들로 하여금 (그 비단을 가지고) 옷 만드는 것을 배우게 하지는 않을 것입니다. 높은 관직 · 큰 봉토는 몸을 의탁하는 곳인데 오히려 배우는 사람으로 하여금 그것을 다스리게 하는 것입니다. 높은 관직과 큰 봉토가 아름다운 비단보다 더욱 소중하지 않겠습니까? 저는 배우고 나서 정사(政事)를 돌본다는 말을 들었어도, 정사를 돌보는 일로써 배운다는 말은 들어보지 못했습니다. 만일 정말로 이렇게 한다면 반드시 피해를 당할 것입니다. 사냥을 예로 들면, 활 쏘는 법과 수레 모는 법을 익히고 나서야 비로소 짐승을 잡을 수 있는 것입니다. 만일 수레를 타보거나 활을 쏘아 보거나 수레를 몰아본 적이 없다면 오직 실수로 인해 수레가 뒤집혀 깔릴까 두려울 뿐인데, 어찌 잡겠다는 생각을 할 겨를이 있겠습니까?」

자피가 말했다 : 「좋습니다! 제가 불민하였습니다. 제가 듣건대, 군자는 크고 멀리 있는 것을 알고자 힘쓰고, 소인배는 작고 가까이 있는 것을 알고자 힘쓴다고 했습니다. 저는 소인배입니다. 옷은 저의 몸에 달라붙어 있으니 제가 그것을 알고 조심하지만, 높은 관직과 큰 봉토(封土)는 이로써 자

신을 보호하는데도 저는 그것을 먼일로 여기고 소홀히 하였습니다. 당신의 말씀이 없었더라면 저는 (그러한 이치를) 몰랐을 것입니다. 이전에 제가 : 『당신이 정(鄭)나라를 다스리고, 나는 나의 집을 다스려서 스스로를 보호한다면 그것으로 족합니다.』라고 했는데, 지금에야 비로소 부족하다는 것을 알았습니다. 지금부터는 비록 제 집의 일이라도, 당신의 분부를 듣고 처리하겠습니다.」

자산이 말했다 : 「사람의 마음이 서로 다른 것은 마치 사람의 얼굴과 같습니다. 제가 어찌 감히 당신의 얼굴이 저의 얼굴과 같다고 말하겠습니까? 다만 마음에서 위험하다고 생각되는 바를 곧 사실대로 말씀드렸을 뿐입니다.」 자피는 (자산을) 충직하다고 여겨, 그래서 정사(政事)를 자산에게 위임했다. 자산은 이로 인해 정(鄭)나라를 다스릴 수 있게 되었다.

해제解題 및 본문 요지 설명

본문은 《좌전(左傳)·양공 31년(襄公 三十一年)》의 일부분으로, 정(鄭)나라의 상경(上卿)인 자피(子皮)가 젊고 충직한 가신 윤하(尹何)에게 자기의 봉토를 맡겨 다스리게 하려 하자, 자산(子産)이 윤하의 나이가 젊고 경륜이 없기 때문에 먼저 정사(政事)를 배우지 않으면 여러 가지 위험이 따른다는 것을 이유로 각종 비유를 들어 반복 설명함으로써 마침내 자피를 설득시킨 과정을 서술한 것이다.

본문은 세 단락으로 나눌 수 있는데, 첫째 단락에서는 정나라의 상경 자피가 자기의 가신인 윤하의 충심을 좋아하여 자기의 봉지를 맡겨 관리하려 하자, 자산이 윤하의 연소함과 정치 경험이 전혀 없는 점을 들어 부당함을 제기한 반면, 자피는 윤하가 실무에 종사하며 경험을 얻을 수 있기 때문에 맡겨도 무방하다고 여김으로써 쌍방의 입장이 서로 엇갈린 상황을 기술했고; 둘째 단락에서는 자산이 각종 비유를 통해, 먼저 정치를 배우고 나서 정사(政事)에 입문해야 하며, 만일 이를 어길 경우 반드시 위험이 따른다는 것을 간곡히 지적했고; 마지막 단락에서는 자피가 자산의 말을 깨닫고 자산의 의견을 받아들여, 자산에게 정사를 맡기는 동시에 집안일까지도 자산에게 전권을 부여한 상황을 기술했다.

031 자산각초역녀이병(子産卻楚逆女以兵)
《左傳 · 昭公 元年》

작자

001 정백극단우언(鄭伯克段于鄢) 참조.

원문 및 주석

子産卻楚逆女以兵[1]

楚公子圍聘于鄭, 且娶於公孫段氏。伍擧爲介,[2] 將入館, 鄭人

---

[1] 子産卻楚逆女以兵 → 子産이 楚나라 公子가 군사를 이끌고 혼례에 임하려는 것을 저지하다
 【子産(자산, zǐ chǎn)】: [인명] 公孫僑. 자는 子産. 춘추시대의 이름난 정치가로, 鄭簡公 때 執政大夫를 지내며 적극적으로 개혁을 주도했다.
 【卻(각, què)】: 물리치다. 여기서는 「저지하다」의 뜻.
 【楚(초, chǔ)】: [국명] 지금의 호남성 · 호북성과 강서성 · 절강성 및 하남성 남부에 걸쳐 있던 周代의 제후국.
 【逆女以兵(역녀이병, nì nǚ yǐ bīng)】: 혼례에 군사를 동원하다. 【逆女】: 아내를 맞이하다. 혼례를 치르다.

惡之, 使行人子羽與之言, 乃館於外。³

旣聘, 將以眾逆。子産患之, 使子羽辭曰:「以敝邑褊小, 不足以容從者, 請墠聽命。」⁴

---

2 楚公子圍聘于鄭, 且娶於公孫段氏。伍擧爲介。→ 楚나라 公子 圍가 鄭나라를 방문하고, 또한 公孫段의 딸을 아내로 맞이하려 했다. 이때 伍擧가 副使로 임명되어 수행했다.
 【公子圍(공자위, gōng zǐ wéi)】: 춘추시대 楚나라 共王의 둘째 아들. 楚康王의 동생. 초나라의 令尹을 지내다가 왕위를 찬탈한 후, 魯昭公 2년(B.C. 540)에 楚靈王으로 즉위하여 12년간 재위했다.
 【聘于(빙우, pìn yú)…】: …을(를) 방문하다.
 【且(차, qiě)】: 또한.
 【娶(취, qǔ)】: 아내로 맞이하다.
 【公孫段(공손단, gōng sūn duàn)】: [인명] 鄭나라의 대부. 자는 伯石이며,「豊」을 식읍으로 받아「豊氏」라고도 했다.
 【伍擧(오거, wǔ jǔ)】: [인명] 伍子胥의 조부로, 楚나라의 대부를 지냈다.
 【介(개, jiè)】: 副使.

3 將入館, 鄭人惡之, 使行人子羽與之言, 乃館於外。→ (楚나라 사람들이 城 안의) 영빈관으로 들어가려 하자, 鄭나라 사람들이 그들을 싫어하여, 行人 子羽를 보내 그들에게 (사정을) 설명했다. 그리하여 그들은 성 밖에서 묵었다.
 【將(장, jiāng)】: (장차) …하려 하다.
 【館(관, guǎn)】: 영빈관.
 【惡(오, wù)】: 미워하다. 싫어하다.
 【使(사, shǐ)】: 보내다. 파견하다.
 【行人(행인, xíng rén)】: [관직] 알현이나 방문 등의 업무를 담당하던 직책.
 【子羽(자우, zǐ yǔ)】: [인명] 公孫揮. 자는 子羽.
 【乃(내, nǎi)】: 이에. 그리하여.
 【館於外(관어외, guǎn yú wài)】: 성 밖에서 묵다. 〖館〗: [동사 용법] 묵다. 숙박하다. 〖於〗: [개사] …에서.

4 旣聘, 將以眾逆。子産患之, 使子羽辭曰:「以敝邑褊小, 不足以容從者, 請墠聽命。」→ 방문 의식을 마친 후, (楚公子 圍는) 군사를 이끌고 (城內로) 들어가 아내를 맞이하려 했다. 자산이 이를 걱정하여, 子羽를 보내 거절하고 말했다:「저희 나라는 협소하여, 당신의 수하 사람들을 수용하기에 부족하니, 청컨대 (성 밖에) 제터를 설치하고 명을 따를 수 있게 해주십시오.」
 【旣聘(기빙, jì pìn)】: 방문 의식을 마치다.
 【將(장, jiāng)】: (장차) …하려 하다.
 【以眾(이중, yǐ zhòng)】: 군사로써. 즉「군사를 이끌고 가서」의 뜻.
 【逆(역, nì)】: 迎. 영접하다. 맞이하다. 여기서는「신부를 맞이하다」의 뜻.

令尹命大宰伯州犁對曰:「君辱貺寡大夫圍, 謂圍:『將使豐氏撫有而室.』圍布几筵, 告於莊、共之廟而來.⁵ 若野賜之, 是委君貺於草莽也, 是寡大夫不得列於諸卿也.⁶ 不寧唯是, 又使圍蒙其先君,

【患(환, huàn)】: 걱정하다.
【之(지, zhī)】: [대명사] 그것. 즉「楚公子 圍가 군사를 이끌고 가서 신부를 맞이하려는 요구」.
【使(사, shǐ)】: 파견하다. 보내다.
【辭(사, cí)】: 사절하다. 거절하다.
【以(이, yǐ)】: 因. …로 인해. … 때문에.
【敝邑(폐읍, bì yì)】: [겸사] 저희 나라.
【褊小(편소, biǎn xiǎo)】: 협소하다. 비좁다.
【不足以容(부족이용, bù zú yǐ róng)】: 충분히 수용하지 못하다. 수용하기에 부족하다.
【墠(선, shàn)】: 제터. 땅을 평탄하게 고르고 정돈하여 제사용으로 제공한 장소. 여기서는 동사 용법으로「제터를 설치하다」의 뜻.
【聽命(청명, tīng mìng)】: 명을 따르다.

5 令尹命大宰伯州犁對曰:「君辱貺寡大夫圍, 謂圍:『將使豐氏撫有而室.』圍布几筵, 告於莊、共之廟而來. → 이에 令尹이 太宰 伯州犁에게 명하여 대답하도록 했다:「鄭나라 군주께서 외람되게도 저희 대부 圍에게 은혜를 베푸시어, 圍에게:『장차 豐氏로 하여금 당신의 아내가 되게 할 것이오.』라고 말씀하셨습니다. 그래서 圍는 궤연을 깔아놓고, 莊王・共王의 사당에 고하고 나서 (鄭나라에) 왔습니다.
【令尹(영윤, lìng yǐn)】: [楚나라 관직] 여기서는「楚나라 공자 圍」를 가리킨다.
【大宰(태재, tài zǎi)】: [관직] 궁정 안팎의 사무를 관리하며 군주를 보좌하는 직책.《大》: 太.
【伯州犁(백주리, bó zhōu lí)】: [인명] 楚나라의 宗子. 楚康王 때 太宰를 지냈다.
【辱(욕, rǔ)】: 외람되게도. 황송하게도.
【貺(황, kuàng)】: 베풀다. 하사하다.
【豐氏(풍씨, fēng shì)】: 여기서는「公孫段의 딸」을 가리킨다. 이때 공손단은 이미 豐씨 성을 하사받았다.
【使豐氏撫有而室(사풍씨무유이실, shǐ fēng shì fǔ yǒu ér shì)】: 풍씨로 하여금 당신의 방을 차지하게 하다. 즉「풍씨로 하여금 당신의 아내가 되도록 하다」의 뜻.《撫有》: 점유하다. 차지하다.《而》: 爾. 너. 당신. 즉「公子 圍」를 가리킨다.
【几筵(궤연, jī yán)】: 祭席. 제사를 지낼 때 까는 돗자리.
【莊、共(장공, zhuāng gōng)】: 楚나라 莊王과 共王. 장왕은 圍의 조부. 공왕은 圍의 아버지.

6 若野賜之, 是委君貺於草莽也, 是寡大夫不得列於諸卿也. → 만일 야외에서 혼례를 치르게 하신다면, 이는 (鄭나라) 군주께서 베푸신 은혜를 풀숲에 버리는 것이요, 또한 이는 저희 대부를 卿들의 반열에 들 수 없도록 하는 것입니다.

將不得爲寡君老, 其蔑以復矣。唯大夫圖之!」⁷

　　子羽曰:「小國無罪, 恃實其罪。將恃大國之安靖己, 而無乃包藏禍心以圖之。⁸ 小國失恃而懲諸侯, 使莫不憾者, 距違君命, 而有

【若(약, ruò)】: 만일. 만약.
【野賜之(야사지, yě cì zhī)】: 그것을 야외에서 베풀어 주다. 즉「야외에서 혼례를 치르게 하다」의 뜻.
【委(위, wěi)】: 버리다.
【草莽(초망, cǎo mǎng)】: 풀숲.
【寡大夫(과대부, guǎ dà fū)】: [겸칭] 저희 대부. 즉「공자 圍」.
【不得(부득, bù dé)】: 不能. …할 수 없다.
【列於(열어, liè yú)…】: …의 반열에 들다. 〖於〗: [개사] …에.

7 不寧唯是, 又使圍蒙其先君, 將不得爲寡君老, 其蔑以復矣。唯大夫圖之!」→ 이뿐만 아니라, 또한 圍로 하여금 자기 조상을 속이게 하여, 장차 저희 楚나라 군주의 대신이 될 수 없으니, 아마도 楚나라로 돌아갈 수가 없을 것입니다. 오로지 대부께서 헤아려주시기만 바랄 뿐입니다.」
【不寧唯是(불녕유시, bù níng wéi shì)】: 이뿐만 아니라. 〖寧〗: [어조사].
【蒙(몽, méng)】: 속이다.
【先君(선군, xiān jūn)】: 선왕. 조상.
【老(로, lǎo)】: 대신. ※옛날 公卿大夫에 대한 존칭.
【其(기, qí)】: 아마도.
【蔑以(멸이, miè yǐ)】: 無以. …할 수가 없다. …할 도리가 없다.
【復(복, fù)】: 복귀하다. 즉「초나라로 돌아가다」.
【唯(유, wéi)】: 다만. 오로지.
【圖(도, tú)】: 고려하다. 헤아리다.

8 子羽曰:「小國無罪, 恃實其罪。將恃大國之安靖己, 而無乃包藏禍心以圖之。→ 자우가 말했다:「작은 나라는 잘못이 없지만, (큰 나라를) 의지한 것은 실로 작은 나라의 잘못입니다. (저희는) 큰 나라에 의지하여 자신을 안정시키려 했는데, (楚나라는) 어쩌면 나쁜 마음을 품고 鄭나라를 도모하려는 생각을 가지고 있을지도 모릅니다.
　※鄭나라가 楚나라와 혼인관계를 맺으려 한 것은 강대국인 초나라에 의지하여 안정을 누리려는 의도였고, 이제 초나라가 군사를 이끌고 城內로 들어가 公孫段의 딸을 맞으려는 것은 아마도 나쁜 마음을 품고 정나라를 공격할 의도라는 말이다.
【罪(죄, zuì)】: 잘못. 허물.
【恃(시, shì)】: 믿다. 의지하다.
【將(장, jiāng)】: (장차) …하려 하다.
【大國(대국, dà guó)】: 큰 나라. 여기서는「楚나라」를 가리킨다.
【安靖(안정, ān jìng)】: 안정시키다.

所壅塞不行是懼。⁹ 不然, 敝邑, 館人之屬也, 其敢愛豐氏之祧?」¹⁰
伍擧知其有備也, 請垂櫜而入, 許之。¹¹

【無乃(무내, wú nǎi)】: 아마도 …일 것이다. 어쩌면 …일지도 모른다.
【包藏(포장, bāo cáng)】: 속에 품다.
【禍心(화심, huò xīn)】: 나쁜 마음.
【圖(도, tú)】: 도모하다. 음모를 꾸미다.

9 小國失恃而懲諸侯, 使莫不憾者, 距違君命, 而有所壅塞不行是懼。→ (저희는) 작은 나라가 의지할 곳을 잃음으로 인해 다른 제후들의 경계심을 야기하여, 모든 나라가 楚나라를 원망하게 될 경우, 초나라 군주의 명령을 거부함으로써, 막혀 시행되지 않을 것을 두려워하고 있습니다.
【小國(소국, xiǎo guó)】: 작은 나라. 여기서는 鄭나라를 가리킨다.
【懲(징, chéng)】: [사동 용법] 경계심을 갖게 하다.
【莫不(막불, mò bù)】: …하지 않는 자가 없다. 모두 …하다.
【憾(감, hàn)】: 원망하다.
【距違(거위, jù wéi)】: 거부하다.
【壅塞(옹색, yōng sè)】: 막히다.
【是(시, shì)】: [어조사] 도치된 빈어와 동사 사이에 놓여 빈어를 강조하는 역할을 한다. 번역할 필요가 없다.
【懼(구, jù)】: 두려워하다.

10 不然, 敝邑, 館人之屬也, 其敢愛豐氏之祧? → 그렇지 않다면, 저희 나라는, (楚나라의) 館舍를 지키며 빈객을 접대하는 사람이나 다름없는데, 어찌 감히 豐氏의 祠堂을 아끼려 하겠습니까?」
【館人之屬(관인지속, guǎn rén zhī shǔ)】: 館舍를 지키는 사람.
【祧(조, tiāo)】: 祠堂.

11 伍擧知其有備也, 請垂櫜而入, 許之。→ 伍擧는 鄭나라가 이미 대비하고 있다는 것을 알고, 활집을 거꾸로 맨 후 성 안에 들어가기를 청하자, (자산이) 비로소 이를 허락했다.
【垂櫜(수고, chuí gāo)】: 활집을 거꾸로 매다. ※이는 곧 무기를 지니지 않았음을 나타낸 것이다. 【垂】: 늘어뜨리다. 여기서는「거꾸로 매다」의 뜻. 【櫜】: 弓袋. 활집. 활이나 갑옷 따위를 넣는 주머니.

번역문

자산(子產)이 초(楚)나라 공자(公子)가 군사를 이끌고 혼례에 임하려는 것을 저지하다

초(楚)나라 공자 위(圍)가 정(鄭)나라를 방문하고 또한 공손단(公孫段)의 딸을 아내로 맞이하려 했다. 이때 오거(伍擧)가 부사(副使)로 임명되어 수행했다. (초나라 사람들이 성 안의) 영빈관으로 들어가려 하자, 정나라 사람들이 그들을 싫어하여 행인(行人) 자우(子羽)를 보내 그들에게 (사정을) 설명했다. 그리하여 그들은 성 밖에서 묵었다.

방문 의식을 마친 후, (초 공자 위는) 군사를 이끌고 (성내로) 들어가 아내를 맞이하려 했다. 자산이 이를 걱정하여 자우를 보내 거절히고 말했다 : 「저희 나라는 협소하여 당신의 수하 사람들을 수용하기에 부족하니, 청컨대 (성 밖에) 제터를 설치하고 명을 따를 수 있게 해주십시오.」

이에 영윤(令尹)이 태재(太宰) 백주리(伯州犁)에게 명하여 대답하도록 했다 : 「정(鄭)나라 군주께서 외람되게도 저희 대부 위(圍)에게 은혜를 베푸시어, 위(圍)에게 : 『장차 풍씨(豊氏)로 하여금 당신의 아내가 되게 할 것이오.』라고 말씀하셨습니다. 그래서 위(圍)는 궤연(几筵)을 깔아놓고 장왕(莊王)·공왕(共王)의 사당에 고하고 나서 (정나라에) 왔습니다. 만일 야외에서 혼례를 치르게 하신다면, 이는 (정나라) 군주께서 베푸신 은혜를 풀숲에 버리는 것이오, 또한 이는 저희 대부를 경(卿)들의 반열에 들 수 없도록 하는 것입니다. 이뿐만 아니라 또한 위(圍)로 하여금 자기 조상을 속이게 하여, 장차 저희 초(楚)나라 군주의 대신이 될 수 없으니 아마도 초나라로 돌아갈 수가 없을 것입니다. 오로지 대부께서 헤아려주시기만 바랄 뿐입니다.」

자우가 말했다 : 「작은 나라는 잘못이 없지만 (큰 나라를) 의지한 것은

실로 작은 나라의 잘못입니다. (저희는) 큰 나라에 의지하여 자신을 안정시키려 했는데, (초나라는) 어쩌면 나쁜 마음을 품고 정나라를 도모하려는 생각을 가지고 있을지도 모릅니다. (저희는) 작은 나라가 의지할 곳을 잃음으로 인해 다른 제후들의 경계심을 야기하여 모든 나라가 초나라를 원망하게 될 경우, 초나라 군주의 명령을 거부함으로써 막혀 시행되지 않을 것을 두려워하고 있습니다. 그렇지 않다면 저희 나라는 (초나라의) 관사(館舍)를 지키며 빈객을 접대하는 사람이나 다름없는데, 어찌 감히 풍씨(豐氏)의 사당(祠堂)을 아끼려 하겠습니까?」

오거(伍擧)는 정(鄭)나라가 이미 대비하고 있다는 것을 알고 활집을 거꾸로 맨 후 성 안에 들어가기를 청하니 (자산이) 비로소 이를 허락했다.

해제解題 및 본문 요지 설명

본문은 《좌전(左傳)·소공 원년(昭公 元年)》의 일부분으로, 내용은 초강왕(楚康王)이 죽은 후 초(楚)나라 공자 위(圍)가 영윤(令尹)에 임명되어 정(鄭)나라 공손단(公孫段)의 딸을 아내로 맞이하는데, 군사를 이끌고 정나라의 성(城) 안에 있는 공손단의 사당에서 혼례를 올리려 하자, 정나라의 대부 자산(子産)이 혼례에 굳이 군대를 끌고 가려는 초나라의 의도를 수상히 여겨 초나라 군사가 성 아래까지 당도한 상황에서 그들의 진입을 저지하고, 공자 위(圍)가 무장을 풀고 나서야 진입을 허용한 역사 고사를 기술한 것이다.

본문은 네 단락으로 나눌 수 있는데, 첫째 단락에서는 초나라 공자 위(圍)가 정나라 공손단의 딸을 아내로 맞이하기 위해 군사를 이끌고 정나라에 도착하여 영빈관으로 들어가려 하자, 정나라 사람들이 싫어한다는 이유로 행인(行人) 자우(子羽)를 보내 사정을 설명하고 그들은 성 밖에서 묵도록 한 상황을 기술했고; 둘째 단락에서는 방문 의식을 마친 후 공자 위(圍)가 군사를 이끌고 성 안으로 들어가 아내를 맞이하려 하자 자산이 이를 걱정하여, 자우를 보내 나라가 협소하여 많은 사람을 수용할 수 없다는 이유로 성내 진입을 거절한 것과, 초나라 사신이 목적을 달성하고자 졸라대는 상황을 기술했고; 셋째 단락에서는 자산이 초나라의 속셈을 노골적으로 폭로하면서 초나라의 이러한 태도에 대해 가까운 나라들이 원한을 품어 초나라 군주의 명령이 통하지 않을 것이라는 말과 아울러 정(鄭)·초(楚) 양국의 관계 단절도 불사하겠다는 엄한 어조로 꾸짖은 것을 기술했고; 마지막 단락에서는 공자 위(圍)가 무장을 풀고 입성(入城)하여 아내를 맞이함으로써 정나라가 외교적 승리를 거두고 국가의 존엄을 지킨 상황을 기술했다.

032 자혁대영왕(子革對靈王)

《左傳·昭公 十二年》

작자

001 정백극단우언(鄭伯克段于鄢) 참조.

원문 및 주석

子革對靈王¹

　　楚子狩于州來, 次于潁尾, 使蕩侯、潘子、司馬督、囂尹午、陵尹喜, 帥師圍徐以懼吳。² 楚子次于乾谿, 以爲之援。³

1　子革對靈王 → 子革이 楚靈王을 응대하다
　【子革(자혁, zǐ gé)】: [인명] 楚나라 대부. 鄭나라의 대부 子然의 아들로, 이름은 丹. 鄭나라에서 楚나라로 귀순했다.
　【對(대, duì)】: 응대하다.
　【靈王(영왕, líng wáng)】: 楚나라 靈王. 楚共王의 둘째 아들로 본래의 이름은 圍였으나, 즉위한 후 虔이라 개명했다. 11년간(B.C. 540-B.C. 529) 재위했다.
2　楚子狩于州來, 次于潁尾, 使蕩侯、潘子、司馬督、囂尹午、陵尹喜, 帥師圍徐以懼吳。→ 楚

雨雪, 王皮冠, 秦復陶, 翠被, 豹舄, 執鞭以出, 僕析父從。<u>⁴</u>
右尹子革夕, 王見之, 去冠、被, 舍鞭, 與之語曰:「昔我先王熊

靈王이 州來에 사냥을 나가, 潁尾에 군대를 주둔한 후, 蕩侯·潘子·司馬督·囂尹午·陵尹喜 등으로 하여금, 군대를 이끌고 徐나라를 포위하여 吳나라를 위협하도록 했다.
【楚子(초자, chǔ zǐ)】: 楚靈王.
【狩(수, shòu)】: 사냥하다. 수렵하다.
【州來(주래, zhōu lái)】: [국명] 지금의 안휘성 鳳臺縣 북쪽. 초기에는 楚나라에 예속되었다가 후에 吳나라에 멸망했다.
【次于(차우, cì yú…)】: …에 주둔하다. 〖于〗: [개사] 於. …에.
【潁尾(영미, yǐng wěi)】: [지명] 潁水의 하류. 潁水가 淮水로 흘러 들어가는 지점. 지금의 안휘성 潁上 동남쪽.
【蕩侯(탕후, dàng hóu)】: [인명] 楚나라의 대부.
【潘子(반자, pān zǐ)】: [인명] 楚나라의 대부.
【司馬督(사마독, sī mǎ dū)】: [인명] 楚나라의 대부.
【囂尹午(효윤오, xiāo yǐn wǔ)】: [인명] 楚나라의 대부.
【陵尹喜(능윤희, líng yǐn xǐ)】: [인명] 楚나라의 대부.
【帥(솔, shuài)】: (군대를) 통솔하다. 이끌다.
【徐(서, xú)】: [국명] 吳나라와 楚나라 사이에 있던 작은 나라. 지금의 안휘성 泗縣 북쪽.
【懼(구, jù)】: 겁을 주다. 위협하다.

3 楚子次于乾谿, 以爲之援。→ 楚靈王 자신은 乾谿에 주둔하며, 그들의 후원자 역할을 했다.
【乾谿(건계, gān xī)】: [지명] 지금의 안휘성 亳縣 동남쪽.
【之(지, zhī)】: [대명사] 그들. 즉「다섯 명의 대부」.
【援(원, yuán)】: 후원자.

4 雨雪, 王皮冠, 秦復陶, 翠被, 豹舄, 執鞭以出, 僕析父從。→ 이날 눈이 내리는데, 楚靈王은 가죽 모자를 쓰고, 秦나라의 羽衣를 입고, 비취색 깃털로 장식한 조끼를 걸치고, 표범 가죽으로 만든 신발을 신고, 손에 가죽 채찍을 들고 나왔으며, 僕析父가 그의 뒤를 따랐다.
【雨(우, yù)】: [동사] (비나 눈이) 내리다.
【王(왕, wáng)】: 楚靈王.
【皮冠(피관, pí guān)】: 가죽 모자. 여기서는 상황어로「가죽 모자를 쓰다」의 뜻.
【秦復陶(진복도, qín fù táo)】: 秦나라 羽衣. 여기서는 상황어로「秦나라의 羽衣를 입다」의 뜻. 〖復陶〗: 눈·비를 막을 수 있도록 깃털로 만든 옷.
【翠被(취피, cuì pī)】: 비취색 깃털로 장식한 조끼. 여기서는 상황어로「깃털로 장식한 조끼를 입다」의 뜻. 〖被〗: 帔. 조끼.
【豹舄(표석, bào xì)】: 표범 가죽으로 만든 신발. 여기서는 상황어로「표범 가죽으로 만든 신발을 신다」의 뜻. 〖舄〗: 신발.
【鞭(편, biān)】: 채찍.
【僕析父(복석보, pú xī fǔ)】: [인명] 楚나라의 대부. 〖僕〗: [관직] 車馬를 관장했다.

繹, 與呂伋、王孫牟、燮父、禽父, 並事康王, 四國皆有分, 我獨無有。今吾使人於周, 求鼎以爲分, 王其與我乎?⁵ 對曰:「與君王哉! 昔我先王熊繹, 辟在荊山, 篳路藍縷, 以處草莽。跋涉山林, 以事天子, 唯是桃弧、棘矢, 以共禦王事。⁶ 齊, 王舅也; 晉及魯、衛, 王母弟

※「父」는 사람 이름에 사용할 경우「보」로 읽는다.

5 右尹子革夕, 王見之, 去冠, 被, 舍鞭, 與之語曰:「昔我先王熊繹, 與呂伋、王孫牟、燮父、禽父, 並事康王, 四國皆有分, 我獨無有。今吾使人於周, 求鼎以爲分, 王其與我乎?」→ 右尹 子革이 저녁 때 초영왕을 알현하자, 초영왕이 그를 접견하는 자리에서, 모자와 조끼를 벗고, 채찍을 내려놓으며, 그에게 물었다:「옛날 우리 先王이신 熊繹께서는, 呂伋 · 王孫牟 · 燮父 · 禽父 등과, 함께 周康王을 섬겼는데, 네 나라는 모두 (周康王이 하사한) 몫을 가지고 있으나, 우리만 유독 없소. 지금 내가 사람을 周나라에 보내, 鼎을 요구하여 우리 몫으로 삼고자 한다면, 周王께서 나에게 주시려 하겠소?」
【右尹(우윤, yòu yǐn】: [楚나라 관직]
【夕(석, xī)】: 저녁 때. 여기서는「저녁 때 알현하다」의 뜻.
【去(거, qù)】: 벗다.
【舍(사, shě)】: 내려놓다.
【之(지, zhī)】: [대명사] 그. 즉「子革」.
【熊繹(웅역, xióng yì)】: [인명] 楚나라 최초로 책봉된 군주.
【呂伋(여급, lǚ jí)】: [인명] 齊나라 太公 呂尙의 아들인 丁公.
【王孫牟(왕손모, wáng sūn móu)】: [인명] 衛나라의 시조 康叔의 아들인 康伯.
【燮父(섭보, xiè fǔ)】: [인명] 晉唐叔의 아들.
【禽父(금보, qín fǔ)】: [인명] 周公의 아들 伯禽. 魯나라의 시조.
【康王(강왕, kāng wáng)】: 周나라 康王. 周成王의 아들.
【四國(사국, sì guó)】: 齊 · 晉 · 魯 · 衛 네 나라.
【分(분, fēn)】: 배당된 몫. 여기서는「진귀한 보물」을 가리킨다.
【鼎(정, dǐng)】: 세 발에 두 귀가 달린 솥. 여기서는「九鼎」을 말한다.
※ 전설에 의하면, 夏나라 禹임금이 9州[전국을 아홉으로 나눈 행정단위]에서 조공으로 받은 銅을 녹여 모두 아홉 개의 鼎을 주조한 후 전국 九州를 상징하는 보물로 여겼다. 夏가 멸망한 후 殷商이 이어받았고, 은상이 멸망한 후 周武王이 雒邑으로 옮겼다가, 周成王이 成王城을 건립하여 보존하였다. 따라서 고대의 통치자들은 鼎을 나라를 세우는 중요한 기구인 동시에 천자의 권위와 정권의 상징으로 여겨왔다.
【以爲(이위, yǐ wéi)…】: 以(之)爲. 이를 …로 삼다.
【王(왕, wáng)】: 여기서는「周王」을 가리킨다.

6 對曰:「與君王哉! 昔我先王熊繹, 辟在荊山, 篳路藍縷, 以處草莽。跋涉山林, 以事天子, 唯是桃弧、棘矢, 以共禦王事。→ (자혁이) 대답했다:「군왕께 드릴 것입니다! 옛날 우리 선

也。楚是以無分, 而彼皆有。⁷ 今周與四國服事君王, 將唯命是從, 豈其愛鼎?」⁸

王曰:「昔我皇祖伯父昆吾, 舊許是宅。今鄭人貪賴其田, 而不我與。我若求之, 其與我乎?」⁹ 對曰:「與君王哉! 周不愛鼎, 鄭敢愛

> 왕이신 熊繹께서는, 외진 荊山에 살며, 나뭇짐 싣는 수레를 타고 남루한 옷을 입고, 황량한 초원을 개척하셨습니다. 산과 숲을 분주하게 넘나들며, 천자를 섬기시면서, 오직 복숭아나무 활과 대추나무 화살을 바치는 것으로, 왕의 일에 공헌할 수 있었습니다.
> 【辟(벽, pì)】: 僻. 편벽지다. 외지다.
> 【荊山(형산, jīng shān)】: [지명] 楚나라의 발상지. 지금의 호북성 南漳 서쪽.
> 【篳路(필로, bì lù)】: 나뭇짐 싣는 수레. 여기서는 상황어로「짐 싣는 수레를 타다」의 뜻.
> 【藍縷(남루, lán lǚ)】: 남루한 옷차림. 여기서는 상황어로「남루한 옷차림을 하다」의 뜻.
> 【處(처, chǔ)】: 개척하다.
> 【草莽(초망, cǎo mǎng)】: 황량한 초원.
> 【跋涉(발섭, bá shè)】: 넘고 건너다. 즉「넘나들다」의 뜻.
> 【桃弧(도호, táo hú)】: 복숭아나무로 만든 활.
> 【棘矢(극시, jí shǐ)】: 대추나무로 만든 화살.
> 【共禦(공어, gòng yù)】: 공헌하다.
> 【王事(왕사, wáng shì)】: 천자에 속한 모든 일.

7 齊, 王舅也; 晉及魯、衛, 王母弟也。楚是以無分, 而彼皆有。→ 齊나라는 周成王의 외숙이요, 晉나라와 魯나라・衛나라는, 모두 周王의 母弟입니다. 楚나라는 이로 인해 자기 몫을 받지 못했고, 그들은 모두 받은 것입니다.
   【王舅(왕구, wáng jiù)】: 周成王의 外叔. 成王의 어머니는 齊太公의 딸이다.
   【母弟(모제, mǔ dì)】: 어머니가 같은 형제. 동복형제.
   ※ 晉의 시조 唐叔은 周成王의 친동생이고, 魯나라의 시조 周公과 衛의 시조 康叔은 모두 周武王의 母弟이다.
   【是以(시이, shì yǐ)】: 그래서. 이로 인해.

8 今周與四國服事君王, 將唯命是從, 豈其愛鼎?」→ 지금은 周와 네 나라가, 모두 군왕께 복종하며, 오직 명령에 따르고자 하는데, 어찌 周나라가 鼎을 아깝게 여기겠습니까?」
   【服事(복사, fú shì)】: 복종하며 섬기다.
   【唯命是從(유명시종, wéi mìng shì cóng)】: 오직 명령에 따르다. 【是】: [어조사] 도치된 빈어와 동사 사이에 놓여 빈어를 강조하는 역할을 한다. 번역할 필요가 없다.
   【豈(기, qǐ)】: 어찌.
   【其(기, qí)】: [대명사] 그. 즉「周나라」.

9 王曰:「昔我皇祖伯父昆吾, 舊許是宅。今鄭人貪賴其田, 而不我與。我若求之, 其與我乎?」
   → 楚靈王이 물었다:「옛날 우리 楚나라 시조의 伯氏이신 昆吾께서는, 일찍이 옛 許나라

田?」¹⁰

王曰：「昔諸侯遠我而畏晉, 今我大城陳、蔡、不羹, 賦皆千乘, 子與有勞焉, 諸侯其畏我乎?」¹¹ 對曰：「畏君王哉! 是四國者, 專足畏也。又加之以楚, 敢不畏君王哉?」¹²

에 사셨소. 지금은 鄭나라 사람이 그 땅을 탐내어, 돌려주지 않고 있소. 내가 만일 그들에게 요구한다면, 그들이 우리에게 돌려주겠소?」
【皇祖(황조, huáng zǔ)】: 시조. 여기서는 「楚나라의 시조 季連」을 가리킨다.
【伯父(백부, bó fù)】: 큰아버지. 여기서는 「백씨, 형님」의 뜻이다.
【昆吾(곤오, kūn wú)】: [인명] 곤오. 楚나라의 시조 季連의 형.
【舊許是宅(구허시택, jiù xǔ shì zhè)】: 옛 許나라에 살다. 【舊許】: 옛 許나라. 지금의 하남성 許昌縣. 【是】: [어조사] 주 8 참조. 【宅】: [동사 용법] 살다. 거주하다.
【貪賴(탐뢰, tān lài)】: 탐내다.

10 對曰：「與君王哉! 周不愛鼎, 鄭敢愛田?」→ (자혁이) 대답했다 :「군왕께 돌려드릴 것입니다! 주나라가 鼎을 아깝다 여기지 않는데, 鄭나라가 감히 땅을 아깝다 여기겠습니까?」

11 王曰 :「昔諸侯遠我而畏晉, 今我大城陳、蔡、不羹, 賦皆千乘, 子與有勞焉, 諸侯其畏我乎?」→ 초영왕이 물었다 :「예전에 제후들은 우리를 멀리하고 晉나라를 두려워했소. 지금 우리의 큰 성인 陳·蔡·不羹은, 동원할 수 있는 兵車가 모두 천 량에 달하는데, (이렇게 되기까지는) 그대도 함께 공로가 있소. 제후들이 우리를 두려워할 것 같소?」
【遠(원, yuǎn)】: [동사 용법] 멀리하다.
【畏(외, wèi)】: 두려워하다.
【陳(진, chén)】: 지금의 하남성 淮陽 일대에 있던 周代의 제후국.
【蔡(채, cài)】: 지금의 하남성 上蔡縣 일대에 있던 周代의 제후국.
【不羹(불랑, bù láng)】: [지명] 楚나라의 지명으로, 東不羹[지금의 하남성 舞陽縣 북쪽]과 西不羹[지금의 하남성 襄城縣 동쪽]의 두 城을 말한다.
【賦(부, fù)】: 賦稅. 여기서는 「동원할 수 있는 兵車」를 가리킨다.
【千乘(천승, qiān shèng)】: 천 량. 천 대.
【子(자, zǐ)】: 너. 그대. 당신.
【有勞(유로, yǒu láo)】: 공로가 있다.
【其(기, qí)】: (장차) …하려 하다.

12 對曰 :「畏君王哉! 是四國者, 專足畏也。又加之以楚, 敢不畏君王哉?」→ (자혁이) 대답했다 :「군왕을 두려워할 것입니다! 이 네 지역만으로도, 이미 두려워하기에 충분한데, 또 여기에 楚나라를 더하면, 누가 감히 군왕을 두려워하지 않겠습니까?」
【四國(사국, sì guó)】: 네 지역. 즉 陳·蔡와 東不羹·西不羹.【國】: 여기서는 「지역」을 가리킨다.

工尹路請曰:「君王命剝圭以爲鏚柲, 敢請命。」王入視之。[13]

析父謂子革:「吾子, 楚國之望也。今與王言如響, 國其若之何?」[14] 子革曰:「摩厲以須, 王出, 吾刃將斬矣。」[15]

王出, 復語。左史倚相趨過。王曰:「是良史也, 子善視之! 是能讀《三墳》、《五典》、《八索》、《九丘》。」[16] 對曰:「臣嘗問焉。昔穆王欲

【專足(전족, zhuān zú)】: 이미 충분하다.
【之(지, zhī)】: [대명사] 그곳. 즉「네 지역」.

13 工尹路請曰:「君王命剝圭以爲鏚柲, 敢請命。」王入視之。→ 工尹路가 분부를 청하여 말했다:「군왕께서 圭玉을 부수어 가지고 도낏자루를 장식하라고 명하셨는데, (어떤 모양으로 만들 것인지) 감히 분부를 청하고자 합니다.」 그리하여 초영왕이 살펴보러 들어갔다.
【工尹路(공윤로, gōng yǐn lù)】: [인명] 楚나라 工尹壽의 후예. 【工尹】: 본래 匠人의 우두머리에 해당하는 관직이었으나, 후에 이 직책을 세습하면서 姓으로 불리었다.
【剝(박, bō)】: 부수다.
【圭(규, guī)】: 圭玉. 玉器 이름. 장방형으로 위는 뾰족하고 아래는 모가 났다.
【鏚(척, qī)】: 도끼.
【柲(비, bì)】: 자루. 손잡이.

14 析父謂子革:「吾子, 楚國之望也。今與王言如響, 國其若之何?」→ 析父가 자혁에게 말했다:「그대는, 楚나라에서 명망이 있는 분이십니다. 지금 왕과 대화하는 것이 마치 왕의 메아리와 같으니, 나라가 장차 어찌되겠습니까?」
【吾子(오자, wú zǐ)】: [상대방을 친근하게 부르는 호칭] 당신. 그대.
【望(망, wàng)】: 명망 있는 사람.
【響(향, xiǎng)】: 메아리. 산울림.
【若之何(약지하, ruò zhī hé)】: 如之何. 어찌. 어떻게.

15 子革曰:「摩厲以須, 王出, 吾刃將斬矣。」→ 자혁이 말했다:「내가 칼을 예리하게 갈고 기다렸다가, 왕이 나오면, 나의 칼로 (왕의 사악한 생각을) 베어버리려고 합니다.」
 ※자혁은 자기의 말을 칼에 비유하여, 그것을 예리하게 갈아 기회를 기다린다고 한 것이다.
【摩厲(마려, mó lì)】: 磨礪. 칼을 예리하게 갈다.
【須(수, xū)】: 기다리다.
【將(장, jiāng)】: (장차) …하려 하다.
【斬(참, zhǎn)】: 베다. 자르다.

16 王出, 復語。左史倚相趨過。王曰:「是良史也, 子善視之! 是能讀《三墳》、《五典》、《八索》、《九丘》。」→ 초영왕이 나오더니, 다시 (자혁과) 이야기를 계속했다. (이때) 左史

肆其心, 周行天下, 將皆必有車轍馬跡焉。[17] 祭公謀父作《祈招》之詩, 以止王心, 王是以獲沒於祗宮。[18] 臣問其詩而不知也, 若問遠焉, 其焉能知之?」[19] 王曰:「子能乎?」對曰:「能。其詩曰:『祈招之愔愔,

　　倚相이 빠른 걸음으로 지나갔다. 초영왕이 말했다 :「이 사람은 훌륭한 史官이니, 그대는 이 사람을 잘 대해주어야 하오. 이 사람은 능히《三墳》·《五典》·《八索》·《九丘》를 읽을 수 있소.」
　　【左史(좌사, zuǒ shǐ)】: [관직] 周代의 史官은 左史와 右史로 나누었는데, 좌사는 記事를 담당하고 우사는 記言을 담당했다.
　　【倚相(의상, yǐ xiàng)】: [인명] 楚나라의 史官.
　　【趨過(추과, qū guò)】: 빠른 걸음으로 지나가다.
　　【是(시, shì)】: [대명사] 이. 즉「倚相」.
　　【良史(양사, liáng shǐ)】: 훌륭한 사관.
　　【善視(선시, shàn shì)】: 잘 대해주다.
　　【《三墳(삼분, sān fén)》,《五典(오전, wǔ diǎn)》,《八索(팔삭, bā suǒ)》,《九丘(구구, jiǔ qiū)》】: 모두 옛 책 이름으로, 이미 실전되어 전하지 않는다.

17　對曰:「臣嘗問焉。昔穆王欲肆其心, 周行天下, 將皆必有車轍馬跡焉。→ (자혁이) 대답했다 :「제가 일찍이 그에게 물어본 적이 있습니다. 옛날 穆王이 자기 마음대로 하고 싶어서, 천하를 두루 돌아다니며, (도처에) 모두 반드시 수레바퀴 자국과 말발굽 흔적을 남기려고 했습니다.」
　　【穆王(목왕, mù wáng)】: 周穆王.
　　【欲(욕, yù)】: …하고자 하다.
　　【肆(사, sì)】: 멋대로 하다. 자기 마음대로 하다.
　　【周行(주행, zhōu xíng)】: 두루 돌아다니다.
　　【將(장, jiāng)】: (장차) …하려 하다.
　　【車轍(거철, jū zhé)】: 수레바퀴 자국.

18　祭公謀父作《祈招》之詩, 以止王心, 王是以獲沒於祗宮。→ (이에) 祭公謀父가《祈招》시를 지어, 목왕의 마음을 멈추게 하니, 목왕은 이로 인해 (화를 면하고) 祗宮에서 죽음을 맞을 수 있었습니다.
　　【祭公謀父(채공모보, zhài gōng móu fǔ)】: [인명]「謀父」는 周公의 손자로, 周穆王의 卿士를 지내면서 祭지방에 봉해졌기 때문에「祭公謀父」라 불렸다.
　　※「祭」는 지명으로 쓸 경우「채」로 읽고,「父」는 이름자로 쓸 경우「보」로 읽는다.
　　【祈招(기초, qí zhāo)】: 詩의 제목.【祈招】: [인명] 기초. 周穆王 때의 司馬[군사에 관한 업무를 관장하던 관리]를 지냈다.
　　【是以(시이, shì yǐ)】: 이로 인해.
　　【獲沒(획몰, huò mò)】: 죽음을 맞다.
　　【祗宮(지궁, zhī gōng)】: 周穆王의 별궁. 지금의 섬서성 南鄭縣에 위치.

式昭德音。思我王度, 式如玉, 式如金。形民之力, 而無醉飽之心。』」[20]

王揖而入。饋不食, 寢不寐。數日, 不能自克, 以及於難。[21]

仲尼曰:「古也有志:『克己復禮, 仁也。』信善哉! 楚靈王若能如是, 豈其辱於乾谿?」[22]

---

19 臣問其詩而不知也, 若問遠焉, 其焉能知之? → 제가 그에게 그 시를 물으니 알지 못했는데, 만일 그보다 원대한 것을 묻는다면, 그가 어찌 그것을 알 수 있겠습니까?
【若(약, ruò)】: 만일. 만약.
【焉(언, yān)】: 어찌.

20 王曰:「子能乎?」對曰:「能。其詩曰:『祈招之愔愔, 式昭德音。思我王度, 式如玉, 式如金。形民之力, 而無醉飽之心。』」→ 초영왕이 물었다:「그대는 알 수 있소?」자혁이 대답했다:「알 수 있습니다. 그 시에 이르길:『祈招는 성품이 온화하여, 아름다운 덕과 명성을 드러낼 수 있었네. 우리 周王의 도량을 생각하면, 마치 옥과도 같고, 마치 황금과도 같네. 백성의 재력을 이루고자 할 뿐, 자신은 취하고 배불리 먹으려는 욕심이 없네.』라고 했습니다.」
【愔愔(음음, yīn yīn)】: 온화한 모양.
【式(식, shì)】: [어조사].
【昭(소, zhāo)】: 드러내다.
【德音(덕음, dé yīn)】: 덕과 명성.
【王(왕, wáng)】: 여기서는「周王」을 가리킨다.
【度(도, dù)】: 度量.
【形(형, xíng)】: 成. 형성하다. 이루다.
【醉飽(취포, zuì bǎo)】: 취하고 배불리 먹다.

21 王揖而入。饋不食, 寢不寐。數日, 不能自克, 以及於難。→ 초영왕이 (자혁에게) 읍을 하고 안으로 들어갔다. 음식을 올려도 먹지 못하고, 잠자리에 들어도 잠을 이루지 못했다. 여러 날이 지나도록, 자신을 극복할 수 없어, 결국 죽음에 이르고 말았다.
【揖(읍, yī)】: 읍하다. ※ 두 손을 맞잡아 얼굴 앞 눈높이까지 들어 올리고 가볍게 흔들며 약간 허리를 구부렸다 펴면서 손을 내리는 인사 방법.
【饋(궤, kuì)】: 음식을 올리다.
【自克(자극, zì kè)】: 자신을 억제하다. 자신을 극복하다.
【及於(급어, jí yú)…】: …에 이르다. [於]: [개사] …에.
【難(난, nàn)】: 재난. 재앙. 여기서는「죽음」을 말한다.

22 仲尼曰:「古也有志:『克己復禮, 仁也。』信善哉! 楚靈王若能如是, 豈其辱於乾谿?」→ 孔子가 말했다:「옛 책에:『자신을 극복하고 禮로 돌아가는 것이, 仁이다.』라고 한 기록이 있는데, 참으로 훌륭한 말이다! 초영왕이 만일 이와 같았다면, 어찌 그가 乾谿에서 수모를 당했겠는가?」

> 번역문

자혁(子革)이 초영왕(楚靈王)을 응대하다

　초영왕(楚靈王)이 주래(州來)에 사냥을 나가 영미(潁尾)에 군대를 주둔한 후, 탕후(蕩侯)·반자(潘子)·사마독(司馬督)·효윤오(囂尹午)·능윤희(陵尹喜) 등으로 하여금 군대를 이끌고 서(徐)나라를 포위하여 오(吳)나라를 위협하도록 했다. 초영왕 자신은 건계(乾谿)에 주둔하며 그들의 후원자 역할을 했다.

　이날 눈이 내리는데 초영왕은 가죽 모자를 쓰고, 진(秦)나라의 우의(羽衣)를 입고, 비취색 깃털로 장식한 조끼를 걸치고, 표범 가죽으로 만든 신발을 신고, 손에 가죽 채찍을 들고 나왔으며, 복석보(僕析父)가 그의 뒤를 따랐다.

　우윤(右尹) 자혁(子革)이 저녁때 초영왕을 알현하자, 초영왕이 그를 접견하는 자리에서 모자와 조끼를 벗고 채찍을 내려놓으며 그에게 물었다 : 「옛날 우리 선왕(先王)이신 웅역(熊繹)께서는 여급(呂伋)·왕손모(王孫牟)·섭

※ 古也有志라고 한 것은, 『克己復禮, 仁也。』(《論語·顏淵》)이란 말을 본래 공자가 한 말이 아니고 예로부터 전해오는 말로 본 것이다.
【仲尼(중니, zhòng ní)】: 공자의 이름은 丘, 자는 仲尼.
【志(지, zhì)】: 기록.
【克己復禮(극기복례, kè jǐ fù lǐ)】: 자기를 극복하고 禮로 돌아가다. 즉 자기 욕심을 누르고 예의범절을 따르는 것을 말한다.
【信(신, xìn)】: 정말로. 확실히.
【若(약, ruò)】: 만일. 만약.
【豈(기, qǐ)】: 어찌.
【辱於乾谿(욕어건계, rù yú gān xī)】: 乾谿에서 수모를 당하다. 〖辱〗: [피동 용법] 수모를 당하다. 〖於〗: [개사] …에서.
※ 초영왕이 그 이듬해(B.C. 529) 건계에서 대패하고 스스로 목숨을 끊었다.

보(變父)·금보(禽父) 등과 함께 주강왕(周康王)을 섬겼는데, 네 나라는 모두 (주강왕이 하사한) 몫을 가지고 있으나 우리만 유독 없소. 지금 내가 사람을 주(周)나라에 보내 정(鼎)을 요구하여 우리 몫으로 삼고자 한다면 주왕(周王)께서 나에게 주시려 하겠소?」

(자혁이) 대답했다:「군왕께 드릴 것입니다! 옛날 우리 선왕이신 웅역께서는 외진 형산(荊山)에 살며, 나뭇짐 싣는 수레를 타고 남루한 옷을 입고, 황량한 초원을 개척하셨습니다. 산과 숲을 분주하게 넘나들며, 천자를 섬기시면서, 오직 복숭아나무 활과 대추나무 화살을 바치는 것으로, 왕의 일에 공헌할 수 있었습니다. 제(齊)나라는 주성왕(周成王)의 외숙이요, 진(晉)나라와 노(魯)나라·위(衛)나라는 모두 주왕(周王)의 모제(母弟)입니다. 초(楚)나라는 이로 인해 자기 몫을 받지 못했고 그들은 모두 받은 것입니다. 지금은 수(周)와 네 나라가 모두 군왕께 복종하며 오직 명령에 따르고자 하는데, 어찌 주(周)나라가 정(鼎)을 아깝게 여기겠습니까?」

초영왕(楚靈王)이 물었다:「옛날 우리 초(楚)나라 시조의 백씨(伯氏)이신 곤오(昆吾)께서는 일찍이 옛 허(許)나라에 사셨소. 지금은 정(鄭)나라 사람이 그 땅을 탐내어 돌려주지 않고 있소. 내가 만일 그들에게 요구한다면 그들이 우리에게 돌려주겠소?」

(자혁이) 대답했다:「군왕께 돌려드릴 것입니다! 주나라가 정(鼎)을 아깝다 여기지 않는데, 정(鄭)나라가 감히 땅을 아깝다 여기겠습니까?」

초영왕이 물었다:「예전에 제후들은 우리를 멀리하고 진(晉)나라를 두려워했소. 지금 우리의 큰 성(城)인 진(陳)·채(蔡)·불랑(不羹)은, 동원할 수 있는 병거(兵車)가 모두 천 량에 달하는데 (이렇게 되기까지는) 그대도 함께 공로가 있소. 제후들이 우리를 두려워할 것 같소?」

(자혁이) 대답했다:「군왕을 두려워할 것입니다! 이 네 지역만으로도 이

미 두려워하기에 충분한데, 또 여기에 초나라를 더하면 누가 감히 군왕을 두려워하지 않겠습니까?」

공윤로(工尹路)가 분부를 청하여 말했다 :「군왕께서 규옥(圭玉)을 부수어 가지고 도낏자루를 장식하라고 명하셨는데 (어떤 모양으로 만들 것인지) 감히 분부를 청하고자 합니다.」그리하여 초영왕이 살펴보러 들어갔다.

석보(析父)가 자혁에게 말했다 :「그대는 초(楚)나라에서 명망이 있는 분이십니다. 지금 왕과 대화하는 것이 마치 왕의 메아리와 같으니 나라가 장차 어찌 되겠습니까?」자혁이 말했다 :「내가 칼을 예리하게 갈고 기다렸다가 왕이 나오면 나의 칼로 (왕의 사악한 생각을) 베어버리려고 합니다.」

초영왕이 나오더니 다시 (자혁과) 이야기를 계속했다. (이때) 좌사(左史) 의상(倚相)이 빠른 걸음으로 지나갔다. 초영왕이 말했다 :「이 사람은 훌륭한 사관(史官)이니 그대는 이 사람을 잘 대해주어야 하오. 이 사람은 능히《삼분(三墳)》·《오전(五典)》·《팔삭(八索)》·《구구(九丘)》를 읽을 수 있소.」(자혁이) 대답했다 :「제가 일찍이 그에게 물어본 적이 있습니다. 옛날 목왕(穆王)이 자기 마음대로 하고 싶어서 천하를 두루 돌아다니며 (도처에) 모두 반드시 수레바퀴 자국과 말발굽 흔적을 남기려고 했습니다.」(이에) 채공모보(祭公謀父)가《기초(祈招)》시(詩)를 지어 목왕의 마음을 멈추게 하니, 목왕은 이로 인해 (화를 면하고) 지궁(祇宮)에서 죽음을 맞을 수 있었습니다. 제가 그에게 그 시를 물으니 알지 못했는데, 만일 그보다 원대한 것을 묻는다면 그가 어찌 그것을 알 수 있겠습니까?」

초영왕이 물었다 :「그대는 알 수 있소?」자혁이 대답했다 :「알 수 있습니다. 그 시에 이르길 :『기초(祈招)는 성품이 온화하여 아름다운 덕과 명성을 드러낼 수 있었네. 우리 주왕(周王)의 도량을 생각하면 마치 옥과도 같고 마치 황금과도 같네. 백성의 재력을 이루고자 할 뿐, 자신은 취하고 배

불리 먹으려는 욕심이 없네.』라고 했습니다.」

초영왕이 (자혁에게) 읍을 하고 안으로 들어갔다. 음식을 올려도 먹지 못하고 잠자리에 들어도 잠을 이루지 못했다. 여러 날이 지나도록 자신을 극복할 수 없어 결국 죽음에 이르고 말았다.

공자(孔子)가 말했다 : 「옛 책에 : 『자신을 극복하고 예(禮)로 돌아가는 것이 인(仁)이다.』라고 한 기록이 있는데, 참으로 훌륭한 말이다! 초영왕이 만일 이와 같았다면, 어찌 그가 건계(乾谿)에서 수모를 당했겠는가?」

해제解題 및 본문 요지 설명

춘추시대 후기 초(楚)나라는 여러 약소국들을 정벌한 후 국력이 날로 강성해졌다. 이때 장강(長江) 하류에서 오(吳)・월(越) 두 나라가 일어났는데, 이 두 나라는 여러 차례 전쟁을 치렀다. 노소공(魯昭公) 12년(B.C. 530) 초영왕(楚靈王)은 수렵을 구실로 오(吳)나라의 속국인 서(徐)나라를 포위하고 이로써 오나라에 대해 위협을 가했다.

본문은 《좌전(左傳)・소공 12년(昭公 十二年)》의 일부분으로, 내용은 초(楚)나라 우윤(右尹) 자혁(子革)이 초영왕의 정당하지 못한 행위에 대해 충고한 것을 기술한 것이다.

본문은 여섯 단락으로 나눌 수 있는데, 첫째 단락에서는 천하를 정벌하려는 초영왕의 오만함과 호화스런 사치풍조 등을 서술했고; 둘째 단락에서는 자혁이 초영왕과의 대화에서 초영왕의 탐욕과 야심에 대해 공손하되 뼈 있는 말로 신랄하게 꾸짖은 것을 기술했고; 셋째 단락에서는 초나라의 다른 대부(大夫)가 초영왕의 뜻에 순종하는 자혁을 꾸짖은 것과, 자혁이 사건을 일으키려는 초영왕의 결심을 막은 것을 함께 기술함으로써, 자혁의 예지와 기민함을 드러냈고; 넷째 단락에서는 좌사(左史) 의상(倚相)에 대한 평가와 《기초(祈招)》 시(詩)의 구절을 빌려, 초영왕의 오만과 야욕을 비평하고 직언으로 충간한 자혁의 당당한 태도를 기술했고; 다섯째 단락에서는 초영왕이 자혁의 권고를 듣고 나서 며칠 동안 밥을 먹지 못하고 잠을 자지 못하면서도 회개할 줄을 모르다가 끝내 화를 당한 상황을 기술했고; 마지막 단락에서는 공자(孔子)의 말을 인용하여 탐욕과 오만을 스스로 억제하지 못한 초영왕의 태도에 아쉬움을 표하면서 「극기복례(克己復禮)」의 중요성을 밝혔다.

033 자산논정관맹(子産論政寬猛)
《左傳·昭公 二十年》

작자

001 정백극단우언(鄭伯克段于鄢) 참조.

원문 및 주석

子産論政寬猛[1]

鄭子産有疾, 謂子大叔曰:「我死, 子必爲政。唯有德者能以寬服民, 其次莫如猛。[2] 夫火烈, 民望而畏之, 故鮮死焉; 水懦弱, 民狎

---

1 子産論政寬猛 → 子産이 관대한 정치와 엄한 정치에 대해 논하다
 【子産(자산, zǐ chǎn)】: [인명] 公孫僑. 자는 子産. 춘추시대의 이름난 정치가로, 鄭簡公 때 執政大夫를 지내며 적극적으로 개혁을 주도했다.
 【寬(관, kuān)】: 관대하다. 너그럽다.
 【猛(맹, měng)】: 사납다. 엄하다.
2 鄭子産有疾, 謂子大叔曰:「我死, 子必爲政。唯有德者能以寬服民, 其次莫如猛。→ 鄭나라 子産이 병이 들어, 子大叔에게 말했다:「내가 죽으면, 그대가 반드시 執政하게 될 것

而翫之, 則多死焉。故寬難。」疾數月而卒。³

　　大叔爲政, 不忍猛而寬。鄭國多盜, 取人于萑苻之澤。⁴ 大叔悔之曰:「吾早從夫子, 不及此。」興徒兵以攻萑苻之盜, 盡殺之, 盜少止。⁵

이오. 오직 덕이 있는 사람만이 관대한 정치로 백성들을 복종시킬 수 있고, 그다음은 차라리 엄하게 다스리는 것이 낫습니다.
【子大叔(자태숙, zǐ tài shū)】: [인명] 鄭나라 대부. 이름은 游吉. 〖大〗: 太.
※ 자태숙은 鄭簡公·鄭定公 때 卿을 지냈고, 定公 8년(B.C. 522)에 子産을 계승하여 執政했다.
【爲政(위정, wéi zhèng)】: 집정하다. 政事를 관장하다.
【唯(유, wéi)】: 오직. 오로지.
【以寬服民(이관복민, yǐ kuān fú mín)】: 관대한 정치로 백성을 복종시키다. 〖服〗: [사동 용법] 복종시키다.
【莫如(막여, mò rú)】: 不如. …하는 것만 못하다. 차라리 …하는 것이 낫다.

3 夫火烈, 民望而畏之, 故鮮死焉; 水懦弱, 民狎而翫之, 則多死焉。故寬難。」疾數月而卒。
→ 무릇 불은 맹렬하여, 사람들이 그것을 보면 두려워하기 때문에, 그래서 죽는 사람이 드물고; 물은 연약하기 때문에, 사람들이 그것을 얕보고 장난하다가, 죽는 사람이 많습니다. 그래서 관대한 정치를 실행하기란 참으로 어렵습니다.」(子産은) 여러 달 동안 병을 앓다가 죽었다.
【望而畏(망이외, wàng ér wèi)】: 보고 두려워하다.
【鮮(선, xiǎn)】: 드물다.
【懦弱(나약, nuò ruò)】: 나약하다. 연약하다.
【狎而翫(압이완, xiá ér wán)】: 경솔하게 가지고 놀다. 〖狎〗: 경솔하다. 〖翫〗: 玩. 가지고 놀다. 장난하다. 만지작거리다.
【卒(졸, zú)】: 죽다.

4 大叔爲政, 不忍猛而寬。鄭國多盜, 取人于萑苻之澤。→ 자태숙은 집정하자, 차마 엄한 정치를 하지 못하고 관대한 정치를 했다. (그리하여) 鄭나라는 강도들이 많아지고, 그들이 萑苻 연못가에 모여 사람들을 약탈했다.
【不忍(불인, bù rěn)】: 차마 …하지 못하다.
【取人(취인, qǔ rén)】: 사람을 약탈하다.
【于(우, yú)】: [개사] 於. …에.
【萑苻(환부, huán fú)】: [연못 이름] 환부. 지금의 하남성 中牟縣 서북쪽에 있는 연못.

5 大叔悔之曰:「吾早從夫子, 不及此。」興徒兵以攻萑苻之盜, 盡殺之, 盜少止。→ 자태숙이 이를 후회하여:「내가 일찍이 자산의 말을 따랐다면, 이러한 지경에 이르지는 않았을 것이다.」라고 말한 후, 병력을 동원하여 환부의 도둑들을 공격하여, 그들을 모두 죽여버리

仲尼曰:「善哉! 政寬則民慢, 慢則糾之以猛; 猛則民殘, 殘則施之以寬。」⁶ 寬以濟猛, 猛以濟寬, 政是以和。⁷《詩》曰:『民亦勞止, 汔可小康。惠此中國, 以綏四方。』施之以寬也。⁸『毋從詭隨, 以謹無

자, 강도의 약탈이 어느 정도 진정되었다.
【悔(회, huǐ)】: 후회하다. 뉘우치다.
【從(종, cóng)】: 좇다, 따르다.
【夫子(부자, fū zǐ)】: 학문과 덕망이 있는 사람에 대한 존칭. 여기서는 「子産」을 가리킨다.
【興(흥, xīng)】: 일으키다. 여기서는 「동원하다」의 뜻.
【徒兵(도병, tú bīng)】: 步兵. 여기서는 「군대, 병력」을 가리킨다.
【盡(진, jìn)】: 모두. 다.
【少(소, shǎo)】: 다소. 약간. 어느 정도.
【止(지, zhǐ)】: 멈추다. 진정되다.

6 仲尼曰:「善哉! 政寬則民慢, 慢則糾之以猛; 猛則民殘, 殘則施之以寬。→ 孔子가 말했다 : 「훌륭하도다! 정치가 관대하면 백성들이 태만해지니, 태만해지면 엄한 정치로 그들을 규제해야 하고; 엄한 정치를 하면 백성들이 해를 입으니, 백성들이 해를 입으면 관대한 정치를 베풀어야 한다.
【仲尼(중니, zhòng ní)】: [인명] 孔子의 이름은 丘, 자는 仲尼.
【慢(만, màn)】: 태만하다.
【糾(규, jiū)】: 바로잡다. 시정하다.
【殘(잔, cán)】: 해를 입다.
【施(시, shī)】: 베풀다.

7 寬以濟猛, 猛以濟寬, 政是以和。→ 관대한 정치로 엄한 정치를 보완하고, 엄한 정치로 관대한 정치를 보완하면, 정치는 이로 인해 조화를 이루게 된다.
【濟(제, jì)】: 구제하다. 즉 「보완하다, 조정하다」의 뜻.
【是以(시이, shì yǐ)】: 이로 인해.

8 《詩》曰:『民亦勞止, 汔可小康。惠此中國, 以綏四方。』施之以寬也。→ 《시경》에 이르길 : 『백성들도 고생을 하면, 안정될 수 있기를 바란다. 먼저 中原 지역에 은혜를 베풀어, 이로써 나라 전체를 안정시켜야 한다.』라고 한 것은, 바로 관대한 정치를 시행한 것을 말한다.
※ 인용한 詩句는 《詩經 · 大雅 · 民勞》에 보인다.
【止(지, zhǐ)】: [어기사].
【汔(흘, qì)】: 期. 바라다. 기대하다.
【小康(소강, xiǎo kāng)】: 안정을 유지하다. 편안하다.
【中國(중국, zhōng guó)】: 中原.
【綏(수, suí)】: 안정시키다.
【四方(사방, sì fāng)】: 나라 전체.
【之(지, zhī)】: [대명사] 그들. 즉 「백성」.

良; 式遏寇虐, 憯不畏明。』糾之以猛也。⁹『柔遠能邇, 以定我王。』, 平之以和也。¹⁰ 又曰 :『不競不絿, 不剛不柔, 布政優優, 百祿是遒。』和之至也。』¹¹

---

9 『毋從詭隨, 以謹無良; 式遏寇虐, 憯不畏明。』糾之以猛也。→『남을 잘 속이고 변절 잘하는 사람을 방임하지 않아, 이로써 불량한 행위를 단속하고; 마땅히 약탈과 포학한 행동을 제지하여, 법을 두려워하지 않는 자들을 참혹하게 해야 한다.』라고 한 것은, 바로 엄한 정치로 바로잡는다는 것을 말한다.
  ※ 이 시구는 《詩經・大雅・民勞》에 보인다.
  【毋(무, wú)】:…하지 않다.
  【從(종, zòng)】: 縱. 방임하다. 내버려두다. ※ 오늘날의 《詩經》에는 「縱」이라 했다.
  【詭隨(궤수, guǐ suí)】: 남을 잘 속이고 변절 잘하는 사람.
  【謹(근, jǐn)】: 단속하다.
  【無良(무량, wú liáng)】: 불량하다.
  【式(식, shì)】: 마땅히. ※「式」을「어조사」로 풀이한 경우도 있다.
  【遏(알, è)】: 막다. 제지하다.
  【寇虐(구학, kòu nüè)】: 도둑과 포학한 자.
  【憯(참, cǎn)】: [사동 용법] 비참하게 하다, 참혹하게 하다. ※ 여러 주석서에는 「憯」을 「일찍이, 이미」 등의 부사로 풀이하고 있는데, 문맥상 앞뒤가 잘 통하지 않는다.
  【明(명, míng)】: 법. 明文化한 법령.
10 『柔遠能邇, 以定我王。』平之以和也。→『변방을 회유하고 가까운 곳을 다독거려, 이로써 우리의 왕실을 안정시킨다.』라고 한 것은, 바로 조화로써 나라를 평온하게 한다는 말이다.
  ※ 이 시구는 《詩經・大雅・民勞》에 보인다.
  【柔(유, róu)】: 회유하다.
  【能(능, néng)】: 다독거리다.
  【邇(이, ěr)】: 近. 가깝다.
11 又曰 :『不競不絿, 不剛不柔, 布政優優, 百祿是遒。』和之至也。』→ 또 말하길 :『다투거나 서두르지 않고, 강하거나 부드럽지도 않으며, 정치를 행함에 있어서 너그럽게 하면, 온갖 복록이 모인다.』라고 한 것은, 화합의 극치를 말한 것이다.』
  ※ 이 시구는 《詩經・商頌・長發》에 보인다.
  【競(경, jìng)】: 다투다. 경쟁하다.
  【絿(구, qiú)】: 서두르다. 조급하다.
  【剛(강, gāng)】: 강하다.
  【布政(포정, bù zhèng)】: 정치를 행하다.
  【優優(우우, yōu yōu)】: 너그러운 모양.
  【百祿是遒(백록시주, bǎi lù shì qiú)】: 온갖 복록이 모이다. 〖是〗: [어조사] 도치된 빈어와

及子產卒, 仲尼聞之, 出涕曰 :「古之遺愛也!」¹²

> 번역문

자산(子產)이 관대한 정치와 엄한 정치에 대해 논하다

정(鄭)나라 자산(子產)이 병이 들어 자태숙(子大叔)에게 말했다 :「내가 죽으면 그대가 반드시 집정(執政)하게 될 것이오. 오직 덕이 있는 사람만이 관대한 정치로 백성들을 복종시킬 수 있고, 그다음은 차라리 엄하게 다스리는 것이 낫습니다. 무릇 불은 맹렬하여 사람들이 그것을 보면 두려워하기 때문에, 그래서 죽는 사람이 드물고, 물은 연약하기 때문에 사람들이 그것을 얕보고 장난하다가 죽는 사람이 많습니다. 그래서 관대한 정치를 실행하기란 참으로 어렵습니다.」(자산은) 여러 달 동안 병을 앓다가 죽었다.

자태숙은 집정하자, 차마 엄한 정치를 하지 못하고 관대한 정치를 했다. (그리하여) 정나라는 강도들이 많아지고 그들이 환부(萑苻) 연못가에 모여 사람들을 약탈했다. 자태숙이 이를 후회하여 :「내가 일찍이 자산의 말을 따랐다면 이러한 지경에 이르지는 않았을 것이다.」라고 말한 후, 병력을 동원하여 환부의 도둑들을 공격하여 그들을 모두 죽여버리자, 강도의 약

동사 사이에 놓여 빈어를 강조하는 역할을 한다. 번역할 필요가 없다. 【適】: 모이다.
【至(지, zhī)】: 극치.

12 及子產卒, 仲尼聞之, 出涕曰 :「古之遺愛也!」→ 자산이 죽은 뒤, 공자가 이 소식을 듣고, 눈물을 흘리며 말했다 :「옛 仁愛의 유풍이로다!」
【及(급, jí)】: …에 이르다.
【出涕(출체, chū tì)】: 눈물을 흘리다.
【遺愛(유애, yí ài)】: 仁愛의 遺風.

탈이 어느 정도 진정되었다.

　공자(孔子)가 말했다 : 「훌륭하도다! 정치가 관대하면 백성들이 태만해지니, 태만해지면 엄한 정치로 그들을 규제해야 하고, 엄한 정치를 하면 백성들이 해를 입으니, 백성들이 해를 입으면 관대한 정치를 베풀어야 한다. 관대한 정치로 엄한 정치를 보완하고, 엄한 정치로 관대한 정치를 보완하면, 정치는 이로 인해 조화를 이루게 된다.《시경(詩經)》에 이르길 : 『백성들도 고생을 하면, 안정될 수 있기를 바란다. 먼저 중원(中原) 지역에 은혜를 베풀어, 이로써 나라 전체를 안정시켜야 한다.』라고 한 것은, 바로 관대한 정치를 시행한 것을 말한다. 『남을 잘 속이고 변절 잘하는 사람을 방임하지 않아, 이로써 불량한 행위를 단속하고, 마땅히 약탈과 포학한 행동을 제지하여, 법을 두려워하지 않는 자들을 참혹하게 해야 한다.』라고 한 것은, 바로 엄한 정치로 바로잡는다는 것을 말한다. 『변방을 회유하고 가까운 곳을 다독거려, 이로써 우리의 왕실을 안정시킨다.』라고 한 것은, 바로 조화로써 나라를 평온하게 한다는 말이다. 또 말하길 : 『다투거나 서두르지 않고 강하거나 부드럽지도 않으며, 정치를 행함에 있어서 너그럽게 하면 온갖 복록이 모인다.』라고 한 것은, 화합의 극치를 말한 것이다.」

　자산이 죽은 뒤, 공자(孔子)가 이 소식을 듣고, 눈물을 흘리며 말했다 : 「옛 인애(仁愛)의 유풍이로다!」

해제解題 및 본문 요지 설명

　이른바 「관대한 정치」와 「엄한 정치」는 옛날 통치자들이 백성을 다스리는 수단이었다.

본문은 《좌전(左傳)·소공 20년(昭公 二十年)》의 일부분으로, 정(鄭)나라의 집정대부(執政大夫) 자산(子産)이 병이 들어 죽기 전에 자기의 후계자인 자태숙(子大叔)에게 치국(治國)의 방법을 전수했으나, 자태숙이 처음에 그의 유지를 따르지 않았다가 실패한 후, 다시 통치 방법을 바꾸어 겨우 나라의 평정을 되찾은 상황을 기술한 것이다.

　본문은 세 단락으로 나눌 수 있는데, 첫째 단락에서는 정나라 자산이 임종 전에 후계자인 자태숙에게 후사를 당부하면서, 통치의 방법으로 관대한 정치와 엄한 정치를 들고, 덕이 있는 사람만이 관대한 정치로 백성들을 복종시킬 수 있고, 그것이 아니면 차라리 엄하게 다스리는 것이 낫다고 언급한 것을 기술했고; 둘째 단락에서는 자태숙이 집정(執政)한 후 차마 엄한 정치를 하지 못하고 관대한 정치를 시행했다가 도둑이 들끓고 사회의 혼란을 야기하여 다시 엄한 조치를 취해 반란을 진압한 상황을 서술했고; 마지막 단락에서는 공자(孔子)가 여러 차례 《시경》의 말을 인용하여, 관대한 정치로 엄한 정치를 보완하고 엄한 정치로 관대한 정치를 보완하는 이른바 조화의 정치에 대해 언급한 것을 기술한 후, 말미에 공자가 자산(子産)의 인애(仁愛)로움을 극찬한 말로 끝을 맺었다.

034 오허월성(吳許越成)
《左傳·哀公 元年》

작 자

001 정백극단우언(鄭伯克段于鄢) 참조.

원문 및 주석

吳許越成[1]

吳王夫差敗越于夫椒, 報檇李也, 遂入越.[2] 越子以甲楯五千保

---

1 吳許越成 → 吳나라가 越나라의 講和 요청을 받아들이다
  【吳(오, wú)】: [국명] 지금의 강소성 남부와 절강성 북부 일대에 있던 周代의 제후국. 姬氏 성.
  【許(허, xǔ)】: 허락하다. 수락하다. 받아들이다.
  【越(월, yuè)】: [국명] 지금의 절강성 동부 일대에 있던 周代의 제후국. 姒씨 성.
  【成(성, chéng)】: 강화. 화친.

2 吳王夫差敗越于夫椒, 報檇李也, 遂入越。→ 吳王 夫差가 夫椒에서 越나라를 물리쳐, 檇李에서의 원한을 갚고, 마침내 越나라로 들어갔다.
  【夫差(부차, fú chā)】: [인명] 吳나라의 군주. 闔閭의 아들.

于會稽, 使大夫種因吳大宰嚭以行成。³

吳子將許之, 伍員曰:「不可。臣聞之:『樹德莫如滋, 去疾莫如盡。』⁴ 昔有過澆殺斟灌以伐斟鄩, 滅夏后相。⁵ 后緡方娠, 逃出自竇,

---

※ 吳나라는 부차에 이르러 越나라에 멸망했다.
【夫椒(부초, fú jiāo)】: [산 이름] 지금의 강소성 吳縣 서남쪽 太湖에 위치.
※ 哀公 원년(B.C. 494)에 吳王 夫差가 이곳에서 越나라를 물리쳤다.
【報(보, bào)】: 원한을 갚다. 보복하다.
【檇李(취리, zuì lǐ)】: [지명] 지금의 절강성 嘉興縣 서남쪽.
※ 魯定公 14년(B.C. 496) 吳나라가 越나라를 공격하자, 越王 句踐이 檇李에서 吳나라 군사를 물리쳤는데, 이때 夫差의 아버지 闔閭가 부상을 당해 죽었다.
【遂(수, suì)】: 마침내. 드디어.

3 越子以甲楯五千保于會稽, 使大夫種因吳大宰嚭以行成。→ 越王 句踐은 갑옷에 방패로 무장한 병사 5천 명을 거느리고, 會稽山에서 방어하며, 大夫 文種을 파견하여 吳나라 太宰 嚭를 통해 吳王에게 강화를 요청했다.
【越子(월자, yuè zǐ)】: 越王. 여기서는「句踐」을 가리킨다.
【甲楯(갑순, jiǎ shǔn)】: [상황어] 갑옷과 방패. 여기서는「갑옷과 방패로 무장한 병사」를 가리킨다.
【保于(보우, bǎo yú)…】: …에서 방어하다.【于】: [개사] 於. …에서.
【會稽(회계, guì jī)】: [산 이름] 지금의 절강성 紹興 남쪽에 있는 산.
【使(사, shǐ)】: 보내다. 파견하다.
【種(종, zhǒng)】: [인명] 文種. 성은 文, 이름은 種. 越나라의 대부.
【因(인, yīn)…】: …를 통하여. …를 거쳐서.
【大宰(태재, tài zǎi)】: [관직명].【大】: 太. ※ 판본에 따라서는「大」를「太」라 했다.
【嚭(비, pì)】: [인명] 楚나라 사람으로, 吳나라에 와서 벼슬을 했다.
【行成(행성, xíng chéng)】: 강화를 청하다. 화친을 요구하다.

4 吳子將許之, 伍員曰:「不可。臣聞之:『樹德莫如滋, 去疾莫如盡。』→ 吳王 夫差가 이를 허락하려 하자, 오자서(伍子胥)가 말했다:「안 됩니다. 저는:『덕을 세우는 데 있어서는 부단히 늘려가는 것이 가장 좋고, 질병을 제거하는 데 있어서는 철저히 근절하는 것이 가장 좋다.』고 들었습니다.
【吳子(오자, wú zǐ)】: 吳나라 왕. 여기서는「夫差」를 가리킨다.
【將(장, jiāng)】: (장차) …하려 하다.
【之(지, zhī)】: [대명사] 그것. 즉「강화 요청」.
【伍員(오운, wǔ yún)】: [인명] 자는 子胥. 楚나라의 대부 伍奢의 둘째 아들.
※ 아버지와 형이 楚나라에서 살해되자 吳로 달아나 대부가 되어, 吳王 闔閭가 왕위를 찬탈하도록 도와 그 공로로 申[지금의 하남성 南陽]에 봉해졌다.
【莫如(막여, mò rú)…】: …만한 것이 없다. …하는 것이 가장 좋다.

歸于有仍, 生少康焉, 爲仍牧正。⁶ 甚澆, 能戒之, 澆使椒求之, 逃奔有虞, 爲之庖正, 以除其害。⁷ 虞思於是妻之以二姚, 而邑諸綸。⁸ 有

【滋(자, zī)】: 불어나다. 늘리다. 더하다.
【去(거, qù)】: 제거하다. 없애다.
【盡(진, jìn)】: 철저히 근절하다. 깨끗이 없애다.

5 昔有過澆殺斟灌以伐斟鄩, 滅夏后相。→ 옛날에 過나라의 임금 澆가 斟灌의 임금을 죽이고, 또 斟鄩을 정벌하고, 夏王 相을 멸망시킨 일이 있었습니다.
【過(과, guō)】: [국명] 지금의 산동성 掖縣 북쪽에 있던 나라.
【澆(요, ào)】: [인명] 東夷族 수령 寒浞의 아들로, 過에 봉해졌다고 전한다.
【斟灌(짐관, zhēn guàn)】: [국명] 夏나라와 同姓의 제후국. 지금의 산동성 壽光市 동북쪽.
【伐(벌, fā)】: 정벌하다. 공격하다.
【斟鄩(짐심, zhēn xún)】: [국명] 夏나라와 同姓의 제후국. 지금의 산동성 濰縣.
【夏后(하후, xià hòu)】: 夏나라의 임금.
【相(상, xiàng)】: [인명] 夏王 啓의 손자.
※ 夏의 禹임금이 啓를 낳고, 啓가 太康을 낳았는데, 태강이 죽자 아우 仲康이 즉위하고, 중강이 죽자 그 아들 相이 즉위했다. 전하는 바로는 夏王 太康이 東夷族 수령 后羿에게 왕위를 빼앗기고, 후에 역시 동이족 수령인 寒浞이 또 후예를 죽인 후 정권을 차지했다. 夏王 相이 도주하여 斟灌·斟鄩에 의탁하자, 寒浞이 아들 澆를 시켜 짐관·짐심과 함께 상을 죽였다.

6 后緡方娠, 逃出自竇, 歸于有仍, 生少康焉, 爲仍牧正。→ 后緡은 마침 임신 중에, 담 구멍으로 도망쳐 나와, 친정인 有仍으로 돌아와, 少康을 낳았는데, 소강은 자라서 有仍의 牧正을 지냈습니다.
【后緡(후민, hòu mín)】: [인명] 夏王 相의 아내. 有仍氏의 딸.
【方(방, fāng)】: 마침. 바야흐로.
【娠(신, shēn)】: 임신하다.
【竇(두, dòu)】: 구멍. 틈새. 여기서는「성벽의 틈새」를 가리킨다.
【有仍(유잉, yǒu réng)】: [지명] 지금의 산동성 濟寧市 동남쪽에 있던 부락 이름.
【牧正(목정, mù zhèng)】: 목축을 담당하는 관리.

7 甚澆, 能戒之, 澆使椒求之, 逃奔有虞, 爲之庖正, 以除其害。→ (소강은) 澆를 매우 증오하여, 능히 그를 경계할 수 있었기 때문에, 澆가 신하 椒를 보내 사방으로 少康을 찾았으나, 소강은 有虞로 도피하여, 유우의 庖正이 되어, 그 화를 면했습니다.
【甚(기, jì)】: 증오하다.
【求(구, qiú)】: 찾다. 수색하다.
【逃奔(도분, táo bèn)】: 도망하다.
【有虞(유우, yǒu yú)】: [국명] 虞나라 舜임금 후대의 국가. 지금의 하남성 虞城縣 북쪽.
【爲之庖正(위지포정, wéi zhī páo zhèng)】: 有虞의 포정을 지내다. 〖之〗: [대명사] 그. 즉

田一成, 有眾一旅, 能布其德而兆其謀, 以收夏眾, 撫其官職.⁹ 使女艾諜澆, 使季杼誘豷, 遂滅過、戈, 復禹之績, 祀夏配天, 不失舊物.¹⁰

「有虞」.『庖正』: 임금의 식사를 관장하는 직책.
【除(제, chú)】: 제거하다. 여기서는「면하다」의 뜻.

8 虞思於是妻之以二姚, 而邑諸綸. → 虞思는 이에 자기의 두 딸을 少康에게 시집보내고, 또한 그에게 綸지방을 식읍으로 주었습니다.
【虞思(우사, yú sī)】: 虞나라 임금으로 이름은 思.
【於是(어시, yú shì)】: 이에. 그리하여.
【妻(처, qī)】: [동사] 아내로 삼게 하다, 즉 시집 보내다.
【之(지, zhī)】: [대명사] 그. 즉「少康」.
【二姚(이요, èr yáo)】: 두 딸. 『姚』: 虞나라의 성씨.
【邑(읍, yì)】: [동사] 식읍으로 주다.
【諸(제, zhū)】: 之於의 합음.
【綸(륜, lún)】: [지명] 虞나라의 지명으로, 지금의 하남성 虞城 동남쪽.

9 有田一成, 有眾一旅, 能布其德而兆其謀, 以收夏眾, 撫其官職. → (이때 少康은) 다만 사방 10리의 밭과, 500명의 군사를 가지고 있었으나, 능히 덕을 널리 베풀고 자신의 계획을 착수하여, 夏나라의 유민을 거두고, 그 관리들을 위로했습니다.
【成(성, chéng)】: 옛날 토지의 면적 단위로, 사방 10里를「一成」이라 했다.
【旅(려, lǚ)】: 옛날 병졸의 수를 세는 단위로, 500명을「一旅」라 했다.
【布(포, bù)】: 널리 베풀다.
【兆(조, zhào)】: 시작하다. 착수하다.
【夏眾(하중, xià zhòng)】: 夏나라의 민중. 여기서는「유민」을 가리킨다.
【撫(무, fǔ)】: 위무하다. 위로하다.
【官職(관직, guān zhí)】: 여기서는「관리·관원」을 말한다.

10 使女艾諜澆, 使季杼誘豷, 遂滅過、戈, 復禹之績, 祀夏配天, 不失舊物. → 그리고 女艾를 파견하여 澆를 염탐하고, 季杼를 보내 豷를 유인하여, 마침내 過나라와 戈나라를 멸한 후, 夏禹의 업적을 회복하여, 夏나라의 조상께 제사를 지내는 동시에 하늘에 배향하며, 夏나라의 문물제도를 보존하였습니다.
【使(사, shǐ)】: 보내다. 파견하다.
【女艾(여애, rǔ ài)】: [인명] 少康의 신하.
【諜(첩, dié)】: 염탐하다.
【季杼(계저, jì zhù)】: [인명] 少康의 아들.
【誘(유, yòu)】: 유인하다. 꾀다.
【豷(희, yì)】: [인명] 戈의 임금. 寒浞의 아들이자, 澆의 아우.
【戈(과, gē)】: [국명] 豷의 나라.
【禹(우, yǔ)】: 夏의 禹임금. 姓은 姒씨. 治水의 공로가 있어 舜의 왕위를 계승했으며, 후

今吳不如過, 而越大於少康, 或將豐之, 不亦難乎?¹¹ 句踐能親而務施, 施不失人, 親不棄勞。¹² 與我同壤, 而世爲仇讎。¹³ 於是乎克而弗取, 將又存之, 違天而長寇讎, 後雖悔之, 不可食已。¹⁴ 姬之衰也, 日

　에 그의 아들 啓가 夏王朝를 건립했다.
　【祀(사, sì)】: 제사 지내다.
　【夏(하, xià)】: 夏나라. 여기서는 夏의 조상을 의미한다.
　【配(배, pèi)】: 배향하다.
　【不失(부실, bù shī)】: 잃지 않다. 즉「보전하다」의 뜻.
　【舊物(구물, jiù wù)】: 옛 문물제도. 즉「夏의 문물제도」를 가리킨다.

11 今吳不如過, 而越大於少康, 或將豐之, 不亦難乎? → 지금 吳나라는 過나라보다 못하지만, 越나라는 少康보다 강한데, 혹여 장차 越나라를 강성하게 만든다면, 이 또한 재난이 아니겠습니까?
　【大於(대어, dà yú)…】: …보다 크다. …보다 강대하다. 【於】: [개사] …보다. …에 비해.
　【或(혹, huò)】: 만일. 만약.
　【豐(풍, fēng)】: [사동 용법] 풍성하게 하다. 여기서는「강성하게 만들다」의 뜻.
　【之(지, zhī)】: [대명사] 그것. 즉「越나라」.
　【不亦(불역, bù yì)…乎(호, hū)?】: 어찌 …이 아닌가? 또한 …이 아닌가?
　【難(난, nàn)】: 재난. 화근.

12 句踐能親而務施, 施不失人, 親不棄勞。→ 句踐은 사람을 가까이하는데 능하고 은혜를 베풀고자 힘써, 은혜를 베푸니 인심을 잃지 않고, 사람들과 가까이하니 공로가 있는 사람을 저버리지 않습니다.
　【務施(무시, wù shī)】: 은혜를 베푸는 데 힘쓰다.
　【棄(기, qì)】: 저버리다. 포기하다.
　【勞(로, láo)】: 공로. 여기서는「공로가 있는 사람」을 가리킨다.

13 與我同壤, 而世爲仇讎。→ (越나라는) 우리와 땅이 인접해 있고, 또한 대대로 원수지간입니다.
　【同壤(동양, tóng rǎng)】: 국경을 함께하다.
　【世(세, shì)】: 대대로.
　【仇讎(구수, chóu chóu)】: 원수.

14 於是乎克而弗取, 將又存之, 違天而長寇讎, 後雖悔之, 不可食已。→ 이러한 상황에서 싸움에 이겨 점령하지 않고, 장차 또 그들을 존속시키려 한다면, 하늘을 거역하고 원수를 돕는 것이니, 이후에 비록 그것을 후회한다 해도, 돌이킬 수가 없을 것입니다.
　【於是乎(어시호, yú shì hū)】: 이때. 이러한 상황에서.
　【克(극, kè)】: 싸움에 이기다. 승전하다.
　【弗(불, fú)】: 不.
　【取(취, qǔ)】: 점령하다. 합병하다.

可俟也。¹⁵ 介在蠻夷, 而長寇讎, 以是求伯, 必不行矣!」¹⁶

弗聽。退而告人曰:「越十年生聚, 而十年教訓, 二十年之外, 吳其爲沼乎!」¹⁷

【將(장, jiāng)】: (장차) …하려 하다.
【存(존, cún)】: [사동 용법] 존속하게 하다. 보존하게 하다.
【違(위, wéi)】: 거역하다. 거스르다.
【長(장, cháng)】: 돕다. 조장하다.
【寇讎(구수, kòu chóu)】: 적. 원수.
【悔(회, huǐ)】: 후회하다.
【不可食(불가식, bù kě shí)】: 돌이킬 수가 없다. 〖食〗: 없애버리다. 해소하다.
【已(이, yǐ)】: [어조사].

15 姬之衰也, 日可俟也。→ (그러면) 吳나라의 쇠망은, 머지않을 것입니다.
【姬(희, jī)】: 吳나라의 성씨. 여기서는 吳나라를 가리킨다.
【日可俟(일가사, rì kě sì)】: 날을 헤아려 기다리다. 즉「머지않다, 곧 닥치다.」의 뜻. 〖俟〗: 기다리다.

16 介在蠻夷, 而長寇讎, 以是求伯, 必不行矣! → (우리나라가) 오랑캐들 사이에 끼어, 또 적을 돕고, 이러한 방법으로 패자가 되기를 구한다면, 반드시 성공하지 못할 것입니다.」
【介在(개재, jiè zài)…】: …사이에 끼다.
【蠻夷(만이, mán yí)】: 오랑캐. 〖蠻〗: 南蠻. 〖夷〗: 東夷.
【長(장, zhǎng)】: 돕다.
【以是(이시, yǐ shì)】: 이로써. 이러한 방법으로.
【求伯(구패, qiú bà)】: 패자가 되기를 구하다. 〖伯〗: 霸.
【不行(불행, bù xíng)】: 실행되지 못하다. 즉「성공하지 못하다」의 뜻.

17 弗聽。退而告人曰:「越十年生聚, 而十年教訓, 二十年之外, 吳其爲沼乎!」→ (吳王 夫差가) 듣지 않았다. (伍員이) 물러 나와 다른 사람에게 말했다 :「越나라가 앞으로 10년 동안 인구를 늘리고 재물을 축적한 후, 또 10년 동안 가르치고 훈련하여, 20년 후에, 吳나라는 아마도 연못으로 변할 것이오.」
【生聚(생취, shēng jù)】: 인구를 늘리고 재물을 축적하다.
【之外(지외, zhī wài)】: 이후.
【其(기, qí)】: 아마도.
【爲沼(위소, wéi zhǎo)】: 연못이 되다. 연못으로 변하다.

> 번역문

오(吳)나라가 월(越)나라의 강화(講和) 요청을 받아들이다

　오왕(吳王) 부차(夫差)가 부초(夫椒)에서 월(越)나라를 물리쳐 취리(檇李)에서의 원한을 갚고 마침내 월나라로 들어갔다. 월왕(越王) 구천(句踐)은 갑옷에 방패로 무장한 병사 5천 명을 거느리고 회계산(會稽山)에서 방어하며 대부(大夫) 문종(文種)을 파견하여 오나라 태재(太宰) 비(嚭)를 통해 오왕에게 강화를 요청했다.
　오왕 부차가 이를 허락하려 하자, 오자서(伍子胥)가 말했다 : 「안 됩니다. 저는 『덕을 세우는 데 있어서는 부단히 늘려나가는 것이 가장 좋고, 질병을 제거하는 데 있어서는 철저히 근절하는 것이 가장 좋다.』고 들었습니다. 옛날에 과(過)나라의 임금 요(澆)는 짐관(斟灌)의 임금을 죽이고, 또 짐심(斟鄩)을 정벌하고 하왕(夏王) 상(相)을 멸망시킨 일이 있었습니다. 후민(后緍)은 마침 임신 중에 담 구멍으로 도망쳐 나와 친정인 유잉(有仍)으로 돌아와 소강(少康)을 낳았는데, 소강은 자라서 유잉의 목정(牧正)을 지냈습니다. (소강은) 요(澆)를 매우 증오하여 능히 그를 경계할 수 있었기 때문에, 요(澆)가 신하 초(椒)를 보내 사방으로 소강(少康)을 찾았으나 소강은 유우(有虞)로 도피하여 유우의 포정(庖正)이 되어 그 화를 면했습니다. 우사(虞思)는 이에 자기의 두 딸을 소강에게 시집보내고, 또한 그에게 윤(綸)지방을 식읍으로 주었습니다. (이때 소강은) 다만 사방 10리의 밭과 500명의 군사를 가지고 있었으나 능히 덕을 널리 베풀고 자신의 계획을 착수하여 하(夏)나라의 유민을 거두고 그 관리들을 위로했습니다. 그리고 여애(女艾)를 파견하여 요(澆)를 염탐하고 계저(季杼)를 보내 희(豷)를 유인하여 마침내 과(過)나라와 과(戈)나라를 멸한 후, 하우(夏禹)의 업적을 회복하여 하(夏)나라의 조상께 제사를 지내는 동시에 하늘에 배향하며 하나라의 문물제도를 보존하였습니다. 지금 오(吳)나라는 과(過)나라보다 못하지만 월(越)나라는 소강(少康)보다 강한데, 혹여 장차 월나라를 강성하게 만든다면 이 또한 재난이 아니겠습니까? 구천(句踐)은 사람을 가까이하는데 능하고 은혜를 베풀고자 힘써 은혜를 베푸니 인심을 잃지 않고 사람들과 가까이하니 공로가 있는 사람을 저버리지 않습니다. (월나라는) 우리와 땅이 인접해 있고 또한 대대로 원수지간입니다. 이러한 상황에서 싸움에 이겨 점령하지 않고 장차 또 그들을 존속시키려 한다면 하늘을 거역하고 원수를 돕는 것이니, 이후에 비록 그것을 후회한다 해도 돌이킬 수가 없을 것입니다. (그러면) 오나라의 쇠망은 머지않을 것입니다. (우리나라가) 오랑캐들 사이에 끼어 또 적을 돕고, 이러한 방법으로 패자가 되기를 구한다면 반드시 성공하시 못할 것입니다.」

(오왕 부차가) 듣지 않았다. 오자서(伍子胥)가 물러 나와 다른 사람에게 말했다 : 「월(越)나라가 앞으로 10년 동안 인구를 늘리고 재물을 축적한 후 또 10년 동안 가르치고 훈련하여, 20년 후에 오(吳)나라는 아마도 연못으로 변할 것이오.」

해제解題 및 본문 요지 설명

노정공(魯定公) 14년(B.C. 496) 오왕(吳王) 합려(闔閭)는 취리(檇李)에서 월왕(越王) 구천(句踐)에게 패하고 부상을 당해 죽었다. 이로부터 2년 후, 오왕(吳王) 부차(夫差)는 부초(夫椒)에서 월(越)나라를 대파하여 죽은 아버지의 원수를 갚고 월나라 경내로 들어갔다. 이에 월왕 구천은 갑옷에 방패로 무장한 병사 5천을 거느리고 회계산(會稽山)에서 방어하는 한편, 대부 문종(文種)을 파견하여 오(吳)나라 태재(太宰) 비(嚭)를 통해 오왕에게 강화를 요청하고자 했다.

본문은 《좌전(左傳)·애공 원년(哀公 元年)》의 일부분으로, 월왕 구천이 오왕 부차에게 사람을 보내 화친할 것을 청하여 부차가 받아들이려 하자, 오나라의 대부 오자서(伍子胥)가 역사적 사건을 들어 구천과 강화하지 말 것을 충간했으나 부차가 오자서의 권고를 듣지 않아, 오자서가 20년 후 오나라가 멸망할 것이라 예언한 것을 기술한 것이다.

본문은 세 단락으로 나눌 수 있는데, 첫째 단락에서는 사건의 발단과 오(吳)·월(越) 쌍방의 태도에 대해 기술했고; 둘째 단락에서는 오자서가 소강(少康)이 복수하고 하(夏)나라를 다시 일으킨 역사 사실을 예로 들며 월나라의 강화 요청을 거부하고 월나라를 점령하여 장래의 화근을 없애도록 권고한 것을 기술했고; 마지막 단락에서는 오왕이 오자서의 충고를 받아들이지 않아, 오자서가 20년 후에 오나라가 멸망할 것이라고 예언한 것을 기술했다.

본문 이후의 역사 기록은, 오자서가 부차에게 충간한 날로부터 정확히 22년이 지난 후, 오나라가 월나라 구천에게 멸망함으로써 오자서의 정확한 역사관과 예리한 통찰력을 증명하고 있다.

권3

주문(周文)

035 채공간정견융
036 소공간여왕지방
037 양왕불허청수
038 선자지진필망
039 전금논사원거
040 이혁단고광군
041 경강논노일
042 숙향하빈
043 왕손어논초보
044 제계영행성어오
045 신서간허월성
046 춘왕정월
047 송인급초인평
048 오자사찰내빙
049 정백극단우언
050 우사진사멸하양
051 진헌공살세자신생
052 증자역책
053 유자지언사부자
054 공자중이대진객
055 두궤양치
056 진헌문자성실

035 채공간정견융(祭公諫征犬戎)
《國語·周語上》

> 작 자

　《국어(國語)》는 중국 최초의 국별사(國別史) 체제를 갖춘 역사책으로, 《주어(周語)》·《노어(魯語)》·《제어(齊語)》·《진어(晉語)》·《정어(鄭語)》·《초어(楚語)》·《오어(吳語)》·《월어(越語)》 등 21권으로 구성되어 있으며, 내용은 서주(西周) 목왕(穆王) 2년(B.C. 990)부터 동주(東周) 정왕(定王) 16년(B.C. 453)까지 538년 동안 여덟 나라 귀족들의 언론을 기록한 것이다.

　전서(全書)는 《주어》 3권·《노어》 2권·《제어》 1권·《진어》 9권·《정어》 1권·《초어》 2권·《오어》 1권·《월어》 2권이다. 그중 《주어》와 《정어》가 서주(西周)의 일을 언급한 외에, 그 나머지는 모두 춘추시대(春秋時代)의 사실을 기록했는데, 《진어》의 기록이 비교적 상세하고, 《제어》·《정어》·《오어》·《월어》는 다만 몇몇 사람과 사적(事迹)에 치중하여, 내용이 매우 균형을 이루지 못하고 있다.

　《국어》의 특징은 기언(記言)을 위주로 하고 있는데, 왕왕 일부 역사 인물의 언론이나 대화 및 논쟁을 통해 역사 사건을 반영함으로써 기사(記事) 위주의 《좌전(左傳)》과 서로 참고할 만하다. 그래서 한(漢)·당(唐) 시대에는 《좌전》을 《춘추내전(春秋內傳)》, 《국어》를 《춘추외전(春秋外傳)》이라 부르기도 했다.

《국어》의 작자에 대해서는 사마천(司馬遷)이 《보임소경서(報任少卿書)》에서 좌구명(左丘明)이라 한 말을 근거로 송대(宋代) 이전까지는 대체로 《좌전》과 더불어 좌구명의 작이라 여겼다. 그러나 그 후 송대의 주희(朱熹)·정초(鄭樵)·유세안(劉世安) 등을 비롯하여 청대(淸代)의 우동(尤桐)·유봉록(劉逢祿)·피석서(皮錫瑞)·강유위(康有爲) 등이 모두 《국어》의 작자에 대한 종래의 설에 이의를 제기하고 나섰다. 실제로 《국어》의 내용을 살펴보면, 《좌전》과 같은 부분이 있는가 하면 서로 저촉되는 부분도 있고, 체례(體例)와 문필(文筆)의 풍격에 있어서도 현저한 차이를 보이고 있다. 따라서 《국어》와 《좌전》이 한 사람의 손에서 나왔다고 보는 것은 근거가 매우 미약하다. 이로 인해 오늘날 학자들은 《국어》가 당시 여러 나라 사관들이 쓴 기사를 바탕으로 유가(儒家)들이 정리하여 전국시대(戰國時代) 초기에 완성된 것으로 보고 있다. 그렇기 때문인지 《국어》에는 유가의 사상이 비교적 짙게 나타나 있다.

주석서로는 서원호(徐元浩)의 《국어집해(國語集解)》, 설안근(薛安勤)·왕련생(王連生)의 《국어역주(國語譯註)》 등이 있다.

원문 및 주석

祭公諫征犬戎[1]

<u>穆王將征犬戎</u>, <u>祭公謀父</u>諫曰:「不可。先王耀德不觀兵。[2] 夫兵

---

1 祭公諫征犬戎 → 祭公이 犬戎을 정벌하려는 것에 대해 간하다
　【祭公(채공, zhài gōng)】: 祭謀父(채공모보). 周穆王 때의 卿士. 祭지방에 봉해졌기 때문

戢而時動, 動則威, 觀則玩, 玩則無震。³ 是故周文公之《頌》曰:『載
戢干戈, 載櫜弓矢。我求懿德, 肆于時夏, 允王保之。』⁴ 先王之於民

에 祭公이라 했으며, 謀父는 그의 字.
※「祭」는 성씨나 지명에 쓸 경우「채」로 읽고,「父」는 이름자에 쓸 경우「보」로 읽는다.
【諫(간, jiàn)】: 간하다.
【征(정, zhēng)】: 정벌하다.
【犬戎(견융, quǎn róng)】: 옛날 西戎의 한 부류로 商·周시대에 涇水·渭水 일대에서 유목생활을 했다.

2 穆王將征犬戎, 祭公謀父諫曰:「不可。先王耀德不觀兵。→ 周穆王이 犬戎을 정벌하려 하자, 채공모보가 간했다:「안 됩니다. 先王들께서는 德治를 선양하고 무력을 과시하지 않으셨습니다.
【穆王(목왕, mù wáng)】: 周穆王. 姬씨 성이며, 이름은 滿.
【祭公謀父(채공모보, zhài gōng móu fǔ)】: 주 1【祭公(채공, zhài gōng)】: 참조.
【耀德(요덕, yào dé)】: 덕치를 선양하다.
【觀兵(관병, guān bīng)】: 무력을 과시하다.

3 夫兵戢而時動, 動則威, 觀則玩, 玩則無震。→ 무릇 군대는 평소에 거두있다가 필요할 때 농원하고, 동원했다면 위력을 보여야 하는데, 가볍게 남용하면 마치 장난처럼 되고, 장난처럼 되면 두려움이 없어집니다.
【夫(부, fú)】: [발어사] 무릇. 대저.
【兵(병, bīng)】: 군대.
【戢(즙, jí)】: 모으다. 거두다.
【時(시, shí)】: 필요할 때.
【動(동, dòng)】: 동원하다.
【觀(관, guān)】: 자주 드러내 보이다. 가볍게 남용하다.
【玩(완, wán)】: 장난처럼 되다.
【震(진, zhèn)】: 두려움. 공포감.

4 是故周文公之《頌》曰:『載戢干戈, 載櫜弓矢。我求懿德, 肆于時夏, 允王保之。』→ 그래서 周公의《頌》詩에:『방패와 창을 거두고, 활과 화살을 활집에 넣어 두었노라! 내가 아름다운 德을 추구하여, 이 나라에 널리 전파하니, 우리 임금께서 반드시 그것을 보전하리라.』라고 한 것입니다.
【是故(시고, shì gù)】: 그래서.
【周文公(주문공, zhōu wén gōng)】: 周公. 성은 姬, 이름은 旦,「文」은 시호. 周文王의 아들이자 武王의 동생으로, 周나라의 개국공신이며, 후에 武王의 아들 成王이 어린 나이로 즉위하자 성왕을 도와 周나라의 기초를 확립했다.
【頌(송, sòng)】: 여기서는《詩經·周頌·時邁》詩를 가리킨다. 이 시는 제후들을 巡狩한 周武王을 찬양한 것으로 周公이 지었다고 전한다.
【載(재, zài)】: [어기사]

也, 懋正其德而厚其性; 阜其財求而利其器用;⁵ 明利害之鄉, 以文修之, 使務利而避害, 懷德而畏威。故能保世以滋大。⁶

「昔我先王世后稷, 以服事虞、夏。及夏之衰也, 棄稷不務。⁷ 我

【戢(즙, jí)】: 모으다. 거두다.
【櫜(고, gāo)】: 활집.
【懿德(의덕, yì dé)】: 美德. 아름다운 덕.
【肆(사, sì)】: 널리 전파하다.
【時(시, shí)】: [지시대명사] 此. 이.
【夏(하, xià)】: 華夏. 중국.
【允(윤, yǔn)】: 반드시. 확실히.
【之(지, zhī)】: [대명사] 그것. 즉「美德」.

5 先王之於民也, 懋正其德而厚其性; 阜其財求而利其器用; → 선왕께서는 백성들에게, 항상 德을 바르게 하고 성품을 돈후하게 하도록 독려하셨고; 그들의 재물에 대한 욕구를 충족시켜 쓰임에 편리하도록 하였을 뿐만 아니라;
【懋(무, mào)】: 독려하다.
【厚(후, hòu)】: 도탑다. 돈후하다.
【阜(부, fù)】: 충족시키다.
【財求(재구, cái qiú)】: 재물에 대한 욕구.
【利(리, lì)】: [사동 용법] 편리하게 하다.
【器用(기용, qì yòng)】: 용도. 쓰임.

6 明利害之鄉, 以文修之, 使務利而避害, 懷德而畏威。故能保世以滋大。→ 利害의 소재를 밝히고, 禮法으로 그들을 교화하여, 그들로 하여금 이로운 일에 힘쓰고 해로운 일을 피하며, 德治에 감격하고 위력을 두려워하게 하셨습니다. 그래서 대대로 보전하며 크게 번영할 수 있었습니다.
【鄉(향, xiàng)】: 嚮. 所在.
【文(문, wén)】: 禮法.
【修(수, xiū)】: 교화하다. 가르치다.
【使(사, shǐ)】: …하여금 …하게 하다.
【務(무, wù)】: 힘쓰다.
【懷(회, huái)】: 감격하다. 감회를 느끼다.
【保世(보세, bǎo shì)】: 대대로 보전하다.
【滋大(자대, zī dà)】: 크게 번영하다.

7 昔我先王世后稷, 以服事虞、夏。及夏之衰也, 棄稷不務。→「옛날 우리 선왕께서는 后稷을 세습하여, 虞왕조와 夏왕조를 섬겼습니다. 그러다가 夏왕조가 쇠망하기에 이르자, 후직을 폐기하고 (농사에) 힘쓰지 않았습니다.
【世(세, shì)】: 세습하다.

先王不窋用失其官, 而自竄于戎、狄之間。⁸ 不敢怠業, 時序其德, 纂
修其緒, 修其訓典; 朝夕恪勤, 守以敦篤, 奉以忠信; 奕世載德, 不
忝前人。⁹ 至于武王, 昭前之光明, 而加之以慈和, 事神保民, 莫不欣

【后稷(후직, hòu jì)】: [관직] 虞舜 시대의 農官. 周의 시조인 姬棄가 후직을 지낸 후, 그 자
손들이 이 관직을 세습했는데, 후에 周의 시조를 后稷이라 불렀다.
【服事(복사, fú shì)】: 섬기다.
【虞、夏(우하, yú xià)】: 여기서는「虞舜과 夏禹」를 가리킨다.
【及(급, jí)】: …에 이르러.
【夏之衰(하지쇠, xià zhī shuāi)】: 夏나라가 쇠망하던 시절. ※夏王 太康이 사냥놀이에 빠
져 帝位를 잃었는데, 이때를 가리킨다.
【棄稷(기직, qì jì)】: 후직을 폐기하다.
8 我先王不窋用失其官, 而自竄于戎、狄之間。→ 우리 선왕이신 不窋께서는 그 관직을 잃
었기 때문에, 스스로 戎・狄 오랑캐 지역으로 도주하셨습니다.
【不窋(부줄, bù zhú)】: [인명] 棄의 후손으로, 周人들을 데리고 邰지방에서 豳지방으로 이
주했다.
【用(용, yòng)】: … 때문에. …로 인해.
【竄(찬, cuàn)】: 달아나다. 도주하다.
【戎、狄之間(융적지간, róng dí zhī jiān)】: 西戎・北狄 경계의 오랑캐 지역. 지금의 감숙성
慶陽縣 동남쪽. 이곳에 不窋의 古城이 있다.
9 不敢怠業, 時序其德, 纂修其緒, 修其訓典; 朝夕恪勤, 守以敦篤, 奉以忠信; 奕世載德, 不忝
前人。→ 그러나 감히 농사일을 게을리하지 않고, 항상 선왕 姬棄의 덕행을 선양하며, 선
왕의 사업을 계속 수행해 나가는 한편, 선왕의 교훈과 법전을 학습하였습니다. 아침저녁
으로 삼가 부지런히 일하고, 돈독한 태도를 견지하며, 충직하고 信實한 태도로서 받들어
행하고; 대대로 조상의 덕행을 이어가며, 선조들을 욕되게 하지 않습니다.
【怠(태, dài)】: 태만하다. 게을리하다.
【時(시, shí)】: 항상. 언제나.
【序(서, xù)】: 布. 펴나가다. 선양하다.
【纂修(찬수, zuǎn xiū)】: 계속 수행해 나가다.
【緒(서, xù)】: 사업.
【訓典(훈전, xùn diǎn)】: 교훈과 법전.
【恪勤(각근, kè qín)】: 삼가 부지런히 일하다.
【敦篤(돈독, dūn dǔ)】: 돈독하다.
【奕世(혁세, yì shì)】: 대대로. 여러 대에 걸쳐.
【載(재, zài)】: 잇다. 계승하다.
【忝(첨, tiǎn)】: 辱. 더럽히다. 욕되게 하다.
【前人(전인, qián rén)】: 선조. 조상.

喜。¹⁰ 商王帝辛, 大惡於民, 庶民不忍, 欣戴武王, 以致戎于商牧。¹¹ 是先王非務武也, 勤恤民隱, 而除其害也。¹²

「夫先王之制, 邦內甸服, 邦外侯服, 侯、衛賓服, 蠻、夷要服, 戎、狄荒服。¹³ 甸服者祭, 侯服者祀, 賓服者享, 要服者貢, 荒服者王。¹⁴

10 至于武王, 昭前之光明, 而加之以慈和, 事神保民, 莫不欣喜。→ 周武王에 이르러서는, 선조들의 밝은 덕을 더욱 빛내시고, 게다가 자애롭고 온화하며, 신을 섬기고 백성을 보호하니, 기뻐하지 않는 사람이 없었습니다.
【武王(무왕, wǔ wáng)】: 周武王. 周文王의 아들. 商나라를 무너뜨리고 周나라를 세웠다.
【昭(소, zhāo)】: 빛내다. 밝게 하다.
【前之光明(전지광명, qián zhī guāng míng)】: 선조들의 밝은 덕.
【加之(가지, jiā zhī)】: 그 위에. 게다가.
【慈和(자화, cí hé)】: 자애롭고 온화하다.
【事(사, shì)】: 섬기다.
【莫不(막불, mò fú)】: …하지 않는 사람이 없다. 모두 …하다.
【欣喜(흔희, xīn xǐ)】: 기뻐하다.

11 商王帝辛, 大惡於民, 庶民不忍, 欣戴武王, 以致戎于商牧。→ (당시) 商의 紂王은, 백성들에게 매우 포악하여, 백성들이 참지 못하고, 기꺼이 武王을 추대하여, 이로 인해 商의 牧野에서 전쟁을 하기에 이르렀습니다.
【帝辛(제신, dì xīn)】: 商의 紂王. 이름은 辛.
【大惡(대악, dà è)】: 매우 포악하다.
【欣戴(흔대, xīn dài)】: 기꺼이 추대하다.
【致(치, zhì)】: 초래하다. 야기하다.
【戎(융, róng)】: 무기. 군대. 여기서는「전쟁」을 의미한다.
【商牧(상목, shāng mù)】: [지명] 상의 牧野. ※商나라 도읍지 朝歌 근교. 지금의 하남성 淇縣 남쪽.

12 是先王非務武也, 勤恤民隱, 而除其害也。→ 이는 선왕께서 무력에 힘을 쏟은 것이 아니라, 백성의 고통을 걱정하고 동정하여, 그 피해를 없애려 한 것입니다.
【是(시, shì)】: [대명사] 이것. 즉「牧野를 향해 병력을 출동한 것」.
【務武(무무, wù wǔ)】: 무력에 힘쓰다.
【勤恤(근휼, qín xù)】: 걱정하고 불쌍히 여기다.
【隱(은, yǐn)】: 고통.
【除(제, chú)】: 없애다. 제거하다.

13 「夫先王之制, 邦內甸服, 邦外侯服, 侯、衛賓服, 蠻、夷要服, 戎、狄荒服。→「대저 선왕의 제도에서, 畿內는 甸服, 畿外는 侯服, 侯圻·衛圻 지역은 賓服, 蠻·夷 오랑캐 지역은 要服, 戎·狄 오랑캐 지역은 荒服이라 했습니다.

日祭、月祀、時享、歲貢、終王, 先王之訓也。[15] 有不祭則修意, 有不
祀則修言, 有不享則修文, 有不貢則修名, 有不王則修德, 序成而有

【邦內(방내, bāng nèi)】: 畿內. 國都 주변의 땅.
【甸服(전복, diàn fú)】: 천자가 직접 관할하는 王城을 중심으로 반경 500리 이내의 토지, 즉 직경 천 리의 땅.
【邦外(방외, bāng wài)】: 畿外. 즉 천자가 관할하는 甸服 이외의 지역.
【侯服(후복, hóu fú)】: 천자가 제후들에게 나누어준 토지로, 대략 王城 주위의 500리~1,000리 지역에 해당한다.
【侯、衛(후위, hóu wèi)】:《周禮》에 의하면, 고대 중국에서는 도읍지 밖의 토지에 대해 매 500리를 1圻의 단위로 하여, 侯圻·甸圻·男圻·采圻·衛圻·夷圻·蠻圻·鎭圻·蕃圻 등의 아홉 단위로 나누었다. 여기서 侯·衛는 侯圻와 衛圻를 말하는데, 제후와 변방 경계 지역 사이의 토지에 해당한다.
【賓服(빈복, bīn fú)】: 천자에 복종하며 빈객처럼 왕래하는 이민족 지역.
【蠻、夷(만이, mán yí)】: 南蠻과 東夷.
【要服(요복, yāo fú)】: 千城으로부터 2천 리 떨어진 지역.
【戎、狄(융적, róng dí)】: 西戎과 北狄.
【荒服(황복, huāng fú)】: 要服 밖의 지역으로, 王城으로부터 4천5백 리 떨어진 지역.

14 甸服者祭, 侯服者祀, 賓服者享, 要服者貢, 荒服者王。→ 甸服에서는 日祭에 필요한 물품을 담당하고, 侯服에서는 月祀에 필요한 물품을 담당하고, 賓服에서는 時享에 필요한 물품을 담당하고, 要服에서는 歲貢에 필요한 물품을 담당하고, 荒服에서는 終王을 담당했습니다.
【祭(제, jì)】: 日祭. 즉 천자가 매일 조부모·부모께 지내는 제사. 여기서는「祭에 필요한 물품을 담당하다」의 뜻.
【祀(사, sì)】: 月祀. 즉 천자가 매월 고조·중조께 지내는 제사. 여기서는「祀에 필요한 물품을 담당하다」의 뜻.
【享(향, xiǎng)】: 時享. 즉 사계절에 먼 조상께 지내는 제사. 여기서는「享에 필요한 물품을 담당하다」의 뜻.
【貢(공, gòng)】: 歲貢. 즉 일 년에 한번 천자께 조공을 바치는 일. 여기서는「貢에 필요한 물품을 담당하다」의 뜻.
【王(왕, wáng)】: 終王. 즉 천자가 즉위했을 때 오직 한 번 入朝하는 일. 여기서는「終王을 담당하다」의 뜻.

15 日祭、月祀、時享、歲貢、終王, 先王之訓也。→ 日祭·月祀·時享·歲貢·終王은, 선왕의 유훈입니다.
【日祭(일제, rì jì)、月祀(월사, yuè sì)、時享(시향, shí xiǎng)、歲貢(세공, suì gòng)、終王(종왕, zhōng wáng)】: 주 14 참조.
【訓(훈, xùn)】: 遺訓.

不至則修刑。¹⁶ 於是乎有刑不祭, 伐不祀, 征不享, 讓不貢, 告不王。¹⁷ 於是乎有刑罰之辟, 有攻伐之兵, 有征討之備, 有威讓之令, 有文告之辭。¹⁸ 布令陳辭而又不至, 則增修於德, 而無勤民於遠。是以近無

16 有不祭則修意, 有不祀則修言, 有不享則修文, 有不貢則修名, 有不王則修德, 序成而有不至則修刑。→ (천자께서는) 만일 日祭를 행하지 않는 일이 생기면 자신의 뜻을 살펴 가다듬고, 月祀를 행하지 않는 일이 생기면 자신의 號令을 살펴 수정하고, 時享을 행하지 않는 일이 생기면 나라의 법령을 살펴 정비하고, 歲貢을 행하지 않는 일이 생기면 尊卑의 명분을 살펴 바로잡고, 終王을 행하지 않는 일이 생기면 자신의 덕행을 살펴 함양하였으며, 순서에 따라 이 다섯 가지 일을 모두 끝낸 후에도 여전히 이행하지 않는 일이 생기면 그제야 형벌을 살펴 고치셨습니다.
【修(수, xiū)】: 고치다. 손질하다. 정비하다. 바로잡다.
【意(의, yì)】: 뜻. 의도. 생각.
【言(언, yán)】: 政令. 號令.
【文(문, wén)】: 나라의 법령.
【名(명, míng)】: 尊卑의 명분.
【序成(서성, xù chéng)】: 순서에 따라 살피는 일을 모두 끝내다.
【不至(부지, bù zhì)】: 오지 않다. 즉「이행하지 않다」의 뜻.

17 於是乎有刑不祭, 伐不祀, 征不享, 讓不貢, 告不王。→ 그리하여 日祭를 행하지 않은 자를 처벌하고, 月祀를 행하지 않은 자를 공격하고, 時享을 행하지 않은 자를 정벌하고, 歲貢을 행하지 않은 자를 꾸짖고, 終王을 행하지 않은 자를 알아듣도록 타일렀습니다.
【於是乎(어시호, yú shì hū)】: 於是. 이에. 그리하여.
【刑(형, xíng)】: [동사] 처벌하다.
【伐(벌, fā)】: 치다. 공격하다.
【征(정, zhēng)】: 토벌하다. 정벌하다.
【讓(양, ràng)】: 꾸짖다. 견책하다.
【告(고, gào)】: 알려주다. 여기서는「알아듣도록 타이르다」의 뜻.

18 於是乎有刑罰之辟, 有攻伐之兵, 有征討之備, 有威讓之令, 有文告之辭。→ 그리하여 처벌하는 법률이 있고, 공격하는 군대가 있고, 정벌하는 군비가 있고, 엄히 꾸짖는 명령이 있고, 타이르는 문사가 있는 것입니다.
【刑罰(형벌, xíng fá)】: 징벌하다. 처벌하다.
【辟(벽, pì)】: 법. 법률.
【攻伐(공벌, gōng fā)】: 공격하다.
【征討(정토, zhēng tǎo)】: 정벌하다. 토벌하다.
【備(비, bèi)】: 군비.
【威讓(위양, wēi ràng)】: 엄히 꾸짖다.
【文告之辭(문고지사, wén gào zhī cí)】: 타이르는 문사.【辭】: 문장. 文辭.

不聽, 遠無不服。」[19]

「今自大畢、伯仕之終也, 犬戎氏以其職來王, 天子曰:『予必以不享征之。』且觀之兵。其無乃廢先王之訓, 而王幾頓乎![20] 吾聞夫犬戎樹惇, 帥舊德而守終純固, 其有以禦我矣。」[21]

[19] 布令陳辭而又不至, 則增修於德, 而無勤民於遠。是以近無不聽, 遠無不服。→ 법령을 선포하고 포고를 했음에도 와서 이행하지 않으면, (천자께서는) 자신의 덕을 더 닦고, 백성들을 遠征에 고생시키지 않았습니다. 그래서 가까이 있는 제후들은 명령에 따르지 않는 자가 없고, 멀리 있는 제후들은 복종하지 않는 자가 없었습니다.
【布令(포령, bù lìng)】: 법령을 선포하다.
【陳辭(진사, chén cí)】: 포고를 하다.
【增修(증수, zēng xiū)】: 더 닦다.
【無勤(무근, wú qín)】: 고생시키지 않다.
【是以(시이, shì yǐ)】: 그래서. 이로 인해.
【近(근, jìn)】: 가깝다. 여기서는 「가까이 있는 제후」를 가리킨디.
【遠(원, yuǎn)】: 멀다. 여기서는 「멀리 있는 제후」를 가리킨다.

[20] 「今自大畢、伯仕之終也, 犬戎氏以其職來王, 天子曰:『予必以不享征之。』且觀之兵。其無乃廢先王之訓, 而王幾頓乎! → 「지금 大畢・伯士가 죽은 뒤부터, 犬戎氏는 자신의 직분에 따라 終王을 행하고 있는데, 천자께서는 오히려:『나는 반드시 時享을 하지 않은 죄명으로 그들을 정벌할 것이오.』라고 말씀하시며, 또한 그들에게 무력을 과시하고 계십니다. 그것은 선왕의 유훈을 폐기하는 일이 아닐 수 없으며, 終王의 제도는 거의 무너지게 될 것입니다.
【大畢(대필, dà bì)、伯仕(백사, bó shì)】: 犬戎族의 두 군주.
【終(종, zhōng)】: 죽다.
【以(이, yǐ)】: …에 따라. …을 근거로.
【王(왕, wáng)】: 終王을 행하다.
【享(향, xiǎng)】: 時享을 행하다.
【觀之兵(관지병, guān zhī bīng)】: 그들에게 무력을 과시하다. 〖觀〗: 과시하다. 〖之〗: [대명사] 그들, 즉「견융씨」.
【無乃(무내, wú nǎi)】: …이 아닐 수 없다. 아마도 …일 것이다.
【幾(기, jī)】: 거의.
【頓(돈, dùn)】: 무너지다. 파괴되다.

[21] 吾聞夫犬戎樹惇, 帥舊德而守終純固, 其有以禦我矣。」→ 제가 듣건대 犬戎의 군주는 도타운 성품을 지니고 있어, 선조들의 덕행을 쫓아 한결같이 終王의 예의를 지켜나갈 것이라 하는데, (이렇게 되면) 그들은 우리에게 저항할 이유가 있는 것입니다.」
【夫(부, fú)】: [어조사].

王不聽, 遂征之, 得四白狼、四白鹿以歸。自是荒服者不至。²²

번역문

채공(祭公)이 견융(犬戎)을 정벌하려는 것에 대해 간하다

주목왕(周穆王)이 견융(犬戎)을 정벌하려 하자, 채공모보(祭公謀父)가 간했다 : 「안 됩니다. 선왕(先王)들께서는 덕치(德治)를 선양하고 무력을 과시하지 않으셨습니다. 무릇 군대는 평소에 거두었다가 필요할 때 동원하고, 동원했다면 위력을 보여야 하는데, 가볍게 남용하면 마치 장난처럼 되고, 장난처럼 되면 두려움이 없어집니다. 그래서 주공(周公)의《송(頌)》시(詩)에 :『방패와 창을 거두고 활과 화살을 활집에 넣어 두었노라! 내가 아름다

【樹惇(수돈, shù dūn)】: 도타운 성품을 지니다.
※「樹惇」을 周武王 때「견융의 군주 이름」이라 풀이한 경우도 있다.
【帥(솔, shuài)】: 따르다. 좇다.
【舊德(구덕, jiù dé)】: 선조의 덕행.
【守終(수종, shǒu zhōng)】: 終王의 예의를 지키다.
【純固(순고, chún gù)】: 한결같이. 시종여일.
【以(이, yǐ)】: 이유. 근거. 구실.
【禦(어, yù)】: 저항하다. 항거하다.

22 王不聽, 遂征之, 得四白狼、四白鹿以歸。自是荒服者不至。→ 周穆王이 이 말을 듣지 않고, 끝내 犬戎을 공격했으나, 하얀 이리 네 마리와 하얀 사슴 네 마리를 잡아 돌아왔다. 이때부터 荒服 지역의 제후는 入朝하러 오지 않았다.
【王(왕, wáng)】: 周穆王.
【遂(수, suì)】: 끝내.
【征(정, zhēng)】: 치다. 공격하다.
【自是(자시, zì shì)】: 이때부터.
【荒服者(황복자, huāng fú zhě)】: 황복 지역의 제후.
【不至(부지, bù zhì)】: 入朝하러 오지 않다.

운 덕(德)을 추구하여 이 나라에 널리 전파하니 우리 임금께서 반드시 그것을 보전하리라.』라고 한 것입니다. 선왕께서는 백성들에게 항상 덕을 바르게 하고 성품을 돈후하게 하도록 독려하셨고, 그들의 재물에 대한 욕구를 충족시켜 쓰임에 편리하도록 하였을 뿐만 아니라, 이해(利害)의 소재를 밝히고 예법(禮法)으로 그들을 교화하여 그들로 하여금 이로운 일에 힘쓰고 해로운 일을 피하며, 덕치(德治)에 감격하고 위력을 두려워하게 하셨습니다. 그래서 대대로 보전하며 크게 번영할 수 있었습니다.

「옛날 우리 선왕들께서는 후직(后稷)을 세습하여 우(虞)왕조와 하(夏)왕조를 섬겼습니다. 그러다가 하왕조가 쇠망하기에 이르자 후직을 폐기하고 (농사에) 힘쓰지 않았습니다. 우리 선왕이신 부줄(不窋)께서는 그 관직을 잃었기 때문에, 스스로 융(戎)·적(狄) 오랑캐 지역으로 도주하셨습니다. 그러나 감히 농사일을 게을리하지 않고 항상 선왕 희기(姬棄)의 덕행을 선양하며 선왕의 사업을 계속 수행해 나가는 한편, 선왕의 교훈과 법전을 학습하였습니다. 아침저녁으로 삼가 부지런히 일하고 돈독한 태도를 견지하며 충직하고 신실(信實)한 태도로서 받들어 행하고, 대대로 조상의 덕행을 이어가며 선조들을 욕되게 하지 않았습니다. 주무왕(周武王)에 이르러서는 선조들의 밝은 덕을 더욱 빛내시고, 게다가 자애롭고 온화하며 신을 섬기고 백성을 보호하니 기뻐하지 않는 사람이 없었습니다. (당시) 상(商)의 주왕(紂王)은 백성들에게 매우 포악하여 백성들이 참지 못하고 기꺼이 무왕(武王)을 추대하여, 이로 인해 상(商)의 목야(牧野)에서 전쟁을 하기에 이르렀습니다. 이는 선왕께서 무력에 힘을 쏟은 것이 아니라 백성의 고통을 걱정하고 동정하여 그 피해를 없애려 한 것입니다.

「대저 선왕의 제도에서 기내(畿內)는 전복(甸服), 기외(畿外)는 후복(侯服), 후기(侯圻)·위기(衛圻) 지역은 빈복(賓服), 만(蠻)·이(夷) 오랑캐 지역은 요복(要服), 융(戎)·적(狄) 오랑캐 지역은 황복(荒服)이라 했습니다. 전복에서는 일제(日祭)에 필요한 물품을 담당하고, 후복에서는 월사(月祀)에 필요한 물품을 담당하고, 빈복에서는 시향(時享)에 필요한 물품을 담당하고, 요복에서는 세공(歲貢)에 필요한 물품을 담당하고, 황복에서는 종왕(終王)을 담당했습니다. 일제(日祭)·월사(月祀)·시향(時享)·세공(歲貢)·종왕(終王)은 선왕의 유훈입니다. (천자께서는) 만일 일제(日祭)를 행하지 않는 일이 생기면 자신의 뜻을 살펴 가다듬고, 월사(月祀)를 행하지 않는 일이 생기면 자신의 호령(號令)을 살펴 수정하고, 시향(時享)을 행하지 않는 일이 생기면 나라의 법령을 살펴 정비하고, 세공(歲貢)을 행하지 않는 일이 생기면 존비(尊卑)의 명분을 살펴 바로잡고, 종왕(終王)을 행하지 않는 일이 생기면 자신의 덕행을 살펴 함양하였으며, 순서에 따라 이 다섯 가지 일을 모두 끝낸 후에도 여전히 이행하지 않는 일이 생기면 그제야 형벌을 살펴 고치셨습니다. 그리하여 일제(日祭)를 행하지 않은 자를 처벌하고, 월사(月祀)를 행하지 않은 자를 공격하고, 시향(時享)을 행하지 않은 자를 정벌하고, 세공(歲貢)을 행하지 않은 자를 꾸짖고, 종왕(終王)을 행하지 않은 자를 알아듣도록 타일렀습니다. 그리하여 처벌하는 법률이 있고, 공격하는 군대가 있고, 정벌하는 군비가 있고, 엄히 꾸짖는 명령이 있고, 타이르는 문사가 있는 것입니다. 법령을 선포하고 포고를 했음에도 와서 이행하지 않으면 (천자께서는) 자신의 덕을 더 닦고 백성들을 원정(遠征)에 고생시키지 않았습니다. 그래서 가까이 있는 제후들은 명령에 따르지 않는 자가 없고, 멀리 있는 제후들은 복종하지 않는 자가 없었습니다.

「지금 대필(大畢)·백사(伯士)가 죽은 뒤부터 견융씨(犬戎氏)는 자신의 직분에 따라 종왕(終王)을 행하고 있는데, 천자께서는 오히려 :『나는 반드시 시향(時享)을 하지 않은 죄명으로 그들을 정벌할 것이오.』라고 말씀하시며,

또한 그들에게 무력을 과시하고 계십니다. 그것은 선왕의 유훈을 폐기하는 일이 아닐 수 없으며, 종왕(終王)의 제도는 거의 무너지게 될 것입니다. 제가 듣건대, 견융(犬戎)의 군주는 도타운 성품을 지니고 있어 선조들의 덕행을 쫓아 한결같이 종왕(終王)의 예의를 지켜나갈 것이라 하는데, (이렇게 되면) 그들은 우리에게 저항할 이유가 있는 것입니다.」

주목왕(周穆王)이 이 말을 듣지 않고 끝내 견융(犬戎)을 공격했으나, 하얀 이리 네 마리와 하얀 사슴 네 마리를 잡아 돌아왔다. 이때부터 황복(荒服) 지역의 제후는 입조(入朝)하러 오지 않았다.

해제解題 및 본문 요지 설명

본문은 《국어(國語)·주어상(周語上)》의 일부분으로, 주(周)나라의 대신 채공모보(祭公謀父)가 무력을 남용하여 전쟁을 일삼는 주목왕(周穆王)의 정책에 불만을 품고, 견융족(犬戎族) 정벌에 나서려는 주목왕에게 정벌의 부당함을 들어 충간한 일을 기술한 것이다.

본문은 네 단락으로 나눌 수 있는데, 첫째 단락에서는 주목왕이 견융족을 정벌하려는 것에 대해, 채공모보(祭公謀父)가 이를 반대하면서, 그 근거로 선왕들이 덕치를 선양하고 무력을 과시하지 않음으로써 대대로 보전하며 크게 번영할 수 있었다는 것을 말했고; 둘째 단락에서는 선왕의 유훈을 근거로, 백성의 고통을 걱정하고 백성들의 피해를 제거하기 위해 노력하는 것이 어진 군주의 덕행이라는 것을 천명했고; 셋째 단락에서는 선왕의 제도와 법령을 들어 덕치를 해야 한다는 주장과 아울러 견융을 토벌하지 말아야 하는 이유를 밝혔고; 마지막 단락에서는 주목왕이 채공모보(祭公謀

父)의 충고를 듣지 않고 견융의 정벌에 나섰다가 이리와 사슴 몇 마리를 얻는 대신 천자를 알현하던 견융족의 발길을 끊어, 결과적으로 소탐대실(小貪大失)한 목왕의 어리석은 처사에 대해 비난한 것을 기술했다.

036 소공간여왕지방(召公諫厲王止謗)
《國語・周語上》

작자

035 채공간정견융(祭公諫征犬戎) 참조.

원문 및 주석

召公諫厲王止謗[1]

　厲王虐, 國人謗王。召公告曰:「民不堪命矣!」王怒, 得衛巫, 使監謗者, 以告, 則殺之。[2] 國人莫敢言, 道路以目。[3]

1　召公諫厲王止謗 → 召公이 厲王의 誹謗 금지 조치에 대해 간하다
　【召公(소공, shào gōng)】: 召穆公. 성은 姬, 이름은 虎, 시호는 穆公. 周厲王의 卿士로 후에 周宣王을 보필했다. ※판본에 따라서는 召公을 邵公이라 했다.
　【諫(간, jiàn)】: 간하다.
　【厲王(여왕, lì wáng)】: 周나라의 천자. 周夷王의 아들로, 이름은 胡. 36년간(B.C.877-B.C.842) 재위했다.
　【止(지, zhǐ)】: 금지하다.
　【謗(방, bàng)】: 비방하다. 비난하다.

王喜, 告召公曰:「吾能弭謗矣, 乃不敢言。」⁴ 召公曰:「是障之也。防民之口, 甚於防川。川壅而潰, 傷人必多, 民亦如之。⁵ 是故爲川者決之使導, 爲民者宣之使言。⁶ 故天子聽政, 使公卿至於列士獻

2 厲王虐, 國人謗王。召公告曰:「民不堪命矣!」王怒, 得衛巫, 使監謗者, 以告, 則殺之。→ 厲王이 포학무도하여, 도성 사람들이 王을 비방했다. 召公이 여왕에게:「백성들이 왕의 명령을 견디지 못하고 있습니다.」라고 말하자, 여왕이 화를 내며, 衛나라의 무당을 찾아, 무당으로 하여금 그들을 감시하게 하고, (무당이) 비방한 자를 왕에게 고발하면, 비방한 자를 바로 죽여버렸다.
【虐(학, nüè)】: 포학무도하다.
【國人(국인, guó rén)】: 都城에 거주하는 사람들.
【不堪(불감, bù kān)】: 견디지 못하다.
【衛(위, wèi)】: [국명] 지금의 하북성 남부와 하남성 북부 일대에 있던 周代의 제후국.
【使(사, shǐ)】: …로 하여금 …하게 하다.
【監(감, jiān)】: 감시하다.
【以告(이고, yǐ gào)】: 以謗者告於王의 줄임말. 비방한 자를 왕에게 고발하다. 【以】: …을.

3 國人莫敢言, 道路以目。→ 도성 사람들은 감히 말을 하지 못하고, 길에서 만나면 눈짓으로 의사를 표시했다.
【以目(이목, yǐ mù)】: 눈짓으로 하다. 즉「눈짓으로 의사를 표시하다」의 뜻.

4 王喜, 告召公曰:「吾能弭謗矣, 乃不敢言。」→ 여왕이 기뻐하며, 소공에게 말했다:「나는 비방을 멈추게 할 수 있소. 그들은 결국 감히 말을 못하게 될 것이오.」
【弭(미, mǐ)】: 멈추다. 제지하다.
【乃(내, nǎi)】: 결국. 끝내.

5 召公曰:「是障之也。防民之口, 甚於防川。川壅而潰, 傷人必多, 民亦如之。→ 이에 소공이 말했다:「이는 백성들의 입을 틀어막는 것입니다. 백성들의 입을 막는 것은, (위험이) 하천을 막는 것보다 더 심합니다. 하천이 막혀 무너지면, 다치는 사람이 틀림없이 많은데, 백성들의 입을 막는 것 역시 이와 마찬가지입니다.
【是(시, shì)】: [대명사] 이. 이것. 즉「감히 비방하는 말을 못하는 것」.
【障(장, zhàng)】: 막다. 틀어막다.
【壅(옹, yōng)】: 막히다.
【潰(궤, kuì)】: 무너지다. 터지다.
【民(민, mín)】: 백성. 여기서는「백성의 입을 틀어막는 것」을 말한다.

6 是故爲川者決之使導, 爲民者宣之使言。→ 그래서 하천을 다스리는 자는 막힌 것을 뚫어 소통시켜야 하고, 백성을 다스리는 자는 백성들이 말을 하도록 유도해야 합니다.
【是故(시고, shì gù)】: 그래서. 그러므로.
【爲川者(위천자, wéi chuān zhě)】: 하천을 다스리는 사람.

詩, 瞽獻曲, 史獻書, 師箴, 瞍賦, 矇誦, 百工諫, 庶人傳語, 近臣盡
規, 親戚補察, 瞽・史敎誨, 耆艾修之, 而後王斟酌焉, 是以事行而
不悖.⁷ 民之有口也, 猶土之有山川也, 財用於是乎出; 猶其原隰之

【決(결, jué)】: (막힌 것을) 뚫다. 제거하다.
【使導(사도, shǐ dǎo)】: 소통시키다.
【宣(선, xuān)】: 인도하다. 유도하다.
【使言(사언, shǐ yán)】: 말하도록 하다. 말하게 하다.

7 故天子聽政, 使公卿至於列士獻詩, 瞽獻曲, 史獻書, 師箴, 瞍賦, 矇誦, 百工諫, 庶人傳語, 近臣盡規, 親戚補察, 瞽・史敎誨, 耆艾修之, 而後王斟酌焉, 是以事行而不悖. → 그래서 천자가 政事를 돌볼 때, 公卿으로부터 列士에 이르기까지 諷諫하는 詩를 바치게 하고, 樂官에게는 民心을 반영한 노래를 바치게 하고, 史官에게는 옛 문헌을 바치게 하고, 少師에게는 箴言을 바치게 하고, 눈동자가 없는 소경에게는 시를 읊게 하고, 청맹과니에게는 충간하는 글을 吟誦하게 하고, 모든 工人들에게는 각종 장인의 득실을 諫하게 하고, 일반 서민들에게는 政事에 대한 자기의 의견을 전하게 하고, 가까운 신하들에게는 마음껏 충고를 하게 하고, 친척들에게는 과오를 살펴 보완하게 하고, 樂官・史官에게는 가르쳐서 깨우쳐주도록 하고, 원로 중신들에게는 각종 의견을 모아 정리하여, 왕으로 하여금 헤아려 시행하도록 했습니다. 그래서 政事가 원만히 시행되고 사리에 어긋나지 않았습니다.

【聽政(청정, tīng zhèng)】: 정사를 돌보다.
【公卿(공경, gōng qīng)】: 권력을 장악하고 있는 三公九卿.
※ 周의 관직에서 太師・太傅・太保를 三公이라 하고, 少師・少傅・少保・冢宰・司徒・宗伯・司馬・司寇・司空을 九卿이라 했다.
【列士(열사, liè shì)】: 士의 총칭. 士는 上士・中士・下士의 세 등급으로 나누며, 왕실의 각 부서에서 일반 사무를 보는 관리를 말한다.
【瞽(고, gǔ)】: 소경. 맹인. 여기서는「樂官」을 가리킨다.
※ 고대의 악관은 대부분 맹인이 담당했다.
【曲(곡, qǔ)】: 民心을 반영한 노래.
【史(사, shǐ)】: 史官. 太史.
【書(서, shū)】: 서적. 여기서는「옛 문헌」을 말한다.
【師(사, shī)】: 여기서는「少師」를 가리킨다.
【箴(잠, zhēn)】: 箴言. 가르쳐서 훈계하는 말.
【瞍(수, sǒu)】: 눈동자가 없는 소경.
【賦(부, fù)】: (시를) 짓다. 읊다.
【矇(몽, méng)】: 청맹과니. 눈동자가 있어도 앞을 보지 못하는 사람.
【誦(송, sòng)】: 음송하다. 여기서는「충간하는 말을 음송하다」의 뜻.
【百工(백공, bǎi gōng)】: 각종 匠人을 관리하는 직책.

有衍沃也, 衣食於是乎生。⁸ 口之宣言也, 善敗於是乎興, 行善而備敗, 其所以阜財用衣食者也。⁹ 夫民慮之於心, 而宣之於口, 成而行之, 胡可壅也? 若壅其口, 其與能幾何?」¹⁰

【諫(간, jiàn)】: 간언하다. 여기서는「각종 장인의 득실을 간언하다」의 뜻.
【傳語(전어, chuán yǔ)】: 말을 전달하다. 여기서는「자기의 의견을 전달하다」의 뜻.
【盡規(진규, jìn guī)】: 마음껏 충고하다.
【補察(보찰, bǔ chá)】: 천자의 과오를 보완하고 시비를 살펴 처리하다.
【敎誨(교회, jiào huì)】: 가르쳐 깨우치다.
【耆艾(기애, qí ài)】: 원로. 중신.
【斟酌(짐작, zhēn zhuó)】: 헤아리다.
【是以(시이, shì yǐ)】: 그래서. 이로 인해.
【事行(사행, shì xíng)】: 政事가 원만히 시행되다.
【悖(패, bèi)】: 사리에 어긋나다. 어그러지다.

8 民之有口也, 猶土之有山川也, 財用於是乎出; 猶其原隰之有衍沃也, 衣食於是乎生。→ 백성들에게 입이 있는 것은, 마치 땅에 산과 하천이 있어, 재물이 여기에서 생산되는 것과 같고; 마치 그 땅의 고원과 습지에 기름진 논밭이 있어, 입고 먹는 것이 여기에서 생산되는 것과 같습니다.
【猶(유, yóu)】: 마치 …과(와) 같다.
【財用(재용, cái yòng)】: 재물. 재화.
【於是乎(어시호, yú shì hū)】: 여기에서. 〖乎〗: [어조사].
【出(출, chū)】: 생산되다.
【其(기, qí)】: [대명사] 그것. 즉「땅」.
【原隰(원습, yuán xí)】: 고원과 습지.
【衍沃(연옥, yǎn wò)】: 기름진 논밭. 옥답.

9 口之宣言也, 善敗於是乎興, 行善而備敗, 其所以阜財用衣食者也。→ 백성들이 입으로 의견을 말하면, (정치를) 잘하고 잘못한 것이 이로부터 반영되어 나오는데, 잘한 것을 시행하고 잘못한 것을 방비하면, 이것이 바로 재산과 衣食을 풍성하게 하는 방법입니다.
【宣言(선언, xuān yán)】: 의견을 말하다.
【善敗(선패, shàn bài)】: 잘한 일과 잘못한 일. 즉「성공과 실패」를 말한다.
【是(시, shì)】: [대명사] 이. 이것. 즉「백성들의 의견」.
【興(흥, xīng)】: 일다. 일어나다. 여기서는「드러나다, 반영되어 나오다」의 뜻.
【阜(부, fù)】: 늘리다. 풍성하게 하다.
【所以(소이, suǒ yǐ)…者(자, zhě)】: …하는 방법.

10 夫民慮之於心, 而宣之於口, 成而行之, 胡可壅也? 若壅其口, 其與能幾何?」→ 대저 백성들은 마음속에서 생각하면, 입으로 표현해 내는데, 합리적인 의견이면 그것을 실행해야지, 어찌 막을 수 있겠습니까? 만일 그들의 입을 막는다면, 또한 얼마나 지탱할 수 있

王弗聽, 於是國人莫敢出言。三年, 乃流王於彘。[11]

번역문

소공(召公)이 여왕(厲王)의 비방(誹謗)금지 조치에 대해 간하다

여왕(厲王)이 포학무도(暴虐無道)하여 도성(都城) 사람들이 왕을 비방했다. 소공(召公)이 여왕에게 : 「백성들이 왕의 명령을 견디지 못하고 있습니다.」라고 말하자, 여왕이 화를 내며 위(衛)나라의 무당을 찾아 무당으로 하여금 그들을 감시하게 하고, (무당이) 비방한 자를 왕에게 고발하면 비방한 자를 바로 죽여버렸다. 도성 사람들은 감히 말을 하지 못하고 길에서 만

겠습니까?」
【夫(부, fú)】: [발어사] 대저. 무릇.
【慮(려, lǜ)】: 생각하다. 고려하다.
【宣(선, xuān)】: 표현하다.
【成(성, chéng)】: 합리적이다.
【胡(호, hú)】: 어찌.
【壅(옹, yōng)】: 막다.
【若(약, ruò)】: 만일. 만약.
【其(기, qí)】: 又. 또. 또한.
【與(여, yǔ)】: [어조사].
【幾何(기하, jǐ hé)】: 얼마. 얼마 동안. 여기서는 「얼마나 지탱할 수 있겠는가?」의 뜻.

11 王弗聽, 於是國人莫敢出言。三年, 乃流王於彘。→ 여왕이 듣지 않자, 이에 도성 사람들은 감히 말을 하지 못했다. 삼 년이 지나, (사람들은) 마침내 여왕을 彘지방으로 추방했다.
【王(왕, wáng)】: 厲王.
【弗(불, fú)】: 不.
【於是(어시, yú shì)】: 이에. 그리하여.
【乃(내, nǎi)】: 마침내. 드디어.
【流(류, liú)】: 추방하다. 쫓아내다. 유배시키다.
【彘(체, zhì)】: [지명] 지금의 산서성 霍縣 동북쪽.

나면 눈짓으로 의사를 표시했다.

여왕이 기뻐하며 소공에게 말했다 :「나는 비방을 멈추게 할 수 있소. 그들은 결국 감히 말을 못하게 될 것이오.」이에 소공이 말했다 :「이는 백성들의 입을 틀어막는 것입니다. 백성들의 입을 막는 것은 (위험이) 하천을 막는 것보다 더 심합니다. 하천이 막혀 무너지면 다치는 사람이 틀림없이 많은데, 백성들의 입을 막는 것 역시 이와 마찬가지입니다. 그래서 하천을 다스리는 자는 막힌 것을 뚫어 소통시켜야 하고, 백성을 다스리는 자는 백성들이 말을 하도록 유도해야 합니다. 그래서 천자가 정사(政事)를 돌볼 때, 공경(公卿)으로부터 열사(列士)에 이르기까지는 풍간(諷諫)하는 시(詩)를 바치게 하고, 악관(樂官)에게는 민심(民心)을 반영한 노래를 바치게 하고, 사관(史官)에게는 옛 문헌을 바치게 하고, 소사(少師)에게는 잠언(箴言)을 바치게 하고, 눈동자가 없는 소경에게는 시를 읊게 하고, 청맹과니에게는 충간하는 글을 음송(吟誦)하게 하고, 모든 공인(工人)들에게는 각종 장인의 득실을 간(諫)하게 하고, 일반 서민들에게는 정사(政事)에 대한 자기의 의견을 전하게 하고, 가까운 신하들에게는 마음껏 충고를 하게 하고, 친척들에게는 과오를 살펴 보완하게 하고, 악관(樂官)·사관(史官)에게는 가르쳐서 깨우쳐주도록 하고, 원로 중신들에게는 각종 의견을 모아 정리하여 왕으로 하여금 헤아려 시행하도록 했습니다. 그래서 정사(政事)는 원만이 시행되고 사리에 어긋나지 않았습니다. 백성들에게 입이 있는 것은 마치 땅에 산과 하천이 있어 재물이 여기에서 생산되는 것과 같고, 마치 그 땅의 고원과 습지에 기름진 논밭이 있어 입고 먹는 것이 여기에서 생산되는 것과 같습니다. 백성들이 입으로 의견을 말하면 (정치를) 잘하고 잘못한 것이 이로부터 반영되어 나오는데, 잘한 것을 시행하고 잘못한 것을 방비하면 이것이 바로 재산과 의식(衣食)을 풍성하게 하는 방법입니다. 대저 백성들은 마음속에서 생각하면 입으로 표현해 내는데, 합리적인 의견이면 그것을 실행해야지 어찌 막을 수 있겠습니까? 만일 그들의 입을 막는다면 또한 얼마나 지탱할 수 있겠습니까?」

여왕이 듣지 않자, 이에 도성 사람들은 감히 말을 하지 못했다. 삼 년이 지나 (사람들은) 마침내 여왕을 체(彘)지방으로 추방했다.

해제解題 및 본문 요지 설명

본문은 《국어(國語)·주어상(周語上)》의 일부분으로, 내용은 주(周)나라 여왕(厲王)이 포학무도하여 백성들이 자기를 비난하자, 이를 차단하기 위해 무당을 감시자로 임명한 후 백성들을 죽이고 살릴 수 있는 권한을 무당에게 맡기고, 심지어 이러한 행위를 만류하는 소공(召公)의 간곡한 권고를 무시하다가 끝내 추방당한 사실을 기술한 것이다.

본문은 세 단락으로 나눌 수 있는데, 첫째 단락에서는 여왕(厲王)이 자신에 대한 백성들의 비난을 차단한 배경을 설명했고; 둘째 단락에서는 소공(召公)이 역사적 사례를 들어가며 여왕에게 간곡하게 간언한 내용을 서술했고; 마지막 단락에서는 시종일관 자기의 뜻을 고집하다가 마침내 추방을 당한 여왕의 말로를 기술했다.

037 양왕불허청수(襄王不許請隧)
《國語 · 周語中》

작자

035 채공간정견융(祭公諫征犬戎) 참조.

원문 및 주석

襄王不許請隧[1]

晉文公旣定襄王于郟, 王勞之以地, 辭, 請隧焉。[2] 王弗許, 曰：

---

1 襄王不許請隧 → 周襄王이 隧葬儀禮 요구를 허락하지 않다
 【襄王(양왕, xiāng wáng)】: 周襄王. 周惠王의 아들로 이름은 鄭이며, 33년간(B.C. 651-B.C. 619) 재위했다. ※ 양왕은 B.C. 649에 이복동생 叔帶가 戎族 오랑캐와 결탁하여 왕위를 빼앗자 鄭나라로 도피했다가, 이듬해 晉文公에게 도움을 청해 진문공이 병력을 동원하여 周王朝를 구하고 郟 지방에서 양왕을 다시 복위시켰다.
 【請(청, qǐng)】: 요구하다. 요청하다.
 【隧(수, suì)】: 墓道. 여기서는「隧葬儀禮」를 말한다. ※ 옛날에 天子가 죽으면 그 영구는 평지로부터 묘소까지 비스듬히 파 놓은 통로를 이용하여 墓穴에 안장하는 隧葬 방식을 채택했고, 제후의 관은 천자의 장례 방식을 허용하지 않고 관을 땅으로부터 직접 묘혈

「昔我先王之有天下也, 規方千里, 以爲甸服。以供上帝山川百神之祀, 以備百姓兆民之用, 以待不庭不虞之患。³ 其餘以均分公、侯、伯、子、男, 使各有寧宇, 以順及天地, 無逢其災害。先王豈有賴焉?⁴ 內

에 내리는 방식이었다.

2 晉文公旣定襄王于郟, 王勞之以地, 辭, 請隧焉。→ 晉文公이 周襄王을 모셔 와 郟 지방에 안정시키고 나서, 주양왕이 진문공에게 땅으로 사례하니, (진문공이) 이를 사양하고, (그 대신) 자기 死後의 隧葬儀禮를 요구했다.

【晉文公(진문공, jìn wén gōng)】: 晉나라의 군주. 성은 姬, 이름은 重耳, 시호는 文公. 春秋五霸 중의 하나.
【旣(기, jì)…】: …한 이후. …하고 나서.
【定(정, dìng)】: 안정시키다.
【郟(겹, jiá)】: [지명] 東周 王城의 소재지로, 지금의 하남성 洛陽 부근.
【勞(로, láo)】: 노고에 대해 사례하다.
【之(지, zhī)】: [대명사] 그. 즉「晉文公」.
【以(이, yǐ)】: …을 가지고. …로써.
【辭(사, cí)】: 사양하다. 거절하다.

3 王弗許, 曰:「昔我先王之有天下也, 規方千里, 以爲甸服, 以供上帝山川百神之祀, 以備百姓兆民之用, 以待不庭不虞之患。→ 주양왕이 이를 허락하지 않고, 말했다:「옛날 우리 선왕께서는 천하를 통일한 후, 사방 천 리를 그어, 이를 甸服으로 삼고, 이로써 天帝와 산천 모든 신의 제사에 공급하고, 百官과 萬民의 용처에 대비하며, 諸侯가 入朝하러 오지 않거나 예상하지 못한 변고에 대처하셨습니다.

【弗(불, fú)】: 不.
【規(규, guī)】: 긋다. 그어 나누다.
【以爲(이위, yǐ wéi)…】: 以(之)爲…. 이를 …로 삼다.
【甸服(전복, diàn fú)】: 천자가 직접 관할하는 王城을 중심으로 한 반경 500리의 땅. 즉 사방 천 리의 땅.
【供(공, gōng)】: 제공하다. 공급하다.
【上帝(상제, shàng dì)】: 天帝.
【山川百神(산천백신, shān chuān bǎi shén)】: 산천의 모든 신. 地神.
【備(비, bèi)】: 대비하다.
【百姓(백성, bǎi xìng)】: 百官.
【兆民(조민, zhào mín)】: 萬民.
【待(대, dài)】: 대처하다. 대비하다.
【不庭(부정, bù tíng)】: 제후가 入朝하러 오지 않다.
【不虞(불우, bù yú)】: 예상하지 못하다.
【患(환, huàn)】: 우환. 변고.

官不過九御, 外官不過九品, 足以供給神祇而已, 豈敢厭縱其耳目心腹, 以亂百度?⁵ 亦唯是死生之服物采章, 以臨長百姓而輕重布之, 王何異之有?⁶

---

4 其餘以均分公、侯、伯、子、男, 使各有寧宇, 以順及天地, 無逢其災害。先王豈有賴焉? → 甸服 이외의 지역은 公・侯・伯・子・男 5작에 고루 배분하여, 그들로 하여금 각기 안정된 터전을 가지고, 천지자연에 순응하며, 재해를 당하지 않도록 하였습니다. 선왕께서 어찌 이익을 누리셨겠습니까?
  【其餘(기여, qí yú)】: 그 나머지. 즉「甸服 이외의 지역」.
  【寧宇(영우, níng yǔ)】: 안정된 터전.
  【順及(순급, shùn jí)】: 순응하다.
  【逢(봉, féng)】: 당하다. 만나다.
  【賴(뢰, lài)】: 이익을 누리다.

5 內官不過九御, 外官不過九品, 足以供給神祇而已, 豈敢厭縱其耳目心腹, 以亂百度? → 內官은 九嬪에 불과하고, 外官은 九品에 불과하여, 천지신명의 제사에 공급할 수 있으면 족할 뿐인데, 어찌 감히 자신의 욕구를 채우려고 멋대로 행동하여, 각종 법령 제도를 문란하게 하셨겠습니까?
  【內官(내관, nèi guān)】: 궁중의 女官・妃嬪.
  【九御(구어, jiǔ yù)】: 九嬪. 후궁과 女官의 총칭.
  【外官(외관, wài guān)】: 조정의 관리.
  【九品(구품, jiǔ pǐn)】: 九卿. ※周代는 少師・少傅・少保・冢宰・司徒・宗伯・司馬・司寇・司空을 九卿이라 했다.
  【足以(족이, zú yǐ)】: 족히 …할 수 있다. …하기에 충분하다.
  【神祇(신기, shén qí)】: 천지신명.【祇】: 地神.
  【而已(이이, ér yǐ)】: …뿐이다.
  【厭縱(염종, yàn zòng)】: …을(를) 채우려고 멋대로 행동하다.【厭】: 饜. 만족하다.【縱】: 방종하다. 멋대로 행동하다.
  【耳目心腹(이목심복, ěr mù xīn fù)】: 귀와 눈과 마음과 배. 여기서는「心身의 욕구」를 뜻한다.
  【百度(백도, bǎi dù)】: 각종 법령 제도.

6 亦唯是死生之服物采章, 以臨長百姓而輕重布之, 王何異之有? → 또한 다만 생전・사후에 필요한 服飾・器物의 채색과 문양은, 이를 가지고 백성을 다스리며 尊卑貴賤의 등급을 표시한 것인데, (이것을 제외하면) 천자께서 그들과 다른 점이 무엇이 있습니까?
  【唯(유, wéi)】: 다만. 오직.
  【是(시, shì)】: 이. 이것.
  【服物(복물, fú wù)】: 服飾과 기물.
  【采章(채장, cǎi zhāng)】: 채색과 문양.

「今天降禍災於周室, 余一人僅亦守府, 又不佞以勤叔父, 而班先王之大物, 以賞私德, 其叔父實應且憎, 以非余一人。余一人豈敢有愛?⁷ 先民有言曰:『改玉改行。』叔父若能光裕大德, 更姓改物, 以創制天下, 自顯庸也, 而縮取備物以鎭撫百姓, 余一人其流辟於裔土, 何辭之有與?⁸ 若猶是姬姓也, 尚將列爲公侯, 以復先王之職,

【臨長(임장, lín zhǎng)】: 다스리다. 통치하다.
【輕重(경중, qìng zhòng)】: 尊卑貴賤의 등급.
【布(포, bù)】: 표시하다. 구분하다.
【何異之有(하이지유, hé yì zhī yǒu)?】: 다른 점이 무엇이 있는가?

7 「今天降禍災於周室, 余一人僅亦守府, 又不佞以勤叔父, 而班先王之大物, 以賞私德, 其叔父實應且憎, 以非余一人。余一人豈敢有愛?→「지금 하늘이 周王室에 재앙을 내려, 과인도 겨우 선왕의 법도를 지키고 있을 뿐이며, 게다가 스스로 재능이 없어 叔父께 수고를 끼쳤는데, 만일 선왕의 수장의례를 나누어, 이로써 사사로운 은덕을 포상한다면, 아마 숙부께서 실제로 그것을 받는다 해도 또한 마음속으로 증오하고, 심지어 과인을 비난할 것입니다. 과인이 어찌 감히 (수장의례를) 아까워하여 그러겠습니까?
【天降禍災(천강화재, tiān jiàng huò zāi)】: 하늘이 재앙을 내리다. 《降》: 내리다. 《禍災》: 재앙.
※ 이는 襄王의 이복동생인 叔帶가 戎族 오랑캐와 결탁하여 왕위를 빼앗아 양왕이 鄭나라로 도망했던 일을 가리킨다.
【余一人(여일인, yú yī rén)】: 옛날 제왕이 자신을 부르던 호칭으로「나, 과인」의 뜻.
【府(부, fǔ)】: 府庫. 관청의 문서나 귀중한 물건을 보관하는 곳. 여기서는 「선왕의 법도」를 가리킨다.
【不佞(불녕, bù nìng)】: [겸어] 재능이 없다. 무능하다.
【勤(근, qín)】: 수고를 끼치다.
【叔父(숙부, shū fù)】: 천자가 同姓의 제후를 부르는 호칭.
【班(반, bān)】: 頒. 나누다. 분배하다.
【大物(대물, dà wù)】: 귀중한 물건. 여기서는「隧葬儀禮」를 가리킨다.
【賞(상, shǎng)】: 포상하다.
【私德(사덕, sī dé)】: 사사로운 은덕. 즉「晉文公이 襄王을 도와 왕위를 되찾아준 일」.
【其(기, qí)】: 아마도.
【應(응, yīng)】: 받아들이다.
【憎(증, zēng)】: 증오하다. 싫어하다.
【非(비, fēi)】: 비난하다.
【愛(애, ài)】: 아끼다. 아까워하다.

大物其未可改也。⁹ 叔父其懋昭明德, 物將自至, 余何敢以私勞變前

8 先民有言曰:『改玉改行。』叔父若能光裕大德, 更姓改物, 以創制天下, 自顯庸也, 而縮取備物以鎭撫百姓, 余一人其流辟於裔土, 何辭之有與? → 옛사람이 말하길:『佩玉을 바꾸면 걸음걸이를 바꿔야 한다.』라고 했습니다. 숙부께서 만일 위대한 덕을 발양하여, 나라의 성씨를 바꾸고 역법과 복색을 바꾸며, 천하에 새로운 제도를 창설하여, 스스로 공훈을 드러내고, 또한 천자의 의례를 갖추어 백성을 다스리며 위무할 수 있게 되면, 과인은 아마도 변방으로 유배되겠지만, 무슨 할 말이 있겠습니까?
【先民(선민, xiān mín)】: 옛사람.
【改玉改行(개옥개행, gǎi yù gǎi xíng)】: 佩玉을 바꾸면 걸음걸이를 바꿔야 한다.
※ 옛사람들은 허리에 패옥을 매달고 걸음걸이를 절제하는데, 임금과 신하는 패옥이 다르고, 보행 속도 또한 다르다. 따라서 이 말은 임금과 신하의 존비귀천이 다르므로 신하의 위치에 있는 晉文公이 천자의 隧葬儀禮를 요구하면 안 된다는 것을 비유한 말이다.
【若(약, ruò)】: 만일. 만약.
【光裕(광유, guāng yù)】: 발양하다.
【更姓(경성, gēng xìng)】: 성씨를 바꾸다. 즉「지금의 왕조를 무너뜨리고 새로운 왕조를 건립하다」의 뜻.
【改物(개물, gǎi wù)】: 曆法과 服色을 바꾸다.
【創制(창제, chuàng zhì)】: 새로운 제도를 창설하다.
【庸(용, yōng)】: 공훈. 공로.
【縮取(축취, suō qǔ)】: 채택하다. 갖추다.
【備物(비물, bèi wù)】: 천자의 의례.
【鎭撫(진무, zhèn fǔ)】: 다스리고 위무하다.
【其(기, qí)】: 아마도.
【流辟(유벽, liú bì)】: 유배되다. 【辟】: 避.
【裔土(예토, yì tǔ)】: 변방의 땅.

9 若猶是姬姓也, 尙將列爲公侯, 以復先王之職, 大物其未可改也。→ 만일 (숙부께서) 아직 姬氏 성이고, 장차 여전히 제후의 반열에 있으면서, 선왕의 직책을 회복하려 한다면, 隧葬儀禮는 아마도 바꿀 수 없을 것입니다.
【若(약, ruò)】: 만일. 만약.
【猶(유, yóu)】: 아직. 여전히.
【尙(상, shàng)】: 여전히.
【將(장, jiāng)】: (장차) …하려 하다.
【列爲(열위, liè wéi)…】: …의 반열에 들다.
【公侯(공후, gōng hóu)】: 제후.
【復(복, fù)】: 회복하다.
【其(기, qí)】: 아마도.
【未可(미가, wèi kě)】: …할 수 없다.
【改(개, gǎi)】: 바꾸다. 고치다.

之大章, 以忝天下?¹⁰ 其若先王與百姓何? 何政令之爲也?¹¹ 若不然, 叔父有地而隧焉, 余安能知之?」¹²

文公遂不敢請, 受地而還。¹³

---

10 叔父其懋昭明德, 物將自至, 余何敢以私勞變前之大章, 以忝天下? → 숙부께서 능히 밝은 덕을 빛내고자 노력하신다면, 수장의례는 자연히 따라올 터인데, 내가 어찌 감히 사사로운 은혜로 인해 이전의 중대한 禮儀制度를 바꾸어, 천하를 욕되게 하겠습니까?
【其(기, qí)】: 만일. 만약.
【懋昭(무소, mào zhāo)】: 빛내려고 노력하다.
【明德(명덕, míng dé)】: 밝은 덕.
【物(물, wù)】: 大物. 즉「隧葬儀禮」.
【將(장, jiāng)】: (장차) …할 것이다.
【自至(자지, zì zhì)】: 저절로 오다.
【何敢(하감, hé gǎn)】: 어찌 감히 …하겠는가?
【以私勞(이사로, yǐ sī láo)】: 사사로운 은혜로 인해. 【以】: …로 인해. …때문에. 【私勞】: 사사로운 은혜.
【大章(대장, dà zhāng)】: 중대한 禮儀制度.
【忝(첨, tiǎn)】: 더럽히다. 욕되게 하다.

11 其若先王與百姓何? 何政令之爲也? → 이렇게 한다면 선왕과 백성을 어찌 대하겠습니까? 또 어찌 政令을 시행하겠습니까?
【其(기, qí)】: [상황에] 이렇게 한다면.
【若(약, ruò)…何(하, hé)?】: …을 어찌 하겠는가? …에 대해 어찌하겠는가?
【何(하, hé)…爲(위, wéi)?】: 어찌 …하겠는가?

12 若不然, 叔父有地而隧焉, 余安能知之?」 → 만일 그렇지 않을 경우, 숙부께서 자기 땅이 있으니 수장의례를 행한다 해도, 내가 어찌 그것을 알겠습니까?」
【若(약, ruò)】: 만일. 만약.
【安能(안능, ān néng)】: 어찌 …할 수 있는가?

13 文公遂不敢請, 受地而還。 → 진문공은 마침내 감히 다시 요구하지 못하고, 하사한 땅을 받아 가지고 돌아갔다.
【遂(수, suì)】: 결국. 마침내.

> 번역문

주양왕(周襄王)이 수장의례(隧葬儀禮) 요구를 허락하지 않다

진문공(晉文公)이 주양왕(周襄王)을 모셔와 겹(郟) 지방에 안정시키고 나서, 주양왕이 진문공에게 땅으로 사례하니 (진문공이) 이를 사양하고 (그 대신) 자기 사후(死後)의 수장의례(隧葬儀禮)를 요구했다. 주양왕이 이를 허락하지 않고 말했다 :「옛날 우리 선왕께서는 천하를 통일한 후 사방 천 리를 그어, 이를 전복(甸服)으로 삼아, 이로써 천제(天帝)와 산천 모든 신의 제사에 공급하고 백관(百官)과 만민(萬民)의 용처에 대비하며, 제후(諸侯)가 입조(入朝)하러 오지 않거나 예상하지 못한 변고에 대처하셨습니다. 전복(甸服) 이외의 지역은 공(公)·후(侯)·백(伯)·자(子)·남(男) 5작에 고루 배분하여, 그들로 하여금 각기 안정된 터전을 가지고 천지자연에 순응하며 재해를 당하지 않도록 하였습니다. 선왕께서 어찌 이익을 누리셨겠습니까? 내관(內官)은 구빈(九嬪)에 불과하고 외관(外官)은 구품(九品)에 불과하여 천지신명의 제사에 공급할 수 있으면 족할 뿐인데, 어찌 감히 자신의 욕구를 채우려고 멋대로 행동하여 각종 법령 제도를 문란하게 하셨겠습니까? 또한 다만 생전·사후에 필요한 복식(服飾)·기물(器物)의 채색과 문양은, 이를 가지고 백성을 다스리며 존비귀천(尊卑貴賤)의 등급을 표시한 것인데, (이것을 제외하면) 천자께서 그들과 다른 점이 무엇이 있습니까?

「지금 하늘이 주왕실(周王室)에 재앙을 내려 과인도 겨우 선왕(先王)의 법도를 지키고 있을 뿐이며 게다가 스스로 재능이 없어 숙부(叔父)께 수고를 끼쳤는데, 만일 선왕의 수장의례를 나누어 이로써 사사로운 은덕을 포상한다면, 아마 숙부께서 실제로 그것을 받는다 해도 또한 마음속으로 증오하고 심지어 과인을 비난할 것입니다. 과인이 어찌 감히 (수장의례를) 아까워하여 그러겠습니까? 옛사람이 말하길 : 『패옥(佩玉)을 바꾸면 걸음걸이를 바꿔야 한다.』라고 했습니다. 숙부께서 만일 위대한 덕을 발양하여 나라의 성씨(姓氏)를 바꾸고 역법(曆法)과 복색(服色)을 바꾸며, 천하에 새로운 제도를 창설하여 스스로 공훈을 드러내고, 또한 천자의 의례를 갖추어 백성을 다스리며 위무할 수 있게 되면, 과인은 아마도 변방으로 유배되겠지만 무슨 할 말이 있겠습니까? 만일 (숙부께서) 아직 희씨(姬氏) 성이고, 장차 여전히 제후의 반열에 있으면서 선왕의 직책을 회복하려 한다면 수장의례는 아마도 바꿀 수 없을 것입니다. 숙부께서 능히 밝은 덕을 빛내고자 노력하신다면 수장의례는 자연히 따라올 터인데, 내가 어찌 감히 사사로운 은혜로 인해 이전의 중대한 예의제도(禮儀制度)를 바꾸어 천하를 욕되게 하겠습니까? 이렇게 한다면 선왕과 백성을 어찌 대하겠습니까? 또 어찌 정령(政令)을 시행하겠습니까? 만일 그렇지 않을 경우, 숙부께서 자기 땅이 있으니, 수장의례를 행한다 해도 내가 어찌 그것을 알겠습니까?」

진문공은 마침내 감히 다시 요구하지 못하고, 하사한 땅을 받아 가지고 돌아갔다.

해제解題 및 본문 요지 설명

본문은 《국어(國語)·주어중(周語中)》의 일부분으로, 내용은 주양왕(周襄王)이 이복동생 숙대(叔帶)의 모반으로 인해 왕위를 빼앗겼다가 진문공(晉文公)의 도움으로 왕위를 되찾고 나서 이 은혜에 보답하기 위해 진문공에게 토지로 사례를 하자, 진문공이 토지 대신 천자만이 할 수 있는「수장의례(隧葬儀禮)」를 요구하여 주양왕이 왕실의 권위와 법도를 내세워 거절한 상황을 기술한 것이다.

본문은 세 단락으로 나눌 수 있는데, 첫째 단락에서는 진문공이 양왕을 복위시킨 후, 양왕이 문공에게 땅으로 사례를 하자, 진문공이 이를 거절하고 천자의 수장의례를 요구한 것을 기술했고; 둘째 단락에서는 주양왕이 진문공의 세에 밀려 요구를 받아들일 경우 천자의 권위와 존엄이 무너진다는 점과, 또한 무작정 거절하여 진문공의 노여움을 살 경우 보복을 당할 우려가 있다는 점을 헤아려, 오직「선왕이 규정한 중대한 법도를 사사로이 은혜를 갚는데 이용할 수 없다.」라는 합리적인 논리로써 진문공의 요구를 완곡하고도 단호하게 거절한 것에 대해 기술했고; 마지막 단락에서는 진문공이 양왕의 말을 듣고 자신의 요구를 철회한 후 주양왕이 하사한 토지를 받아 가지고 돌아간 것을 기술했다.

038 선자지진필망(單子知陳必亡)
《國語·周語中》

작자

035 채공간정견융(祭公諫征犬戎) 참조.

원문 및 주석

單子知陳必亡[1]

定王使單襄公聘於宋, 遂假道於陳以聘於楚.[2] 火朝覿矣, 道茀

---

1 單子知陳必亡 → 單襄公이 陳나라가 반드시 망하리라는 것을 알다
  【單子(선자, shàn zǐ)】: [인명] 單襄公(선양공). 周定王의 卿士로 성은 單, 이름은 朝. 「單子」라고도 하며, 시호는 襄이다.
  ※「單」은 성씨나 지명으로 쓰일 때는 「선」으로 읽는다.
  【陳(진, chén)】: 지금의 하남성 淮陽 일대에 있던 周代의 제후국. 도읍은 宛丘[지금의 하남성 淮陽縣].

2 定王使單襄公聘於宋, 遂假道於陳以聘於楚. → 周定王이 單襄公을 파견하여 宋나라를 방문하도록 하니, 이에 (선양공이) 陳나라로부터 길을 빌려, 楚나라를 방문했다.
  【定王(정왕, dìng wáng)】: 周定王. 周襄王의 아들로 이름은 瑜.

不可行, 候不在疆, 司空不視塗,³ 澤不陂, 川不梁, 野有庾積, 場功未畢, 道無列樹, 墾田若蓺,⁴ 膳宰不致饔, 司里不授館, 國無寄寓,

【單襄公(선양공, shàn xiāng gōng)】: 선양공. 주1「單子」참조.
【聘(빙, pìn)】: 방문하다.
【宋(송, sòng)】: [국명] 지금의 하남성 商邱縣 일대에 있던 周代의 제후국.
【遂(수, suì)】: 이에. 곧.
【假道(가도, jiǎ dào)】: 길을 빌리다.
【楚(초, chǔ)】: [국명] 지금의 호남성・호북성과 강서성・절강성 및 하남성 남부에 걸쳐 있던 周代의 제후국.

3 火朝覿矣, 道茀不可行, 候不在疆, 司空不視塗, → 때는 이미 火星이 보이는 아침이었는데, (陳나라의) 길에는 잡초가 우거져 다닐 수가 없었고, 候人은 변경에 있지 않았으며, 司空은 도로를 순찰하지 않았다.
【火(화, huǒ)】: [별이름] 火星. 心宿. 28수 중 東方 蒼龍 7수 중의 제5수로 大火・商星이라고도 하며, 夏曆으로 10월의 아침 하늘에 보인다.
【朝(조, zhāo)】: 아침.
【覿(적, dí)】: 보다.
【道茀(도불, dào fú)】: 길에 잡초가 무성하다.
【候(후, hòu)】: 候人. 빈객의 영접을 담당하는 관리.
【疆(강, jiāng)】: 변경. 국경.
【司空(사공, sī kōng)】: 토목・수리를 담당하는 관리.
【視塗(시도, shì tú)】: 도로를 순찰하다. 《塗》: 途. 도로.

4 澤不陂, 川不梁, 野有庾積, 場功未畢, 道無列樹, 墾田若蓺, → 저수지는 제방을 쌓지 않았고, 하천은 다리를 놓지 않았으며, 들에는 곡식을 쌓아둔 채, 탈곡장의 일을 끝내지 않았고, 도로에는 가로수가 없었으며, 경작한 밭에는 (벼가) 마치 띠풀의 새싹이 듬성듬성 자라고 있는 듯했다.
【澤(택, zé)】: 못. 저수지.
【陂(피, pí)】: [동사 용법] 제방을 쌓다.
【梁(량, liáng)】: [동사 용법] 다리를 놓다.
【庾(유, yǔ)】: 야적하다. 지붕 없이 쌓아두다.
【積(적, jī)】: 곡식.
【場(장, cháng)】: 탈곡장.
【功(공, gōng)】: 일. 일거리.
【列樹(열수, liè shù)】: 열 지은 나무. 가로수.
【墾田(간전, kěn tián)】: 이미 개간한 밭. 곡식을 심은 밭.
【若(약, ruò)】: 如. 마치 …같다.
【蓺(예, yì)】: 띠풀 싹.

縣無施舍。民將築臺於夏氏。⁵ 及陳, 陳靈公與孔寧、儀行父南冠以如夏氏, 留賓弗見。⁶

單子歸, 告王曰:「陳侯不有大咎, 國必亡。」王曰:「何故?」⁷ 對

5 膳宰不致饩, 司里不授館, 國無寄寓, 縣無施舍。民將築臺於夏氏。→ 膳宰는 음식을 제공하지 않고, 司里는 숙소를 안배하지 않았으며, 都城에는 빈객이 머물 수 있는 관사가 없고, 縣城에는 나그네가 머물 수 있는 여관이 없었다. 그래도 백성들은 夏氏에게 樓臺를 지어주려 하고 있었다.
【膳宰(선재, shàn zǎi)】: 빈객의 음식을 담당하는 관리.
【致(치, zhì)】: 보내다. 공급하다.
【饩(희, xì)】: 양식. 사료.
【司里(사리, sī lǐ)】: 客舍를 담당하는 관리.
【授館(수관, shòu guǎn)】: (빈객에게) 숙소를 안배해 주다.
【國(국, guó)】: 都城. 도읍.
【寄寓(기우, jì yù)】: 빈객이 머물 수 있는 관사.
【縣(현, xiàn)】: 지방의 행정 단위.
【施舍(시사, shī shè)】: 여관. 여인숙. ※판본에 따라서는「施」를「旅」라 했다.
【將(장, jiāng)】: (장차) …하려 하다.
【築臺(축대, zhù tái)】: 누대를 짓다.
【夏氏(하씨, xià shì)】: 夏徵舒. 陳나라의 대부. ※夏氏는 본래의 성이 嬀씨였다. 하징서의 어머니 夏姬는 陳靈公의 從祖母인데, 진영공과 孔寧·儀行父가 그녀와 사통했다. 얼마 후 하징서가 진영공을 죽이고 스스로 陳의 제후가 되었으나, 후에 또 楚莊王에게 살해되었다.

6 及陳, 陳靈公與孔寧、儀行父南冠以如夏氏, 留賓弗見。→ 陳나라에 도착하니, 陳靈公은 孔寧·儀行父와 함께 楚나라 모자를 쓰고 夏徵舒의 집으로 가면서, 손님을 남겨두고 거들떠보지도 않았다.
【及(급, jí)】: …에 이르다. 도착하다.
【陳靈公(진영공, chén líng gōng)】: 晉의 군주. 이름은 平國.
【孔寧(공녕, kǒng níng)】: [인명] 陳의 대부.
【儀行父(의행보, yí xíng fǔ)】: [인명] 陳의 대부. ※「父」는 이름자로 쓰일 경우「보」로 발음한다.
【南冠(남관, nán guān)】: 楚나라의 모자. 초나라가 남쪽에 위치하였기 때문에 南冠이라 했다. 여기서는 동사 용법으로「초나라의 모자를 쓰다」의 뜻.
【如(여, rú)】: 往. 가다.
【弗見(불견, fú jiàn)】: 거들떠보지 않다. 〖弗〗: 不.

7 單子歸, 告王曰:「陳侯不有大咎, 國必亡。」王曰:「何故?」→ 선양공이 돌아와, 왕에게 고했다.「陳侯가 죽지 않으면, 陳나라는 반드시 멸망할 것입니다.」周定王이 물었다:「무

曰:「夫辰角見而雨畢, 天根見而水涸, 本見而草木節解, 駟見而隕霜, 火見而淸風戒寒。」⁸ 故先王之敎曰:『雨畢而除道, 水涸而成梁, 草木節解而備藏, 隕霜而冬裘具, 淸風至而修城郭宮室。』⁹ 故夏令

    은 까닭이오?」
   ※ 진후가 政事를 돌보지 않고 방탕한 생활에 빠져있기 때문에, 진후가 죽지 않고 이러한 상황이 계속된다면 진나라는 멸망할 것이라는 말이다.
   【陳侯(진후, chén hóu)】: 陳나라의 군주. 여기서는「晉靈公」을 가리킨다.
   【大咎(대구, dà jiù)】: 큰 재앙. 여기서는「죽음」을 말한다.

8 對曰:「夫辰角見而雨畢, 天根見而水涸, 本見而草木節解, 駟見而隕霜, 火見而淸風戒寒。」→ 선양공이 대답했다:「대저 辰角星이 출현하면 雨期가 그치고, 天根星이 출현하면 강물이 마르고, 本星이 출현하면 초목이 시들어버리고, 駟星이 출현하면 서리가 내리며, 火星이 출현하면 서늘한 바람이 불어 추위를 대비하게 합니다.
   【夫(부, fú)】: [발어사] 대저, 무릇.
   【辰角(진각, chén jiǎo)】: [별 이름] 辰角星. 角宿(각수, jiǎo xiù). 東方 蒼龍 7宿 중의 제1수. 창룡 7수는 龍 모양으로 배열되어 있는데, 각수는 그중 용의 뿔에 해당하며, 夏曆으로 9월 초 寒露節 아침에 출현한다.
   【見(현, xiàn)】: 現. 출현하다. 나타나다.
   【畢(필, bì)】: 끝나다. 그치다.
   【天根(천근, tiān gēn)】: [별 이름] 天根星. 東方 蒼龍 7宿 중의 제3수. 이 별은 한로절 5일 후 아침에 출현한다.
   【涸(학, hé)】: 마르다.
   【本(본, běn)】: [별 이름] 本星. 氐宿의 별칭. 한로절 10일 후 아침에 출현한다.
   【節解(절해, jié jiě)】: 초목의 가지가 시들다.
   【駟(사, sì)】: [별 이름] 駟星. 房宿. 天駟 또는 天龍이라고도 한다. 東方 蒼龍 7宿 중의 제4수로 夏曆으로 9월 霜降節 아침에 출현한다.
   【隕(운, yǔn)】: 내리다.
   【淸風(청풍, qīng fēng)】: [동사 용법] 서늘한 바람이 불다.
   【戒寒(계한, jiè hán)】: 추위를 대비하다. 【戒】: 경계하다. 대비하다.

9 故先王之敎曰:『雨畢而除道, 水涸而成梁, 草木節解而備藏, 隕霜而冬裘具, 淸風至而修城郭宮室。』→ 그래서 선왕의 교훈에:『雨期가 끝나면 도로를 보수하고, 물이 마르면 다리를 건설하고, 초목이 시들면 수확하여 저장하고, 서리가 내리면 겨울 가죽옷을 준비하고, 찬바람이 불어오면 성곽과 가옥을 보수해야 한다.』라고 하셨고,
   【除(제, chú)】: 수리하다. 보수하다.
   【成梁(성량, chéng liáng)】: 다리를 놓다. 교량을 건설하다. 【成】: 완성하다. 여기서는「건설하다」의 뜻.
   【備藏(비장, bèi cáng)】: 비축하다. 저장하다.

曰:『九月除道, 十月成梁。』其時儆曰:『收而場功, 偩而畚梮, 營室之中, 土功其始, 火之初見, 期於司里。』¹⁰ 此先王所以不用財賄, 而廣施德於天下者也。¹¹ 今陳國火朝覿矣, 而道路若塞, 野場若棄, 澤不陂障, 川無舟梁, 是廢先王之敎也。¹²

【冬裘(동구, dōng qiú)】: 겨울 가죽옷.
【具(구, jù)】: 준비하다.

10 故夏令曰:『九月除道, 十月成梁。』其時儆曰:『收而場功, 偩而畚梮, 營室之中, 土功其始, 火之初見, 期於司里。』→ 그래서 夏代의 月令에:『9월에는 도로를 보수하고, 10월에는 다리를 건설하라.』고 하여, 그때가 되면 백성들에게:『당신들의 탈곡장 일을 거두고, 당신들의 삼태기를 준비하여, 定星이 하늘의 중앙에 오면, 이때 집 짓는 일을 시작하고, 火星이 처음 출현했을 때, 司里가 있는 곳에 집결하라.』고 경고하였습니다.
【夏令(하령, xià lìng)】: 夏代의 月令.
【除道(제도, chú dào)】: 도로를 보수하다.
【儆(경, jǐng)】: 경고하다.
【收(수, shōu)】: 거두다. 끝내다.
【而(이, ér)】: 爾. 너. 당신. 그대.
【偩(치, zhì)】: 준비하다. 갖추다.
【畚梮(분국, běn jú)】: 삼태기.
【營室(영실, yíng shì)】: [별 이름] 室宿. 定星. 北方 玄武 7宿 중의 제6수. 夏曆으로 10월 황혼 무렵에 하늘의 중앙에 위치하는데, 옛사람들은 이때 집을 지을 수 있다고 했다.
【中(중, zhōng)】: [상황에] 하늘의 중앙에 위치하다.
【土功(토공, tǔ gōng)】: 토목공사. 여기서는「집 짓는 일, 건축」을 말한다.
【期(기, qí)】: 모이다. 집결하다.

11 此先王所以不用財賄, 而廣施德於天下者也。 → 이것이 바로 선왕께서 財貨를 쓰지 않고도, 천하 사람들에게 널리 덕을 베풀 수 있었던 까닭입니다.
【所以(소이, suǒ yǐ)】: 까닭. 이유.
【財賄(재회, cái huì)】: 재물. 재화.
【廣施(광시, guǎng shī)】: 널리 베풀다.

12 今陳國火朝覿矣, 而道路若塞, 野場若棄, 澤不陂障, 川無舟梁, 是廢先王之敎也。→ 지금 陳나라는 아침에 이미 火星이 출현했으나, 도로는 마치 막혀 통하지 않는 듯하고, 들판의 탈곡장은 버려진 듯했으며, 못에는 제방을 쌓지 않았고, 하천은 배와 다리가 없었습니다. 이는 선왕의 가르침을 폐기한 것입니다.
【若(약, ruò)】: 마치 …같다. … 듯하다.
【野場(야장, yě cháng)】: 들판의 탈곡장.
【陂障(피장, pí zhàng)】: [동사 용법] 제방을 쌓다.

「周制有之曰：『列樹以表道, 立鄙食以守路。國有郊牧, 疆有寓望, 藪有圃草, 囿有林池, 所以禦災也。』[13] 其餘無非穀土, 民無懸耜, 野無奧草。不奪民時, 不蔑民功。[14] 有優無匱, 有逸無罷。國有班事,

【是(시, shì)】: [대명사] 이. 이것. 즉 앞에서 한 말을 가리킨다.
【廢(폐, fèi)】: 폐기하다.

[13] 「周制有之曰：『列樹以表道, 立鄙食以守路。國有郊牧, 疆有寓望, 藪有圃草, 囿有林池, 所以禦災也。』→ 周나라의 제도에 이르길：『나무를 심어 이로써 길을 표시하고, 주막을 설치하여 길을 오가는 사람들에게 음식을 접대했다. 都城에는 교외 목장이 있고, 변경에는 객사와 빈객을 접대하는 사람이 있으며, 늪에는 무성한 풀이 자라고, 동물 사육장에는 숲과 연못이 있어, 이로써 재해를 막았다.

【列樹(열수, liè shù)】: 나무를 심다.
【鄙食(비식, bǐ shí)】: 주막. 음식을 제공하는 곳.
【守路(수로, shǒu lù)】: 길을 오가는 사람들을 접대하다.
【國(국, guó)】: 都城. 도읍.
【郊牧(교목, jiāo mù)】: 교외 목장.
【疆(강, jiāng)】: 변경. 국경.
【寓(우, yù)】: 숙소. 객사.
【望(망, wàng)】: 빈객을 접대하는 사람.
【藪(수, sǒu)】: 늪.
【圃草(포초, pǔ cǎo)】: 무성한 풀.
【囿(유, yòu)】: 동물 사육장.
【所以(소이, suǒ yǐ)】: 以之. 이로써.
【禦(어, yù)】: 방지하다. 막다.
【災(재, zāi)】: 재해. 재난.

[14] 其餘無非穀土, 民無懸耜, 野無奧草。不奪民時, 不蔑民功。→ 그 나머지도 곡식을 심지 않은 땅이 없고, 백성들은 한가하게 농기구를 걸어두지 않았으며, 들에는 무성한 잡초가 없었다. 백성들의 농사철을 방해하지도 않았고, 백성들의 농사일을 경시하지도 않았다.

【無非(무비, wú fēi)…】: …아닌 것이 없다.
【穀土(곡토, gǔ tǔ)】: 곡식을 심은 땅.
【懸(현, xuán)】: 걸다. 매달다.
【耜(사, sì)】: 농기구.
【奧草(오초, ào cǎo)】: 무성한 잡초.
【奪(탈, duó)】: 빼앗다. 여기서는 「방해하다」의 뜻.
【民時(민시, mín shí)】: 백성들의 농사철.
【蔑(멸, miè)】: 홀시하다. 경시하다.

縣有序民。』[15] 今陳國道路不可知, 田在草間, 功成而不收, 民罷於逸樂, 是棄先王之法制也。[16]

「周之《秩官》有之曰:『敵國賓至, 關尹以告, 行理以節逆之, 候人爲導, 卿出郊勞,[17] 門尹除門, 宗祝執祀, 司里授館, 司徒具徒, 司

【民功(민공, mín gōng)】: 농사일.
15 有優無匱, 有逸無罷。國有班事, 縣有序民。』→ (백성들의 생활은) 여유가 있고 부족함이 없었으며, 편안하고 피곤하지 않았다. 都城에는 班事라 하여 순서에 따라 노역을 안배하는 제도가 있고, 縣에는 序民이라 하여 순서에 따라 백성들을 교대로 服役하게 하는 제도가 있다.』라고 했습니다.
【優(우, yōu)】: 넉넉하다. 여유가 있다.
【匱(궤, kuì)】: 부족하다. 모자라다.
【逸(일, yì)】: 편안하다.
【罷(피, pí)】: 疲. 피곤하다.
【國(국, guó)】: 都城. 도읍.
【班事(반사, bān shì)】: 순서에 따라 노역을 안배하는 제도.
【縣(현, xiàn)】: [행정 단위] 현.
【序民(서민, xù mín)】: 순서에 따라 백성들을 교대로 服役하게 하는 제도.
16 今陳國道路不可知, 田在草間, 功成而不收, 民罷於逸樂, 是棄先王之法制也。→ 지금 陳나라의 도로는 식별할 수가 없고, 전답은 잡초에 묻혀 있으며, 작물은 다 여물었어도 수확을 하지 않고, 백성들은 (진나라 군주의) 향락 생활에 지쳐있습니다. 이는 선왕의 법제를 포기한 것입니다.
【不可知(불가지, bù kě zhī)】: 알아볼 수가 없다. 식별할 수가 없다.
【功成(공성, gōng chéng)】: 농사짓는 일을 끝내다. 즉「농작물이 다 여물었다」는 뜻.
【收(수, shōu)】: 수확하다. 거두어들이다.
【罷於(피어, pí yú)…】: …으로 인해 지치다. 【罷】: 疲. 지치다. 피곤하다. 【於】: [개사] …에, …으로 인해.
【逸樂(일락, yì lè)】: 향락 생활.
【是(시, shì)】: [대명사] 이것. 즉「진나라의 문란한 상황」.
17 周之《秩官》有之曰:『敵國賓至, 關尹以告, 行理以節逆之, 候人爲導, 卿出郊勞, → 周의 《秩官》에 이르길: 『지위가 대등한 나라의 빈객이 찾아오면, 關尹은 이를 군주에게 알리고, 行理는 信標를 가지고 그들을 영접하고, 候人은 앞에서 인도하고, 卿은 교외까지 나와 노고를 치하하고,
【《秩官(질관, zhì guān)》】:《周官》의 편명.
【敵國(적국, dí guó)】: 지위가 대등한 나라.
【關尹(관윤, guān yǐn)】: 관문을 지키는 관리.

空視塗, 司寇詰姦, 虞人入材,¹⁸ 甸人積薪, 火師監燎, 水師監濯, 膳宰致饔, 廩人獻餼, 司馬陳芻,¹⁹ 工人展車, 百官以物至, 賓入如歸.

【行理(행리, xíng lǐ)】: 외교사절의 入朝·방문을 주관하는 관리.
【節(절, jié)】: 부절. 信標. 외교사절이 증빙으로 지니고 있는 물건.
【逆(역, nì)】: 영접하다.
【卿(경, qīng)】: 천자나 제후의 고위 관리. 公과 大夫의 중간.
【郊勞(교로, jiāo láo)】: 교외까지 나와 노고를 치하하다.

18 門尹除門, 宗祝執祀, 司里授館, 司徒具徒, 司空視塗, 司寇詰姦, 虞人入材, → 門尹은 대문 앞을 청소하고, 宗祝은 (빈객을 수행하여) 종묘의 제례를 집행하고, 司里는 숙소를 안배하고, 司徒는 勞役을 제공하고, 司空은 도로를 순찰하고, 司寇는 도적을 감시하고, 虞人은 목재를 공급하고,
【門尹(문윤, mén yǐn)】: 대문을 담당하는 관리.
【除(제, chú)】: 청소하다.
【宗祝(종축, zōng zhù)】: 宗伯과 大祝. 제사·祈禱를 주관하는 관리.
【司徒(사도, sī tú)】: 토지·인구·물산을 관장하는 관리.
【具(구, jù)】: 갖추다. 여기서는「제공하다, 공급하다」의 뜻.
【徒(도, tú)】: 人力. 勞役.
【司寇(사구, sī kòu)】: 刑獄을 담당하는 관리.
【詰(힐, jié)】: 감시하다. 단속하다.
【姦(간, jiān)】: 도적.
【虞人(우인, yú rén)】: 山澤을 담당하는 관리.
【入材(입재, rù cái)】: 목재를 들이다. 즉「목재를 공급하다」의 뜻.

19 甸人積薪, 火師監燎, 水師監濯, 膳宰致饔, 廩人獻餼, 司馬陳芻, → 甸人은 땔감을 쌓고, 火師는 횃불을 살피고, 水師는 세척에 관한 일을 감독하고, 膳宰는 음식을 제공하고, 廩人은 곡식을 바치고, 司馬는 말의 사료를 진열하고,
【甸人(전인, diàn rén)】: 땔감을 담당하는 관리.
【薪(신, xīn)】: 땔감.
【火師(화사, huǒ shī)】: 불을 담당하는 관리.
【燎(료, liáo)】: (야간의 조명을 위해 피우는) 횃불.
【水師(수사, shuǐ shī)】: 물을 담당하는 관리.
【濯(탁, zhuó)】: 세척하다. 세탁하다.
【饔(옹, yōng)】: 음식.
【廩人(늠인, lǐn rén)】: 양식을 담당하는 관리.
【獻(헌, xiàn)】: 바치다. 헌상하다.
【餼(희, xì)】: 곡식. 미곡.
【司馬(사마, sī mǎ)】: 말의 양육을 담당하는 관리.
【陳(진, chén)】: 진열하다.

是故小大莫不懷愛。²⁰ 其貴國之賓至, 則以班加一等, 益虔。²¹ 至於
王吏, 則皆官正涖事, 上卿監之。若王巡守, 則君親監之。』²² 今雖朝
也不才, 有分族於周, 承王命以爲過賓於陳, 而司事莫至, 是蔑先王

【芻(추,chú)】: (가축의) 사료.
20 工人展車, 百官以物至, 賓入如歸。是故小大莫不懷愛。→ 工人은 빈객의 수레를 점검하고, 모든 관리들은 선물을 가지고 찾아와, 빈객이 오면 마치 자기 집에 돌아온 것처럼 편안하게 해주었다. 그래서 빈객들은 수행원이나 빈객 모두 감격하지 않는 사람이 없었다.
【工人(공인,gōng rén)】: 각종 수공업을 주관하는 관리.
【展(전,zhǎn)】: 검사하다. 점검하다.
【百官(백관,bǎi guān)】: 모든 관리.
【物(물,wù)】: 물품. 여기서는 빈객에게 줄「선물」을 가리킨다.
【賓入如歸(빈입여귀,bīn rù rú guī)】: 賓至如歸. 빈객이 오면 마치 자기 집에 돌아온 것처럼 편안하게 해주다.
【是故(시고,shì gù)】: 그래서. 이로 인해.
【小大(소대,xiǎ dà)】: 지위의 고하. 즉「수행원과 빈객」을 가리킨다.
【莫不(막불,mò bù)…】: …하지 않는 자가 없다. 모두 … 하다.
【懷愛(회애,huái ài)】: 감격해 마지않다.
21 其貴國之賓至, 則以班加一等, 益虔。→ 만일 큰 나라의 빈객이 오면, (접대하는 관리의) 지위를 한 등급 올려, 더욱 경건히 대했다.
【其(기,qí)】: 만일. 만약.
【貴國(귀국,guì guó)】: 큰 나라. 대국.
【班(반,bān)】: 서열. 지위.
【加一等(가일등,jiā yī děng)】: 한 등급 올리다.
【益(익,yì)】: 더욱.
【虔(건,qián)】: 공경하다. 경건히 대하다.
22 至於王吏, 則皆官正涖事, 上卿監之。若王巡守, 則君親監之。』→ 天子의 사신에 이를 것 같으면, 모두 관련 부서의 首長이 직접 일을 주관하고, 上卿이 이를 감독했다. 만일 천자가 순시를 하면, 제후가 친히 이를 감독했다.』라고 했습니다.
【至於(지어,zhì yú)…】: …로 말하면. …로 말할 것 같으면.
【王吏(왕리,wáng lì)】: 天子의 사신. ※ 판본에 따라서는「吏」를「使」라 했다.
【官正(관정,guān zhèng)】: 관련 부서의 수장. 우두머리.
【涖事(이사,lì shì)】: 직접 일을 주관하다.
【巡守(순수,xún shǒu)】: 순시하다.
【君(군,jūn)】: 군주. 제후.

之官也。²³

「先王之令有之曰：『天道賞善而罰淫。故凡我造國，無從非彝，無卽慆淫，各守爾典，以承天休。』²⁴ 今陳侯不念胤續之常，棄其伉儷妃嬪，而帥其卿佐以淫於夏氏，不亦嬻姓矣乎？²⁵ 陳，我大姬之後

---

23 今雖朝也不才, 有分族於周, 承王命以爲過賓於陳, 而司事莫至, 是蔑先王之官也。→ 지금 비록 제가 재능은 부족하지만, 周王室에서 친족의 관계를 가지고 있고, 周天子의 명을 받들어 過客의 신분으로 陳나라에 왔는데, 빈객을 담당하는 관리가 영접하러 나오지 않았으니, 이는 선왕의 관직을 무시한 것입니다.
【朝(조, cháo)】: [인명] 조. 單襄公의 이름. ※선양공이「나, 저」라는 말 대신 자신의 이름을 사용한 것.
【分族(분족, fēn zú)】: 친족 관계.
【承(승, chéng)】: 받들다.
【過賓(과빈, guò bīn)】: 過客. 지나가는 손님.
【司事(사사, sī shì)】: 빈객의 영접을 담당하는 관리.
【莫至(막지, mò zhì)】: 나오지 않다. 즉「영접하러 나오지 않다」의 뜻.
【是(시, shì)】: [대명사] 이것. 즉「영접을 담당하는 관리가 나타나지 않은 것」.

24 「先王之令有之曰：『天道賞善而罰淫。故凡我造國, 無從非彝, 無卽慆淫, 各守爾典, 以承天休。』→「선왕의 遺訓에：『하늘의 도리는 착한 행위를 포상하고 악한 행위를 처벌한다. 그래서 무릇 우리가 나라를 다스릴 때는, 불법을 쫓지 말고, 태만과 방탕한 생활에 빠져들지 않고, 각기 자신의 제도를 준수하며, 이로써 하늘이 내리는 吉兆를 받아야 한다.』라고 하였습니다.
【淫(음, yín)】: 악하다. 사악하다.
【造國(조국, zào guó)】: 나라를 다스리다.
【非彝(비이, fēi yì)】: 불법.
【卽(즉, jí)】: 다가가다. 가까이하다.
【慆淫(도음, tāo yín)】: 나태하고 음란하다.
【爾(이, ěr)】: 너. 당신. 여기서는「자신」을 의미한다.
【典(전, diǎn)】: 제도.
【天休(천휴, tiān xiū)】: 하늘의 吉祥.【休】: 吉祥. 吉兆.

25 今陳侯不念胤續之常, 棄其伉儷妃嬪, 而帥其卿佐以淫於夏氏, 不亦嬻姓矣乎？→ 그런데 지금 陳侯는 대대로 이어오는 법도를 고려하지 않고, 자기의 后妃를 버렸으며, 자기의 측근 대신을 거느리고 夏徵舒에게 가서 음란한 행위를 벌였습니다. 어찌 자기의 성씨를 더럽힌 것이 아니겠습니까？
【不念(불념, bù niàn)】: 염두에 두지 않다. 고려하지 않다.
【胤續之常(윤속지상, yìn xù zhī cháng)】: 대대로 이어오는 법도.

也。棄袞冕而南冠以出, 不亦簡彝乎? 是又犯先王之令也。[26]

「昔先王之敎, 懋帥其德也, 猶恐隕越。[27] 若廢其敎而棄其制, 蔑其官而犯其令, 將何以守國? 居大國之間, 而無此四者, 其能久乎?」[28]

【伉儷(항려, kàng lì)】: 夫妻. 여기서는「처, 아내」를 말한다.
【帥(솔, shuài)】: 거느리다. 이끌다.
【卿佐(경좌, qīng zuǒ)】: 측근 대신.
【瀆姓(독성, dú xìng)】: 자신의 성씨를 더럽히다. ※夏徵舒의 아버지는 陳靈公의 從祖父인데, 지금 진영공이 하징서의 어머니와 간통한 것은, 姪孫과 從叔祖母가 간통한 것이기 때문에 同姓을 더럽힌 것이다.
【不亦(불역, bù yì)…乎(호, hū)?】: 어찌 …이 아니겠는가?

26 陳, 我大姬之後也。棄袞冕而南冠以出, 不亦簡彝乎? 是又犯先王之令也。→ 陳나라는, 우리 大姬의 후손입니다. 袞冕을 버리고 楚나라의 모자를 쓰고 외출하였으니, 어찌 법도를 경시한 것이 아니겠습니까? 이는 또 선왕의 법령을 위반한 것입니다.
【大姬(태희, tài jī)】: 周武王의 장녀. 陳나라의 시조 虞胡公에게 출가하여 陳의 祖妣가 되었다. 〖大〗: 太.
【袞冕(곤면, gǔn miǎn)】: 옛날 임금의 禮服과 禮帽.
【南冠(남관, nán guān)】: 楚나라의 모자. 여기서는 동사 용법으로「초나라의 모자를 쓰다」의 뜻.
【簡彝(간이, jiǎn yí)】: 법도를 경시하다. 〖簡〗: 경시하다. 소홀히 하다. 〖彝〗: 법도.
【犯(범, fàn)】: 범하다. 위반하다.

27 「昔先王之敎, 懋帥其德也, 猶恐隕越。→「예전에는 선왕의 교훈에 대해, 그 덕행을 힘써 준수하면서도, 여전히 실추시키지 않을까 두려워했습니다.
【懋(무, mào)】: 힘쓰다. 노력하다.
【帥(솔, shuài)】: 준수하다. 따르다.
【猶(유, yóu)】: 그래도. 여전히.
【恐(공, kǒng)】: 두려워하다.
【隕越(운월, yǔn yuè)】: 추락하다. 여기서는「손상시키다, 실추시키다」의 뜻.

28 若廢其敎而棄其制, 蔑其官而犯其令, 將何以守國? 居大國之間, 而無此四者, 其能久乎?」 → 만일 선왕의 교훈을 폐기하고 선왕의 제도를 버리거나, 선왕의 관제를 무시하고 선왕의 명령을 위반한다면, 장차 어떻게 나라를 지켜나겠습니까? 대국 사이에 처한 상황에서, 이 네 가지를 구비하지 못했으니, 어찌 나라를 오래 보전할 수 있겠습니까?」
【若(약, ruò)】: 만일. 만약.
【蔑(멸, miè)】: 멸시하다. 무시하다.
【犯(범, fàn)】: 범하다. 위반하다.
【何以(하이, hé yǐ)】: 어찌. 어떻게.
【居(거, jū)】: 처하다.

六年, 單子如楚。八年, 陳侯殺于夏氏。九年, 楚子入陳。[29]

> 번역문

선양공(單襄公)이 진(陳)나라가 반드시 망하리라는 것을 알다

　주정왕(周定王)이 선양공(單襄公)을 파견하여 송(宋)나라를 방문하도록 하니, 이에 (선양공이) 진(陳)나라로부터 길을 빌려 초(楚)나라를 방문했다. 때는 이미 화성(火星)이 보이는 아침이었는데 (진나라의) 길에는 잡초가 우거져 다닐 수가 없었고, 후인(候人)은 변경에 있지 않았으며, 사공(司空)은 도로를 순찰하지 않았다. 저수지는 제방을 쌓지 않았고, 하천은 다리를 놓지 않았으며, 들에는 곡식을 쌓아둔 채 탈곡장의 일을 끝내지 않았고, 도로에는 가로수가 없었으며, 경작한 밭에는 (벼가) 마치 띠풀의 새싹이 듬성듬성 자라고 있는 듯했다. 선재(膳宰)는 음식을 제공하지 않고, 사리(司里)는 숙소를 안배하지 않았으며, 도성(都城)에는 빈객이 머물 수 있는 관사가

【閒(간, jiān)】: 間. 사이.
【其(기, qí)】: 豈. 어찌.

29　六年, 單子如楚。八年, 陳侯殺于夏氏。九年, 楚子入陳。→ 周定王 6년에는, 單襄公이 楚나라로 갔다. 8년에는, 陳靈公이 夏徵舒에게 살해되었다. 9년에는, 楚莊王이 陳나라를 공격해 들어갔다.
【六年(육년, liù nián)】: 周定王 6년(B.C. 601).
【如(여, rú)】: 往. 가다.
【陳侯(진후, chén hóu)】: 陳靈公.
【殺于(살우, shā yú)…】: …에게 살해되다. 〖于〗: [개사] …에게.
【夏氏(하씨, xià shì)】: 夏徵舒.
【楚子(초자, chǔ zǐ)】: 楚莊王.

없고, 현성(縣城)에는 나그네가 머물 수 있는 여관이 없었다. 그래도 백성들은 하씨(夏氏)에게 누대(樓臺)를 지어주려 하고 있었다. 진(陳)나라에 도착하니, 진영공(陳靈公)은 공녕(孔寧)·의행보(儀行父)와 함께 초(楚)나라 모자를 쓰고 하징서(夏徵舒)의 집으로 가면서 손님을 남겨두고 거들떠보지도 않았다.

　선양공이 돌아와 왕에게 고했다 :「진후(陳侯)가 죽지 않으면 진(陳)나라는 반드시 멸망할 것입니다.」주정왕(周定王)이 물었다 :「무슨 까닭이오?」선양공이 대답했다 :「대저 진각성(辰角星)이 출현하면 우기(雨期)가 그치고, 천근성(天根星)이 출현하면 강물이 마르고, 본성(本星)이 출현하면 초목이 시들어버리고, 사성(駟星)이 출현하면 서리가 내리며, 화성(火星)이 출현하면 서늘한 바람이 불어 추위를 대비하게 합니다. 그래서 선왕의 교훈에 :『우기(雨期)가 끝나면 도로를 보수하고, 물이 마르면 다리를 건설하고, 초목이 시들면 수확하여 저장하고, 서리가 내리면 겨울 가죽옷을 준비하고, 찬바람이 불어오면 성곽과 가옥을 보수해야 한다.』라고 하셨고, 그래서 하대(夏代)의 월령(月令)에 :『9월에는 도로를 보수하고, 10월에는 다리를 건설하라.』고 하여, 그때가 되면 백성들에게 :『당신들의 탈곡장 일을 거두고 당신들의 삼태기를 준비하여, 정성(定星)이 하늘의 중앙에 오면, 이때 집 짓는 일을 시작하고, 화성(火星)이 처음 출현했을 때 사리(司里)가 있는 곳에 집결하라.』고 경고하였습니다. 이것이 바로 선왕께서 재화(財貨)를 쓰지 않고도 천하 사람들에게 널리 덕을 베풀 수 있었던 까닭입니다. 지금 진(陳)나라는 아침에 이미 화성이 출현했으나 도로는 마치 막혀 통하지 않는 듯하고, 들판의 탈곡장은 버려진 듯했으며, 못에는 제방을 쌓지 않았고, 하천은 배와 다리가 없었습니다. 이는 선왕의 가르침을 폐기한 것입니다.

　「주(周)나라의 제도에 이르길 :『나무를 심어 이로써 길을 표시하고, 주막을 설치하여 길을 오가는 사람들에게 음식을 접대했다. 도성(都城)에는 교외 목장이 있고, 변경에는 객사와 빈객을 접대하는 사람이 있으며, 늪에는 무성한 풀이 자라고, 동물 사육장에는 숲과 연못이 있어, 이로써 재해를 막았다. 그 나머지도 곡식을 심지 않은 땅이 없고, 백성들은 한가하게 농기구를 걸어두지 않았으며, 들에는 무성한 잡초가 없었다. 백성들의 농사철을 방해하지도 않았고, 백성들의 농사일을 경시하지도 않았다. (백성들의 생활은) 여유가 있고 부족함이 없었으며 편안하고 피곤하지 않았다. 도성(都城)에는 반사(班事)라 하여 순서에 따라 노역을 안배하는 제도가 있고, 현(縣)에는 서민(序民)이라 하여 순서에 따라 백성들을 교대로 복역하게 하는 제도가 있다.』라고 했습니다. 지금 진(陳)나라의 도로는 식별할 수가 없고, 전답은 잡초에 묻혀 있으며, 작물은 다 여물었어도 수확을 하지 않았고, 백성들은 (진나라 군주의) 향락 생활에 지쳐있습니다. 이는 선왕의 법제를 포기한 것입니다.

「주(周)의 《질관(秩官)》에 이르길 : 『지위가 대등한 나라의 빈객이 찾아오면 관윤(關尹)은 이를 군주에게 알리고, 행리(行理)는 신표(信標)를 가지고 그들을 영접하고, 후인(候人)은 앞에서 인도하고, 경(卿)은 교외까지 나와 노고를 치하하고, 문윤(門尹)은 대문 앞을 청소하고, 종축(宗祝)은 (빈객을 수행하여) 종묘의 제례를 집행하고, 사리(司里)는 숙소를 안배하고, 사도(司徒)는 노역을 제공하고, 사공(司空)은 도로를 순찰하고, 사구(司寇)는 도적을 감시하고, 우인(虞人)은 목재를 공급하고, 전인(甸人)은 땔감을 쌓고, 화사(火師)는 횃불을 살피고, 수사(水師)는 세척에 관한 일을 감독하고, 선재(膳宰)는 음식을 제공하고, 늠인(廩人)은 곡식을 바치고, 사마(司馬)는 말의 사료를 진열하고, 공인(工人)은 빈객의 수레를 점검하고, 모든 관리들은 선물을 가지고 찾아와 빈객이 오면 마치 자기 집에 돌아온 것처럼 편안하게 해주었다. 그래서 빈객들은 수행원이나 빈객 모두 감격하지 않는 사람이 없었다. 만일 큰 나라의 빈객이 오면 (접대하는 관리의) 지위를 한 등급 올려 더욱 경건히 대했다. 천자(天子)의 사신에 이를 것 같으면, 모두 관련 부서의 수장(首長)이 직접 일을 주관하고 상경(上卿)이 이를 감독했다. 만일 천자가 순시를 하면 제후가 친히 이를 감독했다.』라고 했습니다. 지금 비록 제가 재능은 부족하지만 주왕실(周王室)에서 친족의 관계를 가지고 있고, 주천자(周天子)의 명을 받들어 과객(過客)의 신분으로 진(陳)나라에 왔는데, 빈객을 담당하는 관리가 영접하러 나오지 않았으니, 이는 선왕의 관직을 무시한 것입니다.

「선왕의 유훈(遺訓)에 :『하늘의 도리는 착한 행위를 포상하고 악한 행위를 처벌한다. 그래서 무릇 우리가 나라를 다스릴 때는 불법을 쫓지 말고 태만과 방탕한 생활에 빠져들지 않고, 각기 자신의 제도를 준수하며, 이로써 하늘이 내리는 길조(吉兆)를 받아야 한다.』라고 하였습니다. 그런데 지금 진후(陳侯)는 대대로 이어오는 법도를 고려하지 않고 자기의 후비(后妃)를 버렸으며, 자기의 측근 대신을 거느리고 하징서(夏徵舒)에게 가서 음란한 행위를 벌였습니다. 어찌 자기의 성씨를 더럽힌 것이 아니겠습니까? 진(陳)나라는 우리 태희(大姬)의 후손입니다. 곤면(袞冕)을 버리고 초(楚)나라의 모자를 쓰고 외출하였으니, 어찌 법도를 경시한 것이 아니겠습니까? 이는 또 선왕의 법령을 위반한 것입니다.

「예전에는 선왕의 교훈에 대해, 그 덕행을 힘써 준수하면서도 여전히 실추시키지 않을까 두려워했습니다. 만일 선왕의 교훈을 폐기하고 선왕의 제도를 버리거나 선왕의 관제를 무시하고 선왕의 명령을 위반한다면, 장차 어떻게 나라를 지켜나겠습니까? 대국 사이에 처한 상황에서 이 네 가지를 구비하지 못했으니, 어찌 나라를 오래 보전할 수 있겠습니까?」

주정왕 6년에는, 선양공이 초나라로 갔다. 8년에는 진영공이 하징서에게 살해되었다. 9년에는 초장왕(楚莊王)이 진나라를 공격해 들어갔다.

해제解題 및 본문 요지 설명

본문은 《국어(國語)·주어중(周語中)》의 일부분으로, 주(周)의 대부 선양공(單襄公)이 자신이 친히 관찰하고 체험한 바를 통해 진(陳)나라가 반드시 멸망할 것이라고 확언한 일단의 논조를 기술한 것이다.

본문은 세 단락으로 나눌 수 있는데, 첫째 단락에서는 선양공이 초(楚)나라에 사신으로 나갈 때 진(陳)나라를 지나면서 목격한 진나라의 지극히 비정상적인 혼란 상황을 기술했고; 둘째 단락에서는 선양공이 이러한 현상을 고대의 제도와 비교 분석하여 진나라가 반드시 망할 것이라고 확신한 것을 기술했고; 마지막 단락에서는 진나라가 3년 후에 초나라에 점령되어 일개의 성으로 전락한 사건의 결과를 기술했다.

039 전금논사원거(展禽論祀爰居)

《國語・魯語上》

작자

035 채공간정견융(祭公諫征犬戎) 참조.

원문 및 주석

展禽論祀爰居[1]

海鳥曰爰居, 止於魯東門之外三日, 臧文仲使國人祭之.[2] 展禽

1 展禽論祀爰居 → 展禽이 爰居에 祭祀한 것에 대해 논하다
   【展禽(전금, zhǎn qín)】: [인명] 魯나라의 대부. 이름은 獲, 자는 禽, 시호는 惠. 柳下에 봉해져 柳下惠라고도 한다.
   【祀(사, sì)】: [동사 용법] 제사에 올리다.
   【爰居(원거, yuán jū)】: [바닷새 이름] 일명 雜縣이라고도 하며, 크기가 망아지 만하다.
2 海鳥曰爰居, 止於魯東門之外三日, 臧文仲使國人祭之. → 爰居라 부르는 바닷새 한 마리가, 魯나라 東門 밖에서 3일을 머물자, 臧孫이 사람을 보내 그 새에게 제사를 지내도록 했다.
   【魯(노, lǔ)】: 지금의 산동성 滋陽縣 동남쪽에서 강소성 沛縣 및 안휘성 泗縣 일대에 있던

曰:「越哉! 臧孫之爲政也。夫祀, 國之大節也, 而節, 政之所成也。³ 故愼制祀以爲國典。今無故而加典, 非政之宜也。⁴

「夫聖王之制祀也, 法施於民則祀之, 以死勤事則祀之, 以勞定國則祀之, 能禦大災則祀之, 能扞大患則祀之。非是族也, 不在祀典。⁵

    周代의 제후국. 姬氏 姓으로, 周公 旦의 아들 伯禽이 최초로 이곳에 봉해졌다.
    【臧文仲(장문중, zāng wén zhòng)】: [인명] 魯나라의 卿. 성은 臧孫, 이름은 辰, 시호는 文.
    【之(지, zhī)】: [대명사] 그것. 즉「爰居」.

3 展禽曰:「越哉! 臧孫之爲政也。夫祀, 國之大節也, 而節, 政之所成也。→ 그러자 전금이 말했다:「장손의 정치 행위는, 예를 벗어난 것입니다. 대저 제사는, 나라의 중대한 예절이요, 예절은, 정치의 성공을 위한 관건입니다.
    【越(월, yuè)】: 도를 넘다. 지나치다.
    【夫(부, fú)】: [발어사] 대저. 무릇.
    【大節(대절, dà jié)】: 중대한 예절.
    【政之所成(정지소성, zhèng zhī suǒ chéng)】: 정치의 성공을 위한 관건.

4 故愼制祀以爲國典。今無故而加典, 非政之宜也。→ 그래서 제사 의례를 신중히 제정하여 국가의 제도로 삼아야 합니다. 그런데 지금 까닭 없이 제도를 늘리는 것은, 정치의 올바른 처사가 아닙니다.
    【愼制(신제, shèn zhì)】: 신중히 제정하다.
    【以爲(이위, yǐ wéi)…】: 以(之)爲…. 이를 …로 삼다.
    【國典(국전, guó diǎn)】: 국가의 제도.
    【無故(무고, wú gù)】: 이유 없이. 까닭 없이.
    【宜(의, yí)】: 올바른 처사.

5 「夫聖王之制祀也, 法施於民則祀之, 以死勤事則祀之, 以勞定國則祀之, 能禦大災則祀之, 能扞大患則祀之。非是族也, 不在祀典。→「대저 聖王께서는 제사 의례를 제정하면서, 법을 제정하여 백성들에게 은혜를 베푼 사람에게 제사를 지내고, 목숨을 바쳐 맡은 일에 충실한 사람에게 제사를 지내고, 자신의 노고로써 나라를 안정시킨 사람에게 제사를 지내고, 큰 재난을 막은 사람에게 제사를 지내고, 큰 우환을 막은 사람에게 제사를 지냈으며, 이러한 부류가 아니면, 제사 의식의 대상에 넣지 않았습니다.
    【夫(부, fú)】: [발어사] 무릇. 대저.
    【制祀(제사, zhì sì)】: 제사 의례를 제정하다.
    【法施(법시, fǎ shī)】: 법을 제정하여 은혜를 베풀다.
    【勤事(근사, qín shì)】: 맡은 일에 충실하다.

「昔烈山氏之有天下也, 其子曰柱, 能殖百穀百蔬。⁶ 夏之興也, 周棄繼之, 故祀以爲稷。⁷ 共工氏之伯九有也, 其子曰后土, 能平九土, 故祀以爲社。⁸ 黃帝能成命百物, 以明民共財, 顓頊能修之。⁹ 帝

【禦(어, yù)】: 막다.
【扞(한, hàn)】: 막다. 막아내다.
【是族(시족, shì zú)】: 이러한 부류. 〖族〗: 부류.
【祀典(사전, sì diǎn)】: 제사 의식.

6 「昔烈山氏之有天下也, 其子曰柱, 能殖百穀百蔬。→「옛날 烈山氏가 천하를 통치하던 시절, 그의 아들은 이름을 柱라고 했는데, 여러 가지 곡식과 채소를 잘 재배했습니다.
【烈山氏(열산씨, liè shān shì)】: 神農氏. ※ 전설에 의하면, 신농씨는 烈山의 석굴에서 태어났다 하여 烈山氏라 했으며, 최초로 농사짓는 법을 전했다고 한다. 烈山은 산 이름으로, 지금의 호북성 隨縣 북쪽에 위치.
【柱(주, zhù)】: [인명] 신농씨의 아들.
【能殖(능식, néng zhí)】: 잘 심다. 경작하는데 능하다.
【百穀百蔬(백곡백소, bǎi gǔ bǎi shū)】: 여러 가지 곡식과 채소.

7 夏之興也, 周棄繼之, 故祀以爲稷。→ 夏나라가 일어난 후, 周의 시조인 棄가 柱의 사업을 계승했기 때문에, 그래서 그를 穀神으로 삼아 제사를 지냈습니다.
【棄(기, qì)】: [인명] 周나라의 시조로 이름은 棄.
※ 전설에 의하면, 棄는 태어난 후 여러 번 버려졌기 때문에 부쳐진 이름이라 전한다.
【繼之(계지, jì zhī)】: 柱의 사업을 계승하다. 〖之〗: [대명사] 그것. 즉「柱의 사업」.
【以爲(이위, yǐ wéi)…】: 以(之)爲…. 이를 …로 삼다.
【稷(직, jì)】: 穀神.

8 共工氏之伯九有也, 其子曰后土, 能平九土, 故祀以爲社。→ 共工氏가 九州를 제패했을 때, 그의 아들은 이름을 后土라 했는데, 능히 九州의 땅을 다스릴 수 있었기 때문에, 그래서 그를 토지신으로 삼아 제사를 지냈습니다.
【共工氏(공공씨, gōng gōng shì)】: [전설 인물] 대대로 長江과 淮水 일대에 살면서「共工」이란 관직을 지냈으므로 후인들이 관직을 성씨로 불렀다.
【伯(패, bà)】: 覇. 제패하다.
【九有(구유, jiǔ yǒu)】: 九州. 즉「全國」.
【平(평, píng)】: 평정하다. 다스리다.
【九土(구토, jiǔ tǔ)】: 九州의 땅.
【社(사, shè)】: 地神.

9 黃帝能成命百物, 以明民共財, 顓頊能修之。→ 黃帝는 능히 각종 사물의 이름을 지어, 백성들을 깨우쳐 세금을 바치도록 할 수 있었고, 顓頊은 능히 황제의 사업을 수행해 나갈 수 있었습니다.

嚳能序三辰以固民, 堯能單均刑法以儀民, 舜勤民事而野死,¹⁰ 鯀
鄣洪水而殛死, 禹能以德修鯀之功, 契爲司徒而民輯, 冥勤其官而
水死,¹¹ 湯以寬治民而除其邪, 稷勤百穀而山死, 文王以文昭, 武王

【黃帝(황제, huáng dì)】: 고대의 제왕으로, 성은 姬씨. 軒轅의 언덕에서 태어났다 하여 軒
轅氏라고도 한다. 문자・음률・양잠・舟車 등을 발명했다고 전한다.
【成命(성명, chéng mìng)】: 이름을 짓다.
【明民(명민, míng mín)】: 백성을 일깨우다.
【共財(공재, gōng cái)】: 供財. 세금을 바치다. 【共】: 供.
【顓頊(전욱, zhuān xù)】: 황제의 손자. 高陽에 도읍을 정했기 때문에 호를 高陽氏라 했
다.
【修(수, xiū)】: 수행하다.
【之(지, zhī)】: [대명사] 그것. 즉 「황제의 사업」.
10 帝嚳能序三辰以固民, 堯能單均刑法以儀民, 舜勤民事而野死, → 帝嚳은 능히 해와 달과
별의 운행 법칙에 따라 백성들을 안정시킬 수 있었고, 堯는 능히 형법이 공평하게 시행
되도록 힘을 다함으로써 백성들을 선도할 수 있었고, 舜은 백성들의 일에 힘쓰다가 들
에서 죽었고,
【帝嚳(제곡, dì kù)】: 황제의 증손으로 辛지방에 봉해진 후 顓頊을 계승하여 천하를 다
스렸으므로 호를 高辛氏라 했다.
【序(서, xù)】: 의거하다. 따르다.
【三辰(삼신, sān chén)】: 해・달・별.
【固(고, gù)】: 안정시키다.
【堯(요, yáo)】: 唐의 요임금. 帝嚳의 아들로, 이름은 放勳. 먼저 陶지방에 봉해졌다가 후
에 唐지방에 봉해져 陶唐氏라 불리었으며 99년간 재위했다.
【單均(단균, dān jūn)】: 공평하게 시행되도록 힘쓰다. 【單】: 殫. 다하다. 진력하다.
【儀民(의민, yí mín)】: 백성들을 선도하다.
【舜(순, shùn)】: 虞의 순임금. 성은 姚, 이름은 重華. 唐堯를 계승하여 임금이 된 후, 선
정을 베풀어 천하가 태평했다.
【勤民事(근민사, qín mín shì)】: 백성들의 일에 부지런히 힘쓰다.
【野死(야사, yě sǐ)】: 들에서 죽다.
※ 전설에 의하면, 舜은 有苗氏 정벌에 나섰다가 蒼梧[지금의 호남성 寧遠縣의 들녘에
서 죽었다.
11 鯀鄣洪水而殛死, 禹能以德修鯀之功, 契爲司徒而民輯, 冥勤其官而水死, → 鯀은 홍수를
막다가 실패하여 죽임을 당했고, 禹는 능히 덕행으로써 鯀의 治水 사업을 수행해 나갈
수 있었고, 契은 司徒에 임명되어 백성들을 화목하게 했고, 冥은 자신의 직무에 힘쓰다
가 물에 빠져 죽었고,
【鯀(곤, gǔn)】: [인명] 夏禹의 아버지.

去民之穢。¹² 故有虞氏禘黃帝而祖顓頊, 郊堯而宗舜。¹³ 夏后氏禘黃

※堯가 鯀에게 治水를 맡겼는데, 곤이 제방을 쌓아 홍수를 막다가 실패하여 요에게 우산에서 죽임을 당했다.
【鄣(장, zhāng)】: 막다. 막아내다.
【殛死(극사, jí sǐ)】: 죽임을 당하다.
【禹(우, yǔ)】: 夏의 禹임금. 성은 姒씨.
※禹는 아버지 鯀의 治水 방법을 바꿔 강물을 소통시켜 홍수를 막는 방법으로 치수에 성공했다. 역사에서는 그를 夏禹 또는 夏后氏라고도 한다.
【功(공, gōng)】: 여기서는「치수사업」을 가리킨다.
【契(설, xiè)】: 商의 시조.
※夏禹를 도와 治水에 공이 있어 舜이 그를 司徒로 임명하여 백성의 교화를 담당하도록 했다.
【司徒(사도, sī tú)】: 백성의 교화를 담당하던 관리.
【輯(집, jí)】: 화목하게 하다.
【冥(명, míng)】: 전설에 의하면, 契의 6代 孫으로, 夏代에 치수를 담당하는 水官을 지냈다.
【官(관, guān)】: 직무. 직책.

12 湯以寬治民而除其邪, 稷勤百穀而山死, 文王以文昭, 武王去民之穢。→ 湯은 관대한 태도로써 백성을 다스리며 사악한 세력을 제거했고, 稷은 각종 곡식을 심는데 힘쓰다가 산에서 죽었고, 文王은 文德으로 이름을 드러냈고, 武王은 백성들의 화근을 제거했습니다.
【湯(탕, tāng)】: 商의 개국 군주. 夏의 桀王을 멸하고 商王朝를 건립했다.
【邪(사, xié)】: 사악한 자. 여기서는「夏의 桀王」을 가리킨다.
【稷(직, jì)】: 周의 시조 后稷. 이름은 棄.
【勤百穀(근백곡, qín bǎi gǔ)】: [상황에] 각종 곡식을 심는데 힘쓰다.
【山死(산사, shān sǐ)】: 산에서 죽다. ※周棄는 곡식을 경작하는 데 힘쓰다가 최후에 黑水의 산에서 죽음을 맞았다.
【文王(문왕, wén wáng)】: 周文王.
【文(문, wén)】: 文德.
【昭(소, zhāo)】: 이름을 드러내다.
【武王(무왕, wǔ wáng)】: 周武王.
【去民之穢(거민지예, qù mín zhī huì)】: 백성들의 禍根을 제거하다. ※여기서는 商의 폭군 紂王을 멸한 후 周王朝를 건립한 것을 말한다.

13 故有虞氏禘黃帝而祖顓頊, 郊堯而宗舜。→ 그래서 有虞氏는 黃帝에게 禘祭를 지내고 顓頊에게 祖祭를 지냈으며, 堯에게 郊祭를 지내고 舜에게 宗祭를 지냈습니다.
【有虞氏(유우씨, yǒu yú shì)】: 舜의 후손.
※舜이 堯로부터 제위를 물려받고 나서 舜의 조상이 虞에 봉해졌으므로 舜의 후손을

帝而祖顓頊, 郊鯀而宗禹。[14] 商人禘舜而祖契, 郊冥而宗湯。[15] 周人禘嚳而郊稷, 祖文王而宗武王。[16] 幕能帥顓頊者也, 有虞氏報焉。[17] 杼能帥禹者也, 夏后氏報焉。[18] 上甲微能帥契者也, 商人報焉。[19] 高圉、大王能帥稷者也, 周人報焉。[20]

　　有虞氏라 했다.
【禘(체, dì)】: [동사 용법] 禘祭를 지내다. 禘祭는 옛날에 천자가 선조께 지내는 제사로 「大祭」라고도 한다.
【祖(조, zǔ)】: [동사 용법]: 祖祭를 지내다. 祖祭는 開國君主에게 지내는 제사.
【郊(교, jiāo)】: [동사 용법] 郊祭를 지내다. 교제는 宗廟에서 천자가 하늘에 지내는 제사로 매년 冬至에 거행하는데, 여기서 조상의 제사를 곁들여 지낼 수 있다.
【宗(종, zōng)】: [동사 용법] 宗祭를 지내다. 宗祭는 조상이나 덕망이 있는 자에게 지내는 제사.

14 夏后氏禘黃帝而祖顓頊, 郊鯀而宗禹。→ 夏后氏는 黃帝에게 禘祭를 지내고 顓頊에게 祖祭를 지냈으며, 鯀에게 郊祭를 지내고 禹에게 宗祭를 지냈습니다.
【夏后氏(하후씨, xià hòu shì)】: 禹의 후손.
※ 禹가 舜으로부터 제위를 물려받고 국호를 夏라 했으므로, 禹의 후손을 夏后氏라 했다.

15 商人禘舜而祖契, 郊冥而宗湯。→ 商나라 사람들은 舜에게 禘祭를 지내고 契에게 祖祭를 지냈으며, 冥에게 郊祭를 지내고 湯에게 宗祭를 지냈습니다.

16 周人禘嚳而郊稷, 祖文王而宗武王。→ 周나라 사람들은 嚳에게 禘祭를 지내고 稷에게 郊祭를 지냈으며, 文王에게 祖祭를 지내고 武王에게 宗祭를 지냈습니다.
【嚳(곡, kù)】: 帝嚳.

17 幕能帥顓頊者也, 有虞氏報焉。→ 幕은 능히 顓頊의 덕행을 좇을 수 있던 사람이었기 때문에, 有虞氏가 그에게 報祭를 지냈습니다.
【幕(막, mù)】: [인명] 舜의 후손으로, 夏나라의 제후가 되었다.
【帥(솔, shuài)】: 循. 좇다. 따르다. 준수하다. 계승하다.
【報(보, bào)】: [동사 용법] 報祭를 지내다. 報祭는 은덕에 보답하여 지내는 제사.

18 杼能帥禹者也, 夏后氏報焉。→ 杼는 능히 禹의 덕행을 좇을 수 있던 사람이었기 때문에, 夏后氏가 그에게 報祭를 지냈습니다.
【杼(저, zhù)】: [인명] 季杼. 夏나라 小康의 아들로, 禹의 7세손이라 전한다.

19 上甲微能帥契者也, 商人報焉。→ 上甲微는 능히 契의 덕행을 좇을 수 있던 사람이었기 때문에, 商나라 사람들이 그에게 報祭를 지냈습니다.
【上甲微(상갑미, shàng jiǎ wēi)】: [인명] 契의 8세손. 商湯의 6대조.

20 高圉、大王能帥稷者也, 周人報焉。→ 高圉·太王은 능히 稷의 덕행을 좇을 수 있던 사람이었기 때문에, 周나라 사람들이 그에게 報祭를 지냈습니다.

「凡禘、郊、祖、宗、報, 此五者, 國之典祀也.²¹ 加之以社稷山川之神, 皆有功烈於民者也. 及前哲令德之人, 所以爲明質也;²² 及天之三辰, 民所以瞻仰也; 及地之五行, 所以生殖也;²³ 及九州名山川澤, 所以出財用也. 非是, 不在祀典.²⁴

「今海鳥至, 己不知而祀之, 以爲國典, 難以爲仁且智矣!²⁵ 夫仁

【高圉(고어, gāo yǔ)】: [인명] 周의 시조 棄의 10세손.
【大王(태왕, tài wáng)】: 太王. 高圉의 증손. 周文王의 조부.【大】: 太.

21 「凡禘、郊、祖、宗、報, 此五者, 國之典祀也. → 「대저 禘祭・郊祭・祖祭・宗祭・報祭, 이 다섯 가지 祭禮는, 나라의 제사의식입니다.
【典祀(전사, diǎn sì)】: 제사의식. 祭典.

22 加之以社稷山川之神, 皆有功烈於民者也. 及前哲令德之人, 所以爲明質也; → 여기에 토지신・곡신과 산천의 신을 추가로 모셨는데, 이들은 모두 백성에게 공로가 있는 신들입니다. 또 현인들과 고상한 덕을 지닌 사람들은, 모두 백성들이 확실히 신뢰하는 사람들이고;
【加之(가지, jiā zhī)】: 여기에 …을 보태다.【之】: [대명사] 이. 이들. 즉「禘祭・郊祭・祖祭・宗祭・報祭의 다섯 가지 제례」.
【以(이, yǐ)】: …을.
【功烈(공렬, gōng liè)】: 공로. 공훈.
【及(급, jí)】: 그리고. 또.
【前哲令德之人(전철영덕지인, qián zhé lìng dé zhī rén)】: 이전의 현인과 고상한 덕을 지닌 사람.
【明質(명질, míng zhì)】: 확실히 신뢰하다.

23 及天之三辰, 民所以瞻仰也; 及地之五行, 所以生殖也; → 또 하늘의 三辰은, 백성들이 우러러보는 것들이고; 또 땅의 五行은, 사람이 의지하여 낳고 번식하는 것들이며;
【瞻仰(첨앙, zhān yǎng)】: 우러러보다.
【五行(오행, wǔ xíng)】: 金・木・水・火・土.
【生殖(생식, shēng zhí)】: 낳고 번식하다.

24 及九州名山川澤, 所以出財用也. 非是, 不在祀典. → 또 천하의 名山과 하천과 못은, 자원을 생산하는 것들입니다. 이런 것들이 아니면, 제사의식의 대상에 넣지 않았습니다.
【九州(구주, jiǔ zhōu)】: 천하. 온 나라.
【財用(재용, cái yòng)】: 자원. 재화.

25 「今海鳥至, 己不知而祀之, 以爲國典, 難以爲仁且智矣! →「지금 바닷새가 날아오니, 자신이 알지도 못하면서 그 새에게 제사를 지내고, 이를 국가의 儀式으로 삼는 것은, 어질고 지혜롭다고 할 수가 없습니다.

者講功, 而智者處物。無功而祀之, 非仁也; 不知而不能問, 非智也。[26]
今茲海其有災乎? 夫廣川之鳥獸, 恆知避其災也。」[27]
是歲也, 海多大風, 冬煖。[28] 文仲聞柳下季之言曰:「信吾過也! 季子之言, 不可不法也。」使書以爲三筴。[29]

【之(지, zhī)】: [대명사] 그것. 즉「바닷새」.
【難以(난이, nán yǐ)…】: …로 보기 어렵다. …라 할 수 없다.
【且(차, qiě)】: …하고 또….

26 夫仁者講功, 而智者處物。無功而祀之, 非仁也; 不知而不能問, 非智也。→ 무릇 어진 사람은 공적을 중시하고, 지혜로운 사람은 사물을 처리하는데 능합니다. 공적이 없는데 제사를 지내면, 어진 것이 아니고; 알지 못하면서 물을 줄도 모르면, 지혜로운 것이 아닙니다.
【夫(부, fú)】: [발어사] 무릇. 대저.
【講(강, jiǎng)】: 중시하다.
【處物(처물, chǔ wù)】: 사물을 처리하는데 능하다.

27 今茲海其有災乎? 夫廣川之鳥獸, 恆知避其災也。」→ 지금 바다에는 아마도 재난이 발생하려는 것이겠지요? 그 넓은 바다의 鳥獸들은, 항상 그러한 재난을 미리 알고 피합니다.」
【今茲(금자, jīn zī)】: 지금. 현재.
【其(기, qí)】: 아마도. 어쩌면.
【夫(부, fú)】: 그.
【廣川(광천, guǎng chuān)】: 大海. 넓은 바다.
【恆(항, héng)】: 항상. 흔히.

28 是歲也, 海多大風, 冬煖。→ 이 해에, 바다에는 큰바람이 자주 일고, 겨울은 포근했다.

29 文仲聞柳下季之言曰:「信吾過也! 季子之言, 不可不法也。」使書以爲三筴。→ 臧孫은 展禽의 말을 듣고:「이는 확실히 저의 잘못입니다! 季氏의 말씀은, 본받지 않을 수 없습니다.」라고 말하고, 사람을 시켜 글로 써서 3부의 簡冊을 만들었다.
【柳下季(유하계, liǔ xià jì)】: [인명] 展禽.【季】: (항렬에서) 막내.
【信(신, xìn)】: 확실히.
【季子(계자, jì zǐ)】: (형제 항렬에서의) 막내. 여기서는「柳下惠」를 가리킨다.
【法(법, fǎ)】: 본받다.
【使書(사서, shǐ shū)】: 사람을 시켜 쓰다.
【筴(책, cè)】: 簡册.

전금(展禽)이 원거(爰居)에 제사(祭祀)한 것에 대해 논하다

원거(爰居)라 부르는 바닷새 한 마리가 노(魯)나라 동문(東門) 밖에서 3일을 머물자, 장손(臧孫)이 사람을 보내 그 새에게 제사를 지내도록 했다. 그러자 전금(展禽)이 말했다 :「장손의 정치 행위는 예를 벗어난 것입니다. 대저 제사는 나라의 중대한 예절이요, 예절은 정치의 성공을 위한 관건입니다. 그래서 제사 의례를 신중히 제정하여 국가의 제도로 삼아야 합니다. 그런데 지금 까닭 없이 제도를 늘리는 것은 정치의 올바른 처사가 아닙니다.

「대저 성왕(聖王)께서는 제사 의례를 제정하면서 법을 세정하여 백성들에게 은혜를 베푼 사람에게 제사를 지내고, 목숨을 바쳐 맡은 일에 충실한 사람에게 제사를 지내고, 자신의 노고로써 나라를 안정시킨 사람에게 제사를 지내고, 큰 재난을 막은 사람에게 제사를 지내고, 큰 우환을 막은 사람에게 제사를 지냈으며, 이러한 부류가 아니면 제사의식의 대상에 넣지 않았습니다.

「옛날 열산씨(烈山氏)가 천하를 통치하던 시절, 그의 아들은 이름을 주(柱)라고 했는데, 여러 가지 곡식과 채소를 잘 재배했습니다. 하(夏)나라가 일어난 후, 주(周)의 시조인 기(棄)가 주(柱)의 사업을 계승했기 때문에, 그래서 그를 곡신(穀神)으로 삼아 제사를 지냈습니다. 공공씨(共工氏)가 구주(九州)를 제패했을 때, 그의 아들은 이름을 후토(后土)라 했는데, 능히 구주의 땅을 다스릴 수 있었기 때문에, 그래서 그를 토지신으로 삼아 제사를 지냈습니다. 황제(黃帝)는 능히 각종 사물의 이름을 지어 백성들을 깨우쳐 세금을 바치도록 할 수 있었고, 전욱(顓頊)은 능히 황제의 사업을 수행해 나갈 수 있었습니다. 제곡(帝嚳)은 능히 해와 달과 별의 운행 법칙에 따라 백성들을 안정시킬 수 있었고, 요(堯)는 능히 형법이 공평하게 시행되도록 힘을 다함으로써 백성들을 선도할 수 있었고, 순(舜)은 백성들의 일에 힘쓰다가 들에서 죽었고, 곤(鯀)은 홍수를 막다가 실패하여 죽임을 당했고, 우(禹)는 능히 덕행으로써 곤(鯀)의 치수(治水)사업을 수행해 나갈 수 있었고, 설(契)은 사도(司徒)에 임명되어 백성들을 화목하게 했고, 명(冥)은 자신의 직무에 힘쓰다가 물에 빠져 죽었고, 탕(湯)은 관대한 태도로써 백성을 다스리며 사악한 세력을 제거했고, 직(稷)은 각종 곡식을 심는 데 힘쓰다가 산에서 죽었고, 문왕(文王)은 문덕(文德)으로 이름을 드러냈고, 무왕(武王)은 백성들의 화근을 제거했습니다. 그래서 유우씨(有虞氏)는 황제(黃帝)에게 체제(禘祭)를 지내고 전욱(顓頊)에게 조제(祖祭)를 지냈으며, 요(堯)에게 교제(郊祭)를 지내고 순(舜)에게 종제(宗祭)를 지냈습니다. 하후씨(夏后氏)는 황제에게 체제를 지내고 전욱에게 조제를 지냈으며, 곤(鯀)에게 교제를 지내고 우(禹)에게 종제를 지냈습니다. 상(商)나라 사람들은 순(舜)에게 체제를 지내고 설(契)에게 조제를 지냈으며, 명(冥)에게 교제를 지내고 탕(湯)에게 종제를 지냈습니다. 주(周)나라 사람들은 곡(嚳)에게 체제를 지내고 직(稷)에게 교제를 지냈으며, 문왕(文王)에게 조제를 지내고 무왕(武王)에게 종제를 지냈습니다. 막(幕)은 능히 전욱(顓頊)의 덕행을 쫓을 수 있던 사람이었기 때문에, 유우씨(有虞氏)가 그에게 보제(報祭)를 지냈습니다. 저(杼)는 능히 우(禹)의 덕행을 쫓을 수 있던 사람이었기 때문에, 하후씨가 그에게 보제를 지냈습니다. 상갑미(上甲微)는 능히 설(契)의 덕행을 쫓을 수 있던 사람이었기 때문에, 상(商)나라 사람들이 그에게 보제를 지냈습니다. 고어(高圉)・태왕(大王)은 능히 직(稷)의 덕행을 쫓을 수 있던 사람이었기 때문에, 주(周)나라 사람들이 그에게 보제를 지냈습니다.

「대저 체제(禘祭)・교제(郊祭)・조제(祖祭)・종제(宗祭)・보제(報祭), 이 다섯 가지 제례(祭禮)는 나라의 제사 의식입니다. 여기에 토지신・곡신과 산천의 신을 추가로 모셨는데, 이들은 모두 백성에게 공로가 있는 신들입니다. 또 현인들과 고상한 덕을 지닌 사람들은 모두 백성들이 확실히 신뢰하는 사람들이고, 또 하늘의 삼신(三辰)은 백성들이 우러러보는 것들이고, 또 땅의 오행(五行)은 사람이 의지하여 낳고 번식하는 것들이며, 또 천하의 명산(名山)과 하천과 못은 자원을 생산하는 것들입니다. 이런 것들이 아니면 제사의식의 대상에 넣지 않았습니다.

「지금 바닷새가 날아오니 자신이 알지도 못하면서 그 새에게 제사를 지내고, 이를 국가의 의식으로 삼는 것은 어질고 지혜롭다고 할 수가 없습니다. 무릇 어진 사람은 공적을 중시하고, 지혜로운 사람은 사물을 처리하는 데 능합니다. 공적이 없는데 제사를 지내면 어진 것이 아니고, 알지 못하면서 물을 줄도 모르면 지혜로운 것이 아닙니다. 지금 바다에는 아마도 재난이 발생하려는 것이겠지요? 그 넓은 바다의 조수(鳥獸)들은 항상 그러한 재난을 미리 알고 피합니다.」

이 해에, 바다에는 큰바람이 자주 일고 겨울은 포근했다. 장손(臧孫)은 전금(展禽)의 말을 듣고 :「이는 확실히 저의 잘못입니다! 계씨(季氏)의 말씀은 본받지 않을 수 없습니다.」라고 말하고 사람을 시켜 글로 써서 3부의 간책(簡册)을 만들었다.

해제解題 및 본문 요지 설명

본문은 《국어(國語)・노어상(魯語上)》의 일부분으로, 노(魯)나라 경사(卿

士) 장문중(臧文仲)이 원거(爰居)라는 해조(海鳥)에 대해 잘 알지도 못하고 그것을 영물로 간주하여 제사를 지내려 하자, 대부(大夫) 전금(展禽)이 전통적인 제사 기준을 근거로 상세한 설명과 아울러 단호하게 반대함으로써, 장문중이 전금의 탁월한 식견에 감복하여 자기의 잘못을 인정하고 전금의 언론을 간책(簡册)으로 엮어낸 고사를 기술한 것이다.

본문은 세 단락으로 나눌 수 있는데, 첫째 단락에서는 사건의 발단에 대한 언급과 동시에 원거에 대한 제사가 전통의례에 어긋난다는 것을 말했고; 둘째 단락에서는 전금의 제사의식에 대한 구체적인 논증을 세 부분으로 나누어 기술했는데, 1) 황제(黃帝)·전욱(顓頊)·제곡(帝嚳)·요(堯)·순(舜)·우(禹)·설(契)·주문왕(周文王) 등 옛 성왕들이 제례를 제정한 사례를 인용하여 체제(禘祭)·교제(郊祭)·조제(祖祭)·종제(宗祭)·보제(報祭) 등 다섯 가지로 나눈 후 각기 명확한 기준을 제시하며 함부로 시행하면 안 된다는 것을 밝혔고, 2) 다섯 가지 제사 외에 다른 제사를 추가할 수 있지만 그것은 반드시 백성들에게 유익해야 한다는 것을 강조했고, 3) 원거(爰居)에 대한 제사를 잘못된 처사로 귀결 짓고, 어질지도 못하고 지혜롭지도 못한 장문중(臧文仲)의 처사를 비난했으며; 마지막 단락에서는 장문중이 자신의 잘못을 인정하고 전금의 의견을 받아들여 잘못을 바로잡은 상황을 기술했다.

040 이혁단고광군(里革斷罟匡君)

《國語·魯語上》

작자

035 채공간정견융(祭公諫征犬戎) 참조.

원문 및 주석

里革斷罟匡君[1]

宣公夏濫於泗淵, 里革斷其罟而棄之, 曰 :[2] 「古者大寒降, 土蟄

---

1 里革斷罟匡君 → 里革이 그물을 끊어 임금을 바로잡다
 【里革(이혁, lǐ gé)】: [인명] 魯나라의 대부.
 【罟(고, gǔ)】: 그물. 어망.
 【匡(광, kuāng)】: 바로잡다.
2 宣公夏濫於泗淵, 里革斷其罟而棄之, 曰 : → 魯宣公이 여름에 泗水의 깊은 곳에 그물을 놓아 물고기를 잡자, 里革이 그 그물을 잘라내 버리고, 말했다 :
 【宣公(선공, xuān gōng)】: 魯宣公. 이름은 倭. 18년간(B.C. 608-B.C. 591) 재위했다.
 【濫(람, làn)】: 浸. 담그다. 적시다. 여기서는「어망을 놓아 고기를 잡다」의 뜻.
 【泗(사, sì)】: 泗水. 지금의 산동성 泗水縣에서 발원하여 曲阜縣·濟寧縣을 지나 강소성

發, 水虞於是乎講罛䍡, 取名魚, 登川禽, 而嘗之寢廟, 行諸國人, 助宣氣也。³ 鳥獸孕, 水蟲成, 獸虞於是乎禁罝羅, 獵魚鼈, 以爲夏槁, 助生阜也。⁴ 鳥獸成, 水蟲孕, 水虞於是禁罝䍫麗, 設穽鄂, 以實廟庖,

경내로 흘러 들어간다.
【淵(연, yuān)】: 깊은 물.

3 「古者大寒降, 土蟄發, 水虞於是乎講罛䍡, 取名魚, 登川禽, 而嘗之寢廟, 行諸國人, 助宣氣也。→ 옛날에는 大寒 이후, 땅속에서 동면하는 벌레들이 활동을 시작하면, 水虞는 이때 그물과 통발을 준비하여, 큰 물고기를 잡고, (대합·자라 등의) 水族을 잡아, 종묘에 嘗祭를 지냈으며, 이러한 방법을 백성들 간에도 시행하도록 했습니다. 이는 (地下의) 陽氣를 발산시키는 데 도움을 주기 위한 것이었습니다.
【大寒(대한, dà hán)】: 대한. 24절기 중의 하나.
【…降(강, jiàng)】: …이후.
【土蟄(토칩, tǔ zhé)】: 땅속에서 동면하는 벌레.
【發(발, fā)】: 활동을 시작하다.
【水虞(수우, shuǐ yú)】: [관직] 하천에 관한 법령을 담당하는 관리.
【於是乎(어시호, yú shì hū)】: 이때. 이 시기에.
【講(강, jiǎng)】: 강구하다. 준비하다.
【罛(고, gū)】: 그물. 어망.
【䍡(류, liǔ)】: 통발.
【取(취, qǔ)】: 잡다.
【名魚(명어, míng yú)】: 대어. 큰 물고기.
【登(등, dēng)】: 取. 잡다.
【川禽(천금, chuān qín)】: 水族. 대합·자라 등 물에 사는 동물.
【嘗(상, cháng)】: 嘗祭. 가을에 지내는 제사. 여기서는 동사 용법으로「상제를 지내다」의 뜻.
【寢廟(침묘, qǐn miào)】: 종묘. ※옛날의 종묘는 앞뒤 두 건물로 배치되어 있는데, 앞쪽은「廟」라 하여 조상의 제사를 지내고, 뒤쪽은「寢」이라 하여 조상의 衣冠을 보존했다. 이를 합쳐「寢廟」라 했다.
【諸(제, zhū)】: 之於의 합음.
【國人(국인, guó rén)】: 백성.
【宣氣(선기, xuān qì)】: 陽氣를 발산시키다.

4 鳥獸孕, 水蟲成, 獸虞於是乎禁罝羅, 獵魚鼈, 以爲夏槁, 助生阜也。→ 鳥獸가 새끼를 배고, 어류들이 다 자랄 때가 되면, 獸虞는 이때 그물로 조수를 포획하는 것을 금지하고, 어류를 작살로 잡아, 이로써 여름철에 먹는 말린 고기를 만들도록 했는데, 이는 조수의 성장을 돕기 위한 것이었습니다.
【孕(잉, yùn)】: 새끼를 배다. 잉태하다.

畜功用也.⁵ 且夫山不槎蘖, 澤不伐夭, 魚禁鯤鮞, 獸長麑䴠, 鳥翼鷇卵, 蟲舍蚳蝝, 蕃庶物也, 古之訓也.⁶ 今魚方別孕, 不教魚長, 又行

【水蟲(수충, shuǐ chóng)】: 수족. 어류.
【成(성, chéng)】: 성숙하다. 다 자라다.
【獸虞(수우, shòu yú)】: 鳥獸에 관한 법령을 담당하는 관리.
【罝羅(저라, jū luó)】: 鳥獸를 잡는 그물. 여기서는 동사 용법으로「그물로 조수를 잡다」의 뜻. 【罝】: 짐승을 잡는 그물. 【羅】: 조류를 잡는 그물.
【矠(착, cè)】: (창이나 작살 등으로) 찔러서 잡다.
【魚鼈(어별, yú biē)】: 물고기와 자라. 여기서는「어류」를 총칭한 말.
【以爲(이위, yǐ wéi)】: 以(之)爲. 이로써 …을 만들다.
【夏槁(하고, xià gǎo)】: 여름철에 먹는 말린 물고기. 【槁】: 말리다.
【生阜(생부, shēng fù)】: 성장하다. 자라다.

5 鳥獸成, 水蟲孕, 水虞於是禁罝罜䍡, 設阱鄂, 以實廟庖, 畜功用也. → 조수가 다 자라고, 어류들이 산란할 때가 되면, 水虞는 이때 작은 어망으로 물고기 잡는 것을 금지하고, 함정을 설치해 짐승을 잡도록 하여, 이로써 종묘의 祭需로 충당했습니다. 이는 유용한 물건을 비축하기 위한 것이었습니다.
【罝(저, jū)】: 그물. ※다른 판본에는 이 글자가 없다.
【罜䍡(주록, zhù lù)】: 작은 魚網.
【阱鄂(정악, jǐng è)】: 함정.
【實(실, shí)】: 충당하다. 제공하다.
【廟庖(묘포, miào páo)】: 종묘의 주방. 여기서는「종묘의 祭需」를 말한다.
【功用(공용, gōng yòng)】: 유용한 물건.

6 且夫山不槎蘖, 澤不伐夭, 魚禁鯤鮞, 獸長麑䴠, 鳥翼鷇卵, 蟲舍蚳蝝, 蕃庶物也, 古之訓也. → 또한 산에서는 새로 자라나는 나뭇가지를 자르지 못하게 하고, 못가에서는 다 자라지 않은 초목을 베지 못하게 했는가 하면, 물고기는 魚卵과 어린 물고기를 잡지 못하도록 금지하고, 짐승은 새끼 사슴과 새끼 고라니를 성장하도록 놓아두고, 조류는 어린 새나 알을 보호하고, 곤충은 개미의 유충이나 메뚜기의 유충을 놓아주도록 했습니다. 이는 만물의 번식을 위한 것으로, 옛사람들의 교훈입니다.
【且夫(차부, qiě fú)】: 또한.
【槎(차, chá)】: 베다. 자르다.
【蘖(얼, niè)】: 새로 자라나는 가지.
【伐(벌, fā)】: 베다. 자르다.
【夭(요, yāo)】: 아직 다 자라지 않은 초목.
【鯤(곤, kūn)】: 魚卵.
【鮞(이, ér)】: 어린 물고기.
【長(장, zhǎng)】: 자라도록 하다.
【麑(예, ní)】: 새끼 사슴.

網罟, 貪無藝也。」⁷

　　公聞之曰:「吾過而里革匡我, 不亦善乎! 是良罟也, 爲我得法。使有司藏之, 使吾無忘諗。」⁸ 師存侍, 曰:「藏罟, 不如寘里革於側之不忘也。」⁹

【麑(오, yǎo)】: 새끼 고라니.
【翼(익, yì)】: 보호하다.
【鷇(구, kòu)】: 어린 새.
【舍(사, shě)】: 버리다. 여기서는「잡지 않고 놓아주다」의 뜻.
【蚳(지, chí)】: 개미의 유충.
【蝝(연, yuán)】: 메뚜기의 유충.
【蕃(번, fán)】: 번식하다.
【庶物(서물, xù wù)】: 만물.

7　今魚方別孕, 不教魚長, 又行網罟, 貪無藝也。」→ 지금은 물고기가 마침 산란을 하는 중인데, 물고기를 자라지 못하도록 하고, 또 그물을 놓아 잡는다면, 실로 탐욕이 매우 지나친 것입니다.」
【方(방, fāng)】: 마침.
【別孕(별잉, bié yùn)】: 산란하다.
【教(교, jiào)】: 使. …하도록 하다.
【網罟(망고, wǎng gǔ)】: 그물. 여기서는 동사 용법으로「그물을 놓아 고기를 잡다」의 뜻.
【無藝(무예, wú yì)】: 한이 없다. 매우 지나치다. 《藝》: 極. 끝. 한도.

8　公聞之曰:「吾過而里革匡我, 不亦善乎! 是良罟也, 爲我得法。使有司藏之, 使吾無忘諗。」→ 魯宣公이 이 말을 듣고 말했다:「내가 잘못을 저질러 里革이 나를 바로잡아 주니, 어찌 좋은 일이 아니겠습니까? 이 그물은 나에게 옛사람의 법도를 터득하게 해주었으니, 아주 훌륭한 그물입니다. 담당 관리로 하여금 이 그물을 보관하도록 하여, 나로 하여금 충고를 잊지 않도록 할 것입니다.」
【公(공, gōng)】: 宣公.
【匡(광, kuāng)】: 바로잡다.
【得法(득법, dé fǎ)】: 방법을 터득하다.
【有司(유사, yǒu sī)】: 전담 부서. 담당 관리.
【藏(장, cáng)】: 소장하다. 보존하다.
【之(지, zhī)】: [대명사] 그것. 즉 어망.
【諗(심, shěn)】: 충고(하다). 권고(하다).

9　師存侍, 曰:「藏罟, 不如寘里革於側之不忘也。」→ 樂師 存이 시중을 들다가, 말했다:「이 그물을 보관하는 것보다는, 이혁을 옆에 가까이 두고 잊지 않으시는 것이 낫습니다.」
【師存(사존, shī cún)】: 樂師 存. 《存》: [인명] 악사 이름.

> 번역문

이혁(里革)이 그물을 끊어 임금을 바로잡다

　노선공(魯宣公)이 여름에 사수(泗水)의 깊은 곳에 그물을 놓아 물고기를 잡자, 이혁(里革)이 그 그물을 잘라내 버리고 말했다 : 「옛날에는 대한(大寒) 이후 땅속에서 동면하는 벌레들이 활동을 시작하면 수우(水虞)는 이때 그물과 통발을 준비하여 큰 물고기를 잡고 (대합 · 자라 등의) 수족(水族)을 잡아 종묘에 상제(嘗祭)를 지냈으며, 이러한 방법을 백성들 간에도 시행하도록 했습니다. 이는 지하(地下)의 양기(陽氣)를 발산시키는 데 도움을 주기 위한 것이었습니다. 조수(鳥獸)가 새끼를 배고 어류들이 다 자랄 때가 되면, 수우(獸虞)는 이때 그물로 조수를 포획하는 것을 금지하고 어류를 작살로 잡아 이로써 여름철에 먹는 말린 고기를 만들도록 했는데, 이는 조수의 성장을 돕기 위한 것이었습니다. 조수가 다 자라고 어류들이 산란할 때가 되면 수우(水虞)는 이때 작은 어망으로 물고기 잡는 것을 금지하고 함정을 설치해 짐승을 잡도록 하여 이로써 종묘의 제수(祭需)로 충당했습니다. 이는 유용한 물건을 비축하기 위한 것이었습니다. 또한 산에서는 새로 자라나는 나뭇가지를 자르지 못하게 하고, 못가에서는 다 자라지 않은 초목을 베지 못하게 했는가 하면, 물고기는 어란(魚卵)과 어린 물고기를 잡지 못하도록 금지하고, 짐승은 새끼 사슴과 새끼 고라니를 성장하도록 놓아두고, 조류는 어린 새나 알을 보호하고, 곤충은 개미의 유충이나 메뚜기의 유충을 놓아주도록 했습니다. 이는 만물의 번식을 위한 것으로, 옛사람들의 교

【侍(시, shì)】: 시중들다.
【不如(불여, bù rú)…】: …하는 것이 낫다.
【寘(치, zhì)】: 置. 두다.

훈입니다. 지금은 물고기가 마침 산란을 하는 중인데, 물고기를 자라지 못하도록 하고 또 그물을 놓아 잡는다면 실로 탐욕이 매우 지나친 것입니다.」
　노선공(魯宣公)이 이 말을 듣고 말했다 :「내가 잘못을 저질러 이혁(里革)이 나를 바로잡아 주니, 어찌 좋은 일이 아니겠습니까? 이 그물은 나에게 옛사람의 법도를 터득하게 해주었으니 아주 훌륭한 그물입니다. 담당 관리로 하여금 이 그물을 보관하도록 하여 나로 하여금 충고를 잊지 않도록 할 것입니다.」악사(樂師) 존(存)이 시중을 들다가 말했다 :「이 그물을 보관하는 것보다는 이혁을 옆에 가까이 두고 잊지 않으시는 것이 낫습니다.」

해제解題 및 본문 요지 설명

　본문은《국어(國語)·노어상(魯語上)》의 일부분으로, 내용은 노선공(魯宣公)이 시령(時令)에 따르지 않고 물고기를 잡자, 대부 이혁(里革)이 그물을 잘라내 버리고 의론을 펼쳐 군주로 하여금 잘못을 깨닫도록 한 일을 기술한 것이다.
　본문은 두 단락으로 나눌 수 있는데, 첫째 단락에서는 노선공이 물고기를 잡고 있는데 이혁이 어망을 잘라버린 후, 옛날의 제도를 인용하여 조수(鳥獸)나 어류를 남획해서 안 되는 이치와 일정한 시기에 물고기를 길러 번식을 증대해야 하는 중요성을 들어, 선공(宣公)의 지나친 탐욕에 대해 충간한 것을 기술했고; 둘째 단락에서는 노선공이 이혁의 충간을 받아들여 잘못을 뉘우침과 동시에 자신에게 옛사람들의 법도를 터득하게 해준 그물을 보존하여 충고를 잊지 않기로 한 선공의 군자다운 훌륭한 덕목을 기술했다.

041 경강논노일(敬姜論勞逸)

《國語·魯語下》

작자

035 채공간정견융(祭公諫征犬戎) 참조.

원문 및 주석

敬姜論勞逸[1]

公父文伯退朝, 朝其母, 其母方績。[2] 文伯曰:「以歜之家而主猶

---

1 敬姜論勞逸 → 敬姜이 고생과 편안함에 대해 논하다
 【敬姜(경강, jìng jiāng)】: [인명] 魯나라의 대부인 公父歜의 어머니.
 【勞逸(노일, láo yì)】: 고생과 편안함.

2 公父文伯退朝, 朝其母, 其母方績。→ 공보문백이 조정에서 나와, 어머니를 뵈러 가니, 그의 어머니는 마침 베를 짜고 있었다.
 【公父文伯(공보문백, gōng fǔ wén bó)】: [인명] 公父歜(공보촉). 魯나라의 대부. 조부는 季悼子, 아버지는 公父穆伯, 어머니는 敬姜이다. 【敬】: 시호.
 ※「父」는 이름으로 사용할 때「보」로 읽는다.
 【朝其母(조기모, cháo qí mǔ)】: 자기 어머니를 찾아뵈다. 【朝】: 찾아뵈다.

績, 懼忓季孫之怒也, 其以歜爲不能事主乎!」³

其母歎曰:「魯其亡乎! 使僮子備官而未之聞耶? 居, 吾語女。⁴

「昔聖王之處民也, 擇瘠土而處之, 勞其民而用之, 故長王天下。⁵

- 【方(방, fāng)】: 마침.
- 【績(적, jī)】: 베를 짜다.

3 文伯曰:「以歜之家而主猶績, 懼忓季孫之怒也, 其以歜爲不能事主乎!」→ 공보문백이 여쭈었다:「저와 같은 집안에서 어른이 아직 베를 짜고 계신다면, 季康子의 노여움을 야기하여, 그가 저에게 어른을 잘 섬기지 못한다고 여길까 두렵습니다!」
- 【歜(촉, chù)】: 공보문백이 자신의 이름을 「저」라는 의미로 사용한 것.
- 【主(주, zhǔ)】: 집안의 어른. 가장. 여기서는 공보문백의 어머니를 가리킨다.
- 【猶(유, yóu)】: 아직도. 여전히.
- 【懼(구, jù)】: 두렵다.
- 【忓(간, gān)】: 干. 야기하다.
- 【季孫(계손, jì sūn)】: [인명] 季康子. 魯나라의 卿으로 이름은 肥이며, 季桓子의 아들이다. 敬姜은 季康子의 숙조모.
- 【以(이, yǐ)…爲(위, wéi)…】: …을 …라 여기다.
- 【事(사, shì)】: 섬기다. 모시다.

4 其母歎曰:「魯其亡乎! 使僮子備官而未之聞耶? 居, 吾語女。→ 그의 어머니가 탄식하며 말했다:「魯나라가 아마도 망하려나 보다! 어린 철부지에게 벼슬을 하도록 하여 아직 (治國의 도리를) 들어보지 못했는가? 앉아라, 내가 너에게 말해주마.
- 【其(기, qí)】: 아마도.
- 【使(사, shǐ)】: …로 하여금 …하도록 하다.
- 【僮子(동자, tóng zǐ)】: 童子. 어린아이. 철부지.
- 【備官(비관, bèi guān)】: [사동 용법] 벼슬을 하게 하다.
- 【居(거, jū)】: [명령에] 앉아라.
- 【語(어, yù)】: [동사] 말하다.
- 【女(여, rǔ)】: 汝. 너.

5 「昔聖王之處民也, 擇瘠土而處之, 勞其民而用之, 故長王天下。→ 옛날 聖王께서는 백성을 다스릴 때, 척박한 땅을 골라 그들을 살게 하고, 그 백성들을 고생시킨 후에 기용했기 때문에, 그래서 천하를 오래도록 통치할 수 있었다.
- 【處民(처민, chǔ mín)】: 백성을 다스리다.
- 【擇(택, zé)】: 고르다. 선택하다.
- 【瘠土(척토, jí tǔ)】: 척박한 땅.
- 【勞(로, láo)】: [사동 용법] 고생시키다. 고생을 겪도록 하다.
- 【長王(장왕, cháng wàng)】: 오래도록 통치하다. 【王】: [동사] 왕 노릇 하다. 다스리다. 통치하다.

夫民勞則思, 思則善心生; 逸則淫, 淫則忘善, 忘善則惡心生。⁶ 沃土
之民不材, 逸也; 瘠土之民, 莫不嚮義, 勞也。⁷

「是故天子大采朝日, 與三公、九卿祖識地德; 日中考政, 與百
官之政事, 師尹惟旅牧, 相宣序民事。⁸ 少采夕月, 與大史、司載糾虔

---

6 夫民勞則思, 思則善心生; 逸則淫, 淫則忘善, 忘善則惡心生。→ 무릇 백성들은 고생을 하
  면 깊이 생각을 하게 되고, 깊이 생각을 하면 착한 마음이 생긴다. 편안하면 방탕하게 되
  고, 방탕하면 착한 마음을 잊게 되며, 착한 마음을 잊으면 악한 마음이 생긴다.
  【夫(부, fú)】: [발어사] 무릇. 대저.
  【逸(일, yì)】: 안일하다. 편안하다.
  【淫(음, yín)】: 방탕하다. 방종하다.

7 沃土之民不材, 逸也; 瘠土之民, 莫不嚮義, 勞也。→ 비옥한 땅에 사는 사람들은 유용한
  재목이 되지 못하는데, 이는 편안하기 때문이고; 척박한 땅에 사는 사람들은, 정의를 향
  해 나가지 않는 사람이 없는데, 이는 고생을 겪었기 때문이다.
  【沃土(옥토, wò tǔ)】: 비옥한 땅.
  【不材(부재, bù cái)】: 재목이 되지 못하다.
  【逸(일, yì)】: ※판본에 따라서는「逸」을「淫」이라 했다.
  【莫不(막불, mò bù)…】: …하지 않는 자가 없다. 모두 …하다.
  【嚮義(향의, xiàng yì)】: 정의를 향해 나가다. 〖嚮〗: 向.

8 「是故天子大采朝日, 與三公、九卿祖識地德; 日中考政, 與百官之政事, 師尹惟旅牧, 相 宣
  序民事。→ 그래서 천자께서는 (춘분날 아침에는) 五色의 예복을 입고 태양신에게 제사
  한 후, 三公·九卿과 함께 地德에 관해 상세히 학습하고; 정오에 나라의 정사와 百官들
  의 정무를 살피는데, 師尹과 여러 지방 장관들이 천자를 보필하여 백성들에 관한 업무를
  선포하고 순서에 따라 추진한다.
  【是故(시고, shì gù)】: 그래서. 이로 인해.
  【大采(대채, dà cǎi)】: 천자의 예복인 五色의 곤룡포.
  【朝日(조일, cháo rì)】: 태양신에 제사하다. ※천자가 春分날에 태양신에게 지내는 제사
    의식.
  【三公(삼공, sān gōng)】: 周나라 조정의 최고위직 장관인 太師·太傅·太保.
  【九卿(구경, jiǔ qīng)】: 조정 직속의 각부 장관인 冢宰·司徒·宗伯·司馬·司寇·司
    空·少師·少傅·少保.
  【祖識(조식, zǔ shí)】: 상세히 배워 알다. 〖祖〗: 상세히 배우다.
  【地德(지덕, dì dé)】: 만물을 낳고 기르는 땅의 기능. 여기서는「오곡의 경작 상황」을 가리
    킨다.
  【日中(일중, rì zhōng)】: 정오. 점심때.
  【考(고, kǎo)】: 살피다.

天刑; 日入監九御, 使潔奉禘、郊之粢盛, 而後卽安。⁹ 諸侯朝修天子之業命, 晝考其國職, 夕省其典刑, 夜儆百工, 使無慆淫, 而後卽安。¹⁰ 卿大夫朝考其職, 晝講其庶政, 夕序其業, 夜庀其家事, 而後

- 【百官(백관, bǎi guān)】: 모든 관리.
- 【師尹(사윤, shī yǐn)】: 大夫官. 太師.
- 【惟(유, wéi)】: 與. …과(와).
- 【旅(려, lǚ)】: 여럿. 다수.
- 【牧(목, mǔ)】: 州牧. 지방 장관.
- 【相(상, xiàng)】: 보좌하다. 보필하다.
- 【宣序(선서, xuān xù)】: 선포하고 순서에 따라 추진하다.

9 少采夕月, 與大史、司載糾虔天刑; 日入監九御, 使潔奉禘、郊之粢盛, 而後卽安。→ 또 천자께서는 추분날 저녁에 三色의 예복을 입고 月神에게 제사한 후, 大史·司載와 함께 경건히 하늘에 나타나는 현상을 관찰하고; 해가 지면 九嬪을 감독하여, 禘祭·郊祭에 올리는 곡식을 깨끗이 준비해 놓은 후, 그런 다음에 휴식을 취하신다.
- 【少采(소채, shào cǎi)】: 천자의 예복인 三色의 곤룡포.
- 【夕月(석월, xī yuè)】: 천자가 추분날 밤에 三色의 곤룡포를 입고 月神에게 지내는 제사 의식.
- 【大史(태사, dà shǐ)】: 典籍·策命·天文·曆法·祭祀 등을 관장하는 관리.【大】: 太.
- 【司載(사재, sī zài)】: 천문을 관찰하여 길흉을 판단하는 일을 담당하는 관리.
- 【糾虔(규건, jiū qián)】: 경건히 관찰하다.
- 【天刑(천형, tiān xíng)】: 하늘의 법칙. 즉 「하늘에 나타나는 현상」을 가리킨다.
- 【監(감, jiān)】: 감시하다.
- 【九御(구어, jiǔ yù)】: 九嬪. 천자 內宮의 각종 女官으로, 祭服·제수용품을 관장한다.
- 【使(사, shǐ)】: …하도록 시키다.
- 【潔(결, jié)】: 청결하다. 깨끗하다. 여기서는 「깨끗이 준비해 놓다」의 뜻.
- 【奉(봉, fèng)】: 바치다. 올리다.
- 【禘(체, dì)】: 禘祭. 大祭. 천자가 조상에게 지내는 제사.
- 【郊(교, jiāo)】: 郊祭. 천자가 교외에서 천지에 지내는 제사.
- 【粢盛(자성, zī chéng)】: 제기에 담아 제사에 올리는 곡식.
- 【而後(이후, ér hòu)】: 이후. 그런 다음에.
- 【卽安(즉안, jí ān)】: 휴식을 취하다. 쉬다.

10 諸侯朝修天子之業命, 晝考其國職, 夕省其典刑, 夜儆百工, 使無慆淫, 而後卽安。→ 제후는 아침에 천자의 업무와 명령을 처리하고, 낮에는 자기 나라의 업무를 살피며, 저녁에 (자신이 처리한) 법령 제도를 성찰하고, 밤에 모든 관리들에게 경고하여, 그들로 하여금 태만하거나 방탕하지 못하게 한 후, 그런 다음에 휴식을 취한다.
- 【修(수, xiū)】: 처리하다.

卽安.¹¹ 士朝受業, 晝而講貫, 夕而習復, 夜而計過, 無憾, 而後卽安.¹²
自庶人以下, 明而動, 晦而休, 無日以怠.¹³

「王后親織玄紞, 公侯之夫人加之以紘、綖, 卿之內子爲大帶,
命婦成祭服, 列士之妻加之以朝服, 自庶士以下, 皆衣其夫.¹⁴ 社而

【業命(업명, yè mìng)】: 업무와 명령.
【考(고, kǎo)】: 살피다.
【國職(국직, guó zhí)】: 나라의 업무. 國事.
【省(성, xǐng)】: 성찰하다. 살피다.
【典刑(전형, diǎn xíng)】: 법령 제도.
【儆(경, jǐng)】: 경고하다. 주의를 주다.
【百工(백공, bǎi gōng)】: 百官. 모든 관리.
【惛淫(도음, tāo yín)】: 태만하고 방탕하다.

11 卿大夫朝考其職, 晝講其庶政, 夕序其業, 夜庀其家事, 而後卽安. → 卿·大夫는 아침에 자기의 직무를 살피고, 낮에 자기의 각종 정무를 처리하며, 저녁에 자기가 처리한 업무를 점검하고, 밤에 자기 집안의 일을 다스린 후, 그런 다음에 휴식을 취한다.
【庶政(서정, shù zhèng)】: 각종 정무. 『庶』: 각종. 여러 가지.
【序(서, xù)】: 정리하다. 차례대로 점검하다.
【庀(비, pǐ)】: 다스리다. 처리하다.

12 士朝受業, 晝而講貫, 夕而習復, 夜而計過, 無憾, 而後卽安. → 士人은 아침에 업무를 받고, 낮에 (정무를) 강습하며, 저녁에 복습을 하고, 밤에 잘못이 있는지 헤아려 보아, 잘못이 없으면, 그런 다음에 휴식을 취한다.
【士(사, shì)】: 士人. 공경대부와 서민의 중간 계층.
【講貫(강관, jiǎng guàn)】: 강습하다.
【習復(습복, xí fù)】: 복습하다.
【計過(계과, jì guò)】: 잘못을 헤아려보다.
【無憾(무감, wú hàn)】: 유감이 없다. 즉「잘못이 없다」의 뜻.

13 自庶人以下, 明而動, 晦而休, 無日以怠. → 평민으로부터 그 이하는, 날이 밝으면 일을 하고, 어두워지면 쉬며, 하루도 게으름을 피우는 날이 없다.
【明(명, míng)】: 날이 밝다.
【動(동, dòng)】: 움직이다. 여기서는「일을 하다」의 뜻.
【晦(회, huì)】: 날이 어두워지다.
【怠(태, dài)】: 나태하다. 게으름을 피우다.

14「王后親織玄紞, 公侯之夫人加之以紘、綖, 卿之內子爲大帶, 命婦成祭服, 列士之妻加之以朝服, 自庶士以下, 皆衣其夫. → 王后께서는 몸소 玄紞을 짜야 하고, 公侯의 부인은 玄紞 외에 紘·綖을 더 짜야 하고, 卿의 아내는 大帶를 만들어야 하고, 大夫의 아내는

賦事, 蒸而獻功, 男女效績, 愆則有辟, 古之制也.¹⁵ 君子勞心, 小人勞力, 先王之訓也. 自上以下, 誰敢淫心舍力?¹⁶

「今我寡也, 爾又在下位, 朝夕處事, 猶恐忘先人之業, 況有怠

祭服을 만들어야 하고, 列士의 아내는 祭服 외에 朝服을 더 만들어야 하고, 下士 이하의 아내부터는, 모두 자기 남편의 옷을 만들어야 한다.
- 【親(친, qīn)】: 몸소. 친히.
- 【織(직, zhī)】: 짜다. 짜서 만들다.
- 【玄紞(현담, xuán dǎn)】: 왕관 양쪽에 옥을 매다는 검은색 끈.
- 【加之(가지, jiā zhī)】: 이에 더하여. 즉「현담을 짜는 것 외에」의 뜻.
- 【紘(굉, hóng)】: 왕관을 잡아매는 끈.
- 【綖(연, yán)】: 왕관 위에 덮는 裝飾布.
- 【內子(내자, nèi zǐ)】: 처. 아내.
- 【大帶(대대, dà dài)】: 검은 비단으로 만든 허리띠.
- 【命婦(명부, mìng fù)】: 封號가 있는 부인. 여기서는「대부의 아내」를 가리킨다.
- 【列士(열사, liè shì)】: 周代의 士人은 元士・中士・下士의 세 등급으로 구분했는데, 열사는 그중 상류에 속하는 계층을 말한다.
- 【朝服(조복, cháo fú)】: 임금과 신하가 조회에 참석할 때 입는 예복.
- 【庶士(서사, shù shì)】: 下士.
- 【衣(의, yì)】: [동사 용법] 옷을 만들다.

15 社而賦事, 蒸而獻功, 男女效績, 愆則有辟, 古之制也. → 춘분에는 地神에게 제사한 후 농사일을 부여하고, 겨울 제사 때는 거둔 성과를 바치는데, 남녀 모두 실적을 위해 힘을 다하고, 잘못이 있으면 징벌하는 것이, 옛날의 제도이다.
- 【社(사, shè)】: 地神. 여기서는 동사 용법으로「지신에게 제사하다」의 뜻.
- ※ 지신에 대한 제사는 춘분에 지낸다.
- 【賦事(부사, fù shì)】: 농사일을 부여하다.〖賦〗: 부여하다. 할당하다. 안배하다.
- 【蒸(증, zhēng)】: 겨울 제사.
- 【獻(헌, xiàn)】: 바치다.
- 【功(공, gōng)】: (농사일을 하여) 거둔 성과. 즉「오곡, 布帛 등」.
- 【效績(효적, xiào jī)】: 실적을 거두기 위해 힘을 다하다.
- 【愆(건, qiān)】: 과실. 잘못.
- 【辟(벽, bì)】: 징벌하다. 처벌하다.

16 君子勞心, 小人勞力, 先王之訓也. 自上以下, 誰敢淫心舍力? → 군자는 마음을 쓰고, 소인은 힘을 써야 하는 것이, 선왕의 가르침이다. 위로부터 아래에 이르기까지, 누가 감히 방탕한 마음을 갖고 노력을 안 하겠느냐?
- 【淫心(음심, yín xīn)】: 방탕한 마음을 갖다.
- 【舍力(사력, shě lì)】: 힘을 쓰지 않다. 노력을 안 하다.〖舍〗: 捨.

惰, 其何以避辟?¹⁷ 吾冀而朝夕修我, 曰:『必無廢先人。』爾今日:『胡不自安?』以是承君之官, 余懼穆伯之絶祀也。』¹⁸

仲尼聞之曰:「弟子志之, 季氏之婦不淫矣!」¹⁹

17 「今我寡也, 爾又在下位, 朝夕處事, 猶恐忘先人之業, 況有怠惰, 其何以避辟? → 「지금 나는 과부이고, 너는 또 지위가 낮은 관직에 있어, 아침부터 저녁까지 일을 한다 해도, 여전히 조상의 업적을 잃을까 두려운데, 하물며 나태한 생각을 지니고 있으니, 장차 어찌 처벌을 면하겠느냐?
【寡(과, guǎ)】: 과부.
【爾(이, ěr)】: 너.
【下位(하위, xià wèi)】: 지위가 낮은 관직.
【處事(처사, chǔ shì)】: 일을 하다.
【猶(유, yóu)】: 여전히.
【恐(공, kǒng)】: 두렵다.
【先人(선인, xiān rén)】: 선조. 조상.
【況(황, kuàng)】: 하물며.
【怠惰(태타, dài duò)】: 나태하다. 태만하다.
【其(기, qí)】: 將. 장차.
【避辟(피벽, bí bì)】: 처벌을 면하다.

18 吾冀而朝夕修我, 曰:『必無廢先人。』爾今日:『胡不自安?』以是承君之官, 余懼穆伯之絶祀也。』→ 나는 네가 아침저녁으로 나를 격려하여, 『반드시 조상의 사업을 버리지 말아주세요.』라고 말해주기를 바라는데, 너는 지금:『어찌 스스로 편안함을 누리려 하지 않으십니까?』라고 말하니, 이러한 태도로써 임금의 관직을 담당한다면, 나는 너의 부친 穆伯께서 제사 지내줄 후사가 끊어질까 두렵다.」
【冀(기, jì)】: 바라다. 희망하다.
【而(이, ér)】: 爾. 너.
【修(수, xiū)】: 격려하다. 경각심을 갖게 하다.
【胡(호, hú)】: 어찌. 왜.
【以是(이시, yǐ shì)】: 이로써. 즉「이러한 태도로써」의 뜻.
【承(승, chéng)】: 맡다. 담당하다.
【穆伯(목백, mù bó)】: 文伯의 아버지.
【絶祀(절사, jué sì)】: 제사를 지내줄 사람이 끊어지다.

19 仲尼聞之曰:「弟子志之, 季氏之婦不淫矣!」 → 孔子가 이 말을 듣고 말했다:「제자들은 기억해 두어라. 季氏의 부인은 安逸을 도모하지 않은 분이니라!」
【仲尼(중니, zhòng ní)】: [인명] 孔子. 성은 孔, 이름은 丘, 자는 仲尼.
【志(지, zhì)】: 기억하다.
【不淫(불음, bù yín)】: 방종하지 않다. 여기서는「安逸을 도모하지 않다」의 뜻.

> 번역문

경강(敬姜)이 고생과 편안함에 대해 논하다

 공보문백(公父文伯)이 조정(朝廷)에서 나와 어머니를 뵈러 가니, 그의 어머니는 마침 베를 짜고 있었다. 공보문백이 여쭈었다 : 「저와 같은 집안에서 어른이 아직 베를 짜고 계신다면, 계강자(季康子)의 노여움을 야기하여 그가 저에게 어른을 잘 섬기지 못한다고 여길까 두렵습니다!」
 그의 어머니가 탄식하며 말했다 : 「노(魯)나라가 아마도 망하려나 보다! 어린 철부지에게 벼슬을 하도록 하여 아직 치국(治國)의 도리를 들어보지 못했는가? 앉아라, 내가 너에게 말해주마.
 「옛날 성왕(聖王)께서는 백성을 다스릴 때 척박한 땅을 골라 그들을 살게 하고 그 백성들을 고생시킨 후에 기용했기 때문에, 그래서 천하를 오래도록 통치할 수 있었다. 무릇 백성들은 고생을 하면 깊이 생각을 하게 되고, 깊이 생각을 하면 착한 마음이 생긴다. 편안하면 방탕하게 되고 방탕하면 착한 마음을 잊게 되며, 착한 마음을 잊으면 악한 마음이 생긴다. 비옥한 땅에 사는 사람들은 유용한 재목이 되지 못하는데, 이는 편안하기 때문이고, 척박한 땅에 사는 사람들은 정의를 향해 나가지 않는 사람이 없는데, 이는 고생을 겪었기 때문이다.
 「그래서 천자께서는 (춘분날 아침에는) 오색(五色)의 예복을 입고 태양신에게 제사한 후 삼공(三公)·구경(九卿)과 함께 지덕(地德)에 관해 상세히 학습하고, 정오에 나라의 정사(政事)와 백관(百官)들의 정무를 살피는데, 사윤(師尹)과 여러 지방 장관들이 천자를 보필하여 백성들에 관한 업무를 선포하고 순서에 따라 추진한다. 또 천자께서는 추분날 저녁에 삼색(三色)의 예복을 입고 월신(月神)에게 제사한 후, 태사(大史)·사재(司載)와 함께 경건히 하늘에 나타나는 현상을 관찰하고, 해가 지면 구빈(九嬪)을 감독하여 체제(禘祭)·교제(郊祭)에 올리는 곡식을 깨끗이 준비해 놓고, 그런 다음에 휴식을 취하신다. 제후는 아침에 천자의 업무와 명령을 처리하고, 낮에는 자기 나라의 업무를 살피며, 저녁에 (자신이 처리한) 법령 제도를 성찰하고 밤에 모든 관리들에게 경고하여 그들로 하여금 태만하거나 방탕하지 못하게 한 후, 그런 다음에 휴식을 취한다. 경(卿)·대부(大夫)는 아침에 자기의 직무를 살피고 낮에 자기의 각종 정무를 처리하며 저녁에 자기가 처리한 업무를 점검하고 밤에 자기 집안의 일을 다스린 후, 그런 다음에 휴식을 취한다. 사인(士人)은 아침에 업무를 받고, 낮에 (정무를) 강습하며, 저녁에 복습을 하고, 밤에는 잘못이 있는지 헤아려 보아 잘못이 없으면, 그런 다음에 휴식을 취한다. 평민으로부터 그 이하는 날이 밝으면 일을 하고 어두워지면 쉬며 하루도 게으름을 피우는 날이 없다.

「왕후(王后)께서는 몸소 현담(玄紞)을 짜야 하고, 공후(公侯)의 부인은 현담 외에 굉(紘)·연(綖)을 더 짜야 하고, 경(卿)의 아내는 대대(大帶)를 만들어야 하고, 대부(大夫)의 아내는 제복(祭服)을 만들어야 하고, 열사(列士)의 아내는 제복(祭服) 외에 조복(朝服)을 더 만들어야 하고, 하사(下士) 이하의 아내부터는 모두 자기 남편의 옷을 만들어야 한다. 춘분에는 지신(地神)에게 제사한 후 농사일을 부여하고 겨울 제사 때는 거둔 성과를 바치는데, 남녀 모두 실적을 위해 힘을 다하고 잘못이 있으면 징벌하는 것이 옛날의 제도이다. 군자는 마음을 쓰고 소인은 힘을 써야 하는 것이 선왕의 가르침이다. 위로부터 아래에 이르기까지 누가 감히 방탕한 마음을 갖고 노력을 안 하겠느냐?

「지금 나는 과부이고 너는 또 지위가 낮은 관직에 있어 아침부터 저녁까지 일을 한다 해도 여전히 조상의 업적을 잃을까 두려운데, 하물며 나태한 생각을 지니고 있으니, 장차 어찌 처벌을 면하겠느냐? 나는 네가 아침저녁으로 나를 격려하여『반드시 조상의 사업을 버리지 말아주세요.』라고 말해주기를 바라는데, 너는 지금 : 『어찌 스스로 편안함을 누리려 하지 않으십니까?』라고 말하니, 이러한 태도로써 임금의 관직을 담당한다면 나는 너의 부친 목백(穆伯)께서 제사 지내줄 후사가 끊어질까 두렵다.」

공자(孔子)가 이 말을 듣고 말했다 :「제자들은 기억해 두어라. 계씨(季氏)의 부인은 안일(安逸)을 도모하지 않은 분이니라!」

해제解題 및 본문 요지 설명

본문은《국어(國語)·노어하(魯語下)》의 일부분으로, 귀족 출신 과부 경강부인(敬姜夫人)이 자식에 대해 훈계한 것을 기술한 것이다.

본문은 네 단락으로 나눌 수 있는데, 첫째 단락에서는 노(魯)나라의 대부 공보문백(公父文伯)이 자기 어머니가 편안한 생활을 누릴 수 있음에도 불구하고 베 짜는 일을 하자, 상관으로부터 부모를 잘 섬기지 못한다는 질책을 받을까 우려하는 모습을 기술했고; 둘째 단락에서는 경강부인이 천자·제후·경(卿)·사(士)·서민은 물론 왕후로부터 제후의 부인·경·사·서민의 아내에 이르기까지 하루도 일하지 않는 사람이 없다는 것을 들어 노동의 필요성과 중요성을 천명한 것을 기술했고; 셋째 단락에서는 경강부인이 과부 된 자신과 낮은 직위에 있는 아들의 입장을 감안할 때, 아들이 분발해야 함에도 불구하고 나태한 생각을 지니고 있는 것에 대해 이러한 태도로 임금께서 부여한 관직을 맡는다면 조상에게 제사 지내줄 후사가 끊어질까 두렵다는 준엄한 어조로 아들을 꾸짖은 것에 대해 기술했고; 마지막 단락에서는 공자의 평가를 통해 경강부인의 언행을 높이 찬양했다.

042 숙향하빈(叔向賀貧)
《國語·晉語》

작자

035 채공간정견융(祭公諫征犬戎) 참조.

원문 및 주석

叔向賀貧[1]

叔向見韓宣子, 宣子憂貧, 叔向賀之。[2] 宣子曰:「吾有卿之名而無其實, 無以從二三子, 吾是以憂。子賀我何故?」[3]

---

1 叔向賀貧 → 叔向이 가난함을 축하하다
  【叔向(숙향, shū xiàng)】: [인명] 晉나라의 대부로 성은 羊舌, 이름은 肸(힐, xì), 자는 叔向.
  【賀(하, hè)】: 축하하다.
  【貧(빈, pín)】: 가난하다. 빈곤하다.
2 叔向見韓宣子, 宣子憂貧, 叔向賀之。→ 叔向이 韓宣子를 만났는데, 한선자가 자신의 가난함을 걱정하자, 숙향이 그것을 축하했다.
  【韓宣子(한선자, hán xuān zǐ)】: 이름은 起, 시호는 宣子. 晉나라의 卿.

對曰:「昔欒武子無一卒之田, 其宮不備其宗器, 宣其德行, 順其憲則, 使越于諸侯。⁴ 諸侯親之, 戎狄懷之, 以正晉國, 行刑不疚, 以免於難。⁵ 及桓子驕泰奢侈, 貪慾無藝, 略則行志, 假貸居賄, 宜及

---

3 宣子曰:「吾有卿之名而無其實, 無以從二三子, 吾是以憂。子賀我何故?」 → 한선자가 물었다 :「나는 卿이란 명분은 지니고 있지만 실속이 없어, 일반 卿大夫들을 좇아갈 방법이 없으니, 내가 이로 인해 걱정하는 것입니다. 그대가 나에게 축하한다는 것은 무슨 까닭입니까?」
   【實(실, shí)】: 내실. 실속. 즉「재산」을 말한다.
   【無以(무이, wú yǐ)】: …할 방법이 없다. …할 도리가 없다.
   【從(종, cóng)】: 좇다. 따르다.
   【二三子(이삼자, èr sān zǐ)】: 晉나라의 卿·대부들.
   【是以(시이, shì yǐ)】: 이로 인해. 그래서.
   【何故(하고, hé gù)】: 무슨 까닭. 무슨 이유.

4 對曰:「昔欒武子無一卒之田, 其宮不備其宗器, 宣其德行, 順其憲則, 使越于諸侯。→ 숙향이 대답했다 :「예전에 欒武子는 백 頃의 전답도 없고, 그 집에는 宗廟의 祭器조차 갖추지 못했으나, 덕행을 선양하고, 법도를 준수하여, 제후들에게 명성이 알려졌습니다.
   【欒武子(난무자, luán wǔ zǐ)】: 성은 欒, 이름은 書, 시호는 武子. 춘추시대 晉나라 厲公·悼公 때의 上卿.
   【一卒之田(일졸지전, yī zú zhī tián)】: 백 頃의 전답.
      ※ 이는 당시 上大夫의 봉록에 해당하며, 이보다 상급인 上卿의 봉록은 마땅히「一旅之田」, 즉 오백 頃이어야 한다. 옛날에 백 사람을「卒」, 오백 사람을「旅」라 했다.
   【宮(궁, gōng)】: 집. ※ 판본에 따라서는「宮」을「官」이라 했다.
   【宗器(종기, zōng qì)】: 종묘의 제기.
   【宣(선, xuān)】: 선양하다.
   【順(순, shùn)】: 따르다. 준수하다.
   【憲則(헌칙, xiàn zé)】: 법도.
   【使(사, shǐ)】: …하게 하다.
   【越(월, yuè)】: 명성이 알려지다.

5 諸侯親之, 戎狄懷之, 以正晉國, 行刑不疚, 以免於難。→ 제후들이 그를 가까이하고, 오랑캐들도 그를 붙좇아, 晉나라를 안정시켰으며, 법을 집행해도 잘못이 없어, 재난을 당하지 않았습니다.
   【之(지, zhī)】: [대명사] 그. 즉「난무자」.
   【懷(회, huái)】: (인심이) 향하다. 따르다. 붙좇다.
   【正(정, zhèng)】: 안정되다.
   【行刑(행형, xíng xíng)】: 법을 집행하다.
   【疚(구, jiù)】: 결함. 잘못.

於難, 而賴武之德, 以沒其身.⁶ 及懷子, 改桓之行, 而修武之德, 可以免於難, 而離桓之罪, 以亡於楚.⁷ 夫郤昭子, 其富半公室, 其家半三軍, 恃其富寵, 以泰于國.⁸ 其身尸於朝, 其宗滅於絳.⁹ 不然, 夫八

【難(난, nàn)】: 재난.

6 及桓子驕泰奢侈, 貪慾無藝, 略則行志, 假貸居賄, 宜及於難, 而賴武之德, 以沒其身。→ (아들) 桓子에 이르러 교만하고 사치스럽고, 탐욕이 한이 없는 데다, 법을 소홀히 하고 자기 멋대로 행동하며, 돈을 빌려주고 이자를 취해 재물을 쌓아 둠으로써, 이로 인해 당연히 재난을 당해야 했지만, 그러나 아버지 난무자의 덕에 힘입어, 원만히 생을 마쳤습니다.

【及(급, jí)】: 至. 이르다.
【桓子(환자, huán zǐ)】: 성은 欒, 이름은 黶(염, yàn), 시호는「桓」. 난무자의 아들로, 晉나라의 대부.
【驕泰(교태, jiāo tài)】: 교만하다.
【無藝(무예, wú yì)】: 끝이 없다. 한이 없다. 〖藝〗: 極. 끝. 한도.
【略(략, lüè)】: 소홀히 하다.
【則(칙, zé)】: 법.
【行志(행지, xíng zhì)】: 자기 멋대로 행동하다.
【假貸(가대, jiǎ dài)】: 돈을 빌려주고 이자를 취하다.
【居賄(거회, jū huì)】: 재물을 쌓아두다.
【宜(의, yí)】: 당연히.
【及於難(급어난, jí yú nàn)】: 재난을 당하다.
【賴(뢰, lài)】: 힘입다.
【武(무, wǔ)】: 欒武子.
【沒其身(몰기신, mò qí shēn)】: 원만히 생을 마치다.

7 及懷子, 改桓之行, 而修武之德, 可以免於難, 而離桓之罪, 以亡於楚。→ (환자의 아들) 懷子에 이르러, 환자의 행위를 고치고, 난무자의 덕행을 배워, 재난을 면할 수 있었지만, 그러나 환자의 죄가 연루되어, 楚나라로 도망쳤습니다.

【懷子(회자, huái zǐ)】: 晉나라의 경. 성은 欒, 이름은 盈. 欒黶[桓子]의 아들. 시호는 懷.
【修(수, xiū)】: 배우다. 학습하다.
【而(이, ér)】: 그러나. 오히려.
【離(리, lí)】: 罹. 걸리다. 연루되다.
【亡(망, wáng)】: 도망치다.

8 夫郤昭子, 其富半公室, 其家半三軍, 恃其富寵, 以泰于國。→ 저 郤昭子는, 재산이 朝廷의 절반이나 되고, 집안의 인맥이 三軍의 절반을 차지하였으며, 자기의 재산과 권세를 믿고, 나라 안에서 극히 방종하며 사치스러운 생활을 하였습니다.

【夫(부, fú)】: 그. 저.

郤, 五大夫、三卿, 其寵大矣; 一朝而滅, 莫之哀也, 唯無德也!¹⁰ 今
吾子有欒武子之貧, 吾以爲能其德矣, 是以賀。¹¹ 若不憂德之不建,

【郤昭子(극소자, xì zhāo zǐ)】: [인명] 郤至. 晉나라의 卿. 군대에서 세운 공을 믿고 오만방
자하게 굴며, 郤錡・郤犨와 더불어 조정을 억누르다가, 晉厲公이 보낸 심복에 의해 살
해되었다.
【公室(공실, gōng shì)】: 조정.
【三軍(삼군, sān jūn)】: 삼군. 晉文公은 군대를 上軍・中軍・下軍의 삼군으로 나누었고,
1개 군의 병력은 12,500명이었다.
【恃(시, shì)】: 믿다. 의지하다.
【寵(총, chǒng)】: 총애를 받다. 여기서는「권세」를 가리킨다.
【泰(태, tài)】: 오만하고 사치스럽다.

9 其身尸於朝, 其宗滅於絳。→ 결국 그의 시신은 朝廷에서 민중들에게 전시되고, 그 종족
도 絳 땅에서 멸족되었습니다.
【尸於朝(시어조, shī yú cháo)】: 시신이 조정에서 전시되다. 【尸】: 梟示하다. 시신을 전시
하여 뭇사람에게 보이다. 【於】: [개사] …에서.
【宗(종, zōng)】: 종족.
【絳(강, jiàng)】: [지명] 晉나라의 옛 도읍지. 지금의 산서성 新絳縣 북쪽.

10 不然, 夫八郤, 五大夫、三卿, 其寵大矣; 一朝而滅, 莫之哀也, 唯無德也! → 그렇게 되지
않았다면, 郤氏 여덟 사람 가운데, 大夫가 다섯이고, 卿이 셋이니, 그 권세가 대단했을
것입니다. 그러나 하루아침에 파멸되어, 그를 애처롭게 여기는 사람이 아무도 없었으
니, 이는 오직 덕망이 없었기 때문입니다.
【不然(불연, bù rán)】: 그렇게 되지 않았다면. 즉「시신이 전시되고 멸족당하는 일이 없
었다면」.
【夫(부, fú)】: 그. 저.
【八郤(팔극, bā xì)】: 郤氏 여덟 사람. 그중 郤文・郤豹・郤芮・郤縠・郤溱 등 다섯은 大
夫이고, 郤至・郤錡・郤犨 등은 晉의 卿이었다.
【寵(총, chǒng)】: 총애. 은총. 여기서는「권세, 세력」을 뜻한다.
【大(대, dà)】: 대단하다. 막강하다.
【一朝(일조, yī cháo)】: 하루아침에. 별안간.
【莫之哀(막지애, mò zhī āi)】: [莫哀之의 도치 형태] 아무도 그를 애처롭게 여기는 사람이
없다. 【之】: [대명사] 그. 즉「郤昭子」.
【唯(유, wéi)】: 오직. 다만.

11 今吾子有欒武子之貧, 吾以爲能其德矣, 是以賀。→ 지금 그대가 난무자와 같이 빈곤하
여, 나는 그대가 능히 난무자와 같은 덕행을 펴나갈 수 있다고 여겼기 때문에, 그래서
축하하는 것입니다.
【吾子(오자, wú zǐ)】: [상대방을 친하게 부르는 호칭] 당신. 그대.

而患貨之不足, 將弔不暇, 何賀之有?」¹²

　　宣子拜, 稽首焉, 曰:「起也將亡, 賴子存之。非起也敢專承之, 其自桓叔以下, 嘉吾子之賜。」¹³

　　【以爲(이위, yǐ wéi)】: …라고 여기다. …라고 생각하다.
　　【其(기, qí)】: [대명사] 그. 즉「난무자」.
　　【是以(시이, shì yǐ)】: 이로 인해. 그래서.
12　若不憂德之不建, 而患貨之不足, 將弔不暇, 何賀之有?」 → 만일 덕을 세우지 못하는 것을 걱정하지 않고, 재산이 부족한 것을 걱정했다면, 당신을 애도하려 해도 이미 늦었을 것이니, 무슨 축하를 하겠습니까?」
　　【若(약, ruò)】: 만일. 만약.
　　【憂(우, yōu)】: 걱정하다. 우려하다.
　　【患(환, huàn)】: 걱정하다. 근심하다.
　　【將(장, jiāng)】: (장차) …하려 하다.
　　【不暇(불가, bù xiá)】: 시간이 없다. 겨를이 없다. 이미 늦다.
　　【何賀之有(하하지유, hé hè zhī yǒu)】: [何有賀之?의 도치 형태] 무슨 축하를 하겠는가?
13　宣子拜, 稽首焉, 曰:「起也將亡, 賴子存之。非起也敢專承之, 其自桓叔以下, 嘉吾子之賜。」 → 한선자가 절을 하고, 머리를 조아리며, 말했다:「제가 장차 망하려다가, 그대 덕분에 보전하게 되었습니다. 이는 제가 감히 혼자 은혜를 받을 것이 아니라, 桓叔 이하 韓氏 모두가, 그대의 은혜에 감격해야 합니다.」
　　【稽首(계수, qǐ shǒu)】: (공경하는 뜻으로) 머리를 조아리다.
　　【起(기, qǐ)】: [인명] 韓起. 韓宣子가「나, 저」라는 의미로 자신의 이름을 사용한 것.
　　【將(장, jiāng)】: (장차) …하려 하다.
　　【賴(뢰, lài)】: 의지하다. 힘입다. 덕분에.
　　【子(자, zǐ)】: 너. 당신. 그대.
　　【存(존, cún)】: 보전하다.
　　【專承(전승, zhuān chéng)】: 오직 혼자서 받다.
　　【桓叔(환숙, huán shū)】: 韓씨의 시조. 晉文侯의 아우로, 이름은 成師. 아들 萬을 낳고 韓 땅을 하사받아 大夫가 되었는데, 그때부터 韓을 성씨로 삼았다.
　　【嘉(가, jiā)】: 찬양하다. 칭찬하다. 여기서는「감격하다, 감사하다」의 뜻.
　　【賜(사, cì)】: 은덕. 은혜.

번역문

숙향(叔向)이 가난함을 축하하다

　　숙향(叔向)이 한선자(韓宣子)를 만났는데, 한선자가 자신의 가난함을 걱정하자 숙향이 그것을 축하했다. 한선자가 물었다 :「나는 경(卿)이란 명분은 지니고 있지만 실속이 없어 일반 경대부(卿大夫)들을 쫓아갈 방법이 없으니, 내가 이로 인해 걱정하는 것입니다. 그대가 나에게 축하한다는 것은 무슨 까닭입니까?」

　　숙향이 대답했다 :「예전에 난무자(欒武子)는 백 경(頃)의 전답도 없고 그 집에는 종묘(宗廟)의 제기(祭器)조차 갖추지 못했으나 덕행을 선양하고 법도를 준수하여 제후들에게 명성이 알려졌습니다. 제후들이 그를 가까이하고 오랑캐들도 그를 붙좇아 진(晉)나라를 안정시켰으며 법을 집행해도 잘못이 없어 재난을 당하지 않았습니다. (아들) 환자(桓子)에 이르러 교만하고 사치스럽고 탐욕이 한이 없는 데다, 법을 소홀히 하고 자기 멋대로 행동하며 돈을 빌려주고 이자를 취해 재물을 쌓아 둠으로써, 이로 인해 당연히 재난을 당해야 했지만, 그러나 아버지 난무자의 덕에 힘입어 원만히 생을 마쳤습니다. (환자의 아들) 회자(懷子)에 이르러 환자의 행위를 고치고 난무자의 덕행을 배워 재난을 면할 수 있었지만, 그러나 환자의 죄가 연루되어 초(楚)나라로 도망쳤습니다.

　　「저 극소자(郤昭子)는 재산이 조정(朝廷)의 절반이나 되고 집안의 인맥이 삼군(三軍)의 절반을 차지하였으며 자기의 재산과 권세를 믿고 나라 안에서 극히 방종하며 사치스러운 생활을 하였습니다. 결국 그의 시신은 조정(朝廷)에서 민중들에게 전시되고 그 종족도 강(絳) 땅에서 멸족되었습니다. 그렇게 되지 않았다면 극씨(郤氏) 여덟 사람 가운데 대부(大夫)가 다섯이고 경(卿)

이 셋이니 그 권세가 대단했을 것이지만, 하루아침에 파멸되어 그를 애처롭게 여기는 사람이 하나도 없었으니, 이는 오직 덕망이 없었기 때문입니다.

「지금 그대가 난무자와 같이 빈곤하여, 나는 그대가 능히 난무자와 같은 덕행을 펴나갈 수 있다고 여겼기 때문에, 그래서 축하하는 것입니다. 만일 덕을 세우지 못하는 것을 걱정하지 않고 재산이 부족한 것을 걱정했다면, 당신을 애도하려 해도 이미 늦었을 것이니, 무슨 축하를 하겠습니까?」

한선자가 절을 하고 머리를 조아리며 말했다 : 「제가 장차 망하려다가 그대 덕분에 보전하게 되었습니다. 이는 제가 감히 혼자 은혜를 받을 것이 아니라, 환숙(桓叔) 이하 한씨(韓氏) 모두가 그대의 은혜에 감격해야 합니다.」

해제解題 및 본문 요지 설명

본문은 《국어(國語)·진어(晉語)》의 일부분으로, 진(晉)나라의 경대부(卿大夫) 한선자(韓宣子)가 자신의 지위에 비해 재산이 너무 없는 것을 걱정하자, 대부 숙향(叔向)이 오히려 그의 가난을 축하한 것에 대해 기술한 것이다.

본문은 세 단락으로 나눌 수 있는데, 첫째 단락에서는 가난이란 당연히 걱정할 일이지 축하할 일이 아닌데도 오히려 이를 축하한 숙향의 견해를 기술했고; 둘째 단락에서는 숙향이 진(晉)나라의 정경(正卿)인 난무자(欒武子)가 가난하게 살면서도 덕을 베푼 결과 그 은혜가 자손 후대까지 미쳤다는 사실을 예로 들어, 비록 가난하다 해도 덕행이 있으면 축하할 수 있다는 것을 밝힌 다음, 진(晉)나라의 정경(正卿)인 극소자(郤昭子)가 매우 부유했지만 덕을 베풀지 않아 결국 씨족이 몰살당하는 화를 입은 것을 예로 들어, 아무리 부유해도 덕이 없으면 족히 우려할 만하다는 것을 기술했고; 마지막 단락에서는 한선자가 숙향의 말을 듣고 크게 깨달아 머리를 조아리며 숙향에게 감격한 것을 기술했다.

043 왕손어논초보(王孫圉論楚寶)
《國語·楚語下》

작자

035 채공간정견융(祭公諫征犬戎) 참조.

원문 및 주석

王孫圉論楚寶[1]

王孫圉聘於晉, 定公饗之.[2] 趙簡子鳴玉以相, 問於王孫圉曰:

---

[1] 王孫圉論楚寶 → 王孫圉가 楚나라의 보물에 대해 논하다
 【王孫圉(왕손어, wáng sūn yǔ)】: [인명] 춘추시대 말기 楚나라의 대부. 楚나라의 왕족이기 때문에 王孫이라 했고, 이름은 圉이다.
 【楚(초, chǔ)】: [국명] 지금의 호남성·호북성과 강서성·절강성 및 하남성 남부에 걸쳐 있던 周代의 제후국.

[2] 王孫圉聘於晉, 定公饗之。→ 王孫圉가 晉나라를 방문하자, 晉定公이 그에게 향연을 베풀어 접대했다.
 【聘於(빙어, pìn yú)…】: …을(를) 방문하다.
 【定公(정공, dìng gōng)】: 晉定公.

「楚之白珩猶在乎?」對曰:「然。」³ 簡子曰:「其爲寶也幾何矣?」⁴

曰:「未嘗爲寶。楚之所寶者, 曰觀射父, 能作訓辭, 以行事於諸侯, 使無以寡君爲口實。⁵ 又有左史倚相, 能道訓典, 以敘百物, 以朝夕獻善敗于寡君, 使寡君無忘先王之業;⁶ 又能上下說乎鬼神, 順

【饗(향, xiǎng)】: 향연을 베풀다, 연회를 베풀다.
【之(지, zhī)】: [대명사] 그. 즉「王孫圉」.

3 趙簡子鳴玉以相, 問於王孫圉曰:「楚之白珩猶在乎?」對曰:「然。」→ 晉卿 趙簡子가 패옥 소리를 딸랑거리고 와서 거들며, 왕손어에게 물었다:「楚나라의 白珩은 아직 있습니까?」왕손어가 대답했다:「그렇습니다.」
【趙簡子(조간자, zhào jiǎn zǐ)】: [인명] 趙鞅. 춘추시대 말기 晉나라의 卿.
【鳴玉(명옥, míng yù)】: 패옥이 딸랑거리는 소리를 내다.
【相(상, xiàng)】: 돕다. 거들다.
【白珩(백형, bǎi héng)】: 楚나라의 아름다운 옥.
【猶(유, yóu)】: 아직. 어전히.
【然(연, rán)】: 예. 그렇습니다.

4 簡子曰:「其爲寶也幾何矣?」→ 조간자가 물었다:「그것이 보배라면 가치가 얼마나 됩니까?」
【幾何(기하, jǐ hé)】: 가치가 얼마나 되는가?

5 曰:「未嘗爲寶。楚之所寶者, 曰觀射父, 能作訓辭, 以行事於諸侯, 使無以寡君爲口實。→ 왕손어가 대답했다:「(우리는 그것을) 보배로 여긴 적이 없습니다. 楚나라가 보배로 여기는 것은, 觀射父인데, 그는 外交辭令에 능하여, 제후들을 상대로 일을 처리하면서, 다른 사람들로 하여금 우리 군주를 이야깃거리로 삼게 하지 않습니다.
【未嘗(미상, wèi cháng)···】: ···한 적이 없다.
【曰(왈, yuē)】: ···이다.
【觀射父(관역보, guàn yì fǔ)】: [인명] 春秋時代 말기 楚나라의 대부.
※ 일부의 註釋書에는「관사보, guān shè fǔ)」라 풀이했다.
【訓辭(훈사, xùn cí)】: 外交辭令.
【行事(행사, xíng shì)】: 일을 처리하다.
【使(사, shǐ)】: ···로 하여금 ···하게 하다.
【以(이, yǐ)···爲(위, wéi)···】: ···을(를) ···로 삼다.
【寡君(과군, guǎ jūn)】: [겸어] 저희 군주.
【口實(구실, kǒu shí)】: 이야깃거리. 화제.

6 又有左史倚相, 能道訓典, 以敘百物, 以朝夕獻善敗于寡君, 使寡君無忘先王之業; → 또 左史 倚相이 있는데, 그는 능히 先王의 典籍을 인용하여, 이로써 각종 사물을 설명하고, 아침저녁으로 우리 군주에게 성공과 실패의 사례를 제공함으로써, 우리 군주로 하여금 선

道其欲惡, 使神無有怨痛于楚國.⁷ 又有藪曰雲連徒洲, 金、木、竹、箭之所生也.⁸ 龜、珠、角、齒、皮、革、羽、毛, 所以備賦用, 以戒不虞者也; 所以共幣帛, 以賓享於諸侯者也.⁹ 若諸侯之好幣具, 而導

왕의 업적을 잊지 않도록 하였습니다.
【左史(좌사, zuǒ shǐ)】: [관직명] 周의 史官은 左史와 右史로 나누어, 좌사는 記言을 담당하고 우사는 記事를 담당했다.
【倚相(의상, yǐ xiàng)】: [인명] 춘추시대 말기 楚나라의 사관.
【道(도, dào)】: 인용하다.
【訓典(훈전, xùn diǎn)】: 先王의 典籍.
【敘(서, xù)】: 설명하다.
【百物(백물, bǎi wù)】: 각종 사물.
【獻(헌, xiàn)】: 헌상하다. 제공하다.
【善敗(선패, shàn bài)】: 성공과 실패.

7 又能上下說乎鬼神, 順道其欲惡, 使神無有怨痛于楚國. → 또한 능히 위아래로 귀신에게 환심을 살 수 있어, 그들이 원하거나 싫어하는 바에 순응함으로써, 귀신으로 하여금 楚나라에 대해 원한을 갖지 않도록 하였습니다.
【上下(상하, shàng xià)】: 아래위. 여기서는 「하늘과 땅」을 가리킨다.
【說乎(열호, yuè hū)…】: …로부터 환심을 사다. 〖說〗: 悅. 기뻐하다. 즐거워하다. 〖乎〗: [개사] 於. …로부터, …에게.
【順道(순도, shùn dào)】: 순응하다.
【怨痛(원통, yuàn tōng)】: 원한.

8 又有藪曰雲連徒洲, 金、木、竹、箭之所生也. → (초나라에는) 또 雲夢이라 불리는 늪이 徒洲라는 모래섬에 연접해 있는데, 금속・목재・대나무・箭竹이 생산되는 곳입니다.
【金(금, jīn)】: (쇠・구리 등의) 금속.
【藪(수, sǒu)】: 늪. 습지.
【雲(운, yún)】: 雲夢湖. 지금의 호북성 安陸縣 남쪽에 있는 호수 이름.
【連(련, lián)】: 연접하다.
【徒洲(도주, tú zhōu)】: [지명] 모래섬 이름. ※혹자는 「雲連徒洲」를 「雲夢湖」라 풀이했다.
【箭(전, qián)】: 箭竹. 화살을 만드는 데 쓰이는 대나무.

9 龜、珠、角、齒、皮、革、羽、毛, 所以備賦用, 以戒不虞者也; 所以共幣帛, 以賓享於諸侯者也. → 그리고 龜甲・珍珠・獸角・象牙・虎皮・犀革・鳥羽・毛 등이 있어, 이를 군수물자로 비축하여, 의외의 재난을 예방할 수도 있고; 또 이를 예물로 제공하여, 제후들에게 선물할 수도 있습니다.
【龜(귀, guī)】: 귀갑. ※길흉을 점치는 데 사용한다.
【珠(주, zhū)】: 진주. ※옛사람들은 진주가 화재를 예방할 수 있다고 여겼다.
【角(각, jiǎo)】: 짐승 뿔. ※짐승의 뿔로 활을 만든다.

之以訓辭, 有不虞之備, 而皇神相之, 寡君其可以免罪於諸侯, 而國民保焉。[10] 此楚國之寶也。若夫白珩, 先王之玩也, 何寶之焉?[11]

「圉聞國之寶六而已。明王聖人能制議百物, 以輔相國家, 則寶之;[12] 玉足以庇蔭嘉穀, 使無水旱之災, 則寶之; 龜足以憲臧否, 則

【齒(치, chǐ)】: 상아. ※상아는 진귀한 공예품을 만들 수 있다.
【皮(피, pí)】: (호랑이나 표범의) 가죽. ※말의 안장이나 수레에 까는 방석 등을 만들 수 있다.
【革(혁, gé)】: 물소 가죽. ※갑옷을 만드는데 사용한다.
【羽(우, yǔ)】: 새의 깃털. ※깃발의 장식용으로 사용한다.
【毛(모, máo)】: 얼룩소의 꼬리. ※깃대 윗부분의 장식용으로 사용한다.
【所以(소이, suǒ yǐ)】: 以之. 이로써. 이것을 가지고.
【備(비, bèi)】: 충당하다, 비축하다.
【賦用(부용, fù yòng)】: 군용물자. 군수물자. ※판본에 따라서는「用」자가 없다.
【戒(계, jiè)】: 막다. 예방하다.
【不虞(불우, bù yú)】: 뜻밖의. 의외의. 여기서는「의외의 재난」을 가리킨다.
【共(공, gōng)】: 供. 제공하다.
【幣帛(폐백, bì bó)】: 예물.
【賓享(빈향, bīn xiǎng)】: 선물하다. 바치다.

10 若諸侯之好幣具, 而導之以訓辭, 有不虞之備, 而皇神相之, 寡君其可以免罪於諸侯, 而國民保焉。→ 만일 제후가 예물을 좋아하면, 다시 辭令으로 소통하여, 의외의 재난에 대비할 수 있고, 또한 天神이 도우신다면, 우리 군주께서는 아마도 제후들로부터 죄를 면하여, 나라와 백성들도 보전할 수 있을 것입니다.
【若(약, ruò)】: 만일. 만약.
【好(호, hào)】: [동사] 좋아하다.
【幣具(폐구, bì jù)】: 예물.
【導(도, dǎo)】: (意思를) 소통하다.
【訓辭(훈사, xùn cí)】: 사령.
【皇神(황신, huáng shén)】: 天神.
【相(상, xiàng)】: 돕다.
【其(기, qí)】: 아마도.

11 此楚國之寶也。若夫白珩, 先王之玩也, 何寶之焉? → 이러한 것들이 楚나라의 보배입니다. 白珩으로 말하면, 선왕의 노리개에 불과한데, 어찌 그것을 보배로 삼을 수 있겠습니까?
【若夫(약부, ruò fú)…】: …로 말하면.
【玩(완, wán)】: 노리개. 장난감.
【寶(보, bǎo)】: [동사 용법] 보배로 삼다.

寶之;¹³ 珠足以禦火災, 則寶之; 金足以禦兵亂, 則寶之; 山林藪澤
足以備財用, 則寶之。¹⁴ 若夫譁囂之美, 楚雖蠻夷, 不能寶也。」¹⁵

12 「圉聞國之寶六而已。明王聖人能制議百物, 以輔相國家, 則寶之; → 「저는 나라의 보배는
   여섯 가지뿐이라고 들었습니다. 영명한 군주와 성인은 각종 사물을 평판하여, 나라에
   도움을 줄 수 있으니, 이를 보배로 삼을 수 있고;
   【圉(어, yǔ)】: 왕손어가 자신의 이름을 가지고「나, 저」의 의미로 사용한 말.
   【制議(제의, zhì yì)】: 평판하다.
   【百物(백물, bǎi wù)】: 각종 사물.
   【輔相(보상, fǔ xiàng)】: 돕다. 보좌하다.

13 玉足以庇廕嘉穀, 使無水旱之災, 則寶之; 龜足以憲臧否, 則寶之; → 제사에 쓰이는 玉器
   는 족히 곡식을 보호하여, 수재와 한재가 없도록 할 수 있으니, 이를 보배로 삼을 수 있
   고; 거북은 족히 길흉을 점쳐 보여줄 수 있으니, 이를 보배로 삼을 수 있고;
   ※옥기에 음식을 담아 정성껏 제사를 지내면, 신이 곡식을 보호하여 재해가 없도록 한
   다는 말이다.
   【玉(옥, yù)】: 옥. 여기서는「제사에 쓰이는 玉器」를 말한다.
   【庇廕(비음, bì yìn)】: 보호하다.
   【嘉穀(가곡, jiā gǔ)】: 모든 곡식.
   【使(사, shǐ)】: …하게 하다.
   【足以(족이, zú yǐ)…】: …하기에 충분하다. 족히 …할 수 있다.
   【憲(헌, xiàn)】: 나타내다. 보여주다.
   【臧否(장부, zàng pǐ)】: 길흉.

14 珠足以禦火災, 則寶之; 金足以禦兵亂, 則寶之; 山林藪澤足以備財用, 則寶。→ 진주는
   족히 화재를 막아줄 수 있으니, 이를 보배로 삼을 수 있고; 금속은 (무기를 만들어) 족히
   병란을 막아줄 수 있으니, 이를 보배로 삼을 수 있고; 산림과 湖澤은 족히 자원을 공급
   할 수 있으니, 이를 보배로 삼을 수 있습니다.
   【珠(주, zhū)】: 주옥. ※옛사람들은 주옥을 물의 요정이라 하여, 이를 매달아 놓으면 화
   재를 예방할 수 있다고 여겼다.
   【禦(어, yù)】: 막다. 방어하다.
   【藪澤(수택, sǒu zé)】: 湖澤. 호수와 못.
   【備(비, bèi)】: 공급하다.
   【財用(재용, cái yòng)】: 자원. 재화.

15 若夫譁囂之美, 楚雖蠻夷, 不能寶也。」 → 시끄러운 소리를 내는 白珩으로 말하면, 楚나
   라가 비록 낙후했지만, 그것을 보배로 삼을 수는 없습니다.」
   【譁囂(화효, huá xiāo)】: 시끄럽게 떠들다. 여기서는 패옥의 딸랑대는 소리를 경시하여
   표현한 말.
   【美(미, měi)】: 美玉. 여기서는 초나라의 아름다운 옥「白珩」을 가리킨다.
   【蠻夷(만이, mán yí)】: 오랑캐. 여기서는「落後하다」의 뜻. ※蠻夷는 본래 중국 남방과

> 번역문

왕손어(王孫圉)가 초(楚)나라의 보물에 대해 논하다

　왕손어(王孫圉)가 진(晉)나라를 방문하자, 진정공(晉定公)이 그에게 향연을 베풀어 접대했다. 진경(晉卿) 조간자(趙簡子)가 패옥 소리를 딸랑거리고 와서 거들며 왕손어에게 물었다 :「초(楚)나라의 백형(白珩)은 아직 있습니까?」왕손어가 대답했다 :「그렇습니다.」조간자가 물었다 :「그것이 보배라면 가치가 얼마나 됩니까?」

　왕손어가 대답했다 :「(우리는 그것을) 보배로 여긴 적이 없습니다. 초나라가 보배로 여기는 것은 관역보(觀射父)인데, 그는 외교사령(外交辭令)에 능하여 제후들을 상대로 일을 처리하면서 다른 사람들로 하여금 우리 군주를 이야깃거리로 삼게 하지 않습니다. 또 좌사(左史) 의상(倚相)이 있는데 그는 능히 선왕(先王)의 전적(典籍)을 인용하여, 이로써 각종 사물을 설명하고 아침저녁으로 우리 군주에게 성공과 실패의 사례를 제공함으로써 우리 군주로 하여금 선왕의 업적을 잊지 않도록 하였습니다. 또한 능히 위아래로 귀신에게 환심을 살 수 있어, 그들이 원하거나 싫어하는 바에 순응함으로써 귀신으로 하여금 초나라에 대해 원한을 갖지 않도록 하였습니다. (초나라에는) 또 운몽(雲夢)이라 불리는 늪이 도주(徒洲)라는 모래섬에 연접해 있는데, 금속・목재・대나무・전죽(箭竹)이 생산되는 곳입니다. 그리고 귀갑(龜甲)・진주(珍珠)・수각(獸角)・상아(象牙)・호피(虎皮)・서혁(犀革)・조우(鳥羽)・모(毛) 등이 있어 이를 군수물자로 비축하여 의외의 재난을 예방

　　동방의 오랑캐를 가리키는 말이나, 여기서는 왕손어가 楚나라의 경제와 문화가 비교적 낙후된 상황에서 스스로 낮추어 한 말이다.

할 수도 있고, 또 이를 예물로 제공하여 제후들에게 선물할 수도 있습니다. 만일 제후가 예물을 좋아하면 다시 사령(辭令)으로 소통하여 의외의 재난에 대비할 수 있고, 또한 천신(天神)이 도우신다면 우리 군주께서는 아마도 제후들로부터 죄를 면하여 나라와 백성들도 보전할 수 있을 것입니다. 이러한 것들이 초나라의 보배입니다. 백형(白珩)으로 말하면 선왕의 노리개에 불과한데, 어찌 그것을 보배로 삼을 수 있겠습니까?

「저는 나라의 보배는 여섯 가지뿐이라고 들었습니다. 영명한 군주와 성인은 각종 사물을 평판하여 나라에 도움을 줄 수 있으니 이를 보배로 삼을 수 있고, 제사에 쓰이는 옥기(玉器)는 족히 곡식을 보호하여 수재와 한재가 없도록 할 수 있으니 이를 보배로 삼을 수 있고, 거북은 족히 길흉을 점쳐 보여줄 수 있으니 이를 보배로 삼을 수 있고, 진주는 족히 화재를 막아줄 수 있으니 이를 보배로 삼을 수 있고, 금속은 (무기를 만들어) 족히 병란을 막아줄 수 있으니 이를 보배로 삼을 수 있고, 산림과 호택(湖澤)은 족히 자원을 공급할 수 있으니 이를 보배로 삼을 수 있습니다. 시끄러운 소리를 내는 백형으로 말하면 초나라가 비록 낙후했지만 그것을 보배로 삼을 수는 없습니다.」

해제解題 및 본문 요지 설명

본문은 《국어(國語)·초어하(楚語下)》의 일부분으로, 초(楚)나라 대부 왕손어(王孫圉)가 진(晉)나라를 방문했을 때, 진경(晉卿) 조간자(趙簡子)가 연회석상에서 오만한 언사로 질문한 것에 대해 왕손어가 답변한 것을 기술한 것이다.

본문은 두 단락으로 나눌 수 있는데, 첫째 단락에서는 진정공(晉定公)이 초나라의 사신 왕손어를 접대하는 연회석상에 조간자가 패옥을 딸랑거리며 자리에 배석하여 오만한 태도로 왕손어에게 초나라의 백형(白珩)에 대한 가치를 물은 것에 대해 기술했고; 둘째 단락에서는 왕손어가 엄숙하고 침착한 어조로 조간자의 질문에 답한 것을 기술했는데, 이 부분에서 왕손어는 먼저「미상위보(未嘗爲寶)」라는 말로 조간자의 질문을 부정한 다음, 초나라의 보배로 관역보(觀射父)와 의상(倚相) 두 사람과 운몽택(雲夢澤)을 들고, 마지막으로 백형은 선왕의 노리개에 불과하다는 것을 지적한 후, 나라의 보배로 삼을 수 있는 대상으로 명왕성인(明王聖人)·옥(玉)·귀(龜)·주(珠)·금(金)·산림수택(山林藪澤) 등 여섯 가지를 제시했다.

나라와 백성에 대해 유익해야 보물이라 할 수 있다는 왕손어의 관점과 미옥을 보배로 여기는 조간자의 관점이 극명한 대비를 이루고 있다.

044 제계영행성어오(諸稽郢行成於吳)

《國語·吳語》

작자

035 채공간정견융(祭公諫征犬戎) 참조.

원문 및 주석

諸稽郢行成於吳[1]

吳王夫差起師伐越, 越王句踐起師逆之江。[2] 大夫種乃獻謀曰:

1 諸稽郢行成於吳 → 諸稽郢이 吳나라에 강화를 요청하다
 【諸稽郢(제계영, zhū jī yǐng)】: [인명] 越나라의 대부.
 【行成(행성, xíng chéng)】: 강화를 요청하다. 화친을 청하다.
 【吳(오, wú)】: [국명] 지금의 강소성 남부와 절강성 북부 일대에 있던 周代의 제후국.
2 吳王夫差起師伐越, 越王句踐起師逆之江。→ 吳王 夫差가 군사를 일으켜 越나라를 공격하자, 越王 句踐도 군사를 일으켜 長江에서 이를 맞아 싸웠다.
 【夫差(부차, fú chā)】: 춘추시대 말기 吳나라의 군주. 吳王 闔閭의 아들로 23년간 (B.C. 495-B.C. 473) 재위했다. 일찍이 越나라를 격파하고, 黃池[지금의 하남성 封丘縣 서남쪽]의 회동에서 晉나라와 패권을 다투기도 하였으나, 越에 멸망한 후 스스로 목숨

「夫吳之與越, 唯天所授, 王其無庸戰。³ 夫申胥、華登簡服吳國之士
於甲兵, 而未嘗有所挫也。⁴ 夫一人善射, 百夫決拾, 勝未可成也。⁵

───

　　을 끊었다.
　【起師(기사, qǐ shī)】: 군사를 일으키다.
　【越(월, yuè)】: [국명] 지금의 절강성 동부 일대에 있던 춘추시대의 제후국.
　【句踐(구천, gōu jiàn)】: 춘추시대 말기 越나라의 군주. 越王 允常의 아들로 33년간
　　(B.C. 497-B.C. 465) 재위했다. 일찍이 오왕 부차에게 패하여 臥薪嘗膽하면서 국력을
　　길러 마침내 吳를 멸망시켰다.
　【逆(역, nì)】: 저항하다. 맞아 싸우다.
　【之(지, zhī)】: [대명사] 그. 그것. 즉「吳의 군사」.
　【江(강, jiāng)】: 여기서는 長江을 가리킨다.

3 大夫種乃獻謀曰: 「夫吳之與越, 唯天所授, 王其無庸戰。→ 이에 越의 大夫 文種이 계책을
　올려 말했다: 「대저 吳나라와 越나라는, 오직 하늘의 뜻에 달려있어, 폐하께서 굳이 전쟁
　을 하실 필요가 없습니다.
　【種(종, zhǒng)】: [인명] 文種. 越나라의 대부로, 자는 少禽 또는 子禽.
　【乃(내, nǎi)】: 이에. 그리하여.
　【獻謀(헌모, xiàn móu)】: 계책을 올리다.
　【夫(부, fú)】: [발어사] 대저. 무릇.
　【唯天所授(유천소수, wéi tiān suǒ shòu)】: 오직 하늘이 내려주다. 즉「하늘의 뜻에 달려있
　　다」의 뜻.〖唯〗: 오직.〖授〗: 주다.
　【其(기, qí)】: ※두 마디의 말 중 뒷말에 사용되어 단정을 나타낸다.
　【無庸(무용, wú yōng)】: 不用. …할 필요가 없다.

4 夫申胥、華登簡服吳國之士於甲兵, 而未嘗有所挫也。→ 그 伍子胥와 華登은 吳나라의 군
　사를 뽑아 정병으로 훈련시켜, 패한 적이 없습니다.
　【申胥(신서, shēn xū)】: [인명] 伍員(오운, wǔ yún). 자는 子胥. 吳나라가 申지방에 봉하여
　　申胥라 했다. 楚의 대부 伍奢의 아들로, 그의 아버지와 형이 모두 楚平王에게 살해되자
　　吳로 탈출하여 합려를 도와 오왕에 오르게 한 후, 초를 정벌하여 父兄의 원한을 갚았다.
　　그 후 吳越전쟁에서 越를 멸할 것을 주장하다가 부차의 미움을 사서 부차의 명을 받아
　　자살했다.
　【華登(화등, huá dēng)】: [인명] 吳나라 대부. 본래 宋나라 사람이었으나 화를 피해 吳나
　　라로 탈출했다.
　【簡服(간복, jiǎn fú)】: 선발하여 훈련을 시키다.
　【甲兵(갑병, jiǎ bīng)】: 정병. 정예로운 병사.
　【未嘗(미상, wèi cháng)…】: …한 적이 없다.
　【挫(좌, cuò)】: 꺾이다. 좌절하다. 패하다.

5 夫一人善射, 百夫決拾, 勝未可成也。→ 무릇 한 사람이 활을 잘 쏘면, 백 사람이 決拾을

夫謀必素見成事焉, 而後履之, 不可以授命.⁶ 王不如設戎, 約辭行成, 以喜其民, 以廣侈吳王之心.⁷ 吾以卜之於天, 天若棄吳, 必許吾成而不吾足也, 將必寬然有伯諸侯之心焉.⁸ 既罷弊其民, 而天奪之

착용하고 달려와 배우니, 그들을 이긴다는 것은 불가능합니다.
【善射(선사, shàn shè)】: 활을 잘 쏘다.
【決拾(결습, jué shí)】: 활을 쏘는데 사용하는 도구. 여기서는 동사 용법으로 「결습을 착용하다」의 뜻. 〖決〗: 활의 현을 당길 때 손가락에 끼우는 깍지. 〖拾〗: 활 쏘는 사람이 옷소매가 방해되지 않도록 팔에 착용하는 가죽으로 만든 보호대.
【未可成(미가성, wèi kě chéng)】: 성공하기 어렵다. 불가능하다.

6 夫謀必素見成事焉, 而後履之, 不可以授命。→ 무릇 계략이란 반드시 성공을 예측하고, 그런 다음에 그것을 실행해야 하며, 함부로 목숨을 바쳐서는 안 됩니다.
【謀(모, móu)】: 계략. 책략.
【素見(소견, sù jiàn)】: 예견하다. 예측하다. 〖素〗: 미리. 사전에. 먼저.
【成事(성사, chéng shì)】: 성공.
【而後(이후, ér hòu)】: 그 후. 이후.
【履(리, lǚ)】: 이행하다. 실행하다.
【之(지, zhī)】: [대명사] 그것. 즉「책략」.
【不可以(불가이, bù kě yǐ)…】: …해서는 안 된다.
【授命(수명, shòu mìng)】: 목숨을 바치다.

7 王不如設戎, 約辭行成, 以喜其民, 以廣侈吳王之心。→ 폐하께서는 군사를 배치하고, 겸손한 말로 화친을 요구하여, 오나라 백성들을 기쁘게 하고, 吳王의 야심을 더욱 교만하게 하는 것이 낫습니다.
【不如(불여, bù rú)…】: …하는 것이 낫다. …하는 것만 못하다.
【設戎(설융, shè róng)】: 군사를 배치하다. 〖戎〗: 군사. 병사.
【約辭(약사, yuē cí)】: 공손한 말. 겸손한 말.
【喜(희, xǐ)】: [사동 용법] 기쁘게 하다. 즐겁게 하다.
【廣侈(광치, guǎng chǐ)】: [사동 용법] 교만하게 하다. 우쭐대게 하다.

8 吾以卜之於天, 天若棄吳, 必許吾成而不吾足也, 將必寬然有伯諸侯之心焉。→ 우리는 이 일을 가지고 하늘에 점을 쳐서, 하늘이 만일 吳나라를 버린다면, (오나라가) 반드시 우리의 화친을 허락하고 우리를 우려할 만한 존재로 여기지 않을 것이며, 장차 반드시 제후들을 제패하려는 마음을 확장해 나갈 것입니다.
【以(이, yǐ)】: 以(之). 이를 가지고.
【卜(복, bǔ)】: 점치다.
【若(약, ruò)】: 만일. 만약.
【不吾足(불오족, bù wú zú)】: 우리를 우려할 만한 존재로 여기지 않다.
【寬然(관연, kuān rán)】: 넓은 모양. 여기서는「확장해 나가다」의 뜻.

食, 安受其燼, 乃無有命矣。」[9]

越王許諾, 乃命諸稽郢行成於吳, 曰：「寡君句踐使下臣郢, 不敢顯然布幣行禮, 敢私告於下執事曰：[10]『昔者越國見禍, 得罪於天王, 天王親趨玉趾, 以心孤句踐, 而又宥赦之。[11] 君王之於越也, 繄

【伯(패, bà)】: 霸. 제패하다.

9 旣罷弊其民, 而天奪之食, 安受其燼, 乃無有命矣。」→ (이렇게 하여) 吳나라 백성들을 지치게 만들면, 하늘도 吳王의 복록을 빼앗을 것이고, (우리가) 편안하게 그 잔여 국면을 수습하여, (오나라는) 마침내 천명을 다하게 될 것입니다.」
【罷弊(피폐, pí bì)】: 피폐하다, 피로하다.
【其(기, qí)】: [대명사] 그. 즉 「吳나라」.
【之(지, zhī)】: [대명사] 그. 즉 「吳王」.
【食(식, shí)】: 祿. 복. 복록.
【受(수, shòu)】: 받다. 수습하다.
【燼(신, jìn)】: 餘. 잔여 국면.
【乃(내, nǎi)】: 마침내. 결국.
【無有命(무유명, wú yǒu mìng)】: 천명을 다하다.

10 越王許諾, 乃命諸稽郢行成於吳, 曰：「寡君句踐使下臣郢, 不敢顯然布幣行禮, 敢私告於下執事曰：→ 越王 句踐이 이를 수락하고, 바로 諸稽郢에게 명하여 吳나라에 가서 화친을 청하도록 하니, 제계영이 오왕에게 말했다 :「저희 군주 句踐께서 소신 제계영을 파견하여, 감히 공개적으로 예물을 진열하여 예를 표하지 못하고, 외람되게 개인적으로 아래 집사에게 말을 전했습니다 :
【越王(월왕, yuè wáng)】: 월왕. 여기서는 句踐을 가리킨다.
【乃(내, nǎi)】: 곧. 바로. 즉시.
【使(사, shǐ)】: 파견하다. 보내다.
【下臣郢(하신영, xià chén yǐng)】: 小臣 제계영.
【顯然(현연, xiǎn rán)】: 드러내놓고. 공개적으로.
【布(포, bù)】: 진열하다.
【幣(폐, bì)】: 예물.
【行禮(행례, xíng lǐ)】: 예를 표하다.
【私告(사고, sī gào)】: 개인적으로 알리다.
【下執事(하집사, xià zhí shì)】: 아래 집사.
※ 실제로는 吳王을 가리키지만, 제계영이 오왕에 대한 존경의 표시로 에둘러 한 말이다.

11 『昔者越國見禍, 得罪於天王, 天王親趨玉趾, 以心孤句踐, 而又宥赦之。→ 지난날 越나라가 재앙을 만나, 大王께 죄를 짓자, 대왕께서 친히 군사를 이끌고 친히 왕림하시어, 이미 마음속으로는 구천을 버리고자 하셨지만, 그러나 또 구천을 용서하셨습니다.

起死人而肉白骨也. 孤不敢忘天災, 其敢忘君王之大賜乎?¹² 今句踐申禍無良, 草鄙之人, 敢忘天王之大德, 而思邊陲之小怨, 以重得罪於下執事?¹³ 句踐用帥二三之老, 親委重罪, 頓顙於邊. 今君王不察, 盛怒屬兵, 將殘伐越國.¹⁴ 越國固貢獻之邑也, 君王不以鞭箠使

【見禍(견화, jiàn huò)】: 재난을 당하다. 재앙을 만나다. ※ 見+동사=피동형.
【得罪於天王(득죄어천왕, dé zuì yú tiān wáng)】: 천왕에게 죄를 짓다. 【於】: [개사] …에게. …에 대해.
※ B.C. 496년 吳·越의 檇李戰爭에서 吳王 闔閭가 越나라에 패하고 다리를 다쳐 죽은 것을 말한다. 【天王】: 천자. 대왕. ※ 吳王 夫差에 대한 존칭.
【親趨玉趾(친추옥지, qīn qū yù zhǐ)】: 친히 왕림하시다. 여기서는 「군사를 이끌고 越나라 정벌에 나선 것」을 말한다. 【玉趾】: '(상대방의) 발걸음'에 대한 높임말.
【以】: 已. 이미.
【孤(고, gū)】: 棄. 버리다.
【宥赦(유사, yòu shè)】: 용서하다.

12 君王之於越也, 緊起死人而肉白骨也. 孤不敢忘天災, 其敢忘君王之大賜乎? → 대왕께서는 越나라에 대해, 죽은 사람을 살려 백골에 살이 붙도록 하여 주셨습니다. 구천은 하늘이 내린 재앙도 감히 잊지 못하는데, 어찌 감히 대왕의 큰 은혜를 잊겠습니까?
【君王(군왕, jūn wáng)】: 왕에 대한 존칭. 여기서는 「吳王」을 가리킨다.
【緊(예, yī)】: …이다.
【肉(육, ròu)】: [동사 용법] 살이 붙도록 하다.
【孤(고, gū)】: 군주가 자신을 낮추어 부르는 호칭. 여기서는 제계영이 吳王 앞에서 자기 군주인 구천을 낮추어 부른 말.
【其(기, qí)】: 豈. 어찌.
【大賜(대사, dà cì)】: 큰 은혜.

13 今句踐申禍無良, 草鄙之人, 敢忘天王之大德, 而思邊陲之小怨, 以重得罪於下執事? → 지금 구천이 또다시 재난을 당한 것은 선량하지 못해서인데, 초야의 비천한 사람이, 어찌 감히 대왕의 큰 은덕을 잊고, 변경의 사소한 원한을 생각하여, 다시 아래 신료들에게 죄를 짓겠습니까?
【申(신, shēn)】: 또다시. 거듭.
【無良(무량, wú liáng)】: 선량하지 못하다.
【草鄙之人(초비지인, cǎo bǐ zhī rén)】: 초야의 비천한 사람.
【邊陲(변수, biān chuí)】: 변경.
【小怨(소원, xiǎo yuàn)】: 사소한 원한.
【重(중, chóng)】: 다시. 거듭.

14 句踐用帥二三之老, 親委重罪, 頓顙於邊. 今君王不察, 盛怒屬兵, 將殘伐越國. → 구천

之, 而辱軍士使寇令焉。¹⁵ 句踐請盟。一介嫡女, 執箕帚以晐姓於王宮; 一介嫡男, 奉槃匜以隨諸御;¹⁶ 春秋貢獻, 不解於王府。天王豈

> 은 이로 인해 몇 사람의 신하를 거느리고, 몸소 중죄를 떠맡아, 邊境에서 큰절을 올려 사죄했습니다. 지금 대왕께서는 이러한 상황을 살피지 않으시고, 대노하여 군사를 동원해 우리 越나라를 토벌하려 하십니다.
> 【用(용, yòng)】: 因. …로 인해.
> 【帥(솔, shuāi)】: 거느리다. 인솔하다.
> 【二三之老(이삼지로, èr sān zhī lǎo)】: 몇 사람의 신하. 〖老〗: 제후의 大夫에 대한 호칭.
> 【委(위, wěi)】: 떠맡다. 책임지다.
> 【頓顙(돈상, dùn sǎng)】: 큰절을 올리다.
> 【盛怒(성노, shèng nù)】: 대노하다. 크게 화를 내다.
> 【屬(촉, zhǔ)】: 동원하다. 모으다.
> 【將(장, jiāng)】: (장차) …하려 하다.
> 【殘伐(잔벌, cán fā)】: 토벌하다.

15 越國固貢獻之邑也, 君王不以鞭箠使之, 而辱軍士使寇令焉。→ 월나라는 본래 (오나라의) 속국인데, 대왕께서는 채찍으로 우리 월나라를 부리지 않으시고, 군사를 욕되게 외적에 대한 방어 명령을 내리셨습니다.
> 【固(고, gù)】: 본래.
> 【貢獻之邑(공헌지읍, gòng xiàn zhī yì)】: 공물을 바치는 나라. 속국.
> 【鞭箠(편추, biān chuí)】: 채찍.
> 【使之(사지, shǐ zhī)】: 월나라를 부리다. 〖之〗: [대명사] 그것. 즉 월나라.
> 【辱(욕, rǔ)】: 욕되게 하다.
> 【使寇令(사구령, shǐ kòu lìng)】: 외적에 대한 방어 명령을 사용하다. 즉 「외적에 대한 방어 명령을 내리다」의 뜻. 〖使〗: 사용하다.

16 句踐請盟。一介嫡女, 執箕箒以晐姓於王宮; 一介嫡男, 奉槃匜以隨諸御; → 구천은 맹약을 맺고자 청합니다. (그 조건으로) 정실 소생의 딸 하나는, 청소도구를 들고 왕궁에서 후궁이 되어 대왕을 섬기도록 하고, 또 정실 소생의 아들 하나는, 세면도구를 들고 여러 시종들을 따라 대왕을 섬기도록 하며;
> 【一介(일개, yī jiè)】: 一個.
> 【嫡女(적녀, dí nǚ)】: 정실 소생의 딸.
> 【執(집, zhí)】: 잡다. 들다.
> 【箕箒(기추, jī zhǒu)】: 쓰레받기와 빗자루. 즉 「청소도구」.
> 【晐姓(해성, gāi xìng)】: 성씨를 갖추다. 즉 「후궁이 되어 군왕을 섬기다」의 뜻. 〖晐〗: 備. 갖추다.
> ※ 천자의 후궁은 여러 성씨를 고루 갖추고 있기 때문에 후궁으로 들어가는 것을 「晐姓」이라 했다. 여기서는 句踐이 자기의 딸을 吳王 夫差의 후궁으로 보낸다는 것을 말한다.

辱裁之? 亦征諸侯之禮也。』[17] 夫諺曰:『狐埋之而狐搰之, 是以無成功。』[18] 今天王旣封殖越國, 以明聞於天下, 而又刈亡之, 是天王之無成勞也。[19] 雖四方之諸侯, 則何實以事吳? 敢使下臣盡辭, 唯天王秉利度義焉!」[20]

【嫡男(적남, dí nán)】: 정실 소생의 아들.
【槃匜(반이, pán yí)】: 세면도구.
【御(어, yù)】: 시종.

17 春秋貢獻, 不解於王府。天王豈辱裁之? 亦征諸侯之禮也。』 → 봄가을에 바치는 조공은, 왕궁의 창고에 들이는 일을 게을리하지 않겠습니다. 대왕께서 어찌 욕되게 월나라를 제재하시겠습니까? 또한 이는 (천자께서) 제후들로부터 세금을 징수하는 예절입니다.
【貢獻(공헌, gòng xiàn)】: 조공 바치는 일.
【解(해, xiè)】: 懈. 태만하다. 게을리하다.
【王府(왕부, wáng fǔ)】: 왕궁의 창고.
【豈(기, qǐ)】: 어찌.
【裁(재, cái)】: 제재하다. 제재를 가하다.

18 夫諺曰:『狐埋之而狐搰之, 是以無成功。』 → 속담에 이르길:『여우는 무엇을 묻었다가 다시 파내기 때문에, 그래서 성공하지 못한다.』라고 했습니다.
【夫(부, fú)】: [발어사] 무릇. 대저.
【諺(언, yàn)】: 속어. 속담.
【狐(호, hú)】: 여우.
【埋(매, mái)】: 묻다.
【搰(골, hú)】: 파다. 파내다.
【是以(시이, shì yǐ)】: 이로 인해. 그래서.

19 今天王旣封殖越國, 以明聞於天下, 而又刈亡之, 是天王之無成勞也。 → 지금 대왕께서는 이미 월나라를 (속국으로) 육성하여, 천하에 분명히 알려졌는데, 또 월나라를 제거하려 하신다면, 이는 대왕의 공로가 없어지는 것입니다.
【封殖(봉식, fēng zhí)】: 육성시키다.
【明聞(명문, míng wén)】: 분명히 알려지다.
【刈亡(예망, yì wáng)】: 잘라버리다. 없애다. 제거하다.
【之(지, zhī)】: [대명사] 그것. 즉「越나라」.
【是(시, shì)】: [대명사] 이것. 즉「越나라를 육성했다가 제거하는 일」.
【成勞(성로, chéng láo)】: 공로. 공적.

20 雖四方之諸侯, 則何實以事吳? 敢使下臣盡辭, 唯天王秉利度義焉!」 → 비록 천하의 제후라 해도, 어찌 실제로 吳나라를 섬기겠습니까? 감히 저를 파견하여 사실을 모두 말씀드리며, 다만 대왕께서 이익과 의리를 헤아려주시기를 바랄 뿐입니다!」

> 번역문

제계영(諸稽郢)이 오(吳)나라에 강화를 요청하다

　오왕(吳王) 부차(夫差)가 군사를 일으켜 월(越)나라를 공격하자, 월왕(越王) 구천(句踐)도 군사를 일으켜 장강(長江)에서 이를 맞아 싸웠다. 이에 월(越)의 대부 문종(文種)이 계책을 올려 말했다 :「대저 오(吳)나라와 월(越)나라는 오직 하늘의 뜻에 달려있어 폐하께서 굳이 전쟁을 하실 필요가 없습니다. 그 오자서(伍子胥)와 화등(華登)은 오나라의 군사를 뽑아 정병으로 훈련시켜 패한 적이 없습니다. 무릇 한 사람이 활을 잘 쏘면 백 사람이 결습(決拾)을 착용하고 달려와 배우니, 그들을 이긴다는 것은 불가능합니다. 무릇 계략이란 반드시 성공을 예측하고 그런 다음에 그것을 실행해야 하며, 함부로 목숨을 바쳐서는 안 됩니다. 폐하께서는 군사를 배치하고 겸손한 말로 화친을 요구하여 오나라 백성들을 기쁘게 하고, 오왕(吳王)의 야심을 더욱 교만하게 하는 것이 낫습니다. 우리는 이 일을 가지고 하늘에 점을 쳐서 하늘이 만일 오나라를 버린다면, (오나라가) 반드시 우리의 화친을 허락하고 우리를 우려할 만한 존재로 여기지 않을 것이며, 장차 반드시 제후들을 제패하려는 마음을 확장해 나갈 것입니다. (이렇게 하여) 오나라 백성들을 지치게 만들면 하늘도 오왕의 복록을 빼앗을 것이고, (우리가) 편안하게 그 잔여 국면을 수습하여 (오나라는) 마침내 천명을 다하게 될 것입니다.」

【四方(사방, sì fāng)】: 사방 천하.
【使(사, shǐ)】: 파견하다. 보내다.
【盡辭(진사, jìn cí)】: 사실을 다 말하다.
【唯(유, wéi)】: 오직. 다만.
【秉利度義(병리탁의, bǐng lì duó yì)】: 이익과 의리를 헤아리다. 〖秉〗: 잡다. 헤아리다. 〖度〗: 헤아리다. 짐작하다.

월왕 구천이 이를 수락하고 바로 제계영(諸稽郢)에게 명하여 오나라에 가서 화친을 청하도록 하니, 제계영이 오왕에게 말했다 :「저희 군주 구천께서 소신 제계영을 파견하여, 감히 공개적으로 예물을 진열하여 예를 표하지 못하고, 외람되게 개인적으로 아래 집사(執事)에게 말을 전했습니다 : 지난날 월나라가 재앙을 만나 대왕께 죄를 짓자, 대왕께서 친히 군사를 이끌고 왕림하시어 이미 마음속으로는 구천을 버리고자 하셨지만, 그러나 또 구천을 용서하셨습니다. 대왕께서는 월나라에 대해 죽은 사람을 살려 백골에 살이 붙도록 하여 주셨습니다. 구천은 하늘이 내린 재앙도 감히 잊지 못하는데, 어찌 감히 대왕의 큰 은혜를 잊겠습니까? 지금 구천이 또다시 재난을 당한 것은 선량하지 못해서인데, 초야의 비천한 사람이 어찌 감히 대왕의 큰 은덕을 잊고 변경의 사소한 원한을 생각하여 다시 아래 신료들에게 죄를 짓겠습니까? 구천은 이로 인해 몇 사람의 신하를 거느리고, 몸소 중죄를 떠맡아 변경(邊境)에서 큰절을 올려 사죄했습니다. 지금 대왕께서는 이러한 상황을 살피지 않으시고 대노하여 군사를 동원해 우리 월나라를 토벌하려 하십니다. 월나라는 본래 (오나라의) 속국인데 대왕께서는 채찍으로 우리 월나라를 부리지 않으시고, 군사를 욕되게 외적에 대한 방어 명령을 내리셨습니다. 구천은 맹약을 맺고자 청합니다. (그 조건으로) 정실 소생의 딸 하나는 청소도구를 들고 왕궁에서 후궁이 되어 대왕을 섬기도록 하고, 또 정실 소생의 아들 하나는 세면도구를 들고 여러 시종들을 따라 대왕을 섬기도록 하며, 봄가을에 바치는 조공은 왕궁의 창고에 들이는 일을 게을리하지 않겠습니다. 대왕께서 어찌 욕되게 월나라를 제재하시겠습니까? 또한 이는 (천자께서) 제후들로부터 세금을 징수하는 예절입니다. 속담에 이르길 :『여우는 무엇을 묻었다가 다시 파내기 때문에, 그래서 성공하지 못한다.』라고 했습니다. 지금 대왕께서는 이미 월나라를 (속국으로) 육성하여 천하에 분명히 알려졌는데, 또 월나라를 제거하려 하신다면, 이는 대왕의 공로가 없어지는 것입니다. 비록 천하의 제후라 해도 어찌 실제로 오나라를 섬기겠습니까? 감히 저를 파견하여 사실을 모두 말씀드리며, 다만 대왕께서 이익과 의리를 헤아려 주시기를 바랄 뿐입니다.」

해제解題 및 본문 요지 설명

본문은 《국어(國語)・오어(吳語)》의 일부분으로, 오왕(吳王) 부차(夫差)가 월(越)나라를 공격하자, 월왕(越王) 구천(句踐)이 대부 문종(文種)의 책략을 채택하여 제계영(諸稽郢)을 오(吳)나라에 보내 회친을 요구한 상황을 기술한 것이다.

본문은 두 단락으로 나눌 수 있는데, 첫째 단락에서는 막강한 오나라에 비해 허약한 월나라의 입장에서, 한편으로는 전쟁에 대비하면서 한편으로는 화친을 요구하여 오왕 부차로 하여금 오만한 생각을 가지고 패권을 다투도록 유도함으로써 오나라의 국력을 소모하게 한 다음 기회를 보아 오나라를 공격한다는 문종의 책략에 대해 기술했고; 둘째 단락에서는 먼저 오왕이 월나라를 기사회생(起死回生)하도록 한 은혜를 잊지 않겠다는 것을 밝히고, 월나라가 오나라의 속국이라는 전제하에 오나라가 월나라를 채찍으로 다스리지 않고 병력을 동원했다는 신중하지 못한 처사를 지적하면서, 월나라가 화친의 조건으로 구천의 딸과 아들을 오나라 궁으로 보내 오왕을 섬기게 하고, 봄가을에 조공 바치는 일을 충실히 이행하여 천자를 모시듯 하겠다고 제시한 것을 기술했다.

045 신서간허월성(申胥諫許越成)

《國語·吳語》

작 자

035 채공간정견융(祭公諫征犬戎) 참조.

원문 및 주석

申胥諫許越成[1]

  吳王夫差乃告諸大夫曰:「孤將有大志於齊, 吾將許越成, 而無拂吾慮。[2] 若越旣改, 吾又何求? 若其不改, 反行, 吾振旅焉。」[3]

---

1 申胥諫許越成 → 越나라의 강화 요청을 허락하려는 데 대해 伍子胥가 간하다
  【申胥(신서, shēn xū)】: [인명] 성은 伍, 이름은 員(운, yún), 자는 子胥. 吳나라가 申지방에 봉하여 申胥라 했다. 楚의 대부 伍奢의 아들로, 그의 아버지와 형이 모두 楚平王에게 살해되자 吳로 탈출하여 闔閭를 도와 吳王에 오르게 한 후, 楚나라를 정벌하여 父兄의 원한을 갚았다. 그 후 吳越전쟁에서 越을 멸할 것을 주장하다가 吳王 夫差의 미움을 사서 부차의 명에 따라 자살했다.
  【諫(간, jiàn)】: 간하다. 간언하다.
  【越成(월성, yuè chéng)】: 월나라의 강화 요청. 월나라의 화친 요구.

申胥諫曰:「不可許也。夫越, 非實忠心好吳也, 又非懾畏吾甲兵之彊也。⁴ 大夫種勇而善謀, 將還玩吳國於股掌之上, 以得其志。⁵

---

2 吳王夫差乃告諸大夫曰:「孤將有大志於齊, 吾將許越成, 而無拂吾慮。→ 吳王 夫差가 그리하여 그것을 大夫들에게 말했다 :「나는 齊나라를 정벌할 큰 뜻을 가지고 있어, 내가 越나라의 화친 요구를 허락하려고 하니, 그대들은 나의 생각을 거스르지 마시오.
【夫差(부차, fú chā)】: [인명] 吳王 闔閭의 아들. 연거푸 越나라 군사를 무찌르고 승리에 도취되어 교만하다가 결국 越王 句踐에게 패하여 나라가 망하고 죽음을 당했다.
【乃(내, nǎi)】: 이에. 그리하여.
【諸(제, zhū)】: 之於의 합음.
【孤(고, gū)】: 왕이 자신을 낮추어 부르는 말.
【大志於齊(대지어제, dà zhì yú qí)】: 제나라에 대한 큰 뜻. 여기서는「제나라를 정벌하려는 큰 뜻」을 말한다.
【而(이, ér)】: 爾. 너. 당신. 그대.
【無(무, wú)】: 勿. …하지 말라.
【拂(불, fú)】: 逆. 서역하다. 거스르다.
【慮(려, lǜ)】: 생각. 뜻.

3 若越旣改, 吾又何求? 若其不改, 反行, 吾振旅焉。」→ 만일 越王이 이미 뉘우쳤다면, 내가 또 무엇을 요구하겠소? 만일 그가 뉘우치지 않았다면, (제나라에서) 돌아와, 내가 다시 군사를 수습하여 정벌에 나설 것이오.」
【若(약, ruò)】: 만일. 만약.
【改(개, gǎi)】: 생각을 바꾸다. 뉘우치다.
【何求(하구, hé qiú)】: 무엇을 요구하겠는가?
【反行(반행, fǎn xíng)】: 되돌아오다. 〖反〗: 返. 돌이키다.
【振旅(진려, zhèn lǚ)】: 군사를 수습하다.

4 申胥諫曰:「不可許也。夫越, 非實忠心好吳也, 又非懾畏吾甲兵之彊也。→ 이에 伍子胥가 간하여 말했다 :「허락해서는 안 됩니다. 저 越나라는, 진실로 충성하는 마음을 가지고 吳나라와 화친하려는 것이 아니며, 또한 우리의 무력이 강한 것을 두려워하는 것도 아닙니다.
【夫(부, fú)】: 그. 저.
【好吳(호오, hǎo wú)】: 吳나라와 화친하다.
【懾畏(섭외, zhé wèi)】: 두려워하다.
【彊(강, qiáng)】: 强. 강하다.

5 大夫種勇而善謀, 將還玩吳國於股掌之上, 以得其志。→ 越나라의 대부 文種은 용감하고 지략에 능하여, 吳나라를 자기의 넓적다리와 손바닥 위에서 돌려가며 가지고 놀다가, (오나라를 멸하는) 자신의 뜻을 이루고자 할 것입니다.
【種(종, zhǒng)】: [인명] 文種. 越나라의 대부. 자는 少禽 또는 子禽.

夫固知君王之蓋威以好勝也, 故婉約其辭, 以從逸王志, 使淫樂於諸夏之國, 以自傷也。⁶ 使吾甲兵鈍弊, 民人離落, 而日以憔悴, 然後安受吾燼。⁷ 夫越王好信以愛民, 四方歸之, 年穀時熟, 日長炎炎, 及吾猶可以戰也。爲虺弗摧, 爲蛇將若何?」⁸

【善謀(선모, shàn móu)】: 지략에 능하다.
【將(장, jiāng)】: (장차) …하려 하다.
【還玩(선완, xuán wán)】: 돌려가며 가지고 놀다. 『還』: 旋.
【股掌(고장, gǔ zhǎng)】: 넓적다리와 손바닥.
【志(지, zhì)】: 뜻. 목적. 여기서는 「오나라를 멸망시키고자 하는 뜻」을 말한다.

6 夫固知君王之蓋威以好勝也, 故婉約其辭, 以從逸王志, 使淫樂於諸夏之國, 以自傷也。→ 그는 본래 폐하께서 위력을 숭상하고 남보다 뛰어나기를 좋아한다는 것을 알고 있기 때문에, 그래서 말을 완곡하고 겸손하게 하여, 폐하의 뜻을 방종하고 안일하게 만들고, 폐하로 하여금 중원 여러 나라에서 향락에 빠져들게 하여, 자신을 해치도록 할 것입니다.
【夫(부, fú)】: 그. 저.
【固(고, gù)】: 본래. 원래.
【蓋威(개위, gài wēi)】: 위력을 숭상하다. 『蓋』: 尙. 숭상하다.
【好勝(호승, hào shèng)】: 남보다 뛰어나기를 좋아하다.
【婉約(완약, wǎn yuē)】: 완곡하고 겸손하다.
【從逸(종일, zòng yì)】: 방종하고 안일하다. 『從』: 縱.
【使(사, shǐ)】: …로 하여금 …하게 하다.
【淫樂(음락, yín lè)】: 향락에 빠져들다.
【諸夏之國(제하지국, zhū xià zhī guó)】: 中原의 여러 나라. ※춘추시대 吳·越은 蠻夷 오랑캐에 속하였으므로 中原의 여러 나라들을 諸夏라 불렀다.
【自傷(자상, zì shāng)】: 자해하다. 자신을 해치다.

7 使吾甲兵鈍弊, 民人離落, 而日以憔悴, 然後安受吾燼。→ (그리하여) 우리의 군대를 피곤하게 만들고, 백성을 흩어지게 하여, 날로 쇠약해지면, 그런 다음에 우리의 잔여 국면을 편안하게 거두려는 것입니다.
【使(사, shǐ)】: …로 하여금 …하게 하다.
【甲兵(갑병, jiǎ bīng)】: 군대.
【鈍弊(둔폐, dùn bì)】: 피곤하다. 피로하다.
【離落(이락, lí luò)】: 흩어지다.
【憔悴(초췌, qiáo cuī)】: 초췌하다. 쇠약하다.
【安受(안수, ān shòu)】: 편안하게 거두다.
【燼(신, jìn)】: 재. 타고 남은 것. 여기서는 「吳나라가 재난을 겪고 난 후의 잔여 국면」을 가리킨다.

吳王曰:「大夫奚隆於越? 越曾足以爲大虞乎? 若無越, 則吾何以春秋曜吾軍士?」乃許之成。⁹

將盟, 越王又使諸稽郢辭曰:「以盟爲有益乎? 前盟口血未乾, 足以結信矣。¹⁰ 以盟爲無益乎? 君王舍甲兵之威以臨使之, 而胡重

---

8 夫越王好信以愛民, 四方歸之, 年穀時熟, 日長炎炎, 及吾猶可以戰也。爲虺弗摧, 爲蛇將若何? → 저 越王은 신의를 숭상하고 백성을 사랑하여, 사방에서 그에게 모여들고, 해마다 오곡이 항상 풍성하여, 날로 번창하고 있으니, 우리가 아직 전쟁에서 이길 수 있을 때를 틈타 그들을 소멸해야 합니다. 작은 뱀일 적에 때려잡지 않아, 큰 뱀이 되면 어찌하시렵니까?」
【好信(호신, hào xìn)】: 신의를 숭상하다.
【日長炎炎(일장염염, rì cháng yán yán)】: 날로 흥성하다. 나날이 번창하다. 〖炎炎〗: 번창하는 모양.
【及(급, jí)】: 틈타다. 이용하다.
【猶(유, yóu)】: 아직. 여전히.
【可以戰(가이전, kě yǐ zhàn)】: 전쟁을 할만하다. 즉「전쟁을 해서 이길 수 있다」의 뜻.
【虺(훼, huǐ)】: 작은 뱀.
【弗(불, fú)】: 不.
【摧(최, cuī)】: 꺾다. 부러뜨리다. 파괴하다. 여기서는「때려잡다」의 뜻.
【將(장, jiāng)】: (장차) …하려 하다.
【若何(약하, ruò hé)】: 如何. 어찌하겠는가?

9 吳王曰:「大夫奚隆於越? 越曾足以爲大虞乎? 若無越, 則吾何以春秋曜吾軍士?」乃許之成。→ 吳王이 말했다:「대부는 어찌하여 越나라를 그렇게 중시하시오? 월나라가 일찍이 우리에게 심각한 우환이 된 적이 있었소? 만일 월나라가 없다면, 우리가 어찌 봄가을 열병식 때 우리의 군사를 과시하겠소?」그리하여 월나라에게 화친을 허락했다.
【奚(해, xī)】: 어찌. 왜.
【隆(융, lóng)】: 중시하다. 대단하게 여기다.
【足以爲(족이위, zú yǐ wéi)…】: 족히 …이(가) 되다.
【大虞(대우, dà yú)】: 심각한 우환.
【若(약, ruò)】: 만일. 만약.
【春秋(춘추, chūn qiū)】: 봄가을. 여기서는「봄가을에 거행하는 열병식」을 말한다.
【曜(요, yào)】: 耀. 과시하다. 뽐내다. 자랑하다.
【乃(내, nǎi)】: 이에. 그리하여.
【之(지, zhī)】: [대명사] 그. 즉「월나라」.

10 將盟, 越王又使諸稽郢辭曰:「以盟爲有益乎? 前盟口血未乾, 足以結信矣。→ 맹약을 맺으려 할 때, 越王이 또 諸稽郢을 보내 완곡하게 사양하며 말했다.「맹약을 맺는 것이 유

於鬼神而自輕也?」吳王乃許之, 荒成不盟。¹¹

번역문

월(越)나라의 강화 요청을 허락하려는 데 대해
오자서(伍子胥)가 간하다

　오왕(吳王) 부차(夫差)가 그리하여 그것을 대부(大夫)들에게 말했다 :「나는 제(齊)나라를 정벌할 큰 뜻을 가지고 있어, 내가 월(越)나라의 화친 요구

익하다고 생각하십니까? 그렇다면 지난번 맹약을 맺을 때 입술에 바른 피가 아직 마르지도 않았으니, 족히 신뢰할 수 있습니다.
【以(이, yǐ)…爲(위, wéi)…】: …을(를) …라고 생각하다.
【口血未乾(구혈미건, kǒu xuè wèi gān)】: 입에 피가 아직 마르지 않다. 즉「맹약을 맺은 지가 얼마 되지 않았다」라는 뜻. ※ 옛날에는 맹약 의식을 거행할 때 희생을 죽여 그 피를 마시는 것으로 서로 간의 성의를 표시했다.
【結信(결신, jié xìn)】: 신뢰하다.

11 以盟爲無益乎? 君王舍甲兵之威以臨使之, 而胡重於鬼神而自輕也?」吳王乃許之, 荒成不盟。→ 맹약을 맺는 것이 무익하다고 생각하십니까? 그렇다면 대왕께서는 군사 위협을 버리시고 친히 왕림하시어 우리를 부리시면 되는데, 왜 귀신을 중시하며 자신을 가볍게 여기십니까?」吳王은 마침내 이를 받아들여, 말로만 화친을 맺고 맹약 의식을 거행하지 않았다.
【舍(사, shě)】: 捨. 버리다. 포기하다.
【甲兵之威(갑병지위, jiǎ bīng zhī wēi)】: 군사 위협.
【使之(사지, shǐ zhī)】: 우리를 부리다. 《之》: [대명사] 그것. 즉「우리 월나라」.
【胡(호, hú)】: 왜. 어째서.
【自輕(자경, zì qīng)】: 자신을 가볍게 여기다.
【乃(내, nǎi)】: 마침내. 결국.
【荒成(황성, huāng chéng)】: 말로만 화친을 맺다. 《荒》: 허황되다. 실제 행동을 하지 않다.
【不盟(불맹, bù méng)】: 맹약을 체결하지 않다.

를 허락하려고 하니, 그대들은 나의 생각을 거스르지 마시오. 만일 월왕(越王)이 이미 뉘우쳤다면 내가 또 무엇을 요구하겠소? 만일 그가 뉘우치지 않았다면 (제나라에서) 돌아와 내가 다시 군사를 수습하여 정벌에 나설 것이오.」

이에 오자서(伍子胥)가 간하여 말했다 :「허락해서는 안 됩니다. 저 월나라는 진실로 충성하는 마음을 가지고 오나라와 화친하려는 것이 아니며, 또한 우리의 무력이 강한 것을 두려워하는 것도 아닙니다. 월나라의 대부 문종(文種)은 용감하고 지략에 능하여 오나라를 자기의 넓적다리와 손바닥 위에서 돌려가며 가지고 놀다가 (오나라를 멸하는) 자신의 뜻을 이루고자 할 것입니다. 그는 본래 폐하께서 위력을 숭상하고 남보다 뛰어나기를 좋아한다는 것을 알고 있기 때문에, 그래서 말을 완곡하고 겸손하게 하여 폐하의 뜻을 방종하고 안일하게 만들고, 폐하로 하여금 중원 여러 나라에서 향락에 빠져들게 하여 자신을 해치도록 할 것입니다. (그리하여) 우리의 군대를 피곤하게 만들고 백성을 흩어지게 하여, 날로 쇠약해지면 그런 다음에 우리의 잔여 국면을 편안하게 거두려는 것입니다. 저 월왕(越王)은 신의를 숭상하고 백성을 사랑하여 사방에서 그에게 모여들고 해마다 오곡이 항상 풍성하여 날로 번창하고 있으니, 우리가 아직 전쟁에서 이길 수 있을 때를 틈타 그들을 소멸해야 합니다. 작은 뱀일 적에 때려잡지 않아 큰 뱀이 되면 어찌하시렵니까?」

오왕이 말했다 :「대부는 어찌하여 월나라를 그렇게 중시하시오? 월나라가 일찍이 우리에게 심각한 우환이 된 적이 있었소? 만일 월나라가 없다면 우리가 어찌 봄가을 열병식 때 우리의 군사를 과시하겠소?」그리하여 월나라에게 화친을 허락했다.

맹약을 맺으려 할 때 월왕이 또 제계영(諸稽郢)을 보내 완곡하게 사양하

며 말했다 :「맹약을 맺는 것이 유익하다고 생각하십니까? 그렇다면 지난번 맹약을 맺을 때 입술에 바른 피가 아직 마르지도 않았으니 족히 신뢰할 수 있습니다. 맹약을 맺는 것이 무익하다고 생각하십니까? 그렇다면 대왕께서는 군사 위협을 버리시고 친히 왕림하시어 우리를 부리시면 되는데, 왜 귀신을 중시하며 자신을 가볍게 여기십니까?」오왕은 마침내 이를 받아들여 말로만 화친을 맺고 맹약 의식을 거행하지 않았다.

해제解題 및 본문 요지 설명

　본문은 《국어(國語)·오어(吳語)》의 일부분으로, 오왕(吳王) 부차(夫差)가 월(越)나라를 공격했을 때, 월왕(越王) 구천(句踐)이 대부 문종(文種)의 책략을 채택하여 제계영(諸稽郢)을 오(吳)나라에 보내 화친을 요구하며 부차를 설득하는 과정에서, 부차가 화친을 극구 반대하는 오나라 대부 오자서(伍子胥)의 간곡한 만류에도 불구하고 끝내 월나라의 화친 요구를 받아들인 상황을 기술한 것이다.

　본문은 세 단락으로 나눌 수 있는데, 첫째 단락에서는 오왕 부차가 월나라의 화친 요구를 받아들이고 제(齊)나라를 정벌할 준비를 하기 위해 신료들의 의견을 물은 상황을 서술했고; 둘째 단락에서는 오자서가 화친을 요구하는 월나라의 의도를 간파하고, 현재 오나라의 유리한 국면을 틈타 월나라를 소멸하여 후환을 없애야 한다고 강력히 충간한 것을 기술했고; 마지막 단락에서는 오왕이 오자서의 충고를 듣지 않고 자신의 주장을 고집하며 끝내 월나라의 화친 요구를 허락한 상황을 기술했다.

046 춘왕정월(春王正月)
《公羊傳·隱公 元年》

작 자

《공양전(公羊傳)》은 《춘추공양전(春秋公羊傳)》 또는 《공양춘추(公羊春秋)》라고도 하며, 《좌전(左傳)》·《곡량전(穀梁傳)》과 더불어 《춘추(春秋)》 삼전(三傳) 중의 하나이다. 전하는 바에 의하면, 《공양전》은 공자(孔子)의 재전제자(再傳弟子)인 공양고(公羊高)가 지었는데, 처음에는 입과 귀를 통해서 전해졌으나 한(漢) 경제(景帝) 때에 이르러 공양수(公羊壽)와 호모생(胡母生)이 책으로 펴냈다고 한다. 《공양전》의 체제는 일반적으로 먼저 「경문(經文)」을 인용하고 나서 자문자답(自問自答)하는 형식으로 《춘추》의 미언대의(微言大義)를 설명했다.

《공양전》은 금문경학(今文經學)의 주요한 전적(典籍)이자 전국시대(戰國時代)로부터 진한(秦漢)에 이르기까지의 유가사상(儒家思想)을 연구하는 데 있어서 중요한 자료이며, 주석서(註釋書)로는 동한(東漢) 하휴(何休)의 《춘추공양해고(春秋公羊解詁)》와 당(唐) 서언(徐彦)의 《공양전소(公羊傳疏)》가 나온 후 오랫동안 뜸하다가 청대(清代)에 이르러 공양학(公羊學)이 다시 부흥하면서 요내(姚鼐)의 《공양보주(公羊補注)》· 공광삼(孔廣森)의 《공양통의(公羊通義)》· 진립(陳立)의 《춘추공양의소(春秋公羊義疏)》· 유봉록(劉逢祿)의 《공양하씨석례(公羊何氏釋例)》 및 《하씨해고전(何氏解詁箋)》

등이 나왔다.

> 원문 및 주석

春王正月[1]

  元年者何? 君之始年也。春者何? 歲之始也。王者孰謂? 謂<u>文王</u>也。[2] 曷爲先言王而後言正月? 王正月也。何言乎王正月? 大一統也。[3]
  公何以不言卽位? 成公意也。何成乎公之意? 公將平國而反之<u>桓</u>。[4] 曷爲反之桓? 桓幼而貴, <u>隱長而卑</u>。[5] 其爲尊卑也微, 國人莫知。

---

1 春王正月 → 春·王正月에 대한 해석
 【春(춘, chūn)】: 魯隱公 원년(B.C. 722) 봄.
 【王正月(왕정월, wáng zhèng yuè)】: 周曆 正月. ※ 상고시대에는 朝代가 바뀌면 正朔[정월 초하루]을 고쳐 國運이 새로워졌음을 표시했는데, 여기서는 周文王이 殷의 正朔을 고쳐 반포한「周曆의 정월」을 가리킨다.

2 元年者何? 君之始年也。春者何? 歲之始也。王者孰謂? 謂文王也。→ 元年이란 무엇인가? 임금이 즉위한 첫해이다. 봄이란 무엇인가? 한 해의 시작이다. 왕은 누구를 이르는가? 文王을 이르는 것이다.
 【元年(원년, yuán nián)】: ① 임금이 즉위한 해. ② 연호를 정한 첫해.
 【始年(시년, shǐ nián)】: 임금이 즉위한 첫해.
 【歲(세, suì)】: 해. 년.
 【孰謂(숙위, shú wèi)】: 누구를 이르는가?
 【文王(문왕, wén wáng)】: 周文王 姬昌. 周文王이 殷나라 紂王 때 雍州의 州長을 지냈는데, 州長을「伯」이라 했고, 雍州가 서쪽에 위치했으므로「西伯」이라 했다. 周王朝의 건립을 위해 기초를 확립했다.

3 曷爲先言王而後言正月? 王正月也。何言乎王正月? 大一統也。→ 어째서 먼저 왕을 말하고 나중에 正月을 말하는가? 周王의 정월이기 때문이다. 어째서 주왕의 정월이라 말하는가? 천하가 통일되었기 때문이다.
 【曷爲(갈위, hé wèi)】: 何爲. 왜. 어째서.
 【大一統(대일통, dà yī tǒng)】: 천하가 통일되다.

隱長又賢, 諸大夫扳隱而立之。⁶ 隱於是焉而辭立, 則未知桓之將必得立也;⁷ 且如桓立, 則恐諸大夫之不能相幼君也。故凡隱之立, 爲桓立也。⁸ 隱長又賢, 何以不宜立? 立適以長不以賢, 立子以貴不以

---

4 公何以不言卽位? 成公意也。何成乎公之意? 公將平國而反之桓。→ 魯隱公에 대해서는 어째서 즉위라고 말하지 않는가? 은공의 뜻을 이루고자 한 것이다. 어째서 은공의 뜻을 이루고자 했는가? 은공이 나라를 안정시킨 후 왕위를 桓公에게 되돌려주려고 했기 때문이다.
【公(공, gōng)】: 여기서는 「魯隱公」을 가리킨다. 魯惠公은 정실부인의 소생이 없고, 첩의 소생인 은공은 어머니의 신분이 비천하여 정식으로 임금이 될 수 없었다.
【何以(하이, hé yǐ)】: 왜. 어째서.
【將(장, jiāng)】: (장차) …하려 하다.
【平國(평국, píng guó)】: 나라를 안정시키다.
【反之桓(반지환, fǎn zhī huán)】: 왕위를 환공에게 되돌려주다. 【反】: 返. 되돌려주다. 【之】: [대명사] 그것, 즉 王位. 【桓】: 魯桓公. 魯惠公의 아들로, 역시 庶子이다. 그 어머니가 혜공의 총애를 받았으나, 혜공이 죽고 환공이 나이가 어려 은공이 섭정했다. 후에 환공이 은공을 죽이고 스스로 임금이 되었다.

5 曷爲反之桓? 桓幼而貴, 隱長而卑。→ 어째서 왕위를 환공에게 되돌려주려고 했는가? 환공은 나이가 어리고 존귀하며, 은공은 나이가 많고 비천하기 때문이다.
【長(장, zhǎng)】: 나이가 많다.
【卑(비, bēi)】: 비천하다.

6 其爲尊卑也微, 國人莫知。隱長又賢, 諸大夫扳隱而立之。→ 그들의 신분이 존귀하고 비천함은 차이가 미미하여, 나라 사람들이 잘 알지 못한다. 은공은 나이가 많고 또 어질어서, 여러 대부들이 은공을 추대하여 그를 임금으로 옹립했다.
【微(미, wēi)】: (차이가) 미미하다.
【扳(반, pān)】: 攀. 추대하다.

7 隱於是焉而辭立, 則未知桓之將必得立也; → (만일) 은공이 이때 옹립을 사양하면, 환공이 장차 반드시 옹립될 수 있을는지도 알 수 없고;
【於是(어시, yú shì)】: 이때에. 이 시기에.
【辭立(사립, cí lì)】: 옹립을 사양하다.
【得立(득립, dé lì)】: 能立. 옹립할 수 있다.

8 且如桓立, 則恐諸大夫之不能相幼君也。故凡隱之立, 爲桓立也。→ 또한 만일 환공이 옹립된다 해도, 여러 대부들이 나이 어린 임금을 보필하지 않을까 두려운 것이다. 그러므로 무릇 은공의 옹립은, (장차) 환공의 옹립을 위한 것이다.
【且(차, qiě)】: 또한.
【如(여, rú)】: 만일.

長。⁹ 桓何以貴? 母貴也。母貴則子何以貴? 子以母貴, 母以子貴。¹⁰

> 번역문

춘(春)·왕정월(王正月)에 대한 해석

원년(元年)이란 무엇인가? 임금이 즉위한 첫해이다. 봄이란 무엇인가? 한 해의 시작이다. 왕은 누구를 이르는가? 문왕(文王)을 이르는 것이다. 어째서 먼저 왕을 말하고 나중에 정월(正月)을 말하는가? 주왕(周王)의 정월이기 때문이다. 어째서 주왕의 정월이라 말하는가? 천하가 통일되었기 때문이다.

노은공(魯隱公)에 대해서는 어째서 즉위라고 말하지 않는가? 은공의 뜻

【恐(공, kǒng)】: 두렵다.
【相(상, xiàng)】: 보좌하다. 보필하다.
【凡(범, fán)】: 무릇. 대저.

9 隱長又賢, 何以不宜立? 立適以長不以賢, 立子以貴不以長。→ 은공은 나이가 많고 또 어진데, 어째서 옹립되는 것이 부당한가? 적자(嫡子)를 옹립할 때는 나이 많은 것을 근거로 하고 어진 것을 근거로 하지 않으며, 庶子를 옹립할 때는 신분의 고귀함을 근거로 하고 나이 많은 것을 근거로 하지 않기 때문이다.
【不宜(불의, bù yí)】: 옳지 않다. 부당하다.
【適(적, dí)】: 嫡. 정실. 여기서는 「嫡子」를 가리킨다.
【以長(이장, yǐ zhǎng)】: 나이가 많은 것을 근거로 하다. 〖以〗: …을 근거로. …에 따라. …에 의해.
【子(자, zǐ)】: 아들. 여기서는 「庶子」를 가리킨다.

10 桓何以貴? 母貴也。母貴則子何以貴? 子以母貴, 母以子貴。→ 환공은 어째서 존귀한가? 그의 어머니가 존귀하기 때문이다. 어머니가 존귀하면 아들이 어째서 존귀한가? 아들은 어머니로 인해 존귀하고, 어머니는 아들로 인해 존귀하기 때문이다.
【何以(하이, hé yǐ)】: 왜. 어째서.
【以母貴(이모귀, yǐ mǔ guì)】: 어머니로 인해 존귀하다. 〖以〗: 因. …로 인해. …때문에.

을 이루고자 한 것이다. 어째서 은공의 뜻을 이루고자 했는가? 은공이 나라를 안정시킨 후 왕위를 환공(桓公)에게 되돌려주려고 했기 때문이다. 어째서 왕위를 환공에게 되돌려주려고 했는가? 환공은 나이가 어리고 존귀하며, 은공은 나이가 많고 비천하기 때문이다. 그들의 신분이 존귀하고 비천함은 차이가 미미하여 나라 사람들이 잘 알지 못한다. 은공은 나이가 많고 또 어질어서 여러 대부들이 은공을 추대하여 그를 임금으로 옹립했다. (만일) 은공이 이때 옹립을 사양하면 환공이 장차 반드시 옹립될 수 있을는지도 알 수 없고, 또한 만일 환공이 옹립된다 해도 여러 대부(大夫)들이 나이 어린 임금을 보필하지 않을까 두려운 것이다. 그러므로 무릇 은공의 옹립은 (장차) 환공의 옹립을 위한 것이다. 은공은 나이가 많고 또 어진데 어째서 옹립되는 것이 부당한가? 적자(嫡子)를 옹립할 때는 나이 많은 것을 근거로 하고 어진 것을 근거로 하지 않으며, 서자(庶子)를 옹립할 때는 신분의 고귀함을 근거로 하고 나이 많은 것을 근거로 하지 않기 때문이다. 환공은 어째서 존귀한가? 그의 어머니가 존귀하기 때문이다. 어머니가 존귀하면 아들이 어째서 존귀한가? 아들은 어머니로 인해 존귀하고, 어머니는 아들로 인해 존귀하기 때문이다.

해제解題 및 본문 요지 설명

　　본문은 《공양전(公羊傳)·은공 원년(隱公 元年)》의 일부분으로, 《춘추좌전(春秋左傳)·은공 원년(隱公 元年)》의 경문(經文) 「원년춘왕정월(元年春王正月)」에 대해 해석한 글이다.
　　본문은 두 단락으로 나눌 수 있는데, 첫째 단락에서는 《춘추》 경문(經文)

의 「대일통(大一統)」 사상에 대한 해석으로, 「춘(春)·왕(王)·선왕후정월(先王後正月)·왕정월(王正月)」의 순서에 따라 일일이 그 의미를 설명했고; 둘째 단락에서는 《춘추(春秋)》 경문의 「별적서(別嫡庶)」에 대한 해석으로, 《춘추좌전·은공 원년》 전문(傳文)에 : 「은공 원년 봄, 주력(周曆) 정월. 《춘추》는 은공의 즉위를 기재하지 않았는데, 그것은 은공이 섭정을 했기 때문이다.(元年春, 王周正月。不書卽位, 攝也。)」라고 하여 「즉위(卽位)」라는 말을 기재하지 않은 이유와, 환공(桓公)이 존귀하고 은공(隱公)이 비천하여 환공이 즉위해야 하지만, 환공의 나이가 어리기 때문에 은공이 부득이 대부들의 추대를 받아들여 섭정을 하다가 장차 환공에게 양위하려 한 배경을 기술했다.

　《춘추》의 왕위 계승에 대한 관점이 오직 유가(儒家)의 종법제도(宗法制度) 정신에 바탕을 두고 있음을 보여주고 있다.

047 송인급초인평(宋人及楚人平)
《公羊傳·宣公 十五年》

작 자

046 춘왕정월(春王正月) 참조.

원문 및 주석

宋人及楚人平[1]

外平不書, 此何以書? 大其平乎己也。何大乎其平乎己?[2]

---

1 宋人及楚人平 → 宋나라 사람과 楚나라 사람이 강화를 맺다
 【宋(송, sòng)】: [국명] 지금의 하남성 商邱縣 일대에 있던 周代의 제후국.
 【及(급, jí)】: …와(과).
 【楚(초, chǔ)】: [국명] 지금의 호남성·호북성과 강서성·절강성 및 하남성 남부에 걸쳐 있던 周代의 제후국.
 【平(평, píng)】: 강화를 맺다. 화친하다.
2 外平不書, 此何以書? 大其平乎己也。何大乎其平乎己? → 魯나라 이외의 나라들 간에 講和한 것은 《春秋》에 기록하지 않는데, 宋·楚의 강화는 어째서 기록을 했는가? 그것은 강화가 (華元과 子反) 자신들에 의해 맺어진 것을 찬양한 것이다. 왜 강화가 자신들에 의

莊王圍宋, 軍有七日之糧爾, 盡此不勝, 將去而歸爾.³ 於是使司馬子反乘堙而闚宋城, 宋華元亦乘堙而出見之.⁴ 司馬子反曰 : 「子

해 맺어진 것을 찬양하는가?
【外(외, wài)】: 魯나라 외의 다른 나라. ※《춘추》는 魯나라의 역사를 중심으로 기록했기 때문에, 노나라 이외의 나라들을 「다른 나라」라 칭했다.
【平(평, píng)】: 강화를 맺다. 화친하다. 여기서는 「魯宣公 15년(B.C. 594) 楚 · 宋의 강화」를 가리킨다.
【書(서, shū)】: 기록하다.
【此(차, cǐ)】: 이것. 즉 「宋 · 楚의 강화」.
【大(대, dà)】: 찬양하다.
【平乎己(평호기, píng hū jǐ)】: 강화가 (華元과 子反) 자신들에 의해 맺어지다. ※ 이는 강화를 주도한 사람이 양국의 군주가 아니라 宋나라의 華元과 楚나라의 子反 자신들이라는 것을 뜻한다.

3 莊王圍宋, 軍有七日之糧爾, 盡此不勝, 將去而歸爾. → 楚莊王이 宋나라를 포위했을 때, 楚나라 군대는 7일분의 식량만 가지고 있었으므로, 이것을 다 소비할 때까지 이기지 못하면, 포기하고 돌아가려고 했다.
【莊王圍宋(장왕위송, zhuāng wáng wéi sòng)】: 楚莊王이 宋나라를 포위하다. 〖莊王〗: 楚莊王.〖圍〗: 포위하다.
※ 魯宣公 14년(B.C. 595), 초장왕의 사신 申舟가 齊나라를 방문하는 길에 송나라의 허락을 받지 않고 송을 거쳐가다가 송의 대부 화원에게 살해되자, 초장왕이 같은 해 9월 군사를 동원하여 송을 포위했다. 당시 초장왕은 五覇 중의 하나.
【爾(이, ěr)】: [어말 조사].
【將(장, jiāng)】: (장차) …하려 하다.
【去(거, qù)】: 포기하다.

4 於是使司馬子反乘堙而闚宋城, 宋華元亦乘堙而出見之. → 그리하여 (초장왕은) 司馬 子反을 보내 土山에 올라가 송나라 성내의 상황을 엿보도록 했는데, (이때) 송나라의 대부 華元 역시 토산에 올라와서 성 밖으로 나와 사마 자반을 만났다.
【於是(어시, yú shì)】: 이에. 그리하여.
【使(사, shǐ)】: 보내다. 파견하다.
【司馬(사마, sī mǎ)】: [관직] 軍事를 관장하는 직책.
【子反(자반, zǐ fǎn)】: [인명] 자반. 楚나라의 대부.
【乘(승, chéng)】: 登. 오르다. 올라가다.
【堙(인, yīn)】: 작은 土山. 적을 공격하고 방어하기 위해 성 안에 흙으로 쌓아 만들어 놓은 언덕.
【闚(규, kuī)】: 엿보다. 살피다.
【華元(화원, huà yuán)】: [인명] 성은 華, 이름은 元. 宋나라의 대부로 40년 동안 文公 · 共公 · 平公 세 임금을 섬겼다.

之國何如?」華元曰：「憊矣。」曰：「何如?」曰：「易子而食之, 析骸
而炊之。」⁵ 司馬子反曰：「嘻! 甚矣憊。雖然, 吾聞之也, 圍者柑馬而
秣之, 使肥者應客。是何子之情也?」⁶ 華元曰：「吾聞之, 君子見人之
厄則矜之, 小人見人之厄則幸之。吾見子之君子也, 是以告情于子
也。」⁷ 司馬子反曰：「諾, 勉之矣! 吾軍亦有七日之糧爾, 盡此不勝,

【之(지, zhī)】: [대명사] 그. 즉 「司馬子反」.

5 司馬子反曰：「子之國何如?」華元曰：「憊矣。」曰：「何如?」曰：「易子而食之, 析骸而炊之。」
   → 사마 자반이 물었다 : 「당신네 나라는 어떻소?」 화원이 대답했다 : 「지쳐 있소.」 자반이
   물었다 : 「어느 정도로 지쳐 있소?」 화원이 대답했다 : 「자식들을 바꾸어 잡아먹고, 뼈를
   발라 그것을 땔감으로 쓰고 있소.」
   【憊(비, bèi)】: 피곤하다. 지치다.
   【易子而食之(역자이식지, yì zǐ ér shí zhī)】: 자식을 바꾸어 잡아 먹다. 〖食〗: [동사] 먹다.
   【析骸(석해, xī hái)】: 뼈를 바르다.
   【炊(취, chuī)】: [동사 용법] 땔감으로 쓰다.

6 司馬子反曰：「嘻! 甚矣憊。雖然, 吾聞之也, 圍者柑馬而秣之, 使肥者應客。是何子之情
   也?」 → 사마 자반이 말했다 : 「아! 몹시 지쳤군요. (사정이) 비록 그렇다 해도, 내가 들
   으니, 포위당한 자들은 말의 입에 재갈을 물려 (많이 먹지 못하도록) 사육하면서, (풍족
   한 것처럼 보이기 위해) 살찐 말로 손님을 응대한다던데, 어째서 당신은 진실을 말하고
   있소?」
   【嘻(희, xī)】: [감탄사] 아!
   【圍者(위자, wéi zhě)】: 포위된 사람.
   【柑(겸, qián)】: 재갈을 물리다.
   【秣(말, mò)】: 여물을 먹이다. 사육하다.
   【使(사, shǐ)】: …하게 하다.
   【應客(응객, yìng kè)】: 손님을 응대하다.
   【情(정, qíng)】: 실정. 진실.

7 華元曰：「吾聞之, 君子見人之厄則矜之, 小人見人之厄則幸之。吾見子之君子也, 是以告
   情于子也。」 → 화원이 대답했다 : 「내가 듣건대, 군자는 다른 사람의 곤경을 보면 이를
   불쌍히 여기고, 소인배는 다른 사람의 곤경을 보면 이를 기쁘게 생각한다고 합니다. 나
   는 그대를 군자로 보기 때문에, 그래서 그대에게 진실을 말하는 것입니다.」
   【厄(액, è)】: 재앙. 곤경.
   【矜(긍, jīn)】: 불쌍히 여기다.
   【幸(행, xìng)】: 기쁘게 여기다. 다행으로 여기다.
   【是以(시이, shì yǐ)】: 그래서. 이로 인해.

將去而歸爾。」揖而去之。⁸

反于莊王, 莊王曰:「何如?」司馬子反曰:「憊矣!」曰:「何如?」曰:「易子而食之, 析骸而炊之。」⁹ 莊王曰:「嘻! 甚矣憊。雖然, 吾今取此, 然後而歸爾。」¹⁰ 司馬子反曰:「不可, 臣已告之矣, 軍有七日之糧爾。」¹¹ 莊王怒曰:「吾使子往視之, 子曷爲告之?」¹² 司馬子反曰:「以區區之宋, 猶有不欺人之臣, 可以楚而無乎? 是以告之也。」¹³ 莊

---

8 司馬子反曰:「諾, 勉之矣! 吾軍亦有七日之糧爾, 盡此不勝, 將去而歸爾。」揖而去之。→ 사마 자반이 말했다 : 「좋소, 힘써보시오! 우리 군사도 역시 7일분의 식량만을 가지고 있기 때문에, 이것을 다 소비할 때까지 이기지 못하면, 포기하고 돌아갈 것이오.」(두 사람은) 읍을 하고 그곳을 떠났다.
【諾(낙, nuò)】:[승낙하는 말] 예. 좋습니다.
【勉(면, miǎn)】: 힘쓰다. 노력하다.
【揖(읍, yī)】: 읍하다. 두 손을 맞잡아 얼굴 앞 눈높이까지 들어 올리고 가볍게 흔들며 약간 허리를 구부렸다 펴면서 손을 내리는 인사 방법.
【去(거, qù)】: 떠나다.

9 反于莊王, 莊王曰 :「何如?」司馬子反曰 :「憊矣!」曰 :「何如?」曰 :「易子而食之, 析骸而炊之。」→ (사마 자반이) 莊王에게 돌아오자, 장왕이 물었다 :「(송나라의 상황은) 어떠하오?」사마 자반이 대답했다 :「지쳐있습니다.」장왕이 물었다 :「어느 정도로 지쳐있소?」사마 자반이 대답했다 :「자식들을 서로 바꾸어 잡아먹고, 시체의 뼈를 발라 그것을 땔감으로 쓰고 있습니다.」
【反(반, fǎn)】: 返. 돌아오다.

10 莊王曰:「嘻! 甚矣憊。雖然, 吾今取此, 然後而歸爾。」→ 장왕이 말했다 :「아! 몹시 지쳐있군. 비록 그렇다 해도, 나는 이제 송나라를 정벌하고 나서, 돌아갈 것이오.」

11 司馬子反曰:「不可, 臣已告之矣, 軍有七日之糧爾。」→ 사마 자반이 말했다 :「안 됩니다. 제가 이미 그들에게 우리 군사가 7일분의 식량만을 가지고 있다고 알려주었습니다.」
【爾(이, ěr)】: …뿐. …만.

12 莊王怒曰:「吾使子往視之, 子曷爲告之?」→ 장왕이 화를 내며 물었다 :「내가 그대에게 가서 그들을 정탐하라고 했는데, 그대는 왜 그것을 알려주었소?」
【往視(왕시, wǎng shì)】: 가서 살펴보다. 정탐하다.
【曷(갈, hé)】: 어째서. 왜.

13 司馬子反曰:「以區區之宋, 猶有不欺人之臣, 可以楚而無乎? 是以告之也。」→ 사마 자반이 대답했다 :「작은 송나라도, 또한 남을 속이지 않는 신하가 있는데, 초나라에 없어서야 되겠습니까? 그래서 그에게 알려주었습니다.」

王曰:「諾, 舍而止。雖然, 吾猶取此, 然後歸爾。」¹⁴ 司馬子反曰:「然則君請處于此, 臣請歸爾。」¹⁵ 莊王曰:「子去我而歸, 吾孰與處于此? 吾亦從子而歸爾。」引師而去之。¹⁶

故君子大其平乎己也。此皆大夫也, 其稱人何? 貶。曷爲貶? 平者在下也。¹⁷

【區區(구구, qū qū)】: 작은 모양.
【猶(유, yóu)】: 여전히. 또한.
【是以(시이, shì yǐ)】: 이로 인해. 그래서.

14 莊王曰:「諾, 舍而止。雖然, 吾猶取此, 然後歸爾。」→ 장왕이 말했다:「좋소, 그러면 여기에 집을 짓고 머물 것이오. 비록 우리의 식량이 부족하지만, 나는 그래도 송나라를 점령하고 나서, 돌아갈 것이오.」
【舍而止(사이지, shè ér zhǐ)】: 집을 짓고 머문다. 【舍】: [동사 용법] 집을 짓다. 【止】: 머물다. 머물러 살다.
【此(차, cǐ)】: 이곳. 즉「宋나라」.
【爾(이, ěr)】: [어조사].

15 司馬子反曰:「然則君請處于此, 臣請歸爾。」→ 사마 자반이 말했다:「그렇다면 폐하께서는 이곳에 머무시고, 저는 돌아가게 해주십시오.」
【然則(연즉, rán zé)】: 그렇다면.
【處(처, chǔ)】: 머물다.
【爾(이, ěr)】: [어조사].

16 莊王曰:「子去我而歸, 吾孰與處于此? 吾亦從子而歸爾。」引師而去之。→ 장왕이 말했다:「그대가 나를 떠나 돌아가면, 나는 누구와 함께 이곳에 머물러 있겠소? 나 역시 그대를 쫓아 돌아가겠소.」그리하여 군대를 이끌고 송나라를 떠났다.
【去(거, qù)】: 떠나다.
【吾孰與(오숙여, wú shú yǔ)】: [吾與孰의 도치형태] 나는 누구와 더불어. 【與】: 함께. 더불어.
【引師(인사, yǐn shī)】: 군대를 이끌다.
【之(지, zhī)】: [대명사] 그곳. 즉「宋나라」.

17 故君子大其平乎己也。此皆大夫也, 其稱人何? 貶。曷爲貶? 平者在下也。→ 그래서 군자는 이번의 강화가 완전히 (자반·화원) 두 사람 자신들에 의해 맺어진 것을 찬양했다. 그러면 자반과 화원이 모두 大夫의 신분인데, 그들을「사람[人]」으로 호칭한 것은 어째서인가? 폄하한 것이다. 어째서 폄하했는가? 강화를 맺은 자들이 (군주가 아닌) 아래 사람의 신분이기 때문이다.
【己(기, jǐ)】: 華元과 子反 두 사람 자신들.

> 번역문

송(宋)나라 사람과 초(楚)나라 사람이 강화를 맺다

　노(魯)나라 이외의 나라들 간에 강화(講和)한 것은《춘추(春秋)》에 기록하지 않는데, 송(宋)·초(楚)의 강화는 어째서 기록을 했는가? 그것은 강화가 화원(華元)과 자반(子反) 자신들에 의해 맺어진 것을 찬양한 것이다. 왜 강화가 자신들에 의해 맺어진 것을 찬양하는가?

　초장왕(楚莊王)이 송나라를 포위했을 때 초나라 군대는 7일분의 식량만 가지고 있었으므로, 이것을 다 소비할 때까지 이기지 못하면 포기하고 돌아가려고 했다. 그리하여 (초장왕은) 사마(司馬) 자반(子反)을 보내 토산(土山)에 올라가 송나라 성내의 상황을 엿보도록 했는데, (이때) 송나라의 대부 화원(華元) 역시 토산에 올라와서 성 밖으로 나와 사마 자반을 만났다. 사마 자반이 물었다 :「당신네 나라는 어떻소?」화원이 대답했다 :「지쳐있소.」자반이 물었다 :「어느 정도로 지쳐있소?」화원이 대답했다 :「자식들을 바꾸어 잡아먹고 뼈를 발라 그것을 땔감으로 쓰고 있소.」사마 자반이 말했다 :「아! 몹시 지쳐있군요. (사정이) 비록 그렇다 해도 내가 들으니, 포위당한 자들은 말의 입에 재갈을 물려 (많이 먹지 못하도록) 사육하면서 (풍족한 것처럼 보이기 위해) 살찐 말로 손님을 응대한다던데, 어째서 당신은 진실을 말하고 있소?」화원이 대답했다 :「내가 듣건대, 군자는 다른 사람의 곤경을 보면 이를 불쌍히 여기고, 소인배는 다른 사람의 곤경을 보면 이

【稱人(칭인, chēng rén)】: 사람으로 호칭하다. 즉, 두 사람이 모두 대부인데「두 분의 大夫」라 하지 않고 그저「두 사람(人)」이라 했는가의 뜻이다.
【貶(폄, biǎn)】: 폄하하다.
【在下(재하, zài xià)】: (지위가) 아래에 있다. 즉「아래 사람의 신분」을 가리킨다.

를 기쁘게 생각한다고 합니다. 나는 그대를 군자로 보기 때문에, 그래서 그대에게 진실을 말하는 것입니다.」 사마 자반이 말했다 :「좋소, 힘써 보시오! 우리 군사도 역시 7일분의 식량만을 가지고 있기 때문에, 이것을 다 소비할 때까지 이기지 못하면 포기하고 돌아갈 것이오.」 (두 사람은) 읍을 하고 그곳을 떠났다.

 (사마 자반이) 장왕에게 돌아오자, 장왕이 물었다 :「(송나라의 상황이) 어떠하오?」 사마 자반이 대답했다 :「지쳐있습니다.」 장왕이 물었다 :「어느 정도로 지쳐있소?」 사마 자반이 대답했다 :「자식들을 서로 바꾸어 잡아먹고 시체의 뼈를 발라 그것을 땔감으로 쓰고 있습니다.」 장왕이 말했다 :「아! 몹시 지쳐있군. 비록 그렇다 해도 나는 이제 송나라를 정벌하고 나서 돌아갈 것이오.」 사마 자반이 말했다 :「안 됩니다. 제가 이미 그들에게 우리 군사가 7일분의 식량만을 가지고 있다고 알려주었습니다.」 장왕이 화를 내며 물었다 :「내가 그대에게 가서 그들을 정탐하라고 했는데, 그대는 왜 그것을 알려주었소?」 사마 자반이 대답했다 :「작은 송나라도 또한 남을 속이지 않는 신하가 있는데, 초나라에 없어서야 되겠습니까? 그래서 그에게 알려주었습니다.」 장왕이 말했다 :「좋소, 그러면 여기에 집을 짓고 머물 것이오. 비록 우리의 식량이 부족하지만 나는 그래도 송나라를 점령하고 나서 돌아갈 것이오.」 사마 자반이 말했다 :「그렇다면 폐하께서는 이곳에 머무시고 저는 돌아가게 해주십시오.」 장왕이 말했다 :「그대가 나를 떠나 돌아가면 나는 누구와 함께 이곳에 머물러 있겠소? 나 역시 그대를 쫓아 돌아가겠소.」 그리하여 군대를 이끌고 송나라를 떠났다.

 그래서 군자는 이번의 강화가 완전히 (자반 · 화원) 두 사람 자신들에 의해 맺어진 것을 찬양했다. 그러면 자반과 화원이 모두 대부(大夫)의 신분인데, 그들을「사람[人]」으로 호칭한 것은 어째서인가? 폄하한 것이다. 어째서 폄하했는가? 강화를 맺은 자들이 (군주가 아닌) 아래 사람의 신분이기 때문이다.

해제解題 및 본문 요지 설명

　본문은 《공양전(公羊傳)·선공 15년(宣公 十五年)》의 일부분이다. 노선공(魯宣公) 14년(B.C. 595) 《춘추(春秋)》의 기록에 「가을 9월, 초(楚)나라 군주가 송(宋)나라를 포위했다.」라고 한 말이 있다. 이는 초장왕(楚莊王)의 사신 신주(申舟)가 제(齊)나라를 방문하는 길에 송(宋)나라의 허락 없이 송나라를 거쳐가다가 송나라의 대부 화원(華元)에게 살해되었기 때문이다. 노선공 15년 《춘추》의 기록에 「여름 5월, 송나라와 초나라가 강화를 맺었다.」라고 한 말이 있다.

　본문은 바로 이 경문(經文)을 해설한 것인데, 중점은 두 가지이다. 첫째는 「노(魯)나라 이외의 나라들 간에 강화(講和)한 것은 《춘추》에 기록하지 않는데, 송나라·초나라의 강화는 어째서 기록을 했는가?」라고 한 것이다. 《춘추》에는 노나라를 제외한 여러 나라 사이의 강화에 대해 기록하지 않았는데, 「여기서는 어째서 초나라·송나라의 강화를 기록했는가?」에 대한 의문이다. 《공양전》의 해석은 : 「그것은 강화가 화원(華元)과 자반(子反) 자신들에 의해 맺어진 것을 찬양한 것이다.」라는 것이다. 화원과 자반이 화친을 맺은 것을 긍정했기 때문에, 그래서 《춘추》는 특별히 이를 기록하고 두 사람에 대해 찬양을 표명한 것이다. 둘째는 「그들을 「사람[人]」으로 호칭한 것은 어째서인가?」라고 한 것이다. 기왕에 초장왕이 몸소 군사를 이끌고 와서 송나라를 포위했다면, 강화도 마땅히 그가 주도적으로 송나라의 군주와 맺어야 하는 것인데, 어째서「송나라 군주와 초나라 군주가 강화를 맺다.」라 하지 않고「송나라 사람과 초나라 사람이 강화를 맺다.」라고 했는 가이다. 이에 대해《공양전》의 해석은 :「강화를 맺은 자들이 군주가 아닌 아래 사람의 신분이기 때문이다.」라는 것이다. 강화는 마땅히 군주의 권한이며 화원(華元)과 자반(子反)의 신분은 모두 대부인데, 오히려 자신들의 뜻대로 강화를 결정했기 때문에「사람[人]」이란 호칭으로써 두 사람에 대한 폄하를 표시한 것이다.

048 오자사찰내빙(吳子使札來聘)
《公羊傳‧襄公 二十九年》

작자

046 춘왕정월(春王正月) 참조.

원문 및 주석

吳子使札來聘¹

吳無君無大夫, 此何以有君有大夫? 賢季子也.² 何賢乎季子?

---

1 吳子使札來聘 → 吳王이 季札로 하여금 魯나라를 방문토록 하다
  【吳子(오자, wú zǐ)】: 吳王 餘祭에 대한 존칭. 여제가 동생 季札을 魯나라에 파견하여 中原의 문화를 배워오도록 했기 때문에 「吳人」이란 비칭을 쓰지 않고 「吳子」라는 존칭을 썼다.
  【使(사, shǐ)】: 보내다. 파견하다.
  【札(찰, zhá)】: [인명] 季札. 吳王 壽夢의 막내아들. 이름이 札이고 막내라는 뜻의 季字를 붙여 季札 또는 季子라 했으며, 延陵‧州來 지방에 봉해졌기 때문에 延陵季子 또는 州來季子라고도 불렀다. 수몽은 계자를 총애하여 자신의 후계자로 삼고자 했으나 계자가 이를 완강히 거부하여 하는 수 없이 延陵에 봉했다. 수몽이 죽자, 계자는 왕위를 맏형

讓國也。³ 其讓國奈何?⁴ 謁也, 餘祭也, 夷眛也, 與季子同母者四。⁵
季子弱而才, 兄弟皆愛之, 同欲立之以爲君。⁶ 謁曰:「今若是迣而與
季子國, 季子猶不受也。請無與子而與弟, 弟兄迭爲君, 而致國乎季

　　諸樊에게 양보하고 中原 여러 나라들을 돌아다녔다.
　　【來聘(내빙, lái pìn)】: 방문하다.
2　吳無君無大夫, 此何以有君有大夫? 賢季子也。→ 吳나라는 君主도 없고 大夫도 없는데,
　　여기 기록에는 어째서 군주도 있고 대부도 있는가? 이는 季札을 찬양한 것이다.
　　【吳無君無大夫(오무군무대부, wú wú jūn wú dà fū)】: 吳나라는 임금도 없고 대부도 없다.
　　※《春秋》에서는 吳나라가 오랑캐 족속이라는 이유로 吳나라의 일을 기록할 때 군주니
　　대부니 하는 말을 쓰지 않고, 다만 그 나라 이름만 호칭할 뿐이었다.
　　【此(차, cǐ)】: 여기. 즉「《春秋·襄公 29年》의 기록」을 가리킨다.
　　【賢(현, xián)】: 칭찬하다. 찬양하다.
　　【季子(계자, jì zǐ)】: 季札.「子」는 존칭.
3　何賢乎季子? 讓國也。→ 어째서 季札을 찬양했는가? 그는 왕위를 양보했기 때문이다.
　　【乎(호, hū)】: [어조사].
　　【讓國(양국, ràng guó)】: 王位를 양보하다.
4　其讓國奈何? → 그가 왕위를 양보한 것은 어찌 된 일인가?
　　【奈何(내하, nài hé)】: 어떻게(하다). 어찌(하다).
5　謁也, 餘祭也, 夷眛也, 與季子同母者四。→ 謁과, 餘祭와, 夷眛와, 季札은 한 어머니 소생
　　의 4형제이다.
　　【謁(알, yè)】: [인명] 諸樊이라고도 부른다. 吳王 壽夢의 맏아들로, 수몽을 이어 즉위한 후
　　13년간(B.C. 560-B.C. 548) 재위했다.
　　【餘祭(여제, yú jì)】: [인명] 吳王 壽夢의 둘째 아들로, 諸樊을 이어 왕위에 올라 17년간
　　(B.C. 547-B.C. 531) 재위했다.
　　【夷眛(이매, yí mèi)】: [인명] 吳王 壽夢의 셋째 아들로, 餘眛라고도 한다. 餘祭를 이어 왕
　　위에 올라 4년간(B.C. 530-B.C. 527) 재위했고, 죽은 후 그의 아들 僚가 왕위를 계승했다.
　　【同母者(동모자, tóng mǔ zhě)】: 한 어머니 소생.
6　季子弱而才, 兄弟皆愛之, 同欲立之以爲君。→ 계찰은 나이가 어리지만 재능이 있어서,
　　형들이 모두 그를 사랑하고, 함께 그를 옹립하여 군주로 삼고자 했다.
　　【弱(약, ruò)】: 나이가 어리다.
　　【兄弟(형제, xiōng dì)】: 형.
　　【同(동, tóng)】: 같이. 함께.
　　【欲(욕, yù)】: …하고자 하다.
　　【立(립, lì)】: 옹립하다.
　　【爲君(위군, wéi jūn)】: 군주로 삼다.

子.」皆曰:「諾.」⁷ 故諸爲君者, 皆輕死爲勇, 飮食必祝曰:「天苟有
吳國, 尙速有悔於予身.」⁸ 故謁也死, 餘祭也立; 餘祭也死, 夷昧也
立; 夷昧也死, 則國宜之季子者也.⁹

　　季子使而亡焉, 僚者, 長庶也, 卽之.¹⁰ 季子使而反, 至而君之

7　謁曰:「今若是迮而與季子國, 季子猶不受也. 請無與子而與弟, 弟兄迭爲君, 而致國乎季
　　子.」皆曰:「諾.」→ (이에) 謁이:「지금 만약 이렇게 갑자기 왕위를 계찰에게 넘겨주려
　　고 하면, 계찰 역시 받지 않을 것이다. 청컨대, (우리가) 아들에게 왕위를 물려주지 말고
　　아우에게 물려주기로 하고, 형제가 차례로 왕이 된다면, (결국) 왕위를 계찰에게 넘겨주
　　게 될 것이다.」라고 하자, 모두가:「좋습니다.」라고 동의했다.
　　【若(약, ruò)】: 만일. 만약.
　　【是(시, shì)】: 이처럼. 이렇게.
　　【迮(책, zé)】: 갑자기. 창졸간에.
　　【無(무, wú)】: 勿. 不. …하지 말다. …하지 않다.
　　【與子(여자, yǔ zǐ)】: 아들에게 물려주다. 〖與〗: 주다. 물려주다.
　　【國(국, guó)】: 나라. 여기서는「王位」를 가리킨다.
　　【猶(유, yóu)】: 또한. 역시.
　　【弟兄(제형, dì xiōng)】: 형제.
　　【迭(질, dié)】: 번갈아. 차례로.
　　【致(치, zhì)】: 넘겨주다. …에게 돌아가다.
　　【諾(낙, nuò)】: [동의·승낙을 표시하는 말] 좋습니다. 찬성합니다.
8　故諸爲君者, 皆輕死爲勇, 飮食必祝曰:「天苟有吳國, 尙速有悔於予身.」→ 그래서 여러
　　형제들이 왕이 된 후에는, 모두가 죽음을 가볍게 보는 것을 용기로 여기고, 식사를 할 때
　　마다 반드시 기도하길:「하늘이 만일 吳나라를 보존하실 생각이라면, 속히 저에게 재앙
　　을 내려주시기 바랍니다.」라고 했다.
　　【輕死(경사, qīng sǐ)】: 죽음을 가볍게 보다.
　　【飮食(음식, yǐn shí)】: 식사하다.
　　【苟(구, gǒu)】: 만일. 만약.
　　【尙(상, shàng)…】: …해 주시기 바랍니다. ※술어의 앞에 놓여 모종의 희망을 표시한다.
　　【悔於(회어, huǐ yú)…】: …에게 재앙을 내리다. 〖於〗: [개사] …에게.
　　【予(여, yú)】: 我. 나.
9　故謁也死, 餘祭也立; 餘祭也死, 夷昧也立; 夷昧也死, 則國宜之季子者也. → 그래서 알이
　　죽자, 여제가 옹립되었고; 여제가 죽자, 이매가 옹립되었으며; 이매가 죽자, 왕위는 마땅
　　히 계찰에게 전해져야 했다.
　　【宜(의, yí)】: 마땅히.
　　【之(지, zhī)】: 到. 차례가 돌아가다. 전해지다.

爾。¹¹ 闔廬曰:「先君之所以不與子國而與弟者, 凡爲季子故也。將
從先君之命與, 則國宜之季子者也。如不從先君之命與, 則我宜立
者也。僚惡得爲君乎?」¹² 於是使專諸刺僚, 而致國乎季子。¹³

10 季子使而亡焉, 僚者, 長庶也, 卽之。→ (그런데) 계찰이 사신으로 가서 돌아오지 않아, 僚가, 여러 庶子 중의 맏이로서, 즉위했다.
　【使而亡(사이망, shǐ ér wáng)】: 사신으로 나가서 돌아오지 않다. ※ 餘祭가 즉위한 후 동생 季札을 魯나라에 파견하여 중원의 문화를 배워오도록 했는데, 계찰이 돌아오지 않았다. 【亡】: 달아나다.
　【僚(료, liáo)】: [인명] 吳王 僚. 오왕 夷昧의 아들로, 일명 州于라고도 한다. 일찍이 여러 차례 楚를 정벌했으나, 후에 專諸[주 13] 참조]에게 살해되었다.
　【長庶(장서, zhǎng shù)】: 여러 庶子 중 맏이. 즉 알·여제·이매의 여러 아들 중 나이가 가장 많은 것을 말한다.
　【卽之(즉지, jí zhī)】: 즉위하다.

11 季子使而反, 至而君之爾。→ 계찰은 사신으로 나갔다가 돌아와, 吳나라에 도착하여 僚를 군주로 대했다.
　【使而反(사이반, shǐ ér fǎn)】: 사절로 나갔다가 돌아오다. 【反】: 返. 돌아오다.
　【至(지, zhì)】: 도착하다. 이르다. 즉「吳나라에 오다」의 뜻.
　【君(군, jūn)】: [동사 용법] 군주로 대하다.
　【之(지, zhī)】: [대명사] 그. 즉「吳王 僚」.
　【爾(이, ěr)】: [어조사].

12 闔廬曰:「先君之所以不與子國而與弟者, 凡爲季子故也。將從先君之命與, 則國宜之季子者也。如不從先君之命與, 則我宜立者也。僚惡得爲君乎?」→ (그러자) 闔廬가 (계찰에게) 말했다:「선왕께서 나라를 아들에게 물려주지 않고 동생에게 물려준 까닭은, 모두가 季子를 위한 것입니다. 만일 선왕의 명령을 따른다면, 왕위는 마땅히 계자에게 전해져야 합니다. 만약 선왕의 명령을 따르지 않는다면, 마땅히 제가 옹립되어야 합니다. 僚가 어찌 왕이 될 수 있습니까?」
　【闔廬(합려, hé lú)】: [인명] 謁의 아들. 夫差의 아버지.
　【與子(여자, yǔ zǐ)】: 아들에게 물려주다.
　【凡(범, fán)】: 모두.
　【將(장, jiāng)】: 만일. 만약.
　【命與(명여, mìng yú)】: 명령. 【與】: [어조사] 歟.
　【如(여, rú)】: 만일. 만약.
　【惡得(오득, wū dé)】: 어찌 …할 수 있는가? 【惡】: 어찌. 【得】: 能. 할 수 있다.

13 於是使專諸刺僚, 而致國乎季子。→ 그리하여 專諸를 파견하여 僚를 살해하고, 왕위를 계찰에게 넘겨주었다.
　【於是(어시, yú shì)】: 이에. 그리하여.

季子不受曰：「爾弒吾君, 吾受爾國, 是吾與爾爲簒也。爾殺吾兄, 吾又殺爾, 是父子兄弟相殺, 終身無已也。」[14] 去之延陵, 終身不入吳國。[15]

　　故君子以其不受爲義, 以其不殺爲仁。[16] 賢季子, 則吳何以有君有大夫？以季子爲臣, 則宜有君者也。[17] 札者何？吳季子之名也。

【使(사, shǐ)】: 보내다. 파견하다.
【專諸(전저, zhuān zhū)】: [인명] 춘추시대의 자객 이름. 闔閭[公子 光]의 지시를 받아 吳王 僚를 살해하고 자신은 그 자리에서 피살되었다.
【刺(자, cì)】: 찌르다. 살해하다.
【致乎(치호, zhì hū)…】: 致於…. …에게 주다. 〖乎〗: [개사] 於. …에게.

14 季子不受曰：「爾弒吾君, 吾受爾國, 是吾與爾爲簒也。爾殺吾兄, 吾又殺爾, 是父子兄弟相殺, 終身無已也。」→ 계찰이 받아들이지 않고 말했다 : 「네가 나의 임금을 죽였으니, 내가 너의 왕위를 받는다면, 이는 내가 너와 함께 왕위를 찬탈한 것이다. 네가 내 형의 아들을 죽이고, 내가 또 너를 죽인다면, 이는 부자·형제가 서로 죽이며, 종신토록 그치지 않을 것이다.」
【爾(이, ěr)】: 너. 당신.
【弒(시, shì)】: 시해하다. 죽이다.
【簒(찬, cuàn)】: 찬탈하다. 빼앗다.
【吾兄(오형, wú xiōng)】: 나의 형. 여기서는「나의 형의 아들」을 의미한다.
【是(시, shì)】: 이. 이것. 즉「爾殺吾兄, 吾又殺爾」.
【無已(무이, wú yǐ)】: 멈추다. 그치다. 그만두다.

15 去之延陵, 終身不入吳國。→ (그리하여 계찰은) 都城을 떠나 延陵에 가서, 종신토록 吳나라의 都城에 돌아오지 않았다.
【去(거, qù)】: 떠나다. 여기서는 吳나라의 도읍을 떠난 것을 말한다.
【之(지, zhī)】: 至. 도착하다. 이르다.
【延陵(연릉, yán líng)】: [지명] 오나라의 읍. 지금의 강소성 武進縣 부근.
【吳國(오국, wú guó)】: 오나라. 여기서는「오나라의 都城」을 가리킨다.

16 故君子以其不受爲義, 以其不殺爲仁。→ 그래서 군자들은 계찰이 (왕위를) 받지 않은 것을 의로운 행위라 여겼고, (합려를) 죽이지 않은 것을 어진 행위라 여겼다.
【以(이, yǐ)…爲(위, wéi)…】: …을 …라 여기다.
【其(기, qí)】: [대명사] 그. 즉「季子」.
【不受(불수, bù shòu)】: 받지 않다. 여기서는「왕위를 받지 않은 것」을 말한다.
【不殺(불살, bù shā)】: 죽이지 않다. 여기서는「합려를 죽이지 않은 것」을 말한다.

17 賢季子, 則吳何以有君有大夫？以季子爲臣, 則宜有君者也。→ 계찰을 칭찬한 것이라면,

《春秋》賢者不名, 此何以名? 許夷狄者, 不壹而足也。[18] 季子者, 所賢也, 曷爲不足乎季子? 許人臣者必使臣; 許人子者必使子也。[19]

번역문

오왕(吳王)이 계찰(季札)로 하여금 노(魯)나라를 방문토록 하다

오(吳)나라는 군주(君主)도 없고 대부(大夫)도 없는데, 여기 기록에는 어 어째서 오나라에 임금이 있고 대부가 있다고 했는가? 계찰을 신하로 삼았다면, 당연히 임금이 있는 것이다.
【賢(현, xián)】: 찬양하다, 칭찬하다.
【何以(하이, hé yǐ)】: 어째서, 왜.
【宜(의, yí)】: 마땅히, 당연히.

18 札者何? 吳季子之名也。《春秋》賢者不名, 此何以名? 許夷狄者, 不壹而足也。→「札」이란 무엇인가? 吳나라 季子의 이름이다. 《春秋》에서는 어진 사람의 이름을 직접 쓰지 않는데, 여기서는 어째서 직접 이름을 썼는가? 오랑캐를 칭찬하자면, 한 가지만으로 충분하지 않기 때문이다.
【不名(불명, bù míng)】: 직접 이름을 쓰지 않다.
【此(차, cǐ)】: 여기. 즉「公羊傳」.
【許(허, xǔ)】: 칭찬하다, 찬양하다.
【夷狄(이적, yí dí)】: 東夷와 北狄. 여기서는「오랑캐」를 가리킨다.
【不壹而足(불일이족, bù yī ér zú)】: 한 가지만으로 충분하지 않다.

19 季子者, 所賢也, 曷爲不足乎季子? 許人臣者必使臣; 許人子者必使子也。→ 계찰은, 어진데, 어째서 계찰에 대해 충분하지 않다고 하는가? 신하를 칭찬하려면 반드시 그를 신하의 위치에 두어야 하고, 자식을 칭찬하려면 반드시 그를 자식의 위치에 두어야 하기 때문이다.
※ 이는 吳나라가 오랑캐에 속하여 이미 賢君과 賢父가 없기 때문에, 신하이자 자식인 계찰을 충분히 완전한 사람으로 인정하지 않는 작자의 그릇된 편견을 반영한 말이다.
【曷爲(갈위, hé wéi)】: 何爲. 어찌. 왜. 어째서.
【必使(필사, bì shǐ)…】: 반드시 …하게 하다.
【臣(신, chén)】: [동사 용법] 신하의 위치에 두다.
【子(자, zǐ)】: [동사 용법] 자식의 위치에 두다.

째서 군주도 있고 대부도 있는가? 이는 계찰(季札)을 찬양한 것이다. 어째서 계찰을 찬양했는가? 그는 왕위를 양보했기 때문이다. 그가 왕위를 양보한 것은 어찌 된 일인가?

알(謁)과 여제(餘祭)와 이매(夷昧)와 계찰(季札)은 한 어머니 소생의 4형제이다. 계찰은 나이가 어리지만 재능이 있어서 형들이 모두 그를 사랑하고 함께 그를 옹립하여 군주로 삼고자 했다. 이에 알(謁)이 :「지금 만약 이렇게 갑자기 왕위를 계찰에게 넘겨주려고 하면 계찰 역시 받지 않을 것이다. 청컨대, (우리가) 아들에게 왕위를 물려주지 말고 아우에게 물려주기로 하고, 형제가 차례로 왕이 된다면 (결국) 왕위를 계찰에게 넘겨주게 될 것이다.」라고 하자 모두가 :「좋습니다.」라고 동의했다. 그래서 여러 형제들이 왕이 된 후에는 모두가 죽음을 가볍게 보는 것을 용기로 여기고 식사를 할 때마다 반드시 기도하길 :「하늘이 만일 오(吳)나라를 보존하실 생각이라면 속히 저에게 재앙을 내려주시기 바랍니다.」라고 했다. 그래서 알이 죽자 여제가 옹립되었고, 여제가 죽자 이매가 옹립되었으며, 이매가 죽자 왕위는 마땅히 계찰에게 전해져야 했다.

그런데 계찰이 사신으로 가서 돌아오지 않아, 요(僚)가 여러 서자(庶子) 중의 맏이로서 즉위했다. 계찰은 사신으로 나갔다가 돌아와 오나라에 도착하여 요(僚)를 군주로 대했다. 그러자 합려(闔廬)가 (계찰에게) 말했다 :「선왕께서 나라를 아들에게 물려주지 않고 동생에게 물려준 까닭은, 모두가 계자(季子)를 위한 것입니다. 만일 선왕의 명령을 따른다면 왕위는 마땅히 계자에게 전해져야 합니다. 만약 선왕의 명령을 따르지 않는다면 마땅히 제가 옹립되어야 합니다. 요(僚)가 어찌 왕이 될 수 있습니까?」그리하여 전저(專諸)를 파견하여 요를 살해하고 왕위를 계찰에게 넘겨주었다.

이에 계찰이 받아들이지 않고 말했다 :「네가 나의 임금을 죽였으니 내가 너의 왕위를 받는다면, 이는 내가 너와 함께 왕위를 찬탈한 것이다. 내가 내 형의 아들을 죽이고 내가 또 너를 죽인다면, 이는 부자 형제가 서로 죽이며 종신토록 그치지 않을 것이다.」 (그리하여 계찰은) 도성(都城)을 떠나 연릉(延陵)에 가서 종신토록 오나라의 도성에 돌아오지 않았다.

그래서 군자들은 계찰이 (왕위를) 받지 않은 것을 의로운 행위라 여겼고, (합려를) 죽이지 않은 것을 어진 행위라 여겼다. 계찰을 칭찬한 것이라면, 어째서 오나라에 임금이 있고 대부가 있다고 했는가? 계찰을 신하로 삼았다면 당연히 임금이 있는 것이다. 「찰(札)」이란 무엇인가? 오나라 계자(季子)의 이름이다. 《춘추(春秋)》에서는 어진 사람의 이름을 직접 쓰지 않는데, 여기서는 어째서 직접 이름을 썼는가? 오랑캐를 칭찬하자면 한 가지만으로 충분하지 않기 때문이다. 계찰은 이진데, 어째서 세찰에 대해 충분하지 않다고 하는가? 신하를 칭찬하려면 반드시 그를 신하의 위치에 두어야 하고, 자식을 칭찬하려면 반드시 그를 자식의 위치에 두어야 하기 때문이다.

해제解題 및 본문 요지 설명

전국시대 황하의 중류와 하류 일대는 중원 제후들의 거주 지역으로 경제 문화가 가장 발달했다. 그래서 중원 제후국들은 항상「화하(華夏)」,「중국(中國)」등으로 불리었고, 오(吳)·초(楚)·월(越) 등 경제 문화가 상대적으로 낙후한 변방 지역에 대해서는 이들을 멸시하여「만이(蠻夷)」라 불렀다.

그런데 오(吳)나라 군주 여제(余祭)가 그 아우 계찰(季札)을 노(魯)나라에 보내 중원의 문화를 배워오도록 파견하자,《춘추》는 여제에 대해 오인(吳人)이라 하지 않고 오자(吳子)라는 존칭을 썼다.

본문은《공양전(公羊傳)・양공 29년(襄公 二十九年)》의 일부분으로, 바로《춘추》경문(經文) 중의「오자사찰내빙(吳子使札來聘)」이란 문구에 대한《공양전》의 해석을 기술한 것이다.

《공양전》의 작자는《춘추》의 뜻에 따라 두 가지 성향으로 해석하고 있다. 첫째, 여제(余祭)를 오자(吳子)라 칭한 것에 대해서는《춘추》의 오나라에 대한 존경과 긍정의 표시로서, 오나라에 군주와 신하가 있다는 것을 증명했고; 둘째, 오나라 계찰(季札) 형제가 서로 겸양하며 왕위를 다투지 않은 것에 대해서는 유가(儒家)의 도덕규범에 부합하여 당연히 찬양하면서도, 현자의 이름을 직접 부르지 않는《춘추》의 관례를 따르지 않고 계찰의 이름을 직접 기재함으로써 오랑캐에 속하는 오나라와 화이(華夷)를 구분하는 유가의 정통 사상을 반영했다.

049 정백극단우언(鄭伯克段于鄢)
《穀梁傳·隱公 元年》

작 자

　《곡량전(穀梁傳)》은 《좌전(左傳)》·《공양전(公羊傳)》과 더불어 《춘추(春秋)》 삼전(三傳) 중의 하나로 《춘추》의 심오한 말을 풀이한 책이다. 전하는 바로는, 전국시대(戰國時代) 노(魯)나라 사람 곡량적(穀梁赤)이 지었다고 하는데, 처음에는 다만 입과 귀로 전해지다가 한(漢) 경제(景帝)·무제(武帝) 때에 이르러 비로소 경사(經師)들이 다시 정리하여 책으로 만들었다고 한다. 체례(體例)와 사상 관점은 대체로 《공양전》과 같다. 이 책은 진(晉) 범녕(范寧)의 집해(集解)가 있고, 당(唐) 양사훈(楊士勛)이 소(疏)를 지었으며, 후인들이 《십삼경주소(十三經注疏)》에 수록했다. 주석서로는, 청(淸) 허계림(許桂林)의 《곡량석례(穀梁釋例)》, 유흥종(柳興宗)의 《곡량대의소(穀梁大義疏)》와 종문증(鍾文烝)의 《곡량보주(穀梁補注)》 등이 있다.

> 원문 및 주석

鄭伯克段于鄢[1]

克者何? 能也。何能也? 能殺也。何以不言殺? 見段之有徒衆也。[2] 段, 鄭伯弟也。何以知其爲弟也? 殺世子、母弟目君; 以其目君, 知其爲弟也。[3] 段, 弟也, 而弗謂弟; 公子也, 而弗謂公子。貶之也。段失子弟之道矣。[4] 賤段而甚鄭伯也。何甚乎鄭伯? 甚鄭伯之處心積慮,

---

1 鄭伯克段于鄢 → 鄭莊公이 鄢에서 共叔段을 물리치다
  【鄭伯(정백, zhèng bó)】: 정나라의 제후. 여기서는「鄭莊公」을 가리킨다. 鄭武公의 아들로 42년간(B.C. 743-B.C. 701) 재위했다.
  【克(극, kè)】: 물리치다. 제압하다.
  【段(단, duàn)】: [인명] 성은 姬, 이름은 段. 鄭莊公의 동생으로 京邑에 봉해졌기 때문에 京城大叔(경성태숙)이라 했는데, 후에 모반하다가 共나라로 도주하여 共叔段이라 불렀다.
  【鄢(언, yān)】: [지명] 지금의 하남성 鄢陵縣.

2 克者何? 能也。何能也? 能殺也。何以不言殺? 見段之有徒衆也。→「克」이란 무엇인가? 능히 할 수 있다는 것이다. 무엇을 능히 할 수 있다는 것인가? 능히 죽일 수 있다는 것이다. 어째서「殺」이라 하지 않았는가? 共叔段이 군대와 백성을 가지고 있는 것을 보았기 때문이다.
  【徒衆(도중, tú zhòng)】: 군대와 백성.

3 段, 鄭伯弟也。何以知其爲弟也? 殺世子、母弟目君; 以其目君, 知其爲弟也。→ 共叔段은, 鄭莊公의 동생이다. 어떻게 그가 동생이라는 것을 알았는가? 世子나 같은 어머니 소생의 동생을 죽인 자는 君이라 호칭하는데, 共叔段이 (鄭莊公을) 君이라 호칭하여, 共叔段이 동생이라는 것을 알았다.
  【母弟(모제, mǔ dì)】: 같은 어머니 소생의 아우.
  【目(목, mù)】: …라 부르다. …로 호칭하다.
  【以其目君(이기목군, yǐ qí mù jūn)】: 段이 鄭伯을 君이라 호칭함으로 인해. 【以】: 因. …로 인해. …때문에. 【其】: 그. 즉「段」.

4 段, 弟也, 而弗謂弟; 公子也, 而弗謂公子。貶之也。段失子弟之道矣。→ 共叔段은, 동생이지만, 동생이라 부르지 않았고; 公子지만, 公子라 부르지 않았다. 이는《春秋》가 共叔段을 폄하한 것이다. 共叔段이 子弟로서의 도리를 상실했기 때문이다.
  【弗(불, fú)】: 不.
  【公子(공자, gōng zǐ)】: 옛날 제후의 아들에 대한 호칭. ※ 왕의 아들은 王子라 하고, 제후

成於殺也。⁵ 于鄢, 遠也。猶曰取之其母之懷中而殺之云爾, 甚之也。⁶ 然則爲鄭伯者宜奈何? 緩追逸賊, 親親之道也。⁷

　의 아들은 公子라 했다.
【貶(폄, biǎn)】: 폄하하다.

5　賤段而甚鄭伯也。何甚乎鄭伯? 甚鄭伯之處心積慮, 成於殺也。→ 共叔段을 폄하했지만, 그러나 鄭莊公를 더욱 질책했다. 왜 鄭莊公에 대해 더욱 질책했는가? 鄭莊公이 평소에 자기 동생을 살해하기 위해 온갖 궁리를 다한 것을 더욱 질책했다.
【賤(천, jiàn)】: 폄하하다.
【甚(심, shèn)】: 심하다. 즉「더욱 질책하다」의 뜻.
【處心積慮(처심적려, chǔ xīn jī lǜ)】: 온갖 궁리를 다하다.
【成於殺(성어살, chéng yú shā)】: 살해 목적을 달성하다.

6　于鄢, 遠也。猶曰取之其母之懷中而殺之云爾, 甚之也。→「鄢에서」라는 것은, 먼 길을 의미한다. 이는 마치 자기 동생을 어머니 품에서 빼앗아 죽이는 것과 다름없기 때문에, 鄭莊公를 더욱 질책한 것이다.
【于鄢(우언, yú yān)】: 鄢에서. 【于】: [개사] 於. …에서. 【鄢】: [지명] 鄭나라의 邑 이름. 지금의 하남성 鄢陵縣.
【猶曰(유왈, yóu yuē)…】: 마치 …라는 말과 같다. 마치 …와 다름없다.
【懷中(회중, huái zhōng)】: 품속.
【云爾(운이, yún ěr)】: [어조사].

7　然則爲鄭伯者宜奈何? 緩追逸賊, 親親之道也。→ 그렇다면, 鄭莊公으로서는 마땅히 어떻게 해야 하는가? 천천히 추격하여 共叔段으로 하여금 도주하게 하는 것이, 친족을 사랑하는 도리이다.
【然則(연즉, rán zé)】: 그렇다면.
【爲鄭伯者(위정백자, wéi zhèng bó zhě)】: 정백의 입장에서는. 정백으로서는.
【奈何(내하, nài hé)】: 어찌해야 하는가?
【緩追(완추, huǎn zhuī)】: 서서히 쫓다. 천천히 추격하다.
【逸(일, yì)】: 도주하다. 도망하다.
【賊(적, zéi)】: 도적. 나쁜 일을 저지른 자. 여기서는「공숙단」을 가리킨다.
【親親(친친, qīn qīn)】: 친족을 사랑하다. ※ 앞의「親」은「사랑하다」라는 동사이고, 뒤의「親」은 명사로「친족, 가까운 사람」이란 뜻.

> 번역문

정장공(鄭莊公)이 언(鄢)에서 공숙단(共叔段)을 물리치다

「극(克)」이란 무엇인가? 능히 할 수 있다는 것이다. 무엇을 능히 할 수 있다는 것인가? 능히 죽일 수 있다는 것이다. 어째서 「살(殺)」이라 하지 않았는가? 공숙단(共叔段)이 군대와 백성을 가지고 있는 것을 보았기 때문이다. 공숙단은 정장공(鄭莊公)의 동생이다. 어떻게 그가 동생이라는 것을 알았는가? 세자(世子)나 같은 어머니 소생의 동생을 죽인 자는 군(君)이라 호칭하는데, 공숙단이 (정장공을) 군(君)이라 호칭하여 공숙단이 동생이라는 것을 알았다. 공숙단은 동생이지만 동생이라 부르지 않았고, 공자(公子)지만 공자라 부르지 않았다. 이는 《춘추(春秋)》가 공숙단을 폄하한 것이다. 공숙단이 자제(子弟)로서의 도리를 상실했기 때문이다. 공숙단을 폄하했지만 그러나 정장공을 더욱 질책했다. 왜 정장공에 대해 더욱 질책했는가? 정장공이 평소에 자기 동생을 살해하기 위해 온갖 궁리를 다한 것을 더욱 질책했다. 「언(鄢)에서」라는 것은 먼 길을 의미한다. 이는 마치 자기 동생을 어머니 품에서 빼앗아 죽이는 것과 다름없기 때문에 정장공을 더욱 질책한 것이다. 그렇다면 정장공으로서는 마땅히 어떻게 해야 하는가? 천천히 추격하여 공숙단으로 하여금 도주하게 하는 것이 친족을 사랑하는 도리이다.

> 해제解題 및 본문 요지 설명

본문은 《곡량전(穀梁傳)·은공 원년(隱公 元年)》의 일부분으로, 《곡량전》

의 첫머리에 수록한 글이다.《고문관지(古文觀止)》첫 편에 수록된《좌전(左傳)·은공 원년(隱公 元年)》의「정백극단우언(鄭伯克段于鄢)」과 동일한 사건이지만,《좌전》과《곡량전》이 각기 치중한 관점은 확연히 다르다.《좌전》이 사건의 발생·발전과 결말 등을 상세히 기술한 기사(記事) 중심의 기록인 반면,《곡량전》은《춘추》경문(經文)의 자구(字句)로부터 함의(含意)에 대한 석의(釋義) 중심의 기록이다.

본문의「정백극단우언(鄭伯克段于鄢)」경문(經文)에 대한 해석의 요지는 다섯 가지로 요약할 수 있다. 첫째, 정백(鄭伯)과 공숙단(共叔段)은 형제이자 군신(君臣)의 관계인데도 불구하고, 정백이 공숙단을 죽이려 한 것에 대해「살(殺)」이라 하지 않고「극(克)」이라 하여 이들의 관계를 마치 두 나라가 교전하는 것처럼 비하했고; 둘째, 공숙단에 대해「제(弟)」·「공자(公子)」라는 호칭을 쓰지 않음으로써 공숙단이 동생의 도리를 다하지 못한 것을 폄하했고; 셋째, 정백이 일찍부터 온갖 궁리를 다하여 동생을 죽이려 한 것을 들어 정백을 공숙단보다 더욱 질책했고; 넷째,「어언(於鄢)」이란 말을 통해 정백이 먼 곳까지 군사를 동원하여 동생을 죽이려 한 것을 마치 어머니 품에서 동생을 빼앗아 죽이는 것과 같다는 말로 비유하여 정백을 질책했고; 다섯째, 정백으로서 마땅히 취할 태도로「천천히 뒤를 쫓아 공숙단으로 하여금 도주하게 하는 것이 친족을 사랑하는 도리이다.」라고 지적했다.

050 우사진사멸하양(虞師晉師滅夏陽)
《穀梁傳·僖公 二年》

작자

049 정백극단우언(鄭伯克段于鄢) 참조.

원문 및 주석

虞師晉師滅夏陽¹

非國而曰滅, 重夏陽也。虞無師, 其曰師, 何也? 以其先晉, 不可以不言師也。² 其先晉, 何也? 爲主乎滅夏陽也。夏陽者, 虞、虢之

---

1 虞師晉師滅夏陽 → 虞나라 군사와 晉나라 군사가 夏陽을 멸하다
 【虞(우, yú)】: [국명] 춘추시대의 제후국으로, 지금의 산서성 平陸縣 북쪽에 있던 나라. 魯 僖公 5년(B.C. 655) 晉나라에 멸망했다.
 【師(사, shī)】: 군사.
 【晉(진, jìn)】: [국명] 지금의 산서성 일대에 있던 周代의 제후국. 수도는 都絳. B.C. 375년 趙氏・韓氏・魏氏가 晉의 영토를 삼분하여 각기 趙・韓・魏 세 나라로 독립했다.
 【夏陽(하양, xià yáng)】: 虢(괵, guó)나라의 邑이름. 下陽이라고도 한다. 지금의 산서성 平陸縣 북쪽.

塞邑也, 滅夏陽, 而虞、虢擧矣.³

虞之爲主乎滅夏陽, 何也? 晉獻公欲伐虢, 荀息曰:「君何不以屈産之乘、垂棘之璧, 而借道乎虞也?」⁴ 公曰:「此晉國之寶也! 如受吾幣, 而不借吾道, 則如之何?」⁵ 荀息曰:「此小國之所以事大國

2 非國而曰滅, 重夏陽也。虞無師, 其曰師, 何也? 以其先晉, 不可以不言師也。→ (하양은) 나라가 아닌데도 《春秋》에서) 「滅」이라 말한 것은, 夏陽을 중시했기 때문이다. 虞나라가 출병하지 않았는데,《春秋》에서 虞나라 군사라고 말한 것은, 어째서인가? 虞나라가 晉나라 군사를 끌어들였기 때문에, (우나라) 군사라고 말하지 않을 수 없다.
【重(중, zhòng)】: 중시하다.
【無師(무사, wú shī)】: 출병하지 않다. 【師】: 군사. 군대.
【先(선, xiān)】: 끌어들이다. 引導하다.

3 其先晉, 何也? 爲主乎滅夏陽也。夏陽者, 虞、虢之塞邑也, 滅夏陽, 而虞、虢擧矣。→ 虞나라가 晉나라를 끌어들인 것은, 어째서인가? 夏陽을 멸망시키는 데 수동적 역할을 하기 위해서이다. 하양은, 虞・虢 두 나라의 변방 요충지로, 하양을 멸할 경우, 우・곽 두 나라는 (진나라에) 점령될 수 있다.
【爲主乎(위주호, wéi zhǔ hū)…】: …에 대해 주동적 역할을 하다. 【乎】: [개사] 於. …에 대해.
【虢(곽, guó)】: [국명] 곽나라. ※ 동곽・서곽・북곽이 있으며, 여기서는 북곽을 가리킨다. 지금의 하남성 三門峽과 산서성 平陸縣 일대에 있던 나라로, 魯僖公 5년(B.C. 655) 晉나라에 멸망했다.
【塞邑(새읍, sài yì)】: 변방 요충지.【塞】: 변방. 변경.
【擧(거, jǔ)】: [피동 용법] 점령되다.

4 虞之爲主乎滅夏陽, 何也? 晉獻公欲伐虢, 荀息曰:「君何不以屈産之乘、垂棘之璧, 而借道乎虞也?」→ 우나라가 하양을 멸하는데 주동적 역할을 한 것은, 어째서인가? (당시) 晉獻公이 곽나라를 정벌하려 하자, 荀息이 말했다:「폐하께서는 어째서 屈 지방에서 생산되는 명마와 垂棘 지방의 벽옥을 가지고, 虞나라로부터 길을 빌리지 않으십니까?」
【晉獻公(진헌공, jìn xiàn gōng)】: 춘추시대 晉나라의 군주로, 26년간(B.C. 676-B.C. 651) 재위했다.
【欲(욕, yù)】: …하고자 하다.
【伐(벌, fá)】: 공격하다. 정벌하다.
【荀息(순식, xún xī)】: [인명] 晉나라의 대부.
【屈(굴, qū)】: [지명] 晉의 邑 이름.
【乘(승, shèng)】: 네 필의 말. 여기서는 屈 지방에서 나는 名馬를 가리킨다.
【垂棘(수극, chuí jí)】: [지명] 晉나라의 지명. 碧玉의 산지로 유명하다.

5 公曰:「此晉國之寶也! 如受吾幣, 而不借吾道, 則如之何?」→ 晉獻公이 말했다:「이것은

也。彼不借吾道, 必不敢受吾幣;⁶ 如受吾幣而借吾道, 則是我取之
中府而藏之外府, 取之中廏而置之外廏也。」⁷ 公曰 :「宮之奇存焉,
必不使受之也。」⁸ 荀息曰 :「宮之奇之爲人也, 達心而懦, 又少長于
君。⁹ 達心則其言略, 懦則不能强諫; 少長於君, 則君輕之。¹⁰ 且夫玩

晉나라의 보물이오! 만일 (虞나라가) 나의 예물을 받고 나서, 길을 빌려주지 않으면, 어찌하겠소?」
【如(여, rú)】: 만일. 만약.
【幣(폐, bì)】: 예물.
【如之何(여지하, rú zhī hé)?】: 어찌하는가?

6　荀息曰 :「此小國之所以事大國也。彼不借吾道, 必不敢受吾幣; → 荀息이 말했다 :「이는 작은 나라가 큰 나라를 섬기는 도리입니다. 그들이 우리에게 길을 빌려주지 않을 생각이라면, 틀림없이 우리의 예물을 받지 못할 것입니다.
※ 작은 나라인 虞가 큰 나라인 晉의 요구를 거절하기 어려운 상황에 처해 있다 해도, 형식만큼은 큰 나라가 작은 나라에 예물을 보내 작은 나라의 체면을 존중하고, 작은 나라는 이를 명분으로 큰 나라의 요구를 받아들이는 형식을 취했다.
【所以(소이, suǒ yǐ)】: 방법. 도리. 이치.

7　如受吾幣而借吾道, 則是我取之中府而藏之外府, 取之中廏而置之外廏也。」→ 만일 우리의 예물을 받고 우리에게 길을 빌려준다면, 그것은 곧 우리가 예물을 궁중 안의 창고에서 꺼내다가 궁중 밖의 창고에 보관하는 것이요, 명마를 궁중 안의 마구간에서 꺼내다가 궁중 밖의 마구간에 두는 것이나 마찬가지입니다.」
【如(여, rú)】: 만일. 만약.
【中府(중부, zhōng fǔ)】: 궁중 안의 창고.
【外府(외부, wài fǔ)】: 궁중 밖의 창고.
【中廏(중구, zhōng jiù)】: 궁중 안의 마구간.
【外廏(외구, wài jiù)】: 궁중 밖의 마구간.

8　公曰 :「宮之奇存焉, 必不使受之也。」→ 진헌공이 말했다 :「(虞나라에는) 宮之奇가 있어, 틀림없이 우리의 예물을 받지 못하게 할 것이오.」
【宮之奇(궁지기, gōng zhī qí)】: [인명] 虞나라의 대부.
【不使受(불사수, bù shǐ shòu)】: 받지 못하게 하다. 〖使〗: …하게 하다.
【之(지, zhī)】: [대명사] 그것. 즉「예물」.

9　荀息曰 :「宮之奇之爲人也, 達心而懦, 又少長于君。→ 순식이 말했다 :「궁지기의 사람됨은, 속마음은 명철하나 성격이 나약하고, 또 어려서부터 군주의 신변에서 자랐습니다.
【爲人(위인, wéi rén)】: 위인. 사람됨.
【達心而懦(달심이나, dá xīn ér nuò)】: 마음은 명철하나 성격이 나약하다. 〖達〗: 통달하다. 명철하다. 〖懦〗: 나약하다.

권2 주문周文　445

好在耳目之前, 而患在一國之後, 此中知以上, 乃能慮之, 臣料虞君, 中知以下也。」公遂借道而伐虢。[11]

　　宮之奇諫曰:「晉國之使者, 其辭卑而幣重, 必不便於虞。」虞公弗聽, 遂受其幣而借之道。[12] 宮之奇又諫曰:「語曰:『脣亡則齒寒。』

- 【少長于君(소장우군, shào zhǎng yú jūn)】: 어려서부터 군주의 신변에서 자라다. 〖長〗: 자라다. 자라나다. 〖于〗: [개사] …에서.
10 達心則其言略, 懦則不能強諫; 少長於君, 則君輕之。→ 마음이 명철하면 말이 상세하지 못하고, 성격이 나약하면 강력하게 간하지 못하며; 어려서부터 군주의 신변에서 자라나, 군주가 그를 경시할 것입니다.
- 【略(략, lüè)】: 간략하다. 상세하지 않다.
- 【強諫(강간, qiáng jiàn)】: 강력하게 충간하다.
- 【輕(경, qīng)】: 경시하다. 소홀히 대하다.
- 【之(지, zhī)】: [대명사] 그. 즉 「宮之奇」.
11 且夫玩好在耳目之前, 而患在一國之後, 此中知以上, 乃能慮之, 臣料虞君, 中知以下也。」公遂借道而伐虢。→ 그리고 玩賞에 제공되는 물건들은 虞나라 군주의 눈앞에 있지만, 우환은 虢나라가 멸망한 뒤에 있습니다. 이는 중간 정도 이상의 지혜를 가진 사람이라야, 비로소 생각할 수 있는데, 저는 우나라 군주가 중간 정도 이하의 지혜를 가진 사람이라고 생각합니다.」 그리하여 진헌공이 길을 빌려 괵나라를 공격하기로 했다.
- 【且夫(차부, qiě fú)】: 또한. 그리고.
- 【玩好(완호, wán hǎo)】: 보고 즐기는 물건. 玩賞에 제공되는 물건. 여기서는 「벽옥이나 말」을 가리킨다.
- 【患(환, huàn)】: 우환. 재앙.
- 【一國之後(일국지후, yī guó zhī hòu)】: 한 나라가 망한 뒤. 여기서는 「虢나라가 멸망한 뒤」를 뜻한다.
- 【中知(중지, zhōng zhī)】: 중간 정도의 지혜. 〖知〗: 智.
- 【乃(내, nǎi)】: 비로소. 겨우.
- 【慮(려, lǜ)】: 생각하다. 고려하다.
- 【料(료, liào)】: 생각하다. 예상하다.
- 【遂(수, suì)】: 이에. 그리하여.
12 宮之奇諫曰:「晉國之使者, 其辭卑而幣重, 必不便於虞。」虞公弗聽, 遂受其幣而借之道。→ 궁지기가 간하여 말했다:「晉나라 사신의, 언사가 겸손하고 예물이 풍성한 것을 보니, 반드시 虞나라에 대해 불리할 것입니다.」 우나라의 군주는 듣지 않고, 곧 진나라의 예물을 받고 나서 진나라에 길을 빌려주었다.
- 【辭卑(사비, cí bēi)】: 언사가 겸손하다.
- 【重(중, zhòng)】: 후하다. 풍성하다.

其斯之謂與?」挈其妻子以奔曹。¹³

　　獻公亡虢, 五年, 而後舉虞。荀息牽馬操璧而前, 曰:「璧則猶是也, 而馬齒加長矣。」¹⁴

　　【不便於(불편어, bù biàn yú)…】: …에 대해 불리하다.
　　【弗(불, fú)】: 不.
　　【遂(수, suì)】: 곧. 즉시.
13　宮之奇又諫曰:「語曰:『脣亡則齒寒。』其斯之謂與?」挈其妻子以奔曹。→ 궁지기가 또 다시 간하여 말했다:「속담에:『脣亡齒寒』이란 말이 있는데, 어찌 이러한 경우를 두고 한 말이 아니겠습니까?」(궁지기는) 처자식을 데리고 曹나라로 도주했다.
　　【脣亡則齒寒(순망즉치한, chún wáng zé chǐ hán)】:「입술이 없으면 이가 시리다」라는 말로,「서로의 관계가 밀접함」을 비유하여 이르는 말. ※이 말은《左傳·僖公五年》에도 보인다.
　　【斯之謂(사지위, sī zhī wèi)】: 이러한 경우를 두고 한 말.
　　【挈(설, qiè)】: 거느리다.
　　【奔(분, bēn)】: 달아나다. 도주하다.
14　獻公亡虢, 五年, 而後舉虞。荀息牽馬操璧而前, 曰:「璧則猶是也, 而馬齒加長矣。」→ 진헌공은 魯僖公 5년에 괵나라를 멸하고, 얼마 후 우나라를 점령했다. 荀息이 (우나라에 주었던) 명마를 끌고 벽옥을 가지고 (진헌공) 앞에 와서 말했다:「벽옥은 그대로인데, 말의 이빨은 수가 더 늘었습니다.」
　　【亡(망, wáng)】: 멸하다. 멸망시키다.
　　【五年(오년, wǔ nián)】: 魯僖公 5년(B.C. 655).
　　【而後(이후, ér hòu)】: 그 후. 얼마 후.
　　【舉(거, jǔ)】: 점령하다.
　　【操(조, cāo)】: 가지다. 지참하다.
　　【猶是(유시, yóu shì)】: 여전하다. 그대로다.
　　【加長(가장, jiā zhǎng)】: 수가 늘다. 수가 증가하다.

> 번역문

우(虞)나라 군사와 진(晉)나라 군사가 하양(夏陽)을 멸(滅)하다

하양(夏陽)은 나라가 아닌데도《춘추(春秋)》에서「멸(滅)」이라 말한 것은 하양을 중시했기 때문이다. 우(虞)나라가 출병하지 않았는데,《춘추》에서 우나라 군사라고 말한 것은 어째서인가? 우나라가 진(晉)나라 군사를 끌어들였기 때문에, (우나라) 군사라고 말하지 않을 수 없다. 우나라가 진나라를 끌어들인 것은 어째서인가? 하양을 멸망시키는 데 주동적 역할을 하기 위해서이다. 하양은 우(虞)·괵(虢) 두 나라의 변방 요충지로, 하양을 멸할 경우, 우·괵 두 나라는 (진나라에) 점령될 수 있다.

우나라가 하양을 멸하는데 주동적 역할을 한 것은 어째서인가? (당시) 진헌공(晉獻公)이 괵나라를 정벌하려 하자, 순식(荀息)이 말했다 :「폐하께서는 어째서 굴(屈) 지방에서 생산되는 명마와 수극(垂棘) 지방의 벽옥을 가지고 우나라로부터 길을 빌리지 않으십니까?」진헌공이 말했다 :「이것은 진나라의 보물이오! 만일 (우나라가) 나의 예물을 받고 나서 길을 빌려주지 않으면 어찌하겠소?」순식이 말했다 :「이는 작은 나라가 큰 나라를 섬기는 도리입니다. 그들이 우리에게 길을 빌려주지 않을 생각이라면 틀림없이 우리의 예물을 받지 못할 것입니다. 만일 우리의 예물을 받고 우리에게 길을 빌려준다면, 그것은 곧 우리가 예물을 궁중 안의 창고에서 꺼내다가 궁중 밖의 창고에 보관하는 것이요, 명마를 궁중 안의 마구간에서 꺼내다가 궁중 밖의 마구간에 두는 것이나 마찬가지입니다.」진헌공이 말했다 :「(우나라에는) 궁지기(宮之奇)가 있어 틀림없이 우리의 예물을 받지 못하게 할 것이오.」순식이 말했다 :「궁지기의 사람됨은, 속마음은 명철하나 성격이 나약하고 또 어려서부터 군주의 신변에서 자랐습니다. 마음이 명철하면 말이 상세하지 못하고, 성격이 나약하면 강력하게 간하지 못하며, 어려서부터 군주의 신변에서 자라나 군주가 그를 경시할 것입니다. 그리고 완상(玩賞)에 제공되는 물건들은 우나라 군주의 눈앞에 있지만 우환은 괵나라가 멸망한 뒤에 있습니다. 이는 중간 정도 이상의 지혜를 가진 사람이라야 비로소 생각할 수 있는데, 저는 우나라 군주가 중간 정도 이하의 지혜를 가진 사람이라고 생각합니다.」 그리하여 진헌공이 길을 빌려 괵나라를 공격하기로 했다.

궁지기가 간하여 말했다 :「진나라 사신의 언사가 겸손하고 예물이 풍성한 것을 보니 반드시 우나라에 대해 불리할 것입니다.」 우나라의 군주는 듣지 않고, 곧 진나라의 예물을 받고 나서 진나라에 길을 빌려주었다. 궁지기가 또다시 간하여 말했다 :「속담에 :『순망치한(脣亡齒寒)』이란 말이 있는데, 어찌 이러한 경우를 두고 한 말이 아니겠습니까?」 (궁지기는) 처자식을 데리고 조(曹)나라로 도주했다.

진헌공은 노희공(魯僖公) 5년에 괵나라를 멸하고, 얼마 후 우나라를 점령했다. 순식이 (우나라에 주었던) 명마를 끌고 벽옥을 가지고 (진헌공) 앞에 와서 말했다 :「벽옥은 그대로인데, 말의 이빨은 수가 더 늘었습니다.」

해제解題 및 본문 요지 설명

본문은 《곡량전(穀梁傳)·희공 2년(僖公 二年)》의 일부분으로, 우(虞)나라의 군주가 재물을 탐하고 충간을 듣지 않았다가 망국의 화를 부른 《춘추(春秋)》의 경문(經文)「우사진사멸하양(虞師晉師滅夏陽)」에 대해 해석한 것이다.

본문은 네 단락으로 나눌 수 있는데, 첫째 단락에서는 하양(夏陽)이 나라가 아닌데, 어째서 《춘추》의 경문에 「멸(滅)」이란 말을 썼는가에 대해 해석했고; 둘째 단락에서는 진(晉)의 대부 순식(荀息)이 진헌공(晉獻公)에게 계책을 올려 진나라의 명마(名馬)와 벽옥으로 우나라 군주를 유인하여 길을 빌린 과정을 기술했고; 셋째 단락에서는 우나라의 대부 궁지기(宮之奇)가 군주에게 충간한 것이 받아들여지지 않자, 식솔을 거느리고 조(曹)나라로 도주한 것을 기술했고; 마지막 단락에서는 노희공(魯僖公) 5년(B.C. 655) 진나라가 마침내 괵(虢)·우(虞) 두 나라를 차례로 멸하고 사건을 마무리한 경위를 기술했다.

051 진헌공살세자신생(晉獻公殺世子申生)
《檀弓》

> 작 자

《예기(禮記)》는 예법(禮法)의 이론과 실제를 풀이한 책으로, 《주례(周禮)》·《의례(儀禮)》와 더불어 「삼례(三禮)」라 칭한다. 중국은 예로부터 예의를 중시하여 한(漢) 초기에 이르기까지 약 200여 편의 예의 제도에 관한 저술이 나왔다. 그중 박사 대성(戴聖)이 49편을 골라 정리했고, 대성의 숙부 대덕(戴德)이 85편을 골라 정리했는데, 후세 사람들은 대성이 정리한 것을 《소대예기(小戴禮記)》, 대덕이 정리한 것을 《대대예기(大戴禮記)》라 했다. 《대대예기》는 현재 39편만 남아있고, 《소대예기》는 49편 모두 「십삼경(十三經)」에 수록되어 있다. 오늘날 우리가 말하는 《예기》는 바로 《소대예기》를 가리킨다.

《단궁(檀弓)》은 《예기》 중의 한 편명으로 상·하 둘로 나누어져 있으며, 내용은 춘추전국시대(春秋戰國時代)의 예의에 관한 고사를 기록한 것이다. 각종 고사는 각각 독립되어 있고, 고사의 첫머리에 나오는 단궁(檀弓)이란 사람 이름을 가지고 편명(篇名)을 삼은 것인데, 단궁(檀弓)은 노(魯)나라 사람으로 예(禮)에 밝았다고 전한다.

> 원문 및 주석

晉獻公殺世子申生[1]

晉獻公將殺其世子申生, 公子重耳謂之曰：「子蓋言子之志於公乎?」[2] 世子曰：「不可。君安驪姬, 是我傷公之心也。」[3] 曰：「然則蓋行乎?」[4] 世子曰：「不可。君謂我欲弑君也。天下豈有無父之國哉?

---

1 晉獻公殺世子申生 → 晉獻公이 世子 申生을 죽이다
【晉獻公(진헌공, jìn xiàn gōng)】: 춘추시대 晉나라의 군주. 【晉】: [국명] 지금의 산서성 일대에 있던 周代의 제후국. B.C. 375년 趙氏·韓氏·魏氏가 晉의 영토를 삼분하여 각기 趙·韓·魏 세 나라로 독립했다.
※ 진헌공은 부인 齊姜에게서 세자 申生을 낳고, 또 狐氏 자매를 맞아들여 重耳·夷吾를 낳았으며, 후에 또 驪姬를 맞아 奚齊를 낳았다. 여희는 총애를 믿고 신생을 폐하고, 해제를 옹립하기 위해 제사 음식으로 올리는 고기에 몰래 독약을 넣은 후, 이를 신생의 소행으로 전가시켜 신생을 자살하게 했다.
【世子(세자, shì zǐ)】: 세자. 태자. 천자나 제후의 아들 가운데 후계자로 책봉된 자.
【申生(신생, shēn shēng)】: [인명] 진헌공의 적장자. 齊姜 부인 소생.
2 晉獻公將殺其世子申生, 公子重耳謂之曰：「子蓋言子之志於公乎?」→ 晉獻公이 世子 申生을 죽이려 하자, 公子 重耳가 신생에게 물었다：「세자께서는 어째서 부왕께 세자의 생각을 말씀드리지 않습니까?」
【將(장, jiāng)】: (장차) …하려 하다.
【公子(공자, gōng zǐ)】: 제후의 아들. ※ 제후의 아들은 공자(公子)라 하고, 왕의 아들은 왕자(王子)라 한다.
【重耳(중이, chóng ěr)】: [인명] 진헌공의 아들. 申生의 이복동생. 후의 晉文公.
【子(자, zǐ)】: 당신. 그대.
【蓋(합, hé)】: 盍. 何不. 어찌 …하지 않는가?
【志(지, zhì)】: 속뜻. 생각.
【公(공, gōng zǐ)】: 晉獻公. 즉「아버지, 父王」.
3 世子曰：「不可。君安驪姬, 是我傷公之心也。」→ 세자가 대답했다：「안 되네. 부왕께서는 驪姬를 편하게 여기셔서, 이렇게 하면 내가 부왕의 마음을 상하게 하는 것이네.」
【安(안, ān)】: 편하게 여기다. ※ 군주가 여희를 총애하기 때문에「여희가 있어야 군주의 마음이 편하다」라는 뜻.
【驪姬(여희, lí jī)】: 진헌공의 애첩.
【是(시, shì)】: 이렇게 하면. 즉「군주께 자신의 생각을 말하면」의 뜻.

吾何行如之?」⁵

　　使人辭於狐突曰:「申生有罪, 不念伯氏之言也, 以至于死。⁶ 申生不敢愛其死。雖然, 吾君老矣, 子少, 國家多難, 伯氏不出而圖吾君,⁷ 伯氏苟出而圖吾君, 申生受賜而死。」再拜稽首乃卒。是以爲恭世子也。⁸

---

4 曰:「然則盍行乎?」→ 중이가 물었다 :「그렇다면 어찌 도망하지 않으십니까?」
　【然則(연즉, rán zé)】: 그렇다면.
　【盍(합, hé)】: 盍. 何不. 어찌 …하지 않는가?
　【行(행, xíng)】: 도망하다.

5 世子曰:「不可。君謂我欲弑君也。天下豈有無父之國哉? 吾何行如之?」→ 세자가 대답했다 :「안 되네. 부왕께서는 내가 임금을 시해하려 했다고 말씀하실 거네. 천하에 어찌 아버지 없는 나라가 있겠는가? 내가 어디로 도망가겠는가?」
　【弑(시, shì)】: 시해하다. 죽이다.
　【何行如之(하행여지, hé xíng rú zhī)?】: 도망하여 어디로 가겠는가?〖行〗: 도망하다. 달아나다.〖如〗: 往. 가다.

6 使人辭於狐突曰:「申生有罪, 不念伯氏之言也, 以至于死。→ (신생이) 사람을 보내 狐突에게 작별을 고하며 말했다 :「제가 죄를 짓고, 백씨의 말씀을 염두에 두지 않았다가, 죽음에 이르게 되었습니다.
　※ 진헌공이 신생을 파견하여 東山皐落氏를 토벌할 때, 狐突이 申生에게 도망하라고 권했으나 신생이 듣지 않았다. 호돌은 동산고락씨를 토벌한 후 병을 핑계 삼아 집에서 살고 있었다.
　【使(사, shǐ)】: 파견하다. 보내다.
　【辭(사, cí)】: 작별을 고하다.
　【狐突(호돌, hú tū)】: [인명] 晉나라의 대부. 성은 狐, 이름은 突, 자는 伯이며, 申生의 師傅이다.
　【念(념, niàn)】: 생각하다. 염두에 두다.
　【伯氏(백씨, bó shì)】: 맏형. 여기서는 상대방에 대한 존칭으로 사용한 말.

7 申生不敢愛其死。雖然, 吾君老矣, 子少, 國家多難, 伯氏不出而圖吾君。→ 저는 감히 저의 죽음을 애석하게 생각하지 않습니다. 비록 그렇다 해도, 저의 부왕께서 이미 연로하시고, 아들은 나이가 어리며, 나라에는 어려움이 많은데, 백씨께서는 나와서 저의 군주를 도우려 하지 않고 계십니다.
　【申生(신생, shēn shēng)】: 신생이 자신의 이름을「저, 나」라는 의미로 사용한 것.
　【子(자, zǐ)】: 아들. 여기서는 여희의 아들「해제」를 가리킨다.
　【圖(도, tú)】: 도모하다. 꾀하다. 여기서는「돕다」의 뜻.

> 번역문

진헌공(晉獻公)이 세자(世子) 신생(申生)을 죽이다

　진헌공(晉獻公)이 세자(世子) 신생(申生)을 죽이려 하자, 공자(公子) 중이(重耳)가 신생에게 물었다 :「세자께서는 어째서 부왕(父王)께 세자의 생각을 말씀드리지 않습니까?」 세자가 대답했다 :「안 되네. 부왕께서는 여희(驪姬)를 편하게 여기시서, 이렇게 하면 내가 부왕의 마음을 상하게 하는 것이네.」 중이가 물었다 :「그렇다면 어찌 도망하지 않으십니까?」 세자가 대답했다 :「안 되네. 부왕께서는 내가 임금을 시해하려 했다고 말씀하실 거네. 천하에 어찌 아버지 없는 나라가 있겠는가? 내가 어디로 도망가겠는가?」

　(신생이) 사람을 보내 호돌(狐突)에게 작별을 고하며 말했다 :「제가 죄를 짓고 백씨의 말씀을 염두에 두지 않았다가 죽음에 이르게 되었습니다. 저는 감히 저의 죽음을 애석하게 생각하지 않습니다. 비록 그렇다 해도 저의 부왕께서 이미 연로하시고, 아들은 나이가 어리며 나라에는 어려움이 많은데, 백씨께서는 나와서 저의 군주를 도우려 하지 않고 계십니다. 만일 백씨께서 나오셔서 저의 군주를 도와주신다면 저는 백씨의 은혜를 입고 죽는 것입니다.」 두 번 절하고 머리를 조아린 후 바로 스스로 목숨을 끊었다. 그래서 시호를「공세자(恭世子)」라 했다.

8　伯氏苟出而圖吾君, 申生受賜而死。」再拜稽首乃卒。是以爲恭世子也。→ 만일 백씨께서 나오셔서 저의 군주를 도와주신다면, 저는 백씨의 은혜를 입고 죽는 것입니다.」 두 번 절하고 머리를 조아린 후 바로 스스로 목숨을 끊었다. 그래서 시호를「恭世子」라 했다.
【苟(구, gǒu)】: 만일. 만약.
【受賜(수사, shòu cì)】: 은혜를 입다. 【賜】: 은혜.
【稽首(계수, qǐ shǒu)】: (공경의 뜻으로) 머리를 조아리다.
【乃(내, nǎi)】: 바로. 곧. 이내.
【是以(시이, shì yǐ)】: 그래서. 이로 인해.
【恭(공, gōng)】: 申生의 諡號. ※「恭」이란 공손하게 윗사람을 섬긴다는 뜻이다.

해제解題 및 본문 요지 설명

　본문은《예기(禮記)·단궁(檀弓)》의 일부분으로, 진헌공(晉獻公)의 세자(世子) 신생(申生)이 헌공의 마음을 상하지 않게 하기 위해 자신을 해치려는 헌공의 총희 여희(驪姬)의 음모를 들추어내거나 다른 나라로 도피하지 않고 초연하게 죽음을 선택하면서도 끝내 부왕(父王)과 나라를 걱정한 효심(孝心)을 기술한 것이다.

　본문은 두 단락으로 나눌 수 있는데, 첫째 단락에서는 신생(申生)과 중이(重耳)의 대화를 통해 신생의 부왕에 대한 효심을 묘사했고; 둘째 단락에서는 신생이 자기의 스승 호돌과 결별하는 상황을 기술했다.

　먼저 세자 신생과 공자 중이의 대화에서는, 중이가 신생에게 결백을 밝힐 것을 권했으나 결백을 밝힐 경우, 헌공의 총희인 여희의 간계를 들추어 헌공의 마음을 상하게 할 것이라는 이유로 거절했고; 이에 중이가 다른 나라로 피신할 것을 권했으나 신생이 피신할 경우, 군주를 시해하려 했다는 누명을 쓰게 될 것이라는 이유로 거절했다.

　그리고 신생이 스승인 호돌과 결별하는 상황에서는 군주께서 연로하시고, 아들은 아직 나이가 어리며, 나라는 어려움이 많아 군주를 보필할 사람이 필요한데, 호돌이 두문불출하고 있는 것에 대해 아쉬움을 표하면서 부왕을 도와달라는 간곡한 편지를 보낸 후 스스로 목숨을 끊었다.

　신생의 부모에 대한 효심과 나라에 대한 충성심을 통해 유가(儒家)의 전통적인 예교(禮敎) 관념을 엿볼 수 있다.

052 증자역책(曾子易簀)

《檀弓》

> 작 자

051 진헌공살세자신생(晉獻公殺世子申生) 참조.

> 원문 및 주석

曾子易簀[1]

　　曾子寢疾, 病。樂正子春坐於牀下, 曾元、曾申坐於足, 童子隅坐而執燭。[2] 童子曰:「華而睆! 大夫之簀與?」子春曰:「止!」[3] 曾子聞

---

1 曾子易簀 → 曾子가 대자리를 바꾸다
　【曾子(증자, zēng zǐ)】: [인명] 성은 曾, 이름은 參, 자는 子輿. 춘추시대 魯나라 南武城 사람으로 孔子의 제자이다. 孝로써 이름이 나서 후세 사람들이 그를 존경하여「宗聖」이라 칭했다.
　【易(역, yì)】: 바꾸다.
　【簀(책, zé)】: 대자리.
2 曾子寢疾, 病。樂正子春坐於牀下, 曾元、曾申坐於足, 童子隅坐而執燭。→ 曾子가 병환으

之, 瞿然曰:「呼?」曰:「華而睆! 大夫之簀與?」⁴ 曾子曰:「然。斯季孫之賜也, 我未之能易也。元, 起易簀!」⁵ 曾元曰:「夫子之病革矣, 不可以變。幸而至於旦, 請敬易之。」⁶ 曾子曰:「爾之愛我也不如彼。

로 침상에 누웠는데, 병이 매우 위중한 상태였다. 樂正子春이 침상 아래에 앉고, 曾元·曾申이 발치에 앉고, 童子가 모퉁이에 앉아 촛불을 들고 있었다.

【寢疾(침질, qǐn jí)】: 병환으로 침상에 눕다.

【病(병, bìng)】: 병이 위중하다.

※ 疾病에서「疾」은 가벼운 증세를 말하고,「病」은 위중한 증세를 말한다.

【樂正子春(악정자춘, yuè zhèng zǐ chūn)】: [인명] 증자의 제자. 樂正은 본래 관직명이었으나 후에 성씨가 되었다.

※ 周나라 때 大樂正은 악관의 우두머리이고, 小樂正은 대악정 아래의 직책으로 총칭하여「樂正」이라 했다.

【曾元(증원, zēng yuán)、曾申(증신, zēng shēn)】: [인명] 증자의 두 아들.

【隅坐(우좌, yú zuò)】: 모퉁이에 앉다. 구석에 앉다.

【執燭(집촉, zhí zhú)】: 촛불을 들다.

3 童子曰:「華而睆! 大夫之簀與?」子春曰:「止!」→ 동자가 말했다:「정말 화려하고 아름답네요! 大夫가 쓰는 대자리인가요?」악정자춘이 말했다:「말하지 말거라!」

【童子(동자, tóng zǐ)】: 심부름하는 어린 사내아이.

【睆(환, huǎn)】: 아름답다.

【止(지, zhǐ)】: 멈추다. 여기서는「말하지 말라」의 뜻.

4 曾子聞之, 瞿然曰:「呼?」曰:「華而睆! 大夫之簀與?」→ 증자가 동자의 말을 듣고, 놀라는 모습으로 물었다:「응?」동자가 말했다:「화려하고 아름답다구요! 대부가 쓰는 대자리지요?」

【瞿然(구연, jù rán)】: 놀라는 모양.

【呼(호, hū)】: [되묻는 소리] 응?

5 曾子曰:「然。斯季孫之賜也, 我未之能易也。元, 起易簀!」→ 증자가 말했다:「그래. 이것은 季孫氏가 주신 것인데, 내가 그것을 바꿀 힘이 없구나. 元아, (나를) 부축해 일으켜 돗자리를 바꾸어라!」

【然(연, rán)】: 그래. 그렇다.

【季孫(계손, jì sūn)】: [인명] 魯나라 대부. 집정 대신.

【易(역, yì)】: 바꾸다. 교체하다.

【起(기, qǐ)】: [사역 동사] (부축하여) 일으키다.

6 曾元曰:「夫子之病革矣, 不可以變。幸而至於旦, 請敬易之。」→ 증원이 말했다:「아버지의 병환이 위중하여 움직이시면 안 됩니다. 아침에 날이 밝으면, 조심해서 바꾸어 드릴 수 있도록 해주세요.」

【夫子(부자, fū zǐ)】: 연장자에 대한 존칭. 여기서는「부친」에 대한 존칭.

君子之愛人也以德, 細人之愛人也以姑息。吾何求哉? 吾得正而斃焉, 斯已矣。」⁷ 舉扶而易之, 反席未安而沒。⁸

번역문

증자(曾子)가 대자리를 바꾸다

증자(曾子)가 병환으로 침상에 누웠는데, 병이 매우 위중한 상태였다. 악

【革(극, jí)】: 위중하다. 위급하다.
【變(변, biàn)】: 움직이다. 이동하다.
【敬(경, jìng)】: 공손히. 조심해서.

7 曾子曰:「爾之愛我也不如彼。君子之愛人也以德, 細人之愛人也以姑息。吾何求哉? 吾得正而斃焉, 斯已矣。」→ 증자가 말했다:「네가 나를 사랑하는 것이 저 동자만도 못하구나. 군자는 덕으로써 사람을 사랑하고, 소인은 고식적으로 사람을 사랑한다. 내가 무엇을 더 원하겠느냐? 내가 禮에 부합하게 죽을 수 있다면, 이것으로 족하다.」
【爾(이, ěr)】: 너. 당신.
【不如(불여, bù rú)…】: …만 못하다.
【彼(피, bǐ)】: 저. 그. 즉「동자」.
【細人(세인, xì rén)】: 소인.
【姑息(고식, gū xī)】: 고식적으로. 그럭저럭 되는 대로.
【得(득, dé)】: 能. 할 수 있다.
【正(정, zhèng)】: 바르다. 부합하다. 여기서는「禮에 부합하다」의 뜻.
【斃(폐, bì)】: 죽다.
【斯已矣(사이의, sī yǐ yǐ)】: 이뿐이다. 이것으로 족하다. 【斯】: 此. 이. 【已矣】: …뿐.

8 舉扶而易之, 反席未安而沒。→ 모두 부축하여 돗자리를 바꾸었고, (증자는) 자리로 돌아가 편안히 눕기 전에 숨을 거두었다.
【舉(거, jǔ)】: 모두. 다 함께.
【扶(부, fú)】: 부축하다.
【反(반, fǎn)】: 返. 돌아가다.
【未安(미안, wèi ān)】: 아직 편안히 침상에 눕기 전에.
【沒(몰, mò)】: 죽다. 숨을 거두다.

정자춘(樂正子春)이 침상 아래에 앉고, 증원(曾元)·증신(曾申)이 발치에 앉고 동자(童子)가 모퉁이에 앉아 촛불을 들고 있었다. 동자가 말했다 : 「정말 화려하고 아름답네요! 대부(大夫)가 쓰는 대자리인가요?」 악정자춘이 말했다 : 「말하지 말거라!」 증자가 동자의 말을 듣고 놀라는 모습으로 물었다 : 「응?」 동자가 말했다 : 「화려하고 아름답다구요! 대부가 쓰는 대자리지요?」 증자가 말했다 : 「그래. 이것은 계손씨(季孫氏)가 주신 것인데, 내가 그것을 바꿀 힘이 없구나. 원(元)아, (나를) 부축해 일으켜 돗자리를 바꾸어라!」 증원이 말했다 : 「아버지의 병환이 위중하여 움직이시면 안 돼요. 아침에 날이 밝으면 공손히 바꾸어 드릴 수 있도록 해주세요.」 증자가 말했다 : 「네가 나를 사랑하는 것이 저 동자만도 못하구나. 군자는 덕으로써 사람을 사랑하고, 소인은 고식적으로 사람을 사랑한다. 내가 무엇을 더 원하겠느냐? 내가 예(禮)에 부합하게 죽을 수 있다면 이것으로 족하다.」 모두 부축하여 돗자리를 바꾸었고, (증자는) 자리로 돌아가 편안히 눕기 전에 숨을 거두었다.

해제解題 및 본문 요지 설명

본문은 《예기(禮記)·단궁(檀弓)》의 일부분으로, 증자(曾子)가 자신의 병세가 위중한 상황임에도 불구하고 자신의 침상에 깔고 있는 화려한 대자리를 평범한 것으로 바꾸어 예(禮)에 부합하기를 고집한 증자의 숭례정신(崇禮精神)을 기술한 것이다.

본문은 세 단락으로 나눌 수 있는데, 첫째 단락에서는 증자의 병세가 위중하여 여러 사람들이 자리를 지키고 있는 상황을 서술했고; 둘째 단락에서는 증가자 동자의 질문을 받고 자신이 깔고 있는 침상의 화려한 대자리를 예(禮)에 부합하지 않는다 하여 교체하려 하자, 증자의 아들이 만류하는 상황을 기술했고; 마지막 단락에서는 증자가 뜻을 굽히지 않아 여러 사람들이 대자리를 바꾸고 증자를 침상에 눕히기도 전에 바로 숨을 거둔 상황을 기술했다.

053 유자지언사부자(有子之言似夫子)
《檀弓》

작자

051 진헌공살세자신생(晉獻公殺世子申生) 참조.

원문 및 주석

有子之言似夫子于[1]

有子問於曾子曰:「問喪於夫子乎?」曰:「聞之矣.『喪欲速貧, 死欲速朽.』」[2] 有子曰:「是非君子之言也.」曾子曰:「參也聞諸夫

---

1 有子之言似夫子 → 有子의 말이 선생님의 말씀과 흡사하다
 【有子(유자, yǒu zǐ)】: [인명] 이름은 若, 자는 子有. 춘추시대 魯나라 사람으로, 孔子의 제자.
 【似(사, sì)】: 흡사하다. 비슷하다.
 【夫子(부자, fū zǐ)】: [스승에 대한 존칭] 선생님. 여기서는 孔子에 대한 존칭.
2 有子問於曾子曰:「問喪於夫子乎?」曰:「聞之矣.『喪欲速貧, 死欲速朽.』」→ 有子가 曾子에게 물었다:「선생님으로부터 관직을 잃은 일에 관해 들어보셨습니까?」증자가 말했다:「들어보았습니다.『관직을 잃으면 속히 가난해져야 하고, 죽으면 속히 썩어야 한다.』

子也。』³ 有子又曰:「是非君子之言也。」曾子曰:「參也與子游聞之。」⁴
有子曰:「然? 然則夫子有爲言之也。」⁵
　　曾子以斯言告於子游。子游曰:「甚哉! 有子之言似夫子也。⁶
昔者夫子居於宋, 見桓司馬自爲石椁, 三年而不成。⁷ 夫子曰:『若

고 하셨습니다.」
【問於(문어, wèn yú)…】: …에게 묻다. 〖於〗: [개사] …에게.
【曾子(증자, zēng zǐ)】: [인명] 이름은 參, 자는 子輿. 춘추시대 魯나라 사람으로, 孔子의 제자.
【問喪(문상, wèn sàng)】: 관직을 잃은 일에 관해 듣다. 〖問〗: 聞. 듣다. 〖喪〗: 잃다. 여기서는 「관직을 잃은 것」을 가리킨다. 〖於〗: [개사] …로부터.
【欲(욕, yù)】: …해야 하다.
【速(속, sù)】: 빨리. 신속히.
【朽(후, xiǔ)】: 썩다. 부패하다.

3　有子曰:「是非君子之言也。」曾子曰:「參也聞諸夫子也。」→ 유자가 말했다:「이는 君子의 말씀이 아닙니다.」증자가 말했다:「나는 그 말씀을 선생님으로부터 들었습니다.」
【是(시, shì)】: [대명사] 이것. 즉『喪欲速貧, 死欲速朽』.
【諸(제, zhū)】: 之於의 합음.

4　有子又曰:「是非君子之言也。」曾子曰:「參也與子游聞之。」→ 유자가 또 말했다:「이것은 군자의 말씀이 아닙니다.」증가가 말했다:「나는 子游와 함께 그 말씀을 들었습니다.」
【參(삼, shēn)】: 증삼이 자기 이름을「나, 저」라는 의미로 사용한 것.
【與(여, yǔ)】: …와(과).
【子游(자유, zǐ yóu)】: [인명] 성은 言, 이름은 偃, 자는 子游. 춘추시대 吳나라 사람으로, 孔子의 제자.

5　有子曰:「然? 然則夫子有爲言之也。」→ 유자가 말했다:「그렇습니까? 그렇다면 선생님께서는 다른 이유가 있어서 그렇게 말씀하셨을 것입니다.」
【然則(연즉, rán zé)】: 그렇다면.
【有爲(유위, yǒu wéi)】: 다른 이유가 있다. 다른 의도가 있다.

6　曾子以斯言告於子游。子游曰:「甚哉! 有子之言似夫子也。→ 증자가 이 말을 자유에게 알려주었다. 자유가 말했다:「아주 흡사합니다! 유자의 말은 선생님이 하신 말씀과 흡사합니다。
【以(이, yǐ)】: …을.
【斯(사, sī)】: 此. 이.
【告於(고어, gào yú)…】: …에게 알려주다. 〖於〗: [개사] …에게.
【甚(심, shèn)】: 매우 흡사하다. 아주 비슷하다.

7　昔者夫子居於宋, 見桓司馬自爲石椁, 三年而不成。→ 예전에 선생님께서 宋나라에 거주

是其靡也, 死不如速朽之愈也。』死之欲速朽, 爲桓司馬言之也。⁸
南宮敬叔反, 必載寶而朝。夫子曰:『若是其貨也, 喪不如速貧之愈
也!』喪之欲速貧, 爲敬叔言之也。⁹
　曾子以子游之言告於有子。有子曰:「然! 吾固曰非夫子之言
也。」曾子曰:「子何以知之?」¹⁰ 有子曰:「夫子制於中都, 四寸之棺,

하실 때, 桓司馬가 자신을 위해 石椁을 만드는 것을 보셨는데, 3년이 되어도 완성하지 못했습니다.
【宋(송, sòng)】: [국명] 지금의 하남성 商邱縣 일대에 있던 周代의 제후국.
【桓司馬(환사마, huán sī mǎ)】: 桓魋. 宋의 司馬를 지냈다. ※ 司馬는 軍事를 주관하는 관직.
【椁(곽, guǒ)】: 外棺. 덧널. 관을 담는 궤.

8　夫子曰:『若是其靡也, 死不如速朽之愈也。』死之欲速朽, 爲桓司馬言之也。 → (이에) 선생님께서:『그의 낭비가 이와 같으니, 죽으면 속히 썩어버리는 것이 낫다.』고 말씀하셨는데, 죽으면 속히 썩어야 한다는 것은, 환사마에 대해 하신 말씀입니다.
【若是其靡(약시기미, ruò shì qí mí)】: 其靡若是. 낭비가 이와 같다.【若是】: 이와 같다.【靡】: 낭비하다. 마구 쓰다.
【不如(불여, bù rú)…愈(유, yù)】: …하는 것이 낫다.
【爲(위, wèi)】: …에 대해. …에게.

9　南宮敬叔反, 必載寶而朝。夫子曰:『若是其貨也, 喪不如速貧之愈也。』喪之欲速貧, 爲敬叔言之也。 → 南宮敬叔이 (실직하여 나라를 떠났다가) 다시 돌아오면, 반드시 수레에 보물을 싣고 가서 군주를 알현했습니다. 선생님께서:『뇌물을 바치는 것이 이와 같으니, 관직을 잃으면 속히 가난해지는 것이 낫다.』고 하셨는데, 관직을 잃고 속히 가난해져야 한다는 것은, 남궁경숙에 대해 하신 말씀입니다.
【南宮敬叔(남궁경숙, náng gōng jìng shū)】: [인명] 일명 仲孫閱. 춘추시대 魯나라 사람으로, 노나라에서 관직을 잃고 노나라를 떠났다.
【反(반, fǎn)】: 返. 돌아오다.
【載寶而朝(재보이조, zài bǎo ér cháo)】: 수레에 보물을 싣고 가서 군주를 알현하다.【朝】: 入朝하여 임금을 알현하다.
【貨(화, huò)】: 뇌물을 바치다.

10　曾子以子游之言告於有子。有子曰:「然! 吾固曰非夫子之言也。」曾子曰:「子何以知之?」 → 증자가 자유의 말을 유자에게 알려주었다. 유자가 말했다:「그렇군요! 나는 본래 선생님의 말씀이 아니라고 했습니다.」증자가 말했다:「그대는 어떻게 그것을 알았습니까?」
【以(이, yǐ)】: …을.

五寸之椁, 以斯知不欲速朽也。」[11] 昔者夫子失魯司寇, 將之荊, 蓋先之以子夏, 又申之以冉有, 以斯知不欲速貧也。」[12]

【固(고, gù)】: 본래. 원래부터.
【子(자, zǐ)】: 너. 당신. 그대.
【何以(하이, hé yǐ)】: 어찌. 어떻게.

11　有子曰 :「夫子制於中都, 四寸之棺, 五寸之椁, 以斯知不欲速朽也。 → 유자가 말했다 : 「선생님께서는 中都에서 법규를 제정하실 때, 棺은 두께를 4촌으로 하고 椁은 두께를 5촌으로 하는 규정을 제정하셨기 때문에, 이를 근거로 보아 (선생님께서) 속히 썩는 것을 바라지 않으셨다는 것을 알 수 있습니다.
【制(제, zhì)】: (법규를) 제정하다.
【中都(중도, zhōng dū)】: [지명] 魯나라의 邑 이름. 지금의 산동성 汶山縣 서쪽. ※孔子는 일찍이 이곳에서 지방행정관을 지낸 바 있다.
【寸(촌, cùn)】: 1척의 10분의 1, 0.0333m.
【以斯(이사, yǐ sī)】: 이를 근거로. 【以】: …을 근거로. 【斯】: 이. 이것. 즉「夫子制於中都, 四寸之棺, 五寸之椁」.
【不欲(불욕, bù yù)】: 바라지 않다. 원하지 않다.

12　昔者夫子失魯司寇, 將之荊, 蓋先之以子夏, 又申之以冉有, 以斯知不欲速貧也。」→ 예전에 선생님께서는 魯나라의 司寇 관직을 잃고, 楚나라로 가시려 할 때, 먼저 子夏로 하여금 가서 의사를 표명하게 하고, 또 冉有로 하여금 가서 재차 의사를 표명하게 하셨으니, 이를 근거로 보아 (선생님께서) 속히 가난해지기를 바라지 않으셨다는 것을 알 수 있습니다.」
【司寇(사구, sī kòu)】: 사법·형옥을 주관하는 관직.
【之荊(지형, zhī jīng)】: 楚나라에 가다.【之】: 往. 가다.【荊】: 楚나라의 옛 이름.
【蓋(개, gài)】: [어기사].
【之以子夏(지이자하, zhī yǐ zǐ xià)】: 子夏로 하여금 가서 알아보게 하다.【之】: 往. 가다.
【子夏】: [인명] 성은 卜, 이름은 商, 자는 子夏. 춘추시대 衛나라 사람으로 孔子의 제자.
【申(신, shēn)】: 의사를 표명하다.
【冉有(염유, rǎn yǒu)】: [인명] 성은 冉, 이름은 求, 자는 子有. 춘추시대 魯나라 사람으로 孔子의 제자.

> 번역문

유자(有子)의 말이 선생님의 말씀과 흡사하다

유자(有子)가 증자(曾子)에게 물었다 : 「선생님으로부터 관직을 잃은 일에 관해 들어보셨습니까?」 증자가 말했다 : 「들어보았습니다. 『관직을 잃으면 속히 가난해져야 하고 죽으면 속히 썩어야 한다.』고 하셨습니다.」 유자가 말했다 : 「이는 군자(君子)의 말씀이 아닙니다.」 증자가 말했다 : 「나는 그 말씀을 선생님으로부터 들었습니다.」 유자가 또 말했다 : 「이것은 군자의 말씀이 아닙니다.」 증가가 말했다 : 「나는 자유(子游)와 함께 그 말씀을 들었습니다.」 유자가 말했다 : 「그렇습니까? 그렇다면 선생님께서는 다른 이유가 있어서 그렇게 말씀하셨을 것입니다.」

증자가 이 말을 자유에게 알려주었다. 자유가 말했다 : 「아주 흡사합니다! 유자의 말은 선생님이 하신 말씀과 흡사합니다. 예전에 선생님께서 송(宋)나라에 거주하실 때, 환사마(桓司馬)가 자신을 위해 석곽(石槨)을 만드는 것을 보셨는데, 3년이 되어도 완성하지 못했습니다. (이에) 선생님께서 : 『그의 낭비가 이와 같으니, 죽으면 속히 썩어버리는 것이 낫다.』고 말씀하셨는데, 죽으면 속히 썩어야 한다는 것은 환사마에 대해 하신 말씀입니다. 남궁경숙(南宮敬叔)이 (실직하여 나라를 떠났다가) 다시 돌아오면, 반드시 수레에 보물을 싣고 가서 군주를 알현했습니다. 선생님께서 : 『뇌물을 바치는 것이 이와 같으니, 관직을 잃으면 속히 가난해지는 것이 낫다.』고 하셨는데, 관직을 잃고 속히 가난해져야 한다는 것은 남궁경숙에 대해 하신 말씀입니다.」

증자가 자유의 말을 유자에게 알려주었다. 유자가 말했다 : 「그렇군요! 나는 본래 선생님의 말씀이 아니라고 했습니다.」 증자가 말했다 : 「그대는 어떻게 그것을 알았습니까?」 유자가 말했다 :「선생님께서는 중도(中都)에서 법규를 제정하실 때, 관(棺)은 두께를 4촌(寸)으로 하고, 곽(槨)은 두께를 5촌(寸)으로 하는 규정을 제정하셨기 때문에, 이를 근거로 보아 (선생님께서) 속히 썩는 것을 바라지 않으셨다는 것을 알 수 있습니다. 예전에 선생님께서는 노(魯)나라의 사구(司寇) 관직을 잃고 초(楚)나라로 가시려 할 때, 먼저 자하(子夏)로 하여금 가서 의사를 표명하게 하고, 또 염유(冉有)로 하여금 가서 재차 의사를 표명하게 하셨으니, 이를 근거로 보아 (선생님께서) 속히 가난해지기를 바라지 않으셨다는 것을 알 수 있습니다.」

해제解題 및 본문 요지 설명

본문은 《예기(禮記)·단궁(檀弓)》의 일부분으로, 내용은 유자(有子)·증자(曾子)·자유(子游) 세 사람이 공자의 상(喪)·사(死)에 대한 언론에 관해 문제를 제기하며 대화한 상황을 기술한 것이다.

본문은 세 단락으로 나눌 수 있는데, 첫째 단락에서는 증자가 「상(喪)」에 관해 공자(孔子)께서 「상욕속빈, 사욕속후(喪欲速貧, 死欲速朽)」라 했다고 주장한 반면, 유자는 그렇지 않다고 주장하며, 만일 그러한 일이 있었다면 공자께서 다른 의도가 있었을 것이라고 한 서로 상반된 견해에 대해 기술했고; 둘째 단락에서는 증자가 공자께서 「상불여속빈(喪不如速貧)」이라 한 것은 남궁경숙(南宮敬叔)의 뇌물 행각에 대해 한 말이고, 「사불여속후(死不如速朽)」라 한 것은 환사마(桓司馬)의 사치와 낭비에 대해 한 말이라고 언급한 자유의 증언을 듣고 나서 유자의 공자에 대한 이해가 정확했다는 것을 확인한 것에 대해 기술했고; 마지막 단락에서는 증자가 공자를 정확하게 이해하고 있는 유자에 대해 궁금증을 제기하자, 유자가 공자께서 예전에 사구(司寇) 직책을 잃은 후 신중하게 일을 처리한 사례를 들어 공자의 본뜻이 「상욕속빈, 사욕속후(喪欲速貧, 死欲速朽)」에 있지 않다고 증명한 것을 기술했다.

054 공자중이대진객(公子重耳對秦客)
《檀弓》

작자

051 진헌공살세자신생(晉獻公殺世子申生) 참조.

원문 및 주석

公子重耳對秦客[1]

晉獻公之喪, 秦穆公使人弔公子重耳, 且曰:「寡人聞之, 亡國恆於斯, 得國恆於斯.[2] 雖吾子儼然在憂服之中, 喪亦不可久也, 時

---

1 公子重耳對秦客 → 公子 重耳가 秦나라 사신을 응대하다
　【重耳(중이, chóng ěr)】: [인명] 晉나라 공자의 이름. 晉獻公의 아들. 훗날의 晉文公으로 春秋 五覇의 하나. ※진헌공은 죽기 전에 대부 荀息에게 자신의 총희 驪姬의 아들 奚齊를 군주로 옹립하도록 부탁했다. 당시 공자 重耳와 夷吾는 이미 狄나라로 도망해 있었다.
　【對(대, duì)】: 응대하다.
　【秦客(진객, qín kè)】: 秦나라 사신.
2 晉獻公之喪, 秦穆公使人弔公子重耳, 且曰:「寡人聞之, 亡國恆於斯, 得國恆於斯. → 晉獻

亦不可失也, 孺子其圖之!」³

以告舅犯, 舅犯曰:「孺子其辭焉! 喪人無寶, 仁親以爲寶。父死之謂何?⁴ 又因以爲利, 而天下其孰能說之? 孺子其辭焉!」⁵

공이 세상을 떠나자, 秦穆公이 사람을 보내 公子 重耳를 위로하여, 말했다 :「과인이 듣건대, 군주의 자리를 잃는 것도 항상 이러한 때요, 군주의 자리에 오르는 것도 항상 이러한 때입니다.

【晉獻公(진헌공, jìn xiàn gōng)】: 춘추시대 晉나라의 군주.
【秦穆公(진목공, qín mù gōng)】: 춘추시대 秦나라의 군주. 성은 嬴, 이름은 任好.
【使(사, shǐ)】: 보내다. 파견하다.
【人(인, rén)】: 여기서는 秦穆公의 아들 子顯을 가리킨다.
【弔(조, diào)】: 위로하다.
【寡人(과인, guǎ rén)】: 寡德之人이란 뜻으로, 임금이 자신을 낮추어 부르는 말.
【亡國(망국, wáng guó)】: 나라를 잃다. 여기서는「군주의 자리를 잃다」의 뜻.
【恆於斯(항어사, héng yú sī)】: 항상 이러한 시기에 일어나다. 【恆】: 恒. 항상. 언제나. 【斯】: 이러한 시기. 즉「군주가 사망한 때」.
【得國(득국, dé guó)】: 나라를 얻다. 여기서는「군주의 자리를 얻다」의 뜻.

3 雖吾子儼然在憂服之中, 喪亦不可久也, 時亦不可失也, 孺子其圖之! → 비록 그대가 엄숙하게 상을 치르는 와중에 있기는 하나, 관직을 잃고 떠도는 것도 오래가서는 안 되고, 시기를 잃어서도 안 되니, 嫡長子께서 한번 도모해 보시기 바랍니다!」
【儼然(엄연, yǎn rán)】: 엄숙한 모습. 정중한 모습.
【憂服(우복, yōu fú)】: 喪中에 있다.
【喪(상, sàng)】: 관직을 잃다.
【孺子(유자, rú zǐ)】: 嫡長子. 여기서는「重耳」를 가리킨다.
【圖之(도지, tú zhī)】: 그것을 도모하다. 즉「군주의 자리를 도모하다」의 뜻. 【之】: [대명사] 그것. 즉.「군주의 자리」.

4 以告舅犯, 舅犯曰:「孺子其辭焉! 喪人無寶, 仁親以爲寶。父死之謂何? → (중이가) 이를 外叔 子犯에게 알리자, 외숙 자범이 말했다 :「적장자께서는 (그의 호의를) 반드시 사양해야 합니다! 관직을 잃은 사람은 귀중한 것이 없고, 오직 仁愛와 孝親을 귀중하게 여겨야 합니다. 부친께서 돌아가신 것이 얼마나 중대한 일입니까?
【以(이, yǐ)】: 以(之). (그것)을. 즉「그 말을」.
【舅犯(구범, jiù fàn)】: 重耳의 외숙 狐偃. 자는 子犯. 중이를 따라 도망쳐 나왔다.
【其(기, qí)】: 반드시 …해야 한다.
【喪人(상인, sàng rén)】: 관직을 잃은 사람.
【寶(보, bǎo)】: 귀중하다. 소중하다.
【仁親以爲寶(인친이위보, rén qīn yǐ wéi bǎo)】: 以仁親爲寶. 仁愛와 孝親을 귀중한 것으로 삼다.

公子重耳對客曰:「君惠弔亡臣重耳。身喪父死, 不得與於哭泣之哀, 以爲君憂。父死之謂何? 或敢有他志, 以辱君義?」⁶ 稽顙而不拜, 哭而起, 起而不私。⁷

【謂何(위하, wèi hé)】: 爲何. 얼마나 중대한 일인가?

5 又因以爲利, 而天下其孰能說之? 孺子其辭焉!」→ 또 이를 틈타 이익을 꾀하려 한다면, 천하의 어느 누가 이를 변호할 수 있겠습니까? 적장자께서는 반드시 사양해야 합니다!」

【因以爲利(인이위리, yīn yǐ wéi lì)】: 이를 틈타 이익을 도모하다. 여기서는 부친이 돌아가신 기회를 이용하여 왕위를 빼앗는 일을 말한다. 〖因〗: 틈타다. 이용하다. 〖爲利〗: 이익을 꾀하다.

【其孰(기숙, qí shú)】: 어느 누가. 〖其〗: 대명사 앞이나 뒤에 놓여「其誰 · 其孰 · 誰其 · 此其 · 彼其 · 夫其 · 是其 · 何其 · 曷其 · 胡其」등을 구성한다. 번역할 필요가 없다.

【說(설, shuō)】: 변호하다.

6 公子重耳對客曰:「君惠弔亡臣重耳。身喪父死, 不得與於哭泣之哀, 以爲君憂。父死之謂何? 或敢有他志, 以辱君義?」→ 공자 중이가 사신에게 대답했다:「(귀국의) 군주께서 망명 중인 저에게 조문하는 은혜를 베푸셨습니다. 관직을 잃고 유랑하는 몸이 부친의 상을 당해, 장례에 참여할 수 없어, (귀국의) 군주께 걱정을 끼쳐드렸습니다. 부친께서 돌아가신 것이 얼마나 중대한 일입니까? 혹시라도 감히 다른 생각을 품고, 군주의 뜻을 욕되게 하겠습니까?」

【客(객, kè)】: 손님. 여기서는 사신으로 온 秦穆公의 아들「子顯」을 가리킨다.

【惠弔(혜조, huì diào)】: 조문의 은혜를 베풀다.

【亡臣(망신, wáng chén)】: [자신에 대한 겸칭] 망명한 신하.

【身喪(신상, shēn sàng)】: 관직을 잃고 유랑하다.

【不得(부득, bù dé)】: 不能. …할 수 없다.

【與(여, yù)】: 참여하다. 참가하다.

【哭泣之哀(곡읍지애, kū qì zhī āi)】: 울며 애도하다. 여기서는「곡을 하며 애도하는 자리」, 즉「장례」를 말한다.

【爲君憂(위군우, wéi jūn yōu)】: 군왕께 걱정을 끼치다.

【他志(타지, tā zhì)】: 다른 생각. 여기서는「군주의 자리를 넘보는 생각」을 말한다.

【辱(욕, rǔ)】: [사동 용법] 욕되게 하다.

7 稽顙而不拜, 哭而起, 起而不私。→ (말을 마친 후) 稽顙再拜만 하고 감사를 표하지 않았으며, 울며 일어나더니, 일어나서도 (사신과) 사사로운 이야기를 나누지 않았다.

【稽顙(계상, qǐ sǎng)】: 稽顙再拜. 이마가 땅에 닿도록 몸을 굽혀 하는 절. 상중에 있는 사람이 표하는 가장 정중한 예의 형식.

【不拜(불배, bù bài)】: 절하지 않다. 즉, 감사를 표하지 않다

【不私(불사, bù sī)】: (문상객과 더불어) 사사로운 이야기를 하지 않다.

子顯以致命於穆公, 穆公曰:「仁夫, 公子重耳! 夫稽顙而不拜, 則未爲後也, 故不成拜。哭而起, 則愛父也。起而不私, 則遠利也。」[8]

번역문

공자(公子) 중이(重耳)가 진(秦)나라 사신을 응대하다

진헌공(晉獻公)이 세상을 떠나자, 진목공(秦穆公)이 사람을 보내 공자(公子) 중이(重耳)를 위로하여 말했다 :「과인이 듣건대, 군주의 자리를 잃는 것도 항상 이러한 때요, 군주의 자리에 오르는 것도 항상 이러한 때입니다. 비록 그대가 엄숙하게 상을 치르는 와중에 있기는 하나, 관직을 잃고 떠도는 것도 오래가서는 안 되고 시기를 잃어서도 안 되니 적장자(嫡長子)께서 한번 도모해 보시기 바랍니다!」

---

8 子顯以致命於穆公, 穆公曰:「仁夫, 公子重耳! 夫稽顙而不拜, 則未爲後也, 故不成拜。哭而起, 則愛父也。起而不私, 則遠利也。」→ 子顯이 이를 秦穆公에게 보고하자, 진목공이 말했다 :「어질도다, 공자 重耳여! 계상재배만 하고 감사의 예를 표하지 않은 것은, 후계자로 자처하지 않은 것이다. 그래서 감사의 예를 표하지 않은 것이다. 울며 일어난 것은 부친을 사랑한 것이다. 일어나서 사신과 사사로운 이야기를 나누지 않은 것은, 왕위에 대한 사리사욕을 멀리한 것이다.」
【子顯(자현, zǐ xiǎn)】: [인명] 秦穆公의 아들 縶. 자는 子顯. 즉 秦穆公이 파견한 사신.
【以(이, ǐ)】: 以(之). 이를. 이러한 상황을.
【致命(치명, zhì mìng)】: 보고하다.
【夫(부, fú)】: 앞의「夫」는 어조사, 뒤의「夫」는 발어사.
【未爲後(미위후, wèi wéi hòu)】: 후계자로 자처하지 않다.
【成拜(성배, chéng bài)】: 喪禮의 하나로, 喪主가 문상객에게 稽顙再拜 하고 나서 감사의 예를 표하는 절.
【遠利(원리, yuǎn lì)】: 사리사욕을 멀리하다. 여기서는「王位에 대한 사리사욕을 멀리하다」의 뜻.

(중이가) 이를 외숙(外叔) 자범(子犯)에게 알리자, 외숙 자범이 말했다 : 「적장자께서는 (그의 호의를) 반드시 사양해야 합니다! 관직을 잃은 사람은 귀중한 것이 없고, 오직 인애(仁愛)와 효친(孝親)을 귀중하게 여겨야 합니다. 부친께서 돌아가신 것이 얼마나 중대한 일입니까? 또 이를 틈타 이익을 꾀하려 한다면, 천하의 어느 누가 이를 변호할 수 있겠습니까? 적장자께서는 반드시 사양해야 합니다!」

공자 중이가 사신에게 대답했다 : 「(귀국의) 군주께서 망명 중인 저에게 조문하는 은혜를 베푸셨습니다. 관직을 잃고 유랑하는 몸이 부친의 상을 당해 장례에 참여할 수 없어 (귀국의) 군주께 걱정을 끼쳐드렸습니다. 부친께서 돌아가신 것이 얼마나 중대한 일입니까? 혹시라도 감히 다른 생각을 품고 군주의 뜻을 욕되게 하겠습니까?」 (말을 마친 후) 계상재배(稽顙再拜)만 하고 감사를 표하지 않았으며, 울며 일어나더니 일어나서도 (사신과) 사사로운 이야기를 나누지 않았다.

자현(子顯)이 이를 진목공(秦穆公)에게 보고하자, 진목공이 말했다 : 「어질도다, 공자 중이(重耳)여! 계상재배만 하고 감사의 예를 표하지 않은 것은 후계자로 자처하지 않은 것이다. 그래서 감사의 예를 표하지 않은 것이다. 울며 일어난 것은 부친을 사랑한 것이다. 일어나서 사신과 사사로운 이야기를 나누지 않은 것은, 왕위에 대한 사리사욕을 멀리한 것이다.」

해제解題 및 본문 요지 설명

본문은 《예기(禮記)·단궁(檀弓)》의 일부분으로, 진헌공(晉獻公)이 죽자, 진목공(秦穆公)이 진(晉)의 내분으로 인해 이미 적(狄)나라에 피신해 있던 진(晉)의 공자 중이(重耳)에게 사신을 보내 조문을 핑계 삼아 중이가 군주의 자리를 도모하려는 뜻이 있는지를 탐색하려고 시도한 일을 기술한 것이다.

 본문은 네 단락으로 나눌 수 있는데, 첫째 단락에서는 진헌공(晉獻公)이 죽자, 진목공(秦穆公)이 사신을 파견하여 적나라로 피신해 있는 중이에게 조문하고 아울러 왕위를 도모하도록 권유한 상황을 기술했고; 둘째 단락에서는 중이가 이 말을 외숙인 자범에게 전하자, 자범이 중이에게 반드시 사절하도록 당부한 것을 기술했고; 셋째 단락에서는 중이가 진(秦)나라 사신에게 정중한 사절(謝絶)과 동시에 예(禮)를 갖추어 자신의 뜻을 표명한 것을 기술했고; 마지막 단락에서는 중이의 사절을 전해 들은 진목공이 중이를 인자(仁者)로 평가한 것을 기술했다.

055 두궤양치(杜蕢揚觶)
《檀弓》

> 작 자

051 진헌공살세자신생(晉獻公殺世子申生) 참조.

> 원문 및 주석

杜蕢揚觶[1]

知悼子卒, 未葬, 平公飮酒, 師曠、李調侍, 鼓鐘。[2]

1 杜蕢揚觶 → 杜蕢가 벌주 잔을 올리다
   【杜蕢(두궤, dù kuì)】: [인명] 晉平公의 요리사.
   【揚(양, yáng)】: 올리다.
   【觶(치, zhì)】: 술잔. 여기서는「벌주 잔」을 뜻한다.

2 知悼子卒, 未葬, 平公飮酒, 師曠、李調侍, 鼓鐘。→ 知悼子가 죽고, 아직 장례를 치르기도 전에, 晉平公이 술을 마시고, 師曠과 李調가 옆에서 시중을 들며, 종을 치고 흥을 돋우었다.
   【知悼子(지도자, zhī dào zǐ)】: [인명] 荀盈. 춘추시대 晉의 대부. 처음에 知에 봉해졌기 때문에「知」를 성씨로 삼았다. 魯昭公 9년(B.C. 533)에 죽었으며,「悼」는 그의 시호이다.
   ※ 일설에는「盈」을「罃」이라 했다.

杜蕢自外來, 聞鐘聲, 曰:「安在?」曰:「在寢。」³ 杜蕢入寢, 歷階而升, 酌, 曰:「曠, 飲斯!」又酌, 曰:「調, 飲斯!」⁴ 又酌, 堂上北面坐飲之。降, 趨而出。⁵

平公呼而進之, 曰:「蕢, 曩者爾心或開予, 是以不與爾言。爾飲曠, 何也?」⁶ 曰:「子卯不樂。知悼子在堂, 斯其爲子卯也大矣! 曠

【平公(평공, píng gōng)】: 晉平公.
【師曠(사광, shī kuàng)】: [인명] 晉의 유명한 樂師.
【李調(이조, lǐ diào)】: [인명] 晉平公의 총신.
【鼓(고, gǔ)】: [동사 용법] 치다. 두드리다.

3 杜蕢自外來, 聞鐘聲, 曰:「安在?」曰:「在寢。」→ 杜蕢가 밖에서 들어와, 종소리를 듣고, 물었다 :「어디에 있소?」어떤 사람이 대답했다 :「내실에 있소.」
【安(안, ān)】: 어디. 어느 곳.
【寢(침, qǐn)】: 침실. 내실.

4 杜蕢入寢, 歷階而升, 酌, 曰:「曠, 飲斯!」又酌, 曰:「調, 飲斯!」→ 두궤가 내실로 들어가, 계단을 거쳐 (당상으로) 올라가, 술을 따르고, 말했다 :「師曠, 이 술을 드시오!」또 술을 따르고, 말했다 :「李調, 이 술을 드시오!」
【歷(력, lì)】: 거치다. 지나다. 경유하다.
【階(계, jiē)】: 계단.
【升(승, shēng)】: 올라가다.
【酌(작, zhuó)】: 술을 따르다.
【飲(음, yǐn)】: 마시다.
【斯(사, sī)】: [대명사] 이것. 즉「이 술」.

5 又酌, 堂上北面坐飲之。降, 趨而出。→ 또 술을 따르더니, 당상에서 북쪽을 향해 무릎을 꿇고 앉아 그 술을 마셨다. 그리고 계단을 내려가, 빠른 걸음으로 나가버렸다.
【堂(당, táng)】: 실외 계단 위의 부분.
【北面(북면, běi miàn)】: 북쪽을 향하다.
※ 고대의 좌석 예절에는 四方이 각기 尊卑가 있었다. 북쪽에 앉아 남쪽을 향하는 자리는 군주의 자리, 남쪽에 앉아 북쪽을 향하는 자리는 신하의 자리, 동쪽에 앉아 서쪽을 향하는 자리는 주인의 자리, 서쪽에 앉아 동쪽을 향하는 자리는 손님의 자리이다.
【降(강, jiàng)】: 내려가다.
【趨(추, qū)】: 빨리 걷다.

6 平公呼而進之, 曰:「蕢, 曩者爾心或開予, 是以不與爾言。爾飲曠, 何也?」→ 진평공이 그를 불러들여, 물었다 :「두궤, 방금 그대의 마음속에 혹시 나를 일깨우려는 생각을 가지고 있는 것 같아, 그래서 내가 그대에게 말을 안 했네. 그대가 사광에게 술을 마시게 한 것

也, 大師也, 不以詔, 是以飲之也。」⁷「爾飲調, 何也?」曰:「調也, 君之褻臣也, 爲一飲一食, 亡君之疾, 是以飲之也。」⁸「爾飲, 何也?」曰:「蕢也, 宰夫也, 非刀匕是共, 又敢與知防, 是以飲之也。」⁹平公曰:

은, 무슨 뜻인가?」
【曩者(낭자, nǎng zhě)】: 방금.
【爾(이, ěr)】: 너. 당신. 그대.
【開(개, kāi)】: 깨우치다. 일깨우다.
【予(여, yú)】: 我. 나.
【是以(시이, shì yǐ)】: 그래서. 이로 인해.

7 曰:「子卯不樂。知悼子在堂, 斯其爲子卯也大矣! 曠也, 大師也, 不以詔, 是以飲之也。」 → 두궤가 대답했다:「子日이나 卯日에는 음악을 연주하지 않습니다. 知悼子의 영구가 아직 당상에 있으니, 이는 子日과 卯日보다 더욱 불길합니다. 사광은, 태사인데, 이러한 이치를 군주께 말씀드리지 않았기 때문에, 그래서 그에게 벌주를 마시도록 한 것입니다.」
【子卯不樂(자묘불악, zǐ miǎo bù yuè)】: 子日과 卯日에 음악을 연주하지 않다. ※ 商의 紂王은 甲子日에 죽었고, 夏의 桀王은 乙卯日에 죽어, 후세에 두 날을 군주의 忌日로 삼아 飲酒나 奏樂을 금했다.
【斯其(사기, sī qí)】: 이. 이것. 즉「知悼子在堂」을 말한다.【其】: 대명사 앞이나 뒤에 놓여「其誰·其孰·誰其·此其·彼其·夫其·是其·何其·曷其·胡其」등을 구성한다. 번역할 필요가 없다.
【爲子卯也大(위자묘야대, wéi zǐ miǎo yě dà)】: 자일이나 묘일보다 더욱 불길하다.【大】: 중대하다. 여기서는「불길하다」의 뜻.
【大師(태사, tài shī)】: [樂官] 太師.【大】: 太.
【以(이, yǐ)】: 以(之). 이것을.
【詔(조, zhào)】: (아랫사람이 윗사람에게) 고하다, 알리다.

8「爾飲調, 何也?」曰:「調也, 君之褻臣也, 爲一飲一食, 亡君之疾, 是以飲之也。」 → 진평공이 물었다:「그대가 이조에게 술을 마시게 한 것은, 또 무슨 뜻인가? 두궤가 대답했다:「이조는, 군주의 가까운 신하인데, 마시고 먹기를 탐하다가, 군주께서 기피해야 할 일을 잊었기 때문에, 그래서 그에게 벌주를 마시게 한 것입니다.」
【褻臣(설신, xiè chén)】: 가까운 신하.
【亡(망, wáng)】: 忘. 잊다.
【疾(질, jí)】: 기피해야 할 일.

9「爾飲, 何也?」曰:「蕢也, 宰夫也, 非刀匕是共, 又敢與知防, 是以飲之也。」 → 진평공이 물었다:「그러면 그대가 마신 것은, 무슨 뜻인가? 두궤가 대답했다:「저는, 일개 요리사인데, 식사 도구를 제공하는 일은 하지 않고, 또 감히 알도록 충간하여 잘못을 방지하는 일에 참견했기 때문에, 그래서 벌주를 마셨습니다.」
【宰夫(재부, zǎi fū)】: 요리사.

「寡人亦有過焉。酌而飮寡人!」杜蕢洗而揚觶。¹⁰ 公謂侍者曰 :「如我死, 則必無廢斯爵也!」至于今, 旣畢獻, 斯揚觶, 謂之杜擧。¹¹

번역문

두궤(杜蕢)가 벌주 잔을 올리다

지도자(知悼子)가 죽고, 아직 장례를 치르기도 전에 진평공(晉平公)이 술을 마시고, 사광(師曠)과 이조(李調)가 옆에서 시중을 들며 종을 치고 흥을 돋우었다.

- 【刀匕是共(도비시공, dāo bǐ shì gōng)】: 식사 도구를 제공하는 일. 【匕】: 숟갈. 【是】: [어조사] 도치된 빈어와 동사 사이에 놓아 빈어를 강조하는 역할을 한다. 번역할 필요가 없다. 【共】: 供. 제공하다.
- 【敢與知防(감여지방, gǎn yù zhī fáng)】: 감히 알도록 충간하여 잘못을 방지하는 일에 참견하다. 【與】: 참여하다. 여기서는 「참견하다」의 뜻. 【知防】: 알도록 충간하여 잘못을 방지하는 일.
10 平公曰 :「寡人亦有過焉。酌而飮寡人!」杜蕢洗而揚觶。→ 진평공이 말했다 :「과인 역시 잘못이 있네. 술을 따라 과인에게 벌주를 마시게 해주게!」두궤가 잔을 씻어 평공에게 올렸다.
- 【寡人(과인, guǎ rén)】: 寡德之人이란 뜻으로, 임금이 자신을 낮추어 부르는 말.
11 公謂侍者曰 :「如我死, 則必無廢斯爵也!」至于今, 旣畢獻, 斯揚觶, 謂之杜擧。→ 진평공이 시중드는 자들에게 말했다 :「만일 내가 죽으면, 반드시 이 잔을 버리지 말라!」오늘에 이르기까지, 술을 권해 마시고 나서, 곧 술잔을 들어보이는데, 이를 「杜擧」라 한다.
- 【如(여, rú)】: 만일. 만약.
- 【無廢(무폐, wú fèi)】: 버리지 말라. 【無】: 勿. …하지 말라. …해서는 안 된다.
- 【斯爵(사작, sī jué)】: 이 잔. 즉 방금 술을 마신 「觶」을 말한다. 【斯】: 此. 이. 【爵】: 술잔의 총칭.
- 【至于(지어, zhì yú)…】: …에 이르다. 【于】: [개사] 於. …에.
- 【畢獻(필헌, bì xiàn)】: 술을 권하는 일을 끝내다. 즉 「술 마시는 일을 끝내다」의 뜻.
- 【杜擧(두거, dù jǔ)】:「두궤가 술잔을 들어 평공에게 벌주를 바친 일」을 가리킨다.

두궤(杜蕢)가 밖에서 들어와 종소리를 듣고 물었다 : 「어디에 있소?」 어떤 사람이 대답했다 : 「내실에 있소.」 두궤가 내실로 들어가 계단을 거쳐 (당상으로) 올라가 술을 따르고 말했다 : 「사광, 이 술을 드시오!」 또 술을 따르고 말했다 : 「이조, 이 술을 드시오!」 또 술을 따르더니 당상에서 북쪽을 향해 무릎을 꿇고 앉아 그 술을 마셨다. 그리고 계단을 내려가 빠른 걸음으로 나가버렸다.

진평공이 그를 불러들여 물었다 : 「두궤, 방금 그대의 마음속에 혹시 나를 일깨우려는 생각을 가지고 있는 것 같아, 그래서 내가 그대에게 말을 안 했네. 그대가 사광에게 술을 마시게 한 것은 무슨 뜻인가?」 두궤가 대답했다 : 「자일(子日)이나 묘일(卯日)에는 음악을 연주하지 않습니다. 지도자(知悼子)의 영구가 아직 당상에 있으니, 이는 자일(子日)과 묘일(卯日)보다 더욱 불길합니다. 사광은 태사(太師)인데 이러한 이치를 군주께 말씀드리지 않았기 때문에, 그래서 그에게 벌주를 마시도록 한 것입니다.」 진평공이 물었다 : 「그대가 이조에게 술을 마시게 한 것은 또 무슨 뜻인가? 두궤가 대답했다 : 「이조는 군주의 가까운 신하인데, 마시고 먹기를 탐하다가 군주께서 기피해야 할 일을 잊었기 때문에, 그래서 그에게 벌주를 마시게 한 것입니다.」 진평공이 물었다 : 「그러면 그대가 마신 것은 무슨 뜻인가?」 두궤가 대답했다 : 「저는 일개 요리사인데 식사 도구를 제공하는 일은 하지 않고, 또 감히 알도록 충간하여 잘못을 방지하는 일에 참견했기 때문에, 그래서 벌주를 마셨습니다.」 진평공이 말했다 : 「과인 역시 잘못이 있네. 술을 따라 과인에게 벌주를 마시게 해주게!」 두궤가 잔을 씻어 평공에게 올렸다. 진평공이 시중드는 자들에게 말했다 : 「만일 내가 죽으면 반드시 이 잔을 버리지 말라!」 오늘에 이르기까지 술을 권해 마시고 나서 곧 술잔을 들어 보이는데, 이를 「두거(杜擧)」라 한다.

해제解題 및 본문 요지 설명

본문은 《예기(禮記)·단궁(檀弓)》의 일부분으로, 진평공(晉平公)의 요리사인 두궤(杜蕢)가 진(晉)나라의 대부 순영(荀盈)의 상중(喪中)에 진평공이 술을 마시고 총신 이조(李調)와 악사 사광(師曠)이 시중을 들며 음악을 연주하는 장면을 보고 이를 부당하다고 지적하자, 진평공이 이를 긍정적으로 받아들이고 잘못을 뉘우친 상황을 기술한 것이다.

본문은 세 단락으로 나눌 수 있는데, 첫째 단락에서는 대부 순영이 죽어 장례를 마치기도 전에 진평공이 술을 마시고 궁내(宮內)에서 사광·이조가 시중을 들며 음악을 연주하는 등 예제(禮制)를 지키지 않은 상황을 기술했고; 둘째 단락에서는 요리사 두궤가 사광·이조에게 벌주를 마시게 하고 자신도 벌주를 마신 후, 그 이유를 묻는 진평공의 질문에 재치 있게 답변하여 진평공의 비례(非禮)를 비판한 것을 기술했고; 마지막 단락에서는 진평공이 자신의 잘못을 인정하고 두궤에게 벌주를 청하여 마신 후 그 술잔을 기념으로 남기도록 당부한 일과 아울러 이로 인해 후세의 술자리에 「두거(杜擧)」의 관습이 생겨나게 되었다는 것을 기술했다.

056 진헌문자성실(晉獻文子成室)
《檀弓》

작 자

051 진헌공살세자신생(晉獻公殺世子申生) 참조.

원문 및 주석

晉獻文子成室[1]

晉獻文子成室, 晉大夫發焉.[2] 張老曰:「美哉輪焉! 美哉奐焉!

1 晉獻文子成室 → 晉나라 獻文子가 새집을 낙성하다
  【晉(진, jìn)】: [국명] 지금의 산서성 일대에 있던 周代의 제후국. B.C. 375년 趙氏·韓氏·魏氏가 晉의 영토를 삼분하여 각기 趙·韓·魏 세 나라로 독립했다.
  【獻文子(헌문자, xiàn wén zǐ)】: 趙武. 晉나라의 대부로, 시호는 獻文. 약칭으로 「文子」라 한다.
  【成室(성실, chéng shì)】: 새집을 낙성하다.
2 晉獻文子成室, 晉大夫發焉. → 晉나라 獻文子가 새집을 낙성하자, 晉나라 대부들이 예물을 보내 축하했다.
  【發(발, fā)】: 예물을 보내 축하하다.

歌於斯, 哭於斯, 聚國族於斯!」³ 文子曰:「武也得歌於斯, 哭於斯, 聚國族於斯, 是全要領以從先大夫於九京也!」北面再拜稽首。⁴ 君子謂之善頌善禱。⁵

3 張老曰:「美哉輪焉! 美哉奐焉! 歌於斯, 哭於斯, 聚國族於斯!」→ 張老가 말했다:「아름답고 크도다! 아름답고 화려하도다! 여기에서 제사 때 음악을 연주하고, 여기에서 喪事 때 哭을 하고, 여기에서 國賓과 宗族이 모이겠구나!」
【張老(장로, zhāng lǎo)】: [인명] 晉나라의 대부.
【輪(륜, lún)】: 높고 크다.
【奐(환, huàn)】: 煥. 화려하다. 휘황찬란하다.
【歌(가, gē)】: [동사 용법] 제사 때 음악을 연주하다.
【斯(사, sī)】: 이곳. 여기. 즉「새로 낙성한 집」.
【聚(취, jù)】: 모이다. 회합하다.
【國族(국족, guó zú)】: 國賓과 宗族.

4 文子曰:「武也得歌於斯, 哭於斯, 聚國族於斯, 是全要領以從先大夫於九京也!」北面再拜稽首。→ 이에 헌문자가:「나는 여기에서 제사 때 음악을 연주할 수 있고, 喪事 때 여기에서 곡을 할 수 있고, 국빈과 종족이 여기에서 모일 수 있으니, 이렇게 하면 목숨을 보전하여 천수를 다하고 九京에서 선친을 따를 수 있으리라!」라고 말하고 나서 북쪽의 장로를 향해 재배하고 머리를 조아리며 감사의 뜻을 표했다.
【武(무, wǔ)】: 조무가 자신의 이름을「나」라는 의미로 사용한 것.
【得(득, dé)】: 能. ⋯할 수 있다.
【是(시, shì)】: [상황에] 이렇게 하면.
【全要領(전요령, quán yāo lǐng)】: 허리와 목을 보전하다. 즉「목숨을 보전하고 天壽를 다할 수 있다」라는 뜻.【全】: 보전하다.【要】: 腰. 허리.【領】: 頸. 목.
※「要領」은 죽을죄를 지은 자에 대해 죄가 무거우면 허리를 자르고, 이보다 가벼우면 목을 자르는 형벌.
【先大夫(선대부, xiān dà fū)】: 돌아가신 부친. 趙武의 부친 趙朔은 晉의 대부를 지냈다.
【九京(구경, jiǔ jīng)】: [지명] 九原. 지금의 산서성 絳縣 북쪽. 춘추시대 晉나라 卿·大夫 묘소의 소재지.
【北面(북면, běi miàn)】: 북쪽을 향하다. 여기서는「북쪽의 장로를 향하다」의 뜻.
【稽首(계수, qǐ shǒu)】: 머리를 조아리다.

5 君子謂之善頌善禱。→ 군자는 이 두 사람을 일러 (장로는) 찬송에 능하고 (조무는) 기도에 능하다고 말했다.
【之(지, zhī)】: [대명사] 그들. 즉「張老와 獻文子」.
【善(선, shàn)】: 능하다. 능통하다.
【頌(송, sòng)】: 축복. 찬미. 축하.
【禱(도, dǎo)】: 기도하다. 복을 빌다.

> 번역문

진(晉)나라 헌문자(獻文子)가 새집을 낙성하다

진(晉)나라 헌문자(獻文子)가 새집을 낙성하자, 진나라 대부들이 예물을 보내 축하했다.

장로(張老)가 말했다 :「아름답고 크도다! 아름답고 화려하도다! 여기에서 제사 때 음악을 연주하고, 여기에서 상사(喪事) 때 곡(哭)을 하고, 여기에서 국빈(國賓)과 종족(宗族)이 모이겠구나!」이에 헌문자가 :「나는 여기에서 제사 때 음악을 연주할 수 있고, 상사(喪事) 때 여기에서 곡(哭)을 할 수 있고, 국빈(國賓)과 종족(宗族)이 여기에서 모일 수 있으니, 이렇게 하면 목숨을 보전하여 천수(天壽)를 다하고 구경(九京)에서 선친을 따를 수 있으리라!」라고 말하고 나서, 북쪽의 장로를 향해 재배하고 머리를 조아리며 감사의 뜻을 표했다.

군자는 이 두 사람을 일러 (장로는) 찬송에 능하고, (헌문자는) 기도에 능하다고 말했다.

> 해제解題 및 본문 요지 설명

본문은 《예기(禮記)·단궁(檀弓)》의 일부분으로, 진(晉)의 대부 장로(張老)의 능란한 찬사(讚辭)와 헌문자(獻文子)의 능숙한 기도(祈禱)에 대해 기술한 것이다.

본문은 세 단락으로 나눌 수 있는데, 첫째 단락에서는 진나라의 대부 헌문자가 새집을 낙성하자, 진나라의 여러 대부들이 찾아와 축하한 것을 기술했고; 둘째 단락에서는 장로의 찬사와 조무의 기도에 대해 기술했고; 마지막 단락에서는 장로와 조무에 대한 군자들의 평론을 기술했다.

 장로가 새집의 아름답고 웅장한 모습을 찬양한 후, 이 집을 오래도록 보전하여 제사 때 음악을 연주하고, 상사(喪事) 때 곡(哭)을 하고, 국빈(國賓)과 종족(宗族)이 모일 수 있기를 축원한다고 한 말의 이면에는 사치를 경계하고 언행을 신중히 하라는 충고의 뜻을 함축하고 있는데, 이에 대해 막강한 권력을 지닌 헌문자가 장로의 우회적인 충고를 겸허하게 받아들이면서 장로의 찬사에 감사의 뜻을 표명한 겸손한 태도가 돋보인다.

《고문관지》 편명 색인(가나다순)

편명	편명 번호	페이지(쪽)
가의론(賈誼論)	182	4권-458
간원제명기(諫院題名記)	159	4권-192
간축객서(諫逐客書)	071	2권-189
간태종십사소(諫太宗十思疏)	111	3권-87
개지추불언록(介之推不言祿)	015	1권-128
건숙곡사(蹇叔哭師)	018	1권-150
걸교정육지주의진어차자(乞校正陸贄奏議進御劄子)	191	5권-105
경강논노일(敬姜論勞逸)	041	1권-370
경제영이천석수직조(景帝令二千石修職詔)	091	2권-462
계량간추초사(季梁諫追楚師)	007	1권-71
계찰관주악(季札觀周樂)	028	1권-235
계형자엄돈서(誡兄子嚴敦書)	102	2권-644
고무담서서구기(鈷鉧潭西小丘記)	151	4권-118
고제구현조(高帝求賢詔)	089	2권-450
고조공신후연표(高祖功臣侯年表)	077	2권-248
골계열전(滑稽列傳)	085	2권-351
공자세가찬(孔子世家贊)	078	2권-258
공자중이대진객(公子重耳對秦客)	054	1권-468
과진론상(過秦論上)	093	2권-472

편명	편명 번호	페이지(쪽)
관안열전(管晏列傳)	081	2권-284
관중론(管仲論)	175	4권-364
구지불굴우진(駒支不屈于晉)	024	1권-206
굴원열전(屈原列傳)	082	2권-304
궁지기간가도(宮之奇諫假道)	010	1권-95
귀거래사(歸去來辭)	107	3권-42
기구양사인서(寄歐陽舍人書)	199	5권-195
기자비(箕子碑)	145	4권-44
기해청면숙향(祁奚請免叔向)	025	1권-215
난정집서(蘭亭集序)	106	3권-33
노공공택언(魯共公擇言)	067	2권-152
노중련의불제진(魯仲連義不帝秦)	066	2권-127
논귀속소(論貴粟疏)	095	2권-521
누실명(陋室銘)	117	3권-175
능허대기(凌虛臺記)	186	5권-41
답소무서(答蘇武書)	098	2권-578
당저불욕사명(唐雎不辱使命)	069	2권-162
당저세신릉군(唐雎說信陵君)	068	2권-158
대루원기(待漏院記)	154	4권-147
대초왕문(對楚王問)	073	2권-217
도화원기(桃花源記)	108	3권-53
독맹상군전(讀孟嘗君傳)	201	5권-221
동엽봉제변(桐葉封弟辨)	144	4권-36
동학일수별자고(同學一首別子固)	202	5권-227
두궤양치(杜蕢揚觶)	055	1권-474
등왕각서(滕王閣序)	113	3권-114
매감자언(賣柑者言)	208	5권-287
매성유시집서(梅聖兪詩集序)	165	4권-256
무제구무재이등조(武帝求茂才異等詔)	092	2권-468

《고문관지》편명 색인

편명	편명 번호	페이지(쪽)
문제의좌백성조(文帝議佐百姓詔)	090	2권-456
박복수의(駁復讎議)	143	4권-20
방산자전(方山子傳)	195	5권-152
방학정기(放鶴亭記)	188	5권-62
백이열전(伯夷列傳)	080	2권-268
범저세진왕(范雎說秦王)	059	2권-54
범증론(范增論)	179	4권-419
변간론(辨姦論)	176	4권-378
보손회종서(報孫會宗書)	100	2권-623
보유일장서(報劉一丈書)	216	5권-402
보임소경서(報任少卿書)	088	2권-400
복거(卜居)	072	2권-208
북산이문(北山移文)	110	3권-67
붕당론(朋黨論)	162	4권-223
사마계주논복(司馬季主論卜)	207	5권-279
사마착논벌촉(司馬錯論伐蜀)	058	2권-44
사설(師說)	124	3권-246
삼괴당명(三槐堂銘)	194	5권-139
상강천표(瀧岡阡表)	174	4권-342
상덕완형서(尙德緩刑書)	099	2권-605
상매직강서(上梅直講書)	184	5권-20
상사기(象祠記)	213	5권-357
상서간렵(上書諫獵)	097	2권-570
상주주금당기(相州晝錦堂記)	169	4권-293
상추밀한태위서(上樞密韓太尉書)	197	5권-173
서낙양명원기후(書洛陽名園記後)	156	4권-169
서문장전(徐文長傳)	221	5권-457
석비연시집서(釋祕演詩集序)	164	4권-245
석작간총주우(石碏諫寵州吁)	003	1권-39

편 명	편명 번호	페이지(쪽)
석종산기(石鐘山記)	189	5권-73
선자지진필망(單子知陳必亡)	038	1권-336
소공간여왕지방(召公諫厲王止謗)	036	1권-320
소석성산기(小石城山記)	152	4권-127
소진이연횡세진(蘇秦以連橫說秦)	057	2권-20
송동소남서(送董邵南序)	136	3권-394
송맹동야서(送孟東野序)	134	3권-369
송석처사서(送石處士序)	138	3권-407
송양소윤서(送楊少尹序)	137	3권-399
송양치서(送楊寘序)	166	4권-267
송온처사부하양군서(送溫處士赴河陽軍序)	139	3권-418
송이원귀반곡서(送李愿歸盤谷序)	135	3권-383
송인급초인평(宋人及楚人平)	047	1권-420
송천태진정학서(送天台陳庭學序)	205	5권-254
숙향하빈(叔向賀貧)	042	1권-381
시인피견문공(寺人披見文公)	014	1권-121
신릉군구조론(信陵君救趙論)	215	5권-384
신서간허월성(申胥諫許越成)	045	1권-407
심려론(深慮論)	209	5권-295
심술(心術)	177	4권-389
아방궁부(阿房宮賦)	118	3권-180
악양루기(岳陽樓記)	158	4권-182
악의보연왕서(樂毅報燕王書)	070	2권-170
안자불사군난(晏子不死君難)	027	1권-230
안촉세제왕(顔斶說齊王)	061	2권-74
양왕불허청수(襄王不許請隧)	037	1권-327
엄선생사당기(嚴先生祠堂記)	157	4권-175
여상절진(呂相絶秦)	023	1권-190
여우양양서(與于襄陽書)	131	3권-344

편 명	편명 번호	페이지(쪽)
여진급사서(與陳給事書)	132	3권-354
여한형주서(與韓荊州書)	114	3권-141
열강루기(閱江樓記)	206	5권-265
영주위사군신당기(永州韋使君新堂記)	150	4권-107
예려문(瘞旅文)	214	5권-369
예양론(豫讓論)	210	5권-307
오대사영관전서(五代史伶官傳序)	167	4권-275
오대사환자전론(五代史宦者傳論)	168	4권-285
오류선생전(五柳先生傳)	109	3권-62
오산도기(吳山圖記)	217	5권-415
오인묘비기(五人墓碑記)	222	5권-474
오자사찰내빙(吳子使札來聘)	048	1권-429
오자왕승복전(圬者王承福傳)	126	3권-276
오제본기찬(五帝本紀贊)	074	2권-226
오허월성(吳許越成)	034	1권-295
옥중상양왕서(獄中上梁王書)	096	2권-540
왕손만대초자(王孫滿對楚子)	020	1권-167
왕손어논초보(王孫圉論楚寶)	043	1권-389
외척세가서(外戚世家序)	079	2권-262
우계시서(愚溪詩序)	149	4권-96
우사진사멸하양(虞師晉師滅夏陽)	050	1권-443
원도(原道)	119	3권-194
원주학기(袁州學記)	161	4권-211
원훼(原毀)	120	3권-219
위서경업토무조격(爲徐敬業討武曌檄)	112	3권-100
유자지언사부자(有子之言似夫子)	053	1권-461
유자후묘지명(柳子厚墓誌銘)	142	3권-457
유포선산기(遊褒禪山記)	203	5권-234
유협열전서(游俠列傳序)	084	2권-335

편 명	편명 번호	페이지(쪽)
유후론(留侯論)	181	4권-444
육국론(六國論)	196	5권-161
음이생대진백(陰飴甥對秦伯)	012	1권-107
응과목시여인서(應科目時與人書)	133	3권-362
의전기(義田記)	160	4권-198
이혁단고광군(里革斷罟匡君)	040	1권-364
인상여완벽귀조론(藺相如完璧歸趙論)	220	5권-447
임치로경감(臨淄勞耿弇)	101	2권-639
자산각초역녀이병(子產卻楚逆女以兵)	031	1권-267
자산고범선자경폐(子產告范宣子輕幣)	026	1권-224
자산괴진관원(子產壞晉館垣)	029	1권-246
자산논윤하위읍(子產論尹何爲邑)	030	1권-259
자산논정관맹(子產論政寬猛)	033	1권-288
자어논전(子魚論戰)	013	1권-113
자혁대영왕(子革對靈王)	032	1권-275
잡설사(雜說四)	123	3권-240
잡설일(雜說一)	122	3권-236
장신논행신(莊辛論幸臣)	064	2권-104
장애백간납고정(臧哀伯諫納郜鼎)	006	1권-62
장익주화상기(張益州畫像記)	178	4권-402
장희백간관어(臧僖伯諫觀魚)	004	1권-46
재인전(梓人傳)	148	4권-76
쟁신론(爭臣論)	128	3권-300
전금논사원거(展禽論祀爰居)	039	1권-352
전적벽부(前赤壁賦)	192	5권-117
전출사표(前出師表)	103	2권-651
전희호사(展喜犒師)	016	1권-135
정백극단우언(鄭伯克段于鄢)	001	1권-20
정백극단우언(鄭伯克段于鄢)	049	1권-438

편 명	편명 번호	페이지(쪽)
정자가고조선자(鄭子家告趙宣子)	019	1권-158
정장공계칙수신(鄭莊公戒飭守臣)	005	1권-52
제계영행성어오(諸稽郢行成於吳)	044	1권-397
제국좌불욕명(齊國佐不辱命)	021	1권-173
제석만경문(祭石曼卿文)	173	4권-334
제십이랑문(祭十二郎文)	140	3권-428
제악어문(祭鱷魚文)	141	3권-447
제환공벌초맹굴완(齊桓公伐楚盟屈完)	009	1권-87
제환하배수조(齊桓下拜受胙)	011	1권-103
조고전장문(弔古戰場文)	116	3권-160
조귀논전(曹劌論戰)	008	1권-81
조위후문제사(趙威后問齊使)	063	2권-98
조주한문공묘비(潮州韓文公廟碑)	190	5권-85
조착론(鼂錯論)	183	4권-473
존경각기(尊經閣記)	212	5권-339
종수곽탁타전(種樹郭橐駝傳)	147	4권-65
종수론(縱囚論)	163	4권-236
주정교질(周鄭交質)	002	1권-33
증여안이생서(贈黎安二生序)	200	5권-212
증자역책(曾子易簀)	052	1권-456
진정표(陳情表)	105	3권-20
진초지제월표(秦楚之際月表)	076	2권-240
진학해(進學解)	125	3권-257
진헌공살세자신생(晉獻公殺世子申生)	051	1권-451
진헌문자성실(晉獻文子成室)	056	1권-480
창랑정기(滄浪亭記)	218	5권-425
채공간정견융(祭公諫征犬戎)	035	1권-306
청하선생문집서(青霞先生文集序)	219	5권-433
초귀진지앵(楚歸晉知罃)	022	1권-182

편 명	편명 번호	페이지(쪽)
초연대기(超然臺記)	187	5권-50
촉룡세조태후(觸龍說趙太后)	065	2권-115
촉지무퇴진사(燭之武退秦師)	017	1권-141
추기풍제왕납간(鄒忌諷齊王納諫)	060	2권-67
추성부(秋聲賦)	172	4권-324
춘야연도리원서(春夜宴桃李園序)	115	3권-155
춘왕정월(春王正月)	046	1권-414
취옹정기(醉翁亭記)	171	4권-315
치안책일(治安策一)	094	2권-494
친정편(親政篇)	211	5권-320
태사공자서(太史公自序)	087	2권-378
태주해릉현주부허군묘지명(泰州海陵縣主簿許君墓誌銘)	204	5권-244
포사자설(捕蛇者說)	146	4권-54
풍락정기(豐樂亭記)	170	4권-304
풍훤객맹상군(馮諼客孟嘗君)	062	2권-81
하진사왕삼원실화서(賀進士王參元失火書)	153	4권-134
항우본기찬(項羽本紀贊)	075	2권-234
형상충후지지론(刑賞忠厚之至論)	180	4권-432
혹리열전서(酷吏列傳序)	083	2권-329
화식열전서(貨殖列傳序)	086	2권-364
황강죽루기(黃岡竹樓記)	155	4권-160
황주쾌재정기(黃州快哉亭記)	198	5권-184
획린해(獲麟解)	121	3권-231
후십구일부상재상서(後十九日復上宰相書)	129	3권-321
후입구일부상재상서(後廿九日復上宰相書)	130	3권-331
후적벽부(後赤壁賦)	193	5권-130
후출사표(後出師表)	104	2권-668
휘변(諱辯)	127	3권-289
희우정기(喜雨亭記)	185	5권-32

[개정증보판]
고문관지古文觀止 역주 (1)

초판 인쇄 2025년 10월 20일
초판 발행 2025년 10월 29일

역　　주　최봉원
발 행 자　김동구
디 자 인　이명숙·양철민
발 행 처　명문당(1923. 10. 1 창립)
주　　소　서울시 종로구 윤보선길 61(안국동)
　　　　　국민은행 006-01-0483-171
전　　화　02)733-3039, 734-4798, 733-4748(영)
팩　　스　02)734-9209
Homepage　www.myungmundang.net
E-mail　mmdbook1@hanmail.net
등　　록　1977. 11. 19. 제1~148호
ISBN 979-11-94314-50-9 (04820)
ISBN 979-11-94314-49-3 (세트)

30,000원

* 낙장 및 파본은 교환해 드립니다.
* 불허복제